启真馆 出品

自　序

这部书，虽然只写成上下两册（原先想依照五个阶段写成五大册），但就其分卷分章分节的内容看来，大体上是依循当代新儒家所开显的思想架构与义理规路来进行表述的。

近代以来，由于知识分子对自己文化传统的隔阂与无知，因此常以为中国文化是一种停滞不前的封闭系统。其实，在两千多年大开大合的发展中，中国文化本就不断有义理的开新。牟先生除了在《中国哲学十九讲》中有精确的疏导，也在一次演讲中，阐述了中国历史上的十大争辩。[①]

第一，儒墨的争辩。

二帝三王之时，没有思想之分歧。到春秋之末，儒家思想建立，而后乃有墨家对儒家的挑战。通过儒墨的争辩，儒家在哲学文化之发展中，取得了正统的地位。

第二，孟子关于告子“生之谓性”的争辩。

孟子反对“生之谓性”，而主张“仁义内在”。牟先生说，孟子的主张是一个“伟大的洞见”。能了解“仁义内在”，就能了解道德之所以为道德，儒家之所以为儒家。

第三，魏晋玄学家之“会通孔老”。

两汉经学在思想上并无特出之表现，因而也没有思想上的问题。到魏晋，道家思想复兴，儒道的冲突遂不可免，但孔子的地位不能撼动，于是有王弼“圣人体无”之说，向、郭注庄时也提出“迹本论”。其实，大教的会通永远都是新鲜的问题，而问题的提出正体现了思想境界的新发展。

---

① 参见牟宗三：《牟宗三晚期文集》，台北：联经出版事业股份有限公司，2003年，第371—383页。后引此书仅标注章节或页码。

第四，言意之辩。

这是关于言能否尽意的问题，也是永远新鲜的问题。从老子“道可道，非常道”，到魏晋人之言尽意或不尽意，再到西哲维特根斯坦所谓“凡是可以说的，都清楚地说；凡是不可说的，就保持沉默”，都是这个问题。这类问题常谈常新，值得思量。

第五，神灭不灭的问题。

佛教传入中国而有轮回之说，梁朝范缜反对轮回说，乃作《神灭论》，从而引起一场大争辩。牟先生指出，此一论辩并未发展成型。如今重加反省，便知此一问题并不简单，可与儒家“三不朽”、基督教灵魂不灭相比较，而彼此之间的差异也必须审识明辨，故仍值得注意。

第六，天台宗“山家”“山外”关于圆教之争辩。

这是天台宗内部很专门的问题，对人类智慧亦非常有贡献。“山家”“山外”之争，也可说是天台宗与华严宗之争辩（因“山外”是以华严宗之思想讲天台圆教）。其焦点集中在圆教问题，这是哲学上最高深、最终极的问题，西方哲学尚未能触及此一理境，可见其理论之深微。牟先生指出，圆教之义理，无论就中国文化本身之价值，还是就中西文化之比较而言，皆有重大意义。

第七，陈同甫与朱子争汉唐。

宋明儒学内部的讨论，集中在内圣之学（如中和参究、朱陆异同），而此一论辩则属于外王问题。朱子站在道德立场，贬视汉唐事功，他所持的是道德判断，不是历史判断。陈同甫则赞许汉唐事功，他只着眼于英雄生命来论历史，也不算历史判断。依黑格尔之言，要真正接触历史，必须从知性理性发展到动态理性。朱子是知性的理性形态，陈同甫是感性的直觉形态，这二者是对立的，故皆不能在了解历史时引进历史判断以使历史真实化。只有在动态理性中（即曲线辩证的理性中），始能引进历史判断（因为在动态的理性中，知性与直觉之对立已被消融）。

第八，王龙溪与聂双江的“致知议辩”。

这是王门弟子关于对王阳明“致良知教”之了解的争辩。对于一个教义的本质是否真懂，必须在层层转进的论辩中，看他的思路是如何前进的，再审视他措辞的轻重本末，才能考验出谁是真有所得，谁是真能

中国哲学史

蔡仁厚——著

ZHEJIANG UNIVERSITY PRESS
浙江大学出版社
·杭州·

图书在版编目(CIP)数据

中国哲学史 / 蔡仁厚著. -- 杭州 : 浙江大学出版社, 2025. 2. -- (启真·大学馆). -- ISBN 978-7-308-25726-8

Ⅰ. B2

中国国家版本馆CIP数据核字第2025BW4926号

中国哲学史

蔡仁厚　著

责任编辑　周红聪
文字编辑　程江红
责任校对　赵　珏
装帧设计　周伟伟
出版发行　浙江大学出版社
（杭州市天目山路148号　邮政编码310007）
（网址：http:// www.zjupress.com）
排　　版　北京楠竹文化发展有限公司
印　　刷　北京天宇万达印刷有限公司
开　　本　635 mm × 965 mm　1/16
印　　张　40
字　　数　595 千
版 印 次　2025 年 2 月第 1 版　2025 年 2 月第 1 次印刷
书　　号　ISBN 978-7-308-25726-8
定　　价　118.00 元

书题语 *

第一，本书依循当代新儒家的学术方向，贯穿中国数千年的思想脚步，一程一程走下来。其中的叙述或有疏漏不尽之处，但其诠解与论议皆本乎义理，以期不陷偏失。

第二，若有人不以为然，则请敞开心灵之门，与书中所表述的列列先哲，觌体相见，交感相通，则随时皆可能引发共鸣，亦未可知。

第三，由于连年因循，临老方来着笔，而视力趋弱，无法多查资料，只写成上下两册，实感意有未至，力有未尽，悔憾何及！

蔡仁厚

己丑新春八十生辰

---

* 本书的写作多本自牟宗三的著作《才性与玄理》《佛性与般若》《心体与性体》《中国哲学的性质》《政道与治道》《名家与荀子》等，初版时为上下两册，此次简体中文版合为一册。另外，因作者已去世，无法重新与之协商修订，故出于对尊重作者成书逻辑的考虑，不再一一核查。书中牟宗三的论述大量出现并散见各处，已标注可参见的书目，供感兴趣的读者延伸阅读及学术研究参考使用。书中观点为作者一己之见，并不代表出版者的观点。——编注

相应。这是批判真伪的试金石。谁是王学的正嫡，谁是王学的偏歧，皆可在此一论辩中分辨出来。

第九，周海门与许敬庵的“九谛九解”之辩。

《九谛》代表许敬庵的主张，他主要是对王阳明四句教首句“无善无恶心之体”起了疑惑，因而对王龙溪天泉证道之宗旨亦一并辩驳。周海门（龙溪弟子）顺《九谛》做答辩，名曰《九解》。此一论辩不仅关乎王学，也关乎儒家与中国文化。老子当初讲“无”，是从作用层面上说的，而作用层面上的“无”，实乃“共法”，为儒释道三家所共许，这是属于“如何”的问题。

凡实践工夫达到某一水平，一定会接触到这个理境。须知分别是非善恶，是属于“是什么”的问题，而“如何”面对是非善恶以表现善恶，使善恶皆得其正，这才是成就道德价值的关键所在。故《尚书·洪范》也有“无有作好”“无有作恶”的话，“作意”（有意）的好恶，乃是偏好偏恶，所以必须“无”掉。道家所讲的“无”，正是在此特显胜场。因此，作用层面的“无”，既无须反对，也不能反对（因为是“共法”）。

我们不能一见到“无”字，就以为来自佛老，说它不合圣人之道。这个禁忌主要是朱子造成的。此不仅妨碍人了解道家之“玄理”与佛家之“空智”，对于弘扬儒家也甚为不利。在道家，只有“如何”这一层的问题，而没有“是什么”的问题，儒家则两个层面兼备。周海门与许敬庵的论辩，其重要性即在于有助于我们了解此中义理的分际，以开出哲学的理境。[①]

以上九大争辩，都发生在过去的历史中。但这些论辩所代表的意义，则不可以陈迹论。其中显示了生命的智慧和生命的方向。只要一加反省，它们就能开启我们的生命，触发我们的灵感，彰显我们思想的光辉。

第十，中国文化畅通的问题。

魏晋时代的课题是会通孔老，宋明时代的课题是对治佛教，我们这个时代又当解决哪些问题呢？总的来说，就是中国文化如何畅通的问题。

---

① 我对“九谛九解”之辩，曾全文加以疏导，参见《新儒家的精神方向》，台北：学生书局，1982年，第239—276页。

但这个问题不是谁与谁争辩，而是所有中国人共同面对的问题。

写到这里，或许有人会觉得奇怪，写自序为什么要提这十大争辩呢？我的回答很简单，因为我们不能只在文献材料上讲哲学史，而是要在民族文化生命的脉动上来讲哲学史。这十大争辩，正是顺着文化生命的大动脉来讲述哲学史上的重大关节。所以先做简要的阐述。

我这样写序，虽然有点特别，但化特异为平常，又一直是我生命表现的基本形式。我想要讨论的有关哲学史的问题，其实在本书卷首的“绪论”中，已大致有了相当持平的说明。至于我的书究竟写得如何，我想静待读者的评判，应该是比较好的态度。

蔡仁厚

戊子农历重阳

于东海大学哲研所

目 录

第二卷　两汉魏晋

儒学转型而趋衰与道家玄理之再现

第四卷　宋明时期

儒家心性之学的新开展

第一章　周濂溪“默契道妙”

第二章　张横渠“思参造化”

第三章　程明道的造诣与地位

第七章　象山学是孟子学

第八章　朱陆门人后学与元初诸儒

第九章　王阳明致良知教

第十章　王学分化与刘蕺山归显于密

第五卷　近三百年

文化生命之歪曲、冲激与新生

绪　论

我以中国哲学史的教学者与撰述者之立场，对中国哲学史所蕴含的问题，提出全面性的疏导和说明。其中包含：对中国哲学史的基本认识，诸如中国哲学的源流、系别，中国哲学的特质与对中国哲学优、缺、得、失之评判；中国哲学史的分期（分期不明确，即表示欠缺恰当的理解，故分期甚为重要）；对中国哲学史的教与学，诸如说话的立场、生命的感通、智慧的契接（都应该有所措意）；对现状的省察，诸如中国哲学通史之探讨、中国哲学断代与专题之研究等；对中国哲学史的前瞻，即中国哲学现代化与世界化的问题。凡此，皆应兼顾并重，提出说明。

一、从两本书说起

对中国来说，“哲学”乃是20世纪的新词。数千年来，中国传统学术的内容纲领和学科分类，早已形成规格。譬如“经史子集”，“经”有章句与义理之分，“史”有编年、纪传、纪事本末之别，“子”又分为诸子百家，“集”则人各一部，包罗尤其驳杂。但中国学问，总是以“生命”（人、人生、人事）为中心，不同于以“知识”为中心的西方之学。近百年来，西方文明挟其强劲之势不断冲击东方，中国文化招架不住，于是国人只好自居落后，奉西方为先进。单单哲学史这个部分，便使中国“倒架子”了。

20世纪前半叶，有两本较有代表性的中国哲学史出版，一是胡适的《中国哲学史大纲》，一是冯友兰的《中国哲学史》。胡适的书只写到先秦阶段，我们无从知晓它全部的内容。现在只能就其书“以老子开头”这一点加以探讨。胡适说老子是“革命家”，是“时势的反动”。然则——

老子这个反对派，他反对的是什么呢？

如果说老子反对“圣、智、仁、义”（所谓“绝圣弃智”“绝仁弃义”），那么，“圣、智、仁、义”算不算是一个价值系统中的价值标准呢？

如果算，它是谁创立的？它有没有产生过正面的作用呢？

一个能起作用的价值系统，是否也含有一种哲学思想呢？

如果不能否认它也含有一种哲学思想，那么为什么加以割截而不予理会呢？

也许有人说，胡适书中列有“诗人时代”一节以代表老子以前的思潮，但胡适所叙述的其实不是什么思潮，而只是引用《诗经》里不满社会状况和现实政治的诗句，以表现诗人们怨怒的情绪而已。依胡适书中的叙述，似乎中国的历史文化，一开始便是黑暗混乱，一无是处。在此，我们不禁要问：《诗经》里面是否也有从正面表述清平政治的诗篇呢？是否也有赞颂先王功业和圣贤德教的诗篇呢？事实上当然有，而且还不在少数。然则，胡适何以一句都不提呢？而且，《老子》以前的文献，也不只是一部《诗经》，《尚书》里面也有哲学性的观念，为什么一概加以抹杀呢？

一本哲学史，对于这个文化系统“创始阶段”的思想观念，不做一字一句的正面说明，而开天辟地的第一个哲学家竟然就是“反对派”。无论如何，这都是一种不及格的写法。冯友兰的哲学史倒改向正面论述了。冯友兰的《中国哲学史》先讲孔子，而且对孔子以前有关“宗教的、哲学的”思想，也有所说明。不过，冯友兰的哲学史，却有更大的问题。

冯友兰将中国哲学史极其简单地分为“子学时代”与“经学时代”。他如此分期所显示的意思，主要有三点。其一，他以西方哲学史的分期模式来划分中国哲学史的阶段。其二，他以汉代以前为“子学时代”，这是民国以来一般的说法（其实并非妥当，因为诸子之前还有上古三代），以西汉董仲舒一直到清末为“经学时代”，则是冯友兰个人的判断。他认为西汉以来各个阶段的哲学思想所表现的精神都是中古的，相当于中世纪的经院哲学。其三，基于以上的判断，他颟顸地认为，中国哲学史没有“近代”。

西方文艺复兴开启的是一种“反中古”的精神方向。从哲学方面来说，就是不愿意使哲学成为“神学的婢女”，而要求恢复希腊传统中哲学独立的地位。在中国，宋明理学也自觉地要求恢复先秦儒家的慧命，以重新显立儒家在中国文化中的主位性。相较西方来说，宋明儒者“不满意两汉经生之学，不满意魏晋的玄学清谈，不满意佛教执中国思想界之牛耳”这种精神方向正与西方近代哲学“反中古”的精神相类似，怎么反而说宋明儒者的精神是中古的？而胡适认为的宋代以来的儒学是中国的“近代哲学”这一点，倒显示出他对历史文化的通识。

冯友兰以西方哲学的进程为标准，妄判中国哲学史没有近代，正所谓“只知有西，不知有东”，不免有“出主入奴”之嫌。我们不可忘记，中国文化是一个独立的系统。（无论哲学思想、道德伦理、文学、音乐戏剧、绘画雕刻，还是生命情调、生活方式等，都显示了中国文化的原创性、独立性。）中华民族有自己的文化问题和思想问题，有自己的文化生命所透显的原则和方向。因此，只能说在中国哲学史上没有出现西方式的近代哲学，而不能说中国哲学没有近代阶段。中国哲学的近代，为什么一定要以西方哲学史的近代为模式呢？（至于说近代西方哲学很有价值，值得借鉴学习，则是另一个问题。前者是中国哲学的路向问题，必须另说另讲。）冯友兰颟顸地认为中国哲学在自西汉以降两千年中所表现的精神都是中古的，拿来和西方中世纪的经院哲学（神学）等量齐观，这就表示他对中国文化生命开合发展的脉动根本没有感受，对中华民族的哲学智慧和哲学器识也欠缺相应的了解。

另外，在文献运用上，冯友兰也有“牛头不对马嘴”的情况。例如他根据托名南岳慧思的《大乘止观法门》讲天台宗。陈寅恪的审查报告已指出此书为伪托。但冯友兰似乎不服善，仍然用这本与天台开宗的智者大师不相干，又不合天台教义的伪托之书来讲天台宗的思想。这样，就显得基本的知识真诚也有所不足了。

冯友兰的书比较有价值的部分是对名家的讲述。他对惠施、公孙龙乃至荀子《正名》所做的疏解，都可看作他的贡献。不过名学并非中国哲学的重点，我们不能通过名学来了解中国的传统思想。至于中国哲学的主流，冯友兰的讲述则大体不恰当、不中肯。（譬如他说“良知”是一个“假设”，便是显例。）

但冯友兰的书写于全面抗战之前，在那个时代，中国学术界对中国哲学的反省、疏解还不够深入，对魏晋玄学、南北朝隋唐佛学、宋明理学这三个阶段的学术思想，也还没有充分、明澈的了解。所以，冯友兰的哲学史写得不够中肯、不够恰当，并不完全是他一个人的责任，也是那个时代的客观限制。

二、对中国哲学的基本认识

（一）中国哲学的源流

"六经"（《诗》《书》《易》《礼》《乐》《春秋》）是中国文化思想的"源"，"六经"以后的诸子百家，则是中国文化思想的"流"。平常提及"六经"，都认为这是儒家的经典。其实，"六经"本是属于整个中华民族的，并不必然地属于儒家。只因为墨家、道家、法家以及名家、阴阳家都不愿意继承文化的老传统，只有孔子，他不但自觉地讲述"六经"，而且赋予"六经"以新的诠释和意义，这才使得"六经"成为儒家的经典。同时，也确定了孔子继往开来的地位。所以，更确切地说，孔子以前的阶段是中国哲学的"源"，孔子以后则是"流"。

孔子以前，是二帝三王的圣王之统，那是王者的礼乐之教。孔子顺着这个礼乐之教的方向进一步创立仁教，使礼乐之教中的生活的形式规范内转为生命的自觉实践，这就是孔子的创造，也可以称之为"孔子的传统"。而孔子的传统，正是中华民族文化思想的中心骨干，也是民族文化生命的总原则和总方向。两千五百年来，中国历史文化的演进，虽然有激荡，有起伏，有曲折，有分化，但无论是先秦诸子、两汉经学、魏晋玄学，还是南北朝隋唐的佛学以及宋明理学，皆在同一文化生命主流的统摄下呈现出了大开大合的发展态势。①

---

① 参见蔡仁厚:《新儒家的精神方向》，台北：学生书局，1982 年，第 1113 页。此书对中国文化之开合发展做了通盘之说明。后引此书仅标注章节或页码。

（二）中国哲学的系别

关于哲学思想的系别，我认为应该从文化生命的开合发展中来看。“开”表示文化生命之破裂与歧出，破裂是开出新端绪，歧出是吸收新内容。在开的过程中，儒家表现的态度是强固守护和孕育新机，这表示儒家能够“动心忍性”，在忧患中有守有为。“合”表示文化生命之新的消化和熔铸，消化是求量的充实，熔铸是得质的纯一。在合的进程中，儒学的功能运作是护持政教和含弘光大。

历来对于文化思想源流系别的说法有当有不当，必须重新做相应的了解和妥洽的判定。

举例而言，魏晋的玄学，或分为正始名士、竹林名士、中朝名士，这是依时代先后而标名，并无多大意义；或分为名理派、玄论派，这样也失之笼统。盖魏晋名士皆谈名理，前期以谈才性为主，后期则谈《易》与老庄之玄学，故分为“才性名理系”与“玄学名理系”，方得其实。①

又如佛教传入中国之后，通常所说的空宗、有宗，或唯识、法相、天台、华严、净土、禅宗等名称，虽皆各有意旨，但就表现佛家的教义系别而言，这些名称仍然不够明晰妥洽。民国以来，太虚法师和印顺法师提出“性空唯名”“真常唯心”“虚妄唯识”三系之分，较能显示佛家教义之系别。今又依佛性与般若观念，分为“般若系”“阿赖耶缘起”“如来藏缘起”，这样的讲法，尤为妥适显豁。②

再如宋明理学，只讲程朱理学、陆王心学也不够周延明晰。牟先生依于心性关系而将之分为心性为二的伊川朱子系、心性是一的象山阳明系、以心著性的五峰蕺山系，而作为开端的北宋前三家（周濂溪、张横渠、程明道）则只有义理之开展，并无义理之分系。③

---

① 参见牟宗三：《才性与玄理》，台北：学生书局，1974 年。后引此书仅标注章节或页码。

② 参见牟宗三：《佛性与般若》，台北：学生书局，1977 年。后引此书仅标注章节或页码。

③ 参见牟宗三：《心体与性体》，台北：学生书局，1968 年，综论。后引此书仅标注章节或页码。

从以上有关玄学、佛学、理学分系之简述，可以看出哲学系统的分判与对哲学思想的理解是否能够相应大有关系，这是很重要的。

（三）中国哲学的特质

中国哲学的特质，不拟在此详说。现只提出五点简明的比较，以见中西哲学之差异。从差异之比较中，即可显示中西哲学之特质。

第一，西方文化“以物为本，以神为本”，中国文化“以人为本”。

第二，西方文化“首先正视自然”，中国文化“首先正视人”。

第三，西方文化“以知识为中心”，中国文化“以生命为中心”。

第四，西方文化“重客体性，重思辨”，中国文化“重主体性，重实践”。

第五，西方文化“学与教分立”，中国文化“学与教合一”。

同时，西方文化以“知性”为主，它的主要成就有三：一是科学，二是民主，三是宗教。科学是“心与物对列”，民主是“权利与义务对列”，宗教是“人与神对列”。西方文化既然以“主客对列”的格局来表现，它的精神就是“向外追求，向上攀缘”，是一种单向度的无限伸展，结果是“取单向而无回向，有追求而无反求”。因此，不讲“反求诸己，反身而诚”。而文化生命中的德性主体，也无法独立地透显出来。以是，在西方知性文化的传统里，没有心性之学，没有成德之教。

依中国哲学传统，德性生命上下四方的流通贯注，虽然可以创造“天下一家”“慧命相续”“天人和谐”的广大丰厚的价值世界，但与西方知性文化相较，我们会发现近代西方通过“科学”“民主”所开创的事功，正是中国文化所欠缺的。传统儒家所讲的“外王”的确有方式上和内容上的不足。因此，我们又可以说，西方文化知性强而德性弱，中国文化内圣强而外王弱。

德性，不是浮泛之词，乃直指德性主体而言。传统的外王，只落在仁政王道上，还不能满足“开物成务”“利用厚生”所必需的知识条件和技术条件。同时，政权之移转，也欠缺法制化的轨道。由此可知，西方文化宜当取资儒家（乃至道家、佛教）的智慧，以期文化生命的调适上遂；而中国文化则须调整文化心灵的表现形态，以开出政道（民主政体）

与知识之学（科学）。

（四）中国哲学的评判

基于上文之简述，乃可对中国哲学做如下评判：第一，中国哲学器识宏大，智慧甚高，而思辨力较弱；第二，中国哲学重实践过于重知识，其理论亦以满足实践为依归；第三，中国哲学不重立说以显己，而重文化慧命之传承相续，以畅通文化生命之大流。

哲学思想是文化生命显发的“共慧”，不是任何人可得而私的。所以自古以来，中国始终没有“著作权”“出版权”的观念。人之为学，是要投身于文化生命之流，与古人的智慧相应接、相映发，以期有得于心，显之于行的。述作之目的，在于阐扬圣贤之道，以延续文化慧命，因此，“自立一说”的欲求并不很强。中国哲学文献之所以多散篇记语，而少有系统的专著，这是根本的原因。

上文所说，都是近五十年来，哲学学者接续省察之所见所得。这种恰当的理解和判断，远远超越了 20 世纪前半叶的见解。这是 20 世纪后半叶中国学者和海外学者的学知工夫积渐所致，得之非易，故分为两节，先做如上之简述。

三、中国哲学史的分期

（一）两种分期的基本类型

第一种是以朝代为分期的依据。通常分为六个阶段：先秦诸子、两汉经学、魏晋玄学、隋唐佛学、宋明理学、清代朴学。这六个阶段虽然可以概括中国数千年的学术，但两汉经学与清代朴学，和哲学思想的关系是很小的。这种分期，可以用来讲学术史，不宜用来讲哲学史。

第二种是以西方历史的分期为模式，套在中国哲学史上来讲。这可以胡适的说法为代表。他在哲学史的“导言”里曾提出，把中国哲学史分为以下三个阶段。

古代哲学：从老子到韩非为古代哲学，又称“诸子哲学”。

中世哲学：从汉代到北宋之初为中世哲学。中世哲学第一期，从汉代到东晋之初，为子学的延续与折中。中世哲学第二期，从东晋到北宋之初，印度哲学（佛学）盛行于中国。

近世哲学：宋元明清时期为近世哲学，并以清代为古学昌明时期。

胡适这种古代、中世、近世的分期法，很明显是西化派的观点。不过还算不错，他承认中国哲学在世界哲学史上的地位。他认为世界上的哲学，有东西两大支。东支分为印度和中国二系，西支分为犹太和希腊二系。在古代，这四系都是独立发展的。到了汉代以后，犹太系加入希腊系，成为欧洲的中古哲学；印度系（佛学）加入中国系，成为中国的中古哲学。到了近代，欧洲的思想渐渐脱离了犹太系的影响，产生了欧洲的近世哲学。在中国，印度系的势力渐衰，儒学复兴，产生了中国的近世哲学，历宋元明而至清代。他还说到，由于20世纪东西两支哲学互相接触，因此他预料五十年、一百年之后（也即约21世纪20年代），可能会产生一种世界的哲学。[①]

冯友兰《中国哲学史》的“子学”“经学”两阶段的分期法，上文已有述评，兹不再赘。在冯友兰的著作出版四十多年之后，劳思光完成了一部新的《中国哲学史》[②]，他把中国哲学史分为三个时期：初期，又名发生期，指的是先秦阶段；中期，又名衰乱期，包括汉代哲学、魏晋玄学、南北朝隋唐的佛学；晚期，他称之为由振兴到僵化的时期，指的是宋明理学，下至清代戴东原。

这个分期法，大致与胡适的古代、中世、近世之分相当。不过，劳先生认为两汉学术是儒学的衰落期，魏晋玄学则是“上承道家旨趣而又有所误解”的一种思想，而南北朝隋唐的佛教则是乘中国哲学衰敝而流行到中国来的，所以他认为汉代至唐末是中国哲学的衰乱期。他对中期

---

① 胡适之说是一种极其乐观的说法。那时候他只是三十出头的青年学者，对文化、学术的严肃和艰难欠缺深切的体认，他似乎认为杜威和罗素来中国讲讲学，就可以把中西哲学会合起来，他把天下事看得太容易了。

② 参见劳思光：《中国哲学史》，台北：三民书局，1981年。后引此书仅标注章节或页码。

这个阶段的判断，当然可以代表一种看法。但我觉得他对魏晋玄学的价值，似乎承认得少了一点。对佛教在中国传衍、发展的线索，以及中华民族消化、吸收佛教的意义，也似乎欠缺深切的认识。而他之所以如此判断，和他的书中一个最基本的论点实相关涉。

（二）五阶段的分期法

1981 年，我在台湾东海大学中国文化研讨会上讲中国哲学史的分期，主张将其分为五个阶段。第一阶段是先秦时期，可称为“中国文化原初形态之百花齐放”。这个时期又可分为三段：一是孔子以前，二是孔子时代，三是孔子以后。孔子以前是由二帝三王发展、凝成的“圣王之统”，这是中国文化的原初形态（文献是“六经”）。而孔子的仁教，更为中国文化开启了继往开来的长江大河，永远灌溉中华民族的文化心灵。孔子之后，诸子百家兴起，是中国文化原初形态的百花齐放阶段。孔子开创的儒家，一方面代表中华民族的文化之统，另一方面也是诸子百家中的一家，所以具有双重身份。如果将先秦的哲学思想，笼统称为“子学”或“诸子哲学”，则不但忽视了孔子以前的文化思想，也无法概括儒家“代表民族文化之统”的那个身份。因此，我们不用“子学”“诸子哲学”这类名词来概括先秦时期的哲学思想，而称之为“中国文化原初形态之百花齐放”。

第二阶段是两汉魏晋，可称为“儒学转型而趋衰与道家玄理之再现”。这个阶段，是先秦儒、道两家学术思想的延续。两汉经学是儒学之转型（转内圣成德之教为经生章句之学），儒学僵化而玄学代起，遂有魏晋时期道家玄理之再现。至于其他各家，在思想上都失去传承，更没有发挥。墨流为侠，法沉为吏，阴阳家也下委而散入医卜星相，名家则断绝无延续。

第三阶段是南北朝隋唐，可称为“佛教介入——异质文化之吸收与消化”。佛教是来自印度的异质文化。魏晋玄学所显发的“无”的智慧，正好成为接引佛教“空”的智慧之桥梁，这才使得佛教思想在历经三百多年的盘旋之后，终能打入中国的文化心灵。但中华民族的内心是不甘受化于佛教的。所以一方面护持政教与家庭伦常，另一方面则大量译习佛经，以期消化佛教。到了隋唐，终于开出了天台、华严、禅三宗，佛教在中国大放异彩。而中华民族能够消化吸收一个外来的大教，也正表示其“文化生命浩瀚深厚，文化心灵明敏高超”。在人类文化的交流史上，能结出这样的善果，实在是中华民族的光荣。

第四阶段是宋明时期，可称为“儒家心性之学的新开展”。道家和佛教的智慧都很高，但毕竟不是儒家圣人“本天道为用”的生生大道。儒家之学，一方面要上达天德，使性命天道通而为一；另一方面要下开人文，以成就家国天下全面的价值。宋明儒者的用心，就是要使历经两汉、魏晋、南北朝、隋唐而沉晦千年之久的先秦儒家之义理纲维，重新挺立起来。所以宋明理学是儒家学术第二期的发展。可惜这一期的发展，内圣强而外王弱，到了清人入关，中国哲学的慧命便走向了衰微。

第五阶段是近三百年，可称为“文化生命之歪曲、冲激与新生”。明末顾、黄、王三大儒以内圣开创外王事功的思想方向，实际上已经开启了儒家第三期学术思想的序幕。然而，大明亡了，民族生命受挫折，文化生命受歪曲，三大儒的思想方向无法伸展贯彻，学术风气乃一步一步走向考据，导致文化心灵的闭塞和文化生命的委顿。哲学的慧命也因此断掉了，失传了。民国以来，西方哲学流行于中国，但我们学习西方哲学的成果并不很好，就算学得不错，那也只是“西方哲学在中国”，不能算是“中国的哲学”。所以，中国哲学必须从根源反省，以求“新生”，这就是我们当前的使命。

四、中国哲学史的教学与研究

20 世纪下半叶以来，中国台湾地区的大学哲学系都有中国哲学史的课程。中文系与部分历史系也有中国思想史一课。教学的效果虽不可一概而论，但要学生达到研究的层次，基本上还是有困难的。所以有关中国哲学的研究工作，仍然要靠教授、学者去完成。

1983 年，台湾东海大学成立哲学研究所，我开了一门课程，名叫

“中国哲学史专题研究”[①]，同时还为这门课程撰写了一篇一万三四千字的刍议。在专题研究的问题方面，我列举了源流问题、特性问题、分期问题、研究方法问题、资料鉴别与文献运用的问题、思想诠释问题、系统分判问题、概念运用问题、辟邪显正问题、发展路向问题。在研究的方式与类别方面，则分为：对“人”（哲学家）的研究，对“书”（哲学典籍）的研究，对“哲学问题”的研究，对“学术事件”的研究。

中国哲学史上出现的许多问题，诸如：天人关系、人的地位、个人与社会、思想与时代、道德与知识、道德与法律、道德与宗教、道德与幸福，以及生与死、有与空、经与权、常与变、体与用、名与实、心与物、道与器、一与多、学与思、知与行、善与恶、义与利、理与欲、理与气等，都可以列为专题进行研究。

还有天道、天命、天理、太极、阴阳、中和、寂感、动静、仁、义、圣、智、心、性、情、才、气、命，以及正名、格物、穷理、致知、诚意、慎独、居敬、涵养、察识、体悟、体证等，凡此，皆可从观念名词的特性，转为哲学问题来探讨。

此一课程，每年必开，效果却很难讲。主要是学哲学的人，似乎历史意识比较薄弱，不容易投注心力于通贯数千年的浩浩慧命哲流之中。而一般讲哲学史的人，又多半是从知识的角度，欠缺生命心灵的感通。故我认为，中国的哲学思想，乃是在文化生命主流的笼罩之下表现出的大开大合的发展，哲学史理所当然地要在这开合发展的大动脉上来讲述。（上文中笔者主张中国哲学史应分为五个阶段来讲述，即顺此义而提出。）

换言之，讲哲学史，必须以文化生命大流之航程为线索。所以，讲哲学史并非只是“述古”，而是畅通文化生命之流，以豁醒哲学的慧命。而讲哲学史的人也必“涌身千载上”，投入文化生命之流，以与古人智慧相应接、相映发。因此，讲中国哲学史和讲西方哲学史不同。对西方，我们是旁观者，是客的身份；对中国，则是主人的身份。我们的生命与自己民族的文化生命是合拍合流的。以此之故，我们讲中国哲学史时，

---

① 《中国哲学史专题研究》一文，编入蔡仁厚《儒家思想的现代意义》，台北：文津出版社，1987 年，第 181—198 页。

绝不可将它推于生命之外，而应将圣哲的德慧引归到自己的生命之内，以期与民族文化的生命存在相呼应、相感通。国内各大学的哲学系与各级社科院的哲学研究所，一般都有中国哲学史教研室或研究室的设置。

多少年来，台湾地区从未办过哲学史的研讨会，现在想来，不能不说是学术心灵麻木之征。（虽然已有间接相关的研讨，但欠缺“史的意识”之觉醒，便不能逃开麻木之讥。）在著作方面，台北坊间叫中国哲学史的书倒也不少，像样的却又不多。倒是书名不叫中国哲学史而内容属于断代史或专题史的这一类著作，反而显示出丰厚而弘博的成果。

在此，我还想交代一下有关中国哲学史研究方法的问题。由于中国的学问不是知识的进路，而是实践的进路，因此有工夫论而欠缺方法论的说法。

自西学东渐以来，大家注意方法论，但对哲学史的研究方法却见仁见智，难有定准。譬如，系统研究法，是对我所要叙述的哲学思想做一个系统的陈述。发生研究法，是着手于哲学家思想的发展变化，依照观念、理论的发生程序加以叙述。解析研究法，是解析哲学家所用的词语和论证，以获得一个精确而客观的结论。但是，系统研究法过于着重系统，而不免忽视系统以外的观念；同时，为了把这个系统叙述得更为圆满，研究者往往加入自己的见解，而造成和事实不符的情形。发生研究法倒是可以照顾事实，但又常常不能掌握这个哲学家的思想系统，尤其是这一家哲学理论的内在价值和文化意义，更不能通过发生研究法来了解。至于解析研究法，虽然能对理论做出精确而客观的结论，但当我们要求以一种连贯的观点来做全面的综合判断时，解析研究法就无能为力了。

另外，还有一种基源问题研究法。它以逻辑意义的理论还原为起点，以史学考证工作为助力，以统摄个别哲学活动于一定的设准之下为归宿。这是劳思光提出的，可能是比较好的一种研究方法。但问题是，所谓理论还原的可靠性以及设准的准确性与周延性，也常常因为研究者学养、识度的限制或者思想立场的差异，而引发种种问题。

唐君毅曾有“方法随学问而自明”之言，这是一种提醒。有了好的方法未必就可以写出好的哲学史，而且任何一种方法都不免有它的限制，这一点是我们必须了解的。同时，我们也可以不特别标举某一种单一的方法，而适当地运用各种方法之长以去其之短，这是很有可能的。

五、中国哲学通史之探讨与中国哲学断代和专题之研究

（一）中国哲学通史之探讨

近五十年来，台湾地区的中国哲学史教材，前一二十年仍然通用胡适和冯友兰的书，接着有人翻印民国初年像谢无量等人的老书，之后又有《中国哲学史话》以及当作课本用的小篇幅的出版品。这些书虽然都是撰述者的心血，但其中究竟有多少客观的研究成绩，却是不易做评价的。

到 1981 年，劳思光的《中国哲学史》由台北三民书局出版，这才有了一部值得评价的讲哲学史的书。上文第三节曾就劳著哲学史的分期法做了几句评说，指出他的“发生期”“衰乱期”“由振兴到僵化的时期”之分期，是和他书中两个最基本的论点相关联的。

第一，他将“自我境界”作为检验各家哲学思想的一个准则、依据，此即所谓“德性我”“认知我”“情意我”“形躯我”之说。他认为孔孟开启的儒家是中国哲学的正统。孔孟彰显德性我，德性我即孔孟自我境界之所系。而汉儒经学、魏晋玄学以及佛教哲学，皆不能透显德性我，所以自两汉至唐末，属于中国哲学的衰乱期。

第二，他分儒家之学为“心性论中心”与“宇宙论中心”两大类型。认为孔孟之说是心性论中心的哲学，而《中庸》《易传》是宇宙论中心的哲学，又把《中庸》《易传》的时代往后拉，与西汉董仲舒相提并论。西汉哲学已属于儒学之衰乱期，而魏晋以下，更不必说了。

第一点的“自我境界”虽不失为一个检验的根据，但用得太泛，也未必适宜而中肯。而且，孔孟儒家之所以成为中国哲学之主流，也不只是彰显“德性我”而已。第二点用“心性论中心”与“宇宙论中心”两种思想类型，来考虑和解说儒家学者及其文献所表示的义理方向与学术性格，也并无不可。问题是，《中庸》《易传》是宇宙论中心的思想吗?

《中庸》《易传》是“性命天道相贯通”的思想，它并不是“对价值做存有论的解释”，而是“对存有做价值的解释”。所以，《中庸》讲天道是以“诚”来规定的（“诚者，天之道也”），《易传》讲天道（乾道、易道）是以“生德”来规定的（“天地之大德曰生，生生之谓易”）。《中庸》所谓“慎独”“致中和”，所谓“至诚”“尽性”“赞化育”，《易传》所谓“穷神知化”，所谓“穷理”“尽性”“至命”，所谓“敬以直内，义以方外”，这些都表示，《中庸》《易传》仍然是以道德主体为中心的思想。

当然，《中庸》所谓“天命之谓性”，《易传》所谓“一阴一阳之谓道，继之者善也，成之者性也”，也显示了一种天道天命说从宇宙论转向心性论的进路。但我们必须了解，《中庸》《易传》的这种讲法，一方面是呼应孔子以前“天命下贯而为性”的思想趋势，另一方面是顺着孔孟的仁与心性而向存有方面伸展，以透显心性的绝对普遍性（孟子言尽心、知性、知天，也正表示此种意向）。经过《中庸》《易传》这一步的发展，道德界与存在界乃通而为一：讲道德有其形上之根据，而形上学依然基于道德。在此，宇宙秩序即道德秩序，道德秩序即宇宙秩序，所以是“性命天道相贯通”。先秦儒家由孔子、孟子发展到《中庸》《易传》，其道德的形上学之基型，便透显出来了。然而，劳思光对儒家这一基本大义，却欠缺相应的了解。

劳思光认为正宗儒家只是“心性论”，似乎不容许儒家有“天道论”。如果照他的意思，孔孟所讲仁与心性的“超越绝对性”便被抹杀了，而“客观性”也被轻忽了，结果只剩下一个“主体性”。能把握主体性虽然也不错，但是一个与超越、客观面不相通的主体性，并不能尽孔孟之教的本义，也不是陆王之学的究竟义。照他的讲法，孔孟之教被缩小了，儒家“心性与天道通而为一”的义理规模被割裂拆散了，“本天道以立人道，立人德以合天德”的天人合德之教也不能讲了。一句话，“天”与“人”隔而为二了。在劳思光的心目中，整个儒家就只承认孔、孟、陆、王四个人，而这四个人也被讲成“只本心”而“不本天”了。

当初，程伊川说“圣人本（本字，做动词解）天，释氏本心”（《二程遗书》卷第二十一下）。这一句名言，原本就只说对一半。因为圣人之道，固然“本天”，同时也“本心”。心与天并非两相对立，而是上下相通，故本天即本心，本心即本天。程明道最清楚这个道理，所以他说：“只心便是天，尽之便知性，知性便知天。”（《二程遗书》卷第二上）“心”“性”“天”是通而为一的。只因程伊川对于实体性的道德的本心，欠缺相应的了解，而误以为圣人只本天而不本心。而如今劳先生评论伊川这句话，却以为伊川之误正在“圣人本天”这一句。然则，依劳先生的意思，是应该说“圣人本心，而不本天”了。如此，则正好与伊川之言相反，而结果却又偏偏一样，也只对了一半（虽然两个一半并不一样）。

据此可知，儒家的“天”与“人”（天道与心性）是不可以拆而为二的。如果天人不相通，则孔子所谓“五十而知天命”“天生德于予”“下学而上达，知我者其天乎”，将如何解释呢？还有孟子所谓“尽心”“知性”“知天”“万物皆备于我，反身而诚”“君子所过者化，所存者神，上下与天地同流”……这些话又将如何解说呢？事实上，从《论语》《孟子》到《中庸》《易传》，乃是先秦儒家在义理上一步很自然的发展。《中庸》《易传》这两部文献成书的年代可能比较晚，但皆是孔门义理的一脉传承，而并非更端另起，这是毋庸置疑的。如今劳思光却认《中庸》《易传》为“宇宙论中心”，以为与孔孟思想不同，又把《中庸》《易传》从先秦儒家中排斥出去，硬拉到西汉时期，这实在是一种颟顸的态度，是不对的。

（二）中国哲学断代与专题研究之成果

到目前为止，我们还没有一部很好的《中国哲学史》，原因其实也很简单，因为国人对文化传统的了解非常不够。不了解儒家、道家、佛教的义理系统，不了解三教学术的流变演进，如何能讲“中国哲学史”？

但20世纪后半叶，中国港台地区及海外新儒家学者的研究却有了空前的发展。他们对上下数千年的中国哲学思想，也已做了通贯的讲述。其中牟先生的贡献，尤其明显。

他以《才性与玄理》表述魏晋阶段的玄学，与汤用彤的《魏晋玄学论稿》相比，此书进行了更深切而完整的讨论，可算是这方面的经典之作。而文字之美，也超乎读者想象。对南北朝隋唐阶段的佛教，则以《佛性与般若》上下两册做了通透的讲述。汤用彤的《汉魏两晋南北朝佛教史》也是一部好书，但那是佛教史的角度，重在考订，又只写前半段。因此，从中国哲学史的角度来看，魏晋玄学之后至宋明理学之前，这六百年间中国哲学思想的活动，仍然是荒芜地带。而牟先生此书，正是从中国哲学史的角度讲述佛教传入中国之后的发展，对中国消化吸收佛教之过程及其意义，皆做了极其深入而恰当的诠释。至于宋明阶段的儒学，则以《心体与性体》进行全面的疏导。依牟先生之观点，北宋前三家——濂溪、横渠、明道为一组，此时未分系，到伊川而有义理之转向。此下，伊川朱子为一系（心性为二），象山阳明为一系（心性是一），五峰蕺山为一系（以心著性）。而当"性"为"心"形著之后，心性也融而为一。故到究极处，象山阳明系与五峰蕺山系仍可合为一大系。此合成之大系，远绍《论语》《孟子》《中庸》《易传》，近承北宋前三家，故为宋明儒学之正宗。至于合成之大系（纵贯系统）如何与伊川朱子系（横摄系统）相融通[①]，则是另一问题。于此，我们只能说，这三系都是在道德意识之下，以"心体"与"性体"为主题而完成的"内圣成德之学"的大系统。

牟先生讲述儒、释、道三教的三部大著，无论体系纲维的确立、思想脉络的疏解，还是义理分际的厘清，都已达到前所未有的精透和明澈。魏晋清楚了，先秦道家之学亦随之而清楚。宋明清楚了，先秦儒家之学也随之而清楚。再加上他的《名家与荀子》，又疏解了先秦的名学。于是，上下数千年的中国哲学史，乃能真得其终始条理，而可以做到恰当的讲述和诠释。

上面所说牟先生的三部书，等于是中国哲学在魏晋、南北朝隋唐、宋明三个阶段的断代史。而唐君毅的大书《中国哲学原论》（分为《导论篇》《原性篇》《原道篇》《原教篇》），则属于中国哲学的专题史。唐君毅所著各书，最具通识。他和牟先生是当代学人中对弘扬中国哲学贡献最大的两位。两人著书的撰写方式及其着重点，不尽相同。牟先生以透显义理的骨干和思想的架构为主，比较着重同中见其异，以使中国学问的义理纲维和思想系统得以厘清、确定。这是一种讲哲学系统和哲学史的态度。唐君毅的书，则以通观思想的承接与流衍为主，重在异中见其同，

① 参见蔡仁厚：《中国哲学的反省与新生》，台北：正中书局，1994年，第150页，注32。后引此书仅标注章节或页码。

借此通畅文化慧命之相续，以显示承前启后的文化生命之大流。这是一种重视哲学思想之交相辉映和相续流衍的立场。

同时，两位学者还有一项成果，也是空前的。他们不约而同地做了比天台、华严更为深广的判教（台严判教，只及于佛教内部）。牟先生采取较精约而集中的方式，就人类文化心灵最高表现的几个大教来阐述。此可参阅他的《佛性与般若》《现象与物自身》《圆善论》三本书。唐君毅则通观文化心灵活动的全部内容，以剖析人类文化中各种学问知识、学术思想以及几个大教所开显的心灵境界。[①]这是一种广度的批判，在人类哲学史上也是前所未有的。

另外，徐复观的《中国人性论史》虽然标为《先秦篇》，其实并不只是单属断代史，也是专题哲学史。这部书很有特色，对青年影响颇大。至于其三大册的《两汉思想史》则是通论周秦政治社会结构和两汉思想的功力深厚之作。

六、中国哲学史的前瞻

（一）中国文化与中国哲学的世纪境遇

自从 20 世纪“哲学”一词进入中国，便引发了中国有没有哲学的疑问。中国有五千年的历史文化，有儒释道三教系统，何以会有中国有没有哲学的疑问？此无他，以西方哲学为标准，鄙视中国自己之传统耳。此乃一时之陋识，勿足深怪。如今又经历了半个世纪的“学”与“思”，中国人终于可以就中西哲学的特质，提出正确恰当的对比；就中国哲学的精神取向，提出简明扼要的说明；就中国哲学之现代化与世界化，提出中肯的省思。同时，中国人已有了识见能力，可以厘清“中国哲学演进发展的思想脉络”，可以剖析“中国哲学异同分合的义理系统”，可以阐释“中国哲学的基本旨趣及其价值”，而且也能够衡定“中西哲学融摄

① 参见唐君毅：《生命存在与心灵境界》，北京：中国社会科学出版社，2006 年。

会通的义理规路”。[①]

因为中国文化和中国哲学的世纪境遇，是前古未有的复杂和艰难，所以对于哲学的省察，不但要有慧识、睿见，而且还要有学力（质的意义上之学养）。否则，他的省察便只是一些浮泛的意见而已。自五四以来，真正致力于中国哲学之反省，真能为中国文化之新生贯注精诚而殚精竭虑的，还是当代新儒家的前辈学者。从梁漱溟、熊十力到唐君毅，都有极大的贡献，而牟先生更通贯地做了专门的省察和疏导，即《中国哲学十九讲》。[②]

中国哲学的智慧，主要表现在儒、道、佛三方面。然而此一东方传统，自明亡以后，久已衰微，尤其近百年来遭受西方文化之冲击，知识分子对于中国哲学的精神面貌，乃渐模糊，甚至业已遗忘。牟先生在台湾大学哲学研究所讲述中国哲学所蕴含的问题，并不是一时之间的兴会，也不是偶发的议论，而是切切关于中国哲学之系统纲维与义理宗趣者。其中厘定的各种问题，皆有所本。通过这一通贯性的综述，各期思想的内在义理可得而明，而其所启发的问题也义旨确切而昭然若揭。于是，固有义理的性格，未来发展的规辙，也确定了指标而有所持循。到此方知，文化慧命之相续不已，固可具体落实，并非徒托空言。而一部像样的、好的《中国哲学史》之写成，已经是可能的了。

（二）中国哲学之现代化与世界化

中国哲学现代化的意旨，应该包含两个方面。第一，如何通过现代语言，把中国哲学的思想阐述出来，把中国哲学的智慧显发出来，使它能为现代人所了解，而进入人的生命心灵之中，以表现它“本所蕴涵”的活泼的功能和作用。第二，如何对中国哲学做批判的反省，既要重新认识、发挥它的优点和长处，也要补救它的短缺和不足，以求进一步的充实、发

① 参见牟宗三主讲、林清臣整理:《中西哲学之会通十四讲》，台北：学生书局，1993 年。

② 《中国哲学十九讲》是牟先生在台大哲研所之讲演录，1983 年由学生书局整理印行。

展。这才是中国哲学现代化最积极的意义。因此，中国哲学是否有前途，其决定的因素有二：一是中国哲学本身的义理纲维，能否重新显现出来；二是中华民族能不能如同当初消化佛教那样消化西方的哲学和宗教。

在牟先生八十大寿时，他说，从大学读书以来，他六十年中只做了一件事，即“反省中国的文化生命，以重开中国哲学之途径”。他认为民国以来的学风很不健康，卑陋、浮嚣，兼而有之。所以，有志研究中国哲学的人，必须依据文献以辟误解、正曲说，讲明义理以立正见、显正解，畅通慧命以正方向、开坦途。

这三点确实是中国哲学未来发展的关键所在。讲哲学史，如果错用文献，便成大过差。如冯友兰的《中国哲学史》讲佛教天台宗时，不用天台开宗的智者大师的文献，反倒根据智者大师的师父南岳慧思的《大乘止观法门》来讲述天台宗的思想，而且经人（陈寅恪）指出，依然不改，实在很不应该。至于讲义理必须精透明确、恰当相应，乃是异同是非之所涉，更不可轻忽。而慧命的畅通，则是文化生命之“共慧”相续流衍的根本大事，其重要性不言而喻。

总之，中国哲学史是否能显发光明的未来，完全取决于国人自己的觉醒和努力。[①] 圣人有云：“为仁由己，而由人乎哉！”而讲述或撰写中国哲学史，正属于“为仁”之事，中华儿女，可不勉乎！

---

① 1999 年，我出席国际中国哲学会在台北举行的学术会议，宣读论文《中国哲学的反思与展望》，后编入拙著《哲学史与儒学论评》（台北：学生书局，2001 年），可参阅。

第一卷　先秦时期

中国文化原初形态之百花齐放

弁　言

中国文化通过夏商周三代的蕴蓄发展，而凝成二帝三王所代表的“道之本统”——中国文化的原初形态。再经孔子之点醒开发，转王者礼乐为成德之教，使中国文化达于第一度之圆成。（故孟子曰：“孔子之谓集大成。”）

但孔子之教，缺少政治之配合，所谓有德无位，大道不行于天下。于是，贤哲之士奋然输精诚、发慧光，以谋救世，乃有诸子百家之兴起，即所谓“中国文化原初形态之百花齐放”。

本卷先述孔子以前的思想趋势，再述孔子以及孔子以后各家各派之哲学。

第一章　上古思想之趋势

第一节　原初的观念形态

一、文献举要

乃命羲和，钦若昊天，历象日月星辰，敬授人时。[①]（《尚书·尧典》）

德惟善政，政在养民。水、火、木、金、土、谷，惟修；正德、利用、厚生，惟和。（《尚书·大禹谟》）

尧曰："咨！尔舜，天之历数在尔躬，允执其中。四海困穷，天禄永终。"[②]（《论语·尧曰》）

上引三条文献，第一条是说，尧帝命羲氏、和氏，敬顺天时，记载历数，观测天象，制定历法正朔，颁授人民奉行。这是启动农事之基始，亦是体认自然与人文关系相应之先声。第二条《大禹谟》数句，指出德非徒善而已，须进而有以善其政。政非徒法而已，须进而有以养其民。

---

① 《书经集传》（蔡沈撰注）："羲氏、和氏，主历象授时之官。钦，敬也。若，顺也。昊，音浩，广大之意。历，所以记数之书。象，所以观天之器，如玑、衡之属。日，阳精，一日而绕地一周。月，阴精，一月而与日一会。星，二十八宿众星为经；金、木、水、火、土五星为纬，皆是也。辰，以日月所会分周天之度为十二次也。人时，谓耕获之候，凡民事早晚之所关也。"

② 朱子《四书集注》云："此尧命舜而禅以帝位之辞。咨，嗟叹声。历数，帝王相继之次第，犹四时节气之先后也。允，信也。中者，无过不及之名。四海之人困穷，则君禄亦永绝矣，戒之也。"

“水、火、木、金、土、谷”，是民生必需之物，自当尽速修治齐备。“正德、利用、厚生”，则是为政治国之总原则，既须和洽人心，亦须协和万邦，一体遵行。第三条是孔子引述尧传位时命舜之言，“允执其中”者，嘱舜信守治国之中道也。至《大禹谟》衍为十六字，文曰：“人心惟危，道心惟微，惟精惟一，允执厥中。”此十六字之总结，在文献上虽然后出，其句意却是顺承义理引申出来的，应无可疑。

二、史官为古代学术之府，乃观念之所从出

《周官》释史：“史掌官书以赞治，正岁年以叙事。”根据《周礼》，史官有太史、内史、外史、御史等职，掌理执礼、掌法、授时、典藏、策命、正名、书事、考察。八类归于一，则曰“礼”。史官所掌，实乃推动政治措施以实现理想之纲维。

前句“掌官书以赞治”，是本天叙以立伦常，属于人这方面的道德政治。后句“正岁年（订正历法）以叙事”，是法天时（四时之生、长、收、藏）以行政事，属于天这方面的窥测自然（本乎自然之理以行政事）。合两句而观之，表示理智所照，亦归于道德意义（从自然回归人生）。

三、观念之结集

上古思想观念之结集，首先是《尚书·洪范》之“九畴”（分治天下之大法为九类）。

五行：一曰水，二曰火，三曰木，四曰金，五曰土。

五事：一曰貌，二曰言，三曰视，四曰听，五曰思。

八政：一曰食，二曰货，三曰祀，四曰司空，五曰司徒，六曰司寇，七曰宾，八曰师。

五纪：一曰岁，二曰月，三曰日，四曰星辰，五曰历数。

皇极：皇建其有极（谓君王建立人道之法则）……“无偏无陂，遵王之义；无有作好，遵王之道；无有作恶，遵王之路。无偏无党，王道荡荡；无党无偏，王道平平；无反无侧，王道正直。会其有极，归其有极。……天子作民父母，以为天下王。”（为政治民，大得其中，是即皇极之精义也。）

三德：一曰正直，二曰刚克，三曰柔克。（皆以中道为准。）

稽疑：“谋及乃心，谋及卿士，谋及庶人，谋及卜筮。……”（有疑先自我反省，次及卿、士、庶人，最后卜筮。）

庶征：曰雨，曰阳，曰奥，曰寒，曰风，曰时。（自然变化，所验非一，故曰庶征。凡事须多方参验印证。）

五福六极：五福——寿、富、康宁、攸好德（乐其道也）、考终命（顺受其正也），六极——凶短折、疾、忧、贫、恶、弱。

此“九畴”，是殷贤箕子应答周武王之访谈录，乃上古思想观念之大结集。箕子将治国之道归约为九大类，主观面之修德、客观面之治民，皆概括之。单以“八政”而言，“食”“货”“祀”即已包括物质生活与精神生活，“司徒”“司空”“司寇”包括教化、建设与治安，“宾”是外交，“师”是文教学术。加上其余各类，更显得广大悉备。

由“九畴”再约而言之，即“修德爱民”与“正德、利用、厚生”两句话。“修德爱民”是传统政教中的常理常则，历数千年而无所更改。“正德、利用、厚生”，尤可视为圣王之政规。《书经集传》云：“正德”者，父慈、子孝、兄友、弟恭、夫义、妇听，所以正民之德也；“利用”者，工作什器、商通货财之类，所以利民之用也；“厚生”者，衣帛食肉、不饥不寒之类，所以厚民之生也。此“正德、利用、厚生”一句，正具体体现了“为政以德教为本，以民生为重”之准则，此便是圣王的政规（后世称之为仁政王道）。

在此客观实践之中，实已透露出道德精神之实体（仁智兼备的仁智实体）。不过，这个时候的实体，有如初升之太阳（与自然浑一的灿烂之光），尚在潜蓄状态，未自觉涌现。（此潜蓄之状态，将延续数百年，必须通过“敬”的工夫之内敛，以及宗教人文化、天命天道下贯而为性的过程，才能到达孔子的仁教。）

第二节　周初之“敬”的观念

一、人的精神之自觉

周文化承殷文化而来。《论语》载孔子之言曰：“殷因于夏礼，所损益，可知也。周因于殷礼，所损益，可知也。”（《为政》）又曰：“周监于二代，郁郁乎文哉！”（《八佾》）可见周文化是承殷文化而发展的。卜筮盛行于殷，亦行于周。不过，箕子应答武王云：“谋及乃心，谋及卿士，谋及庶人，谋及卜筮。”（《尚书·洪范》）卜筮列于最后，权威性已大减。此中已透出人步步归于主体之走向。故《易传》乾卦九三之爻云：“终日乾乾，夕惕若厉，无咎。”这是本于敬畏之感与“忧患意识”[①]而显示的精神自觉。

《易·系辞下》云：“易之兴也，其于中古乎？作易者，其有忧患乎？”又云：“易之兴也，其当殷之末世，周之盛德邪？当文王与纣之事邪？”这种忧患意识，不是由悲观失望、担惊受怕而来，而是出于人的精神自觉。人在忧患之中，不悲观，不灰心，而能激发智慧与志气，能引发承担责任之信念与毅力，此正如孟子所谓“人之有德慧术知者，恒存乎疢疾”（《尽心上》）。徐复观先生特别指出，人类精神之自觉，并不一定受物质成就之限制。周之克殷，乃是一个有精神自觉的统治集团，克服了一个没有精神自觉或自觉得不够的统治集团。

周初的天、帝、天命等观念，本是顺承殷文化的系统。但周人并不因为胜利而骄纵恣肆。周人克商之后，随即封微子于宋，以公爵承汤之祀；又封比干之墓，以表忠烈；武王且亲访箕子问治国之道。凡此，皆见周人精神之高度自觉。（而天、帝、天命的观念，也顺时势而步步转化。）

---

① “忧患意识”一词，系徐复观先生所创用，参见徐复观《中国人性论史·先秦篇》（上海：上海三联书店，2002年）。后引此书仅标注章节或页码。

二、祀敬内转而为敬德

周人以文王配天（上帝），但其祭祀与祈求，并不是基于怖栗意识以求救赎，也不是基于苦业意识以求解脱，而是基于忧患意识与敬畏感而显发的道德意识，是很有深度、强度和纯度的价值意识，而且还含有虔诚的宗教情操。其祀敬神灵，乃为表达诚敬，所谓“慎终追远”“报本反始”，皆是为了感恩戴德，而不重祈福消灾。

同时，周人认为神之降福，取决于人的行为之善。故其斋明盛服、肃肃雍雍之敬神活动，最后必内转而落实于“敬德”“恪遵天命”之自我修养上。

三、由忧患意识与敬畏感转出道德意识

从祭神中回头，从卜筮中觉醒，而归于“人”，归于自我之生命主体，以突出“敬”“敬德”乃至“明德”[①]之观念。这是周人萌发道德意识之简明进程。

《尚书·召诰》有三段文字，录列于下：

> 惟王受命，无疆惟休，亦无疆惟恤。呜呼！曷其奈何弗敬？
> 呜呼！天亦哀于四方民，其眷命用懋，王其疾敬德！
> 惟不敬厥德，乃早坠厥命。

第一段说，王（成王）受命为天子，有无穷无尽的福乐，也会带来无穷无尽的忧患。接着召公这位老臣长叹一声，说，在如此的境况之中，王为何竟然“弗敬”？第二段也用“呜呼”开端，表示老臣严肃的心情。因为上天不仅关切天子，也同时哀怜四方之民。上天眷顾降命的对象，

① 《尚书·康诰》：“惟乃丕显考文王，克明德慎罚。”此是举文王为例，以表现人之明德。

是那些能够勤勉的人。王若不勤勉，便将失去上天的眷命，所以王必须赶紧践行敬德。第三段接着告诫君王，若不敬慎德行，便将提早失去君位之福命。总的来看，这三段文字，皆是从忧患意识转化而来的道德意识之表露。

四、敬的哲学

“敬”的观念在周初的表现过程，具有下列三点意义：第一，表现了主动的、反省的、内发自觉的精神状态；第二，建立了“敬”所贯注的敬德、明德之观念世界；第三，凸显了自我主体之积极的理性作用。

这种以“敬”为行为动力的哲学，可以名之为敬的哲学。不过，有两点必须区别清楚：其一，祀敬的节文，是外在的形式，而祀敬活动也只是被动地去祀敬一个外在的神；其二，敬德的意识，则是内在的精神，是自觉地表现内心的诚敬。由祀敬转为敬德，正是宗教人文化的一次推进。

第三节　礼的时代与宗教人文化

一、礼与彝

依据殷周之际的文献，“礼”字多指祭祀仪节，“彝”字则含有“常”与“法制、规范”之义。[①] 随着社会与时代的推移，“彝”的意涵渐次移植到原本指祭祀仪节的“礼”里面，使“礼”的意旨丰富提升了。所以

① 参见徐复观：《中国人性论史·先秦篇》，第三章之二。

春秋以后所说的“礼”，实是一个新观念。比殷周之际的“礼”字，内涵大为扩充了。

由“敬”而重视“彝”（常法常则），由“彝”而移植扩充到“礼”。下至春秋，便成为被“礼”观念笼罩的时代。

二、礼的时代

春秋是礼的时代。兹举数则《左传》言礼之文句于后：

> 礼，经国家，定社稷，序民人，利后嗣者也。（《左传·隐公十一年》）

首先，礼可以“经国家”。“经”，是经营治理之义。经国家的礼，静态地说，指典章制度、纲纪体统；动态地说，指政治运作的轨道法度。其中含有政治的原理、立国的纲维、为政的原则和办事的精神。其次，礼可以“定社稷”，古代以社稷象征国家，而事实上，安定社稷也就是安定社会。再次，礼可以“序民人”，人民百姓的生活，必须有条理、有秩序，而生活的条理秩序，正是礼所提供的。最后，礼还可以“利后嗣”，人类生物性的生命，不过数十寒暑，而经过礼乐文化的陶冶（化男女为夫妇）之后，生命的传衍就从血统的延续转化为恩泽的绵流。所谓祖德流芳，正是从这个意思上说的。从以上四点，可知礼的效用：上可以治理国家，安定社稷；下可以提供生活的秩序，为人类未来的福祉奠定基础。

> 夫礼，所以整民[①]也。（《左传·庄公二十三年》）
>
> 礼，国之干也。（《左传·僖公十一年》）
>
> 夫礼，天之经也，地之义也，民之行也。（《左传·昭公二十五年》）

---

① 《国语》“整民”作“正民”。

依上引，礼是人民立身处世的准则，也是国家安立的基干。而以“天之经也，地之义也，人之行也”概括礼的功能和作用，也正是实在之言，而并无夸饰之义。《国语·周语》还有一句总括性的话，说“昭明物则，礼也”。事物的理则秩序，也都能通过礼昭显出来。

总之，礼乃一切价值之准据，亦是道德之归依。春秋时代最有象征性的观念，应该就是“礼”了。从政治世界看，春秋时代是乱世；而从观念世界看，春秋却是一个有文明教养的“礼的时代”。

三、宗教人文化

（一）摄宗教于人文

人类文化的第一阶段，几乎都以宗教为主。其中有的发展为高级的形态；有的停滞而无大改变；有的则随其文化生命之自觉与开发，而有质的转化和提升，华夏文化便是如此。这样的价值取向，在孔子之前就已经显示出来。中国文化不走宗教的路，而是摄宗教于人文。（“五礼”，即吉、凶、宾、军、嘉，其中第一项“吉礼”即指祭祀之礼。祭祀本是宗教之事，今将祭祀纳于礼，可以视为“摄宗教于人文”最具体的表现。）

原始宗教的信仰，大体保留在大众的生活习俗里面，而“礼”则是上层知识分子的新观念。不过，士阶层也没有彻底取消宗教，而是对原始宗教信仰加以纯化、净化，此之谓“宗教人文化”。

一般的宗教，大体顺着吉凶祸福之念而来，而基于道德理性的人文精神，则转到是非善恶上来衡量。中国文化中所保留的宗教性、宗教精神以及宗教的功能和作用，一直都是循这个价值主线绵延发展的。孔子以后的儒家，也一直含有宗教性与宗教精神，故儒家亦称儒教。这里蕴含着很深广的义理。此处引而不发，以待后论。

（二）民为神之主（人的地位之提升）

《左传·桓公六年》载季梁对隋侯之言：“夫民，神之主也。是以圣王先成民而后致力于神。”季梁所谓民为神之主，是表示神为民而存在，如果神不能护民佑民，则神有何意义？后来，孟子也有“旱干水溢，则变置社稷”（《孟子·尽心下》）之言。社稷之神，不能保境安民，不能使风调雨顺以利民生，乃是玩忽职守，自可加以“变置”。孟子这种“民为贵，社稷次之，君为轻”的思想，在华夏文化里是早有渊源的。

《左传·庄公三十二年》载史嚚之言曰：“国将兴，听于民，将亡，听于神。神，聪明正直而壹者也，依人而行。”所谓“依人而行”，自是依民意，依人民之正当要求。这表示聪明正直而始终一贯的神，必不违背民意，必不违逆正理。这仍然是民为神之主的意思。

《左传·僖公十九年》载宋司马子鱼之言：“祭祀以为人也。民，神之主也。”可见神为民而存在的思想，在春秋时代是很普遍的。

（三）天神之赏罚以民意为准据

《尚书·皋陶谟》言：“天聪明自我民聪明，天明畏自我民明畏。”畏，通威。天之明善威恶、赏善罚恶，乃以民意为归依。民之所好，天必从之；民之所恶，天必罚之。《尚书·泰誓》亦云：“天视自我民视，天听自我民听。”天无耳目，无视听，其赏善罚恶，即以吾民之所见所闻为依据。天心民意，其义一也。

《左传·成公五年》云：“神福仁而祸淫。”《左传·襄公九年》亦云：“神所临惟信，信乃善之主。”皆表示神之降福祸，随人之修德与否而转移。

（四）以不朽代永生

凡宗教，皆对人的终极关怀有所措置，或往生净土得解脱，或进入天国得永生。等而下之的种种传说，皆就人死之后的归宿作为宣传之重点。而中国文化对此问题的因应，不从人死后的世界着眼，而要求自己就在今生今世成就不朽的价值。而人生价值之不朽，即人的终极目的之所在。操之在我，成之在天，本本分分，实实在在。除此，别无他求。试细思之，舍此，还另有更平正更健康的人生观否？

《左传·襄公二十四年》载叔孙豹之言：“太上有立德，其次有立功，其次有立言，虽久不废，此之谓不朽。”后世根据叔孙此言，以“立德”“立功”“立言”为“三不朽”。这在中国文化中是有代表性的思想，表示人文价值高于个体灵魂之永生。再者，人生之评价，最后取决于史官之书法（而不操之于神之最后审判），此亦是人文精神抬头之一端。

后来，儒家充分显扬人文精神，转小我为大我，既合天人，又通物我，彻幽明，且贯古今（打通时间之限隔）。于是，大我生命与广宇长宙打成一片，人与天、地并称三才，所谓“通天地人之谓儒”（西汉扬雄之言）也。这是后话，在此一提而已。

第四节　天命下贯而为“性”的思想趋势

一、天命观念

“天命”观念早见于《尚书·召诰》：“今天其命哲，命吉凶，命历年。”命有二义：一曰命令义，如天命、性命，这是理命的一面；二曰命定义，如命遇、命运、命限皆有限制、限定之义，这是气命的一面。《召诰》指出，天不但命吉凶、命历年，而且命我以明哲。人各尽我之明哲，即“敬德”，即能“明德慎罚”。无常之天命（所谓“天命靡常”），取决于人之敬德与明德。在敬德与明德中，人更能正视和肯定天命天道之意义。（意即：我之所以能尽敬，乃因天命我以明哲，我若无明哲，如何能尽敬？在我尽敬的过程中，天命天道亦随我尽敬之工夫而步步被肯定。）

二、天道的肯定

天道，不但在人的“敬”中被肯定，而且在人的“本体”中被肯定。此即“天命下贯而为人之性”，天道天命愈往下贯，我的主体（天命之性）愈得肯定；我的主体愈得肯定，天道天命之价值亦愈发彰著。（再发展下去，便是孔子践仁知天，孟子“尽心”“知性”“知天”，以及《中庸》《易传》之“天道性命相贯通”。）

三、三段重要文献

> 维天之命，於穆不已。於乎不显，文王之德之纯。（《诗经·周颂·维天之命》）

《中庸》第二十六章申之曰："'维天之命，於穆不已。'盖曰天之所以为天也。'於乎不显，文王之德之纯。'盖曰文王之所以为文也，纯亦不已。"天命，天道也。於，音乌，叹辞。穆，深远深邃也。天命穆而不已，生生不息，此即"天之所以为天"的基本意涵。文王是纯德之人，纯德如同天德（"天地之大德曰生"），故曰："纯亦不已。"此即文王之所以为文的意旨所在。天命穆而不已，人德纯亦不已。天命人德贯通起来，便正是"天命下贯而为性""天道性命相贯通"的义理印证。

> 天生烝民，有物有则。民之秉彝，好是懿德。（《诗经·大雅·烝民》）

朱子《诗经集传》注此诗云："天生众民，有是物必有是则，盖自百骸九窍五脏，而达之君臣、父子、夫妇、长幼、朋友，无非物也。而莫不有法（则）焉。如视之明、听之聪、貌之恭、言之顺、君臣有义、父子有亲之类，是也。是乃民所执之常性，故其情无不好此美德者。"天生烝民，其生活、行为皆各有法则，人民秉执天赋之常性，故能顺性而好善恶恶。后来孟子即引此诗为其"性善论"做印证（见《告子上》第六章）。

> 刘康公曰：吾闻之，民受天地之中以生，所谓命也。是以有动作礼义威仪之则，以定命也。（《左传·成公十三年》，孔子出生前二十七年）

"天地之中"，指天地之性、道、德，此亦"天命之谓性"之义也。所谓"命"也，意即天之所命，而人之生活、动作皆有礼义威仪之则，如礼仪三百、威仪三千之类。定命之命，乃根命之命，即人之生命是也。

通过礼义威仪之则的实践，天之所命的“中”，在人的生命行动里面得到贞定，后来孟子言“存心养性”、存养工夫，义亦同此。

上引三段文献，皆表示天道天命步步下贯而为人之“性”的思想趋势，也在此开启了天道性命相贯通之大门。其中，“维天之命，於穆不已”是一个重要观念。它将人格神的天（天帝、上帝）转化为形上实体（天命、天道）。有了此一转化，乃能下贯为性，而打通性与天道之隔阂，才有“民受天地之中以生，所谓命也”以及“民之秉彝，好是懿德”之观念。此一意识趋向，决定了中国文化思想之中心不落在天道本身（故不走宗教的路），而落在“天道性命相贯通”（道德、宗教通而为一）上。后来儒家所说的天人合德的内圣成德之教，正是此路之归结。[①]

附说：郭店竹简与先秦哲学之关系述略

1993 年，湖北郭店楚墓竹简出土，计八十四枚，一万三千字。属于儒家者十一种十四篇，属于道家者两种四篇。学者之解读，各有参差。而郭沂教授在《从郭店竹简看先秦哲学发展脉络》[②]一文中提出了他的看法。

其一，他认为郭店竹简本《老子》的作者，是老聃（即孔子问礼之老子）。而今本《老子》，则乃太史儋应关尹之请所著（成书在公元前 384 至前 374 年）。太史儋吸收老聃之书而多有增饰。后来，道家演变为两派。一派源于史官，其价值追求是平治天下，而传承之系统为：老聃—文子—太史儋—关尹子—黄老学派。另一派源于隐者，其传承系统是：早期隐者（如《论语》中之隐士）—杨朱—列子—庄子—庄子后学。此派之价值追求是修身养性。

其二，至于郭店竹简的儒家文献，郭文认为皆出于子思和子思门人之手。其中论及“心”“性”“情”者，如：“性”与“情”之关系，《性自命出》云：“道始于情，情生于性。”“性”与“心”之关系，《性自命

① 儒之为教，实与一般宗教“同而不同”，亦“不同而同”。儒教不取宗教之形式，故同而不同。但儒教实又具有宗教性与宗教精神，且能尽其文化功能，以护持中华文化之命脉，活转中华文化中兴继起之灵魂。此即与世界上几个大教有类同之处，故曰不同而同。此是后话，简提于此。

② 1999 年 4 月 23 日，《光明日报》第五版《理论周刊》。

出》云："人之虽有性，心弗取不出。"意谓性为体，而其用在心。（"性自命出"与心、性、情之关系，很难只从几句话便做出定论，必须从更长远的义理讲论中渐次衡定之。）

其三，关于各学派之关系，郭文认为，一是儒家和道家之关系，竹简本《老子》（老聃）肯定儒家之圣、仁、义、礼、孝、慈，孔子对老聃也加以推崇。儒道之对立，实始于战国，太史儋（今本《老子》）与庄子贬黜儒家，孟荀也反击道家。二是道家和兵家之关系，太史儋吸收兵家思想，而权术即其中的主要内容。三是道家和法家的关系，战国法家出自太史儋，太史儋入秦之后，促进了法家之发展，韩非作《解老》《喻老》，并非偶然。（关于儒家思想以及先秦各学派之关系，言之尚简易，供参考可也。）

另外，郭文认为先秦思想之发展，有两次重大之转变。第一次是在殷周之际，其实质是摆脱传统宗教，开创人文精神，拉近了人与天帝之距离，加强了二者之间的亲和性。而中国哲学史之开端，不应定在老子或孔子，至少应该从文王、周公写起。第二次是在春秋战国之际。一般都以为，儒家侧重伦理价值，道家侧重哲学探讨。但竹简本《老子》（老聃）虽也有讨论形而上学的段落，但大部分内容却是在阐述伦理价值，与《论语》很相似，同时，竹简本《老子》的文字风格相当古雅朴实，也与《论语》相合。但下及战国，人们从对伦理价值的侧重，转向对天道、心性之探讨，而文字风格也由古朴转向高远玄妙。无论儒家的子思、子思后学、孟子，还是道家的太史儋、关尹、庄子，都是如此。[①]

---

① 郭文所述郭店竹简各点，皆可供参考，故特略做介绍如上。又，郭文系李山博士寄自北京，特致谢意。

第二章　孔子的仁教

第一节　道之本统的再开发

一、继往开来的孔子

孔子，名丘，字仲尼。生于周灵王二十一年，鲁襄公二十二年，卒于周敬王四十一年，鲁哀公十六年（时当公元前551至前479年），七十三岁。与孔子并世的世界性人物是释迦牟尼（传说释迦生于公元前557年，卒于前477年）。至于苏格拉底，则要到孔子卒后十年，始出生于希腊。[①]

孔子为儒家之祖，亦是中国平民知识分子之第一人。他开发了中国文化的长江大河，永远灌溉着中华民族的心灵。他的仁教，更为人类开启了无限向上之机，所以他又是人类精神的导师。孔子的道路，是天下人共同行走的康庄大道。不同文化系统、不同宗教信仰、不同种族血统的人，都可以信从，可以行走于其上而携手并进。他的实践方法，是没有教条、没有强制、没有禁忌的“和而不同”（虽不同而能和）的自由开放的方式。他开显了一个氛围祥和的、坦荡荡的生活天地。

孔子既继往，亦开来。二帝三王至于周公而构造成的“周文”，是顺

---

① 论者或谓，孔子的时代，正是人类心智成熟放光的关键时刻，亦即所谓轴心时代。希腊的哲学思辨、希伯来的超越向往、印度的本体探究，分别为科学、宗教、玄解播下了善种。而中国的儒家，则本乎“忧患意识”而昭显了“创作转化”的人文精神。此一说法，虽嫌简略，而亦颇为醒豁，故特识之。

圣王的政教之迹而开出的生活规范。其主要内容有二。

一是宗法的家庭制（通于社会、政治）：其中含有王统（天子世系）、君统（诸侯世系）、大宗（百世不迁，永为宗家）、小宗（五世则迁，五服以外无亲亲）。政治上的宗法，随朝代而消泯。家族伦常上的宗法，则长远运行于社会民间，至今不泯。

二是等级的民主制（治权的民主）：封侯建国，分土而治。公侯伯子男之等级，循“亲亲之杀”“尊尊之等”而定，以世袭为原则。卿、大夫、士之职位，则大体依“用人惟才”（贤者在位，能者在职）之原则，不得世袭。此中含有“治权的民主”，故春秋大义，必“讥世卿”。①

以上两点，乃顺政教之机制事迹而制订，此之谓“据事制范”，是顺二帝三王而凝成的“道之本统”（圣王之政规）。

二、“道之本统”的再开发

圣王之统，通称道统。孔子所继承的即这个圣王之统。但孔子不只是继承道统，他还有新的开发。

周公依据三代政教之迹以制订圣王之政规（修德爱民，推行仁政王道），这是“王者尽制”的一面，这一面以二帝三王为标准，所完成的是王者礼乐中的成人与人伦，是生活行为的形式规范。到了孔子，乃反身上提而透显形而上的仁义之心，给予周文以超越的解析与安立，超越“事”而从“理”上说话，故曰“人而不仁，如礼何？人而不仁，如乐何？”（《八佾》）礼乐之事，立根于仁义之心，此之谓“摄事归心”，也可说是摄礼归义、摄礼归仁。②这是对“道之本统”的再开发。这一面是“圣者尽伦”（伦，理也），以孔子为标准，所完成的是成德之教中的成人

---

① 世世为卿，违背“用人惟才”之公正原则，故孔子作《春秋》时，特加讥评。

② 如果以“仁”“义”“礼”作为孔子的基本理论，则“忠恕”“直”“正名”可以说是孔子的引申理论。由仁引申出“忠恕”，由义引申出“直”，由礼引申出“正名”。此意，可见蔡仁厚：《孔孟荀哲学》，台北：学生书局，1984年，上卷，第三章，第50—64页。后引此书仅标注章节或页码。

与人伦，是生命德性的自觉实践。

孔子为儒家之开山，儒之为儒，必须由“圣者尽伦”的成德之教（仁教）来规定，如此，乃能确定儒家之教义与儒者生命智慧之方向。成德之教，必通内外，通上下。孔子说“己欲立而立人，己欲达而达人”（《雍也》），由成己而成物，这是通内外；又说“下学而上达”（《宪问》），上达天德，与天合德，这是通上下。通天人上下，通物我内外，这才是儒者生命智慧的大方向。故儒之为儒，不能（不宜）只根据“王者尽制”的外部礼乐（礼教）来规定。更何况，“礼教”的真正内涵是“礼”加上“乐”，所谓“乐合同，礼别异”（《乐论》），礼与乐的精神相反相成，而儒家实兼礼与乐以为教化之内涵，并不偏于礼或偏于乐。近人责儒家“礼教杀人”，乃偏取流弊中之特例为言，甚不允当。

第二节　仁的意义与特性

一、仁是全德之名，仁是真实生命

“仁”这个字，在孔子以前就有了。周公在《尚书·金縢》中有“予仁若考”，《诗经·郑风·叔于田》有“洵美且仁”，《左传》出现过三十个左右的“仁”字，而这些“仁”字（如“亲仁善邻”“幸灾不仁”“仁以接事”之类），大体是指仁爱、仁厚之德。到了孔子，才赋予“仁”更为深广的意义。我曾在《孔孟荀哲学》上卷第四章，录列《论语》所载孔子答弟子问仁之言八条、论仁之言十二条、勉仁之言八条，以疏解孔子言“仁”之义旨，可参阅。

孔子仁教中的“仁”，不是普通的知识概念，不可用下定义的方式来处理，必须超脱字义训诂，从孔子的指点语来了解。仁，虽也是德目之一（如“忠、孝、仁、爱”中的仁），但孔子言仁，绝不限于德目的意义。据孔子答弟子问仁之言，“克己复礼”是仁，“见宾、使民”之敬与

“己所不欲，勿施于人”“己欲立而立人”之恕，亦是仁。“爱人”是仁，“恭、敬、忠”“宽、信、敏、惠”亦可以表示仁。此外，“先难而后获”与“其言也讱”，亦可称为仁。[①]一般的德目，皆依主观的发心与客观之所对而成立。（如子女对父母显发孝，对尊长显发敬之类。）而仁则不能限于一定的对象，仁以天地万物为对象，对亲、对民、对物皆可。（孟子言“亲亲”“仁民”“爱物”，正同时说到“亲”“民”“物”。）

仁超越一切德目而又综摄一切德目，故仁是“全德”之名，不可只作德目看（德目中的仁，只是仁之偏义）。仁与众德的关系可以这样说：仁是道德之根、价值之源。一切德目，皆是仁对应于人、事、物而显现的德行。如对应于人伦，仁显发为孝悌慈爱、忠信和顺之德；对应于生活事物，仁显为恭敬辞让、谨慎勤俭、廉直义勇、宽恕惠敏之德。所有的德目（众德），皆只是人德之一项一目，唯有仁，才可以统摄众德，成为全德之名。因此，我们又可以用仁来指人的真实生命。

一个人有仁，则生；不仁，则麻木而死矣。孔子言“欲仁”“志于仁”“不违仁”“用力于仁”“为仁”“当仁”“蹈仁”“成仁”，皆是对于“践仁”的指点，而“为仁由己”一语，更表示仁必须通过生命来表现。而人之践仁，亦不是要表现一个外在的德目，而是要落实于一个个具体的人，使他自己生命中的仁显发出来，并且因时、因地、因事而各措其宜。仁的实践，纯粹是各人自己的事，不能由他人代替，所以孔子对颜渊

---

① 参蔡仁厚：《孔孟荀哲学》，上卷，孔子之部，第二章第一节引孔子言仁各条。又，孔子还有“论仁”与“勉仁”之言。如“唯仁者能好人，能恶人”（《里仁》），“刚、毅、木、讷，近仁”（《子路》），“回也，其心三月不违仁”（《雍也》），谓管仲“如其仁，如其仁”（《宪问》），“汝安，则为之……予之不仁也”（《阳货》），“巧言令色，鲜矣仁”（《学而》），“仁者乐山，智者乐水”（《雍也》），“仁者安仁，智者利仁”（《里仁》），“仁者不忧”（《子罕》），“仁者必有勇，勇者不必有仁”（《宪问》），此皆“论仁”之言。而“勉仁”之言，如“我欲仁，斯仁至矣”（《述而》），“民之于仁也，甚于水火……未见蹈仁而死者也”（《卫灵公》），“当仁，不让于师”“杀身以成仁”（《卫灵公》），“仁以为己任”（《泰伯》）。另有践仁成圣之道，该章亦有讨论，并请参阅。

说："为仁由己，而由人乎哉？"

二、仁是人格发展的圆满境界

仁的境界之实现，乃是一个无限的"纯亦不已"的过程，必须通过"纯一无夹杂""践行无间断"的长时间努力，才能达到无所憾的圆满境界。而在人生的过程中，随时都可能出现麻烦，出现差错，所以孔子既不轻易许人以仁，也不以圣与仁自居。①他一生"十有五而志于学，三十而立，四十而不惑，五十而知天命，六十而耳顺，七十而从心所欲不逾矩"(《为政》)。到七十岁，才达到"从心所欲"而"不逾矩"的圆融境界。孔子这一段自述之言，正亲切地表明他一生"不厌不倦"以全部的生命为"仁"做见证。而仁者即圣者②，孟子说圣人是"人伦之至"(《离娄上》)，正是视"仁""圣"为人格世界最圆满的型范。

三、仁的特性，曰觉与健

仁是乾德，是阳刚之德③，所以仁是生化原理。熊十力先生论仁，特重"生生、刚健、照明、通畅"之德，而论及儒圣之学，亦以"敦仁日

---

① 《论语·述而》云："若圣与仁，则吾岂敢？抑为之不厌，诲人不倦，则可谓云尔已矣。"

② 仁之与圣，合而言之，仁者即圣者；分而言之，仁从存心言，圣从成效言。究其实，皆为人格世界之最高型范。

③ 仁道生生，仁是乾健之德。以柔德说仁，乃是一偏之义。所谓"仁者爱人"，爱有很多层次，也不必限于温煦之义。韩愈《原道》谓"博爱之谓仁"，而同时亦讥议"以煦煦为仁"者。所以只从柔德一面说仁，乃庸卑识小之小人儒，不足以尽仁之实义。

新”为主，谓涵养心性，要在“日进弘实”，不当以“日损”为务。[①]这都是卓大深透的有识之言。牟先生亦常说，仁有两大特性：一曰觉，一曰健。[②]

觉，是悱恻之感，亦即孔子所说的“不安”之感，孟子所说的“恻隐之心”“不忍人之心”。有觉，才有四端之心，无觉便是所谓麻木。“麻木不仁”这一成语，正反显出仁的特性是觉而不麻木。这个觉，不是心理上的感觉或认知上的知觉，而是指道德心灵上的觉。

健，是健行不息的健。《易》云：“天行健，君子以自强不息。”所谓“天行健”，实即“维天之命，於穆不已”的另一种表达方式。君子看到天行健，便觉悟到自己亦要效法天道的健行不息。这表示，我们的生命必须通过觉以表现健，或者说，要像天一样表现创造性。因为天之德（天之本质）就是创造性本身，所以健的含义，乃是精神上的创生不已。

从觉与健做进一步的了解，牟先生又有一句极其醒豁而中肯的话：“仁以感通为性，以润物为用。”“感通”是精神生命的层层扩大，“润物”则是在感通的过程中给人温暖，并引发他人的生命亦进到仁的境界。仁固然是仁道，亦是仁心。仁心就是我们不安、不忍、愤悱、不容已的道德的本心，是触之即动，动之即觉，活泼泼的。这就是我们的真实生命。这仁心遍润一切，遍摄一切，而与物无对。所以仁心的感通，说到极处，必然是“与天地合德，与日月合明，与四时合序，与鬼神合其吉凶”[③]。

---

① 熊先生论及仁德、仁道，在其《读经示要》《十力语要》中，随处可见。多诵其书，必可感受到“生命的学问”之实义。

② 参见牟宗三：《中国哲学的特质》，台北：学生书局，1975年，第五讲。后引此书仅标注章节或页码。

③ 见《易·乾卦·文言》。现再总结上述之义，列为表格，以供参证：

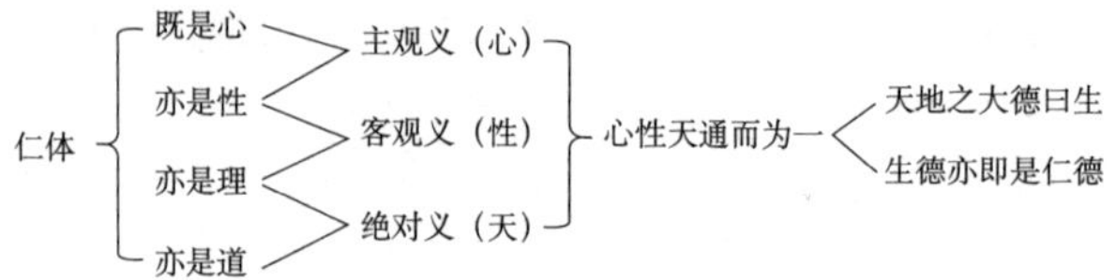

此时，仁心之不容已（纯亦不已），遂与“於穆不已”之天命流行之体通而为一。所以孔子所说的“仁”，实乃天命天道的一个印证。[①]

第三节　仁智圣的生命领域

一、仁智对举与仁且智

孔子常将“仁”“智”对举，如“仁者安仁，智者利仁”“智者乐水，仁者乐山”“智者动，仁者静”“智者乐，仁者寿”等等。虽仁智对举，而又实以仁为主。仁通内外，智则显明觉之用（不指理智活动），以化除生命之隐曲幽暗。故仁且智的生命，乃通体透明的德慧生命（既含有德性之光明，亦昭显人格之光辉）。

上一章已讲到，在孔子之前，已有一个“天道天命下贯而为性”的思想趋势。这个思想趋势，主要包含两点：一是天的观念之转化，即人格神之天转化为形上实体；二是形上实体下贯而为人之性，走向天道性命相贯通。但孔子并没有沿传统言性的线索去积极讲论，而是别开生面地从主观面开辟了“仁智圣”的生命领域。

二、仁智双彰以成圣

仁智双彰的模式，正是圣人的模式。“仁以感通为性，以润物为用”，

① 孔子之仁教，内涵深广而丰富，我在《孔孟荀哲学》上卷孔子之部，分九章加以论述。（一、孔子的一生及其论赞。二、孔子对文化的贡献。三、孔子理论的形成与引申。四、孔子言“仁”的意义。五、仁与众德。六、性与天道。七、义与命。八、宗教、义务与自我问题。九、孔门弟子及其流派。）请参阅。

此之谓仁德之润化。智以觉照为性，以及物为用，此之谓智及之风姿。仁智双彰，则能“通物我”(老安少怀，万物一体)、“合天人”(天人合德)。故子贡曰：“仁且智，夫子既圣矣。”

总之，仁智圣的作用，一在指出人生之途径与理想，以完成德性生命之价值；二在遥契超越方面的“性与天道”，以达至“天道性命相贯通”的高标准之型范（与天合德）。

第四节　由仁智圣遥契性与天道

一、性与天道和孔子的圣者情怀

《论语》载子贡之言曰：“夫子之文章，可得而闻也；夫子之言性与天道，不可得而闻也。”(《公冶长》)孔子既已“言性与天道”，子贡亲耳听到，何以又说“不可得而闻”？可知这个“闻”乃是“知闻”之“闻”，不是“听闻”之“闻”。盖夫子虽已言之，门弟子也听闻了，却不知晓性与天道的义旨，故曰“不可得而闻”。

“性”与“天道”，皆是客观的自存潜存：天道是超越的存有，性是内在的存有。总起来说，天道是天地万物之所以成为天地万物的最高根据。性是散开就个体而说，是个体之所以成其为个体的最后根据。性与天道二者的内容、意义是一，但概念使用的分际有所不同。从体证、体现上说，二者皆在仁的朗润与智的觉照中，亦即皆在生命的体证中，得以彰显、挺立而贞定。故对于存有方面，只能证知契会，而不可穿凿智测。子贡所谓“不可得而闻”，实亦此故。

孔子的心思，不是对“存有”表现智测，而是落实于“践仁”以表现德行。他由谈论“仁智圣”而流露出一种内在生命的超越鼓舞（下学上达）与超越倾向（与天合德），由敬畏天命而透显生命中的虔诚。这是与超越者（天）相喻解（知我者其天乎！天知我，我亦知天命)、相呼应的情怀。这种情怀是“圣者的情怀”(与一般哲学家是不同的)。

二、天道中的情与理

“天道”观念，从情的方面说，类似于人格神。孔子所谓“天生德于予”(《述而》)“天之未丧斯文”(《子罕》)“天丧予”(《先进》)“吾谁欺，欺天乎”(《子罕》)“知我者其天乎”(《宪问》)，皆属此义。孔子“知天命”，天亦反过来“知孔子”，这种天人相知、天人相合(合德)的思想，一直是儒家的通义。(不过，在讨论学术、辨析义理时，却并不直接强调此义。)

从理的方面说，天道即形上实体(创生实体、生生之道体)。子曰：“予欲无言。天何言哉？四时行焉，百物生焉，天何言哉？”(《阳货》)天是“於穆不已”的创生实体，故虽不言，但春夏秋冬自然运行，百物(万物)自然生长。孔子的生命行事，即天心仁体的真实呈现，亦即天道生生之具体而微的表征，所以孔子亦欲“无言”(由言教归于默证)。

对于人格神的天道，孔子所表露的是一种含有敬畏与虔敬意味的呼应之情。对于形上实体的天道，则显示出他“以身体道”的承担。这两种天人关系，都表明人对于天道的遥契。

三、遥契二义

“遥契”表示的是生命的向往和契合。遥契的方式有二：一是超越的遥契，二是内在的遥契。

对于人格神的天道，是超越的遥契，它倾向于显示庄严肃穆的宗教之意味。这是对超越者(人格神意味的天)所流露的肃穆之深情。孔子以及后世儒者所蕴含的宗教情操和宗教精神，即循此脉络表露出来。(所谓“报本返始”，在此更显意义。）

对于形上实体的天道，则是内在的遥契。内在的遥契所显示的是亲切而明朗的哲学意味。这可以通过“天何言哉”“予欲无言”一章所显示的以身示道、“以天自况”来了解。不过，在孔子看来，这只是一种意示，故而没有多加讲论。后来到《中庸》，便充分透显出来了。

超越的遥契，着重客体性（天命、天道）；内在的遥契，则着重主体性（仁、性、诚）。由着重客体性过渡到主体性，是人与天和合、喻解的一大进步。经过这一步，主体性与客体性乃取得一个真实的统一（天道性命相贯通，道德与宗教通而为一）。由“践仁以成圣”转到“践仁以知天”，而与天为知己、与天地合德，此即孔子所完成的圆满型的圣贤人格之型范（天人合德）。

第五节　义命观念与主宰性之肯定

一、义的定然性与时宜性

“义”字在《论语》中出现的次数，仅次于“仁”与“礼”。我在《孔孟荀哲学》上卷第七章，曾引《论语》言“义”之文句计十七条[①]加以考察。可知“义”的义旨，不外乎正当、合理、合宜、理义、道理、正当责任等。总起来说，“义”是事理之当然，亦是人事之所当为。所谓“事理之当然”，意即理当如此，必须当下肯定，不容怀疑。譬如对国家

---

① 所引《论语》言“义”之文字，约如下：“君子喻于义，小人喻于利”（《里仁》），“不义而富且贵，于我如浮云”（《述而》），“君子有九思……见得思义”（《季氏》），“君子义以为上”（《阳货》），“君子之于天下也，无适也，无莫也，义之与比”（《里仁》），“君子义以为质”（《卫灵公》），“士质直而好义”（《颜渊》），“子谓子产：‘……使民也义。’”（《公冶长》），“行义以达其道”（《季氏》），“不仕无义……君子之仕也，行其义也”（《微子》）。

之忠、对父母之孝，都是事理之当然，是天理合当如此，亦是我的良知（道德本心）当下之肯定。对于这种当然之理，不可看作寻常事件来究诘，人所应讨究的只是如何尽忠、如何尽孝。也就是说，只需对此“当为”的事讲求“如何为”，以期完成正当的责任。据此可知，“义”有定然性、不变性，是“理”之应然与必然；“义”亦有时宜性、适应性，是事之所宜为、所可为。

但亦须知，“义”虽是事理之宜，是人事之所当为，但这作为事理之宜的义，却不在于外在的事物本身，而在于我们对事物态度的合理合宜上。所以朱子以“心之制，事之宜”解释义，王阳明亦说：“心得其宜之谓义。”可见义与不义，是必须断之于行为者之心的。通过心的主宰断制，明辨是非，择善固执，而后才能做到“穷不失义，达不离道，取不伤廉，与不伤惠”。因此，义在本质上乃是道德的应然判断（价值判断）。譬如“见义不为，无勇也”，我何以知道此时所见的事是义或非义、当为或不当为，这并不能从我所见到的对象（事物本身）看出来，而必须根据我的心对此一事物所做的价值判断，始能辨别它合不合义，并决定这事当为不当为。

同时须知，同类的事物，常因时间、地点与情境之不同，而或为义，或为不义。同一件事情，亦因行为者之责任、立场、境遇等的差异，而有不同的应事态度和处置方式。反过来说，虽然应事处世的态度、方式不相同，但只要是依事理之当然而行，都算是合义的行为。孔子所谓“无可无不可”，孟子所谓“此一时，彼一时”，正表示人的行为方式可以因时、因地、因人、因事而措其宜。总之，行事的态度、方式可以变，所不变的是“惟理是从”“义之与比”。而“从理”“从义”又必须以“心”（本心、良心）为准，离开了“心之制”（应然的判断），是不可能表现“义”的。

二、命令义之命与命定义之命

依儒家，“命”可有二义。从天之所命、性之所命而言，谓之“天命”“性命”。这一方面的“命”，是“命令义”的“命”。如《诗经》“维天之命，於穆不已”，《中庸》“天命之谓性”，皆是“命令义”的“命”。后儒所谓“天命流行之体”，“流行”二字便是根据命令的作用说的。另一方面的命，是命运、命遇、命限之命，这是“命定义”的“命”。命定，表示一种客观的限定或限制。

对于“命令义”的“命”，必须敬畏、服从、践行，因为无论天之所命或性之所命都是善的命令——道德的命令。儒家讲道德实践，都是和这一方面相关联的。对于“命定义”的“命”，则应知之、受之、安之。因为知晓客观的限制，才能够安然受之，而不存非分之想，不做非分之求，也才能够“不怨天，不尤人”，而回过头来“反求诸已”，以恪尽自己性分中的天职。

《论语》载孔子探伯牛之疾，曰“亡之，命矣夫”（《雍也》），子夏谓司马牛曰“死生有命，富贵在天”（《颜渊》），子曰“不知命，无以为君子也”（《尧曰》），子曰“赐不受命，而货殖焉，亿则屡中”（《先进》），子曰“道之将行也与，命也，道之将废也与，命也”（《宪问》），“子罕言利与命与仁”（《子罕》）。此所引各条，除了“与命与仁”之命，不当作“命定义”解，其余各条皆可解为限制义之命。[1]

三、从尽义知命到义命合一

石门的晨门说孔子是“知其不可而为之”（《宪问》）的人，这句话大有意义。“知其不可”，是“知命”（知道客观的限制）；“而为之”，是“尽义”，凡“事理之当然”与“人事之所当为”者，皆当尽力而为。孔子“尽义”以“知命”的示范，决定了日后儒家精神之方向。

> 子曰：“富而可求也，虽执鞭之士，吾亦为之。如不可求，从吾所好。”（《述而》）

---

① 参见蔡仁厚：《孔孟荀哲学》，上卷，第七章第二节。

子路曰："君子之仕也，行其义也。道之不行，已知之矣。"（《微子》）

前一条知"富"之不可求，是"知命"；从吾所好（好善恶恶之好），以为其所当为之事，则是"尽义"。后一条知"道"之不行于世，是"知命"；但"道"虽不行，"志于道"的君子，仍须"行其义"（尽义），以明道、守道。这是不可抛弃、不可让渡的义务。

孔子"知命"却犹然"尽义"的人生态度，是举世共知的。孔子周游列国，常常受到一些隐士的讥讽，如《宪问》所记荷蒉、微生亩，《微子》所记荷蓧丈人、楚狂接舆、长沮、桀溺等。他们或对孔子说"斯已而已矣"，或说"已而，已而！今之从政者殆而"，或说"滔滔者天下皆是也，而谁以易之"，归结起来，无非是"既知命矣，何必尽义"的论调。孔子则认为"鸟兽不可与同群，吾非斯人之徒与而谁与？"正因为天下无道，所以才会情切救世，想要以正道移易天下。孔子这份情怀，倒是给石门的晨门"知其不可而为之"一句话说着了。晨门这句话和仪封人"天将以夫子为木铎"（《八佾》）都是能够知人论世、表明孔子精神的。

总之，"命"表示客观的限制，"义"表示自觉的主宰。从"命"的一面看人生，会感到世间事都有一定的限制，都是被决定的。在这一面，实在看不出人生的意义和价值。但人生不止这一面，除了"命"的一面，还有"义"的一面。人生的价值和意义，以及自觉、自由诸观念运行的领域，正需从"义"这一面来显现。人亦只应在"义"上主宰，以对是非善恶之价值负责。至于"命"的一面，则非人力所能掌握。因此，人生的意义和价值，不能从成败利害上计较，而应在是非善恶处判断，以"是其是而非其非，好其善而恶其恶"。孔子明辨二者之分际与界限，不仅透显了儒家精神之方向，亦决定了此后儒家处理宗教问题的基本态度——"重能不重所，依自不依他"。而中国人的人生观，正是在此基础上建立起来的。

从"义"与"命"之分际界限看，可以说"义命分立"。但除了"命定义"（客观限制义）之命，还有"命令义"一面的天命、性命之命。

从这一面说命，则是“天道性命通而为一”的。所以天命、理命、性命、德命诸词，皆可以成立，而且实亦可称为“义命”。这时，“命”已内在化而与性德合一，与义理合一。因此，天之所命即性之所命，性之所命即理之所当然、义之所当为。据此可知，从“命定义”之“命”而言——尽义以知命——义命分立；从“命令义”之“命”而言——尽性以至命——义命合一。

由“尽义”以“知命”，反过来说，则虽“知命”而仍须“尽义”（知其不可而为之）。“尽义”乃是尽我性分之所当然，所以“尽义”亦即“尽性”。到这一步，则所谓“知命”，便不只是知“命定义”的命运、命限之命，同时亦知“命令义”的天命、性命之命。而天命、性命之命，实际上就是我性分当然之不容已，亦是我无所逃于天地之间的“义务”。此便是“尽义”“尽性”以“至于命”①，亦即“义命合一”。据此可知，尽义以知命，固然可以说是孔子的人生态度，而推进一层说，则尽义、尽性以至命（义命合一），才是孔子所证现的人生境界。

第六节　宗教性与宗教精神

一、孔子对原始宗教的态度

在人类文化初起之时，每一个文化系统都经过了一个宗教的阶段。而中国自三千多年前（西周之初），便已显发人文精神之自觉，使原始宗教渐次走向转化的过程。下及春秋，宗教人文化的思想乃演进到成熟

---

① 《易·说卦》云：“穷理尽性以至于命。”此处略更易其词而通说之，在义理上应无违逆。程明道曰：“‘穷理尽性以至于命’，三事一时并了，元无次序，不可将穷理作知之事。若实穷得理，则性命亦可了（了，了当之了）。”明道所说，拙撰《宋明理学·北宋篇》（台北：学生书局，1984年）第十章第二节有疏解，请参考。

阶段。

孔子是中国文化的代表。他前有所承，后有所开。因此，在我们讲孔子之学时，他对原始宗教的态度亦是不可忽视的。

（一）对天的态度（天人关系）

从孔子对天的呼应之情与敬畏之感来看，他的生命与超越者的遥契关系，是含有很虔敬的宗教意识的。在孔子的生命中所显示的天人关系，乃是天人相知、天人和合、上下呼应、有来有往的关系。“天生德于予”，是来；“下学而上达”（上达天德），是往。来，是由超越而内在；往，是由内在而超越。这天人往来，正显示了上下呼应的关系。这种上下呼应的关系，又可以从“与天相知”看出来。“五十而知天命”，是人知天；“知我者其天乎”，是天知人。这里很明显地表示了天人之间的喻解与印合。但孔子所表现的，并不是依凭天神的意志而成为一个教主；他所完成的，乃是一个与天合德的“圣者的型范”。

（二）对鬼神的态度（人神关系）

在原始宗教阶段，鬼神被视为决定吉凶祸福的权威。而在孔子留下的教言里，我们可以看出“敬祀鬼神”这件事情，已经完全被“净化”了。孔子既说“未能事人，焉能事鬼”（《先进》），又说“敬鬼神而远之”（《雍也》），又说“非其鬼而祭之，谄也”（《为政》），又说“不语怪，力，乱，神”（《述而》）。据此可知，除了“慎终追远”“报本反始”，人是无须祷祭于鬼神的。

（三）对祭祀的态度

儒家将祭祀纳入“礼”之中，这是摄宗教于人文。但反过来说，“礼”之中包括“祭”，也表示儒家之“礼”，不只是伦理的、道德的，亦是宗教的。所以孔子答人问孝，曰：“生，事之以礼；死，葬之以礼，祭之以礼。”（《为政》）祭祖先，是孝道的伸展（致孝乎鬼神）。而且，凡是祭祀，皆应亲自参与，否则，“吾不与祭，如不祭”（《八佾》）。

后来，由荀子之所谓“礼三本”而发展为“三祭”之礼（祭天地、祭祖先、祭圣贤），更使儒家祭礼的意义，臻于充实丰盈的境地。

二、儒家的宗教性[①]

儒家又名儒教。儒家作为一个“教”来看，应该是世界各大宗教中最为特殊的了。有人说，儒家之“教”是“教化”之“教”，这话是不周延、不妥当的。儒家当然重视礼乐教化，但它并非单单只有这一层。儒家之为教，是含有宗教意识的，它能表现宗教之功能和作用，能显发宗教之超越精神，是一个具有“宗教性”的大教。[②]

从宗教形式看，儒家似乎不是一个宗教，譬如儒家没有教会组织，没有僧侣制度，没有受洗受戒的特殊仪式，没有教条和对独一真神的义务，没有权威性的教义（如明确的来生观念、决定性的罪恶观念、特定的救赎观念）。对于上述各点，儒家或者认为并不需要，或者早已予以转化和超越，有的则是属于精神方面和实践进路的差异。对于这些当然可以讲很多道理，唐君毅早已做了广泛而深入的讨论[③]，可以作为了解的线索和依据。

一个高级的宗教，不能只从形式上看，而必须从宗教真理的层面再做考察。首先，它能否开出无限向上的超越精神？其次，它能否决定生命的方向和文化的理想？最后，它能否开出日常生活的轨道和精神生活

---

① 关于儒家与宗教之相关问题，笔者曾有专论：《儒家学术与道德宗教》（编入《新儒家的精神方向》，第47—62页）；《孔子与耶稣》（同上，第65—70页）；《关于宗教之会通问题》（同上，第71—90页）；《宗教与文化》（编入《儒家思想的现代意义》，台北：文津出版社，1987年，第355—372页）；《再谈有关宗教之会通》（同上，第373—397页）。

② 唐君毅：《文化意识与道德理性》，台北：学生书局，1975年，全集本，第七章之六。他指出中国儒家一方面崇拜圣贤、祖先之人神，另一方面亦敬祀天地之神，乃真正具备最高之宗教意识者。后引此书仅标注章节或页码。

③ 唐君毅《文化意识与道德理性》第七、第八章，以及《人文精神之重建》（台北：学生书局，1978年）《中国人文精神之发展》（台北：学生书局，2000年）《中华人文与当今世界》（台北：学生书局，1980年）各书（皆编入全集），对文化、宗教各层面的问题皆有极为通达平正之论述。宜参阅。

的途径？[①]

（一）启发无限向上的超越精神

孔子的下学而上达、知天命、敬畏天命，孟子的尽心、知性、知天，都显示了儒家的超越感。这种超越倾向与超越精神所开启的无限向上之机，是要突破生命的有限性以取得无限的意义和价值，而其最终的目标，则是“与天合德”“身与道一”。

而且，儒家所向往的生命之提升，并不采取向上攀依、一往不返的单向度方式。儒家讲的天人合一（合德）是双向度的，一方面“本天道以立人道”，另一方面“立人德以合天德”。在此，有来有往，上下呼应（人德与天德相呼应），所以是超越与内在通而为一的。

（二）决定生命的方向与文化理想

就决定生命的方向而言，可以从儒者自觉地要求“做仁者”“做圣贤”看出来。孔子说“我欲仁，斯仁至矣”，颜子说“舜何人也……有为者亦若是”，孟子说“圣人与我同类者”“圣人先得我心之所同然耳”，荀子亦说“圣可积而致”“故涂之人可以为禹”。由此可知，儒家不但肯定人人皆可以为圣贤，而且肯定人皆可以自觉自主地决定生命的方向，成就生命的不朽。（因此，无须再讲一套灵魂得救以祈求永生的道理。）

再就决定文化理想而言，儒家并不是凭空地讲一个高不可及的理想，而是本乎“人皆有之”的“不安”“不忍”的道德心性之要求，分别从纵横两面以显发文化理想。在“横”的方面，是本乎仁心之感通物我内外，而“亲亲、仁民、爱物”，以向往“天下为公”“物我一体”的境界。（《大学》“格、致、诚、正、修、齐、治、平”，亦是儒者所提供的关乎文化理想的实践纲领。）在“纵”的方面，则是本乎绵穆深厚的文化意识，而要求文化生命之相续不断。“道统”的意识，亦正含有文化理想古今通贯的永恒性。而所谓返本开新、慧命相续，亦表示要使这文化

---

① 参见牟宗三：《中国哲学的特质》，第十二讲“作为宗教的儒教”。而《心体与性体》《现象与物自身》，亦皆说及此义，宜参阅。

生命的大统永远畅通，使它在纵的发展之中，一步步、一代代而更臻于充实、丰富、圆熟的境地。

（三）开出日常生活的轨道与精神生活的途径

开出日常生活的轨道与精神生活的途径，二者本相通贯。儒者以“吉凶宾军嘉”之“五礼”与伦常生活之“五伦”，作为日常生活的轨道。这就是古人所谓“圣人立教”“化民成俗”“为生民立命”的大德业。儒家的礼乐伦常，是道德的、伦理的观念，其意义极其郑重而严肃。所以尽礼、尽伦，在中国皆被视为圣人的大功德。周公制礼作乐，开出日常生活的轨道；孔子进而点醒仁义之心，以指导精神生活的途径。

但孔子并不是在日常生活的轨道之外，另开一个精神生活的途径，而是不离作为日常生活轨道的礼乐伦常，说明其意义，点醒其价值。这就是在精神生活的途径上的指点和引导，亦是在精神生活领域的开辟与拓展。程伊川云：“尽性至命，必本于孝弟（悌）；穷神知化，由通于礼乐。”[①] 这真是达旨之言。孔子指点的精神生活之途径，从客观方面广泛地讲，能开创文运，是文化创造之动力根源；从主观方面深入地讲，就是要成圣成贤。

由此可知，宗教最中心的任务，第一是人格的创造，此即成圣成贤，第二是历史文化的创造与复兴。后者的灵感总是来自宗教——西方世界来自基督教，伊斯兰教世界来自伊斯兰教，印度来自佛教或婆罗门教，而中国则来自儒教。

依据以上三点的考察，可以看出，在别的文化系统中，只有宗教才能表现的精神，只有宗教才能发挥的作用，只有宗教才能尽到的责任，在中国，都是由儒家来担负。所以说，儒家虽不同于一般的宗教，却是含有宗教意识的，是能表现宗教之功能与作用的，是能显发宗教之超越精神的。中国文化有了儒家这一个具有宗教性的成德之教作主，外来的宗教传入中

① 此乃程伊川所作《明道先生行状》中之言，见《二程全书》附录。

国，便只能居于“宾”“从”的地位。以往如此，以后亦然。[①]

第七节 义务与自我问题

一、义务问题与人伦责任

顺着宗教的问题说下来，又可引出义务的问题，亦即人生基本责任的问题。我们可以这样说，第一，孔子开创的儒家转化了“对神奉献酬恩”的义务观念，而表现为对天地、祖先、圣贤之“报本反始”“崇德报功”。第二，儒家认为人生之基本责任，不在人神之间，而在广义的（家、国、天下）人伦关系中，此即通贯道德意识、文化意识、历史意识而言的人伦之道。

第一点，仍然是本于宗教人文化的精神方向而来。依孔子“致孝乎鬼神”的话看，祭祀亦可以说是孝道伦理的伸展。在此，应该略说儒家的“三祭”之礼。三祭指祭天地、祭祖先、祭圣贤。天地，是宇宙生命之本始；祖先，是个体（族类）生命之本始；圣贤，是文化生命之本始。通过祭天地，人的生命乃与宇宙生命相通，而可臻于“万物皆备于

① 外来宗教传入中国，对中国的文化生命，以及中国人的生命立场，当然有影响。但由于中国文化自有宗主，因此外来宗教只能居于“宾”“从”之地位。关于这个方面，拙著《新儒家的精神方向》有所论述。唐君毅亦曾指出，外来宗教的目标，只是想来救中国人的灵魂，而不在于救中国的民族与文化（见《说中华民族之花果飘零》）。一个信仰外方宗教的人，自然亦能竭忠尽力，以奋其“救国家、救民族、救文化”之精诚。但这里有一个道理必须辨识。中国的宗教徒之“保爱国家民族，保爱历史文化”，是发自他作为“中国人”的实质，是以一个“中国人”的身份地位来尽他的天职，而不是以一个“宗教徒”的身份地位，来尽其宗教的义务。以是，中国的宗教徒，实肩负着双重的责任：一是中国人的责任，二是宗教徒的责任。而由于“中国人”是我们的第一性，宗教徒是第二性，因此，这其中的责任顺序，是不可以，亦不应该加以倒转的。

我”“上下与天地同流”的境界。通过祭祖先，人的生命乃与列祖列宗的生命相通，而可以醒悟一己生命之源远流长及其绵延无穷之意义。通过祭圣贤，人的生命乃与民族文化生命相通，而可以真切地感受慧命相承、学脉绵流的意义。总括起来，中国人对于生化万物、覆育万物的天地，自己生命所从出的祖先，以及立德、立功、立言的圣贤，并此三者同时加以祭祀，加以崇敬。这种回归生命根源的“报本反始”的精神，确确实实是孝道伦理的无限伸展，而其中所充盈洋溢的崇德报功的心情，亦未尝不可视为一种不容其已的责任感之显露。（盖面对天地而想到创发宇宙继起之生命，面对祖先而想到光大祖德以护佑后昆，面对圣贤而想到承续发扬仁道文化，这些实在都是“责任感”之不容自已。）

第二点，所谓人伦之道，其中每一伦都有“天理之当然”作为根据[①]，并不只是一般所谓的责任。不过，“天理之当然”一落实于人生，二落实于生活，它实在就是理所当为的正当责任。再如“正名以定分”“仕以行其义”“行义以达其道”，以及“有教无类”等，同样显示了人伦责任的立场。而且，人伦责任又不仅是对同时之人，它亦可以扩及前代，伸展到远古。在孔子心目中，人类文化的业绩乃是一个整体；古人、今人、未来的人，都是历史文化之大流中，先后接续的共同工作者。[②]

---

① 近人常把伦常之道与人伦生活看作社会学、生物学的观念，这是不对的。父子、兄弟，乃是天伦。父慈子孝、兄友弟恭，乃是天理合当如此。夫妇一伦亦不只是情爱，而是以“保合”为义的伦理关系（夫妇关系与男女关系不同），故《中庸》云“君子之道，造端乎夫妇”。师友（朋友）一伦，则代表真理之互相启发，以期文化慧命之相续不断。而君臣以义相合，代表群体方面之道揆法守。可知“伦”之所以为伦，都有一定的道理和根据，都有永恒的意义，所以特别名之曰“伦常”，表示这是人类安身立命之常轨。

② 在文化领域和人格世界里，实无时间、空间之限隔，而是“古往今来心同在，东西南北志相通”的。单就个体生命而言，不免会有寂寞、孤立之感，但从“志存千古，心通天下”而言，则此心同，此理同，与我同心同志者实比比皆是。想要了解儒者的道德信念与文化使命感，这亦是一个要点。

由于孔子将人生的基本责任定在人伦关系上，而人伦之道又是横通天下、纵贯古今的，因此，孔子的历史文化意识亦特别强烈而深厚。故曰："文王既没，文不在兹乎？"又曰："天之未丧斯文也，匡人其如予何！"从这深婉的感叹里，我们又看出孔子以文统自任，不仅是一种对责任的自觉承担，而且透显出一种超越的使命感。

二、成德之教中的自我问题

据上所述，儒家不只是一个源远流长的大学派，它亦是一个教，是"即道德即宗教"的天人合德之教。然则，这个成德之教中的"自我"问题，也应该有所说明。

"我"的发现，在西方哲学史上乃是一个重大的问题。譬如三百多年前，笛卡尔的"我思故我在"，便成为传诵至今的名言。如果浅一点说，"我吃故我在""我爱故我在"，岂不一样？不过，吃饭的我只是"形躯我"，恋爱的我只是"情意我"，还没有进到哲学意义上的"认知我"（思想主体）以及道德价值意义上的"德性我"（道德主体）的层次。对于"自我"的问题，虽然孔子没有做过正式的论证，但我们可以从他的教言里，看出他对自我境界的态度。

关于自我境界的划分，上文所提到的是较为通行的四分法：形躯我，以生理与心理之欲求为内容；情意我，以生命感与生命力为内容；认知我，以知觉理解与推理活动为内容；德性我，以价值自觉为内容。[①]

总结孔子成德之教中的自我境界，可做如下之简述。第一，德性我。此以价值主体之自觉为内容。孔子"欲仁""求仁""为仁""成仁"，其意向着重德性我，正表示他的自我境界系属于此。第二，认知我。孔子

---

① 参见劳思光：《中国哲学史》，第一册第二章。

重“学”，而归于“进德”（摄知归仁），对纯知性的活动未予积极正视[①]，其认知我实居德性我之附从地位。第三，情意我。其含“生命力”与“生命感”两面。前者表现于坚毅勇敢之意志，后者表现于艺术性之活动。孔子言“勇”，必以“义”为规范，听“乐”则有“尽美矣，未尽善也”之叹，又有“放郑声”之表示，可知其情意我受德性我之指导或裁判。第四，形躯我。箪食瓢饮，君子固穷，谋道不谋食，杀身以成仁，凡此，皆表示形躯之苦乐、得失乃至生死，皆非孔子所计较。而养生、尊生，乃以成德，非为形役也。

第八节　孔门弟子及其流派

孔子是万世人德，他对人类文化的贡献，乃是“大德敦化”，无须一一缕述。[②]在此，应对孔门诸贤及其流派，略为一说。

孔门诸子，都是志乎圣贤而拔乎流俗的豪杰之士。如曾子，他说“士不可以不弘毅，任重而道远”，又说“自反而缩，虽千万人吾往矣！”这是何等豪杰气概。堂堂乎子张，“尊贤而容众，嘉善而矜不能”，此即肝胆照人、推心置腹的英雄气度。子贡才情颖露，类乎天才。擅文学的子游、子夏，近乎学者。擅政事的冉有，则近乎长于计划的事业家。颜子默然浑化，坐忘丧我，“一箪食，一瓢饮，在陋巷”，与现实世界似乎略无交涉；对圣人之道，只有“仰之弥高，钻之弥坚，瞻之在前，忽焉在后”的赞叹，此则特具宗教性偏至型圣贤的超越精神。但他们都包含在孔子的圣贤教化之中，而未尝以天才、英雄、豪

---

① 孔子之学，虽不以成就知识为主旨，但孔子亦从未在原则上轻忽知识之价值。至于如何自觉地从中国文化心灵中转出知性主体，使知性主体从德性主体的笼罩之下透显出来，独立起作用，以开出“知识之学”的新学统（与道统分开而言的学统），则是当前中国人的责任，亦是儒家面对的一大中心课题。

② 参见蔡仁厚：《孔孟荀哲学》，上卷，第二章。

杰、宗教性之人格显现。他们的才品声光，在孔子面前，放平了，浑化了；他们的人格精神，在孔子的德慧感润之下，同一化于孔子，而归于永恒。

我撰述的《孔门弟子志行考述》一书，是以《论语》为据，旁采古籍，列叙孔门诸贤之生平行谊、学识艺能、志节风义、人格精神，兼及其资禀气度、才情声光，娓娓道来，庶几引人入胜，既情味深醇，又发人深省。而附录之《孔门弟子名表》与《孔门师弟年表》，简明醒目，不仅可供参考，而且尤能衬托孔门师弟之时代、社会背景，以加强读书之效果，引发阅读之兴味。

孔门流派之分，当以《韩非子·显学》“八儒”之说为最早。韩非子的分法，计有：子张氏之儒，子思氏之儒，颜氏之儒，孟氏之儒，漆雕氏之儒，仲良氏之儒，公孙氏之儒，乐正氏之儒。这八儒到底指谁？是各指一人，还是分别指一个流派？他们的学说著述又如何？现皆难以确考，但由此可见孔门流派之盛。《史记·儒林列传》亦说：“自孔子卒后，七十子之徒，散游诸侯，大者为师傅卿相，小者友教士大夫，或隐而不见。故子路居卫，子张居陈，澹台子羽居楚，子夏居西河，子贡终于齐。如田子方、段干木、吴起、禽滑釐之属，皆受业于子夏之伦，为王者师。”本节拟另从一个角度，以“传道之儒”“传经之儒”“曾点传统”略说孔门之流派。

一、传道之儒

程明道说：“颜子默识，曾子笃信，得圣人之道者，二人也。”（《二程遗书》卷第十一）陆象山亦说：“孔门惟颜曾传道，他未有闻。”（《陆象山全集·语录》）其后子思、孟子、《中庸》、《易传》，下及宋明儒者，都属于传道之儒的谱系。

“道统”这个名词虽然是后起，但韩愈《原道》云：“尧以是传之舜，舜以是传之禹，禹以是传之汤，汤以是传之文、武、周公，文、武、周公传之孔子，孔子传之孟轲，轲之死不得其传焉。”这是极有通识的话，而且实有所据。《孟子·尽心下》最后一章，便已说到圣道之统的传承。兹据原文列之于下：

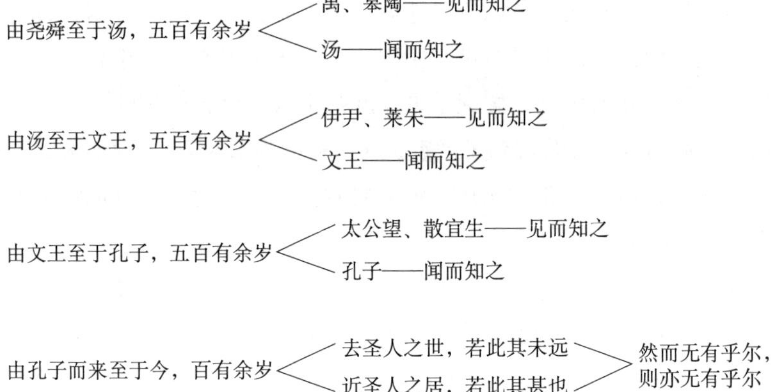

据此，孟子以圣道之统自任的意思，已经甚为明白。而且，就孔子之道而言，颜子、曾子，可谓见而知之；而孟子“私淑诸人”，则是闻而知之。先秦儒家虽无道统之名，而实已有了道统传承的意识。盖民族文化之相续绵延，必然有一个据以决定原则、方向的“道”。道，虽有隐显，而绝无断灭，故能一贯相承而成统，这就是所谓“道统”①。后儒称孔子继承尧、舜、禹、汤、文、武、周公之道，自是本孟子之言以为说。其实，在孔子自己，亦早已有了这样的自觉。

首先是孔子盛赞二帝三王之德：

> 子曰：“大哉，尧之为君也！巍巍乎，唯天为大，唯尧则之。荡荡乎，民无能名焉。”(《泰伯》)

---

① 道，是绝对普遍的。但道要成统，则有待于人之实践。所以“道统”的形成，必然通过一个民族或一个宗教来表现。因此，儒家所谓道统，亦是民族文化之统。道统，虽然视之而不可见，听之而不可闻，触之而不可得，但它却是一个真实的“有”。而道统的显现，即文化意识的觉醒、文化理想的提揭，以及文化使命的自觉承担。当然，如果民族文化光大发皇而影响到邻邦乃至世界，则这个道统便亦超越民族的界限而成为人类文化之统。

子曰："无为而治者其舜也与！夫何为哉？恭己正南面而已矣。"(《卫灵公》)

子曰："巍巍乎！舜、禹之有天下也而不与焉。"(《泰伯》)

子曰："禹，吾无间然矣。菲饮食而致孝乎鬼神，恶衣服而致美乎黻冕，卑宫室而尽力乎沟洫。禹，吾无间然矣。"(《泰伯》)

子曰："泰伯，其可谓至德也已矣。三以天下让，民无得而称焉。"(《泰伯》)

子曰："(文王）三分天下有其二，以服事殷。周之德，其可谓至德也已矣。"(《泰伯》)

《尧曰》之"允执其中"乃尧咨舜、舜命禹之辞。《尧曰》并称述汤、武之德言，以见圣道相承之意。[①]

其次是孔子损益三代礼乐：

颜渊问为邦，子曰："行夏之时，乘殷之辂，服周之冕，乐则《韶》舞。"(《卫灵公》)

子张问："十世可知也？"子曰："殷因于夏礼，所损益，可知也。周因于殷礼，所损益，可知也。其或继周者，虽百世，可知也。"(《为政》)

孔子之言，一方面是损益先王之礼，另一方面是斟酌当世之宜。盖

---

① 《论语·尧曰》首章，历述尧、舜、禹、汤、文、武之敬心施政，借以显示二帝三王道脉相承之意。其文曰："尧曰：'咨！尔舜！天之历数在尔躬，允执其中。四海困穷，天禄永终。'舜亦以命禹。（此辞见于《尚书·大禹谟》）（汤）曰：'予小子履，敢用玄牡，敢昭告于皇皇后帝：有罪不敢赦，帝臣不（敢）蔽，简（择）在帝心。朕躬有罪，无以万方；万方有罪，罪在朕躬。'（此引《商书·汤诰》之辞）周有大赉，善人是富。（武王克商，大赉四海。见《周书·武成》）'虽有周亲，不如仁人。百姓有过，在予一人。'（此《周书·泰誓》之辞）谨权量，审法度，修废官，四方之政行焉。兴灭国，继绝世，举逸民，天下之民归心焉。所重：民、食、丧、祭。（《武成》云：'重民五教，惟食、丧、祭。'）"

理之不可易者，是礼之“经”；可因时而措其宜者，是礼之“权”。孔子志在以道变易天下，故以损益四代礼乐之意告知颜子，又以礼之因革损益告知子张。而“其或继周者，虽百世，可知也”，实已示意道之相续不已，且亦已透露“时中”之义。

尤其明显的是，孔子所说的“文王既没，文不在兹乎”(《子罕》) 这句感叹之言，更使孔子以“斯文之统”自任的意思明白地表示出来。而《孟子·公孙丑上》知言养气章末段所引“宰我、子贡、有若”之言[①]，更可看出孔门诸贤亦已认识到孔子光大“圣道之统”的地位。

据上所述，可知孔门之学是以“道”为中心展现的。由颜子之“默识”，曾子之“守约”，孟子之“尽心”“知性”“知天”，《中庸》之“慎独”“尽性”“致中和”，《易传》之“穷神知化，继善成性”，可以看出由孔子下及于《中庸》《易传》，都显示了一种内在生命存在的呼应。而“性命天道相贯通”的义理骨干，“本天道以立人道，立人德以合天德”的天人合德之教，更为宋明儒者积极地继承，而达于充其极的境地。在此，我们可以说，这“传道”一系，乃是儒家之所以为儒家的本质所在。

二、传经之儒

传道之儒的重点，是学脉宗趣与实践路径之贞定，以及精神方向与文化理想之发扬，故其学为“义理之学”。而传经之儒则着重经典文献之传承、考订、注疏、讲解，故其学被称为“经学”。至于礼乐教化、典章制度，则是传道之儒和传经之儒共同关注的。不过，传经之儒比较着重形式层面的名物度数与典制礼仪，而传道之儒则较为正视精神理想层面的纲领原则与政规道范。

传经之业，汉儒多推子夏，而从子夏到汉儒，又有一个作为中介的关键人物——荀子。有关诸经传承的谱系与线索，通常在讲经学史或国

① 宰我曰：“以予观于夫子，贤于尧舜远矣。”子贡曰：“自生民以来，未有夫子也。”有若曰：“自生民以来，未有盛于孔子也。”

学概论时都会说到，兹从略。[①] 现只改换一个方式，做一简要的说明。

先说曾子这一系。曾子传道，其实亦传经。《论语》一书，大体以出于曾子门人之手者为多。《汉书·艺文志》有“《曾子》十八篇”，今不传。《大戴礼记》有“《曾子》十篇”，《小戴礼记》有《曾子问》，而二记中的《儒行》《哀公问》，亦与《论语》所记曾子之言很相近。《大学》《孝经》相传亦为曾子之述作。曾子门人甚盛，尤著者有乐正子春、公明仪、子思等。《汉书·艺文志》有“《子思子》二十三篇”。《隋书·音乐志》引沈约之说，以为《礼记》中之《中庸》《表记》《坊记》《缁衣》，系自《子思子》书中抄出。而孟子亦属曾子、子思一系。这是以鲁国为中心的孔门义理派有关传经的情形。

子游与子夏，同属文学之科（文学，指诗、书、礼乐、文章而言）。或谓子夏谨守礼文，而子游深知礼义，故称游、夏为孔门礼乐学派。《礼记》提及子游之处特多，清人郝懿行以为《曲礼》《檀弓》《玉藻》《冠义》《昏义》《乡饮酒义》《射义》《燕义》《聘义》《礼器》《郊特牲》《礼运》，多出于子游一派之手。

子夏居西河教授，年寿最长，汉儒称其发明章句，故传经推本于子夏。子夏为魏文侯师，田子方、段干木、李悝（克）等，皆受业子夏之门。三晋之学，子夏实开其端。

子张志行高远、气象阔大，其学不可得而详。荀子斥“子张氏、子游氏、子夏氏之贱儒”，自是指其末流之弊而言，然三子之后学甚盛，亦由此可以想见。伏胜《尚书大传》多引子张，其人或属子张后学，亦未可知。

又《礼记》中之《乐记》，原十一篇，本不在“记百三十一篇”之中，沈约以为取自《公孙尼子》（《汉志》著录此书）。王充《论衡》以“宓子贱、漆雕开、公孙尼子”连称，以为三人论性情之义相似云。又《汉志》著录七十子弟子周人世硕之“《世子》二十一篇”，今佚。《论衡》谓，周人世硕以为人性有善有恶云。[②]

---

① 徐复观著有《中国经学史的基础》，可参阅。

② 1993年湖北荆门出土的郭店楚墓竹简，大多属于孔门弟子或再传所留下之文献。其中有关人性之论点，与后来告子、荀子乃至汉儒之说法，颇有类同。此“自气言性”之脉络，最后归结为“气质之性”，在儒家人性论中，此乃非主流的消极面之说法。

《春秋》有三传，论者多谓《公羊传》乃口传之学，汉时始著于竹帛，《穀梁传》则由《公羊传》加以变化。公羊、穀梁皆“以义传经”。而《左氏春秋》实属史学性质，不似解经之作，但其书与孔子《春秋经》同以鲁史为资料，故二者关系亦颇密切，可谓“以史传经”。《左氏春秋》通常都说是鲁君子左丘明所作，唐宋以来，学者或谓左氏不止一人，而左氏与左丘亦有区别。瑞典汉学家高本汉比较《论语》与《左传》之文法，认为《左传》非“鲁君子”所作。而章太炎据《韩非子》“吴起，卫左氏中人也”，谓左氏乃卫之都邑名，以为《左传》之学，传于吴起。钱穆《先秦诸子系年》亦力证《左传》与吴起之关系。

至于《易经》之传授，《史记》以为商瞿受《易》于孔子，又五传而至齐人田何。此一线索是否足资相信，难以定论。兹本阙疑之义，不具述。

三、曾点传统

曾点，字皙，曾子之父。他是孔门一狂士。狂者是有性情、有向往的人。他们永远为一个理想提撕着、鼓荡着，他们要担当、要有为，所以奋发进取。狂者苟能有成，便是伊尹“圣之任者”的形态，否则，便是狂简一流，虽然“斐然成章”，而“不知所以裁之”。故狂者大抵难及时措之宜。孔子在陈有“归与”之叹，便是想要裁正在鲁之狂士，使之进于中道。关于曾点之“狂”，难以详考。唯《论语·先进》有一段言词生动、意境优美的记载：

> （子曰：）“点，尔何如？”鼓瑟希，铿尔，舍瑟而作，对曰：“异乎三子者之撰。”子曰：“何伤乎？亦各言其志也。”曰：“暮春者，春服既成，冠者五六人，童子六七人，浴乎沂，风乎舞雩，咏而归。”夫子喟然叹曰：“吾与点也！”

朱注云：“曾点之学，盖有以见夫人欲尽处，天理流行，随处充满，无少欠缺。故其动静之际，从容如此。而其言志，则又不过即其所居之位，乐其日用之常，初无舍己为人之意。而其胸次悠然，直与天地万物上下同流，各得其所之妙，隐然自见于言外。”朱注所说，境界高美，而曾点所谓“浴乎沂，风乎舞雩，咏而归”云云，亦确有“光风霁月，胸怀洒落”之致。在学问义理的层次上，本亦容许人有这种艺术欣趣，以呈现其艺术精神与境界。如《二程遗书》载明道之言曰：“自再见周茂叔后，吟风弄月以归，有‘吾与点也’之意。”便是此种欣趣与意境。

孔子言诗，言乐，言乐山、乐水，又言“饭疏食，饮水，曲肱而枕之，乐亦在其中矣”。颜子箪食瓢饮，不改其乐。故周濂溪有“寻孔颜乐处”之言。曾点狂者胸次所显示的艺术欣趣，虽不必同于孔颜乐处，亦未尝不可以相通。而曾点的风格，亦自成一流派。后儒凡言“洒脱”“自然”“乐”，皆可属于曾点一系。周濂溪、程明道虽不属于这一派，但亦有此意趣。而邵康节则甚为相近矣。下至明儒陈白沙与王门泰州派下，则尤为显著。他们或表现为生活境界与艺术欣趣，或显发为生命丰姿与人品风光，而很少标宗以为义理之矩矱或讲学之宗旨者。即使泰州王心斋的《乐学歌》，也仍然是艺术欣趣的意味更重。此是曾点传统之特殊处。（儒家之学，不只能开出德性之领域，而且实能构成“德性、智悟、美趣”三度向之立体统一。）兹录王心斋《乐学歌》于此，以结此篇。

> 人心本自乐，自将私欲缚。私欲一萌时，良知还自觉。一觉便消除，人心依旧乐。乐是乐此学，学是学此乐。不乐不是学，不学不是乐。乐便然后学，学便然后乐。乐是学，学是乐。呜呼！天下之乐，何如此学？天下之学，何如此乐？

第三章　墨子的思想理论

墨子，姓墨，名翟，鲁人。[①]生于孔子卒后，而卒于孟子出生之前，其一生大约不出公元前480至前390年此九十年间。墨子在战国时期有显赫之地位，其志行人格甚高，而又博学百国春秋（非孔子之《春秋》，乃指各国之史书），然其思想理论则质实而浅。（墨辩部分，另见本卷第七章。）

第一节　天志——最高的价值规范

一、天志：现实世界唯一的法仪

在《墨子·天志》上中下三篇之中，反复申述“天意”只可“顺”而不可“反”。天意即天的意志，故又曰“天志”。这是墨学中一个极其重要的观念。不过，在墨子看来，天志只是理论，而非信仰。

《天志》中篇云：

> 子墨子之有天之意也，上将以度天下之王公大人为刑政也，下将以量天下之万民为文学、出言谈也。观其行，顺天之意，谓之

① 或谓墨子不姓墨，姓翟，或谓墨子非鲁人，此皆无实之言。拙著《墨家哲学》，台北：东大图书，1983年，绪论分“墨子生平”“墨子之书”“墨学渊源”“墨子的时代及其精神气质”“墨学的传授”等五节加以论述，可参阅。

> 善意行；反天之意，谓之不善意行。观其言谈，顺天之意，谓之善言谈；反天之意，谓之不善言谈。观其刑政，顺天之意，谓之善刑政；反天之意，谓之不善刑政。故置此以为法，立此以为仪，将以量度天下之王公大人、卿、大夫之仁与不仁，譬之犹分黑白也。

凡官府之刑政，人民之行为，顺天之意则谓之善，反天之意则谓之恶。这表示“天志”是用来量度天下事物的法仪——最高的价值规范。

墨子以为，无论人从事何种工作，都应有一种足以为法的标准。百工无分巧拙，皆以绳墨规矩为法，然则治天下、国家当以何为法？在墨子的心中，人是不足为法的，无论“父母”、“学”（师）、“君”皆不免仁者寡，所以皆不足为法。唯一足以为法的，便是超越性的天（天意、天志）。墨子虽是就治法而言，但治法涉及的范围，是通贯于整个现实世界的。墨子想为现实世界“建体、立极”，而“天志”便是唯一的法仪——最高的价值标准。

二、天的含义

墨子是平民，他的思想观念亦显示出平民的性格：纯厚、守旧。天志观念即当时民众宗教心理的一种反映。《墨子》中的“天”之含义，可分四点加以说明。

第一点，天以德性价值为特性。《法仪》在说明天足以为法之后，接着便说“天之行广而无私，其施厚而不德（息），其明久而不衰”。三句明白表示天具有德性价值，是一个有善意的天。第一句表示“天之行”有其普遍无私性，第二句表示“天之施”有其丰厚悠久性，第三句表示“天之明”有其永恒不灭性。

第二点，天以“爱”“利”为本质。《天志》中篇指出，天兼天下而爱之利之，故创造了自然界与人事界的众多事物。为了爱、利万民，天又设置了王公侯伯，以安治天下。所以墨子的天，是以爱、利为本质的。

第三点，天为“义”之所从出。“义”，对墨子的思想和墨子的人格精神都非常重要。“义出于天”，这在《天志》上中下三篇中都有说明。所谓“此吾所以知义之不从愚且贱者出，而必自贵且知（智）者出也……孰为贵？孰为知？曰：天为贵，天为知而已矣。然则义果自天出矣”（《天志》中篇）。墨子曾说“天子者，天下之穷贵也，天下之穷富也”，但即使是天下穷贵穷富（穷，极也）的天子，亦不足以与天相比。天，才是最贵最智者。他又说“天下有义则治，无义则乱”。可见义是为政于天下的准则，而义所从出的天，当然就是政治的最高权力来源了。依墨子之意，天子为政于天下，而天又为政于天子，可知政治的最高权力来源不在天子而在于天。所以《法仪》说“天下无小大国，皆天之邑也；人无幼长贵贱，皆天之臣也”。为政于天下的天子，又须“上同于天”。因此，墨子在“天志”观念之外，还要建立一个“尚同”的观念（见下节）。

第四点，天之所欲与所恶。既然“义自天出”，而天又以爱、利为本质，故其所欲与所恶，自必落在义与爱、利上。其一，人之相爱相利，乃天之所欲；人之相恶相贼，则为天所不欲。其二，天之所欲者，是义，所不欲者是不义。① 合两点而言，相爱相利，即“为义”；相恶相贼，即“为不义”。简括地说，天的欲恶，只是“欲义而恶不义”。所以说到最后，作为法仪或标准的天，实在只是一个“义”字。义不但出于天，而且根本上就是天的本质。天为政于天下，其实就是以义来正天下。墨子所肯定的天，必须由“欲义恶不义”进到“赏义罚不义”，才能真正实现它的含义与功能。至于人，便须如《天志》下篇所说，随时“戒之慎之，必为天之所欲，而去天之所恶”。这表示“天志”观念落到现实之用上，是可以使人有所警戒，而敬事天、祭祀天，并畏天之赏罚，以从事义之实践的。

三、墨子的“鬼神”观念

在墨子看来，鬼神为实有，而且有类别：天，山水鬼神，人死为鬼

① 此所谓义与不义，实指人之“为义”与“为不义”。

神。《天志》中篇云："上利乎天，中利乎鬼，下利乎人。"可见鬼神介乎天与人之间。而鬼神的明智既高于人，又高于圣人。(《耕柱》云："鬼神之明智于圣人。")鬼神能赏贤罚暴，秉承天之意志，以义为政于天下。人如敬畏鬼神之赏罚，则国家天下可治。[①]

第二节　尚同——权威主义的政治论

一、国家的起源

墨子想要建立一个上通于"天志"，下及于"万民"的权威系列，故提出"尚同"之说。所谓"尚同"，即上同于天之义。《尚同》上篇云：

> 古者民始生，未有刑政之时，盖其语，人异义。是以一人则一义，二人则二义，十人则十义，其人兹众，其所谓义者亦兹众。是以人是其义，以非人之义，故交相非也。是以内者父子兄弟作怨恶，离散不能相和合；天下之百姓，皆以水火毒药相亏害。至有余力，不能以相劳；腐朽余财，不以相分；隐匿良道，不以相教。天下之乱，若禽兽然。
>
> 夫明乎天下之所以乱者，生于无政长。是故选天下之贤可者，立以为天子。天子立，以其力为未足，又选择天下之贤可者，置立之以为三公。天子、三公既以立，以天下为博大，远国异土之民，是非利害之辩，不可一二而明知，故画分万国，立诸侯国君。

墨子推想，原始社会由于没有国家政长之统制管束，人人各执己意，

---

① 儒家无鬼神论，对于鬼神采取"存而不论"之态度。而墨子之论鬼神，乃是原始宗教遗留之残迹，在哲学上的理论意义不高。

以相争斗，久而久之便产生了“乱极思治”的心理，于是选天下之贤者为天子，建立政治机构，行使政治权力，以统制管束万民。墨子的说法和 17 世纪的英国学者霍布斯的国家理论近似。但霍布斯只就人之利害冲突着眼，以为人皆自私，由于利害不同而常起冲突，所以必须通过契约之相互限制以建立国家。而墨子则举“一人则一义，十人则十义”以解说没有国家组织之时的混乱，这是以统一是非标准为着眼点。不过，墨子所谓“义”，实际上已经包含了利害的考虑，所以与霍布斯的国家论，大旨并不相远。

一人一义，故人各自是而“交相非”。这种乱象，唯有“一同天下之义”才足以使天下治。墨子认为统一思想乃是国家的任务，由此主张建立绝对权威的统治。人人放弃自己的是非，一层层地上同于在上者的标准，最后服从于天的意志。这就是“天志”与“尚同”理论接合的地方。

二、尚同的政治机构及其政治规定

墨子认为，“尚同”是“为政之本，而治之要”。在《尚同》上中下三篇中，墨子对人类社会之演进有所解释，以为原始社会无政长，天下之人异义而天下乱，因此必须“一同天下之义”，并选立政长，成立政治组织。综合墨子之意，可有两点说明。其一，就人事方面说，最高的是天子，三公是天子的辅佐者；其次是诸侯国君，将军、大夫是诸侯的辅佐者；再次是乡长；最后便是里长。其二，就地域方面说，由于天下过于广大，于是分设多国，国又分设许多乡、里，合起来成为整个天下。

由纵的人事系统配合横的地域区分，乃构成完整严密的政治组织。《尚同》中篇有一段话：

> 天子、诸侯之君、民之正长，既已定矣，天子为发政施教曰：“凡闻见善者，必以告其上；闻见不善者，亦必以告其上。上之所是，亦必是之；上之所非，亦必非之。己有善，傍荐之；上有过，

> 规谏之。尚同义其上，而毋有下比之心。上得则赏之，万民闻则誉之。意若闻见善；不以告其上；闻见不善，亦不以告其上。上之所是不能是，上之所非不能非。己有善，不能傍荐之；上有过，不能规谏之。下比而非其上者，上得则诛罚之，万民闻则非毁之。”

这段话可以视为统治者对天下万民之总规定。《尚同》上篇又说道：里民必须上同于乡长，乡民必须上同于国君，百姓必须上同于天子。总之，闻见善与不善，必须告其上；必须是上之所是，非上之所非；傍荐己（或谓已，当作“民”）善，规谏上过；必须学习上之善言善行。这是层层上同的政治规定，除了“傍荐己善，规谏上过”比较开明，其余皆抹杀思想自由、意志自由。

《尚同》中篇还曾说到尚同政治的功用：上下之情通；天子之视听也神；无有敢纷（乱）天子之教；赏当贤，罚当暴。所谓“天子之视听也神”，“神”是指天子之不可捉摸，天子以其赏罚之权，使天下人之耳目皆为己用，故天下大小之事，天子皆无所不知，于是乎便说其“视听也神”。这样的天子，恩威难测，其实也是很恐怖的。

三、层层上同，上同于天

人民一层一层地上同于其上，到天下人皆上同于天子之时，也庶几可以“一同天下之义”了。但墨子认为这还不够，必须“上同于天”。《尚同》中篇云：

> 夫既尚同乎天子，而未上同乎天者，则天菑（灾）将犹未止也。故当若天降寒热不节，雪霜雨露不时，五谷不熟，六畜不遂，疾菑戾疫，飘风苦雨，荐臻而至者，此天之降罚也，将以罚下人之不尚同乎天者也。

下人（百姓万民）只知上同于天子，而不再上同于天，故天怒而降罚。可知人民不但要上同于天子，还要上同于天。而且必须通过天子以上同于天，而不得越过天子而上同于天。所以墨子的层层上同，也仍然是与政治组织之层级相配合的。

墨子认为当时的王公大人反对古圣贤之道，使政治陷于上下不同义的混乱局面，故提倡尚同为对治之方。王公大人若能顺天之意，爱人利人以为政，则天下自可拨乱而归于治。以是，尚同之外，他又提出“尚贤”。

四、尚贤与众贤之术

《尚贤》上篇云：

> 故古者圣王之为政，列德而尚贤。虽在农与工肆之人，有能则举之。高予之爵，重予之禄，任之以事，断予之令。曰：“爵位不高，则民弗敬；蓄禄不厚，则民不信；政令不断，则民不畏。”举三者授之贤者，非为贤赐也，欲其事之成。

墨子以尚贤为政之本，故提出“进贤”与“众贤之术”。众贤的具体方法也很简单，即对为义的贤良之士，富之、贵之、敬之、誉之，对不义者，则不富、不贵、不亲、不近，而且还要“罪贱之”。上行下效，共同一致，自然就可以形成为义（为贤）的风气。如此，则国之贤者日以众矣。这就是墨子所谓的“众贤之术”。①

众人皆为义，则国之贤士多。王公大人择而用之，便是所谓的“使能”。使能必须“量才器使”。在使能这件事情上，又须设置“三本”。《尚贤》中篇说到“高予之爵”“重予之禄”“断予之令”，即所谓“三本”。为政者能“进贤”“使能”，自然就可以获致“尚贤”之功。“上者天鬼富之，外者诸侯与之，内者万民亲之，贤人归之。以此谋事则得，举事则

---

① 墨子只言“众贤之术”，而不讲求“养才之道”，此即其不及儒家之处。盖其文化意识与人文精神不足故也。

成，入守则固，出诛则强。”

墨子认为，尚贤乃是天意（天意尚贤）。古圣王取法于天，法天而行，故为天所举尚。暴王不能尚贤使能，故得天之罚。类似这样的思想，也都反映了素朴的民意。

第三节　兼爱——爱的社会之向往

一、形成“兼爱”观念的理路

墨子认为天下之乱，是由于人只知爱自己，而不肯爱他人。人人自私，故人人皆亏害他人以自利。墨子既“非”此天下之乱源——“不相爱”，自必针对它而提出一个足以“易之”的观念。《兼爱》中篇云：

> 既以非之，何以易之？子墨子言：“以兼相爱、交相利之法易之。”然则兼相爱、交相利之法，将奈何哉？子墨子言：“视人之国，若视其国；视人之家，若视其家；视人之身，若视其身。”

以“兼相爱、交相利”易“不相爱”，是墨子“兼爱”观念所以形成的理路。它既没有追究天下人何以“不相爱”，也没有论证人如何才能相爱，而只是针对人不相爱的现状而直接要天下人“相爱相利”，这完全是“直接反应”式的理路。而此一理路的内容亦极其简单，墨子所用的最完整的词语，也不过就是中篇“兼相爱、交相利”这六个字，而上篇只说“兼相爱”，下篇就只剩一个“兼”字了。对于反面之不相爱，也只有一句“兼相恶、交相贼”，或者只用一个“别”字。

如何“兼”？墨子的回答是“视人之国，若视其国；视人之家，若视其家；视人之身，若视其身”，总结便是“视人如己”。“视人如己”亦即“爱人如己”之义。由“爱人如己”即可推出“兼爱”乃是同等的爱、无差等的爱，这就是兼爱的内容意旨。（至于兼爱的根据何在？可能否？墨子根本未曾涉及。兼爱不由内发，没有内在的根，结果只能求助于赏罚，可见其思想之浅拙。）

二、兼爱本乎天意

在墨子，“兼爱”并不是孤立的观念，它是与“天志”相关联的。人必须“行兼”，这乃是天意的要求。人能行兼爱，便是顺天之意；不能行兼爱，便是反天之意。故《天志》上篇云：“顺天意者，兼相爱，交相利，必得赏。反天意者，别相恶，交相贼，必得罚。”

墨子认为，兼爱不但利人，亦利天利鬼。《天志》下篇云：

> 若事（指人行兼爱）上利天，中利鬼，下利人，三利而无所不利，是谓天德。

这表示人之兼爱，不应限于爱人，亦当爱天爱鬼神。天下人如果都能“视人之国、家、身，若己之国、家、身”，则全天下皆可相安无事。若人人都能实行兼爱，则人类社会便可以成为一个爱的社会。

三、兼爱与推爱

兼爱是无差等的普遍的爱，作为一个抽象的原则，这是不能反对的。然而，凡是爱，皆须具体落实，一落实便必然是儒家的“推爱”（“老吾老以及人之老，幼吾幼以及人之幼”，由亲亲而仁民，由仁民而爱物，层层推广而达到与天地万物为一体）。儒家的推爱（仁爱）一点也不比墨家的兼爱狭窄，而且确实具体可行。所以与孟子同时期的墨者夷之，也认为“爱无差等”，而“施由亲始”。“施由亲始”正是儒家的推爱（“老吾老以及人之老”，便是施爱由亲始，而步步推广到人类与万物）。可见主张兼爱的墨者，也终须采取儒家的推爱，因为这是天理自然之序，是任何人都无法否定的。

而兼爱这个抽象的原则，则欠缺可行性。因为它只表示普遍性上的“理”，当理要落实于“事”以具体表现时，便必须顾到事上的差异性，一步步扩而充之，以渐次达于完满。儒家的仁爱，既具有普遍性，又顾及了差异性（亲疏、先后），故随时随地皆可以践而行之。

总起来说，兼爱只从外在的“量”上说，忽视了内在的“质”，而且也疏忽了践行的工夫，所以变成一句无真实可行性的大话。而儒家的推爱，则质与量皆已顾到。依儒家，是“仁无差等”（仁通万物）而“爱有差等”（行爱有序）。可知儒可以兼墨，墨不能代儒。

墨子之兼爱，是排斥差别性以凸显普遍性（抽象挂空而不可行）。儒家之推爱，则是保住差别性以成就普遍性（亲亲、仁民、爱物，具体落实而可行）。判儒墨之异同，这是最为关键的所在。

四、非攻——兼利天下

“非攻”这个观念的主要意思，就是“处大国不攻小国”。墨子认为，攻伐之事不但对攻伐者与被攻伐者两皆不利，而且不利于全天下。同时，《天志》中篇也说到“天之意，不欲大国之攻小国也”，可见他是依据天意以排斥攻伐的。攻伐不利于天下，又违背天意，可知“非攻”实即“兼爱”与“天志”观念的引申。其目的当然是“国际和平”。（墨子花十日十夜从鲁国赶赴宋国，帮助宋国守城，以抵抗楚国的侵略。这个故事脍炙人口，毋庸赘述。）

墨子既然主张“非攻”，却又赞许“征诛”，二者之间似乎有矛盾。其实，我们如果了解“非攻”观念本身即“义”，就不会有这种疑虑。在《非攻》下篇，墨子曾举述“禹征有苗”“汤诛桀”“武王诛纣”等史事，做了一个结论：“若以此三圣王者观之，则非所谓攻，乃所谓诛也。”墨子之意是，苗、桀、纣是暴君，是不义者，所以天启示禹、汤、武王分别加以征诛。总之，攻伐是灾祸，而征诛则是义举。

第四节　功利实用的文化观

一、节用、节葬

《墨子》中，除了《节用》上下两篇，《七患》《辞过》亦说到“节用”之义。尤其《辞过》最为清楚而有条理，如“节宫室”“节衣服”“节饮食”“节舟车”“节蓄私（宫妃、婢妾）”，对于这五点之说明，皆以最起码的生活需要为标准，主张“积极生产”与“消极节约”。

他倡导“节葬”，一方面反对“厚葬久丧”，另一方面指斥王公大人之厚葬不利于天下。墨子还说到“尧舜之葬不厚”，尤其是禹，“衣衾三领，桐棺三寸……土地之深，下毋及泉，上毋通臭。既葬，收余壤其上……则止矣”。他提倡薄葬短丧，本是从利上说，死者薄葬，可以节衣食之财；生者短丧，可以疾（速）从事（做事）而生财。故曰“子墨子之法，不失死生之利者，此也”。不过，节葬之利并不限于财利一面。财利除了可以“富贫”，还可以减少疾病，增殖人口（众寡），使王公大人多听治（断狱治事）以“定危、治乱”。合此三者而成“三利”，这才是墨子提倡节葬的根本用心。

二、非乐

墨子《非乐》原文只存上篇。另有《三辩》亦讲“非乐”。

墨子认为，“乐，非所以治天下之道”。大人“为乐”，必将废听治；贱人“为乐”，必将废从事。所以非乐的主张，仍然是出于实利、实用的考虑。归结起来是因为：为乐不中（不中，犹言不合）圣王之事，为乐不中万民之利。

墨子曾说“圣王不为乐”，这当然不合事实。到最后他便只好强词夺理地说：“今圣有乐而少，此亦无也。”以墨子那种质朴干枯而缺乏润泽的生命气质，是无法了解圣人乐教（或者说礼乐之教）之价值的。墨子真有西方所谓“文化乃生物学上所不需者”之概。

三、立三表以非命

“命”这个观念，在先秦典籍中有各种不同层次的含义，而墨子所非之命，则是极素朴粗浅的宿命观念，并没有很深的理论意义。

墨子认为，人若信命，则将以为贫富、贵贱、寿夭、穷通、治乱等皆由命定，天下之人都听天由命，便会造成怠惰而不肯“强力从事”的风气。而他借以“非命”的理论方法，则是近代人所推崇的“三表法”。《非命》上篇说：

> 何谓三表？……有本之者，有原之者，有用之者。于何本之？上本之于古者圣王之事。于何原之？下原察百姓耳目之实。于何用之？废以为刑政，观其中国家百姓人民之利。此所谓言有三表也。

墨子的三表法，虽然有其价值，但这论证是很粗浅外在的。天下国家之治乱与人民之贫富，原因有很多，岂是一个“命”字所能概括？而闻见之所及尤其有限，真理世界的物事并不都是能见能闻的。不过，墨子的论证虽有可议之处，但重要的是我们应该了解他的“非命”的用心，以及由此用心而显示的意义。

墨子认为，王公大人下至农人妇女，若能不信命而各守本职以“强力从事”，就可以利天下。而利天下又本是“天意”的要求，所以“非命”亦是本于天意。人能“非命”，便等于顺天之意，为天之所欲。而天意（天志）的内容是“义”，可知“非命”观念的意旨，实际上就是

“义”。所以墨子说：“用执有命者之言，是覆天下之义。”[①]

四、非儒——功利主义的思想

据上三节所述，墨子之“非乐”，是因为乐不合万民之利；“非命”是因为人信命便不能“强力从事”以利天下；“节用、节葬”亦全是从功利实用的观点来立说。他总是以生活中的实利作为价值判断之准衡，而且这些观念又都是针对儒家而发的。《公孟》云：

> 儒之道足以丧天下者，四政焉。儒以天为不明，以鬼为不神，天、鬼不说，此足以丧天下。又厚葬久丧，重为棺椁，多为衣衾，送死若徙，三年哭泣，扶后起，杖后行，耳无闻，目无见，此足以丧天下。又弦歌鼓舞，习为声乐，此足以丧天下。又以命为有，贫富寿夭、治乱安危有极矣，不可损益也：为上者行之，必不听治矣；为下者行之，必不从事矣。

此段后三点，已大略见于前三节，这是由于墨子“上功用，大俭约”而提出的主张。一般都说墨子法夏，尊禹之道。然而夏禹“菲饮食，恶衣服”，却亦“致美乎黻冕”，又岂止是俭约而已？而“夫子温良恭俭让”，又何尝不俭约？但亦不能仅止于俭。因为人伦生活的意义，以及政治教化之大用，并不是光靠俭约实用就能完全实现的。

礼义（包括丧葬祭祀）落在现实上，自不免有虚文之弊，所以儒家有因、革、损、益之道。孔子曾说：“人而不仁，如礼何？人而不仁，如乐何？”又说：“礼云礼云，玉帛云乎哉？乐云乐云，钟鼓云乎哉？”然则，儒家又何尝只着重礼乐之形式与虚文？但亦不因为人有不仁，或人以钟鼓之声为乐，以玉帛之器为礼，便在原则上废弃礼乐，抹杀节文之

① 命与义对反，此自可说。但“尽义以知命”，亦可进到“义命合一”。（见第二章第五节）此义则为墨子所不知。

价值。墨子诵《诗经》《尚书》，又广读百国春秋，但其博学只是杂识故事，而义不条贯，徒然以他那枯索滞执之生命反礼乐之奢靡，崇夏禹之俭约，而并不真知礼乐之价值与禹道之全体。一切只落在实用的层次上，“以耳目闻见”“以外效立事是非”（两句皆王充《论衡》语）。如此，怎能安顿社会，康济生民？文弊而救之以质，这当然不错，但尚质而否定文，又何尝救得了天下？

至于墨子说“儒以天为不明，以鬼为不神，天、鬼不说”，同样是不得情实之言。孔子对于“天”有积极的意识，对于鬼神虽不正面积极地肯定，但亦没有否定鬼神的存在。孔子不但没有“天不明，鬼不神”的言论，而且毫无这种意思。但对于鬼神，祀敬之可也，媚悦之何为？儒者尽敬尽诚，自主自立，为什么要取悦鬼神以祈福消灾？《论语》说“祭神如神在”，《中庸》说“洋洋乎如在其上，如在其左右”，这是说祭祀之时，以诚敬之心感格鬼神，神灵因而降临，觉其活灵活现，如在眼前；而不祭时，则鬼神虽非不存在，但亦并不觉其如此活现。这哪里是“执无鬼而学祭礼”？须知孔子之超越意识寄托于“天”，内在意识立根于“仁”，鬼神一层地位不高，而幽冥之事，又岂可多言？言之凿凿，不嫌太愚昧乎？

此外，在《非儒》篇中，墨子亦对儒家大事非议，实则都是不恰当的。前半篇所说的约有七项：依差等观念斥儒家丧礼订定年月时间之非，斥儒家娶妻亲迎之非，斥儒家以命为有之非，斥儒家主张君子古言古服之非，斥儒家述而不作之非，斥儒家胜不逐奔之非，斥儒家不扣不鸣之非。而后半篇几乎全是针对孔子而捏造的无稽之言，兹不赘述。

综观前述各节，加上他为了爱利天下而主张“兼爱”，为了反对亏人自利而主张“非攻”等，墨子的文化观已足够明了，即纯粹功利主义、实用主义的立场。墨子只知求效用，而不了解文化生活的内涵、价值，所以荀子说“墨子蔽于用而不知文”。而“不知文”，正是功利主义的基本性格。

第五节 对墨学的评论

一、反天下之心，天下不堪

《庄子·天下》说墨子悦古代勤朴俭约之道，躬行实践，但“为之太过”，不免异于先王。其言曰：

> 其生也勤，其死也薄，其道大觳（枯槁，缺乏润泽）。使人忧，使人悲，其行难为也。恐其不可以为圣人之道。反天下之心，天下不堪。墨子虽独能任，奈天下何！离于天下，其去王也远矣！
>
> 使后世之墨者……以自苦为极，曰：“不能如此，非禹之道也，不足谓墨。”……墨翟、禽滑釐之意则是（意在救世），其行则非也……虽然，墨子真天下之好也，将求之不得也，虽枯槁不舍也，才士也夫！

《天下》篇以墨子之道为“觳”道这话极为中肯。一套不能润泽生命的思想观念，那是太违人情的。自古有言：“王道不外乎人情。”背乎人情，反乎人心，则不可以为道。孟子说：“以佚道使民，虽劳不怨；以生道杀民，虽死不怨杀者。”可见治天下必以“佚道”“生道”，使人民安居乐业，如此乃能安民、安天下。墨子驱天下人至形容枯槁，人将不堪。不但常人不堪，墨者之徒也难以承受。禽滑釐是与墨子并称的大弟子，试看《备梯》的记载：

> 禽滑釐子事子墨子三年，手足胼胝，面目黧黑，役身给使，不敢问欲。子墨子其哀之，乃管酒块脯，寄于大（泰）山，昧（乱）茱坐之，以樵禽子。禽子再拜而叹。

墨子犹且“哀之”，禽子犹且“叹”，他人可想而知。庄子赞美墨子为“天下之好”，为才士，是因为他“枯槁不舍”。又说“其意则是，其行则非”，是因为他的“觳”道违反天下人之心，“天下不堪”！

此外，《荀子·礼论》说：“事生不忠厚、不敬文，谓之野；送死不忠厚、不敬文，谓之瘠。君子贱野而羞瘠。”“瘠”，正指墨子之道而言。《解蔽》又说“墨子蔽于用而不知文”。极求功利实用，而无礼文之润泽，又如何能安顿人的生命心灵？另如《史记·太史公自序》，说墨子“尊卑无别”“俭而难遵”。《汉书·艺文志》亦说墨子“见俭之利，因以非礼；推兼爱之意，而不知别亲疏”。凡此等等，都是墨者之道“反天下之心”的缘故。

二、僈差等，有见于齐，无见于畸

《荀子·非十二子》说墨子“上功用，大俭约，而僈差等”。“上”与尚同，“大”，亦尚也。“僈”，犹言无，亦有泯除、抹杀之义。尚功用，大俭约，可说是实用主义、功利主义，而僈差等则是泯除差等的平等主义。在墨子的十大观念中，天志、明鬼、尚同、尚贤、兼爱、非攻，大体都含有“无差等”的平等主义意味。而非命、非乐、节用、节葬，则大体是尚功用、大俭约的实用主义、功利主义。所以在“上功用，大俭约，而僈差等”一句中，以“僈差等”最为特殊而具有本质的意义。

《荀子·天论》又说：“墨子有见于齐，无见于畸。”“畸”，即不整齐、有差等之义。墨子只能体认齐一、肯定齐一，而不能体认差等、肯定差等。齐一，在某种意义上，就是平等的意思。所以，荀子这句批判，与“僈差等”并无实质上的不同。对于这一点，我只说一个意思：凡是抹杀个体性与差异性（或特殊性）的普遍性，都将妨害个体自由与人性尊严，都是王船山所谓“立理以限事”。墨家那些观念不付诸实现则已，一旦付诸实行，则人间世界势将成为蜂蚁世界，人亦将成为只为生活而存在的经济动物。这个结果，当然是墨子所始料不及的。（在某件事上的始料不及，人所难免，但对思想理论所可能导致的后果，若出现很多始料不及，便表示其思想不周密而缺乏深度。）

三、利他的义道及其限制

唐君毅在他的《中国哲学原论》中，曾指出墨子是“以义说仁”，其“兼爱”乃是客观的义道，“非攻”“节葬”“节用”“非乐”乃人民生存与经济生活中之义道，“尚同”“尚贤”乃社会政治之义道，“非命”乃外无限制之义道，又有“天”“鬼神”“人”交互关系中之宇宙的义道。唐君毅的说明，乃是基于同情的了解而“推致其意”以为言。墨子主张“损己以益人”。损己利人，乃是绝对利他的义道。从好处说，个人融入社会，与整个社会合而为一，所以只顾社会、公而忘私；从坏处说，则表示人已被社会吞没，个体价值不再受到肯定和尊重。

当然，墨子本人是一个极厚道、有热忱，而以利天下为出发点的人。（他的伟大可敬，正在这里。）无奈太质朴了，思想不透，高明不足。虽然他那伟大的正义感，以及为正义而牺牲的精神产生了很大的影响，但他救世的苦心，终归于“徒善”之无用，可见“讲学、立教”实在不是一件轻易的事。

第六节　墨学的再探讨

一、兼爱与天志

一般说来，墨学的中心观念应该是“兼爱”。因为墨子提出每一个观念的根本用心总是归结到爱利天下以成就万民之利。因此，从孟子开始，便以“兼爱”代表墨子的思想，这当然是不错的。

不过，“兼爱”仍然是根据天的意志而来，所以“天志”才是墨学中最高的价值规范。以是，“兼爱”虽是诸观念的中心，但它与诸观念的关联是横向的，只表示一个平面的统一。而诸观念的超越根据，仍然是天的意志。

有了“天志”观念的建立，诸观念才获得了一个纵向的立体的统一——超越的统一。因此，就墨学的理论构造而言，“天志”表示垂直的纵贯，“兼爱”表示横向的联系。而就其根源的意义而言，“天志”的地位，实比“兼爱”更为核心。

天或天的意志，是墨子救世运动的一个法仪。一方面，它是墨子自己量度天下一切是非、善恶、利害的唯一准衡，另一方面，它又是整个人间社会凭以为法的唯一标准。这个作为“法仪”的“天志”，在墨子的思想意识中，实在是理想价值的根源。天“欲义”“恶不义”，而“义”又从“天”出，所以天的本质或者说天志的内容，根本就是一个“义”。依墨子，天之所以为天，只在这一个义；人之所以为人，亦只在这一个义。以“义”沟通天人、拯救天下，即墨学根本大义之所在。

二、义与利：以利为义

墨子说“兼爱”，是“爱”与“利”并举的，而二者又都是“义”的一端。兼爱之利固然是利，而兼爱之爱，实际上亦是一个利与爱，一个利人利天的爱。因此，爱，即利；而爱与利，又是义。说到底，义亦仍然只是一个利。所以《经上》篇云：“义，利也。”（以利为义。）

不过，义虽是利，却不是财利、货利（虽然有时亦包含财货之利），而是功益之利。凡是在现实上有功有益的，都是有利的，亦都是合义的。

在《非攻》上篇墨子指出，凡是“以亏人自利”，便是不义。攻人之国是大不义，窃人之桃李、犬豕、牛马，则是小不义。亏人之国以利其国是大私利，亏人之身家以利其身家，便是小私利。由此可知，虽然义即利，但私利绝不是义，而是不义。总之，凡是私利，无分大小，都是不义的。

利，是一个类名，它本身表示一个类。系属于利这一类的财利、货利，亦同样表示一个类，通常称之为私利。既有私利这一种属，当然亦有与私利相对的公利这一种属。既然私利是不义，那么义便是指公利而言了。而公与私相对，私的一面是己的、主观的一面，公的一面则是他的、客观的一面。

三、绝对的利他主义

义，既然是公的、他的、客观的利，自然只能利公、利他、利客观，而不能利私、利己、利主观。所以从“为义者”自身来说，他必定受损而有所不利。梁启超《墨子学案·自序》有云：

> 墨教之根本义，在肯牺牲自己。《墨经》曰：“任：士损己而益所为（为读去声）也。”《经说》释之曰：“任，为身（己身）之所恶以成人之所急。”墨子之以言教以身教者，皆此道也。……此种行为之动机，乃纯出于“损己而益所为”……夫所谓“縻顶至踵利天下”者，质言之，则损己以利他而已。……己与他之利不可得兼时，当置他于第一位而置己于第二位，是之谓“损己而益所为”，是之谓墨道。

梁氏这段话，点示墨家的利他主义，甚为中肯。墨者“损己以利他”与“以亏人自利”正相反对。后来墨流为侠，任侠的行为，也正是墨家精神的具形化，那种急人之急、赈人之困的行动，正是墨者“损己以利他”的义行之具体表现。[①]

墨子绝对利公利他的思想，趋于其极，便不免只知成就社会，而不能成就个人，个体的自由以及个体的尊严和价值，皆将受到屈抑。而在人的生活行为中，亦将产生许多纠葛。例如《孟子·滕文公》上篇所载的墨者夷之（“葬其亲厚”，这是违背墨道的），既主张“爱无差等”，又赞成“施由亲始”。名虽为墨，而实行儒道。由此一事，即可看出墨者

---

① 就墨流为侠而言，亦可视为墨家救世精神之矮化与小化。因为侠者只能救少数人之危难，而不再能表现如同墨子般的救世情怀。此便是墨家精神衰落之征。

的观念与其生命之间是摆不平的。本质的原因，是墨子的“义”只是来自他对超越的“天志”之外在的肯定，而不是来自对道德心性的体认和自觉。

四、墨家与宗教

墨家的“天”，是以“欲”“恶”表现其意志的人格神，同时其鬼神亦是实有的，而且秉承天的意志对人间执行赏罚、主持正义。墨子又教人尊天、事鬼，必须经常“洁为酒醴粢盛”以祭祀天与鬼神。此外，墨家又有团体与巨子制度，似乎与西方教会制度亦有相类之处。这些都使墨家带有宗教的意味。但墨家毕竟没有成为宗教，其重要原因，可以约述如下。

首先，宗教意识，常常含有强烈而浓重的罪恶感、痛苦感、虚无感。当人感到或体验到人类自身的力量不足以消除罪恶与痛苦时，便直接肯定一个超越的全知全能的神，以助人消除罪恶与痛苦，使人超脱苦海或罪恶的深渊，从而上登天国。而墨子对生命无善会，对生命的负面（即产生罪恶的自然生命）亦没有深切的感受与照察（如墨子以为天下之乱，起于人不相爱。但人不相爱的根本原因，他却不反省、不察识），因而亦未能深切体认人类的罪恶，以凸显其罪恶感与痛苦感。他是一个质朴切实的人，所以亦没有虚无感。他救世的宗旨，只是爱利天下，这是一种人间精神，而非宗教意识。

其次，宗教的另一条件，是正视人类自身之完全软弱无力，如此才会感受到人类四顾苍茫而无可奈何的穷极境遇。此时便自然透显并直接肯定一个全知全能的上帝，而甘愿匍匐于上帝之前，仰求拯救。否则，在人的分上越强，则在上帝分上便越弱，这样就不能成为宗教。而墨子虽肯定天神之知能，但又强调人之“强力从事”而“非命”，这亦使墨家远离了宗教之性格。

最后，宗教必带有浓厚的不可思议的神秘经验与神秘色彩。这一点，徐复观在他的《中国人性论史·先秦篇》第十章中，有简要的说明：“有人认为墨子是宗教家。假如他是一宗教家，则他应该是一创教者。但是，每一创教者必有某种神秘的经验，但他却完全立足于经验事实上。创教者常以神的代表者自居，最低限度亦必须承认某种人为神的代表者作为神与人交通的媒介，但墨子及其学徒中绝无这种情形。凡宗教总带有某种超现实的意味，并常把现实的问题拿到超现实中去解决，而墨子则是彻底现实的。”

凡宗教，必须是文化生活与文化创造之灵感源泉。第一，它须为生民安排“日常生活的轨道”。第二，它必须开出精神生活的途径。在中国，能够充分满足这两个要件或特质的，不是墨家，也不是道家，而是儒家之教。[①]

① 参看上第二章第六节“宗教性与宗教精神”。

第四章　孟子的心性之学

孟子名轲，战国时邹人。生于周烈王四年，卒于周赧王二十六年（公元前372—前289年），八十四岁。孟子一生的行迹，和孔子极类似：开始是设教授徒；接着便周游列国，寻求行道的机会；最后见道不行，乃退而著书以终老。

孟子最大的贡献，约为三条：第一，建立心性之学的义理规模；第二，弘扬仁政王道的政治理想；第三，提揭人禽、义利、夷夏之三辨。

心性是道德之根、价值之源。儒家的心性之学，由孔子的“仁”开端，到孟子发明性善，建立“尽心知性以知天”的义理规模，而完成了儒家内圣成德之学的基本形态。

第一节　即心言性——性善

一、承孔子之仁而言心

“心”，作为一个观念，在孔子之时尚不明显。但孔子以“不安”指点仁，正是就“心”而言仁。《论语·阳货》载，宰我问三年之丧时，认为三年之丧太久，孔子反问他，丧期未满，你就“食夫稻，衣夫锦，于女安乎？”宰我回答说“安”。孔子讶异之余，无奈地说“女安则为之”。君子居丧之时，是“食旨不甘，闻乐不乐，居处不安”的，而你竟能心安，那你就去做罢。等宰我离开后，孔子对弟子们慨叹道“予（予，宰我之名）之不仁也”。

从这段话可知，孔子言“仁”是从“心”上说的，到孟子便直接说“仁，人心也”(《告子上》)。孟子正是顺承孔子之意而言之，而且将心开为四面，而说四端之心。

二、四端之心三义

所谓四端之心，即指“恻隐之心，仁之端也；羞恶之心，义之端也；辞让之心，礼之端也；是非之心，智之端也”(《公孙丑上》)。“恻隐”“羞恶”“辞让”“是非”之心，是“仁”“义”“礼”“智”之性所显发的端绪：“恻隐之心”(仁)，是道德本心的直接流露；“羞恶之心”(义)，是因憎恶罪恶而生起；“辞让之心”(礼)，是价值意识之充于内而形于外；“是非之心”(智)，是道德价值上的是非判断。

依孟子，这四端之心，皆具三义。

第一，内具义(我固有之)。孟子谓“仁义礼智，非由外铄我也，我固有之也”。仁义礼智，内在于我心，是“我固有之”的，此即心性之内具义。

第二，普遍义(人人皆有)。孟子谓四端之心“人皆有之”，又说人心有“同然”，“圣人先得我心之所同然耳”。可见心性之善，自圣人至众人莫不皆然，此即心性之普遍义。

第三，超越义(天所与我)。孟子谓“心之官则思，思则得之，不思则不得也。此天之所与我者”。心能省思，故能得心所同然的“理”“义”。这心所同然的“理”“义”，乃是“天之所与我者”。可见人的心性受之于天，天是本心善性的超越根据，此即心性之超越义。

据此三义，可知在孟子的系统里，本心即性，心性是一。此义，下文将次第进行论述。

三、以心善言性善

性不可见，由心而见。四端皆善，先天本有。善出于性，性根于心。[①] 性之具体义，须在心处见。孟子之以心善言性善，可归结为两句。

其一，由不忍之心见性善。

> 孟子曰："人皆有不忍人之心……所以谓人皆有不忍人之心者，今人乍见孺子将入于井，皆有怵惕恻隐之心——非所以内（纳）交于孺子之父母也，非所以要誉于乡党朋友也，非恶其声而然也。"（《公孙丑上》）

"不忍"亦即不安。孔子从不安指点仁，孟子从不忍指点怵惕恻隐之仁，其义一也。对于他人之受苦痛、受饥寒、受委屈，或者见人面临生死危难时，人皆会流露不安不忍之心。此不安不忍之心，实即仁心，亦即人人先天本有的善性。在此，孟子具体地指点我们："今人乍见孺子将入于井，皆有怵惕恻隐之心。"此"怵惕恻隐之心"，即惊骇恐惧、悲悯不忍之心。当忽然之间看见一个刚会走路的小孩即将掉入井里，这时候任何人都会陡然受惊，顿时呈露悲悯不忍之心而不假思索地冲过去抱救他。孟子举此例证以指点人人皆有仁心善性，可谓最为具体而真切。在此，有一个意思不可忽略。"乍见"二字，乃表示此时之心是在没有受到欲望裹挟的情形之下当体呈露的。这是本心的直接呈现，是真心的自然流露。所以，人去抱救那个即将入井的孩子，既不是想要借此与小孩的父母攀交情，亦不是想要得到邻里亲朋的赞誉，更不是担心如果不救小孩就会使自己得到见死不救的恶名声。

总之，不是出于任何利害的考虑或欲望的驱使，而完全是真心呈露，随感而应，完全是良心之直接呈现，天理之自然流行。在这里，根本不再需要向外去寻求理由。孟子直就人人皆有的怵惕恻隐之心（不忍之心）来指证性善，真可说是直截简易之至。

其二，由四端之心见性善。

---

① 孟子曰："君子所性，仁义礼智根于心。"（《尽心上》）"根"，本也。性虽禀受于天，但仁义礼智的内在之本，是心。所谓根于心、本于心，亦就是内在于心之义。

> 孟子曰："……恻隐之心，人皆有之；羞恶之心，人皆有之；恭敬之心，人皆有之；是非之心，人皆有之。……仁义礼智，非由外铄我也，我固有之也，弗思耳矣。"(《告子上》)
>
> 孟子曰："……恻隐之心，仁之端也；羞恶之心，义之端也；辞让之心，礼之端也。是非之心，智之端也。"(《公孙丑上》)

"恻隐"、"羞恶"、"恭敬"（辞让）、"是非"之心，是性体发显出来的四端：仁之端为恻隐之心，恻是伤之切，隐是痛之深，恻隐之心亦即不忍之心。义之端为羞恶之心，羞是耻己之不善，恶是憎人之不善。礼之端为恭敬之心、辞让之心。智之端为是非之心，是非，乃就道德上的是非而言。"仁""义""礼""智"，是我固有之善，并非从外面来的。所以说"非由外铄我也，我固有之也，弗思耳矣"[①]。

孟子言不忍之心、四端之心，皆是通过心善以指证性善。因为孟子言心，既不是心理学所谓的感性层的心理情绪活动，亦不是表现知虑思辨作用的知性层的认知心，而是指德性层的德性主体，是从体上说的内在道德心，是实体性的道德的本心，它同时是心、是性。所以内在的道德心，即内在的道德性：说心，是主观地讲；说性，是客观地讲。因此，也可以说，心是性的主观义，性是心的客观义。主客观统而为一，则本心即性，心性是一，不容分而为二。

四、性善的论证

"性善"，是孟子学说的核心，亦是对孔子之"仁"进一步的阐释和印证。但性善是生命中之事，它不是一个知识论命题。所以，孟子对于性善的论证，不同于纯外延的逻辑论证，而是一种内容、意义上的义理论证。在性质上，它是"反求诸己"的生命的反省；在方法上，则是不离人伦日用而做一种亲切的指点。这是每一个人都可以反省亲证，可以

---

① "弗思耳矣"之"思"，不是一般所谓的思考，而是具反省性质的"省思"。

当下体悟而不假外求的。

第一步论证的是“人禽之辨”。先指出人与动物（禽兽）之不同，在人与动物之间划一道界线。人虽亦属动物类，但既然就“人”而说性，就必须找出动物所无而人所独有之所在，这才是人之所以为人的根本，才是人的真性。所以孟子说：

> 人之所以异于禽兽者几希，庶民去之，君子存之。舜明于庶物，察于人伦，由仁义行，非行仁义也。（《离娄下》）

“仁义”即人之所以异于禽兽的“几希”。君子能存养扩充这几希的仁义，所以成为君子圣贤。而一般人往往不能存养、扩充它，或者偶能存养、扩充而又一曝十寒，所以沦于动物性的自然生活中，几乎与禽兽没有多大分别。不过，人到底是人，不是禽兽，他那禀受于天的仁义之性，总会透露而呈现出来。人能自觉他的禀受于天的仁义之性，而存养扩充之，所以能完成其人格，敦叙其人伦，创造其历史文化，开拓其人文世界，而与时俱进，日新又新。禽兽则不能自觉，不能存养扩充，所以终古蠢然如初。

第二步论证的是“善性本具”。这是点出人心之本然，以印证人性之善乃天生本具，是人所固有的。

> 人皆有恻隐之心……羞恶之心……恭敬辞让之心……是非之心。（《公孙丑上》《告子上》）
>
> 人皆有不虑而知的良知，不学而能的良能。（《尽心上》）
>
> 人皆有天爵……良贵。（《告子上》）

孟子认为，恻隐等四端之心是“我固有之，人皆有之”的。爱亲敬长的良知良能，是“不虑而知”“不学而能”的先天本然之善，故朱注引程子曰：“良知良能，皆无所由，乃出于天，不系于人。”而“仁义忠信，乐善不倦”的“天爵”，亦是人所本有的“贵于己”的“良贵”。这些都是人心的本然，是内在于人生命的先天之善根。这不是假设，而是实有的善。所以当人“乍见孺子将入于井”，都会自然而然地实时生起要去救他的心，此即所谓“怵惕恻隐之心”。这点本然之心的当机流露，实即良心天理之直接呈现。无论智、愚、贤、不肖，在这一点上都是必然相同的。由此可证，人性之善不是外铄的，而是天生本具的。

第三步论证的是“人人皆可以为尧舜”。这是说圣人与我同类，人心有同然，以肯定人如能充其本然之善，则人人皆可成为圣贤。

> 尧舜与人同耳。(《离娄下》)
>
> 圣人与我同类者……心之所同然者何也？谓理也，义也。圣人先得我心之所同然耳。(《告子上》)

圣人是人伦之至，纯然是善，但圣人亦是人。圣人与我同样是人，只要人能就“心之同然”而加以扩充，则人人都可以成为至善的圣人，所以说“舜何人也，予何人也，有为者亦若是！”[①] 圣人之所以为圣人，并非禀性与人有异，而是圣人先得我心之所同然。后来陆象山心同理同之说[②]，便是顺孟子的意思而发挥出来的。既然人同此心，心同此理，则人不仅可以兴起希圣希贤之志，而且实有成圣成贤之根。而一般人之所以未能进到圣贤之境，乃是“自暴自弃”(《孟子·离娄上》)，是“不为也，非不能也”(《孟子·梁惠王上》)。

以上三步论证，一是通过人禽之辨，指点仁义是人之所为人的根本；二是说明善性乃天生本具，是人皆有之的；三是说明人心有同然，故人皆可以为圣贤。

至于说“人之性善，恶从何来？”依孟子，一是来自耳目之欲，二

---

① 此乃孟子称引颜渊之言，见《孟子·滕文公上》。

② 《陆象山全集》第二十二卷《杂说》有一条云：“千万世之前，有圣人出焉，同此心，同此理也。千万世之后，有圣人出焉，同此心，同此理也。东南西北海有圣人出焉，同此心，同此理也。”又一条云：“非特颜曾与圣人同，虽其他门弟子亦固有与圣人同者。不独当时之门弟子，虽后世之贤固有与圣人同者。非独士大夫之明有与圣人同者，虽田亩之人，良心之不泯，发见于事亲从兄、应事接物之际，亦固有与圣人同者。”

是来自不良之环境。孟子所谓“弗思”，以及“放失”“梏亡”“陷溺其心”，皆是“人之所以为不善”的原因。孟子即就此而反证人性之善。[1]

五、心、性、才、情之意涵

在孟子的义理系统里，不但“心”“性”是一，“情”“才”亦是通着心性而言的。牟先生在讲论朱子“性、情对言预设心、性、情三分”之思想格局时，曾对孟子所说的心、性、情、才四字之意义做过疏解[2]，兹先综述其大意于后。

《告子上》载孟子之言曰：“乃若其情，则可以为善矣，乃所谓善也。若夫为不善，非才之罪也。”这里的“情”与“才”，实际上即就性而言。情，实也，犹言实情。其情，即指性体之实，或人的本性之实。“乃若其情，则可以为善矣”云云，意思是说，若就人的本性之实而言，则他是可以为善（行善）的，这就是我所谓的性善。至于人做出不善之事，则并非本性的罪过。在这里，本当说“非性之罪也”，孟子却变换词语，说“非才之罪也”。这个“才”不只有静态的质地义，亦含有动态的“能”义（活动义）。才，即为善之能，亦即性体本身不容已地向善为善的“良能”。所以依孟子,“心”“性”“情”“才”只是一事,“心”“性”是实体字，“情”“才”是虚位字。

“情”是实情之情，是虚位字，它所指的实，就是心性。孟子尝言“此岂山之性也哉”（《告子上》）“是岂人之情也哉”（《告子上》），可见“性”字与“情”字可以互用。[3]“人之情”是虚说的“人之实”，此“实”即就性而言，而性亦即良心、仁义之心。“乃若其情”的情，亦指这种虚说的情。所以就孟子之学而言，情之实就是心性，“情”字并没有独

---

① 参见蔡仁厚：《孔孟荀哲学》，中卷，第二章第二节，第196—198页。

② 参见牟宗三：《心体与性体》，第三册，第六章第一节，第416—424页。

③ 参见裴学海：《古书虚字集释》，北京：中华书局，1982年。“乃若其情”条下，谓“情”乃“性”之借字。俞樾：《群经平议》，“经三十三”，亦论及性情二字，在后人言之，则区以别矣，而古人言之，则情即性也。

立的意义，亦不可作为独立的概念看。[①]

第二节　仁义内在——由仁义行

一、仁义内在与义内义外之辨

> 孟子曰："仁，人心也；义，人路也。"(《告子上》)

所谓"人心"，是指人皆有之的恻隐之心、不安不忍之心。所谓"人路"，是指人所当行、人所共由的道路，也即身心活动的轨道。孟子说"仁之实，事亲是也。义之实，从兄是也"。事亲以爱（孝），从兄以敬（弟），爱敬皆由内发，非由外铄。故曰"仁义内在"。

"仁义内在"是孟子的论述，而告子不以为然。

> 告子曰："仁，内也，非外也；义，外也，非内也。"孟子曰："何以谓仁内义外也？"曰："彼长而我长之（敬之），非有长于我也（并非我先有敬他之心）；犹彼白而我白之，从其白于外也（顺物外表之颜色而认定它是白的），故谓之外也。"（孟子）曰："……且谓长者义乎，长之者义乎？"(《告子上》)

告子只承认仁（爱人之心）由内发，义由外铄，取决于对象，故曰："彼长而我长之，非有长于我也。"意思是说，因为他年长，所以我敬他，并不是我心里先存有一个敬长之心。但辩驳这个论点并不困难。所以孟子说："且谓长者义乎？长之者义乎？"长者，只是一个实然的对象，人

---

① 上所约述牟先生的疏解，实已明确而适切。我在《孔孟荀哲学》中卷孟子之部第二章第四节，曾将《孟子》中之"情"字、"才"字摘录出来做一考察，以辅助牟先生之诠释，可参阅。

或敬他，或不敬他，长者不过被动地接受而已。所以，长者只是一个受义（受敬）的对象。反过来说，对此长者应不应该敬？如何敬？这却是“长之者”（表现敬的人）所当考虑、决断的事。所以，“长之者”才是行义（行敬）的主体，义（敬）发自行为者（长之者），而不是发自长者。据此可知，“义”不在作为外在对象的长者那里，而是在表现敬（义）的“长之者”这里。长者是“彼”是“外”，长之者是“此”是“内”，故“义在内而不在外”。

告子不知事虽在外，而行事之宜的“义”则由内发，是由内心对应事宜发出的价值判断。外在的事物只是一个实然的存在，认知它也只是认知一个对象，无所谓义或不义的问题。对实然的存在加以价值性的判断，而划出相对应的准则，这才是义。所以，义不是实然的问题，而是应然的问题。义或不义的应然判断，是从行为者之心发出的，故“义在内，不在外”。

《告子上》还记载孟季子问：“何以谓之内也？”公都子答道：“行吾敬，故谓之内也。”公都子的回答是对的。故朱注云：“所敬之人虽在外，然知其当敬而行吾心之敬以敬之，则不在外也。”可见所敬之人（对象）虽在外，而“能敬”之心则在内。义（敬）与仁（爱）一样，都是“能”，不是“所”。告子既然以仁为内，又安得以义为外？

二人的论辩，还涉及行敬或行义的时宜问题。公都子未能通透而一时语塞，经过孟子指点才开了窍。论难一方的孟季子，提出行敬随对象而有别，故以为义在外，孟子以“经”“权”的道理予以分疏，指出敬兄是常时之敬（这是经，是常理），先酌年长于兄之乡人则是暂时之敬（这是权，随宜变通）。行敬本是一个应然的判断以求行为之合理。何时当敬兄，何时当敬乡人，何时当敬叔父，何时当敬弟，皆须由吾心主宰断制以求其合理合宜。然则，义并不在事物上，而是在我对事物处置之合宜上。故当孟季子再提出辩难时，公都子立刻驳斥：冬日天冷饮热汤，夏日天热饮凉水，所饮之物虽在外而有所不同，但求饮食之宜而做此取舍，却正是发自吾心的应然判断，难道这求合宜的判断、取舍亦在外吗？

总括起来，要辨明“义内”与“义外”，必须把握住三点。第一，爱敬内发——爱（仁）敬（义）皆发自内心，并非外铄。第二，能所之判——所敬之人在外，能敬之心在内。仁与义（爱与敬）皆是“能”而不是“所”，故仁义内在。第三，实然与应然——实然是是什么的问题，应然是应当如何的问题。义是事理之宜，属于道德上的应然判断（决定行为是否合理合宜），故义不在事物本身，而在人对事物处置之合理合宜。

二、居仁由义——由仁义行

> 孟子曰：“自暴者，不可与有言也；自弃者，不可与有为也。言非礼义，谓之自暴也；吾身不能居仁由义，谓之自弃也。仁，人之安宅也；义，人之正路也。旷安宅而弗居，舍正路而不由，哀哉！”(《离娄上》)

既然仁义内在，人皆有之，则“居仁由义”便是大人之事（不只是士之事）。而且人亦理当以仁存心，由义而行，这不是外加的责任，而是人的天职、人的性分。人之禀赋不足，可以弥补；人的气质不美，可以变化。所以人人皆应当“居仁由义”，以安顿自己的生命，开拓人生的前途。只有“自暴”之人，讥议礼义，拒而不信；“自弃”之人，排斥仁义，弃而不为。这是世间最可惋叹之事。世上如真有下愚而不可移者，恐怕就是这种自暴自弃的人。

但自暴自弃者仍然是人，人与禽兽毕竟不同。庸众之辈的生活，虽然落于感性意欲的层次，但只要一念警觉，存养这点仁义之心，它便自发内发地扩充出来，而通贯于生活行事，以成就道德价值。故孟子曰：

> 舜明于庶物，察于人伦，由仁义行，非行仁义也。(《离娄下》)

“明”，是明达各种事物之理；“察”，是辨察人伦之道，如父子有亲、君臣有义之类。应事接物不能离开仁义，处人伦也不能离开仁义。仁义，并不是一个外在的价值标准，而是内在于心的天理（道德法则），所以孟子特加指点，说是“由仁义行”，并非“行仁义”。“由仁义行”，是顺我先天本有的仁义天理而行，这样的道德实践是自觉的、自律的、自主的、自决的，是自发命令、自定方向的，故康德名之曰“自律道德”。若是“行仁义”，便是将内在于心的仁义天理推出去，视为外在的价值标准，然后遵而行之。这样的道德实践，是转主动为被动，是被动地遵奉一个外在的道德价值标准，而不是自主自觉地践行一个内在的生命原则。这时，便欠缺自发内发的力量，不是依自力而是依他力，而道德实践亦将失去先天的必然性，此之谓“他律道德”。

儒家讲道德，一直以自律道德为主流（只有荀子、朱子是例外），而自律道德的根据，即孟子所开显的道德主体、内在的道德心性。孟子曾说：

> 舜之居深山之中，与木石居，与鹿豕游，其所以异于深山之野人者几希；及其闻一善言，见一善行，若决江河，沛然莫之能御也。（《尽心上》）

这一章正可作为“由仁义行”的例证。舜耕于历山之时，与树木土石同处，与麋鹿猪羊同游，在生活行迹上与那些山野之民几乎没有分别。他之所以成为圣人，只是“先得我心之同然”而已。是以，闻一善言，见一善行，便实时引发心性之源，好像长江大河决了口，浩然充沛地“由仁义行”，一发而莫可遏止，终于成就了盛德大业。由此可知，性善之有根，犹如江河之有源，源泉滚滚，不舍昼夜，盈科后进，止于至善。儒家道德的理想主义之坚定贞固，其信念正建基于此。

第三节　性命对扬——透显道德性

一、性命对扬：透出自然之性与道德之性

“性”与“命”，是儒家哲学的重要观念。孟子对这两个观念，曾有

一次相对扬显的说明。

> 孟子曰：“口之于味也，目之于色也，耳之于声也，鼻之于臭也，四肢之于安佚也，性也；有命焉，君子不谓性也。仁之于父子也，义之于君臣也，礼之于宾主也，知之于贤者也，圣人之于天道也，命也；有性焉，君子不谓命也。”（《尽心下》）

耳目口鼻四肢，都是感觉器官，各有作用。耳有听觉，目有视觉，口（舌）有味觉，鼻有嗅觉。每一种感觉作用，各有所对，亦各有所好：耳好美声，目好美色，口好美味，鼻好香气，手足四肢好逸恶劳。这些生理欲望，都是先天的自然之性，所以孟子亦说“性也”。（告子所谓“生之谓性”，正是就此一面而言。）不过，自然之性虽生而即有，但此种性的表现，却不能反求诸己，而必须求之于外。凡须求之于外者，当然不可必得，所以孟子又说“有命焉”。命，限制义，表示以上五者之得与不得，皆有客观之限制。既须求之于外，而又不可必得，表示它并非我性分之所固有，亦不足以作为人之所以为人的根本，因此，“君子不谓性也”，不认为自然之性是人的真性、正性。

除了局限于形躯生命的自然之性，人还有超越感性欲求的道德理性（内在的道德性），此即仁义礼智与天道。（孔子以前已显示“天命天道下贯而为人之性”的思想趋势，后来归结为“天命之谓性”一语，孟子亦指出道德心性乃天所与我者，故此处说性，将“天道”与仁义礼智合在一起。）首先，孟子亦说这五者是“命”。因为父子应尽仁而未必能尽仁，如瞽瞍之于舜。君臣应尽义而未必能尽义，如商纣之于殷末三仁（微子、箕子、比干）。其余如宾主未必能尽礼，贤者未必能尽智（所谓智者千虑，必有一失），而圣人之于天道，不但体道于身各有偏全之异，行道于世亦有时势权位之限制，如孔子便未能行道于当世，故见获麟，曰“吾道穷矣”，颜渊死，曰“天丧予”。凡此，皆有无可奈何之限制，所以说“命也”。然而，仁、义、礼、智、天道五者，皆是我性分中事，理当视之为性而存养扩充之，岂可以谓命而不复致力？故舜尽其仁（孝），殷末三仁尽其义（忠），孔子“知其不可而为之”。因为主宰在我，人人皆可反求诸己，以各尽其性分，所以说“有性焉，君子不谓命也”。[①]

《孟子》此章，借性命之对扬，指出人的真性、正性，不在自然之性一面，而在仁义礼智与天道一面。自然之性为形躯生命所局限，实已落于“命”的限制中而不能自主自足，唯有超越感性欲求而不受形躯生命之制约拘限的内在道德性，才是人人性分本具的真性、正性。上文曾提及，孟子言性分别说过三句话：一是“此天所与我者”，这表示性的先天超越性；二是“我固有之”，表示性的内在性（内具、本具）；三是“人皆有之”，表示“性”的普遍性。先天超越性是说性德（如仁义礼智）受之于天，不是后天修为而得；内在性是说性德内具于己，不待外求；普遍性是说性德人人一样，无有例外。在古今中外的人性论中，只有孟子的性善说最能同时包含此三义。

二、尽心知性知天

中国文化中的人性思想，实以孔子为枢纽。前于孔子的是蕴蓄预备，后于孔子的是承续发展。就儒家而言，孔子是开山，后来的儒者皆是继述引申。而就心性之学的义理架构而言，孟子的地位尤为重要。陆象山有几句话说得极好，他说：

> 夫子以仁发明斯道，其言浑无罅缝。孟子十字打开，更无隐遁。盖时不同也。（《陆象山全集·语录》）

孔子言仁，是指点心，亦是指点道。心是全部的心，道是整全的道，

---

① 《孟子·尽心下》前半节云“性也；有命焉，君子不谓性也”，后半节云“命也；有性焉，君子不谓命也”。前后三“命”字，意指相同，皆限制义之命。而三“性”字则义旨有别。前半节“性也”，指自然之性。“不谓性也”之性，则指人之真性、正性，亦即后半节“有性焉”之性。又，孟子尝言“君子所性，仁义礼智根于心”。又说，“君子所性，虽大行不加焉，虽穷居不损焉，分定故也”。此“有性焉，君子不谓命也”之性，正指“根于心”而分有一定无可增损的“性分”。

浑融圆满，无有罅缝。故孔子之言，是"非分解"的。用佛教词语来说，孔子不用"分别说"，而是取"非分别说"的方式。孔子所讲的仁道，当然是贯古今，通内外，合天人的。但孔子说话圆浑，义理的架构未曾开列出来。而立教不能没有义理架构，孟子正是为孔子的仁教而展示了其义理的架构。"十"字的写法是纵横两笔，纵横撑开即成架构，故象山说是"十字打开"。孟子顺孔子之仁开为四端而说仁义礼智，又讲仁民爱物，讲仁政王道，进而讲尽心知性知天，讲万物皆备于我，反身而诚，讲过化存神，上下与天地同流。孟子所开显的义理网维，正是顺孔子之仁而完成的心性之学的义理模型。兹列示如下：

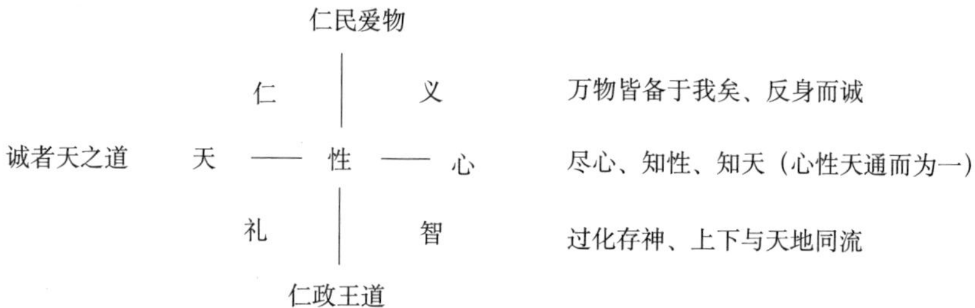

（一）心性天通而为一

孟子在《尽心》篇开宗明义曰：

> 尽其心者，知其性也。知其性，则知天矣。存其心，养其性，所以事天也。夭寿不贰，修身以俟之，所以立命也。(《尽心上》)

"尽"，谓充尽，亦即扩充之极的意思。孟子即心言性，以心善言性善，心与性的内容、意义完全相同，内在的道德心即内在的道德性。能扩充尽四端之心，即可证知仁义礼智之性，所以说"尽其心者，知其性也"。

人之性受之于天（天所与我者），通过天所命之于人的性而返本溯源，即可以"知天"（知天道之生生不息，知天命之流行不已）。天道天命深邃玄奥而不可测，知天之知，不是测度之知，而是一种实践的证知。是故，孔子必"践仁"以"知天"，孟子必"尽心知性"以"知天"。孔子"五十"而"知天命"，即表示"知天命"必须通过一段道德实践的工夫，否则，便进不到契知天道、与天相知的境界。

依上所述，可知“尽心”是“知性”“知天”的关键所在，不“尽心”则不可能“知性”“知天”。而尽心乃是道德实践的活动，故知性知天不是在认知活动中知，而是在实践活动中知。扩充尽恻隐之心便是仁，扩充尽羞恶之心便是义，扩充尽恭敬辞让之心便是礼，扩充尽是非之心便是智。可见“心即是性”，不能离开心而言性。尽心、知性，其义一也。（唯尽字重，知字轻。）尽心工夫至乎其极，而达于王阳明所谓“仁极仁，义极义”“礼极礼”“知极知”，便纯然是天德之昭显、天理之流行，此时，“性即是天”，不能外于性而言天。故说到最后，心、性、天必然通而为一。

第一句尽心知性以知天，显示了人的生命之先天性，与《易·乾卦》所谓“先天而天弗违”之义相当。但就人的生命之后天性而言，便不能即心即性即天，故孟子又提出“存心养性以事天”“修身不贰以立命”，此便是“后天而奉天时”。

第二句存心养性以事天，朱注云：“存，谓操而不舍；养，谓顺而不害。”存其心，是说操持本心之良而不舍弃；养其性，是说顺其天性之善而不戕害。这样就是承奉天命而不违，勤于事天而不懈了。事天如事亲，人乃父母所生，不亏其体，不辱其亲，是事父母之道。人亦天地所生，故张子《西铭》以乾坤天地为大父母。[①]天赋予我以良心善性，当然亦不容舍弃戕害。所以事天之道，存心养性而已。

第三句修身不贰以立命。夭，谓短命；寿，谓长寿。年寿之长短，由天不由人，君子修身以俟命而已。反之，若因夭寿之事（如颜子短命而死，而盗跖得享天年），而疑贰其心（如疑天道不公而贰其心），则非立命之道。因为心生疑惑，则志不专一，而修身工夫必将有所怠忽。此所谓“修身以俟之”与“君子行法以俟命”（《尽心下》）、“君子居易以俟命”（《中庸》），三句之重点在于“修身”“行法”“居易”，皆意指修养成德，居心平正。人能使自己所得于天者，全受而归之，便是得其正命。人能

---

① 《西铭》全文，拙撰《宋明理学·北宋篇》第四章曾有详释，以表达其义理境界与践履规模，请参看。

修身以得其正命，就是所谓立命了。[①]

《孟子》此章所开显的，主要是心、性、天通而为一的义理。可见儒家“心、性、天是一”的圆顿之教，是由孟子开启其义理之门的。

（二）天、命、天道

《孟子》中引述《诗经》《尚书》之语句而有“天”者，如“天生烝民，有物有则”“迨天之未阴雨”“天作孽，犹可违”“天视自我民视，天听自我民听”等，以及一般意义的“天油然作云，沛然下雨”“天之高也，星辰之远也”“天无二日，民无二王”之类，皆可勿论。兹只举其有关思想义理而又直接出于孟子之口者，做一说明。

> 故天将降大任于是人也，必先苦其心志……（《告子下》）
>
> “然则舜有天下也，孰与之？”曰：“天与之。”……“昔者，尧荐舜于天而天受之”……“舜相尧二十有八载，非人之所能为也，天也。”（《万章上》）
>
> 莫之为而为者，天也；莫之致而至者，命也。[②]（《万章上》）

以上各条之“天”，有的是意志天，如第一条。儒家言天言命，其意蕴本甚丰富而深邃。有命令义之命，如天命、性命之命；有命定义之命，如命限、命遇、命运之命。关联于“天”而言，则命令义与命定义之命，又似乎可分而不可分。故牟先生论“以理言”之命与“以气言”之命时，有云，落实说，是势、是遇，是气命；统于神、理说，是天命。因而他

---

① “正命”一词，见《尽心上》第二章。孟子以“顺受其正”（顺理合道），“尽道而死”为得“正命”。而“立命”一词，牟宗三先生《圆善论》，解为确立“命”（命限）之观念。此是着重在“夭寿”之事实与“俟之”之态度上讲的。而上文之讲论则着重在“修身”“行法”“居易”以成德立正命上，亦可通，宜两存。

② “莫之为而为”，是说“天”之为没有为的过程，便自然成了。“莫之致而至”，是说没有致（从事）的方法途径，便自然得到（达成）了，这就是“命”。

指出第三种意义的命："统于神、理而偏于气"的命。[①] 孔子所谓道之将行、将废，命也，便正是对这种"统于神、理而偏于气"的命发出的深深的感叹。

至于"天道"之观念，在《孟子》中直接用过两次[②]：

> 诚者，天之道也；思诚者，人之道也。(《离娄上》)
>
> ……圣人之于天道也，命也；有性焉，君子不谓命也。(《尽心下》)

天道，是至诚无息，故曰"诚者，天之道也"。人道，亦应该至诚无息，只因人不能时时精纯不二，所以要做"思诚"的工夫。思，省思义。思诚，是使不诚归于诚。当人道充分实现而达于精诚纯一，自然亦是至诚之道，与天道一般无二。圣人体道于身与行道于世，皆有命之限制（圣人之于天道也，命也），这是从"后天而奉天时"一面看；若从"先天而天弗违"一面看，则天道就是我的性，道即性，性即道，纯亦不已，称体而行，唯是尽我性分而已。故曰"有性焉，君子不谓命也"。儒家自孔孟开始，就是尽义以知命而达到义命合一，所以儒家之学必然是"心、性、天是一"，必然是"性命天道相贯通"，必然是"道德宗教通而为一"。

就儒家之教而言，其"道德的形上学"便是它的"道德的神学"（此是类比地说，儒家自无须构划一套神学）。不过，中国文化的中心点，并没有落在"天"或"天道"本身，而是落在"天道性命相贯通"上。儒家顺周初下及春秋"宗教人文化"之趋势，而开仁教（内圣成德之教），此乃摄宗教于人文，故不走宗教的路，不再采取一般宗教之形式，而成了"道德宗教通而为一"的"天人合德"之教。

---

① 参见牟宗三：《心体与性体》，第一册张横渠章第二节第八段。拙撰《宋明理学·北宋篇》第六章第二节之末，曾综为三个表式，可参阅。

② 孟子虽只两次说到"天道"，但"上下与天地同流"之句，实亦意涵天地之化与天地运化之义旨。另如"天所与我"与"天爵、良贵"诸语，亦皆显示心性之先天义而可与天道相通。

三、践仁成圣、过化存神

有人说，孟子只言“尽心”，不言“尽性”。这种说法，只是字面上的考校。在孟子，本心即性，尽心、尽性其义一也。而且孟子所讲的“践形”正是尽性之另一种方式的表示。

> 孟子曰：“形色，天性也；惟圣人然后可以践形。”（《尽心上》）

形色，谓形体容色，指形躯生命而言。形色禀受于天，乃天之所生，所以亦谓之“天性”（性字本有生义）。但有人的形色而不能尽人之性，便算不得真人，以其未能“践形”之故。孟子所谓践形，可有两层意思：其一，把人之所以为人的仁义之性具体而充分地实现于形色动静之间，所以践形实即尽性。据此而言，“视听言动”合乎礼，是践形；程明道说曾子临终易箦[①]，“心是理，理是心，声为律，身为度”（《二程遗书》卷第十三）亦是践形；孟子所谓“仁义礼智根于心，其生色也，睟然见于面，盎于背，施于四体”（《尽心上》），同样是践形。其二，把五官百体所潜存的功能作用彻底发挥出来，以期在客观实践上有所建树。所以，“立德”“立功”“立言”皆可谓之“践形”。

然则，孟子何以说“惟圣人然后可以践形”？因为“践形”工夫，虽然人人皆能，但众人多只是“暗合于道”，贤者虽能践之而有所未尽，唯有圣人“从心所欲不逾矩”，才是践形的极致。明儒罗近溪曰：“抬头举目，浑全只是知体著见；启口容声，纤悉尽是知体发挥。”（知体，谓良知本体。）近溪之言，正是说这“践形之极，天理流行”的圣人境界。

孟子又有“君子所过者化，所存者神”之说。过化存神，本是说圣人功化之妙，而圣人之功化正是心性之德所显发的大用。

> 孟子曰：“霸者之民欢虞如也，王者之民皞皞如也。杀之而不

---

① 曾子易箦，事见《礼记·檀弓上》。拙著《孔门弟子志行考述》[台北：台湾商务印书馆（人人文库本），1971年]曾子章有引述，请参阅。

怨，利之而不庸，民日迁善而不知为之者。夫君子所过者化，所存者神，上下与天地同流，岂曰小补之哉？”（《尽心上》）

此章前半节，说“霸者之民”与“王者之民”。“欢虞”，同欢娱。“皞”通浩，“皞皞”，广大自得之貌。霸者以力（利）鼓舞人民，故民欢娱而兴奋。王者以德行仁，民受感化而不自知，故广大而自得。欢娱是一时的兴奋，皞皞是永恒的安适。尧时有老人击壤而歌，曰：“日出而作，日入而息，凿井而饮，耕田而食，帝力于我何有哉？”此即孟子所谓“皞皞如也”的气象。“杀之而不怨”，即“以生道杀民，虽死不怨杀者”之义[①]。王者因民之所恶而除之，并非有心厉行刑杀，故民无怨。庸，功也。王者因民之所利而利之，并非有意施惠于人民，故民不知其功。王者教化人民，亦是因其本善之性而引发、诱导之，故民虽“日迁于善”，却不知是谁使之如此。

王者的政教，何以能够显示这样的功能？此即所谓“过化存神”。君子道德人格的光热，足以改变人之气质，他所经过之处，人民自然受化，故曰“所过者化”。圣者的生命，全部是良知天理之发用流行，故其心所存主，自然神妙而不可测（莫知其所以然），故曰“所存者神”。子贡说孔子“立之斯立，导之斯行，绥之斯来，动之斯和”（《子张》），便是这种过化存神的境界。流，运行也。“上下与天地同流”，是说圣人的生命与天地之化同运并行。盖圣人之教，功同天地，天地化育万物，圣人化育万民，而其功化之妙，如春风，如时雨，此正《中庸》所谓“大德敦化”，不只是小小补益而已。

过化存神的境界，自非常人所易几及，但心性之德的发用流行，却本是人伦日用，乃人人之所与知、所与能，圣人亦不过“先得我心之同然”而“由仁义行”而已。依孟子之意，心性的表现有“性之”与“反之”的不同。尧舜顺本然之性安然而行，是“性之”；汤武反身而诚以复其性，

---

① 《尽心上》载孟子曰：“以佚道使民，虽劳不怨。以生道杀民，虽死不怨杀者。”

是“反之”。[①] 孟子说尧舜性之，是举尧舜以示范。但“性之”是称性而行，是超自觉的，而道德实践则是自觉的，所以必须“反之”。性之者“其德如天”，乃天纵之圣；反之者，则是自觉地要求“与天合德”。由此可知，效法尧舜不能从“性之”着力（这里无须着力，亦着力不上），而必须通过“反之”的践履工夫乃能有效，所以孟子必说“反身而诚”。

> 孟子曰：“万物皆备于我矣。反身而诚，乐莫大焉。强恕而行，求仁莫近焉。”（《尽心上》）

此章是说仁。与天地万物为一体，浑然无物我内外之分隔，这就是仁的境界。物我一体而不分，所以说“万物皆备于我”。而所谓“反身而诚”，亦即孔子所谓“为仁由己”“我欲仁，斯仁至矣”的意思。一念警策，反身而诚，“上下与天地同流”，则我的生命与宇宙生命通而为一（与天合德），此便是人生之大乐。若不能反身而诚，则我与物相对立，内与外相隔离。一个与天地万物相隔离的生命，便成封闭而不能感通、不能觉润的生命，当然不能“与天合德”，因而亦无乐可言。（以是，人必须自觉地强行恕道，使生命通达出去，与天地万物一体相关，如此，仁心自然就呈现发用。这就是最切近的求仁之方。）

第四节　存养充扩的修养论

一、尚志与尚友

齐王之子问孟子“士何事？”孟子答道“尚志”。何谓尚志？曰：

---

① 《孟子·尽心下》：“尧舜，性者也；汤武，反之也。”性者，即性之者。《尽心上》又云：“尧舜，性之也；汤武，身之也。”身之，谓反身而诚，以身体道。

“仁义而已矣。”（《尽心上》）凡为士，必先高尚其志。志有二义：向往义——“志者，心之所之也”（《尚书大传》语）。存主义——心所存主曰志（王船山语）。

“存主”，是心不放失，中有所主，以志帅（率）气，以理驭欲。“向往”，是志气内充，外扩上达，希圣希贤，淑世济民。无论从存主或向往说，士皆当志于仁，志于义。从心所存主方面说，是意之诚于中，是道德之自觉自持；从心有所向方面说，是诚于中者形于外，是仁心之发用流行。可见“尚志”并非一句空话，其中正有事在。

> 孟子曰：“居天下之广居，立天下之正位，行天下之大道。得志，与民由之；不得志，独行其道。富贵不能淫，贫贱不能移，威武不能屈，此之谓大丈夫。”（《滕文公下》）
>
> 孟子谓宋勾践曰：“……故士穷不失义，达不离道。……古之人，得志，泽加于民；不得志，修身见于世。穷则独善其身，达则兼善天下。”（《尽心上》）

前段“广居”“正位”“达道”，朱注分别以“仁”“礼”“义”释之，甚是。“得志，与民由之”，是与人民共由此道而行，亦即“兼善天下”之义。“不得志，独行其道”，是安贫乐道，守之而弗失，亦即“独善其身”之义。朱注谓：“淫，荡其心也。移，变其节也。屈，挫其志也。”君子达不离道，所以不因富贵而淫；穷不失义，所以不因贫贱而移；有杀身以成仁，无求生以害义，故不因威武而屈。在人生修养上，“大丈夫”的人格是可以永为天下的。孟子论“大丈夫”，实兼含“居仁、立礼、行义”“兼善、独善”“不淫、不移、不屈”三节之义。常人却单举“不淫、不移、不屈”以为说，义欠周备。

后段言人得志而显达，则行道以加惠泽于人民，这就是“兼善天下”。不得志而穷居，则修身以自见，亦不至没世而名不称，这就是“独善其身”。在战国时代，一般游士多半都是“戚戚于贫贱，汲汲于富贵”的人，所以穷则失义，达则离道，既不能兼善天下，亦不能独善其身。孔子孟子亦周游列国，但儒者游仕与讲学双轨并行。而尊德乐义与居仁、立礼、行义正是他们讲学的本旨，这赋予儒家以道德的理想主义之性格与志通天下、德垂后世的道德信念。他们无论得位或失位，无论居位或在道路上，没有一天不在讲学论道，这又使儒家具有高尚的志向、通达的学问、恢宏的气度、笃实的人品，而能陶冶出天下第一流的人才。两千五百年来，儒家之学绵延发皇，不但成为中国文化的主流，而且成为人类文化史上永不离失宗旨的大学派，直到今天，仍然是最具深厚潜力的思想，实非偶然。

儒者不但尚志，同时又尚友。孔子说“益者三友”(《季氏》)，以“友直”“友谅”“友多闻”为“益矣”，又说“友其士之仁者”(《卫灵公》)。曾子亦有“君子以文会友，以友辅仁”(《颜渊》)之言。孟子更推广其意而有“尚友”古人之说。

> 孟子谓万章曰：“一乡之善士斯友一乡之善士，一国之善士斯友一国之善士，天下之善士斯友天下之善士。以友天下之善士为未足，又尚论古之人。颂其诗，读其书，不知其人，可乎？是以论其世也。是尚友也。”(《万章下》)

孟子尝言，“友者，友其德也”。君子论交，纯然出于闻风而相悦，怀义以相接。人要与善士为友，就必须自己亦是善士，否则，学德不相称，何足与人比并切磋？而所谓“一乡之善士，一国之善士，天下之善士”，仍只是与我并世的善士，与并世的善士为友，若犹然不以为足，还可以进而上论古人。我们诵古人之诗，读古人之书，就必须了解古人的生平，因而又要考论他们所处的时代和社会，以深入了解其为学之道与立德之方，庶几知所取则而兴起仿效。如此，便是“尚友”古人了。

儒家历来重视师友之道，友道精神可以超越空间的限隔，亦可以超越时间的限隔。人不但可以与眼前之人为友，亦可以与千万里之外的人为友；不但可与今人为友，亦可与古人为友。友道精神与德慧性情，是古今同在，是可以相遇于旦暮的。五伦之中亦以师友一伦最富精神意义，人能亲师取友，尚友古人，就可以超越自我的限制，而宛如涌身于历史文化之大流。此时，我们的生命便顿然有充实庄严之感，可以“横通天下之志，纵贯百世之心”而进入上下古今、交光互映的人格世界。

二、存养与充扩

（一）求放心

孟子在《告子上》“牛山之木”一章说到，人本有仁义之心，只因为人之所作所为往往斫丧本有的仁义之心，使良心放失而梏亡，故必须加以存养之功。孟子说：“苟得其养，无物不长；苟失其养，无物不消。”又引孔子之言曰：“‘操则存，舍则亡，出入无时，莫知其乡（向）。’惟心之谓与！”（《告子上》）

“心”是一个活体，操持而保养之，则存主于内；舍弃而不加保养，则亡失于外。故孟子有“求放心”之说，其言曰：

> 仁，人心也；义，人路也。舍其路而弗由，放其心而不知求，哀哉！人有鸡犬放，则知求之；有放心而不知求。学问之道无他，求其放心而已矣。（《告子上》）

孟子以“鸡犬放”喻“放心”，只是一个譬喻，其实二者是不同的。鸡犬放，必须往外寻找，人却不能从外面找回一个心。而且，心之放，仍然是譬喻，乃因感性欲求使心外逐而陷溺，故谓之放失耳。

> 孟子曰：“求则得之，舍则失之，是求有益于得也，求在我者也。求之有道，得之有命，是求无益于得也，求在外者也。”（《尽心上》）

修养之事，总须反求诸己。若是求之于外（如富贵利达），则求之虽力，终将“无益于得”。对于这一面，不可存非分之想，亦不可作非分之求，故孔子曰：“富而可求也，虽执鞭之士，吾亦为之。如不可求，从吾所好。”（《述而》）反过来说，求之于己（如仁义），则“仁义内在”，自可“求有益于得”。对于这一面，自当奋力以求，故孔子曰“为仁由己”

(《颜渊》)“我欲仁，斯仁至矣”(《述而》)。

求放心，是反求诸己，是向内的自求，不是向外的追求、祷求。所以，“求放心”实是一种“逆觉”的工夫，是不安于随物放失，不忍于随欲陷溺，而悚然回归自己，是本心自我的警悟、自我的觉醒。

（二）养大体（先立其大）

称儒家为“身心之学”，为生命的学问，都很中肯。人的生命有“身”有“心”，皆不可忽。但心与身有大小、贵贱、主从、轻重之别，这是不可以颠倒的。孟子在《告子》说到心为大体，身为小体，大体为贵，小体为贱，大小贵贱应该“兼所爱，兼所养”，但不可“以小害大，以贱害贵”。一个人善养不善养，就看他取大体而养，还是取小体而养。养小体者为小人，养大体者为大人。

但亦须知，孟子所谓“体有贵贱，有大小”，实无鄙薄耳目口体之义。人在“养耳目”“养口体”之时，如能不忘失“养心”“养志”（如富而好礼之类），则小体之养，亦可为大体之资。不过，在鱼与熊掌不可得兼的情况下，自必有所取舍。此时，便只能“舍生而取义”（舍小以取大），而不可“养小而失大”。这个道理，孟子曾反复说明：

> 公都子问曰：“钧是人也，或为大人，或为小人，何也？”
>
> 孟子曰：“从其大体为大人，从其小体为小人。”
>
> 曰：“钧是人也，或从其大体，或从其小体，何也？”
>
> 曰：“耳目之官不思，而蔽于物。物交物，则引之而已矣。心之官则思，思则得之，不思则不得也。此天之所与我者。先立乎其大者，则其小者不能夺也。此为大人而已矣。”(《告子上》)

“大体”，指心而言；“小体”，指耳目之类。心能省思，耳目则只能视听而不能思。人如顺从耳目之官，则他所见的无非是色，所闻的无非是声。而世间的声色是纷然杂陈的，由此声到彼声，由此色到彼色，使人目不暇视，耳不暇听，在此应接不暇的情况下，人将不能省思而完全为声色所蒙蔽，为声色牵引而去，这就叫作“不思而蔽于物，物交物，则引之而已矣”。(耳、目、声、色，皆是一物，耳交于声，目交于色，物交物则相引而肆，终将沉沦。)

反之，人若顺从大体之心，情形将整个改观。心是能省思的，能思之则能得之。得，是得心之所同然的理、义。当人满心只见理义，自然不会为耳目之欲与声色之娱所陷溺，所蒙蔽，故曰“先立乎其大者，则其小者不能夺也。此为大人而已矣”。大人与小人的分歧点，正是在顺从耳目之官还是心这一关键之处，这是人人皆可以反己体察而即知即行的。

(三)扩充四端

前文对孟子的四端之心已有举述。人心有四端，正如人身有四体(四肢)，两者都是先天具有的，问题只在能否扩而充之。譬如水火，星星之火可以燎原，涓涓之流可达江海。四端之心在我，亦“当下即是”，随处流露，只需扩而充之，自然沛然盛发，不但可以成己之德，且可进而成天下之务。充此四端之心以行仁政，可以保国保天下；不能扩充四端，则不仁不义，无礼无智，与禽兽何异？当然不足以事父母。

孟子曾指出，舜在深山之中，与木石居，与鹿豕游，其异于深山野人者几希。及其闻一善言，见一善行，若决江河，沛然莫之能御[①](《尽心上》)。这表示舜平日所存养的仁义之心，终于在触机之时沛然而发，如江河之水，浩浩荡荡，莫可阻遏。由此可知，修养的关键，只在存此心，养此心，充此心，扩此心，离开了四端之心的扩充，便没有修养可言。至于平常的规行矩步，闭目静坐，读格言，念祷词……不过是一些外在的匡助工夫。如果没有道德感，没有道德意识，则道德心灵终将萎缩，而所谓修养，亦无从说起了。

三、知言与养气

《孟子》“知言养气”一章，是修养论的另一个重点。该章原文的顺

---

① 御，止也，阻挡、阻止之义。

序，是从不动心讲到养气知言。其实孟子“四十不动心”，乃是通过他“知言”“养气”的工夫而达至的。故此部分先论知言，次论养气，最后再说不动心。该章原文见《公孙丑上》，不具引。下文本孟子之意而讨论。

（一）知言：言由心发，以心知言

告子有言：“不得于言，勿求于心；不得于心，勿求于气。”孟子认为后两句犹可说，因为心于理有所不达，则理不得，心亦不安。此时求助于气，亦是枉然。（譬如强词夺理者，便是不得于心而求助于气，但此类人亦终不能理得心安。）至于前两句“不得于言，勿求于心”，则孟子以为“不可”。原告子之意，以为言无涯，岂能尽得其故？所以虽于言有所不达，亦不必反求于心去了解它，以免扰乱了吾心的虚静。然而不达于言，便是不达于理，理不得，又如何能强使心安？告子硬把捉一个心，强制使它不动，结果是“心与言不相干，心与气不相贯”（朱子语）。这是取消问题，不是解决问题。须知异端邪说生于其心，害于其政，乃是严重之事，岂可任其贻害世道人心，而不反求于心以了解其所以然之故？

一切言语，皆是随顺心之所思所想而说出来的。言既由心发，自必以心知言。孟子的“知言”，正对告子“不得于言，勿求于心”而发。所谓“知言”，即对言论、思想的是非、善恶、诚伪、得失之精察明辨。孟子答公孙丑之问“知言”，曰：

> 诐辞知其所蔽，淫辞知其所陷，邪辞知其所离，遁辞知其所穷。

“诐辞”是偏于一面而不见全体的言论，故有所蔽。“淫辞”是放荡之言，如群居终日，言不及义。此类言词，不但使自己之心陷溺，亦使他人之心陷溺。“邪辞”是邪僻之言，凡言伪而辩，似是而非，讦以为直，以及一切惑世乱民的言论，都是离经叛道之言。“遁辞”是闪烁逃避之言，人之所言如妄而不实，一经究诘便将理屈词穷。语云：“言为心声。”言有病，正表示其心有病。诐、淫、邪、遁，是言之病，蔽、陷、离、穷，则是心之病。孟子列此四者，不过略举大端而言之耳。

言由心发，由其言可以观其心，故知言实即知心，知心亦即知人。《孟子》中记载了很多“知人论世”的话，如对告子、许行、宋牼、张仪、公孙衍，以及杨朱、墨子之论评，皆是他“知言”的实例。孟子认为“邪说诬民，充塞仁义也。仁义充塞，则率兽食人，人将相食”。他看出思想言论的分歧邪乱，业已造成“观念的灾害”，所以便挺身而出，发其隐蔽，明其诚伪，辨其得失。他要“正人心，息邪说，距诐行，放淫辞”，以继承三圣（大禹、周公、孔子）的志业。由此可知，孟子的“知言”，除了辟异端，息邪说，严辨人禽、义利、王霸、夷夏之外，更有他积极的端正人心之倾向的意味，以弘扬圣人之道与平治天下之使命感。

（二）养气：气由心持，以心养气

“知言”是遮拨邪说，诠表正道。“养气”则是培养道德勇气，树立中心信念，以期担当天下之重而无所疑惧，即孟子所谓“不动心”。而养气之道在于自反、持志、直养、集义，此四者相辅相成，但为说明方便，仍分别简述如下。

自反——“自反而缩”“反身而诚”，乃培养浩然之气的枢机。自反而缩（直）表示行事无所愧怍，故能理直气壮而无所馁。反身而诚，则无隐曲、无偏私、无疑惧。如此，自能成就人格的“直”“方”“大”（《易·坤卦·文言》）。若只是血气、意气（男儿重意气之意气），便不过是“气魄承当”，并没有理性良知的反省自觉，不是“自反而缩，虽千万人吾往矣”的义理之勇（大勇）。必须通过“自反”的工夫，反身以循理，才能以理生“气”，才能说是浩然正气。

持志——孟子说：“志，气之帅也；气，体之充也。夫志至焉，气次焉，故曰‘持其志，无暴其气’。”“志”，是心之所向，亦是心所存主。“志”即心，心可以约束“气”，引导“气”，所以“志”是“气”之帅（主宰）。此所谓“气”，意指我们的生命力（气是力量，不是实体）。视、听、言、动，都是气的作用。气充满于我们形体的每一个地方，故曰“气，体之充也”。志既然是气之帅，气就应该随着志走。志之所向（所在），生命力必随而从之，就像士卒随从主帅而用命一样，故曰“志至焉，气次焉”。（次，舍也，止也。）但生命力常是盲动的，当气失其平衡，生命力便横肆泛滥，所以持志工夫，除了积极面的“持其志”，还要在消极面“无暴其气”。（暴，乱也。不可使气乖舛纷驰，横肆泛滥。）气，好比是水，“水能载舟，亦能覆舟”。人如果横肆滥用其生命力，亦会像水之无防、舟之无舵，终将随暴雨而成灾，随狂涛而覆没。反之，如能持其志，则有所主其中；能无暴其气，则无所放纵于外。中有所主，则气愈充；无所放纵于外，则志愈固。以志帅气，内外交养，气便浩然充塞了。

直养——何谓“浩然之气”？连孟子自己亦觉得“难言也”，所以分为两句来说。首先他说“其为气也，至大至刚，以直养而无害，则塞于天地之间”。大而无限量，谓之“至大”。刚而不可屈挠，谓之“至刚”。依赵岐注，直养而无害，是“养之以义，不以邪事干害之”。人能本着“天所与我”的仁义之性，以率性修道，内充外扩，而不以人为桎梏加以干扰，不以私意欲念加以妨害，则道德的勇气必能日臻浩然刚大，而充塞于天地之间。

集义——孟子又说：“其为气也，配义与道；无是，馁也。是集义所生者，非义袭而取之也。”“义”，是吾人性分中所固有的；“道”，即率性之谓。（《中庸》云：“率性之谓道。”）由心所发的浩然之气，其全部内容都是配义与道的。失去义与道，气就馁乏不振，无法达到浩然。而浩然之气之所以存有，则因其乃“集义所生者”。所谓集义，是随时表现内心之义，以为其所当为之事。所以人的生活，随着内在的道德性（仁义礼智之性）走出一步，便是集义一次。“集义所生”，是说浩然之气乃是在随时表现内心之义中自然生发而出的，故“集义”工夫是内发的，而非外铄的，不可将集义看作外在的积集。外在的积集是无根的、有间断的，无根就是“义外”，是“行仁义”而非“由仁义行”[①]，有间断便是“忘”，

① “行仁义”是把仁义推出去，视为外在之价值标准，然后遵而行之。“由仁义行”是顺由我内在的仁义之心而行。两句见《离娄上》，第十九章。

不是“必有事焉”。像这样隔断心性之源，而又一曝十寒，如何能算是集义？当然无法把气养得浩然充塞。

如上所述，通过自反、持志、直养、集义的工夫，就可以培养出刚大浩然之气。此即所谓气由心持，以心养气。

（三）从知言养气到不动心

孟子所谓“不动心”，乃是心不摇惑、无所疑惧之义。孟子“四十不动心”，与孔子“四十而不惑”在道德修养的进境上是相同的。一个人面对重责大任，能够心不摇惑、无所疑惧，这当然是一种“大勇”，所以公孙丑认为，不动心的孟子远胜过古时的勇士。勇士必能养其勇，然后乃能临危不避，临敌不惧。但各人养勇（养气）之道并不尽同，故其“不动心”也不一样。总结孟子所论，可有三种类型：

第一种是勇士之不动心。或如北宫黝之凌物以轻之，以养其必胜之念，而达至的“勇凌于物之不动心”；或如孟施舍信勇之在己，以养其无惧之情，而达至的“恃己无惧之不动心”。

第二种是告子之不动心。是不得于言，勿求于心，心与言不相干，不得于心，勿求于气，心与气不相贯而达至的“强制其心之不动心”。

第三种是儒者之不动心。或如曾子之反身循理（守约），或如孟子通过知言养气工夫而以志帅气。曾子、孟子二人所达至的“反身循理”或“以志帅气”的不动心，乃真正能够不忧、不惑、不惧，不淫、不移、不屈者。

孟子有言：“人之有德慧术知者，恒存乎疢疾。独孤臣孽子，其操心也危，其虑患也深，故达。”（《尽心上》）孤臣、孽子，处境复杂而艰危。由于他们操心于危疑之地，虑患于深微之间，故能磨炼出德慧术知与坚毅之性格。然《中庸》有云：“苟非至德，至道不凝焉。”换言之，“苟非其人，道不虚行”。人如真有行道淑世之大志，则孟子知言、养气的工夫，必不可忽。

第五节　价值、伦理观

一、天爵与人爵

> 孟子曰："有天爵者，有人爵者。仁义忠信，乐善不倦，此天爵也；公卿大夫，此人爵也。古之人，修其天爵而人爵从之。今之人，修其天爵以要人爵，既得人爵，而弃其天爵，则惑之甚者也，终亦必亡而已矣。"（《告子上》）

"爵"，贵也。仁义忠信，乐善不倦，皆本乎天性，这种人性中先天本有的尊贵，谓之"天爵"。至于公卿大夫，则是人定的爵位，是政治等级中的尊贵，故谓之"人爵"。天爵，是价值世界中的道尊德贵；人爵，是感觉世界中的位尊爵贵。古之学者为己，故以天爵为性分之所固有而加以修养，能修其天爵，则人爵不待求而自至，此即《中庸》所谓"故大德必得其位，必得其禄"。今之学者为人，故以修天爵为获取人爵之手段，人爵既得，便弃其天爵而不修，最后，连已得到之人爵亦必亡失而不保。由此可知，天爵是道德人格上的尊贵，是永恒的；人爵是名位权势上的尊贵，是可变的。前者操之在己，求则得之，可以常保；后者操之在人，求而不可必得，得之亦难以常保不失。而世人不明此理，竟外于生命而别求人生之价值，可谓迷惑已甚。

儒家的贵贱观念，无论天爵人爵，都不是阶级观念，而是价值性的观念。当天爵与人爵合一，便是"大德者受命"之时，在此可以说"有德则有福"（得位、得禄、得名、得寿，皆是福）。但有时"修其天爵"，而"人爵"未必"从之"，这时，德与福便不能一致，而人生也就有了缺憾。顺此缺憾可以接触"命"之观念。在儒家，是"尽义以知命"而达到"义命合一"。然则，是否亦可以"修德以受福"而达到"德福一致"呢？这是值得思量的问题。

虽然《中庸》说"大德必得其位，必得其禄，必得其名，必得其寿"，但那只是就尧舜"受禄于天"而言。在现实的人间社会，有德者未必即有福，德与福是综合关系，而不是分析关系。这其中的限制，儒者早有觉察，所以一方面说“先天而天弗违”(《易·乾卦·文言》)，另一方面又说“后天而奉天时”(《易·乾卦·文言》)。依先天义，显示道德创造之无外以及道德我之无限性，在这一面可以说义命合一，亦可以说德福一致。依后天义，显示宗教情操之敬畏与个体存在之有限性，在这一面则不能说义命合一，亦不能说德福一致。而儒家价值论的落点，是在主体的自觉实践上。道德意识的自觉要求是“合义”“成德”，至于“命”与“福”，虽亦加以正视，但可不予计较。是故董生曰：“正其义（谊）不谋其利，明其道不计其功。”依儒家，义正即利，而且是公利，是普遍之利；道明即功，而且是大功，是长远之功。这是儒家价值观的一大要点。

二、义利与生死

义利之辨，是儒家价值论的中心。孔子说：“君子喻于义，小人喻于利。”(《里仁》)孟子承之，亦严辨义利。

> 孟子见梁惠王。王曰：“叟！不远千里而来，亦将有以利吾国乎？”
>
> 孟子对曰：“王！何必曰利？亦有仁义而已矣。王曰：‘何以利吾国？’大夫曰：‘何以利吾家？’士庶人曰：‘何以利吾身？’上下交征利而国危矣。……未有仁而遗其亲者也，未有义而后其君者也。王亦曰仁义而已矣，何必曰利？”(《梁惠王上》)

孟子主张以仁政王道平治天下，而当时诸侯只求富国强兵，故攻人之城，掠人之地，战祸连年，民不聊生，这都是由于各自求利而造成的结果。为了扭转梁惠王唯利主义的价值观，所以孟子第一句便说“王！何必曰利？亦有仁义而已矣”。因为如果人人以“利”为首要目标，则君、卿大夫、士、庶人等，皆将唯利是图，如此交相取利，势必因利害冲突而交相怨怼，于是上下离心离德，而国家也就陷于危乱之地了。反之，如以仁义之道作为政治的纲领，则人人不失其仁，不失其义，自能推爱于社会，以为其所当为。于是，亲亲敬长，讲信修睦，扶弱济倾，兴灭断绝。而致生民于康乐，进世界于大同，亦将成为理所应当、势所必至之事。这样的价值观，才是人类所向往、所追求的。世人总以儒家陈义太高，其实，不讲价值则已，要讲价值，便应当称理而谈，称义而说。人心悦理悦义，人性中亦本有仁义，然则，舍理义、仁义而谈价值，可乎？

> 孟子曰："鱼，我所欲也；熊掌，亦我所欲也。二者不可得兼，舍鱼而取熊掌者也。生，亦我所欲也；义，亦我所欲也。二者不可得兼，舍生而取义者也。生亦我所欲，所欲有甚于生者，故不为苟得也；死亦我所恶，所恶有甚于死者，故患有所不辟（避）也。……是故所欲有甚于生者，所恶有甚于死者。非独贤者有是心也，人皆有之，贤者能勿丧耳。"（《告子上》）

此章以"鱼与熊掌"比喻"生与义"，生与义虽同为我所欲得，但如果生而有害于义，则我宁可弃生命以成就义。孟子所谓"舍生取义"与孔子"杀身成仁"，同样表示了超乎生命之上的人生价值之极则，而且宣示了强烈的殉道精神。

生死问题亦是价值观的一大重点。儒家重视死得其所、死得其时，但不单独讨论死的问题。儒家亦重视丧葬祭祀之礼，而对于鬼神之事，则持"存而不论"的态度。

"杀身成仁""舍生取义"，在儒家是应然而必然的道德要求。这一要求，同时也是以心性论为根基而透显出来的生死智慧。在此，舍生而得生，死即生（虽死犹生），即由于身之死而创造了更高层次的生之意义与生之价值。若有人问杀身、舍生是否绝对必要？则儒家可以这样回答：从行为方式上说，当然并非绝对必要，不杀身亦可以成仁，不舍生亦可以取义。但从生死的意义上说，这个问题其实是无须提出的，生命的意义和价值在于是否能尽性至命，而不在身之存灭。身与道离，虽生犹死；身与道一，虽死何憾？故孔子曰："朝闻道，夕死可矣。"这就是不恐动人而平看生死的真实之言。

> 孟子曰："故天将降大任于是人也，必先苦其心志，劳其筋骨，饿其体肤，空乏其身，行拂乱其所为，所以动心忍性，曾（增）益其所不能。……入则无法家拂士，出则无敌国外患者，国恒亡。然后知生于忧患，而死于安乐也。"（《告子下》）

此章结语所谓"生于忧患，而死于安乐"，意谓人常因忧患而生，因安乐而死。这是承"苦其心志""动心忍性"而来的忧患意识所显示的另一层面的生死智慧。语云"殷忧启圣，多难兴邦"，便是"生于忧患"；耽于逸乐，不自振作，终致鱼烂而亡，即"死于安乐"。为此，特衍孟子之意为联句，以资惕厉：记取生于忧患，以免死于安乐；莫教生于安乐，以致死于忧患。

三、亲亲仁民爱物：推爱

> 孟子曰："君子之于物也，爱之而弗仁；于民也，仁之而弗亲。亲亲而仁民，仁民而爱物。"（《尽心上》）

"亲亲""仁民""爱物"，都是仁爱之心的表露。程子曰："统而言之，则皆仁；分而言之，则有序。"在具体的表现上，"亲"切于"仁"，"仁"厚于"爱"。这个亲疏之等，乃是人情之自然，是天理合当如此。所以"亲亲而仁民，仁民而爱物"，并不是人为的差别，而是天理本然之则。孟子此章所说，实可视为中国伦理思想之总纲。

在"亲亲"方面，上对父母表现孝顺之德，中对兄弟表现友悌之德，下对子女表现慈爱之德。孝、悌、慈的表现，既能显示纵的生命之承续，又能顾及横的亲情之联系，所以明儒罗近溪说"家家户户皆靠孝悌慈过日子也"。如果人类不孝、不悌、不慈，则人间生活将立即动物化而沦为禽兽世界，道德文化的价值亦将全面崩解而重归洪荒。

在"仁民"方面，就通向社会而言，即《礼运》大同篇所谓"不独亲其亲，不独子其子"，以及孟子所谓"老吾老以及人之老，幼吾幼以及人之幼”。这亦是孔子所谓“老者安之，少者怀之，朋友信之”的情怀。就通向政治而言，一方面是修德爱民，“以不忍人之心，行不忍人之政”，使黎民百姓皆有恒产，而能养生丧死无所憾；另一方面是“保民如赤子”，教人以孝悌人伦，使匹夫匹妇各得其所，而能安居乐业。就通向世界而言，即中国人最为熟悉的“四海一家”“天下为公”“世界大同”的精神。

在“爱物”方面，由“民胞物与”进到“以天地万物为一体”，即可充分显示儒家所讲的“仁”才真正是无限的爱。而墨家提倡的爱无差等的“兼爱”，排斥差别性以凸显普遍性，其普遍性是抽象挂空而不能落实的。依据儒家的思想，“仁”字上不说差等，差等的意思落在“爱”字上。因此，我们可以对墨家兼爱之说提出两句话作为回答：仁通万物，而爱有差等；仁无差等，而行爱有序。两句归为一句，便是“仁无差等，而爱有差等”。因此，儒家主张“推爱”，而孟子“亲亲而仁民，仁民而爱物”的话，实最能简洁切合地阐明“推爱”之义。

总起来说，亲亲表现的是“天伦爱”，仁民表现的是“人类爱”，爱物表现的是“宇宙爱”，孟子所阐述的不只是儒家的伦理思想，事实上就是中华民族的伦理规范。但儒家伦理规范的表现方式，必须随时代、社会之变迁而进行全面性的调整，必须顺应时宜而因之、革之、损之、益之。如此而后，自能重新建构起普遍适用的伦理规范。①

第六节　政治思想之精义

一、推仁心，行仁政

孟子常说先王之道，先王指尧、舜、禹、汤、文、武，先王之道即

---

① 关于这方面的问题，我有一篇论文《儒家伦理基轴之省察》，编入《哲学史与儒学论评》，第79—101页，可参阅。

是仁政王道。孟子说：

> 人皆有不忍人之心。先王有不忍人之心，斯有不忍人之政矣。以不忍人之心，行不忍人之政，治天下可运之掌上。（《公孙丑上》）

安于不仁谓之忍。“不忍人之心”，即仁心，亦即怵惕恻隐之心。圣王与民同好恶，同忧乐，满腔是恻隐之心，故能“推仁心，行仁政”。推，是儒家最基本，亦是最可贵的精神。孔子所谓“己所不欲，勿施于人”是推己之恕，而“己欲立而立人，己欲达而达人”更是恕道的积极表现。孟子对这种推扩的道理继续加以发挥，他说：

> 凡有四端于我者，知皆扩而充之矣，若火之始然，泉之始达。苟能充之，足以保四海；苟不充之，不足以事父母。（《公孙丑上》）
>
> 老吾老，以及人之老；幼吾幼，以及人之幼。天下可运于掌。……故推恩足以保四海，不推恩无以保妻子。古之人所以大过人者，无他焉，善推其所为而已矣。（《梁惠王上》）

扩充四端之心，小则可以事父母，大则可以保四海，而“老吾老”“幼吾幼”两句，仍然是推扩吾心之仁，由己之父母子女及于天下人之父母子女，这是极其自然而又顺情合理之事。对于这种“举斯心加诸彼”的行为，孟子称之为“推恩”。古先圣王“以不忍人之心，行不忍人之政”，亦无非是“善推其所为”而已。

孟子的政治思想并不以君为中心，而是以民为中心。故孟子论君道，亦以贵德爱民为本旨。兹分三点，简述如下。

第一，以德行仁。以德行仁，即以德行政。仁恩及于人民，则人民心悦诚服。孟子曾说到周文王发政施仁，必以鳏、寡、孤、独四者为先。[①] 但只有仁心仁德，如无“道揆法守”，仍然不能平治天下。故孟子言治，实是以德为本，以法为用。可见德化的治道，并不疏忽法制的功

---

① 见《梁惠王下》，第五章。

用。自古礼、法并举，亦是此意。

第二，贵德尊士。孟子认为“以天下与人，易；为天下得人，难”（《滕文公上》）。故为君者必须“贵德而尊士”（《公孙丑上》），以使“贤者在位，能者在职”（《公孙丑上》）。一国之君果能做到“尊贤使能，俊杰在位，则天下之士，皆悦而愿立于其朝矣”（《公孙丑上》）。如此，便是“为天下得人者谓之仁”了。

第三，与民同好恶。孟子指出，民之“所欲”，为之积聚以满足他们的需要；民之“所恶”，则不可施行，以免招致他们的怨怒。孟子之意，与《大学》所谓“民之所好好之，民之所恶恶之”同一旨趣。孟子论政，特重民意。为政者不但要与民同好恶，还要“与民同忧乐”①，甚至用贤、杀人，亦应依据民意。所以说：“国人皆曰贤，然后察之；见贤焉，然后用之。……国人皆曰可杀，然后察之；见可杀焉，然后杀之。”（《梁惠王下》）总之，一切以人民为主体，一切以民意为归依。这就是孟子政治思想的基本要义。

二、民为贵，重民生

> 孟子曰：“民为贵，社稷次之，君为轻。是故得乎丘民而为天子，得乎天子为诸侯，得乎诸侯为大夫。诸侯危社稷，则变置。牺牲既成，粢盛既洁，祭祀以时，然而旱干水溢，则变置社稷。”（《尽心下》）

孟子的“民贵君轻”说，在人类政治思想史上，实为先声。“君”与“社稷”可以变置（改变旧的，更置新的），而“民”则不可。在儒家的政治思想里，“民”是政治的重心，“君”与“社稷”，皆为“民”而存在。而为政之道，爱民安民而已。国以民为本，民以食为天，所以政治之首

---

① 《梁惠王下》第四章云：“乐民之乐者，民亦乐其乐；忧民之忧者，民亦忧其忧。乐以天下，忧以天下。”

要在民生。以下试分为养民、教民、使民、保民四目，略做说明。

养民——孟子以“黎民不饥不寒”“养生丧死无憾”为“王道”之始基。为达到这个目的，必须先做到下列三事：第一，“为民制产”。孟子认为“民无恒产，则无恒心”，明君为民制产，必使“仰足以事父母，俯足以畜妻子，乐岁终身饱，凶年免于死亡”(《梁惠王上》)。孟子之言，不但上承孔子“先富后教”之义，而且与管仲“仓廪实则知礼节，衣食足则知荣辱”意思亦相同。儒家讲道德，是出于理想主义的精神，对政治之事则采取经验主义的态度。道德和政治的分际，在儒家本甚清楚，近人动辄说儒家是泛道德主义，实乃滥用词语，是颟顸而不相干的混扯。[①] 第二，“不违农时”。所谓“鸡豚狗彘之畜，无失其时，七十者可以食肉矣。百亩之田，勿夺其时，数口之家可以无饥矣”(《梁惠王上》)。第三，“薄其赋敛”。儒家向来主张轻徭役，薄赋敛，以什一之税为原则。孟子对于自古行之的“布缕之征”“粟米之征”“力役之征”，认为应该“用其一，缓其二”(《尽心下》)，尤其显示他薄赋敛、惜民力的主张。

教民——孟子认为“善政，不如善教之得民也”(《尽心上》)。而教民之道，是“谨庠序之教，申之以孝悌之义”(《梁惠王上》)。教的重点，是“父子有亲，君臣有义，夫妇有别，长幼有叙，朋友有信”(《滕文公上》)。至于知识技术的教育，在古代农业社会并不迫切，而工商百业的知识技能，亦自有其行业本身的传习方法。从历代遗留的器物，即可知先民智慧之灵巧和技艺之精美。

使民——使民之道，首在与民同好恶、同忧乐。孟子说：“以佚道使民，虽劳不怨。以生道杀民，虽死不怨杀者。”(《尽心上》) 佚道，是使民安逸之道。人民为自己生活之安逸而劳动，故能劳而不怨。生道，是使人民活命获生之道，如除暴安良，以杀止杀之类。至于“劳心”“劳力”之

---

① 就“德化的治道”而说儒家是“泛道德主义”，乃是不相干的拉扯，至少是不明分际的颟顸之见。道德之格律化、教条化，又直接以此格律教条强压于人，乃成为奴役人民的泛道德主义，这是王船山所谓“立理以限事”。儒家以不忍人之仁讲道德，绝不容许奴役人民，绝不是那种格律化、教条化的“立理以限事”的泛道德主义。此意，牟宗三《政道与治道》(台北：学生书局，2003 年) 的第三章第四节后段有辨析，请参看。后引此书仅标注章节或页码。

分别，是依分工而来的位分之不同。此乃天下之通义，古今不变之常则。

保民——孟子认为，保民之道，在于以不忍人之心，推不忍人之政。他因齐宣王见牛之觳觫而不忍杀，指点此一念之不忍即仁心之根芽，如能“举斯心加诸彼”，“推恩”以保四海，此即所谓“保民而王”。孟子曾说：“古之为关也，将以御暴；今之为关也，将以为暴。”(《尽心下》)设关以御暴，是为了保民；设关以为暴，则是为了虐民（关起门来行暴政）。战国时代，诸侯相互攻伐，“争地以战，杀人盈野；争城以战，杀人盈城”。孟子认为“率土地而食人肉，罪不容于死”(《离娄上》)。凡残民以逞，未尽“保民”之责者，孟子皆严加贬斥，故曰“五霸者，三王之罪人也；今之诸侯，五霸之罪人也；今之大夫，今之诸侯之罪人也”(《告子下》)。

以上所述，是对孟子论政之综括。孟子倡言行王道，在崇尚诈力的战国时代，实显示一特殊立场。但这套政治理论，本质上仍只是传统政治中“修德爱民”观念的引申。而真正具有“政治思想”之重大意义，又有创新性见解的则是孟子在《万章上》中所提出的有关政权转移的理论。

三、政权转移的轨道问题

在孔子的时代，周文（周代的礼乐文化）的理想还荡漾于士民的心怀之中，所以孔子对政治的意向，是重建周文的秩序，重开周公的礼乐政教，而并没有建立一个新政权的想法。虽然他说过“其或继周者”，亦只是顺三代礼乐之因革损益而言；他讲大同小康时，亦说到尧舜禅让与三代世袭；但对于政权转移的理论，则没有明确的表示。孟子生当战国中期，周室衰微已甚，士民心中早已不存兴复周室之意念，孟子亦寄希望于新王兴起。他既有建立新政权的意向，自必论及有关政权转移的问题，这亦是《孟子》中最有意义的政治思想。[①]

孟子之文有两章，一是《万章上》第五章，论“天与即人与：民意

① 牟宗三《政道与治道》曾引《孟子·万章上》第五、六两章加以论述，请参阅。

政治”。全章的意思主要有以下四点。

第一，“天子不能以天下与人”。这是一个极好的观念，因为天下不是一个“物品”，不可私相授受。

第二，“天子能荐人于天，不能使天与之天下”。在此，孟子提出的“推荐”观念，相当于今天民主政治向选民提名“候选人”。但提名是一回事，选民是否投票支持被提名者当选，又是另一回事。所谓“不能使天与之天下”，正表示这个意思。同理，诸侯亦只能向天子推荐贤才，但不能使天子将诸侯之位给予你所推荐的候选人。大夫向诸侯举荐人才，亦是如此。

第三，“天与之”通过“人与之”而表示。被荐者的“行与事”皆得民心，无异于今日之候选人经由公民“普选”而获得选民之热烈支持。这种经过“推荐”（荐人于天）与“普选”（由行事之得人心来显示）而得天下，以践天子之位的观念，完全是“德”“公天下”的观念。在此，没有人权运动，没有订立宪法，而是就最实际的行事与最具体的民心之向背，以表示天理合当如此。这天理一经正视而被认定，就成为不可动摇的信念，成为良心上不能违背的真理。这里显示了一项政治实践上的最高准则，即“天意不可违逆，民心不可违背”。我们也可以说，这是一种“主观形态的民主”。如果将此准则“客观法制化”，便是今天民主政治的形态。

第四，“天视自我民视，天听自我民听”。这是孟子引《尚书·泰誓》之言，以印证“天与之”是通过“人与之”而表示的。天的视听既然通过人民的视听而显示出来，则所谓“天命之归”，实际上就是民心之所向，民心即天心，民意即天意。

二是《万章上》第六章，其又顺承上章“推荐”与“普选”的最高原则，再申论“禅”（传贤）、“继”（传子）与“革命”，以论述“政权转移”之问题。其要点有五。

第一，天子荐人于天，类似今之提名竞选，而禹之子启得天下，则近乎今日之连选连任。但启再传天下于其子太康，则不可，所以终于有后羿夺位之事。而少康之中兴，实凭武力，亦由于后羿、寒浞相继行暴，给予少康以可乘之机。

第二，“讴歌者不讴歌益而讴歌启，曰：吾君之子也！”这表示人民不能忘怀大禹治水之功，而其子启又很贤能，于是爱屋及乌，拥戴启继其父禹为天子。大禹虽然推荐了益，但益相禹的年数少，施于人民的惠泽亦不足以转变人民的恋旧（感念大禹）之情。这些都非人力所能为，而是“天命”。

第三，“天与贤，则与贤；天与子，则与子”。无论“与贤”或“与子”，皆视天心民意而定。但“吾君之子也”这种恋旧之情，只是一时的，可一而不可再。启继承禹，近乎连选连任，但连选连任亦有限制，故没有理由永远保留“吾君之子”这种做法。孟子的说法，是表示政权转移，无论“与贤”“与子”，皆决定于民意，而不表示承认世袭之家天下为合理，此所以孟子又盛赞汤武之革命。

第四，“匹夫而有天下者，德必若舜禹，而又有天子荐之者”。这是说有天下而为天子，除了要有德，还要有现任天子的推荐。孔子有其德而无人荐，所以“不有天下”。在此可以看出孟子这个理论，缺少积极有效地“使圣人为天子”的客观法制。

第五，“继世以有天下，天之所废，必若桀纣者也”。这是说在世袭之家天下的制度下，在位天子的恶行必须落到夏桀商纣的程度，才会为天所废。夏之启很贤，商之太甲虽失德而知悔改，周之成王亦很贤，三人皆能继承先业，故天不废之。而亦以此故，“益、伊尹、周公不有天下”。这里所透露的，是孟子对于并不合理的家天下，除了肯定汤武革命外，还没有想出一个有效的处理办法。

无论“禅”“继”或“革命”，都是以“德”取天下，都是以“民心”作为政权转移的依据。孟子都加以肯定和承认，并引孔子之言曰：“唐虞禅，夏后殷周继，其义一也。”其实，这三者是不同的。“禅”是公天下，“继”是家天下，而“革命”则是以非常手段取天下。以革命对禅而言，禅是揖让，革命是征诛，前者是德，后者是德加上力。以革命对继而言，前者是对家天下世袭传子之挑战（因为子不必贤，传到桀纣这样的暴君，当然要对付），后者是另一个新世系的家天下之形成。

总之，关于政权转移的轨道问题，孟子所提供的理论方向的确有重大的意义和价值。这里所欠缺的只是如何落实到制度上，确立“推荐”

（提名候选人）、“人与”（公民投票普选）、“不与”（依法罢免）的法制，以保证“公天下”理想之实现。这三个问题，儒家一直未能落实在法制上作架构性思考，在此，显示了儒家的外王学有所不足。但亦须知，这个问题是人类共同之问题。在西方世界亦要到1689年英国通过《权利法案》之后，才算开始正视这个问题，而有初步的解决之道。较之我国辛亥革命成功，亦不过早220余年而已。①

① 英国《权利法案》通过前27年（1663），黄梨洲《明夷待访录》成书，1748年法国人孟德斯鸠《论法的精神》出版。1776年美国独立，1789年法国大革命，1868年日本明治维新开始，1911年辛亥革命成功。

第五章　老子的哲学

第一节　道家的先期人物

《论语》所载孔子遇到的南方隐士，大致而言，都属于道家的先期人物。如：

> 子路宿于石门。晨门曰："奚自？"子路曰："自孔氏。"曰："是知其不可而为之者与？"（《宪问》）
>
> 子击磬于卫。有荷蒉而过孔氏之门者，曰："有心哉，击磬乎！"既而曰："鄙哉，硁硁乎！莫己知也，斯己而已矣。深则厉，浅则揭。"子曰："果哉！末之难矣。"（《宪问》）
>
> 楚狂接舆歌而过孔子曰："凤兮凤兮！何德之衰？往者不可谏，来者犹可追。已而，已而！今之从政者殆而！"孔子下，欲与之言，趋而辟之，不得与之言。（《微子》）
>
> 长沮、桀溺耦而耕，孔子过之，使子路问津焉。长沮曰："夫执舆者为谁？"子路曰："为孔丘。"曰："是鲁孔丘与？"曰："是也。"曰："是知津矣。"问于桀溺。桀溺曰："子为谁？"曰："为仲由。"曰："是鲁孔丘之徒与？"对曰："然。"曰："滔滔者天下皆是也，而谁以易之？且而与其从辟人之士也，岂若从辟世之士哉？"耰而不辍。子路行以告。夫子怃然曰："鸟兽不可与同群，吾非斯人之徒与而谁与？天下有道，丘不与易也。"（《微子》）
>
> 子路从而后，遇丈人，以杖荷蓧。子路问曰："子见夫子乎？"丈人曰："四体不勤，五谷不分，孰为夫子？"植其杖而芸。子路拱而立。止子路宿，杀鸡为黍而食之，见其二子焉。明日，子路

> 行以告。子曰："隐者也。"使子路反见之。至，则行矣。子路曰："不仕无义。长幼之节，不可废也；君臣之义，如之何其废之？欲洁其身，而乱大伦。君子之仕也，行其义也。道之不行，已知之矣。"（《微子》）

孔子为了寻求行道的机会，率领群弟子周游列国，栖栖惶惶，行走于道路。而另一些散处乡野的隐逸之士，虽或钦慕孔子的人品，但对他"知其不可而为之"的情怀，则疏隔而无所会心，乃对孔子致以"凤兮凤兮！何德之衰"的惋叹。他们面对"滔滔者天下皆是"的混乱无可奈何，因深切感受到"今之从政者殆而"，乃心灰意冷，"欲洁其身"以自保。而孔子与人为徒，岂可绝人逃世以自洁？故曰"鸟兽不可与同群，吾非斯人之徒与而谁与？"因为天下无道，故君子亟欲出仕以"行义"于天下。可惜在位者不识其贤而用之，在野者又不知其心而讥之：如楚狂接舆只知孔子之德而不知孔子之"心"；荷蒉稍知孔子击磬之心，而又误会孔子坚执而不懂放手。其中只有荷蓧丈人较为特别，他以责为讽，说了一句"四体不勤，五谷不分，孰为夫子"之后，便"植其杖而芸"，不再理会子路。但待他看到子路敛手而立的敬态，便肫恳留宿，鸡黍待客，并召其二子来见子路，可谓风高意厚。当晚他与子路所谈，必有未完之衷曲。次日，孔子听子路说了，便要子路回去看他，虽然是为表白心迹，晓之以义，而契慕之情亦自在其中。贤圣相接之际，其间必有美者。千古之下，想其人德，犹不胜拳拳之心焉。

据此可见，情切救世者与忘情避世者，实皆真心之人。只因价值之取向有别，而处世之态度遂不同。再如杨朱"为我"，也属于道家早期之思想，他与墨子之"兼爱"各有所执。一个抓住个体性，却忽视普遍性；另一个抓住普遍性，却忽视差别性。各趋一端而互有偏失，故孟子两辟之。

道家之说，自是针对周文疲弊（有文无质）而发。唯《老子》之作者及其成书之年代，难以考定。但老子"绝圣弃智，绝仁弃义"，明显是针对儒家而发。故老子在孔子之后，实无可疑。孟子辟杨墨而未及老子，则其时《老子》尚未流行。而庄子与孟子同时而稍晚，故《庄子》中便常称道老子。唯老庄二人之风格及其表达方式、义理之形态皆有不同。老子立纲维，庄子则消化之而调适上遂，此可说是甚为自然之发展。为免分隔，故连章以论老庄，而列于孟子章之后。老子之人或书，虽可能略早于孟子，亦无伤也。

再者，上文第一章之后，有一段“附说”，介绍郭沂教授《从郭店竹简看先秦哲学发展脉络》，亦可参阅。

第二节 “无”的智慧之进路

一、以无为对治有为

周文之弊，是诸子各家共同感受到的。儒家认为当时的周文，不但出现文胜质的偏差，甚至已经落到有文无质的地步。因而主张要以生命的真诚（内在的质）贯注于礼文形式（外在的文），使礼乐之文不至于流为虚架子。所以孔子说“人而不仁，如礼何？人而不仁，如乐何？”（《八佾》）没有内在的仁义之心，礼乐将如何显现其规范价值？又将如何显发其教化功能？换言之，礼乐之所以能发挥其化民成俗的效用，实乃人的仁义之心在起着主导作用。儒家以礼乐为本的礼乐文化之所以能够源远流长，绵绵不尽，正是由于它掌握了“人同此心，心同此理”的价值主脉。

但道家精神与儒家相反。儒家无论在何时何地，都要发挥礼乐的教化功能，也就是说，要有所作为。[①]而老子则以为，一切“有为”皆将造

---

① 儒家所讲之“有为”，是“义之与比”“由仁义行”，并非道家所担心的“人为造作”。故儒家之积极有为，是顺理性而为之，可以避免干扰、操纵、控制、把持、扭曲、伤害……之弊病。而孔子说“无为而治者，其舜也与！”可见儒家亦承认“无为”之意义与价值，只是儒家不以“无为”为纲，而以“仁”为纲。

成人为的灾害，故视周文为虚架子①，认为全套的礼乐文化，皆将桎梏生命的自由，妨碍生命的自在。②故主张“无为”，以对治“有为”。

二、从无为到无

“无为”，本是生活实践的一种态度，但久而久之，这生活实践的态度，渐渐抽象化（观念化）、普遍化（原则化）。于是，“事”（生活行为）上的“无为”，进而转为从“理”（观念）上说的“无”。无的正面意义是自然，意思是要避免不自然的人为之害。有如：生命的纷驰——主要是生理感官的欲求，如饮食男女之类；心理的情绪——含名利心、得失心、计较心（表现出来便是好恶与喜怒哀乐之情）；意念的造作——含观念系统之拘蔽，以及因观念而形成的灾害。

无的观念，本由“无为”而来，是遮拨人为的干扰、把持、矫揉、造作等有为，以求得主体之自由自在、自得自适。若将无作动词用（去掉有为、不要有为），则它本是一个生活实践的观念。如果转变一下，将无转为名词，作为本体概念来看，它亦只是虚指，因为并无一个物叫作无。（然而，道家却以无为本、以无为道。）

三、以作用层上的“无”，作为实有层上的“本”

老子的道，不同于儒家。儒家的道，是形上的实体，而且是道德之

---

① 周代之礼乐文化，基本上是贵族文化。贵族生命健康充沛之时，有文有质，彬彬称盛。贵族生命一旦塌落，礼乐便成为虚文形式，不再能表现生命之真诚与活力，是之谓有文无质的虚架子。

② 礼文本不是虚架子，本不会桎梏生命。礼的形式，本都可以收纳进来而内在于人的生命。孟子从恭敬辞让之心说“礼”，《礼记》亦说：“礼节者，仁之貌也。”皆表示礼乐必以仁义为内在的根。故儒家“以质救文”，是以仁义之心，充实开扩礼乐文化之真精神、真功能。

根、价值之源。道，是一个创生实体，是实可以创生万物、创生价值的。（故儒家以仁为道，而不以无为道。）

老子由人生问题上的生活实践，转进到形上的存有领域，而以“无”为道。从“无为”到无，无变成名词，这已是第二步（生活实践上的“无为”，才是第一步）。老子这个思路，依牟先生的说法，是以作用层上的“无”（本是“无为”二字）作为实有层上的“本”（此本，名为道）。[①]

作用层上的无，儒家其实也常用到。从《尚书·洪范》“无有作好，遵王之道。无有作恶，遵王之路”，直到王阳明致良知四句教头一句“无善无恶心之体”[②]，皆是其例。“无有作好”“无有作恶”，不是不要“好恶”，只是要使好恶皆得其正，不可有故意的偏好偏恶。而“无有作好”“无有作恶”的无，正是作用义的无。王阳明“无善无恶心之体”，也不是说无有善、无有恶，而是指“心之体”乃是至善的心体，至善的心体是无相的。所谓“无善无恶”，便是无善相无恶相的意思。事行上的善恶是相对的善恶，故善行有善相，恶行有恶相。而至善的心体是无相的（恶相固无，善相也不可得而有），所以特别用“无善无恶”来指述“心之体”。阳明又有一句话：“无善无恶，是谓至善。”（《传习录·答欧阳崇一书》）由此便可证知，吾人上文的疏解是恰切肯当的，而“无善无恶”的无，亦是作用义的无。

历来各家各派的形上实体，意旨有同有异，有虚有实。而老子以无为道，则是很特别的。

---

① 参见牟宗三：《中国哲学十九讲》，台北：学生书局，1983年，第七讲“道之作用的表象”。后引此书仅标注章节或页码。

② 《王阳明全书·年谱》，56岁下：“无善无恶心之体，有善有恶意之动，知善知恶是良知，为善去恶是格物。”其义可参看蔡仁厚《王阳明哲学》（台北：三民书局，2007年）第七章。后引此书仅标注章节或页码。

第三节 以无为道与道之双重性

一、以无为道与道体的形容

“道”是通名，人人可讲。老子通过无来了解道，进而又以无来规定道。由无而有，再进到无、有与物的关系，这就是形上学存有论的问题（宇宙论正是在这里讲）。

有关“道体”的形容（描述），可分为三点。述之如下：

> 道可道，非常道；名可名，非常名。（《老子》第一章）

这是形式的表示，指出道虽有称谓，而实不可定义。这是由道的本性（无限性、永恒性）决定的，在此无法以有限的言语，来说明无限的意义，故不可定义（道无定名）。“道可道”中的第一个“道”，是名词，指道体（恒常之道）；第二个“道”，是动词，指言说。可以言说的道，就不是那恒常的道体。“名可名，非常名”，亦同此解。凡是可以用名词概念解说的“名”，不但有限制性，亦有可变性，故不是恒常之名。

老子这几句形式的规定语，简切中肯。显示出事关智慧的哲学，与知识性的科学不同。科学真理是“可道”“可名”的知识性之真理，而哲学的形上之道，则只可体证、体现，无法以名词概念恰如其分地加以表述。老子对“实践的智慧”之特性，做了开宗明义的指点和形容。

> 有物混成，先天地生。寂兮寥兮，独立不改，周行而不殆，可以为天下母。吾不知其名，强字之曰道。（《老子》第二十五章）

道，不是物，而首句却说“有物”，这是为了说话方便，必须起个头。这个物（指道而言）既无形无状，也无声无臭，然而它却是真实的存有。它混然而成，在未有天地之先，便存在了（这是指出道的先在性）。而“寂兮寥兮”是说道静而无声，动而无形。“独立不改”是说道之绝对性、永恒性。“周行而不殆”是说道之周遍流行而不息。殆，通怠；不怠，谓无穷尽，不停息。这样的东西可以作为天下万物的实现原理，所以说“可以为天下母”。但这样的东西，你知道它名叫什么吗？道，不可道；名，不可名。老子承认“吾不知其名”。可是总得有称谓才好说话呀！于是，老子也就给了一个名字，曰“道”。[①]

> 视之不见，名曰夷；听之不闻，名曰希；抟之不得，名曰微。此三者不可致诘……复归于无物。是谓无状之状，无物之象，是谓惚恍。(《老子》第十四章)

道不是经验世界的“物”，故“视之不见”“听之不闻”“抟之不得”。河上公注云：“无色曰夷，无声曰希，无形曰微。”老子以“夷”“希”“微”形容道，既然无声无臭，无形无色，自然“不可致诘”，故“复归于无物”。“无状之状，无物之象”[②]，王弼注曰：“欲言无邪，而物由以成。欲言有邪，而不见其形。”“惚”“恍”，正谓若有若无，不在经验世界中。此章所说，皆是对道之形容（描述）。

二、由无中带出有，道之双重性

老子以无为道，再由无中带出有，故老子之道，又实有双重性。老子有云：“道之为物，惟恍惟惚。惚兮恍兮，其中有象；恍兮惚兮，其中有物。”(《老子》第二十一章)

“道之为物”，不可言说，故用“惚兮恍兮”“恍兮惚兮”来形容。在恍惚之中“有象”“有物”，便是由无中带出有。因此，牟先生视无与有

---

① 若再勉强为“道”加几个名字，则“大、逝、远、反”皆无所不可，但也都只是对道之形容，不必过为“甚解”。文见二十五章。

② “无物之象”，高亨《老子正诂》谓苏辙、林希夷诸本，皆作“无象之象”，可参考。

为道之双重性。[①]

> 无，名天地之始；有，名万物之母。故常无，欲以观其妙；常有，欲以观其徼。此两者，同出而异名，同谓之玄。玄之又玄，众妙之门。(《老子》第一章)[②]

首两句，前句“无，名天地之始”，是向后返以显本，见道之“无”性（无，是始）。后句“有，名万物之母”，是向前伸以见用，显道之“有”性（有，是母）。无与有，即道之双重性。

中间两句，“常无，欲以观其妙”，妙是就道本身说，此句只能无而不能有。“常有，欲以观其徼”，徼，音叫，归趣也，有向往之义，表示欲向。道要实现万物，成就万物，就是一种欲向。既然是道的欲向，必不会脱离道而一往不返，仍将与道合流。王弼以“归终”解此徼字，甚为谛当。由“无”的心境可以观道之玄妙，由“有”的心境可以观道之欲向。

最后两句，“此两者”即指“无”与“有”，二者同出于道而异名。既同出于道，二者又可以合，合便是玄（意即无与有合，方显玄妙之用），由玄而恢复道生万物的具体作用（若只是“无”，便不能显发此具体作用）。“玄之又玄，众妙之门”，表示“玄”之用不是只有一次，道之玄用是相续不已的，故必须“玄之又玄”，方可成其为“众妙之门”。由此可以看出，“玄之又玄”句，显示出“由无到有”之意向，而“众妙之门”句则更明示其关键。“妙”而曰“众”，是显示道妙万有。“门”字则意指道与物相通的门路（关键），由此门路，才可以说道生万物。

简括而言，玄，是道生万物的根据。由无与有之综合，方见道之真实义、具体义。万事万物即由此“玄”而得以实现、成就。而无、有与物的关系，亦落在此处说。

---

① 参见牟宗三：《中国哲学十九讲》，第六讲“玄理系统之性格”。

② 所引前两句之句读，亦可读为“无名，天地之始；有名，万物之母”。不影响义理。

第四节　境界形态的形上学

一、道生物

天下万物生于有，有生于无。(《老子》第十四章)

依老子，“无”是天地万物之“始”“本”，此“本”就是“道”。凡是“道”，皆可以说有客观性、实体性、创生性。

此是道之三性。道之创生义，用于儒家甚恰当。儒家是实有形态的形上学，其天道诚体本为创生性之实体，天道生德乃儒家之常义。故依儒家义理，讲天地生生，特显顺当而自然。而道家以无为道，故依老子义理讲“道生物”便觉“生”字太强烈，与道家虚静之义不相应。对老子所谓的生，必须让开一步细细斟酌，它应该是“出自”义、“推至”义，不宜从创生义上说。而上述道之三性，实只是一种姿态。故道家讲“道生物”，“生”字应是“实现”义，道是一个“实现原理”(不说它是创生原理)，有了道(无为)，万物便可以免于人为造作的灾害，而得以自在、自得。[①]在此，亦是“有道则生，无道则死”，道是万物的活路、生路，故亦说“道生物”。

二、道与一二三

道生一，一生二，二生三，三生万物。(《老子》第四十二章)

道，是万物的实现原理，它能实现万物，使万物成为如此之存在。这可以用“使然者然”来表述。“然者”指如此这般的万物，然者何以成其为“然”(如此样态)，其中必有“所以然”。在“使然者然”的这个

---

① 宋儒程明道有诗句云：“万物静观皆自得。”静观，是不加上人的主观好恶和一切成见，如其为物而观之。毛毛虫就是毛毛虫，癞蛤蟆就是癞蛤蟆，这样，万物皆不受干扰而自由自在，自得其乐。程子这句诗，深合道家意思。

“使”字上，就含有“所以然”[①]。这“所以然”即指“道”。道，就是使万物得以成为如此这般之样态的所以然之理（根据、理由）。

“道生一，一生二，二生三”，此处的“一”“二”“三”不应作数字看，应就形上之道而言，乃是对道的展示，一步一步地推进，直到“生万物”。此中的“一”与“无”相应和，指道之“无”性。“二”与“有”相应和，指道之“有”性。“无”与“有”合一便是“玄”，“三生万物”的“三”，正与“玄”相应和，“玄之又玄，众妙之门”，所以说“三生万物”。于此，可见道家言道的真实义。

三、不生之生，无为之为，不主之主

老子有言：“道生之，德畜之。”（《老子》第五十一章）“道”，是万物之所共由（由道而生）；“德”，是物之所自得（德者，得也，得而畜之于己）。所谓生于有、生于无、道生之，以及生一、生二、生三之“生”，自是表示纵贯生生的关系。在此，很容易想到道有创生万物的作用。但道家言“生”，实在只是王弼所谓“不塞其原，不禁其性”之下使“万物自生”义。生，只是意义的表示，而实无积极之创生。此之谓“不生之生，无为之为，不主之主”。

凡创生，皆是意志之表现。而道家讲“无为”，正好不要意志，要遮拨一切有为的意欲活动。通过“致虚守静”的工夫，以作用来保住物之自生。在这里，重在观照玄览（玄，深远也。览谓观览而知），是静态的、横的。牟先生提出“纵者横讲”[②]之语，以说明道家境界形态之形上

① “所以然”有两层含义：一指“内在的所以然”，即内在于事物本身的质、量、关系，这是物的结构之理（亦曰形构之理），这是科学家用心用力之所在。二就道家之“道”说所以然，乃是“超越的所以然”，指万物所以如此存在的根据（存在之理），或万物所以如此实现的根据（实理之理）。

② “纵者”指纵贯创生（如天生万物、父母生子女，皆是纵贯之关系），道家将纵贯创生转为观万物之自生，故是“纵者横讲”。参见牟宗三：《中国哲学十九讲》，第六讲。

学，是甚为恰当的。

四、境界形态的形上学

道的客观性、实体性是对道之体的体悟，道的创生性、实现性则是对道之用的体悟。依据道之三性，亦可以把老子的思想看作一个实有形态的形上学。但这只是老子学的一个姿态，这个姿态是可以化除的。（循“不生之生，无为之为，不主之主”，即可化除其实有形态之形上学的姿态。）

道家以“无”为“道”，而“无”并非一个实有之体，天地间也没有一个东西叫作“无”。所以“无”（无为）只是一个境界。（化除人为造作的不自然，便是“无”的境界。）

在牟先生对道家的论述中，认为道家之“无”的智慧所完成的系统的恒定乃是“境界形态的形上学”。道家不做原则上的肯定，故不回答“是什么”的问题，它只有“如何”的问题，即如何通过修证工夫来达到“无”的境界，以期“作用地保存价值”①，“无为而无不为”。

第五节　人生的智慧：正言若反

一、致虚守静

《老子》第十六章有云：

---

①　道家实无所谓创生万物，创造价值。但它以无为的原则与“无”的智慧所显示的作用，可以使万物或价值在不受伤害、不受破坏的情形下，得到保存与实现，这就叫作“作用地保存”。郭象顺王弼“不塞其源，不禁其性”之“万物自生”而说“无也岂能生神哉”“不生天地而天地自生，斯乃不生之生也”。

> 致虚极，守静笃。

虚，是道的境界，亦是生命的无为；静，是工夫的旨趣，即指心灵的清静。致虚而达于极致，守静而达于纯笃，此便是老子的修证工夫。这里所显示的是一种静敛的主体自由，而不是道德的主体自由，其目的在于消解人为造作而归于清静无为，以期进到让开、不着、自适自在的境界。

二、反文归质的人生向往

老子以为“礼者，忠信之薄而乱之首”[①]，所以他要向后返，由礼返归于义，由义返归于仁，由仁返归于德，由德返归于道。他认为礼文是虚架子，有文而无质，人失其忠信乃成世乱，故主张层层后返，“返朴归真”，归根复命。

然而，老子以无为道，他虽然和儒家一样也想“以质救文”，但他的质只是清静无为的道，而道又不含有价值内容，所以连仁义也要加以否定。[②]然则，人生的向往究竟何在呢？

三、正言若反

《老子》第十九章云：

> 绝圣弃智，民利百倍；绝仁弃义，民复孝慈；绝巧弃利，盗贼无有。

---

① 《老子》第三十八章：“失道而后德，失德而后仁，失仁而后义，失义而后礼。夫礼者，忠信之薄而乱之首。”

② “返朴归真”，否定仁义，老庄皆然。《庄子·马蹄》：“夫残朴以为器，工匠之罪也。毁道德以为仁义，圣人之过也。”其实，老庄不懂儒家。依儒家，道德为虚位，仁义为定名。仁义彰显道德，使道德具体真实化，如此方能成就人文之美盛。不过，道家自有其道，自有其智慧，见下节“正言若反”。

老子对人为造作的灾害的确有痛切之感，所以通过“正言若反”（诡辞为用）的方式，亦即通过“无”的智慧以保存“有”（万物与价值）。所谓“后其身而身先，忘其身而身存”（《老子》第七章），这个“忘”，便是一绝大之工夫，也是一绝高之智慧。王弼注老有云“绝圣而后圣功全，弃仁而后仁德厚”，仍然是“正言若反”（《老子》第七十八章）、“无为而无不为”（《老子》第四十八章）的旨趣。

“正言若反”这个“反”字，可以有下列含义。

反向而行——如上引“后其身而身先，忘其身而身存”句中所含的道理就很深，浅而言之：后其身（其人谦退）者，从不与人争先，到最后反而名列前茅；忘其身者，不知自私，不知自利，与世无所争，乃能无灾无难而身存。语云：“深山有宝，无心于宝者得之。”意亦相通。

循环反复——《老子》第五十八章：“祸兮福之所倚，福兮祸之所伏。”语云：祸福无门，唯人自招。人受祸而戒惧，慎而行之，自能招福；人享福而骄泰，沉溺而陷之，势必遭祸。吉凶、休咎、利害，皆循环反复，无有穷止，慎于取舍而已。

“反者道之动”——见《老子》第四十章。此句指出，道之内在的对反性正是道所以能显发功用的资借：道之用，可以顺势而行，也可以逆势而为。正反相生，相反相成，也是道理之自然。又第三十六章云：“将欲歙之，必固张之；将欲弱之，必固强之；将欲废之，必固兴之；将欲取之，必固与之。”这也可以视为对“反者道之动”的具体说明。

第六节　立身之道与政治理想

一、守柔以立身

《老子》第四十四章有“知足不辱，知止不殆”之言。人能知足、知止，乃可守柔。刚柔本相济，而老子舍刚而取柔，以为“天下之至柔，驰骋天下之至坚”（第四十三章），故守柔以立身。

另外，《老子》第四章又有“挫其锐，解其纷，和其光，同其尘”[①]之说。这也是“守柔”以致用。抑止道之锐利（挫其锐），柔和道之光芒（和其光），依然是清静无为之道，故能免于“治丝益棼”而解消事物之纷杂（解其纷），也能免于“格格不入”而可与尘俗和同为一（同其尘）。此“和光同尘”之义，不但通于守柔以立身，也可与“不争以处世”相呼应。

二、不争以处世

“守柔”故“不争”。老子有云：“上善若水。水善利万物而不争，处众人之所恶，故几于道。”（《老子》第八章）老子以水德喻“上善”。“水善利万物而不争”，“故近于道”。而江海之所以成为“百谷之王”，也是因为它“善下之”：处于低下之地，容纳川谷之水，故能成其深广浩瀚。人能效法水德而不争，则是以“不争”争之。“以其不争，故天下莫能与之争。”（《老子》第六十六章）这种态度，也可能流为权术，但我们只做智慧看。到最后，便是“生而不有，为而不恃，功成而弗居”（《老子》第二章），此便是处世的智慧。

三、由“无为”引出政治理想

老子以“致虚极，守静笃”为修养工夫，其主体常驻于“无为”之境。所以不重视创造活动，也不积极肯定人文价值，而只是“处无为之事，行不言之教”（《老子》第二章），其“小国寡民”之政治理想，亦正由“无为”而引出。故第五十七章云：

---

① 此四句，一三句之“其”指“道”，二四句之“其”则指“物”。

我无为，而民自化；我好静，而民自正；我无事，而民自富（无事，谓无徭役征召之事）；我无欲，而民自朴。

此四句皆可用“无为而无不为”之义解说。[①]在老子的国度里，有器而不用，不乘舟舆，不陈甲兵，“复结绳而用之”，“邻国相望，鸡犬之声相闻，民至老死，不相往来”。

这样的生活，真是“返朴归真”“天清地宁”。

---

① 蔡仁厚《新儒家与新世纪》（台北：学生书局,2005 年）第 219—229 页“道家无为与儒佛之关涉”之第一节，曾说明“无为”的智慧之普遍性，可参阅。

第六章　庄子的智慧

第一节　老子与庄子的同与异

老子、庄子[①]，同为道家代表人物，在义理骨干上，二人属于同一个玄理系统，这是客观地说。若主观地看，二人实有不同的风貌。[②]

一、风格的不同

就义理系属于人而言：老子沉潜而坚实。沉潜，则多隐而不发，故显深邃；坚实，则体立而用藏，故显纲维。道家思想，先有老子之“立”，而后乃有庄子之“化”。

庄子显豁而透脱。显豁，故全部朗现。无浅无深，浅即深；无隐无显，隐即显。浅深隐显，通而为一。透脱，故全体透明。全体在用，“用即是体”；全用在体，“体即是用”。体用纲维，化而为一。

二、表达方法的不同

老子采取的是分解的方式。老子是开启系统的人物，他的系统，可谓纲举目张，各有分际，而内容则概念丰富，连贯而生。

庄子则采取描述的（非分解的）方式。庄子随老子的系统，通而化

---

① 庄子，名周，生卒年不详。马叙伦《庄子年表》将其生卒年订正为周烈王七年（公元前369年）至周赧王二十九年（公元前286年），大体可从。

② 参见牟宗三:《才性与玄理》，第六章第二节。

之，所谓“卮言曼衍”（随机而转）、“重言尊老”（并无我见）、“寓言寄意”（推陈出新，随起随止）。牟先生指出，在庄子那漫画式的描述中，正显示了“恢诡谲怪，道通为一”[①]的玄智，此之谓无理路的理路。

三、义理形态（不是内容）的不同

老子言“道”，道有三性（客观性、实体性、创生性）的姿态，还有实有形态的形貌（唯此形貌，实只是“无”的境界形态）。

庄子顺老子之境界形态，而表现“亦无有，亦无无，不知何者为有，何者为无，时空一起化掉”的“不着于物”的独化境界。（无对待故为独，乃绝对自由的精神境界。）故《齐物论》曰：“天地与我并生，万物与我为一。”[②]又曰：“既已为一矣，且得有言乎？既已谓之一矣，且得无言乎？”到底是有言，还是无言？皆不是，亦皆是，无法说。正面的，负面的，来回循环说下去，其目的即在于化掉一切言诠以显“道”之本身，此便是“诡辞为用”。[③]

第二节　道心显发的观照之慧

一、心之本性，虚静而止

庄子言心，自是道家之道心。道心虚静而止，不起是非，不生好恶，

---

① “恢诡谲怪”乃是道的特异姿态，而“道通为一”则是精神心灵所达到的“化”的境界。两句连起来看，正显示所谓“辩证的统一”。

② 此二句乃是玄通之境界（去掉相对之比较，达到绝对之玄通），与儒家仁心之感通遍润（民胞物与、万物一体）不同。一个是道化，一个是德化。

③ 因为道家以“无”为“道”，故必须化掉一切，乃能显示道（无）之为道。王弼所谓“绝圣而后圣功全，弃仁而后仁德厚”，也同样是诡辞为用。

所谓“圣人用心如镜，不将不迎”[①]。心犹如此镜，虚而能照，一照即过，不藏一物。此最合虚无虚静之旨，故以镜喻心，道家最宜。在儒家虽亦可以用，但喻不能尽意（心之创生的意思说不到）。

再者，“成心有执，道心无执”。超脱欲求、好恶、知解、成见，以心之恬静涵养心之灵知，如此“以恬养知，知恬交养”，乃能显发观照之用，以与天地万物相通。

人与物本相通而不相碍，当人见到老鼠、蟑螂、毛毛虫，若能不起分别心、计较心，则它们与我实不相碍，何必去之而后快？程子诗云：“万物静观皆自得。”静观，即以虚静道心如其为物而观之。这时，老鼠、蟑螂、毛毛虫都可免于人为伤害而自得自在。可见我心虚静，则物亦定止，定止不扰，故皆得以保存。

二、观照之用

道心对万物采（超越的）观照之态度，不以喜怒哀乐入于其间，而如其为“物之在其本有”而观之，它是什么便是什么，此之谓“物各付物”。于是大小物类，各归其位，此之谓自适自存、自得自在。至于观人生之事变，则“安时而处顺”（《养生主》），顺而处之，不违道，不计较。如此，则无己，亦无物。故《逍遥游》云：“至人无己，神人无功，圣人无名。”（“无”字，作动词看。“无”掉“己”“功”“名”，归于清静自然无为。）

另如“心斋”“丧我”“坐忘”[②]，亦皆显示出“内外两忘而不着，与物俱化而不失”的即寂即感的境界。

---

① 《庄子・知北游》：“无有所将（将，送也），无有所迎。”成玄英疏：“圣人如镜，不送不迎。”

② “心斋”，语见《庄子・人间世》，意谓清静定止。“丧我”，语见《庄子・齐物论》，意谓“无己”，与“心斋”“坐忘”之义相通。“坐忘”，语见《庄子・大宗师》，文曰：“堕肢体，黜聪明，离形去知，同于大通，此谓坐忘。”

三、心灵之直观慧照

道心之观照，不受形体、知识、好恶与价值观之限制，故能“应于化而解于物”，臻于“独与天地精神相往来”之境界。人从物中解脱出来，不溺于物，亦不与物对，乃能与物俱化。而所谓“独”，即无对待之谓。无待者，自由自得而无限制，故能逍遥。而“与天地精神往来”，正是逍遥之谓。

第三节 一死生、齐物我、泯是非

一、浑化生死（一死生）

大块“载我以形，劳我以生（生，指人生历程），佚我以老，息我以死”（《大宗师》）。形、生、老、死，乃形躯之成毁过程（与万物相同），道家视此为自然之运行，豁达透脱，故不起波澜。[①] 而“真我”则不系缚于形躯，不执着于生死，所谓“古之真人，不知悦生，不知恶死”，故能浑化生死。

二、浑化物我（齐物我）

《齐物论》有一则寓言故事：

> 昔者庄周梦为胡蝶，栩栩然胡蝶也。自喻适志与！不知周也。（谓此时之蝶，自快得意，愉悦飞舞，不知本是庄周梦中之物。与，

---

① 道家言浑化生死，故《德充符》云“以死生为一条”。如此，自可不起波澜。而佛家则视生、老、病、死之生灭流转为无常苦。故以出离苦海为修行之基本目标。理学家说佛“以生死恐动人”，固不诬也。

略同于哉。）俄然觉，则蘧蘧然周也。不知周之梦为胡蝶与，胡蝶之梦为周与？周与胡蝶，则必有分矣。（庄周与胡蝶，自有分别。而或梦或觉，只是流转，必须宾主消泯，乃能与物俱化。）此之谓物化。

这是一个美丽的寓言故事。蝴蝶是外界之物，庄周是个体形躯。梦中之我，可化为蝶，亦可为鱼、为鸟；醒觉之我，可为庄周，亦可为某甲、某乙。“蝶”“鱼”“鸟”与“周”“甲”“乙”，皆是在同一层面上流转，必须超越此层面，方显“真我”（齐物我，通人我的道化之我）。这也是与天地精神相往来之义。

凡是相对的个体，皆有分别变化，只有绝对的真我才可与天地精神相往来。庄子借梦以烘托齐物逍遥之境界。所谓“物化”，即与物俱化也。与万物俱化的我，也就是道化的我。

三、息言止辩（泯是非）

凡理论，有立就有破，破人者又将为后来者所破，故理论也和事物一样随生随灭。故《齐物论》曰：

> 方生方死，方死方生；方可方不可，方不可方可。

物极必反，在事物世界总是生生死死，是是非非，相循不息。而“方可方不可”，是表示主观的可否，只是一种认定，不能成为一个标准。“可乎可，不可乎不可”，乃随物之可不可，而可之或不可之。如此才是因任自然，不加人为。知识之追求，就如“形与影竞走”，必自陷于理论游戏中。

平常“是其所是，非其所非”，皆属一定限制中之成见（成心所执之肯定或否定），实则，是非本身乃难以决定者，所谓“是亦一无穷，非亦一无穷”也本是实际之情形。[①]故庄子主张息言止辩，以存养虚灵之明觉（葆光）。

---

① 人世不免有是非，而是非之争，很难定论，犹如人之争年，各说自己与某古人同岁，竞相前推，结果是“后息者为胜耳”。

不过，为了立价值之标准，则又必须肯定“明辨是非”之意义。知性上之是非，只是相对之是非，而道德上之是非，则是安身立命之凭依，不容置疑。①

第四节　道家智慧的特性与意义

一、道家的“道”要通过“无”来了解

道家以“无”为“道”，此“无”不是西方式的存有论概念，而是修养工夫上的一个虚静境界。境界随主观之修养而超升（不是心随境转，而是境随心转），主观之心修养到何种程度，则所见之外境亦随之而达到那个程度（水涨船高）。在此，主观客观是通而为一的。

二、道家只有“如何”的问题，没有“是什么”的问题

道家不正面肯定圣智仁义（但也没有正式否认），而只是顺着儒家提到这些。儒家讲仁义圣智，道家就追问如何体现它，以哪种最好的方式把它体现出来。道家说“绝圣弃智，绝仁弃义”，并不是从实有层上否定，而是用一种作用地否定（遮拨的方式），以达到作用地肯定或作用地保存。②此乃诡辞为用，属于“无”的智慧。平常以为老庄反智、反道德，乃是不相应、不中肯的误解。

---

① 本书第二卷第六章，论说“向、郭之庄学”，凡庄子之“逍遥义”“齐物义”“迹冥义”“天籁义”“养生义”“天刑义”皆将于该章加以讨论，兹从略。

② 所谓作用地否定，或作用地肯定，前者是“去其名”“去其文”，后者是“存其实”“存其质”。儒家则采正面的态度，要求名实相应，文质彬彬。

三、儒家讲仁义圣智，属于实有层

儒家所讲的仁义圣智，是正面的、原则上的肯定，属实有层。我们要问，儒家是否亦有作用层的“无”？当然有。孔子说“无为而治者，其舜也与”，又说“予欲无言”。舜之为政，德盛而民自化，无须等待朝廷有所作为。天无言，而四时运行，万物化生。故孔子亦欲法天而无言。《易传》也说：“易无思也，无为也。寂然不动，感而遂通天下之故。”而更早的《诗经》说：“上天之载（事），无声无臭。”《尚书·洪范》也说：“无有作好，遵王之道；无有作恶，遵王之路。”人当然有好恶（如好善恶恶），这是在实有层上的肯定。但好恶如何表现呢？要表现好恶之正，就必须“无有作好”“无有作恶”。“作”，是“作意”。作意的好恶乃是偏好偏恶，去掉偏好偏恶，才可能真正好其所当好，恶其所当恶。《尚书》“无有作好”“无有作恶”的话，正是从作用层上说。这也就是老子之所谓“正言若反”，庄子之所谓“吊诡”（诡辞为用，反反得正）。

据上所说，学问有共通性、自发性。凡是智慧，都是当下呈现，都常从作用层上讲。在这里，儒释道三教并无不同。将义理客观化可以成学问（各成一套），而智慧之表现仍然是作用层的。

四、宋儒对佛老的忌讳应予消解

宋儒以来，因重建道统之故而辟佛老，虽非不对，但不免过之。[①]故宜松脱一步，将忌讳予以消解。若依然坚持那个忌讳，以为一讲到“无”，便是来自佛老，这不但对儒家之开展不利，对佛老之隔阂亦将难以消除，因而对中国文化之了解，亦将形成纠结与混滥。

譬如程明道《定性书》所谓：

---

① 宋儒忌讳佛老，朱子尤甚。程明道、王阳明亦辟佛老。但二人之言，皆活脱明通。见下文。

天地之常，以其心普万物而无心；圣人之常，以其情顺万事而无情。

“以其心”，是在实有层上肯定心；“而无心”，则是在作用层上，正如“无有作好”“无有作恶”的那个“无”。去掉有意造作，以“无心”的方式表现“心”，以无情的方式表现“情”。这正是通过作用层上的“无”，来表现实有层上的价值（天地之心、圣人之情）。

又如王阳明致良知四句教第一句“无善无恶心之体”，亦是要遮拨相对的善相、恶相，以透显超脱善恶对待的绝对至善之心体（无善无恶，是谓至善）。阳明所谓“有心俱是实，无心俱是幻”，这是从实有层上讲，是对良知本心的肯定。但他又说“无心俱是实，有心俱是幻”，这就是作用层上的说法了。有意的心、造作的心是虚幻的；不起意、不造作的心才是真实的。

明道与阳明所讲，皆兼顾了实有层与作用层，既精透又平正，并无问题。在儒释道三教中，道家只有作用层（但道家自己未有分别，混而为一，事实上是可以分开说明的），儒家两层都有，佛教亦有两层，但般若学与禅宗只在作用层上说话[①]，这是应该且可以理解的。牟先生屡次指出这作用层上的“无”，是共法，乃三教之所同。故前文呼吁讲中国哲学与儒家学问的人，应把千年以来这个无谓的禁忌予以解除，然后乃能畅通中国文化的慧命。

---

① 佛教中的般若学（空宗）只顾不停地破执着（观空破执），未从正面实有层上做肯定之表示。禅宗“无心为道”，棒喝交加，对正面实有层未曾着意。故皆显特异。

第七章　名家与墨辩

名家通过墨辩而到荀子之“正名”，可视为一系相承的逻辑心灵之发展，代表中国文化“重智”的一面。名家的代表人物是惠施与公孙龙，二人生卒年皆不可确考，惠施与庄子同时而稍早，公孙龙与荀子并世而早卒。墨辩之理论，即针对名家而发。本章先述名家与辩者之徒，再及墨辩。而各节之论述，多参采蔡仁厚《墨家哲学》下卷“墨辩”第二章与第三章之论述。至于荀子“正名”之思想，则留待荀子章再行讨论。

第一节　惠施之“合同异”

《庄子·天下》云：

> 惠施多方，其书五车，其道舛驳，其言也不中。历物之意，曰（谓其历指事物之意，有曰）：“至大无外，谓之大一；至小无内，谓之小一。无厚，不可积也，其大千里。天与地卑，山与泽平。日方中方睨，物方生方死。大同而与小同异，此之谓小同异；万物毕同毕异，此之谓大同异。南方无穷而有穷，今日适越而昔来。连环可解也。我知天下之中央，燕之北、越之南是也。泛爱万物，天地一体也。”惠施以此为大，观于天下而晓辩者，天下之辩者相与乐之。

以下试分条加以疏解。

一、大一与小一

至大无外，谓之大一；至小无内，谓之小一。

所谓大一，是说至大的整一；所谓小一，是说至小的整一。“至大”以“无外”来规定，“至小”以“无内”来规定。这种规定是形式与逻辑上的。至于事实上有没有合乎这种规定的“至大”与“至小”，是很难说的。例如“宇宙”可说是至大了，但是否就是“无外”的至大？经验知识并不能给我们确定的答案，所以只做逻辑上的规定，这是名理之谈，而不是对经验事实的表述，“至大”如此，“至小”亦然。如欧氏几何上之“点”，虽然无部分、无量度，但集无穷数之点又可成一有长度而无宽度之“线”。既然是“无内”，又如何能成有长度之线？这是不可思议的。所以事实上的至大至小，实在不容易说。惠施的“至大”“至小”提供逻辑的定义，规定了“至大”“至小”的模型，这是形式的、名理的，亦是抽象的。由惠施之名理进到庄子之玄理，那就是《秋水》篇所表示的：浑化大小之别，而通于无大无小的浑一。（此方面，此处不必涉及。）

二、其大千里

无厚，不可积也，其大千里。

“无厚”，谓有宽度而无厚度，如几何上之“面”便是无厚的。无厚不可积，不能积为有厚之“体”，但虽无体积，却可有面积，所以说“其大千里”。其大千里，不是指一个一定是千里的定量，也不是指一个有千里之大的实量。这里只是虚说，是从逻辑上说的，只表示“无厚不可积”

的“大”，可以至无穷。

三、天与地卑，山与泽平

天与地卑，山与泽平。

天无所谓在上，地无所谓在下，山无所谓高，泽亦无所谓低。这条的主旨，是在泯除因比较而显出的上下高低之差别相。凡是比较，都必须立一标准，但标准之立又常是主观的，实无定准。因比较而显出的上下高低，都是关系词，都是虚概念。如标准不立，便无从比较，而关系亦随之泯除。又，如果立一个相反的标准，说地上天下，泽高山低，亦无不可。所以这里所谓“天与地卑，山与泽平”，并不是在一个标准之下的实然肯定之词，只是说明天地山泽无所谓上下高低，这是名理之谈。

庄子从修道的立场，透视一切因为比较而显出的差别相皆为虚妄，皆成执，所以必须超越而化除，然后乃可进到浑化之境，以逍遥齐物。这是由名理进到玄理了。

名理是形而上地谈，玄理是主观修证地谈。名理之辩是“智者”开其端，开拓了一个理境；玄理之证，则是“达者”进一步的圆融。儒者言性理，却是一种“慧”。《二程遗书》载明道之言曰：“愚者指东为东，指西为西，随众所见而已。知者知东不必为东，西不必为西。唯圣人明于定分，须以东为东，以西为西。”明道此言，才真正是“到家”的圆熟之言，过程中的特异之见到最后精彩销尽，一切归于平平。惠施与庄子都是“知东不必为东，西不必为西”的智者。（虽然一是名理之辩，一是玄理之证，形态不同。）庄子能泯除差别以显浑一，却不能成就差别性，还没有达到“圣人明于定分”的境界。“明于定分”，则大小、高低、美丑、智愚……一草一木皆须如如成就，“各正性命”，普遍性与差别性同时成立，此方是圣者德慧之润物成物。所以，牟先生认为，道家的玄理到底还有一间未达。名理、玄理、性理，各有它的理境，不可不察。

四、方生方死

> 日方中方睨，物方生方死。

此句从“至变”的观点，说明事物差别之相对性不能成立，一切都是而不是：日刚刚中，即刚刚不中；物刚刚生，即刚刚死。依此，时间之三世（过去、现在、未来）不能建立，生死之对立亦不能建立。

此三、四两条，已进入“合同异”之理境。惠施与公孙龙，同为名家之中坚人物，但二人的名理与思想皆不同。公孙龙的名理是“逻辑域”，其思想向往“存有”；而惠施的名理倾向于“辩证域”，其思想向往“变”而至于“合同异”之一体。因此，惠施的名理容易消融于庄子之玄理，而庄子亦说物“方生方死，方死方生，方可方不可，方不可方可”，又说“彼是（彼此）莫得其偶，谓之道枢”（皆见《齐物论》）。他是承接惠施之名理而做玄理之谈，以进到所谓“一生死、泯是非、化彼此”的境界。

五、小同异与大同异

> 大同而与小同异，此之谓小同异；万物毕同毕异，此之谓大同异。

“大同”与“小同”的差别，叫作“小同异”，是相对的同异。万物毕同毕异，叫作“大同异”，是绝对的同异。

相对之同异的小同异，亦即纲目层级的同异。例如：人与人之间为大同，人与动物之间为小同，这是一层；中国人与中国人之间为大同，中国人与欧洲人之间为小同，这又是一层。这里所说的同，是相似性或同一性，这种同的大小多少是比较而言，所以是相对的。而无论大同或小同，其中皆含有一种异，即差异性或不相似性。同属一目（如中国人与中国人），相似性大，差异性小；不同目而同属一纲（如中国人与欧洲人，虽不同目但同属“人”这一纲），则相似性小，差异性大。总之，大同的同性多，小同的同性少。而无论同或异，都是比较而言的，所以总在层级之中。这种纲目层级的同或异，惠施名曰“小同异”。

万物毕同，是大同异中绝对的同；万物毕异，是大同异中绝对的异。“毕异”是落在个体上说，就个体而言，是个个不同的。此即西哲所谓“世上没有两滴水是相同的”，这是绝对的异。绝对的异，是不涉及同异之程度的，一涉及程度之比较，便是小同异中的同异。“毕同”却不落在个体上说，而是从普遍上说。万物毕同，不是说万物个个皆同，乃是万物皆因分得一普遍性而成其为同，或皆属于此普遍性而得合同。就其因普遍性皆得“合同”而言，亦不涉及同之程度问题，这亦是绝对的同。

故毕同是落在普遍性上说，万物皆同于那个普遍性（此绝对的普遍性，可指天、道、上帝）。毕异则落在个体上说，无二物完全相同。

六、连环可解也

> 南方无穷而有穷，今日适越而昔来。连环可解也。

此条，历来分为三句分别解释，往往莫知所云，或者文句虽可以讲得通，而又不成义理。牟先生认为，自“至大无外”以下，无有单辞独句指一事者，皆是集若干句合成一段，为一意，说一事理，故当合三句为一条。[①]“南方无穷而有穷，今日适越而昔来”，这两句从表面上看，皆自相矛盾，但惠施表示，虽似有矛盾，而实“连环可解也”。连环可解，是说连环宛转而可通解。惠施说这句话时，显然有一种对圆之洞见。就宇宙而言，南方无穷，但若将宇宙看作一个圆形，向南一直走，随着圆形又转回来，如此便是“无穷而有穷”了。这种洞见，也可说是一种想象，犹如相对论视宇宙为“无边而有限”。从无边际而言，是无穷；就有限而言，则是有穷。因此，所谓“南方无穷而有穷”，如果真是连环可解，则非从圆形去想不可，否则，便只是诡辩而已。

---

① 参见牟宗三《名家与荀子》（台北：学生书局，1994年）“惠施与‘辩者之徒’之怪说”章之第一节对于“合同异”之论述。后引此书仅标注章节或页码。

至于次句“今日适越而昔来”，却并不如此明显易解，牟先生推想，惠施说这句话时，心中可能有一种朦胧的直觉，以为时间像空间一样，有如圆形之可以转回。[①]但事实上，时间并不能随空间之圆而呈圆形流动，时间之过去、现在、未来总是不可逆转的。由于惠施不自觉地有一种混扰之移置——移时作空，因此说出这句话。想来当他说这句诡辞之时，心中必甚得意，故亦以为连环可解，其实是随上一句而来的错觉。

七、天下之中央

> 我知天下之中央，燕之北、越之南是也。

这一条明显表示宇宙之圆形。燕本在天下之北，越本在天下之南，由燕而南，由越而北，相向而凑，便可求得天下之中央。通常的南、北、中，都是如此想、如此说。如今偏不相向而凑，而要背反而驰，由燕向北、由越向南延伸，如果是直线拉长，当然到不了天下之中央。如今既说天下之中央在燕之北、越之南，自然非是圆形不可。这也是连环可解的原理。

八、泛爱万物，天地一体

> 泛爱万物，天地一体也。

惠施的思想倾向于合同异，由名理之谈开拓我们的理境，开阔我们的心胸，而向往大、同、平、圆，所以主张“泛爱万物，天地一体”。这句话是落在人生上的总结之言，它本身不是名理之谈，因而亦不该在“历物之意”中。一般所谓“历物十事”，是把第六条分而为三。今合三

---

① 参见牟宗三《名家与荀子》（台北：学生书局，1994年）“惠施与‘辩者之徒’之怪说”章之第一节对于“合同异”之论述。后引此书仅标注章节或页码。

句为一条，故只应说“历物八事”。如果这最后一条并不“历物”地再划出来，便只有“历物七事”了。

第二节　公孙龙之“离坚白”

一、综述《名实论》《通变论》《指物论》各篇主旨

公孙龙的年辈稍后于惠施。今本《公孙龙子》共六篇：《迹府》《白马论》《指物论》《通变论》《坚白论》《名实论》。

《迹府》一篇，是后人汇记公孙龙事迹之文字，其余五篇则代表公孙龙之思想。[①]

《名实论》旨在“审名实，慎所谓”。（孔子之正名，后来向两路发展，一是儒家正名分之春秋教，另一则是名家纯名理之名理域。）

《通变论》旨在阐述“变与不变”之理。（此文多用譬喻，故内容拉杂，义理欠明确。）

《指物论》以“物莫非指，而指非指”为全文之张本，旨在说明“物”与“指”之关系。首句表明了认识论上的关系，一切“物”皆可用“指”来指谓它，即可用概念来描述它。通过概念，方可对物有清晰的认识。而我们平时所说的各种“物”，也无非就是概念所指述的那个物，故曰“物莫非指”。但我们所指之物的内涵，并不等于用来指述物的那个概念，所以又说“而指非指”（前一个指，指所指之物）。

又，次句“而指非指”可引出两层解释。第一层是说，“物”不等于用来指述物的那个概念（或命题）。譬如，花是最美的东西，但花并不等

---

① 公孙龙之思想，请参阅牟宗三《名家与荀子》之“公孙龙之名理”一章，以及陈癸淼的《公孙龙子疏释》（台北：兰台书局，1970年）。另外邝锦伦的《公孙龙“指物篇”试释》（台北：《幼狮月刊》第40卷第五期）亦当参阅。

于最美的东西。第二层是说，“物本身”的内涵，不等于“用概念指述出来的那个物”的内涵，此便涉及存有论的问题。公孙龙的本意究竟如何？由于文献的限制及其论辩之诡异性，颇难确定。可能只是第一层，也可能兼言第二层。不过，两层都表明了“离”的思想。

下文将对《白马论》与《坚白论》进行讨论。

二、《白马论》的思想

公孙龙在《迹府》篇答孔穿曰“龙之所以为名者，乃以白马之论尔”。可见“白马论”是公孙龙理论的中心所在。这个理论就是平常所谓“白马非马”之辩。但这个理论确定的意义，还是应该从《白马论》的原文中寻求解答。原文起始说：

> 白马非马……马者，所以命形也；白者，所以命色也。命色形，非命形也。故曰：白马非马。

命，以名命之也。“马”之名用来命其“形”，“白”之名用来命其“色”，命色之“白”，不同于命形之“马”。而“白马”一词中有“白”，“马”一词中无“白”，可见“白马”与“马”实有不同，所以说“白马非马”。以上是约略顺着文义作解，但“白马非马”之说之所以引起争辩，关键还是在那个“非”字。公孙龙所谓“白马非马”的“非”字，不是内容上的否定，因为白马有马的属性，公孙龙也不能随意抹杀。其次，这个“非”字也不是指类与类之间的排斥关系，因为白马类包含于马类之中，公孙龙也不能否认。公孙龙用这个“非”字，实际上是表示“不相等”的意思，而不是不相属或不相含之义。这从他的原文，也可以明显地看出来。《白马论》云：

> 求马，黄、黑马皆可致。求白马，黄、黑马不可致。……故黄、黑马一也，而可以应有马，不可以应有白马，是白马之非马，审矣。

从“马”这个概念的外延说，它包含各种颜色的马，故曰“求马，黄、黑马皆可致”。但当我们只说“白马”时，则白马的外延不包括黄马黑马在内，因为“白马”的内容比“马”多一个白色的特质，内容增多则外延变小，所以它只能应用于白色的马，而不能应用于黄黑色的马，故曰“求白马，则黄黑马不可致”。总之，同样是黄黑马摆在这里，当人问“有马否？”我可以回答说“有马”。但当人问“有白马否？”我就不可以回答说“有白马”了。可见白马与马是有分别的。因为“马”是大类，而“白马”包含于马类之中，其应用范围较小，当然不能与马相等。据此，“白马非马”的“非”字，自是“不相等”“不等于”之义。

公孙龙所用“非”字的含义既已明白，再看他在原文中如何讨论“白”与“马”这两个概念：

> 马固有色，故有白马。使马无色，有马如已耳，安取白马？故白者，非马也。白马者，马与白也。

这是说“白”的概念与“马”的概念不同，“马”这个概念并不包含某一种颜色的条件，所以“马”与“白”没有一定的关系。而“白马”则由“白”与“马”两个概念合成，因而由“白”与“马”合成的“白马”，和那与“白”无一定关系的“马”，并不一样。公孙龙这个说法，本无奇怪之处，但由此说“白马非马”，其中用了一个含混不明的“非”字，遂使人误以为“白马非马”是指白马不属于马类，这样就于理难通了。

公孙龙是不是想利用这种含混来炫耀他的智辩，我们无法确知。所可知的，论难的一方不赞同“白马非马”，而认为“白马是马”，这是从“实”的方面说；公孙龙说“白马非马”是从“名”的方面说，亦即从概念的内容与外延上说“白马”不等于“马”。其中争辩的关键，说穿了，只在一个“非”字的解释。《白马论》又云：

> 白马，言白定所白也。定所白者，非白也。

这里有一个特殊的用语，即“定所白”一词。“白”是一种性质，这种性质落在一个定体上面，它自身就受了一种限定。更具体地说，“白”是一种颜色，具有这种颜色的“马”，是“所白”（白，作动词用）；“白”落在“马”的概念上，即“定”于其“所白”。所以“马”这个殊相，就是使“白”这个共相受限定的“所白”。“白”与“马”互相限定，于是就有了“白马”这个概念。（白马之“白”是限定的白，白马之“马”也是限定的马。）如顺其原句，似乎应该这样解释：所谓白马，是说“白”这个共相限定于“所白”的那个殊相的马。（白落于马这个定体上，白即与马合而为“白马”。）下句“定所白者，非白也”，是表示这限定于“所白”（指马）的白马之白，并不是“白”之自身，因为白马之白是殊相之白，与共相之白不同。解析到这里，我们可以将“白马非马”的确定意义归结为两点。第一，“白马”与“马”概念之内容与外延不相等，故曰“白马非马”。第二，“白”与“马”概念不同，“白马”的概念，由“白”与“马”这两个概念组合而成，而“马”概念不含“白”概念，故曰“白马非马”。

公孙龙的“白马非马”之辩，可以说是中国最早讨论“性质”之独立存在的论述，它和柏拉图的理念论有相似之处。把性质从个别事物中抽离出来，看作独立的存在，这在古代思想上是一个重要的进步。公孙龙“白马非马”论的贡献，主要即在于此，这个问题在《坚白论》中，言之尤为详明。

三、《坚白论》的思想

公孙龙的“离坚白”，是以“坚白石”之辩为中心展开的。《坚白论》云：

> 坚、白、石，三，可乎？曰：不可。曰：二，可乎？曰：可。曰：何哉？曰：无坚得白，其举也二；无白得坚，其举也二。

我们对于一块“坚硬的白色石头”这样的“物实”，能否说它同时具有坚、白、石三者？依论难的一方看来，坚、白、石三物合体，当然可以说是“三”。但公孙龙不以为然，他认为不能有三，只能有二。他的理由是“无坚得白，其举也二；无白得坚，其举也二”。就人的视觉而言，只能看出那石头是白的，看不出它是坚硬的。同理，就触觉而言，只能触知那石头是坚硬的，触摸不出它是白的。因此，分别从视觉与触觉上的认知而言，我们只能分别得知“白、石”二者或“坚、石”二者，而“坚、白、石”三者不能同时为一种感官所觉知。这表示“石”或与“坚”离，或与“白”离，离“坚”时不离“白”，离“白”时不离“坚”，不会在同一时间既离“坚”又离“白”，即与“坚”“白”二者同时相离。但“坚”与“白”二者之间却是可以相离的。（视不得坚，触不得白，故坚白可离。）坚白如何相离？公孙龙说：

> 视不得其所坚，而得其所白者，无坚也；拊不得其所白，而得其所坚者，无白也。

这是说，由视之知觉仅能得“白”，由拊之知觉仅能得“坚”，拊而不视则不得白，视而不拊则不得坚。所以“坚”与“白”并非必然地一同呈现于某一知觉（如视觉或触觉）中，所以“坚”与“白”可以相离。它之所以能相离，是因为二者本是两种不同的性质，而分别为不同的知觉能力所把握。因此，《坚白论》又云：

> 得其白，得其坚，见与不见离。一一不相盈，故离。离也者，藏也。

视可以得其白，拊可以得其坚。如单就视觉而言，只能见白而不能见坚，如此，则所见之白与所不见之坚相离，所以说“见与不见离”。总之，就感官知觉上说，坚与白不能同时呈现于视觉或触觉之中，这就表示坚与白不相盈。（“一一不相盈”之“一一”，即指坚与白。不相盈，意即不相合。）彼此既不相盈，所以永远分离。“离”是就“不呈现”而言，所以说“离也者，藏也”。

不过，论难的一方也可以说“坚白域于石”，而反对“离”。域，界限也，有限定、局限之义。“域于石”即定于石、盈于石的意思。依难者之意，坚白相盈于石乃是一个客观的真实，“目不能坚，手不能白”的现象，不过是主观的感官功能之作用，并不能根据这一点判定客观存在之石无坚或无白。客观之石，既有坚，又有白，所以说坚白不相离而相盈与石。

对于这一点，公孙龙又辩驳说：

> 物白焉，不定其所白。物坚焉，不定其所坚。不定者兼，恶乎其石也？

上引各节，公孙龙皆从感官之不能同时见白得坚而说“坚白离”。这里换一个角度，从坚白之“普遍的自性”上说“坚白离”，和《白马论》后段的论调正相类同。所谓“不定其所白”，是指不限定于所白之物的那个“白”自身，亦即抽象而普遍的“白之自性、白之共相”。

前处说白马之“白”是“限定之白”，不是普遍的“白之自性、白之共相”；而此处“物白焉，不定其所白”，是说具体之物虽可以具有白色的属性，但是“白之自性”却不受限制而定着于它所白的这个物上。坚与白各有它的自性而不为某物所限定，此即表示这不受限定的“白之自性”可以兼“白物”，而不限定于白物；“坚的自性”也可以兼“坚物”，而不限定于坚物。然则，怎么可以因为“石白、石坚”，就以为“白定于石、坚定于石”，并据此主张“坚白域于石”呢？须知，不限定于石的“坚、白”之自性，可以与任何物兼合而成为白物，何必一定限于石呢？（“不定者兼，恶乎其石也？”恶，音巫，何也。）坚与白各有自性而不必然限定于石，则坚白相盈于石而为“三”之说当然不能成立。公孙龙从具体实有之物提炼出“物之自性”这个概念，亦即以性质之独立自存作为他的理论的基础，的确是思想史上的一大进步。

第三节　辩者之徒的怪说

《庄子·天下》在举述惠施“历物之意”的八事之后，又列举了辩者的主张二十一条，并说：

> 辩者以此与惠施相应，终身无穷。桓团、公孙龙辩者之徒，饰人之心，易人之意，能胜人之口，不能服人之心，辩者之囿也。

《荀子·不苟》亦说：

> 山渊平，天地比，齐秦袭，入乎耳，出乎口，钩有须，卵有毛，是说之难持者也，而惠施、邓析能之。

荀子所举的七条和《天下》所列的辩者之说，有一部分相类似。在《非十二子》中，荀子又斥惠施、邓析“好治怪说”“玩琦辞”。然则，《不苟》所举七条与《天下》所录二十一事，便是“琦辞怪说”了。唯荀子归之于惠施、邓析（实与邓析无关），而《天下》则归之于桓团、公孙龙辩者之徒，并说“辩者以此与惠施相应，终身无穷”。这里所谓的“相应”，既可以是对立之应，亦可以是应和之应。假如真有相与应和的情形，则《天下》所列二十一事，亦有一部分可以归之于惠施，或者至少与惠施有相当之关系。

根据惠施“合同异”的思想与公孙龙“离坚白”的思想，可将此二十一事分别归于二人。

甲、“合同异”组（惠施）：

1. 卵有毛。
2. 犬可以为羊。
3. 马有卵。
4. 丁子有尾。
5. 白狗黑。
6. 山出口。
7. 郢有天下。
8. 龟长于蛇。

乙、“离坚白”组（公孙龙）：

1. 火不热。
2. 目不见。
3. 矩不方，规不可以为圆。
4. 凿不围枘。
5. 指不至，至不绝。
6. 轮不辗地。
7. 飞鸟之影，未尝动也。
8. 镞矢之疾，而有不行不止之时。
9. 一尺之棰，日取其半，万世不竭。
10. 狗非犬。
11. 孤驹未尝有母。
12. 黄马骊牛三。
13. 鸡三足。

这二十一事，都是单辞孤义，即使视之为一种陈述，也认为它有相当的表意，但由于不知它何所据而云然，因此仍然很难有确定的意义，亦很难决定它一定属于哪一组。关于这一点，冯友兰的《中国哲学史》亦曾说明：“辩者之书，除《公孙龙子》存一部分外，其余均佚。今所知惠施及其他辩者之学说，仅《庄子·天下》所举数十事。然《天下》所举，仅有辩论所得之断案，而达此断案之前提，则《天下》未言及之。自逻辑言，一同一之断案，可由许多不同之前提推来。吾人若知一论辩之前提，则可推知其断案。若仅知其断案，则无由定其系由何前提推论而得，其可能的前提甚多故也。故严格言之，《天下》所举惠施等学说数十事，对之不能作历史的研究。盖吾人可随意为此等断案，加上不同的前提而皆可通。注释者可随意予以解释，不易断定何者真合惠施等之说也。”

牟先生以为，话虽如此，如果我们依据惠施“合同异”的思想与公孙龙“离坚白”的思想，则对这二十一事亦可以得到一个可理解的线索，而增加它的表意性，并且使它所表的意有比较确定的范围，不至于漫荡泛滥，随意作解。①

一、“合同异”组八句

惠施所说“小同异”“大同异”，含有一种如何同、如何异的客观

① 参见牟宗三《名家与荀子》“惠施与‘辩者之徒’之怪说”章之第一节的论述。

辩论。其“小同异”由比较而显，是纲目层级中的同或异。而“大同异”中的“毕同”，是落在普遍性上说，因纲目层级之层层向上而达至一最高之纲，得一最高之普遍性，因而使万物皆同于此。故“毕同”不能落在个体上说，不能说成个体之物皆同。而“大同异”中的“毕异”，却是落在个体上说，故个个不同，没有两个个体相同。

据此可知，惠施之“合同异”，自有它一定的道理，它可能是“诡辞”，却不是“诡辩”（因它在理上可以讲得通，而诡辩则否）。这些诡辞，可以是抒意语句或明理语句，却不是经验的述事语句或指物语句。而上文所列“合同异”组八事中的前五事：“卵有毛”“犬可以为羊”“马有卵”“丁子有尾”“白狗黑”，却正是落在经验实事上了，这真是所谓“琦辞怪说”“诡辩”。假若以这种怪说来表明“合同异”，那就成了搅扰，将会使“合同异”的理境与意义消失，所以最好还是保持它琦辞怪说的面貌。

至于庄子，他是从主观修证上“因其所同而同之”，以期达到“天地与我并生，万物与我为一”之浑同或玄同之境。但庄子也不能在经验实物上说“犬可以为羊”。再如佛家证真，说平等性（普遍性）；照俗，说差别性。证真时，无任何相，一切皆空皆如；但照俗时，落在假名上，仍不能说卵有毛、马有卵、犬可以为羊等。即使照真俗圆时，亦只能在一一之假名上见“实相”，说“色即是空，空即是色”，却不能在色上说“白狗黑”。可见讲义理自有分际，不能随意混淆。既是琦辞怪说，便为琦辞怪说算了。再如——

“山出口”：这条在字句上亦难以索解，可说并不表意。一般的解释，亦只是随意猜测。原意如何，不得而知。这里不作强解。

“郢有天下”：若谓“一摄一切”，任何一点皆可为天下之中心，任何一个中心皆可涵摄天下（此所谓天下，是指一穷尽无漏之圆圈，与政治上的天下不相干），如此说“郢有天下”亦无不可。这是破除空间上的限制所显示的“合同异”。（与历事八物中“天下之中央，燕之北、越之南”之义相通。）

“龟长于蛇”：这条若是指破除长短之差别相，则与庄子所谓“天下莫大于秋毫之末，而泰山为小”之义相类，也可以指向“合同异”。[①]

由以上之考察，“合同异”组之八句，除最后两句外，其余皆很难做合理而成义理之解析，所以终为怪说。至于《荀子·不苟》所举七事，除了“山渊平，天地比”与“天与地卑，山与泽平”类同，都是要泯除高下之差别相，义可通。其余五条，皆属怪说。[②]

二、“离坚白”组十三句

“离坚白”是说坚与白是两个独立的概念，可分离而自存自有，各有它独立的自性，这就是“离坚白”所透露的思想。兹对这十三句做一简要之说明。

“火不热”：热是人的感觉，不是火的属性。火与热各是一个独立的概念，独立的存有，故二者可离。

“目不见”：目本身不能见，必有待于“光”“神经作用”而后能见，故目与见可离。

“矩不方，规不可以为圆”：“矩”“方之物”“方之自身”三个概念，都不能相等，故可以离。“规”“圆之物”“圆之自身”也不相等而可离。

“凿不围枘”：旧解“凿积于枘，则枘异围。异围，是不相围也”，可以通。意即各是各，互不相涉，乃“离”之思想。

“指不至，至不绝”：此句不易解。似乎是如此：用一个概念来指谓存在物，此概念与存在物之间，总有距离而不能至于物。即使能至于物，亦不能尽（绝，有尽之义），即不能穷尽此物之意义。此表示概念与存在

---

① 旧解谓：“蛇形虽长，而命不久，龟形虽短，而命甚长。”此恐不合原意。又此条与“卵有毛”“马有卵”“丁子有尾”等，若看作经验命题，则“不矛盾即可能”。虽然现实上并未发现这些事象，但在逻辑上却是可能的。不过历来不从这方面想，也无人做这种解释。

② 参见蔡仁厚：《墨家哲学》，下卷，第二章之四。

物之间，有分别而可离。

“轮不辗地”（不动，故不辗地）、“飞鸟之影未尝动也”（动在鸟，而不在影）、“镞矢之疾，而有不行不止之时”（行，动也；止，静也），此三句，皆显示一无穷分割（离）之思想。在无穷分割下，时间之“瞬”与空间之“点”皆无法建立。没有时空之架构，则运动不可能（根本无所动与静）。

“一尺之棰，日取其半，万世不竭”：依无穷分割之思想，将量度抽象化而视为数学量。于是，半中有半，永无穷止（万世不竭）。

“狗非犬”：狗，乃未成豪（毫）之犬（小犬），故不等于犬。（狗与犬，皆是独立之观念，各是各，故可离。）

“孤驹未尝有母”：“孤”则无母，若说“孤驹而有母”，便自相矛盾。

“黄马骊牛三”：“三”，有形之三（牛、马、牛马），有色之三（黄、骊、黄骊），有形色之三（黄马、骊牛、黄马骊牛）。又，牛、马两个个体，加上其色而为三。凡此，皆为“离”之思想。

“鸡三足”：或曰，鸡虽二足，须神而行，故曰三足；或曰，鸡二足，加上足之共相，故为三。共相可以外于物而独立自存，但不能以“物之共相”与“物之个数”合为数字。故这两种解释皆表示“离”之思想。若据离之思想，则可类比于“目不见”而曰“鸡足不行”，但不可曰“鸡三足”。故此条实乃怪说。

以上讨论了惠施之“合同异”、公孙龙之“离坚白”。“合同异”之思想为庄子之玄理所吸收。“离坚白”之思想，则以“性质”（物之自性、共相）此一概念之独立自存为立论基础，可惜后继无人，终于式微不彰。

第四节 墨辩中的哲学性理论

墨辩指《墨子》中《经上》《经下》《经说上》《经说下》《大取》《小取》六篇文献。其时代在名家之后，成篇则在《庄子·天下》之前，乃后期墨家之理论。[①]

一、同异交得

惠施有“合同异”的思想，是名理之谈；而墨辩论及同异问题，则皆是质实的观点而近乎常识。

墨辩以为万事万物有同有异。普遍性上的同（毕同），不碍个体之异；个体之异（毕异），亦不碍彼此有某些条件上的同。如说“世上没有两滴水是相同的”，但这两滴水终究同为水。可见各类事物，都是同中有异，异中有同。墨辩又以为同异本由比较而得（同异交得），故须立比较之标准。但不同类之事物，不可同用一种标准，如曰“木与夜孰长”“智与粟孰多”之类。

二、坚白相盈

公孙龙有“离坚白”的思想，而墨辩则以为坚白相盈不相外，坚白石重合而不离。虽说“视不得坚，拊不得白”，但事实上“坚白域于石”而不离。又以“白马”与“马”乃小类与大类之别，两类之关系，只能“是”而不能“非”，故曰“白马，马也，乘白马，乘马也”。假若要在两类之间用非字连接，则须加词以成为“是而不然”之方式，如“盗，人也（是）；爱盗，非爱人也（不然）”。其意在为“白马非马”此一命题提供一正确之用法。

三、三名与三谓

《墨经》上第七十九、八十两条言及“三名”与“三谓”，兹略做说明。

---

① 参见陈癸淼：《墨辩研究》，台北：学生书局，1977年；蔡仁厚：《墨家哲学》，下卷。

三名——达名：全类之名，如“物”包举一切，是最普遍之名。《荀子·正名》所说的“大共名”，便相当于“达名”。类名：小类之名，如“马”为“物”中之一类。类有很多层级。由“马”向上推，有“兽类”“动物类”“生物类”“物类”；由“马”向下推，有“白马”“黄马”之分，还有“此白马”“彼白马”个体之分。私名：个体之名，如“臧”本为人名，犹如春香、秋香本为人名，后来才演变为奴仆通用之名。

三谓——移谓：狗是犬，表示类与类之包含关系，移狗类于犬类之中。举谓：狗是未成豪之犬，此表示定义关系。举述某物所具之条件以定其义。加谓：这是狗。意在将个体归类，加一个类名于个体上。

谓词与类：同一谓词，常不能同时用于有包含关系之小类或个体，例如《小取》云“车，木也；乘车，非乘木也。船，木也；乘船，非乘木也。盗，人也；多盗，非多人也；无盗，非无人也”。

四、条件关系

《墨经》所谓“小故”“大故”，即逻辑上所说的必要条件与充分必要条件。“小故”的界定语，是“有之不必然，无之必不然”。用普通语句来说，有了它不一定行，没有它却一定不行，这就是小故。“大故”的界定语，是“有之必然，无之必不然”。用普通语句来说，有了它一定行，没有它一定不行，这就是大故。

至于“小故”，举“体也，若有端”为例证，是表示端（点）是体的必要条件，而非充分条件（有端不必能成体，但无端必不能成体）。所以小故只是“部分因”，必要而不充分。“大故”举“若见之成见”为例证。前“见”字指“能见”，谓有所视；后“见”字指“所见”，谓有所睹。“如目有所视，必有所睹，虽在暗夜，犹睹夫黯黯者焉。”反之，目无所视，必无所睹。所以“大故”是全部因，充分又必要。

还有一种“充分条件”，其界定语是“有之必然，无之不必不然”。如下雨则地湿，不下雨不一定地不湿。（墨辩未论及充分条件。）

五、知识问题

能知与所知——“知，材也。”材，指人能知的才具（感官之能）。此是能知（所以知）的一面，是认知的主观条件。“知，接也。”接，谓与外物接触以知外物之形色大小长短。此是所知的一面，是认知的客观条件。（以能知接于所知，即可成为知识。）

求知之目的——“虑，求也。”求，表示正面接于物的认知之动机（有所求即目的）。

理解的能力——“恕，明也”（恕，古智字）。以其知（理解能力）论物（对物做解析、推论、综合、判断），则其认知可达于精审明晰。

获得知识的途径——闻（传言之）：由传授而得的知识。说（方不障）：比类推论而无碍，是由推论而得的知识。（如，室外人说：我看见一匹马。室内人问：什么颜色？答：和你的床单同一颜色。曰：噢，是白马。）亲（身亲焉）：由直接经验而得的知识。

感觉以外的知识——时空：久（时间），弥（弥，遍也、满也）异时也，合古今旦莫；宇（空间），弥异所也，蒙东西南北。久与宇，皆不由五路（五官）而知。

以单位点之观念，辩驳无限分割之说——认为“斫半”必须有单位计算其半，但到达一不可再分之单位点（端），便不可斫矣。故反对“一尺之棰，日取其半，万世不竭”之说。①

① 墨辩中还有“辩说”“道德观”，以及有关力学、光学、几何学之科学知识，皆请参阅蔡仁厚《墨家哲学》下卷第五、六、七各章之讨论，兹从略。

第八章 《中庸》《易传》的形上思想

《中庸》和《易传》[①]的时代，很难确定，就其成为一部完整的文献而言，晚于荀子亦未可知。但就其义理的传承与语脉渊源而言，无疑是孔门义理，而且应该是孟子之后有的一步发展。所以，就哲学史的线索而言，列《中庸》于孟子之后、荀子之前，应属允当。

若将《中庸》《易传》置于更后，与西汉董仲舒宇宙论中心的思想等同并观，那就成为重大的错误。《中庸》《易传》都不是对价值做存有论的解释，而是对存有做价值的解释。譬如《中庸》以“诚”规定天道，又言“慎独”“致中和”，以及“至诚、尽性”“赞天地之化育”。而《易传》以“生德”规定天道，又言“穷神知化”（穷至生物不测之神，契知阴阳妙合之化），以及“穷理、尽性、至命”与“敬以直内，义以方外”。凡此，皆可看出《中庸》《易传》仍然是以道德主体为中心的思想，故只应上属于孔子，而不可下于西汉。

儒家从孔子到孟子，再从孟子发展到《中庸》《易传》，他们的生命皆有着前后相通的存在性呼应。《中庸》《易传》的发展，是顺着孔子的“仁”、孟子的“心、性”，而向存在方面伸展的。经过这一步，道德界与存在界遂通而为一。讲道德有其形上之根据，而形上学依然基于道德，故宇宙秩序即道德秩序（存在原理与实现原理通而为一）。

因此，我们可以说，由孔孟发展到《中庸》《易传》，实已透显了道德形上学的基型。下至宋明，则是这个基型的最终完成。

---

① 《中庸》本为《礼记》之一篇，今与《论语》《孟子》《大学》合为《四书》。《易传》是解释《易经》的，《易经》中除了卦辞、爻辞，其余的文字都是《易传》，包含《彖辞上》《彖辞下》《象辞上》《象辞下》《系辞上》《系辞下》《文言》《说卦》《序卦》《杂卦》。

第一节　“天命之谓性”所涉及的意义

《中庸》首章云：

> 天命之谓性，率性之谓道，修道之谓教。道也者，不可须臾离也，可离非道也。是故君子戒慎乎其所不睹，恐惧乎其所不闻。莫见乎隐，莫显乎微，故君子慎其独也。喜怒哀乐之未发，谓之中；发而皆中节，谓之和。中也者，天下之大本也；和也者，天下之达道也。致中和，天地位焉，万物育焉。

此首段极为重要。简言之，它表明了三个义理脉络：第一，由超越而内在（由天而人）——“天命之谓性”；第二，德性工夫——归结于“慎独”；第三，由内在而超越（由人而天）——致中和。（致其中则天地位，致其和则万物育。）

以下，再分三小节做一说明。

一、言性的进路

儒家言性的进路，主要以孟子与《中庸》为代表。

孟子主张仁义内在，又言四端，由心善指证性善，即心言性，是道德的进路。由此开辟内在的生命领域，以成立主观性原则。（凡言“求放心”“先立其大”“扩充四端”“尽心知性”“反身而诚”，皆显示了道德的进路。）《中庸》言“天命之谓性”，表示天命天道流行下贯而为性，这是从天道建立性体，是宇宙论的进路。何以要采取此一进路？远而言之，是呼应孔子以前天命下贯而为人之性的思想趋势。[①]近而言之，是对孟子内

---

① 此一思想趋势，是随着“宗教人文化”而透露出来的；但起初还只是一个发端，并未十分显豁，亦未普遍受到正视。孔子别开生面，从“仁”展开德性实践的领域，孟子更承之而大加发挥，故直到《中庸》，才重新呼应此一天命天道下贯而为性的思想趋势并加以讲论。相关三段文献，已见上第一章第四节之末，可参阅。

在的道德心性换一个进路——从天道天命处说下来，以显示心性的绝对普遍性。这是客观地从天道建立性体[①]，以成立客观性原则。

二、“天命之谓性”的两种方式

宗教的命法：由“人格神、意志天”给人以如此这般之性，此义自亦可说。但如此命法，人的主体性不能充分成立，故儒家言性，不取此路。

宇宙论式的命法：形上实体的天，在它生生不已（生物不测）的活动中，降命于人（流行于人）而为人之性。在此，又有二义可说：其一，由个体之性同源于天命，而说“普遍性”（人人一样）；其二，由个体承受天命以各成其性，而说“差别性”（各不相同）。普遍性的性，是超越性的创造真几（真几，犹言真实的本体），是道德创造的根源，在此说“人物同体”。差别性的性，是个性、脾性、类不同之性，在此说“人禽之辨”。

三、性、道、教

天命于人者，是具有超越意义、价值意义的性（宋儒名之为天地之性、本然之性、义理之性）。率性之率，循也。循性而行，犹如孟子“由仁义行”。顺性之命而行之，自能成就人道，道不在性之外，故率性（循性、顺性）即可成道。但如果是就气化沉下来而说天地委形，就形气说命，是谓“气命”（不是理命、德命），气命之性即气之结聚所成的性（生之谓性、气质之性）。气质之性必须加以变化，以去其偏杂，故“循性”不是从气性说。

---

① 孟子尝谓四端之心，乃“天所与我者”。此已含有“自天道建立性体”之含义，唯言之不甚明确、显豁耳。

修道之“修”，朱批注为“品节之”，甚为妥帖。依品类而节制之，亦即斟酌损益之义。人之行道，常有各种各样的闭塞、阻滞、曲折，皆须因时因地、因人因事而制其宜，而后乃能过程顺适、各得其宜而成善成德。这就是“修道之谓教”的真实意义之所在。(教，即指儒家内圣成德之教。)

第二节 慎独，致中和

一、慎独以成德

“慎独”这个观念，是上接曾子的“守约”[①]而来。所谓“戒慎乎其所不睹，恐惧乎其所不闻”，是表示君子之心，必须常存敬畏。对于可见可闻之事，固然不可轻忽；而目所不见、耳所不闻之事(如存心、动机)，也同样要戒慎恐惧。因为目不见，心见；耳不闻，心闻。故幽隐之中与细微之事，形迹未见而几(机)已先动，人虽不知而自己知之甚明，岂能欺蒙得过？“遏人欲于将萌，而不使其滋长于隐微之中”(朱注语)，故“人所不知而己所独知”之处，最为道德实践之紧要关头。儒家言工夫，无论孔子之“吾无隐乎尔”或孟子之“反身而诚”，皆可归于“慎独”。《大学》从诚意讲慎独，《中庸》从“莫见”“莫隐”之性体指点慎独，皆已把握成德工夫之关窍。

---

① 《孟子·公孙丑上》知言养气章，孟子有谓“孟施舍之守气，又不如曾子之守约也”。约，要也。信守义理之要，以辨事之是非善恶，即修身之要也。

二、致中和

喜、怒、哀、乐，是情。喜怒哀乐潜伏未发时，谓之“中”。中是“天下之大本”。这是承“天命之谓性”而言中，中即性也。

性体显发而为情，情之发或中节，或不中节。（中节之中，去声，犹言合也。中节，意即合乎节度。）当其发而“皆中节”时，便谓之“和”。和是天下之达道（天下莫不皆然之道，谓之达道）。未发之中，是体；已发之和，是用。中，是“寂然不动”；和，是“感而遂通”。[①] 合起来说，谓之“致中和”；分而言之，也可说“致其中，致其和”。

三、由致中和通向存在界

“致中和”的“致”，朱注所谓“推而极之也”。“致中和”，意即将“中”“和”原则推扩到极处，以充分显发其功能作用，使天下事物皆能各安其位，各遂其生。而且，不止眼前的一般事物，即使天地乾坤，也必须靠“中”的原则以“安其位”，宇宙万物之化育，也要靠“和”的原则以“遂其生”（完成其充分之化育）。

由此可知，《中庸》本乎中和原则而讲道德实践，实已由道德界通向存在界，成为宇宙万物存在的共同依据。儒家义理的向度，一直都是“合天人，通物我，贯古今，彻幽明”。儒家的道，感通无隔，遍润无方。中（大中至正）的原则，可使空间里的物类，一一得其安顿而各得其所。和（阴阳和合）的原则，可以通贯时间，使往古来今的事事物物，分别获得适当的润泽。

---

① 《易・系辞上》第十章：“易无思也，无为也，寂然不动，感而遂通天下之故。非天下之至神，其孰能与于此。”儒家言实体，其究极意义必是“即体即用”，体用不二；“即寂即感”，寂感一如。同时，儒家义理，通达无碍，既可分而言之，又可合而言之。唯儒家尚笃实，不以此为胜场耳。

第三节 诚体流行，生物不测

一、天道以诚为体

《中庸》第二十章云：

> 诚者，天之道也。诚之者，人之道也。

第一句是以“诚”规定天道，天道以诚为体。第二句“诚之”，是使之诚，使不诚归于诚。其实，天道是诚，人道亦是诚。但人不免私欲之蔽，故须经过工夫而达到诚。

《中庸》第二十一章又云：

> 自诚明，谓之性；自明诚，谓之教。诚则明矣，明则诚矣。

“自诚明，谓之性”，表示诚体自明。由诚而明，犹如孟子所谓“尧舜性之”。性之，是顺性而行，从容中道，尧舜与天合德，所表现的是天地境界。“自明诚，谓之教”，是表示由明而诚，明则可至于诚。“明”的工夫，犹如孟子所谓“汤武反之”。性之，是顺性而行，反之，则是反省自觉，克己复礼，必须通过工夫以复其诚，故谓之“教”。“诚则明矣”，是承体起用；“明则诚矣”，是即用见体。这是即体即用、体用不二的境界。后世理学家所谓“即本体即工夫，即工夫即本体”，意亦犹是也。(各句“即”字，犹今语“同时是”。)

二、尽性与致曲

《中庸》第二十二章云：

> 唯天下至诚，为能尽其性。能尽其性，则能尽人之性；能尽人之性，则能尽物之性；能尽物之性，则可以赞天地之化育；可以赞天地之化育，则可以与天地参矣。

“尽性”，谓充分无漏地表现天性之善，使“知之无不明，处之无不当”。人能尽己之性，便能推及于人、推及于物，所以说，由尽己之性而尽人之性、尽物之性，使宇宙万物“各适其性，各遂其生，各尽其用，各得其所”。盖天生万物，各有参差，不但有智愚贤不肖之差别，也有禀赋清浊、厚薄、强弱之不同，同时还有时地之宜不宜等等。凡天地化育上的不齐不足，皆须由人来“赞天地之化育”，以补其憾。赞，助也。在此，可知“人道”之重要。人能补天地之不足，故“人”可与“天、地”鼎足而三，称为“三才”。

又《中庸》第二十三章云：

> 其次致曲，曲能有诚。诚则形，形则著，著则明，明则动，动则变，变则化。唯天下至诚为能化。

“致曲”之曲，一偏也，指一部分。大贤以下，不能如圣人之至诚尽性，故须一步一步来。能在一事一物上真实无妄，自然可以诚于中而形于外。“形则著，著则明”中的“形”“著”“明”，皆是由隐微而显明之义，故朱注云：“形者，积中而发外；著，则又加显矣；明，则又有光辉发越之盛也。”动，是指诚能感动物、鼓舞物。变，是指从不善变而为善。化，是指“形、著、动、变之功自不能已”。化，便是指功德之化的神妙，有不知其所以然者。致曲而至于“化”，则也不异于圣人。故曰“唯天下至诚为能化”。[①]

---

① 若稍做引申，则也可以说今之科学知识，正是“致曲”之学。分门别类，步步探索，层层研究，再将成果归纳成有条理、有系统之说明，即科学知识。

三、诚体流行，生物不测

（一）诚是创生之真几

由诚体之流行而成其始，由诚体之贯彻而成其终，所以说“诚者物之终始。不诚无物”（《中庸》第二十五章）。一切事物，皆由诚而成始成终。在此成始成终之过程中，事事物物皆得以成为真实之存在。若离开了诚，便不能从始到终，贯彻完成。《中庸》又云：

> 诚者，非自成己而已也，所以成物也。成己，仁也；成物，知也。性之德也，合外内之道也，故时措之宜也。

君子尽诚，故内以成己，外以成物。成己，是存养仁体；成物，是诚明之用。仁与知（智），皆是性之本德。合内外之道而时措有宜，则其全体大用皆可充分昭显。

（二）天道生物不可测

天地之道，“博厚”“高明”“悠久”。博厚以载物，高明以覆物，悠久以成物。由于“其为物不贰”，故其生化万物神妙而不可测。[①] 这个意思，是《中庸》作者对形上实体极佳之体会。

《中庸》第二十六章又引《诗经·周颂·维天之命》之诗，而加以申义，也极有慧识与灵感。其言曰：

> 诗云：“维天之命，於穆不已。”盖曰天之所以为天也。“於乎不显，文王之德之纯。”盖曰文王之所以为文也，纯亦不已。[②]

天命本体的特征，一是深远深邃，无限无极；一是流行不已，生生不息。《中庸》作者以为“维天之命，於穆不已”这两句诗，正好表现了天之所以为天的根本。而文王显发之德，乃是纯德，文德之纯，即文王

---

① 参见《中庸》，第二十六章。

② “於穆”之於，音乌，叹辞。穆，深远也。“於乎”同呜呼。不，读为丕，大也。

之所以为文。而且，以文王为代表的人德之纯，并非寂止之德，乃是生动活泼的不已之德。天命穆而不已，人德纯亦不已，其义一也，天人对显，相得益彰。《易·乾卦·象传》云："天行健，君子以自强不息。"也是天人对显，与《中庸》同一思路。

第四节　乾道变化，各正性命

一、乾知坤能

《易·系辞上》有云：

> 乾知大始，坤作成物。乾以易知，坤以简能。

（一）乾知大始，乾以易知

知，主也，主管其事而实现之也。乾所主者，是创生万物。而创生万物之始，乃是"大始"。若问乾以何种方式主管创生之始？答曰"易"[①]。以"易"的方式而能主管万物创生，自非寻常，所以说"神妙"而"不可测"。《中庸》亦说"其为物不贰，则其生物不测"，意思相同。

（二）坤作成物，坤以简能

乾主创始，坤主终成。万物之生成，乾坤接续，善始善终。故物之成其为物，实由坤以终成之。坤以何种方式显示其终成万物之能？答曰

---

① 易有三义：简易、变易、不易。三义似相异，而实又因果连环，相反相成。唯其简而不繁杂，故能应感而变化；而万变不离其宗，一切变易，无非是生生之德的显现。故就事言，有变；就理言，不变。

“简”。朱子曰：“坤顺而静，凡其所能，皆从乎阳而不自作，故为以简而能成物。”（《周易本义・系辞上》注）乾以易，坤以简，“易简，而天下之理得矣”（《系辞上》）。

二、以乾元统坤元

大哉乾元，万物资始。（《易・乾彖》）
至哉坤元，万物资生。（《易・坤彖》）

乾元乃创生原则，故万物资借之以为生之始。坤元乃终成原则，故万物资借之以为生之成。所谓“资始”“资生”，字相异而义相贯通。始者，气之始；生者，形之始。（形之始，实亦蕴含形体之终成也。）

乾、坤，乃易之门户。易是生道，生化万物，不可偏取，不可断绝，故必须乾坤并建。同时建立而相承互依，并非“二元”。曰乾元，曰坤元，字面上虽说为两个元，但自始至终，一以贯之。故自来皆说“乾坤并建，以乾元统坤元”也。[①]

三、乾道变化，各正性命

乾道即天道。天道生生，凭借阴阳之气的分合变化，以显现其生化之神妙。在天道之流行贯注中，万物一方面承天道之下贯而得天命之性（此一面是心性、理命），另一方面又禀受阴阳（五行）之气以凝成各自的形体（此一面是气禀、身命）。所谓“各正性命”，即宇宙万物皆得以成其为一个个的个体，一个个的真实存在（各正其性，各定其命）。

---

① 乾坤并建，并非乾坤二元。同理，后世理学家言理言气，亦非理气二元。理主导气，气服从理，气岂得与理为二元？历来重气者，也不是气本论。讨论气之功能、气之重要，可以谓之“气论”，也可加以研究而名为“气学”，但绝不是儒家思想中有“气本论”“主气论”。

四、继善成性

《易·系辞上》第五章云：

> 一阴一阳之谓道。继之者善也，成之者性也。

一阴一阳之谓道：阴阳是气，不是道，也不是一个阴加一个阳便谓之道。道，必须显现，且须在一阴一阳之妙合变化中见。借着阳气之伸与阴气之聚，乃能显示出道创生万物的终始过程。这就是“一阴一阳之谓道”一语的真实意旨。

继善成性：“继之者善也，成之者性也。”“继之”“成之”中的两个“之”字，皆指“道”。能继续此道而不使它止绝，便谓之“善”。善，是道的价值内容。进一步，不但能继续道而不断绝，还能完成此道于己身而成为个体之性。（客观的道，内在于个体，转为主体之性。）继善成性是宇宙论式的，与孟子直言“内在的道德心性”不同，而与《中庸》“天命之谓性”的路数相通相类。

第五节　寂感之神——本体论的妙用

《易·系辞上》第五章云：“生生之谓易。”又云：“显诸仁，藏诸用，鼓万物而不与圣人同忧，盛德大业至矣哉。”《系辞下》首章亦云：“天地之大德曰生。”

一、天以生为道

天以何为道？依《易传》，天以“生”为道。“生”乃天地之大德。生生不息，生化万物，既是天地之“德”，也是天之所以为“道”的本质意义所在。离开“生化”，即无天道天德可言。这是《易传》的思路，同时也是《中庸》的思路。[①]

生生之易道，显之于仁心之感应，藏之于生化之大用（显诸仁，藏诸用）。同时，天道之生化，周遍充满。（富有之谓大业，大而无外；日新之谓盛德，久而无穷。）由乾之静专动直（专，谓专一；直，谓创生），纵贯创生说“大生”；由坤之静翕动辟（翕，合也；辟，开也），横通衍生说“广生”。整本《易传》，实皆生生之道的多方展现与说明。

二、易道寂感之神

《易·系辞上》第十章云：

> 易无思也，无为也，寂然不动，感而遂通天下之故。非天下之至神，其孰能与于此。

“寂然不动”，言道之体；“感而遂通”，言道之用。朱子《周易本义》曰：“寂然者，感之体；感通者，寂之用。”感之体，指寂体乃感通起用之依据；寂之用，指感通乃寂体显发之功能（作用）。而易体本身，则“无思、无为”，而且无形体、无声臭、无方所。然而，它能由寂通感，感而遂通，故可以通昼夜、彻幽明、贯始终。所谓“范围天地之化而不过，曲成万物而不遗”（《易·系辞上》第四章）。[②]

易道生化与天地之化恰恰相应，无过无不及。“曲成”之曲，本指一偏，转而为每一偏、每一部分。故曲成万物，是说万物皆一一成就而无所遗漏。既无过，又无不及，也无遗漏，此正见天道（易道）之周遍圆

---

① 《中庸》云：“天地之道，可一言而尽也。其为物不贰，则其生物不测。”《系辞上》亦有“阴阳不测之谓神”之言。

② “范围”二字，当从“相应”之义作解。“范围天地之化”，意即易道生生与天地之化恰恰相应，不增不减，故无“过之”，也无“不及”。

通，故又曰“神无方而易无体”。朱子《周易本义》云：“至神之妙，无有方所；易之变化，无有形体。”天道神体之所以“生物不测”，正因为“神无方而易无体”，故能寂而通感，“感而遂通天下之故”（故，事也，事事物物也）。

三、穷神知化

《易·说卦》第六章云：

> 神也者，妙万物而为言者也。

这里所谓“神”，既不指从气而言的鬼神之神，也不指宗教上的人格神（意志天），而是从天道易体“神感神应、妙运生生”言之。所以，儒家所谓“神”，乃是就天道“妙运阴阳生化万物”而言。天道之主导或运用阴阳气化，乃神妙而不可测者，故“妙万物”之“妙”，作动词解，乃谓妙运万物，完整地说，实乃天道妙运阴阳气化以生万物，天道生化之事，深邃奥妙，不易言之，故用一个“神”字，意谓天道之生化，乃无限神妙之事也。《系辞下》第五章有云：

> 穷神知化。

此“神”字，亦指天道易体至神之用。穷至其生物不测之神，契知其阴阳妙合之化，而后乃能“继志述事”。从万物生生，可见天地之“志”；从阴阳变化妙合，可见天地生化之“事”。“继志述事”，乃是“人道”。纯亦不已地表现道德行为，以创造各种价值，是“继志”；赞天地之化育，使万物各得其所、各遂其生，便是“述事”。“述”，循也，循天地生化而实成其事也。

第六节　宇宙论的衍生与三极之道

一、宇宙论的衍生

上一节的论述，乃是从本体论对妙用义加以说明，这是儒家道德形上学的特色之一。《易·系辞上》第十一章有几句话，则属于宇宙论的衍生义之说明。文曰：

> 是故易有太极，是生两仪，两仪生四象，四象生八卦。

“太极”，指道体，统易道、易理、易体而言之。“生两仪”及下各句之“生”字，不是指产生，乃引发而出之义，王船山所谓“发现”是也。[①]“两仪”谓阴阳或天地。“四象”谓少阳、老阳、少阴、老阴。“八卦”谓乾天、坤地、坎水、离火、艮山、兑泽、巽风、震雷。[②]但天道生生，不是数字之递进，此一衍生之陈述，实意是要显示天道之妙用。所以，这种宇宙论上的衍生义，必须关联本体论上的妙用义来了解，方为中肯。（否则，无法明白它何以如此衍生，以及它所以如此衍生之根据。）

二、三极之道

《易·说卦》第二章云：

> 昔者圣人之作《易》也，将以顺性命之理。是以立天之道曰阴与阳，立地之道曰柔与刚，立人之道曰仁与义。

---

① 参见熊十力《十力语要》（北京：中华书局，1996年）第三卷第13页下之引说。

② 两仪：阳 ⚊，阴 ⚋。四象：少阳⚎，老阳⚌，少阴⚍，老阴⚏。八卦：乾三连☰，坤六断☷，震仰盂☳，艮覆碗☶，离中虚☲，坎中满☵，兑上缺☱，巽下断☴。

立天之道曰阴与阳："立"字，乃显立之义。天道借阴阳变化而显现其具体之流行。此具体之流行不已，实即万物之生生不息。但若不资借阴阳之气的分合变化，则天道之生生无由显发完成。故曰"立天之道曰阴与阳"。

立地之道曰柔与刚：得刚而成形者，是为男、雄、牡；得柔以成形者，则为女、雌、牝。无男女、雄雌、牡牝之分的物类，也可以做"刚"与"柔"之原则性的分类。故曰"立地之道曰柔与刚"。

立人之道曰仁与义：仁道亲亲，是主观性原则；义道尊尊，是客观性原则。仁道亲其所当亲，义道尊其所当尊，二者乃人道之纲常，故曰"立人之道曰仁与义"。合天道、地道、人道而言，则谓之三极之道。

三、由三极之道合天人——道德的形上学之初成

《易传》虽然形上学宇宙论的意味很重，但其根底乃是道德意识，其性质是道德的形上学。故曰"君子敬以直内，义以方外，敬义立而德不孤"(《坤》)，又如"大人者，与天地合其德，与日月合其明"(《乾》）云云，皆透显出"合天人"的趋向。

宋明儒所讲论的学问，后世称之为道学、理学、性理学、心性之学。其实，宋明阶段的儒学，根本就是顺《中庸》《易传》《论语》《孟子》而开显出来的"道德的形上学"。

基于道德的形上学，康德向往之而做不出来，因为西方欠缺传统作为凭借。而儒家则从先秦到宋明相续讲习，所以能充分究极地完成之。在儒家，道德形上学是真实的，不只是理境上的向往而已。[①]

---

① 《大学》只提供实践的纲领，如"三纲领""八条目"，而义理之方向不显豁、不明确，将与宋明理学一并讨论。"阴、阳"是儒家哲学思想中的重要观念，但层次不高，不算是主导性的观念。至于"阴阳家"的思想，将与《吕氏春秋》以及董仲舒的天人感应之学并合而稍加论述。

第九章　荀子的学说

荀子，名况，字卿，亦作孙卿。战国时赵人。其生年约晚于孟子四五十年。游学于齐之稷下，至齐襄王时（公元前279—前265年），最为老师，三为祭酒。荀子的生平事迹，拙著《孔孟荀哲学》荀子之部第一章，有论述，可参阅。简而言之。荀子年十五，游学于齐，五十以后适楚，尝为兰陵令。六十左右返齐，时诸儒凋零，唯荀子德望崇隆，故“三为祭酒”。七十以后入秦，后归赵，议兵于赵王之前，八十左右或尝亲历邯郸之围，故《臣道》篇叙平原君、信陵君存赵之功。若荀子寿至九十，则及见李斯入秦，而春申君死时，荀子已九十八，及秦始皇统一天下，荀子若仍健在，则已一百一十余岁矣。

孔子之后，孟荀继起，先后成为儒家之宗师。孟子承孔子之仁而开出心性之学的义理规模；荀子则承孔子外王礼宪之绪，彰显礼义之统。后世尊孟子为儒家正宗，虽非偶然，但荀子长期受到贬抑，亦有违学术之公。此章将分别从天论、性论、心论、名论与礼义之统，进行讨论。

第一节　制天用天的思想

一、天之自然义

荀子以天为自然。自然的天没有理智，没有爱憎好恶，亦无所谓意志的作用。而自然之生，亦只是天地之“真”，而不是天地之“善”或天地之“德”。

（一）自然的天——没有意志、没有理智、没有爱憎

荀子说：“不为而成，不求而得，夫是之谓天职。”“为”与“求”是意志的作用，天既“不为”“不求”，表明天是没有意志的。又说：“天行有常，不为尧存，不为桀亡。”尧是圣王，桀是暴君，而天并不因为人的贤圣或昏暴而改其常行，可见天是不识不知，没有理智的。不识不知，无所爱，无所憎，因而没有感应，它只是循着永恒的轨道，机械地、自然地运行而已。

至于《天论》“天有常道矣，地有常数矣”，其所谓常道，只是指自然的法则、自然的秩序。这个自然的法则、秩序，始终为天地所遵循，所以亦名之为常道。但荀子自己说过：“道者，非天之道，非地之道，人之所以道也，君子之所道也。”（《儒效》）牟先生认为：“荀子只言人道以治天，而天则无所谓道，即有道，亦只是自然之道。”[①]所以，荀子所谓天，不是宗教的，不是道德的，亦不是形上的，而只是自然的，是可以作为科学研究之对象的。

（二）自然之“生”——只是天地之真，而非天地之善

就天之“生”而言，儒者皆视其为天之德、天之善，故曰“天地之大德曰生”（《系辞下》）。生，是天地之德，天地之生化万物，是生生之德的流行发用。这是善的昭显，亦是价值的创造。

由此可知，孔孟是以道德心（仁）、理想主义的态度，来体认天之“善”（德）；荀子则是以认知心（智）、理智主义的态度，以认识天之“真”。荀子虽承认天地是“生之始”，但天地之生，乃是“不见其事而见其功”的自然之生。凡天生而自然者，皆是负面的、被治的，所以不能说善，亦不能说德。亦以此故，人对天无可言“法”，无可言“合”，故荀子不说天人合一，而言“天人之分”。

---

① 牟宗三：《名家与荀子》，第 214 页。

二、天人之分

天人相对，分而为二，天归天，人归人，天与人各有其分。《荀子·天论》云：

> 天行有常，不为尧存，不为桀亡。应之以治则吉，应之以乱则凶。[①]……故明于天人之分，则可谓至人矣。

天行有常，自然运行，既无意志存乎其中，亦与人间之事不相感应，吉凶祸福皆由人为，不关乎天。荀子认为，天既不能掌控祸福人生，亦不能影响治乱。禹桀之时，天地四时都一样，而禹治、桀乱，可见治乱在人，不在天地四时。如果人能够“应之以治”——以合乎礼义的行为来肆应，譬如“强本节用，养备动时，修道不贰”，则能得福而吉。纵有水旱之灾，寒暑之厄，祆怪之变，人民依然可以衣食无虞，幸福康宁。反之，如果人“应之以乱”——以不合礼义的行为来肆应，譬如“本荒用侈，养略动罕，倍（背）道妄行”，则必得祸而凶。纵然风调雨顺，寒暑宜人，祆怪不至，人民依然会有饥寒之累，疾病之灾。由此可证，治乱吉凶的关键，只在人为而不在天意，怨天求天都没有用，有用的是人为。所以荀子称“明于天人之分”者为“至人”。《天论》又云：

> 天职既立，天功既成，形具而神生，好恶、喜怒、哀乐臧焉，夫是之谓天情（自然之情）。耳目鼻口形能，各有接而不相能也，夫是之谓天官。心居中虚以治五官，夫是之谓天君。财非其类，以养其类[②]，夫是之谓天养。顺其类者谓之福，逆其类者谓之祸，夫

---

① 《荀子·不苟》云：“礼义之谓治，非礼义之谓乱也。”合乎礼义的行为谓之治，不合礼义的行为谓之乱。此所谓“应之以治，应之以乱”，正可据以作解。

② 财，裁也。非其类，谓禽兽草木；其类，谓人类。裁万物以养人类，乃顺乎自然之养，故谓之“天养”。

是之谓天政。暗其天君，乱其天官，弃其天养，逆其天政，背其天情，以丧天功，夫是之谓大凶。圣人清其天君，正其天官，备其天养，顺其天政，养其天情，以全其天功。如是，则知其所为，知其所不为矣，则天地官而万物役矣。其行曲治，其养曲适，其生不伤，夫是之谓知天。

天职、天功，都属于宇宙的天。而天情、天官、天君、天养、天政，则属于人生人文的范围。（以其皆属于天生之自然，故亦用“天”字而名之为天情、天官、天君；以其顺乎自然而为，故亦谓之天养、天政。）自“暗其天君”至“以丧天功”，这是毁其生；自“清其天君”至“以全其天功”，这是成其生。成毁的关键在天君（心）之“清”或“暗”，而心之清明或昏暗，乃是人事，不关乎天。

圣人“清其天君，正其天官，备其天养，顺其天政，养其天情，以全其天功”，是圣人为其人事之所当为，亦是在“天人之分”的原则下克尽人的职分。所以荀子说：“如是则知其所为，知其所不为矣。”其“所为”者，是人的职分，“所不为”者，则指“不与天争职”。宇宙一面的天职天功，是人所不为的，故“不求知天”。而所为的这一面，属于人的职分，当然必须知之。知人职而为之，则天地万物皆为我用（天地官，万物役），不但其行可曲尽其治，其养可曲尽其适，而且亦可不伤害天地之生，如是便谓之“知天”。由此可知，“不求知天”，是不求知“天职”“天功”之所以然，而“知天”是顺天人之分而“知其所为，知其所不为”。

天之“所以然”有两层含义：经验层的所以然，是事物本身的“形构之理”（形成之理、构造之理），这是科学家所探索的；超越层的所以然，是事物之所以如此存在的形上根据，是“存在之理”“实现之理”，儒家正宗所体证的“天道”“天理”，即这一层上的所以然。对于这两层的所以然，荀子皆视为“无用之辩，不急之察，弃而不治”。由于不求知经验层的所以然，所以未曾开出科学知识（此非才智问题，而是态度问题）；由于不求知超越层的所以然，显出荀子本源不透，因此其论天、论性，皆与儒家正宗大流之思想有极大的差异。

三、天生人成

上述天之自然义，天人之分义，皆是荀子“天生人成”这个原则的起源。《富国》云：“天地生之，圣人成之。”而首先指出“天生人成”乃荀子思想之基本原则的是牟先生[①]，之后，讲荀子者，类能言之。荀子云：

> 天有其时，地有其财，人有其治，夫是之谓能参。舍其所以参而愿其所参，则惑矣。(《天论》)
>
> 故曰：天地合而万物生，阴阳接而变化起，性伪合而天下治。天能生物，不能辨物也；地能载人，不能治人也；宇中万物、生人之属，待圣人然后分也。(《礼论》)

此二节很明显地表明了“天生人成”的原则。前一节指出天地只能供给“时”与“财”，而人则能加以治理。能治理天时地财而善加利用，就叫作“能参”。“参”，乃“人有其治”的引申，含有治理、成就之义。“所以参”即所以治，亦即能治，指人这一面；“所参”即所治，指天时地财。“舍其所以参，而愿其所参”，亦即舍弃人这一面的“能治”而不为，而徒然希慕“所治”一面的天时地财之用，这是弃人而从天，舍本而逐末，所以说“则惑矣”。后一节是说，天地只能生物、载人，却不能辨物、治人（辨，亦治也）。万物与人类，皆有待圣人之道（礼义）定其分位，而后乃能各得其所，各得其宜。据此可知，前一节是就治天地而言，后一节是就治人物而言。由此“天生人成”之原则所透显的，乃是“自然世界为人文世界所主宰”的思想。

“天生人成”之原则，荀子在《王制》亦有纲领性的说明。其言曰：

> 天地者，生之始也；礼义者，治之始也；君子者，礼义之始也。为之，贯之，积重之，致好之者，君子之始也。故天地生君

① 参见牟宗三：《名家与荀子》，第213—228页。

> 子，君子理天地。君子者，天地之参也，万物之总也，民之父母也。无君子，则天地不理，礼义无统，上无君师，下无父子，夫是之谓至乱。

天地是“生之始”，但天地只能生而不能治，必须以礼义行其治。而礼义乃君子所生，所以君子是“天地之参”“万物之总”“民之父母”。如果没有君子，则天地万物（自然世界）之条理秩序，礼义法度（人文世界）之纲纪统领，皆将无法显立，故曰“天地生君子，君子理天地”。

又前节引“天职既立，天功既成”一段，亦是对“天人之分”与“天生人成”原则之说明。前半段说的是“天地生之”，后半段说的是“圣人成之”。“生”是天地的职能，是自然而然的，而“成”则必须通过礼义的效用。圣人清其“天君”而制礼义，以礼被诸“天官”则天官正，被诸“天养”则天养备，被诸“天政”则天政顺，被诸“天情”则天情养。在礼义的广被之处，天之所生得以成，天之功用得以全。由此可知，天之功在“生”，人之能在“成”。假若一任天生而不加人治，则天之所生滥而无节，而天功亦将有毁丧之虞。所以必须节之以礼义，而后乃能成其生。

四、制天用天与事天

荀子认为，人之所以为人，在于：第一，人有辨；第二，人能群。

> （人有辨）“人之所以为人者，何已（以）也？曰：以其有辨也……辨莫大于分，分莫大于礼。”（《非相》）
>
> （人能群）“人何以能群？曰：分。分何以能行？曰：义。故义以分则和，和则一，一则多力，多力则强，强则胜物；故宫室可得而居也。故序四时，裁万物，兼利天下，无它故焉，得之分义也。”（《王制》）

以礼义名分，各任其事，各得其宜，因而上下齐心，和衷共济，于是便有了力量。强有力，则可以制裁自然，生活遂可得改善。所以说“序四时，裁万物，兼利天下，无他故焉，得之分义也”。这就是荀子主张“礼义为制天用天之根本”的确切证明。《天论》有一段话，特别为近人所称赏：

> 大天而思之，孰与物畜而制之！从天而颂之，孰与制天命而用之！望时而待之，孰与应时而使之！因物而多之，孰与骋能而化之！思物而物之，孰与理物而勿失之也！愿于物之所以生，孰与有（佑）物之所以成！故错人而思天，则失万物之情。

这是荀子“制天用天”之思想最有代表性的一段文字，语句的形式亦很明显蕴含着天人相对的观念。荀子要把天看作自然物而制裁它，要凭借天生之物而利用它，要应时耕作而役使它，要运用智慧以增加生产，要治理万物使之各得其宜，各尽其用。总之，他认为物之生在天，而成物则在人。为了在人为中成就价值，就必须制裁、利用天生之自然物。

荀子既视天为自然，又言天人之分，天生人成，而主张制天用天，又何以言“事天”？在此，可有两点解答。

第一，荀子所说的“天”，实含两层意思：一是自然义，如前文所说；二是本始义，天是“生之始”，亦是“生之本”。事天以“报本返始”，是道德真诚之流露，亦是人文精神之表现，并非有所祈求于天。

第二，荀子不言天道，不言地道，而言人道、治道，所以“礼义之统”为其思想最高之纲领。在礼义之统所蕴含的人文理想中，正人心、厚风俗的礼乐教化是重要内容。礼中既有祭礼，则“祭天”“事天”自是应有之义。

荀子尚理智，但他不是浅薄的“理智一元论”者，他的思想是理智的理性主义，或理智的人文主义。他反对慕天、颂天，却将“事天地”与“尊先祖”“隆君师”并举，称之为“礼之三本”。这里所显示的纯是“报本返始”之义，并没有祈愿求福的意思，亦没有依赖信靠的心理，更不带任何迷信的色彩。儒家后来所特重的“三祭”之礼，正与荀子“礼之三本”相互关联。①

第二节 化性起伪

一、性之三义

荀子对于性的界说，有三则很简要的话：

> 生之所以然者谓之性；性（生）之和所生，精合感应，不事而自然谓之性。（《正名》）
>
> 凡性者，天之就也，不可学，不可事……不可学，不可事，而在人者，谓之性。（《性恶》）
>
> 性者，本始材朴也。（《礼论》）

这三则文字，分别表示性之“自然义”“生就义”“质朴义”②。凡顺“生之谓性”言性者，必含此三义。这表示性只是自然生命之质，是中性的，没有道德理性，没有善的根。

第一则，就“生之所以然”说性。荀子所说的“生之所以然”，是属于形而下的所以然。他是就自然生命之自然现象做陈述，所谓“生之所以然者，谓之性”，意即生之自然谓之性。故下文接着又说：“性之和

---

① 儒家三祭，是祭天地、祭祖先、祭圣贤。天地为宇宙生命之本始，祖先为个体（族类）生命之本始，圣贤为文化生命之本始，故皆应“报本返始”以祀敬之。昔时称“天地君亲师”，今已无君，宜改为“天地圣亲师”之神位，并配以联云：“天生地养，盛德广大；圣道师教，亲恩绵长。”

② 参见牟宗三：《才性与玄理》，第2—3页。

所生，精合感应，不事而自然，谓之性。”这几句话，正是对上句“生之所以然者，谓之性”所做的申述。古时，性与生二字可以互用，“性之和”即“生之和”[①]。杨倞注“和”字云：“阴阳冲和气也。”牟先生解“生之和”为“自然生命之絪缊”[②]，义尤显明。自然生命之絪缊所生发的自然现象，如感官之自然感应，生理之自然欲求，生物之自然本能，心理之自然情绪，总体便名之曰“性”。这种意义的性，实只是“自然之性”。

第二则，由“天之就”说性。凡是天所生就的自然之质，都是不可学而得，不可事而成。这先天生就、自然如此的质素，落在人的生命中，便谓之性。这是性之“生就义”。

第三则，就“本始材朴”说性。先天本始如此的素朴之材质，便是性。这是性之“质朴义”。董仲舒云：“性之名，非生与？如其生之自然之资，谓之性。”[③]董子之言，可以视为“生之谓性”最恰当的解释，亦可视为“性者，本始材朴也”这句话的脚注。

二、性之内容（性恶）

荀子言性，其内容果何所指？《性恶》云：

> 夫好利而欲得者，此人之情性也。
>
> 今人之性，生而有好利焉……生而有疾恶焉……生而有耳目之欲，有好声色焉。
>
> 若夫目好色，耳好声，口好味，心好利，骨体肤理好愉佚，是皆生于人之情性者也。

《荣辱》亦有类似的话。概括荀子之言性，其内容不外以下三类——

---

① 王先谦《荀子集解》即已做此解释。

② 参见牟宗三：《心体与性体》，第一册，第88页。絪缊，交密之状，二字语出《易·系辞下》，第五章。

③ 《春秋繁露》卷十，《深察名号》第三十五。

感官的本能：如耳目口鼻之辨声色臭味，骨体肤理之辨寒暑疾痒等。生理的欲望：如饥欲食，寒欲暖，劳欲息，以及耳目之欲等。心理的反应：好利而欲得，好利而恶害，以及疾恶之情等。

这三类，都是生物生命的内容，只能算是人的动物性之遗留。在这里，只能见到“人之所以为动物”的自然生命之现象，而不能见到“人之所以为人”的道德价值之内容。就动物性而言性，则性中只有盲目的好与恶，而没有合理的迎或拒；只有实然的生物生命之活动，而没有应然的道德价值之取向。荀子所见到的人性，只是这一层生物生理的自然生命，如果顺其生物生命之活动而不加引导节制，则“性恶”便是很自然的结论。而事实上，荀子正是把“性”“情”“欲”三者看作是同质同层面的。

《正名》云：

> 性者，天之就也；情者，性之质也；欲者，情之应也。

“性者，天之就”，是说性是先天生就、生而即有的。“情者，性之质”，是说性以情为质（质地、本质），情外无性，性外无情，性与情是同质同位的。故《荀子》中，情性二字常常连作复词用。“欲者，情之应”，是说欲是应情而生的。耳目声色之好便是欲，欲乃应爱好之情而生，有了爱好之情，便产生获得之欲，所以说“好利欲得”乃是“人之情性”。荀子分别界定性、情、欲，却正好说明三者并无实质上的差异。而“以欲为性”，遂成为荀子性论的最大特色。[①]

顺着自然生命的欲求说下去，当然不见有善而只见其恶。由“性恶”透出自然之质这一层的不足，自然之质既有不足，则须主观地彰显心君之重要，客观地彰显礼义之重要。（在荀子的思想中，天与性皆属负面，心与礼义则居于正面之地位。）其实，荀子亦未必不知自然之质既有恶的倾向，亦有善的倾向。[②]但即使性有善的倾向，仍须治之以礼义，要通过

---

① 参见徐复观：《中国人性论史·先秦篇》，第234页。

② 荀子《礼论》云：“无伪则性不能自美。”性虽不能“自美”，而可以使之美。荀子这句话，实亦表示性含有“可美”的倾向。

“师法之化，礼义之导”，而后乃能表现出合乎礼义文理的善行。人，不能停留在自然之质这一层上，必须超越这一层以开出道德理性领域，所以荀子既言人性恶，随即又言“化性起伪”。平常总说荀子“主性恶”，我觉得这个“主”字下得太重，“人之性恶”其实只是荀子的观点、说法，而“化性起伪”才是他的正面主张。

三、化性起伪

《性恶》开宗明义便说：“人之性恶，其善者伪也。”善出于伪，不出于性。然则，性与伪如何区分？《性恶》云：

> 凡性者，天之就也，不可学，不可事。礼义者，圣人之所生也，人之所学而能，所事而成者也。不可学，不可事，而在人者[①]，谓之性；可学而能，可事而成之在人者，谓之伪。是性伪之分也。

又云：

> 若夫目好色，耳好声，口好味，心好利，骨体肤理好愉佚，是皆生于人之情性者也，感而自然，不待事而后生之者也。夫感而不能然，必且待事而后然者，谓之生于伪。是性伪之所生，其不同之征也。故圣人化性而起伪。

“不可学，不可事”的自然之质，以及“感而自然，不待事而后生”的爱好之情，是说“性”之自然义。“可学而能，可事而成”，以及“感而不能然，必且待事而后然”，是说“伪”之人为义。这是荀子对性与伪所做的区分。

就“性”而言，圣人与众人同；就“伪”而言，则因人而异。所以

---

① “而在人者”，顾千里谓当作“之在天者”。见王先谦《荀子集解》引。

《性恶》说："故圣人之所以同于众，其不异于众者，性也。所以异而过众者，伪也。"性与伪虽然不同，但伪必须以性为底子。性是原料，伪是加工（矫饰、美化），而人格则是加工之后的成品。[①]故《礼论》云：

> 性者，本始材朴也；伪者，文理隆盛也。（文理，谓礼文之理。）无性，则伪之无所加；无伪，则性不能自美。

本始材朴之性，是施加人为于其上的底子（无性，则伪无所加），而人事之伪，则是矫饰或美化的工夫（无伪，则性不能自美）。性虽不能自美，但加上伪的工夫，则可以成就"文理隆盛"之美善。可见，善不出于性而出于伪。所以荀子主张"化性起伪"。董生《举贤良对策》所谓"质朴之谓性，性非教化不成"，意亦同此。

然则，如何化性起伪?

依荀子，化性起伪的工夫，内在要靠知虑，外在要靠礼义。但心的知虑，只有选择、判断的作用，却不能发动行为；而礼义是客观外在的，它可以作为行为之规范，但不能使人就范。所以，行为的动机，出于情性之好恶；好恶之正确与否，出于知虑之选择、判断；依选择、判断而发动实际行为的，则是材性之能。《荣辱》云："材性知能，君子小人一也。"可见不但"性"人人相同，"知"与"能"亦人人相同。正因为"知""能""性"同样具有普遍性，"化性起伪"的可能性才得以建立起来。知（虑）可以积，愈积而愈明；能可以习，愈习而愈能。性则只能化而不可积，故荀子又有"隆性""隆积"之辨。《儒效》云：

> 故有师法者，人之大宝也；无师法者，人之大殃也。人无师法，则隆性矣；有师法，则隆积矣。而师法者，所得乎积[②]，非所

---

① 参见陈大齐：《荀子学说》，台北：中华文化出版事业委员会，1956年，第58页。后引该书仅标注页码。

② "所得乎积"，积字原作情，杨倞注以为乃积字之误，是，今据改。

受乎性，性不足以独立而治[①]。

“隆性”，谓恣其性情之欲，这是顺先天的自然生命。“隆积”，谓重视积习以化于善，这是加强后天的人为以成就价值。

荀子认为，圣人由积而致，不由天生。圣人之所以大过人者，只是“积虑习能”之功。人的“知”“能”与“性”同样皆由天生，而性必须化，知虑才能则须加以积习。圣人既由积习而成，然则，人皆可为圣人否？

依荀子，“涂之人可以为禹”（《性恶》），人如能积善不息，亦可至乎圣人。但原则上虽人人皆可为禹，而事实上未必能为禹，此即荀子所谓“无辨合符验”[②]之故。在荀子，人之积到底有没有“自发性”？若有，他自然可以积虑习能以成就善；若无，则他可能根本没有求积的意愿，当然亦不可强使之积，而“积善不息”之言遂失其根据矣。若在孟子，则没有这种问题。

孟子肯定仁义礼智是“天所与我者”，是“我固有之”“人皆有之”的。人人皆有心性之善，皆有良知良能，人只需扩充其先天本有的心性之善与良知良能，就可以成就善德善行。此事完全操之在己而无须求之于外，所以是自觉自主的，道德的力量亦是内发自发的。以是，孟子只说“是不为也，非不能也”。而人之“不为”，实只是一时之“弗思”，或物欲之“梏亡”“陷溺”。而人之良知本心，必不安于“不为”，必不忍于“梏亡”“陷溺”。此不安不忍之心随时从内促人警觉，所以必能自发地“悦理义”而好善恶恶，采取道德行为。

而依荀子，人则欠缺这种内发自发的愤悱不容已的力量，因而，对于“涂之人”何以“可以为禹”而实际又“不能为禹”，事实上并不能提供充分的解答，因为人的内在生命中既没有善的根源（道德之根、价值之源），则其内发向善的意愿与自发为善的力量，就欠缺先天的必然性，

---

① “性不足以独立而治”，原本无“性”字，据王念孙补。

② “无辨合符验”语见《性恶》。辨，别也。别，名词，指券据而言（郑注《周礼·小宰》：“别之为两，两家各执其一”）。符，以竹为之，相合以取信之物。荀子是经验主义性格，事事讲求征验。

这正是荀子所谓“可以而不可使”的关键所在。

然则，“化性起伪”以成德成善的根据毕竟何在？依荀子，内在的根据是“心”，外在的标准则是“礼义”之道。

四、以心治性

前文说过，依荀子，性是负面的，心是正面的，所以荀子思想中的心性关系，可以说是“以心治性”。不过，并不是直接以心治性，而是通过礼义治性。

荀子言心，与孟子不同。孟子所说的仁义之心（四端之心、不忍之心、良心、本心），是“道德的心”。荀子所说的知虑思辨之心，则是“认知的心”，是认知主体（知性主体）。荀子说“心，生而有知”（《解蔽》），这个具有“能知”作用的心，不但可以认知事物以成就知识（虽然荀子并没有在这方面着力），而且可以认知“道”。《解蔽》云：

> 人何以知道？曰：心。心何以知？曰：虚壹而静。
>
> 心知道，然后可道。可道，然后能守道以禁非道。

荀子在此说到“心”与“道”（礼义）的关系。心的认知能力可以认知“道”，认知了道就能肯定道（可道），肯定了道就能守道不悖，以禁制非道（不合礼义）的行为。据此可知，“知道”是“可道”的前提，可道又是“守道以禁非道”的前提，礼义之道是行为的标准，人必须守礼行道，而后乃能成就善的价值。

在此，我们可以提出三问并予以考察：第一，心是否必然地能认知礼义？第二，心认知礼义之后，是否必然地能以礼义来治性？第三，心是否必然地能依从心之“所可”而化恶成善？

在这三问中，第一问无问题。第二问也可无问题，因为荀子所言之心，除了认知义，亦可含有实践义。虽然荀子所说的心不能“生起”（发动）行为活动，却能使行为活动依其“所可”而表现。[①]荀子的问题，是在第三问。盖心是否必然地能以礼义治性，关键不在心，而在性。心能“知道”而“可道”，当然亦能表示“守道以禁非道”的意思，但这只是心之知虑所做的选择、判断，真正发动行为却要靠材性之能。然则先天本恶的自然之性，果能依从“心之所可”而表现善的行为乎？这才是问题的关键所在。然而，在荀子的系统里，这个问题是没有得到回答的（这是此一系统的限制所在）。

另外还有一个相关的问题，必须在此做一讨论，即“人之性恶，则礼义由何而生？”《性恶》云：

> 凡礼义者，是生于圣人之伪，非故生于人之性也。……圣人积思虑，习伪故（伪故，谓往古累积而成之经验知识），以生礼义而起法度，然则礼义法度者，是生于圣人之伪，非故生于人之性也。……故圣人化性而起伪，伪起而生礼义，礼义生而制法度。然则礼义法度者，是圣人之所生也。

荀子认为礼义是“圣人所生”，这句话本身没有问题。依孔孟，亦可以说礼义是圣人所生（创制），但圣人创制礼义法度的根据，绝不在外，而必在内，故孔子曰“人而不仁，如礼何？”（《八佾》）孟子更明白地表示“仁义礼智根于心”（《尽心》）。人人皆有道德的本心，皆有仁义礼智之性，则圣人之创制礼义，亦不过先得我心之同然，而顺仁义之心做出来，亦即以心同理同的道德心性为根据做出来。故依孔孟，应该说“化性起伪”，一切价值皆顺道德心性的内在要求而步步实践出来。礼义法度本就是众人性分中的事，人亦可以随时随分表现礼义法度，各人表现之程度虽有不同，但“人人皆于礼义有分”则可无疑。肯定人人皆于礼义有分，方能建立礼义的必然性与普遍性。

但依荀子的说法，圣人之性（自然本恶之性）与众人同，则圣人之“伪起而生礼义”，并不系于他的德性（性德），而是系于他的才能。性

---

① 参见蔡仁厚：《孔孟荀哲学》，下卷，荀子之部第三章第四节。

分中既无礼义之事，而有待于圣人之才能，则无论“伪起而生礼义”或“礼义之伪”皆将可遇而不可求，因而礼义之必然性与普遍性根本无从建立。虽说礼义可学而知，可学而能，但人之性分中既无此事，则虽“可”而“未必能”，如此，则众人根本没有“与于礼义”之分，岂不鄙夷生民甚哉！[①]荀子隆礼义而反性善，“礼义”与“性善”既已置于相对冲突的位置，则其所谓礼义，乃失去人性之基础与内在之根据，而人之为善成德，遂失其内发性与自发性矣。然则，由荀子一转而为李斯、韩非，虽不是荀子始料所及，亦并非偶然也。[②]

第三节　以智识心——知性主体之透显

荀子所说的“心”，与孟子不同。孟子所说的仁义之心——四端之心、不忍之心、良心、本心，乃是道德的心，是道德主体（亦曰德性主体）。而荀子所说的知虑思辨之心，则是认知的心，是认知主体（亦曰知性主体）。牟先生指出，孟子是“以仁识心”，荀子是“以智识心”[③]。这个分判，实信而有征。孔子以后，先秦儒家的两大代表人物，正是孟子与荀子，二人分别开出“德性主体”与“知性主体”，可谓双美相济。由此

---

① 参见牟宗三：《名家与荀子》，第 227 页。

② 荀子虽言性恶，然更重化性起伪，以心治性，既由心知通向善而归于礼义，可见荀子并非极端性恶论。然荀子既已抹去人性的光明之源，则李斯、韩非顺之而下趋，遂成为自然之势。韩非尤其变本加厉，以为人之“性”皆自利自为，人之“心”皆计虑利害，既无父子之亲，夫妻之情，亦无朋友之信，君臣之义。人之内在生命既成一片黑暗，故反对尚德尚贤，而主张严法任术以驱策人民。近人识浅，每以法家附会法治，殊不知法家之严法乃尊君利君，处心积虑以愚民、防民、虐民、威民。此既与儒家教民、养民、爱民、保民绝不相类，而与尊人权、重民意、尚自由、崇价值之民主法治亦不可同日而语。

③ “以仁识心”与“以智识心”之分判，乃牟先生首先提出，参见《名家与荀子》第 225 页。

亦可看出，先秦儒家的学术心灵确实深广而弘通，对于当前儒家第三期的发展，尤足显示重大的意义。

一、以智识心

《解蔽》云：“人生而有知……心生而有知。”所谓“人生而有知”的知字，是落在“心”上说，故又云“心生而有知”。从知说心，心为认知心，属于“能知”一面。有主观面的“能知”，就有它所对应的客观面的“所知”。《正名》所谓“所以知之在人者，谓之知。知有所合谓之智”，便是说这个意思。上半句之知，是知的作用，亦即“能知”。下半句“知有所合”，是接遇之义，能知之心接于物，而后乃能形成对于物的知识。“知有所合谓之智”的“智”字，实际上是指“知识”。这是认知心向外发用而得到的收获（所知）。

认知心的基本作用是成就知识。但荀子用心的重点，却不是知识问题，而是行为问题。道，是行为的准衡，所以荀子的心论，亦直接从心能知“道”说起。《解蔽》云：

> 人何以知道？曰：心。
>
> 故心不可以不知道。心不知道，则不可道而可非道……心知道，然后可道。可道，然后能守道以禁非道。

据此可知，人之所以能“知道”，是由于人有“心”。心不是道，而能“知道”，这个“知道”的心，正是认知心。人“知道”之后，便能进而“可道”，“可”，谓认可、肯定。人肯定了道，便能守道而不悖；守道不悖，乃能行为中理（合理）。可见行为能否中理，关键就在于心能否知道。因此，“知道”是“可道”“守道”的先决条件。一个人能够知“道”，自属明智之士，而其行为亦必中节合理而可免于过差，所以《劝学》说：“君子博学而日参省乎己，则知明而行无过矣。”在此，可以看出荀子的重智主义精神。

由上所述，可以证实荀子是由智识心，所识的乃是理智性的认知心。认知心能知能虑，亦能思辨决疑。荀子之言曰：

> 情然而心为之择谓之虑。(《正名》)
> 礼之中焉能思索，谓之能虑。(《礼论》)
> 其知虑足以应待万变……其知虑足以决疑。(《君道》)
> 人之所以为人者，何已也？曰：以其有辨也。(《非相》)
> 吾虑不清，则未可定然否也。(《解蔽》)

心能择、能虑、能思、能辨，因而足以决疑似、定然否。顺此而论，可以导出“心”的主宰义。

二、心之主宰义

在《荀子》中，有几处言论颇显示心的主宰义。

> 心居中虚，以治五官，夫是之谓天君。(《天论》)
>
> 心者，形之君也，而神明之主也，出令而无所受令。自禁也，自使也，自夺也，自取也，自行也，自止也。故口可劫而使墨云，形可劫而使诎申，心不可劫而使易意，是之则受，非之则辞。(《解蔽》)

第一则指出，心居于中虚之位，以统治五官，故称之为“天君”。“天”，自然义；“君”，主宰义。“天君”，意即自然感官的主宰。故第二则又说“心”是“形之君”，是“神明之主”。“神明”，略同于今语所谓精神、意识。依荀子之意，心不但是形体感官的主宰，而且是意识的主宰。所以，心只“出令”而不“受令”。所谓“自禁”“自使”“自夺”“自取”“自行”“自止”，表示心的活动完全由自不由他，不因外力而有所改变。所以人的“口”可在外力劫持之下被迫沉默或言说，人之“形体”

亦可因外力劫持而被迫屈曲或伸直，唯有“心”不受外力之劫持而改变意志。心，能是其所是，非其所非，故“是之则受，非之则辞”，无论接受或拒绝，皆由自主。据此可知，荀子所说的“心”，颇能显示其主宰之能力，论者亦依此而说荀子所言之心有“自由意志”。所谓心有自由意志，可有二义：一是指心可以自由地选择，而不受任何禁制或限制；二是指心能自立法则，即自主地依其所立之法则而开始行为活动。

前者是就认知心所说的自由意志；后者则指道德心之自主自律、自决自定，因而是具有创造性的自由意志。就荀子所讲的认知心而说自由意志，属于前者；而孟子与正宗儒家所讲的道德心之自由意志，则属于后者。

由认知心而说的自由意志或主宰能力，是否可以达于充盈之境？对此还须进一步考察。《解蔽》有一段譬喻之言，最能显示荀子言心的观点：

> 故人心譬如槃（盘）水，正错而勿动，则湛（沉）浊在下，而清明在上，则足以见须眉而察理矣（理，谓肌肤之纹理）。微风过之，湛浊动乎下，清明乱于上，则不可以得大形之正也。心亦如是矣。故导之以理，养之以清，物莫之倾，则足以定是非、决嫌疑矣。小物引之，则其正外易，其心内倾，则不足以决庶（粗）理矣。

盘水放正，勿使动荡，则渣滓沉淀在下，水便清澈了。清明之水可以照见须眉肤理，而混浊之水则连大形（人之形躯）也映照不出来。水如此，心亦然。心之见理，正如水之照物，水清则能照物，心清则能见理。然而，物并不在水中，理亦不在心中。可见荀子所说的“心”，实只是“见理”的认知心，而不是“具理”的道德心。[①]“见”理的认知心，能知虑，能思辨，亦能选择、判断，但问题在于，认知心的选择、判断并不能必然正确而合理合道。故《正名》云：

---

① 孟子讲“心悦理义”“仁义内在”，陆象山讲“心即理”，王阳明讲“良知即天理”，皆是“具理”的道德心。（道德的本心自具道德的理则。）而荀子所说的“心”，只能认知理（见理），并不内具道德的理则。

心之所可中理……心之所可失理。

"可"，谓认可，亦即选择、判断之义。"中理"，谓合理合道；"失理"，谓不合理不合道。这表示认知心的认知能力并不能必然的正确无误。因此，心虽有主导行为的作用，而人的行为活动亦可以依"心之所可"来表现，但如"心之所可失理"，则心之主宰力就无法保证人的行为必然是善的。

由此可知，就荀子所讲的心而说自由意志，只表示可以不受禁制而自由地做选择和判断；而所谓心的主宰能力亦须"导之以理，养之以清"，而后乃能"定是非、决嫌疑"。至于自主地依其选择、判断而生起行为活动以成就善的价值，显然非认知心所能为。可见认知心的主宰性实有限而不彻底，并不是普遍必然的。

三、虚、壹、静与大清明

上文说及人之所以能"知道"，是因人有"心"。若问"心"何以能"知道"？荀子亦有说明。《解蔽》云：

心何以知？曰：虚壹而静。心未尝不臧也，然而有所谓虚；心未尝不两也，然而有所谓壹；心未尝不动也，然而有所谓静。

荀子指出，心能"臧"（通藏）、能"两"、能"动"。"臧"，谓容受积藏；"两"，谓同时兼知；"动"，谓意志活动。"臧""两""动"是心的一般性作用，而"虚""壹""静"是心之所以为心的特性。虚而能容，能兼知，亦能专一；能活动，亦能静虑。故"虚""壹""静"不但是心的特性，同时是一种工夫。通过虚、壹、静的工夫，即可达到"大清明"。《解蔽》又云：

未得道而求道者，谓之虚壹而静……知道察，知道行，体道者也。虚壹而静，谓之大清明。

"谓之"，犹言"告之"。对尚未得道而又有志求道的人，荀子认为必须告诉他"虚壹而静"的工夫，使他能以虚静清明之心认知礼义之道。"知道察"，谓认知道而能明通辨察；"知道行"，谓认知道而能力行实践。如此，则可谓"体道者也"。体，即身体力行之义。心能由"臧"显"虚"（在藏中显示虚），由"两"用"壹"（在两中运用壹），由"动"至"静"（在动中达至静），能够"虚壹而静"，便称之为"大清明"。这大清明之心，是通过虚壹而静的工夫而达到的最高境界。而依"知道察，知道行"之句，以及本节之一"以智识心"所引"心"能"知道""可道""守道""禁非道"之言，亦可看出荀子所说的认知心，实兼含知、行两方面，不只具有认知义，亦含有实践义。①

不过，"以智识心"的系统，其认知心的功能是有限制的。第一，"心"必须虚壹而静，始能认知礼义。（而人之认知礼义，却并无普遍的必然性。亦即有的人无法达至虚壹而静，因而亦无法正确地认知礼义。）第二，"心"以它所认知的礼义之道，来对治本恶之性，以期成就善、成就德。（但心只能选择判断，而无法生起道德行为，故成善成德的必然性无法证成。）第三，"心"依于外在之礼义而成就的道德，乃是他律道德。（在认知心的系统里，心的自觉自律、自由自主未能充分透显，故未能进到自律道德的领域。）②

四、蔽与解蔽之道

（一）论蔽

心有认知的作用，却不是认知的准则，因此，心的认知未必正确，

---

① 本章第二节之四"以心治性"，曾指出荀子言心，除了认知义，亦可含有实践义。但虽含有实践的意义，却不能直接说荀子所言之心是实践主体。（必须如孟子所言之道德心，才是能自主地产生行为活动之实践主体。）

② 荀子所讲虚、壹、静的"大清明"之心，千余年中无人接续。直到宋代程伊川、朱子两家之言心，始与荀子为一路。然伊川、朱子之言性，却又与荀子绝异。

不正确的认知所形成的偏见便是“蔽”。《解蔽》云：

> 凡人之患，蔽于一曲，而暗于大理。治则复经，两疑则惑矣[①]。天下无二道，圣人无两心。今诸侯异政，百家异说，则必或是或非，或治或乱。

荀子指出，“凡人之患”，乃由于“蔽于一曲，而暗于大理”。一曲，谓一偏、一隅。大理，犹言大道。人在认知上的通病，是蔽于道之一偏一隅（为一孔之见所蔽），而不见大道之全。若能对治这种“蔽于一曲”的情形，自可复合于常理大道。反之，如果三心二意（不专一于道），则必滋生疑惑（而有所蔽塞），故曰“治则复经，两疑则惑矣”。经，常也，谓常理大道。而天下诸侯之所以“异政”（政治措施不同），诸子百家之所以“异说”（学术思想不同），正是由于“两心”而“二道”（不识道之全体，故不能专一于道），所以“或是或非，或治或乱”。要之，皆因“蔽于一曲，而暗于大理”之故。

心有蔽塞，便不能认知大理（礼义）以明辨是非，而行为亦将流于邪僻。荀子在《解蔽》中，主要举出两类蔽[②]。第一类是十蔽：欲、恶、始、终、远、近、博、浅、古、今。第二类是诸子学术之蔽：“墨子蔽于用而不知文，宋子蔽于欲而不知得，慎子蔽于法而不知贤，申子蔽于势而不知知（后知字，同智），惠子蔽于辞而不知实，庄子蔽于天而不知人。”

荀子认为，墨、法、名、道四家六人，各家之道术，皆蔽于“道之一隅”，而不足以尽道之全体。“夫道者，体常而尽变，一隅不足以举之。曲知之人，观于道之一隅而未之能识也。故以为足而饰之，内以自乱，外以惑人，上以蔽下，下以蔽上，此蔽塞之祸也。”（《解蔽》）真能全尽于道而无所蔽者，唯有孔子，故下文又曰：“孔子仁知（智）且不蔽，故

---

① “两疑则惑矣”当作“两则疑惑矣”。下句“天下无二道，圣人无两心”，以及《解蔽》下文“心枝则无知，倾则不精，贰则疑惑”，皆可证。

② 蔡仁厚《孔孟荀哲学》第四章第四节曾有疏解，请参看。

学乱术（乱，治也），足以为先王者也。一家得周道，举而用之，不蔽于成积也。故德与周公齐，名与三王并，此不蔽之福也。”孔子开启儒家之学，而得周至之道。“周道”正与诸子之“曲知”“曲说”相对，旧解“周道”为周之治道或周之至道，皆不谛当。得周道，亦犹得道之全也（周，有周遍、周全之义）。成积，谓既成不变之积习。依荀子之意，诸子百家“蔽于一曲，而暗于大理”，只有孔子大中至正，此所以为圣人。

（二）解蔽之道

蔽塞之种类既多，而为害又大，然则如何消解蔽塞？《解蔽》云：

> 圣人知心术之患，见蔽塞之祸，故无欲、无恶、无始、无终、无近、无远、无博、无浅、无古、无今，兼陈万物而中县（悬）衡焉。是故众异不得相蔽以乱其伦也。

所谓“无欲”“无恶”等，是说圣人能保持虚静清明之心而不偏于一隅，故无“欲”“恶”“始”“终”“近”“远”“博”“浅”“古”“今”之蔽。荀子认为，“圣人知心术之患，见蔽塞之祸”，所以不偏于欲或恶、始或终……他不存任何成见，只是面对纷然杂陈的事物，在心中立起一个正确的标准，以度量事物的本末轻重、利害得失，然后再做合理的选择判断。因此，不同的事物与观念思想，皆能明其分际，定其层位，使之不至相互为蔽以混淆条理秩序。此之谓“兼陈万物而中县衡焉。是故众异不得相蔽以乱其伦也”。

“悬衡”，谓立起一个标准，而这个标准（衡）就是“道”。(《解蔽》云：“何谓衡？曰：道。”）何谓道？荀子曰：“先王之道，仁之隆也，比中而行之。曷谓中？曰：礼义是也。道者，非天之道，非地之道，人之所以道也，君子之所道也。”(《荀子·儒效》）[①] 可见荀子所说的“道”实指“礼义”。礼义之道，是荀子系统中衡量一切的标准，亦是衡量“蔽与不蔽”的准衡。外在客观面的准衡，是礼义之道；内在主观面的准衡，

---

① “所以道”“所道”，二道字，由也，行也。

是“虚壹而静”的“大清明”之心。

荀子论“心”之义与用，除了知虑思辨与解蔽之外，还可以从正名以及知类明统方面做进一步之了解。

第四节 正名与辩说

一、名之类别

“名”素为儒家所重视。所谓“《春秋》以道名分”(《天下》)，表示孔子作《春秋》的基本目的，就是正名定分。而孔子答齐景公问政，曰：“君君、臣臣、父父、子子。”(《论语·颜渊》) 答子路问“为政奚先”(《论语·子路》)，又曰：“必也正名乎！”(《论语·子路》) 二者亦是正名实、正名分之义。孟子未尝说及正名，但他严“义利”“人禽”“夷夏”“王霸”之辨，又郑重“知言”，亦与孔子正名之义相通。到了荀子，乃正式作“正名”之篇。

首先荀子依名之内容意旨而将其划分为四类：一为“刑名”，二为“爵名”，三为“文名”，四为“散名”(相当于逻辑上所说的概念)。

前三类中的“刑名”“爵名”属于政治，“文名”属于教化(节文威仪)，三者都是在历史文化的演进中所形成的典章制度之名。既然前有所承，自然宜有所从，所谓“刑名从商，爵名从周，文名从礼”，正是顺历史文化之事实而言。

荀子言名，包括典章制度，而一般讲“名学”并不涉及由历史文化所演化生成的典章制度之名，只以荀子所谓的散名为主题。因此就名理学的观点来讲，当以第四类的“散名”为主。依荀子，散名又分为两类：

“散名之加于万物者”，有如日月星辰、山川湖海、花草树木、虫鱼鸟兽以及宫室器皿……这些名，应该“从诸夏之成俗曲期”。(成俗，谓习俗之既成者。曲期，谓要约之周遍者。) 在荀子的时代，诸夏地区早已是礼义文明之乡，万物之名，不但由于约定俗成而普遍通用，而且雅驯平易，应用便利。远方异俗之人，正可取则于诸夏，借诸夏通用之名而使彼此的心意易于互相沟通。

“散名之在人者”，有如性、情、虑、伪、事、行、知、智、病、命，荀子皆一一为之下定义[①]。这些属于人身的散名，一名一定义，以指示事实之理。另《天论》与《修身》亦有若干定义，如天职、天功、天情、天官、天君、天养、天政，以及教、顺、谄、谀、知、愚、谗、贼、直、盗、诈、诞、无常、至贼、博、浅、闲、陋等，皆是。

《正名》又云：

> 故王者之制名，名定而实辨，道行而志通，则慎率民而一焉。故析辞擅作名，以乱正名，使民疑惑，人多辨讼，则谓之大奸。其罪犹为符节度量之罪也。故其民莫敢托为奇辞以乱正名，故其民悫：悫则易使，易使则公。其民莫敢托为奇辞以乱正名，故壹于道法（道，由也、从也），而谨于循令矣。如是，则其迹长矣。迹长功成，治之极也。是谨于守名约之功也。今圣王没，名守慢，奇辞起，名实乱，是非之形不明，则虽守法之吏，诵数之儒，亦皆乱也。若有王者起，必将有循于旧名，有作于新名。然则所为有名，与所缘以同异，与制名之枢要，不可不察也。

荀子以为，王者制名以指实，名一经制定，即可循其名而辨其实。制名之道实行之后，上下的志意可以相互沟通，而政府亦应慎率人民一律遵守，不可随意更易。若有人分析言辞而擅作新名以扰乱名实，使人民滋生疑惑而争辩不休，便是大奸之行，其罪与伪造符节度量者相同。王者之民，诚谨易使，故能专一于遵从法度，循行政令，而国家建设亦得以随时进展而获得成功，这就是“谨守名约”的功效。但圣王既没，名约之守日渐轻慢，是非标准日渐不明，即使守法之吏亦徒知法之数而不知法之义，而儒生之徒又不过诵说文句而不通晓义理，面对这种名实

① 参见蔡仁厚：《孔孟荀哲学》，下卷，荀子之部，第五章第一节。

混乱、是非不明的情势，荀子乃提出他“正名”的主张。

陈大齐指出，荀子此论，“把壹于道法而谨于循令，归功于莫敢托为奇辞以乱正名；把迹长功成，归功于谨守名约；又把守法之吏与诵数之儒之所以乱，归罪于名约之慢与名实之乱。他所说的名，功用之大，影响之巨，有如是者。若从逻辑来看，概念的正确，诚极重要，思想的不正确，诚亦有许多出于概念的不正确或概念的混乱，然而除此之外，亦有出于别的原因者。仅赖概念的正确，犹未足以保证思想的必能正确。准此而论，荀子所说的名，实已超越逻辑所说概念或名言的范围，而具有更广大的功用”①。陈大齐的说明是对的。荀子言“名”，除了“散名”之外，还有属于典章制度的“刑名”“爵名”“文名”。因此，王者制名的目的，不只是知识层上的“别同异”，还有政治教化层上的“明贵贱”。

二、制名的标准（三标）

荀子认为，若有王者起而制名，必将“有循于旧名，有作于新名”，这是通观历史文化的发展而提出的一句总要之言。但无论“正名”以定是非，还是“制名”以明贵贱、别同异，都必须建立准衡，标示原则，所以荀子郑重指出：“所为有名，与所缘以同异，与制名之枢要，不可不察也。”而荀子有关“名”的理论，亦主要集中在这三个问题上，学者通称为“三标”——制名的三个标准。

所为有名。所为，犹言何为、为何。为何要有名？这个问题的提出，是在说明所以制名之故。《正名》指出，因为事物种类不同，若不制名以别之，则名实眩乱纠结而难明。如此，不但物之同异难以分辨，而贵贱之等亦将无从判别。所以明智的圣人“为之分别制名以指实，上以明贵贱，下以辨同异”。“明贵贱”的名，是指典章制度的名（刑名、爵名、文名）。“辨同异”的名，是指事物之名，亦即“散名”。明贵贱，是为了贞定价值的层位；别同异，是为了确立正确的知识。西方名理只着重别

① 参见陈大齐：《荀子学说》，第121页。

同异，属于知识问题。而荀子言正名，既通于知识以别同异，又通于政治教化以明贵贱，兼顾了知识与价值两层。就文化心灵而言，荀子较西方名理学者弘博深厚；但就名理之学而言，荀子实只肇其端，并未如亚里士多德以来之西方逻辑学家。

所缘以同异。缘，因也。所缘，犹言何因、因何。因何而有同异？此一问题之提出，是在说明同名异名之所由起。《正名》指出，一是“缘天官”，荀子顺着这句话，分别从视觉、听觉、味觉、嗅觉、触觉以及心理感应上做了说明。但要想辨识层层异同，不能只靠感觉印象，还要有知性的理解，所以荀子又提出“征知”这个观念。征，或解为召，或解为证。说心能召物而知之，可；说心能证验事物而知之，亦可。牟先生直指其义，认为心之“征知”即心之智用，乃所谓“理解”也。[①]依荀子之说，五官只能感知外物，摄取物象，而不能加以辨识、理解；心可以征知（理解）外物，但须有经验记忆为基础，然后才能辨识（说明）事物的异同，进而制定同异之名。

制名之枢要。此包括制名之原则与种类。依《正名》之论述[②]，制名的原则是“同则同之，异则异之”，凡同实者皆同名，异实者则异名。随事物之同异而命以同异之名，是“制名以指实”之义。当理解运用于经验事象时，可以缘耳而知声音，缘目而知形色，此时之知，不只是直接的见闻，还有清晰的概念。依概念（名）的运用，声音形色种种事象，皆可一一加以区别，此时即可根据“同则同之，异则异之”的原则，分别命以同异之名。用单名可以喻解者，则用“单名”，如牛、马。单名不足以喻解时，则用“兼名”（复名），如黄牛、白马之类。“单与兼无所相避则共。”共，谓共名。单名与兼名，是具体的指谓名，共名则是抽象的普遍名。当单名与兼名二者不相排斥（无所相避）时，则用共名。盖单兼不乱，相容不悖，共享一名，自可无伤。譬如“马”一方面为单名，另一方面亦可为

---

① 参见牟宗三：《荀学大略》，台北：联经出版事业股份有限公司，1953年单行本，后合编为《名家与荀子》。在《名家与荀子》中，句中“理解”二字改为“知性”（见第262页），用词不同，而义相通贯。

② 参见蔡仁厚：《孔孟荀哲学》，第438—443页。

共名；“白马”一方面为兼名，另一方面亦可为共名。而单名之马与兼名之白马，二者并不相斥（同为马），所以说“虽共不为害矣”。有了这样的了解，则凡同实者皆用同名，异实者皆用异名。“名”与“实”对应而不乱，则“同则同之，异则异之”的原则，乃可普遍实现。

制名之种类，除了单名、兼名，还有大共名、大别名。兹列一表以明之。[①]

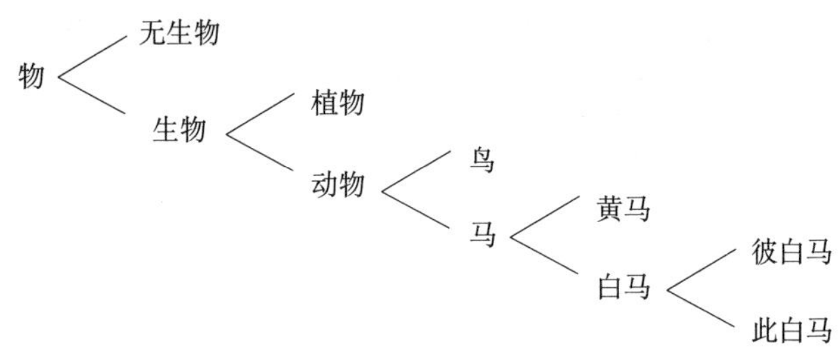

牟先生曰，夫名数之学，在彼西方如是其广大，而在中土则如是其式微。荀子者，不可谓非凤毛麟角也。其为特出，非谓其于名数之学，有若何之成就，乃谓其心灵与路数，乃根本为名数的也。故其不触则已，一经触及，便中肯要。而于名数之学之文化意义，辄能卓然识其大；于其于心智运用中之成就，辄能知其当；反复言之，而不觉其辞之复。……于其所形成之心智之了解与规定，辄能顺其理之必然而保持其系统之一贯。……此种心灵不可谓非建构的也。

三、制名的告诫（三惑）

对于“析辞擅作名以乱正名”者，荀子称之为“大奸”，可见他作

① 据此表，“大共名”乃“物”，而“大别名”则指“生物”“无生物”而言。唯荀子之时，尚无生物与无生物之名称，故他以鸟兽为大别名。又，最高层之物永为共名，最低层之个体（此白马与彼白马）永为别名，中间各层则兼具“共名”与“别名”双重性质。

《正名》是有所指的。因此他在揭示“三标”之后，接着提出有关制名之告诫：一不可惑于“用名乱名”，二不可惑于“用实乱名”，三不可惑于“用名乱实”。

用名乱名：荀子以“杀盗非杀人”为“惑于用名以乱名”。盗是别名，人是共名。盗亦是人，若说“杀盗非杀人”，则名不能用，实不能期，志（心意）不能喻。如此便等于名之否定。（而且，若有人说“杀妻非杀人、杀友非杀人”，将如之何？）凡此类好用奇辞怪说之诡辩家，由于不明第一标“所为有名”，或用名以乱名，或用实以乱名，或用名以乱实，皆不足语于名理之正。

用实乱名：荀子以“山渊平”为“惑于用实以乱名”。“山渊平”意同于庄子《天下》所记惠施“山与泽平”之句。诡辩家不知第二标“同名异名之所由起”，以为实无定名，故以不平为平。殊不知那只是制名之初的情形；既经制名之后，约定俗成，则每一名皆有实指，每一实皆有定名；此时便须遵守名约，不可以诡辩之辞混淆同异之名。

用名乱实：荀子以“马非马也”（当为“白马非马”）为“惑于用名以乱实”。白马是个体名（别名），马是类名（共名），公孙龙以“白马”与“马”之内涵外延皆不同，故有“白马非马”之诡辩。公孙龙的本意是“白马”不等于“马”，但他却用了一个词义含混的“非”字以惑乱人，这表示他没有一个逻辑健全的心灵。荀子认为他违背第三标名约（约定俗成）的原则，故斥之为“用名以乱实”。

荀子认为，“凡邪说辟言之离正道而擅作者，无不类于三惑”，君子“无势以临之，无刑以禁之”，所以不得已而辩说。

四、名、辞、辩说

荀子所说的“名”，相当于今之所谓概念；而所谓“辞”，则相当于今之命题或语句。《正名》云：

> 名也者，所以期累实也。辞也者，兼异实之名以论（谕）一意

也。辨说也者，不异实名以喻动静之道也。

首句说“名”。“期累实”之“期”，谓会也、合也；“累”，亦结合之义。制名以指实，“名”本就是用来合“实”的，其目的在于使“名”各有实指，“实”各有定名。名实对应，则言语可晓，志意可喻，此亦荀子所谓“名闻而实喻，名之用也”。

次句说“辞”。辞，是“兼异实之名以论一意”。每一个辞都应该表述一个完整的意思，而一个完整的意思并非单一之“名”所能表示，故须兼合“异实之名”，始足“以论一意”。譬如“马会拉车”或“马是会拉车的动物”，这两个辞（命题、语句）中的“马”“车”“动物”，正是三个实指不同的名，必须兼合其中两个或三个异实之名，才足以说明一个完整的意思。故曰“辞也者，兼异实之名以论一意也”。

后句言“辨说”。“不异实名”意即实指不异之名。辩说之时，所用之名的意旨不可前后歧异；若用实指歧异之名进行辩说，必将造成前后矛盾。譬如某人宣称马会拉车，并举国王之白马宝车为证，这表示他承认白马亦是马，但随后他又提出“白马非马”之论。或某人既云上仰观于天，下俯察于地，表示他承认天地有上下之别，但随后又主张“天与地卑”之说。凡此，皆将淆乱是非，使辩说失去意义。所以荀子特别指出，辩说必须用“不异实名以喻动静之道”。杨注：“动静，是非也。”动静之道，犹言一切事物的是非之理。运用实指相同之名以阐明是非之理，才是辩说之正。

荀子重视辩说，其用心与孟子相同，皆是不得已而辩说。孟子是见到“圣王不作，诸侯放恣，处士横议”，所以出来“正人心，息邪说，距诐行，放淫辞”，他说：“岂好辩哉，予不得已也。”（《滕文公下》）荀子也认为居势位的明君可以尽其职分以化民而不必辩说，但“君子”则“必辩”。君子必辩的理由，消极地说是为了对治奸邪之言，积极地说则是“言其所善”以阐扬正理。

至于辩说的态度，从消极方面说是“辩而不争”。荀子认为：“君子行不贵苟难，说不贵苟察，名不贵苟传，唯其当之为贵。……山渊平，天地比……是说之难持者也，而惠施、邓析能之。然而君子不贵者，非礼义之中也。”（《不苟》）又说：“故人无师无法而知……察则必为怪，辩则必为诞。”（《儒效》）据此可知，怪异放诞之辩，是荀子所不取的。他甚至认为“默”与“言”同等重要。“言而当，知也；默而当，亦知也。故知默犹知言也。”（《非十二子》）从积极方面说，荀子的辩说态度，即《正名》所谓：

> 以仁心说，以学心听，以公心辨。

此三句，最见荀子灵魂之高贵弘伟。“以仁心说”，表示辩说之事，非为争胜，而是出于仁心之不容已。“以学心听”，表示不轻忽对方之意见，故能虚心倾听以便定其取舍。“以公心辨”，则表示当所见不同而有所辩驳时，必须无偏私、无成见，而唯理是从。“公”是仁心学心所显示出来的，仁则能虚能公。故仁为辩说之本。

第五节　礼义之统

一、隆礼义而杀诗书（法先王与法后王）

《儒效》所谓“隆礼义而杀诗书”，乃是荀子的一大主张，亦是足以代表他学术精神的一句话。荀子何以一定要推尊礼义而贬抑诗书？其故自非一端，《劝学》云：

> 学恶乎始？恶乎终？曰：其数（数，术也、程也）则始乎诵经（诗书），终乎读礼；其义则始乎为士，终乎为圣人。真积力久则入。学至乎没而后止也。……故《书》者，政事之纪也；《诗》者，中声之所止也；《礼》者，法之大分，类之纲纪也。故学至乎《礼》而止矣。夫是之谓道德之极。

诗书之博，散杂而无统。荀子在《非十二子》即以“闻见杂博”“不知其统”评议孟子。欲博而有统，必须至乎礼。礼是道德之极，又是“法之大分，类之纲纪”（大分，含有原则、准绳之义），所以“学”必须“至乎《礼》而止”。诗言情，书纪事。“自人生言，诗书可以兴发，而不足语于坚成。自史事言，‘诗书故而不切’，必待乎礼之条贯以通之。”[①]人若止于诗书之博杂，便将只是“散儒”“陋儒”而已。故《劝学》又云：

> 不道礼宪，以《诗》《书》为之，譬之犹以指测河也……不可以得之矣。故隆礼，虽未明，法士也；不隆礼，虽察辩，散儒也。

此即“隆礼义而杀诗书”之义，当初孔子以“诗书礼乐”教人，诗书与礼乐，二者兼备，无所偏倚。荀子何以对二者加以抑扬，必推尊礼义而贬抑诗书？礼义与诗书本身的性质、功能只是原因之一，荀子的生命气质与心灵形态，应该与此有重大关系。

荀子以诚朴笃实之心表现明辨之理智，用智而重理，喜秩序，崇纲纪，因而特重客观之礼义，而亦深识礼宪之大。所谓“《礼》者，法之大分，类之纲纪也”，法之大分从义方面说，类之纲纪则从统方面说。荀子又喜言统类、礼义之统。虽然诗言情，可以兴，书纪事，可以鉴，但诗书之所说，多是具体散列的言和事，不显条理，不成统贯，所以不为诚朴笃实的荀子所喜。

“孟子敦诗书而立性善，正是向深处悟，向高处提；荀子隆礼义而杀诗书，正是向广处转，向外面推；一在内圣，一在外王。”[②]孔子之后，曾子、子思以及《中庸》《易传》的传承，都是本乎孔子的仁教而开展的，而其中又实以孟子为中心。孟子讲仁政王道，他的精神器识自然足以笼罩外王，但孟子学的核心毕竟是落在内圣之本这一点上。而荀子则顺承孔子的外王礼宪而发展。他重视社会之具体组织，重视分与义，他最关注的是治道问题。这种精神体现于历史文化上，则首先重视百王累积的

---

① 参见牟宗三：《名家与荀子》，第196页。

② 同上书，第199页。

法度，因此我们可以说，荀子对于周公的“据事制范”感受之亲切，实远过于对孔子仁教的契会。他所注重的是“经国定分”(《非十二子》),“明分使群”(《富国》)，是“总天下之要，治海内之众”(《不苟》)。在荀子看来，诗书之博，固不足以言治道，所以“隆礼义”而“杀诗书”。

“隆礼义”是荀子所透显的精神方向，孟子“仁”“义”连言，荀子则“礼”“义”连言。二人所说的“义”，内涵意旨并不相同。孟子的“义”是主观内在的(仁义内在)，故义与仁相通；而荀子言“义”则重其客观义，故义与礼连称。讲仁义，是以修养成德为问题的核心；隆礼义，则着重于政治社会方面的效用。两者虽不同，但绝不相斥。儒家之学,“以内圣为本质，以外王表功能”[①]，因此，荀子不取孟子内转的路而要求向外开，仍然属于儒家原本应走的路。

一般学者喜欢以孟子“法先王”与荀子“法后王”做对比，似乎认为荀子反对法先王，这种看法是错误的。试看荀子自己的话：“儒者法先王，隆礼义。”(《儒效》)“不闻先王之遗言，不知学问之大也。”(《劝学》)“先王之道，忠臣孝子之极也。”(《礼论》)“凡言不合先王，不顺礼义，谓之奸言。”(《非相》)据此各条，可见荀子不但不非薄先王之道，而且认为先王足堪效法。不过，先王之道，历时久远，难以详知；后人传闻之言，未可尽信。故荀子突出强调“法后王”，因为后王之礼义法度，粲然明备，可据可征，故言治道者，不能不以周文为根据。此外，“欲知上世，则审周道”，周道，亦即后王之道，故曰“百王之道，后王是也”。在荀子的意识里，“先王”与“后王”并无本质之异，只有详略之别。世人不知详察，而判二者为两途，非荀子意也。

二、知统类与礼义之统

“统类”是荀子所独创的观念。首先指出这个观念之重要性的，是牟先生的《荀学大略》，接着陈大齐的《荀子学说》亦有所论，自此以后，

---

① 参见蔡仁厚:《新儒家的精神方向》，第96—100页。

治荀学者始稍能言之。荀子以“知通统类”者为大儒，以“壹统类”者为圣人，可见统类观念有其极为郑重的意义。

简要而言，统类乃一切事类所依据的共理，亦是礼法制度的原理、原则。荀子“隆礼义而杀诗书”，表示他虽不识诗书的兴发性，却深识礼义的统类性。所谓“知统类”，即为发现礼义发展中的共理而提供的一个原则。共理，是礼义法制所共同依据的理，荀子以智识心，其心灵的表现是智的形态，所以能把握共理而言“礼义之统”。《不苟》云：

> 君子审后王之道而论于百王之前，若端拜而议。推礼义之统，分是非之分，总天下之要，治海内之众，若使一人，故操弥约而事弥大。五寸之矩，尽天下之方也。故君子不下室堂而海内之情举积此者，则操术然也。

礼义之统，简言之，即所谓“礼宪”也。由百王累积之法度，统而一之，连而贯之，综合成为礼义之统，由此乃可言治道。君子所“审”的“后王之道”，及其所“操”之“术”（道术），亦正指礼义之统而言。所操持的虽然“弥约”，而其事效功用则“弥大”。苟能分辨事理的是非，使之各当其分，总持天下政事的枢要，以治理四海之内的民众，必能以简驭繁，举重若轻。何以能如此？以能“推”礼义之统而“行”于万变之事故也。

天下古今之事纷纭繁杂，但每一事类皆有其成类之理，“类不悖，虽久同理”（《非相》），事物一经分类，其中皆有条理脉络可寻，而可以统类之理行于散杂之事，此即《王制》所谓“以类行杂，以一行万”。只要“以类度类”，即可“推类而不悖”，举“统类”而应之，则“坐于室而见四海，处于今而论久远”（《解蔽》）。而天下之事物、古今之制度，皆可以损，可以益，以求其顺于时宜而切于世用。

故“推礼义之统”，既可处常，又能应变。而荀子亦正以应变为大事，以能应变为大本领，故以“知通统类”而能“举统类”以应事变者为大儒。

依牟先生之疏解，“知统类”当有二层。[1]

---

① 参见牟宗三：《名家与荀子》，第208页。

第一层，是荀子所说的“法后王，统礼义，一制度”。这正是礼宪发展之迹，本其粲然明备者而条贯之，以运用于当时。荀子即以此衡定雅儒、大儒与圣人。

第二层，是明察时代精神的发展、人心风俗的隆替，通古今之变，以观人心之危。孔子由损益三代而至仁义之点醒，并以斯文为己任，体天道以立人道，乃是通二层而为一。孟子道性善，言必称尧、舜，辟杨、墨以承三圣，此即通古今之变，以观人心之危（故孟子长于知言）。孟子是居于第二层而立言，在境界上高于第一层。

第一层是落在实际的礼宪上而切于实，第二层则已进于通脉络之虚（虚，指理道而言）。荀子所谓雅儒、大儒与圣人，实际上是坚实之政治家，而孔孟则已进于圣贤境界。由于荀子之知统类是外在的，所以必须重师法，隆积习。而孔孟垂教，则必点醒仁义之心，道性善以立人极。

三、礼义与辨、分、群

荀子言礼义之统，言统类，其目的在于经国定分，化成天下，以完成外王之治。这是实事，而非空言，所以终必落于现实的社会政治乃能收其实效。而“辨”“分”“群”就是礼义之统落于现实所显发的作用与功能。

荀子有云：

> 人之所以为人者，何已（以）也？曰：以其有辨也……故人道莫不有辨。辨莫大于分，分莫大于礼。（《非相》）
>
> 人有气、有生、有知亦且有义，故最为天下贵也。力不若牛，走不若马，而牛马为用，何也？曰：人能群，彼不能群也。人何以能群？曰：分。分何以能行？曰：义。故义以分则和，和则一，一则多力，多力则强，强则胜物，故宫室可得而居也。故序四时，裁万物，兼利天下，无它故焉，得之分义也。（《王制》）

在此两段引录中,“礼”“义”“辨”“分”“群”，皆已说到。人之为人，在于“有辨”，辨莫大于“分”，莫大于分“礼”。而人之所以能役使牛马，是因为人能“群”；人之所以能群，是因为人有“分”；分之所以能行，是因为人有“义”。总之，言辨必通于分,“明分”而后可以“使群”。《王制》云：“君者，善群也。”《君道》亦云：“君者，何也？曰：能群也。”群居和一，则可以“序四时，裁万物，兼利天下”。这就是“礼义之统”所显发的大用。

在“辨异”“明分”“使群”中,“明分”尤为重要。因为“辨异”的目的就是“明分”,“明分”而后才能推礼义之统以善群，所以荀子讲“明分”定分之义亦特为剀切。其言曰：

> 治国者，分已定，则主相臣下百吏，各谨其所闻……百姓莫敢不敬分安制（敬慎其分，安于制度）以化其上。
>
> 农分田而耕，贾分货而贩，百工分事而劝，士大夫分职而听，建国诸侯之君分土而守，三公总方而议，则天子共己而已矣……是百王之所同也，而礼法之大分也。(《王霸》)
>
> 人之生不能无群，群而无分则争，争则乱，乱则穷矣。故无分者，人之大害也；有分者，天下之本利也。
>
> 穷者患也，争者祸也，救患除祸，则莫若明分使群矣。(《富国》)

正名定分，辨治群伦，乃荀子雅言。而重群、重分、重义，“隆礼义而杀诗书”，知统类而一制度，皆是客观精神之显示。客观精神必从现实组织方面显发，而国家是群体组织之典型，故客观精神，亦即国家群体之精神。尊群体不是直接尊这个群体组织，而是尊群体的“义道”。群体的构成，必以义道为基础，以义道之“分”统而一之，类而应之，则群体歙然而凝定。荀子通于“分”以言“辨”，明其分而使群，由百王累积之典宪以言“礼义之统”，其建构之精神，实令人起庄美之感。世之视国家政治为俗物，视礼义法度为糟粕，而自退于山林以鸣其风雅者，实乃德性贫弱、精神虚脱之征，其去荀子也远矣。

四、学与修养成德

学的范围甚广，知识的累积、道德的修养、人品的完成，乃至于善群治国，莫不由乎学。兹据《劝学》之言，分四点以略述荀子论“学”之义。

其一，学之凭借。荀子认为，人的德业不由天生，而由人成，成之之道，惟假于学。故曰：“假舆马者，非利足也，而致千里；假舟楫者，非能水也，而绝江河。君子生（性）非异也，善假于物也。”物，事也，即指学。君子禀受之性与人不异，因为善假于学，故能成君子之德。

其二，学之方法。为学重积，用心专一，学不可以已，这是荀子提出的为学之方。故《儒效》云：“涂之人百姓，积善而全尽，谓之圣人。彼求之而后得，为之而后成，积之而后高，尽之而后圣。故圣人也者，人之所积也。”积学之功在专一，“真积力久”而后“入”，故“学不可以已”，一有间断，便将前功尽弃。

其三，学之效验。通过积学的工夫，而后始有效验之可言。《劝学》云：“积善成德，而神明自得，圣心备焉。”又云：“君子博学而日参省乎己，则知（智）明而行无过矣。”积善，亦即“积学”之义，积学以成德，与“知明而行无过”义亦类同。在此，显示荀子是以“智”成德，与孟子以“仁”成德之进路不同。

其四，学之程序与目的。荀子指出，为学的程序，“始乎诵经，终乎读礼”，“学至于礼而止”。而为学的目的，则“始乎为士，终乎为圣人”。学礼，可以通伦类，一仁义，否则便“不足谓善学”。通伦类是就“知”说，而一仁义是就“仁”说。所谓“伦类通，仁义一”，实亦“知明行修”之义。如果智而不能通类，行而不能全一，便不算是全尽之学。《劝学》末段有云：“君子知夫不全不粹之不足以为美也，故诵数以贯之，思索以通之。”反复诵读以贯串其学，所谓“全”也；不断思索以通达其理，所谓“粹”也。学至于全而粹，则内可以贞定自己，外可以应事处变，如此便是成德之人。

学以修养成德，成德之人，通谓之“儒”。荀子论儒，远较孔孟为详。孔孟书中各有一处说到“儒”字。《论语·雍也》载孔子谓子夏曰：

“汝为君子儒，无为小人儒。”《孟子·尽心下》云：“逃墨必归于杨，逃杨必归于儒。”到荀子，始对儒之为儒广为论说,《儒效》中有“俗儒”“雅儒”“大儒”之称。

世俗之儒，略法先王，学术杂博，不知隆礼义、法后王，只为谋食而胸无大志。有儒者之名而无其实，此之谓“俗儒”。(另《劝学》又有“散儒”“陋儒”之目。)

雅正之儒，能法后王、隆礼义，但其智尚不足以“通统类”以济法教之所不及，故只能依法而行，而不能比类而通，是之谓“雅儒”。

大儒，一能法后王，亦能法后王之礼义，调一天下之制度；二能以浅近推知繁博，以今世推知往古，以一理推知万殊；三能以统类之理而从容肆应“未尝闻见之奇物怪变”，而且能做得若合符节而无差错。总之，大儒不仅法后王、隆礼义、一制度，而且智通统类，能推度事物之理，应事变而曲当。[①]

---

① 先秦论儒之文字，除《荀子·儒效》之外,《礼记·儒行》亦宜参看。

第十章　法家与秦政

第一节　法家的兴起与演变

一、从尊礼到用法

在先秦诸子中，法家较为晚出。一般所谓管、商、申、韩，将管仲也归于法家，并不妥当。管仲以及子产，都是春秋贵族社会的政治家，二人用法，乃是为了"救时"，他们秉持的治国之道，仍然是"礼"，《左传》所载二家之言论，可为验证。因此，梁任公也说管仲、子产，可谓"法治之祖"，而非"法家之祖"。

法家，实由儒家导出。战国之初，孔门再传的李克（李悝）、吴起[①]有敏锐的现实感，首先有"富强"的观念。李克相魏文侯（梁惠王之祖父），尽地力之教。吴起先仕魏，后相楚，明法审令，大事变革。二人的思想和行动，皆脱离儒家的德教礼俗而开始"用法"。儒家"以礼为纲""以法为用"，礼与法本就相承为用，并非相反对立，故二人加重用法，也只是开法家之先声，而他们本身实乃由儒门出现之事功家。至于

---

① 《史记》之《货殖列传》《平准书》，皆云李克务尽地力，而《孟荀列传》则作李悝，崔述《史记探源》，谓悝，克一声之转，实为一人。《汉书·艺文志》有七篇《李克》，注云子夏弟子。又有《李子（悝）》三十二篇，列在法家。另外，《食货志》亦言李悝为魏文侯作尽地力之教。吴起为曾子弟子，初仕魏文侯，后相楚。《史记·吴起传》谓"起相楚，明法审令，要在强兵"。

严格意义上的法家，当以商鞅为第一人。[①]

二、法家与法术家

商鞅在秦变法，废井田，开阡陌，尚事功，又严法而重刑赏，可以说是法家的正宗，但商鞅又实受李克、吴起之影响。据钱穆之考证，约有以下数端。[②]其一，商鞅入秦相孝公，考其行事，则李克、吴起之遗教为多。史说鞅，先说孝公以比德殷周，是鞅受儒学之明证也。其二，商鞅之变法，“令民为什伍，相收司连坐”，此受之李克之纲纪也。《通典》引吴起教战法，亦有“乡里相比，什伍相保”之文。其三，立木南门，此吴起偾表立信之故智也；开阡陌封疆，此李克“尽地力之教”也；迁议令者于边城，此吴起“令贵人往实广虚之地”之意也。总之，重农政，重法律，重兵事，皆李克、吴起、商君三人之所同也。

据此可知，商鞅的思想与行事，实由儒门导出。而所谓“综核名实，信赏必罚”，也本属通义，法家不过特加凸显而以之为主要原则。另如守法奉公，也可说是孔子正名复礼之精神随时势之一转。因此，与其说法家源于道家，不如说源于儒家较合史实。

从李克、吴起到商鞅，三人之尚法尚事功，都是为了解决政治经济上的实际问题，并非先有一套观念系统，而后依思想而行事。要到后期法家，才是直接依观念思想而行动。其中有一个关键，就是申不害的“术”横插进来，使法家开始变质。“术”这个观念，无论单就法家思想而言，或就整个政治思想而言，都是一个负面的观念，而且是一个很坏的观念。它使政治变得不宣明、不公诚；再加上慎到之“尚势”，更使法

① 萧公权《中国政治思想史》（台北：联经出版事业股份有限公司，1982 年）第七章第 240 页有云“严格之法家思想必待商鞅而后成立，韩非则综集大成，为法家学术之总汇”。

② 参见钱穆:《先秦诸子系年考辨》，上海：上海书店，1992 年，第 3 卷，《商鞅志》，第 211—214 页。后引此书仅标注章节或页码。

家的君道，变成周密、幽险的权术之府[①]，成为一个阴森之深潭。

韩非兼取商鞅之法与申不害之术，集法家之大成。而为了深化统御臣民之权术，自亦取老子虚静之意，而凝成其“不可知的无为之术”[②]；对于他老师荀子之学，韩非则特承性恶说而变本加厉，不信民，不恤民，突出严法任术，以控御人民、驱策人民。熊十力尝谓，韩非不是法家正统，当正名为法术家。[③]这是一个很有警策意义的鉴别。

依据以上说明，可以看出法家思想形成的线索，是由“礼”到“法”，再到“法术”。兹略仿表式之义，列叙如下：

礼——春秋之世，治国以礼。管仲、子产，乃贵族社会之政治家，虽用法以救时，但只可谓法治之祖，而非法家之祖。

↓……李克、吴起，乃儒门之事功家，现实感特强，有富强观念，舍礼而用法，开法家之先河。

法——商鞅废井田，开阡陌，尚事功，重刑赏而严罚，乃法家之正宗。

↓……申不害尚术，“术”之观念使法家开始变质。

法术——韩非集法家之大成，而实为法术家，其思想乃极权独裁之思想。

---

① 参见《荀子·正论》“主道利周”一节。又《韩非子·难三》云：“术者藏之于胸中，以偶众端而潜御群臣者也。故法莫如显，而术不欲见。”于是操术之君乃成莫测高深之秘府矣。

② 参见王邦雄：《韩非子的哲学》（台北：东大图书公司，1980年）第五章第一节之三“论术之运用”，第187页。后引此书仅标注章节或页码。

③ 熊十力：《韩非子评论》，台北：学生书局，1978年，第2页。熊十力认为，晚周法家之正统派原本《春秋》，而商、韩实非法家。《春秋》贬天子、退诸侯、讨大夫，绝不许居上位、窃大柄者以私意制法而强民必从。《春秋》本旨必尊重人民之自由，依其互相和同协助之公共意力，制法而公守之。《淮南子》“法源于众”一语，即其遗旨也。见同书第4—5页。

三、法家之历史使命及其转型

秦以诈力取天下，法家助之而完成一统天下的历史使命。[1]但法家只有取天下之术，实无安天下之道。所以汉代以后，再无严格之法家，唯后世之胥吏，或可视为法家下沉转型之支裔。而历代酷吏之苛察，只是对权豪恶势力之一帖猛药，此等人并非法家，故特称之为“酷吏”；而守法度者则称之为“循吏”。循吏实乃儒家式之人物。

因此，我们可以这样说，凡是有一套礼乐教化作为主导原则，即使他治事严峻，信赏必罚，也不能视之为法家。因为依法家之思想原则，根本不承认礼乐教化之价值。所以韩非主张“无书简之文，以法为教；无先王之语，以吏为师”(《五蠹》)。他不以先王之经典为教，不以往古圣贤为师。这也是法家之所以为法家的一大特质。

法家的本意，也想避免统治者私人意志的干扰，所以重视客观平等之法，察名实以定赏罚，这样当然很好。但法家又将人君的地位绝对化、神秘化，将人民的地位工具化、卑微化，结果使权力集中于一人，造成彻底的极权独裁，这是法家最不可恕的地方。

第二节　韩非的人性观与价值观

一、极端的性恶论

韩非的生卒年，大约在公元前280至前233年之间。其出身韩国公

① 转战国之纷乱为天下一统，这本是儒家“天下为公，世界大同”的目标。但儒家遵从中正宽平之道，此目标不能经由强力的方式来实现。而天下的形势却已到严峻而急促的地步，法家投时代之机，顺势下趋而走偏锋，运用智诈武力达到天下一统。不平不正，故造成秦政之苛暴。

室，为韩之诸公子，曾从学于荀子，但除了接受“性恶”思想并变本加厉之外，对于荀子之学，可说无所传承。

韩非以为人之性皆“自利”“自为”，人的心智皆“计虑利害”，而无父子之亲、夫妻之情、君臣之义。其言曰：

> 人为婴儿也，父母养之简，子长而怨。子盛壮成人，其供养薄，父母怒而诮之。(《外储说左上》)

又曰：

> 人主之患，在于信人。信人则制于人。人臣之于其君，非有骨肉之亲也，缚于势而不得不事也。故为人臣者窥觇其君心也，无须臾之休；而人主怠傲处其上，此世所以有劫君弑主也。(《备内》)

总之，“民之性，恶劳而乐佚，佚则荒，荒则不治，不治则乱”(《心度》)，“好利恶害，夫人之所有也。……喜利畏罪，人莫不然”(《难二》)，“凡人之有为也，非名之，则利之也”(《内储说上》)，“利之所在，民归之；名之所彰，士死之”(《外储说左上》)。

在韩非的心目中，人是没有善性可言的，人是不可信任的，人与人之间，无非猜忌、防范、算计、利用。人的内在生命既然一片污黑，其自必反对尚德尚贤之礼治人治，而主张严法任术，以驱策人民。如此，视生民如刍狗，遂成自然之势。荀子虽然以为人性恶，但他同时教人“化性起伪”，“以心治性”，由心知通向善而归于礼义。故荀子并未抹杀人性、否定人德，只是不直接承认“善是人性本有”，而必须由心认知礼义之道，再以礼义之道来对治自然之性，使人在“化性起伪”中成就善的价值，完成善的品格。因此，荀子仍然是堂堂正正的儒家。(这是儒家道德学中的他律道德系统，唯相对于孔孟与宋明儒而言，荀子“本源不透”，不得为正宗耳。)

二、反理性的价值观

价值、理想，必植根于道德心性，而起于好善恶恶之自觉。韩非排斥德性价值与文化理想，只以成就现实的“君国之利”为其价值基准，以富国强兵为唯一的价值目标，故抑儒、侠、工商之民，视之为蠹虫[①]，只奖励耕战。（耕以富国，战以强兵。如此，人便只是耕战之工具而已。）

同时，又以官府之赏罚为毁誉之标准，而廉、贞、忠、孝、勇、直之行谊，韩非皆抹去其价值而加以贬斥，结果“人间无道德，故人如虎狼；社会无学术，故人如牛马”。这种反理性的价值观，实乃对人性最大的扭曲和伤害，也是人类历史上留下的一摊污秽，非常丑陋，非常可恶。

三、反古道的历史观

韩非在《显学》指出：

> 孔、墨之后，儒分为八，墨离为三[②]，取舍相反不同，而皆自谓真孔、墨，孔、墨不可复生，将谁使定后世之学乎？孔子、墨子俱道尧、舜，而取舍不同，皆自谓真尧、舜，尧、舜不复生，将谁使定儒、墨之诚乎？……无参验而必之者，愚也；弗能必而据之者，诬也。故明据先王，必定尧、舜者，非愚则诬也。

韩非基于这种见解，以为历史是变动的，实无古道可以依循，亦无

---

① 韩非视“文学之士、言谈者、游侠、患御者、商工之民”为社会病虫害，名之为“五蠹”，见《五蠹》。

② “儒分为八”，指子张、子思、颜氏、孟氏、漆雕氏、仲良氏、孙氏、乐正氏。“墨离为三”，指相里氏、相夫氏、邓陵氏。八儒难以尽考。有关“三墨”，可参阅蔡仁厚：《墨家哲学》，第 14—15 页。

定常之德可以效法，所以明白主张“不期循古，不法常行”(《五蠹》)。他采取商君的“反古道”而变本加厉，以为“上古竞于道德，中世逐于智谋，当今争于气力”(《五蠹》)，结果下堕于“尽物力”(物质生命)以决斗之局，而最后归趋于“焚书坑儒”之秦政。

韩非根据这种反古道的历史观，抨击儒墨两家显学，由“仁义用于古，而不用于今”的相对论点，推至“民者固服于势，寡能怀于义”的绝对论断。这实在是他的历史观中最不良的偏见。[①]

四、刍狗生民的社会观

韩非的人性观、价值观既如上述，则他的社会观也必走向“以生民为刍狗”的蚂蚁型的社会。每一个人都被定着(限制)在一个特定的位置和职事上。在这个社会里面，第一，人性个性与道德伦常是被否定的；第二，社会文化的价值是被抹杀的(韩非以“文学之士、言谈者、游侠、患御者、商工之民”为“五蠹”，即可证实)；第三，唯一正面肯定的只有耕战之民。耕种增产以富国，战斗杀敌以强兵，这是直接有利于“君国之利”的，故视之为社会支柱。但人的存在，只剩下一点工具性的价值，这样的国家，对得起人民吗？

我们检视人类的思想，像韩非这样贬抑人的生命之意义，打压人文社会之价值的，实在是绝无仅有。唐君毅曾经指出，儒家思想是“人文的”，道家思想是“超人文”(过之)，墨家思想是“次人文”(不及)，而法家思想则是“反人文”的。它不但不正面肯定人文的价值，而且还贬抑、摧残人文精神。先秦诸子以韩非作为收结的人物，实在是一件非常不幸的事情。

---

① 参见王邦雄:《韩非子的哲学》，第四章第三节。

第三节 韩非的政治思想

韩非在法家居于集大成的地位。他把商君之“法”、慎到之“势”、申不害之“术”归聚起来，冶于一炉。而“严法”“尚势”“任术”的政治思想，是要使人君处于“势”位之地，以“法”制民，以“术”御下。

一、“严法”方面

法之本，是本于功利与事便，而不是本乎理性。法之立，是为了确保君国之利，而不在于保护人民之权益。法之用，是以赏罚二柄绳治人民。（结果，民之守法，只是迫于利害与赏罚，而不是通过理性之自觉。）

二、“尚势”方面

法的赏罚，有待于威严之势作为凭借。韩非认为“抱法处势则治，背法去势则乱”（《难势》），“君执柄以处势，故令行禁止”（《八经》）。同时，他又认定人民“固服于势”而鲜能“怀于义”，故明主只需“增威严之势”，而不必“养恩爱之心”（《六反》）。“势”本是推行政事的力量，理应用来为人民造福，结果却只用以济君主之私。

三、“任术”方面

术，是人主之所执。有了术的运用，便可以“操杀生之柄，课群臣之能”（《定法》）。法，明著于官府，使人民一一遵循；而术，则藏之于胸中，以便暗中运用。所以说“法莫如显，而术不欲见”（《难三》）。君主的意欲，不形于外，此就取静知几以制动而言，是学自道家。但学道家却又不能“无为”，而落于（人为的）伺察控制，结果不免出于阴森，而流于险忍。熊十力的《韩非子评论》有一段话，特录于此：

> 韩非之书，千言万语，壹归于任术而严法，虽法术兼持，而究以术为先。（先者，扼重义，非时间义。）术之神变无穷也，揭其宗要，则卷十六《难三》篇“术不欲见”一语尽之矣。卷十七《说疑》篇曰：“凡术也者，主之所以执也。”此一执字甚吃紧。执有执持、执藏二义……天下莫逃于其所藏之外，亦眩且困于其所藏之内，而无可自择自动也，是谓执藏。持之坚，可以百变而不离其宗。持之妙，有宗而不妨百变。是谓执持。不了执义，则不知韩非所谓术也。

总起来说，儒家与法家，都积极求治，以期事效；也都重视立法度，尚公平。但两家求治之道与求公平之道大相径庭，儒家尚宽平，法家尚严苛。儒家“以礼为纲，以法为用”，因此，不可能忽视“法”的客观性与公平性。儒家所不同于法家，且反对法家的，是法家的思想趋向（趋归于君国之利），以及法家用法之严苛。

第四节　法家与秦政

一、法家之所以为法家

据以上各节之论述，可知法家之所以为法家，并不在于用法（儒家也用法），也不在于“信赏必罚，综合名实”（此乃通义，儒家也可以讲，可以行），而在于用法的根据。

第一，法家之用法，是从人性恶出发，所以不信民，也不把人当人看（只作为工具利用）。

第二，法家用术。术必须暗中运用，因而使得君王成为一个阴森之秘府，而无光明弘达之象。其施及于人民的，只是外在的冷酷赏罚（无礼义、无德爱），它本身不能面对光明之真理，也就不能传达光明于人间社会。

二、秦以法为教，以吏为师

韩非与李斯，以不同的方式帮助了秦政，一在思想，一在行动。秦“以法为教，以吏为师”，一方面扼杀文化理想与人文价值，另一方面又抹杀学术自由与人格尊严。故终于酿成“焚书坑儒”之事。先秦学术的发展，最后归结于韩非，这真是历史的诡谲、文化的悲剧。①

三、儒法对比与法家之反噬

在此，我想将儒法两家的思想旨趣，约为数端，做一对比。

儒家顺人性为政，故信民爱民，开诚布公，行仁政以安民。法家以人性恶为出发点，故猜疑人民，用术来控制人民。

儒家君臣相对，君使臣以礼，臣事君以忠，君臣以义相合。法家不贵臣，不信民，君尊臣卑，君主握有绝对权力。

儒家反贵族，法家也反贵族。儒家视贵族为“选贤与能”之障碍，法家则视贵族为“君权绝对化”之障碍。

儒家认为君为民而存在（即使荀子也如此主张），为政以民之好恶为好恶（尊人格、重民意）。法家则认为民为君而存在，要求臣民以君之好恶为好恶，否定个体人格与意志自由。

儒家教民、养民、爱民、保民，故轻刑薄赋，罪人不孥。法家则严刑重罚，连坐诛戮，愚民、防民、威民、虐民。

从以上五点，可以看出儒家“民贵、民本、重民意、重民生”之思

---

① 关于韩非的内在思想，可参阅王邦雄：《韩非子的哲学》。

想，落实下来开出制度（从体制上限制君权，保障民权），如此，即可顺理成章地完成民主政体之建立。而法家之思想，则明显与民主法治之精神相反相违。

抑有进者，法家本由儒家导出，结果“反噬”儒家。盖早期法家尚事功，求富强，故重法用法，以期解决现实之问题。后期法家则因“术”的观念插进来而变质，又欲取资老子虚静之意以深化其权术之运用，结果大违道家“无为”之旨，而造成“有为”（人为）之灾祸；又因顺承荀子性恶之说而变本加厉，结果与“秦政”合辙，而“大败天下之民”（《过秦论》）。法家对于道家而言，还只是不善学；对于儒家而言，则是支流歧出而乖其方向，终于造成“反噬”。所以，从韩非、李斯贬视“书简之文，先王之语”，而主张“以法为教，以吏为师”，接下来自然会有“偶语诗书者弃市”（《史记·秦始皇本纪》）的律令，终必发生“焚书坑儒”的惨祸。

最后，再对先秦诸子传衍演变之情形，简列于下，以供反刍省思。

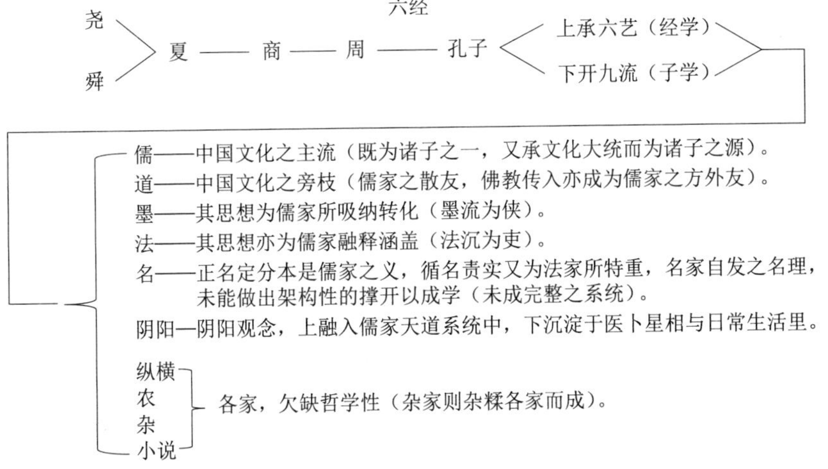

第二卷　两汉魏晋

儒学转型而趋衰与道家玄理之再现

弁　言

由秦入汉，中国的文化生命进入一个“合”的阶段，但汉代的“合”并不圆满。

在内圣方面，只落于伦常教化（所谓三纲五常）层次，而德慧生命未能充分透显。经生之学重文献，不重德性生命之自觉；（汉代经学，当归于学术史，与哲学史关系不深。）对人性无善解，只从“气性”“才性”方面看人性；以圣人为天纵，不可学而至。

在外王方面，虽有西汉“五德终始”[①]的禅让说，但其结局却归于王莽之乖僻荒诞，反而激成东汉光武之天子集权，形成君主专制之政治形态。从此，天下为私（从政权方面说），历两千年而不变。

到东汉中叶，政治每况愈下，于是有所谓“清议”。下及魏晋，政治上的清议又转为学术思想上的清谈，形成儒学衰而玄学盛的新局面，中华民族的文化生命发生了歧出。这个时期的特征，客观面是政教混乱，主观面是德性生命萎缩，情意生命泛滥。而由生命情调所表现的美的欣趣，转出了智悟的境界，结果是道家的玄理、玄智再度弘扬。本卷所述，即两汉魏晋六百年的哲学思想。

---

① “五德终始”，五行之德有终始，顺五行相克之义，言朝代更替与服色更易。兹列一表以便观解：

朝代	德	服色
虞	土德	色尚黄
夏	木德	色尚青
商	金德	色尚白
周	火德	色尚赤
秦	水德	色尚黑
汉	土德	色尚黄

汉代为土德乎？为水德乎？有争议。

张苍以汉为水德，直接继周，不承认秦之历史地位（因代表否定，无有综和之创造故也）。

但贾谊以下，皆以汉为土德。

第一章　汉初思想概述

第一节　汉初思想之先导——阴阳家与《吕氏春秋》

阴阳家邹衍的学说，可以约为四端[①]：以儒墨之道（尤重儒家），解决当时之政治问题；以阴阳消息言灾异，对统治者施加压力；据五行言“五德终始”，为政治上之“天命所归”赋以新的内容；提出大九州之说，谓中国为赤县神州，内有九州，中国之外复有九州。

在邹衍，乃是以阴阳消息为“天道运行”之法则，以五德终始为“历史运行”之法则。阴阳与五行（水火木金土）本不相属。在春秋以前，五行只指国计民生所通用之五种材料，故又称“五材”，并不视为构成宇宙之五种元素。至邹衍或其后学，才将阴阳五行组合起来。到《吕氏春秋》十二纪，则又以阴阳二气运行于四时，而将五行与四时配合。认为：春盛德在木，木德与春阳之气相应；夏盛德在火，火德与夏阳之气相应；秋盛德在金，金德与秋阴之气相应；冬盛德在水，水德与冬阴之气相应；土则兼四时。

木德的表现为“春生”，火德的表现为“夏长”，金德的表现为“秋收”，水德的表现为“冬藏”。土德既兼四时，其表现自然与“生、长、收、藏”皆相关。不仅四时与五行相配合，各种事物（如方位、五色、五音、五常等）亦皆可取来与五行相配合，因而形成阴阳五行的世界观、宇宙观。兹列如下，以便省览：

---

① 邹衍之生卒年及其学说之四点归结，皆据钱穆《先秦诸子系年考辨》之《邹衍考 附邹奭》，第 401—404 页。

木——春——东——青——角——仁

火——夏——南——赤——徵——礼

土——兼四时——中——黄——宫——信

金——秋——西——白——商——义

水——冬——北——黑——羽——智

形下之气与形上之德，交织错综，而个人的生活行为与国家的政治措施，皆与春阳木德相应和（亦与火、金、水、土相应和），此之谓“同气”。以同气说“法天地”，人事天道乃相通，是谓“天人合一”。

中国所说的生、长、收、藏，比印度佛教的成、住、坏、空的说法，实较平和而健康。发生、成长、收获、积藏，既累积深厚，又发芽滋长，年年周而复始，生生不息，何其充实！四时的生长收藏，又可与社会、政治、人生相关联，于是便有从人事上说的生长收藏。这就是天道与人事交感互通的思想。

董仲舒继承阴阳五行的观念，以阴阳说刑德，则春夏为天之德，秋冬为天之刑。董生主张尚德而去刑，其说大体由《吕氏春秋》十二纪发展而来。所以《吕氏春秋》又可说是董生吸收阴阳思想的一大桥梁。

第二节 反法归儒与儒法之辨

秦政暴虐，加上楚汉相争与汉初诸将之反叛作乱，天下元气大伤。而黄老政治清静无为，与民休养生息，确为适时的清凉剂。但这只是消极面的恢复元气，还说不上政教之兴革与国家之建制。故景帝七国之乱以后，终须有武帝时董仲舒之复古更化，独尊儒术。

汉代尊儒，乃尊经之常道（此乃立国之最高原则）。而所谓“通经致用”，乃是以学术指导政治，进而通过政治以指导经济。汉代人在这方面的表现，是非常卓越杰出的。而由贤良方正（知识分子）与朝廷官员辩论国家施政方针（见《盐铁论》），这种风范，尤足千古。

董生的复古更化，反法家秦政之苛暴，以复三代礼乐教化之古。这种文化建国的大纲领，正班固所谓“除秦之苛暴”“流大汉之恺悌”也。至于“罢黜百家”乃针对博士官而言，朝廷只立“五经博士”（尊经之常道），不再为诸子百家立学官（景帝时有孟子博士，今亦加罢黜，因孟子是“子”不是“经”）。后人不知所以，以为罢黜是废弃诸子百家之书，更有人以为这是儒家的思想独霸，实为浅薄无知的误会。

汉初反法归儒，是当时思想的总路向。而儒法之异，可得五端，本书第一卷第十章第四节所列五点儒法思想之对比，可以参照。今只就儒家立场简括如下。第一，以人之性情为政治之基础，人与人互信互爱。第二，君臣对待，以天道古道限制君权，人君应尊礼大臣。第三，反贵族，视世袭贵族为“选贤举能”之障碍。第四，君为民而存在，董生谓天下立君，乃为民也，为政以民之好恶为准（尊人性、尊人格）。第五，教民、养民、爱民、保民，轻刑薄赋、罪人不孥。

由此五端，可以了解儒法二家之根本差异。有人以“礼治”“德治”与法家之“法治”相对比，此实不妥。一则儒家并不排斥法治，只是不赞成脱离“礼”与“德”之纲维单独凸显“法”为唯一标准而已。二则法家之严法，与民主法治之精神有本质上的差异。而汉初法网尚密，法家秦政之余毒未除，故汉儒力反法家而主德教。上文曾引班固之言“除秦之苛暴”“流大汉之恺悌”，这真是最恰当中肯的评论。

第三节　汉代精神开国的盛音——贾谊

贾谊（公元前200—前168年）之《贾子新书》五十八篇，一部分是主动述作，如《过秦》三篇，一部分是向汉文帝上书言事之文，此外，大体是任梁怀王太傅时的教告答问之辞。班固《汉书·贾谊传》赞有云：

> 刘向称贾谊言三代与秦治乱之意，其论甚美，通达国体。虽古

之伊管，未能远过也。

贾谊二十二岁初见文帝，卒年才三十三。他在这十年间（青年时期）的表现，卓然不凡。牟先生称之为：

开国之盛音，创建之灵魂，汉代精神之源泉。[①]

这三句话都是实在之言，不是“虚誉”。《汉书》本传有云：

谊以为汉兴二十余年，天下和洽，宜当改正朔，易服色，立制度，定官名，兴礼乐。乃草具其仪法，色上黄，数用五，为官名，悉更奏之。文帝谦逊，未皇也。然诸法令所更定，及列侯就国，其说皆谊发之。

所谓“改正朔，易服色，立制度，定官名，兴礼乐”，皆是贾谊精神人格中“精神开国”的最高层“形式”。其层级相当于今世之“立宪”（制定宪法），这是大知识分子所关心的焦点，可以上通于周公之“制礼作乐”。贾谊改制之意，可得三端。

第一，移风易俗。秦政与法家大败天下之民。汉兴，安习于秦制秦俗，不能做价值之鉴别。而贾谊以其文化意识贯注之，故能触目而惊心，开辟心灵世界，涌现移风易俗之理想。当时虽未能推行，但终于酿成董仲舒“复古更化”之文化运动。董生之“复古更化”即贾生之“移风易俗”也。此乃切于时代之要务，亦是言治体之大者。

第二，教养太子。贾谊以为三代之所以长久，是教育太子得宜之故。太傅、太保、太师，教之导之；少傅、少保、少师，辅之翼之；自幼见正事，闻正言，左右前后，皆正人也。太子成年，虽免于保傅，但仍然有诵诗、进善、规谏、记过、进谋、传民语之官吏，“习与智长”“化与

① 牟宗三：《论贾谊》，编入全集本《历史哲学》，台北：学生书局，2000年，第四部第一章，第276页。下引该书仅标注章节或页码。

心成”，故能性归中道。秦失其度，乃旋踵而亡。在古代政治体制中，太子为国本，故教养太子，亦是治体之大者。贾生首先意识及之，成为此后两千年一律遵循的规矩法式。

第三，尊礼大臣以养廉耻。贾谊以为古者尊礼大臣，不加苛责，不加刑罚，大臣有过罪，君命责问之辞，皆清肃而温婉，臣闻命，或造请室而请罪，或北面再拜，跪而自裁。上设礼义廉耻以遇大臣，臣亦以节行报其上。贾生此义，开汉唐宰相之重。此乃中国的文化生命表现在政治上之最有体统者。故虽在专制政体下，而能有开明之政治，亦赖此而得以显示政治之所以为政治的意义（政治与吏治不同）。[①]

综上三端，即可知贾谊为“开国之盛音，创建之灵魂”，亦是“汉代精神之源泉”。此大体一立，则改正朔、兴礼乐，皆可“溥博渊泉，而时出之”(《中庸》)。移风俗、教太子、尊大臣，皆是纲纪性之形式。贾生以其综合之心灵涌现此一形式，则彼“精神开国”之使命已尽，下一步的“文化建国”，有待董生来完成。唯在论董生之前，还须略述淮南子。

第四节　杂家中的道家——淮南子

淮南王刘安（公元前 179—前 122 年）为汉高祖之孙，景帝之堂兄弟。武帝即位，刘安入朝献《淮南内篇》，即今所谓《淮南子》(又名《淮南鸿烈》)。另有外书甚众，中篇八卷，皆佚。

---

① 政治之所以为政治的意义，可以从内涵方面说，是政治教化与礼义纲常之实践；亦可以从体制上说，但中国传统政治之宰相制度，只是治权运行之轨道，而有关政权的轨道，则未能客观建立。“有治道而无政道”，才是中国传统政治重大的欠缺所在。而政道之开出乃是人类共同的大事，西方也要到十七八世纪才逐渐建立体制，即现今民主政治的政治形态。中国传统政治只开放治权（士人参政），未开放政权。但由儒家“民为本、民为贵、重民意、重民生”的思想，落实为民主政体之建立，乃属于相顺之发展，是必然可以做到的。

西汉初年，道家思想在朝廷与社会流行，主清静无为，与民休息，而又杂有权术乃至方技的所谓“黄老”，此乃原始道家之变形。而《淮南子》此一集体著作中的道家，则是与黄老不同的另一系。

《淮南子·要略》有云：“考验乎老庄之术。”这是古籍中“老庄并称”首次出现。淮南之书，凡描写道体、功用及生成之历程者，多系老子思想之推演；凡强调精神心性之修养功效者，多系庄子思想之发挥。总之，论政治多本老子，论人生多本庄子。

《淮南子》自是杂家，但书中道家思想实占优势。依道家，仁义礼智皆外于性命，故贬视儒家。《本经训》云：“礼乐者，可以救败，而非通治之至也。”又云：“是故知神明，然后知道德之不足为也。知道德，然后知仁义之不足行也。知仁义，然后礼乐之不足修也。”

不过,《淮南子》的作者群中，亦有一些儒家之徒，故《泰族训》云：“人性有仁义之资。”《主术训》云：“国之所以存者，仁义是也。”《泛论训》云：“故仁以为经，义以为纪，此万世不更者也。”《泰族训》中还表示道家思想当归往于儒家思想。如言“法天”，归于“与天地合德，日月合明，鬼神合灵，与四时合序”；言“神化”，归于变习易俗，民化而迁善；又强调“礼之所因”，礼乐不能离乎俗，应适时改制；重视学问与为学之方向（明于天人之分，通乎治乱之本）。凡此，皆儒家之徒所引发的议论。其他如法家兵家之思想，亦容纳在书中。故《淮南子》一书，实可视为汉初思想之杂烩。因为书中实无特显之观念与理论系统，故不多述。[①]

---

① 两汉经学旨在传经，这是文献的问题，进而“通经致用”，这是以经义通于政治，意思是要以学术指导政治。但汉儒未能从体制架构方面致思，终究还是“有治道而无政道”。这个问题，在中国是到20世纪才谋求解决。

第二章　董仲舒的学术思想

董仲舒（公元前 179—前 104 年[①]），西汉广川人（今河北地），旧属赵地，故又称赵人。董生少治《春秋》，景帝时为博士，后以贤良对策，得武帝之嘉许，而掀起“复古更化”之文化建国运动。

第一节　复古更化：理性之超越表现

董生倡复古更化，其超越理想集中于形上义理而有发挥。[②]其取材多依傍《尚书·洪范》、《易》之阴阳，而结集于《春秋繁露》。又杂有阴阳家之宇宙论、历史论气息，而形成一大格局。其所发虽不能尽其精微，但规模广大，取义超越，为汉家定出一理想之型范。

王道之端本于天道之端。端者，元也，始也。“元”“始”以理言，不以时言。此天人同道的一元之大始，即显示“超越的理性”（客观理性）为一切之本。对现实措施而言，此“本”即“超越的理想”。依此“本”施政，故“任德不任刑”。此作为政教之本的超越理想，贯而下之，与现实政治接头，便是通常所谓“政教合一”。理想与现实政治纠结在一起，是谓“内在的合一”，此时将丧失理想性，当然不可取。但理想不能虚悬，总要贯而下之。理想与政治之间的关系若没有拉得太紧，而保持和谐之统一，此时的政教便是“外在之合一”，这种形态的

① 据苏舆《董子年表》。

② 参见牟宗三：《历史哲学》，第四部第二章。

政教合一不可随意反对。[①]如果因为诟病政教合一，而直接抹杀或忽视政治与教化之关系，进而又排斥教化之理想，便成为法家之立场。结果便由法家本身取代教化理想，即所谓“以法为教”“以吏为师”。如此，便酿成大败天下之民、大败文化价值之极权政治。

董生掀开一推动时代、开创新局的文化运动，自须凸出超越理性以彰显超越理想。其超越理性的外部体系虽然驳而不纯（夹杂阴阳家思想之故），但其核心，则可上通而下贯。通而上之，重理性，尊礼义；贯而下之，任德不任刑，以礼义教化与兴学选才为政治措施之本。（如察举贤良方正、孝悌力田，皆为国选才之措施也。）

加上汉代民族生命之充沛，民性之朴实憨直，故能完成一个综合的构造，而建立政教统一的大汉帝国。当初贾谊所提出、文帝所谦逊不遑者，皆在董生所倡导的文化运动中渐次完成。武帝太初元年，正历法，色尚黄，数用五，定官名，协音律，皆是革秦之旧而改定的汉家制度。在政治方面，士人政府出现（治权开放，大量知识分子投身政治），宰相取得较客观之地位，吏治亦有可观，孝悌力田，重农抑商，消解政治与经济上之特权阶级，思想较自由，大臣敢直言，论禅让者甚至直请汉帝退位让贤。[②]据此可知，西汉二百年之历史，自始至终，饱满未衰，不失为一健康之时代。[③]

但此一更化运动，亦有一本质上之缺憾。它只凸出超越理性，却始终未能凸出人性之自觉（只有移风易俗下的生活自觉），亦未有内心理性与精神生活之表现。须知超越理性必须依借精神主体，而后始能尽其责，必须有仁心之呈露，才能证实超越理性为不虚，而进到人类理性之自觉。此不能不本于孔孟之精神立言。而董生之所谓“推明孔氏”，实乃跨过孔子之德慧生命与德性人格，而外在地落在五经上立论。尊五经当然不错，

---

① 经典里所谓“作之君，作之师”，乃就圣王而言。王者作之君，圣者作之师。圣王有德有位，故可同时“作之君，作之师”。后世为君者，欠缺德，亦欠缺能，则不可假借“作之君，作之师”之言，而师心自用、作威作福也。

② 董生再传弟子眭弘，劝汉帝“求索贤人，禅以帝位，而退自封百里”。董生自己亦有“帝王次第退位”之说。

③ 中国两千年的政治、社会以及经学、史学、文学之根基规模，皆奠定于汉代。

但脱离孔子之精神生命以言五经，则五经亦成为外在的文献。在如此情形之下，精神主体必然透显不出来，精神理想亦不纯不顺，其流于今古文之争，又转为章句训诂，实亦无可避免之结果。在此，可以反面证明王阳明所谓“经学即心学”的真实意义。[①]而站在哲学史的立场，两汉经学之内容，固可置之勿论。[②]

此一文化建国运动，本当顺孔孟之教转进，由道德教化与圣贤人格之精神主体，广被于社会，贯润于政治，以归复于人人要求自主之精神主体上，做到政治上的两步立法：第一步，对君权之限制立法；第二步，对人民权利之承认与限制立法。如此，方是理性之内在表现。但因董生之超越理性驳杂，转为盛行于西汉一代的五德终始说、禅让论，终于成为迂怪之超越理想，而引出王莽之乖僻荒谬。此是西汉历史上最令人长太息者。

此处须补充一点，五德终始论与禅让论，原本亦是对君权的一种限制，然而西汉儒者未能曲尽此一问题之关节，以完成两步立法，乃使更化运动之意义性未能圆成，其问题性亦未消解。发展到东汉光武帝，由于他出身民间，早年又学于长安，兼有田间之诚朴与学问理性之凝敛，其天资虽不及高祖与武帝，但理之流泽足以补其短，心之戒惧足以延其庆，乃能“函之以量，贞之以理”，以理性自敛而敛人敛天下，故能成就东汉一代之规制，而中国国家政治之规模，亦大定于东汉。所可惜者，此一理性的内在表现，仍未完成两步立法，而只完成于专制（勤政爱民）之政治形态。

---

① 蔡仁厚：《王阳明论经学即心学》一文，编入《新儒家的精神方向》，台北：学生书局，1982 年，第 227—237 页。下引该书仅标注页码。

② 参见钱穆：《两汉经学今古文平议》，北京：商务印书馆，2001 年。

第二节 董子春秋学要义

上节所论，是董生文化运动的意义、成就与限制。至于内在于董生之学说思想的驳杂而不纯与牵强附会之处，亦不一而见，必须分别而观。兹先略述其春秋学。

一、春秋大一统，尊天以保民

《春秋公羊传》所谓“大一统”，自是尊王权（亦含王制、王道）。但天子与诸侯共守天下，则其一统亦可说是分权之一统，而非后世集权之一统。故凡天子所封之诸侯，皆当保存，其灭亡者亦当兴灭继绝（语见《论语·尧曰》）。至汉，郡县封建并行，诸侯王僭拟，地过古制，故贾谊与晁错主张强干弱枝，以完成中央集权。董生以礼制严上下之等，亦是此意。

顺此而言，君、臣、民之关系，董生以为“春秋之法，以人随君，以君随天……故屈民而伸君，屈君而伸天，春秋之大义也”。所谓“屈民而伸君”，语意不妥，董生此句，乃是虚，是陪衬；下句“屈君而伸天”，方是实，是主体。其意在使君王本天意以爱民。故又曰：

> 天之生民，非为王也，而天立王，以为民也。故其德足以安乐民者，天予之；其恶足以贼害民者，天夺之。

董生尊天以保民，后世责他尊君过甚，虽言出有因，而实未得董生之意。

二、三正三统与质文递嬗

董生之春秋学，实逸出《春秋公羊传》而多抒新义。他认为“西狩获麟”是孔子“受命”之符瑞。孔子作《春秋》，制义法以示后王法式，是“以《春秋》当新王”[①]。继此而言“改制”（改正朔、易服色等），又有“三正”“三统”之说。夏商周三代历法之正月，有建子、建丑、建寅之别，故曰“三正”。以子丑寅为天地人，故建子为天统，建丑为地统，建寅为人统，以是，三正亦称“三统”。又将赤白黑三色，与三正三统相配，建寅之人统亦称黑统（夏），建丑之地统亦称白统（商），建子之天统亦称赤统（周）。而“《春秋》应天作新王之事，时正黑统”。

以三色与朝代相配，乃来自五德终始之说——以五行生克比合五德之终始相循。邹衍先有此说，《吕氏春秋》继之。以黄帝或舜为土德，色尚黄；夏为木德，色尚青；商为金德，色尚白；周为火德，色尚赤；代火德者为水德，色尚黑。

然董生又有“质文”之说（夏文、商质）。三统有三，质文有二，以二配三，如何而可？董生又谓孔子作春秋，“承周文而返之质”（以质救文），然则，春秋究竟承夏之黑统乎？承商之质统乎？依质文递嬗之原则，春秋必然承商质之统，而承夏之黑统乃落空矣。谓孔子“承周文而反之质”，此自可说。但孔子既曰“吾从周”，则其“反于质”，实乃在“周文”中求其质，绝不会机械地顺质文递嬗而回到商之质统。可能董生亦觉察到此中之矛盾，故又说“夏尚忠，殷尚敬，周尚文”（即所谓三教），而主张“今汉继大乱之后，若宜稍损周之文致，用夏之忠者”。此即所谓质文损益以相救，可算是比较合理之修正。[董生“以《春秋》当新王”，实乃“圣人为汉立法”之观念（孔子之当代为春秋，董生之当代为汉）。其意非无可取，但与历史朝代比配而有扞格，乃成为迂阔之论。]

---

① “以《春秋》当新王”，意即“王鲁”（以鲁春秋为王）。故又有“绌夏、亲周、故宋”之说。此又与“存三统”之说相关联。意谓本朝之外，前二代（商、周）之王，皆应封其后为大国，存其礼制，待以宾位。至于夏以上，则封以小国，存其宗祀而已（故曰绌夏）。又，“存三统”，谓“存本朝”（王鲁）、“存前朝”（亲周）、“存又前朝”（故宋，宋为商之后）。

三、春秋三世之说：进化之历史观

历史有终始循环（如五德之终始与三统质文之递嬗），而亦有进化之义，故董生又有“三世”之说，这就是他的进化之历史观。春秋十二世，由近而远分为三等：见三世，凡六十一年，包括哀公、定公、昭公三世，为君子之所见；闻四世，凡八十五年，包括襄公、成公、宣公、文公四世，为君子之所闻；传闻五世，凡九十六年，包括僖公、闵公、庄公、桓公、隐公五世，为君子之所传闻。世代愈远，褒贬愈严。故曰：“于所见微其辞，于所闻痛其祸，于传闻杀其恩，与情俱也。”（与情之厚薄成正比。）

后来，公羊家传衍其说：于所传闻之世，托治起于衰乱之中（据乱世），此时只知有己国，故曰“内其国而外诸夏”；于所闻之世，托为升平之世，此时天子为共主，领有华夏衣冠之区，故“内诸夏而外夷狄”；于所见之世，托为太平之世，此时普天之下无有畛域，世界大同，故“天下远近大小若一”。董生所谓“所传闻、所闻、所见”之三世，即后世公羊家（如何休诸人）所谓之“据乱世、升平世、太平世”。此乃本于进化之历史观而立言（就应然之史说），不可作现实历史看（不就实然之史说）。

四、贬天子、退诸侯、讨大夫——屈君以从天

总之，在董生的心目中，孔子获麟受命作《春秋》，乃是代天立教，为后王立法（实即为汉王立法）。孔子以平民代周而自成一统（所谓素王），故可以“贬天子，退诸侯，讨大夫”（见《史记》太史公自序引董生曰）。

董生援《春秋》之义以献替时政（更化改制），亦是本于圣意而立言，并非臣子之私。如此，他所谓“以君从天”“屈君以从天”，事实上是要君王遵从孔子的春秋之教（以行圣人之道）。董生之所说虽不免有牵强附会之处，然其用心则应予以敬重。（另如《春秋公羊传》中平实之

思想，如华夷之辨、大复仇、正名……皆为董生所承继发挥，兹从略。）

第三节　天人感应之哲学

“天人相与”或“天人感应”，是董生学说中的基本观念。“道之大原出于天”，而天志天道，皆由阴阳四时五行之运行中见。孔子虽曾说过“天何言哉？四时行焉，百物生焉”，但只以四时言天道。《易传》言阴阳、言四时，亦未将阴阳与四时相配，而且不言五行。至《吕氏春秋》始以四时为中心，将阴阳、五行、四方，配合成为一有机体。董生承之，而益为详密。兹择要分述于后。

一、天之十端与元气

董生认为天有“十端”：天、地、阴、阳、金、木、水、火、土、人。天是由此十端（十个基本因素）所构成的。他又说：

> 天地之气，合而为一，分为阴阳，判为四时，列为五行。

天地之气，亦谓之“元气”，元气分为阴阳，运行于四时，布列为五行，再伸展到人生、社会、政教、学术等方面，而形成以人应天的“气化宇宙论中心”之思想。（将道德基于宇宙论，先建立宇宙论而后讲道德，此之谓宇宙论中心。董子之学实以脱离先秦儒家“以仁与心性为中心，以天道性命相贯通为义理骨干”之正轨。）

二、阴阳消长与四时变化

阴阳之运行，《淮南子》以为“阳气”起于东北，尽于西南，由东北而南行，至东方遇木所主之气，而助之使盛而为春；至南方遇火所主之气，即助之使盛而为夏。“阴气”起于西南，尽于东北，由西南而北行，至西方遇金所主之气，即助之使盛而为秋；至北方遇水所主之气，即助之使盛而为冬。这是对四时变化极为简易之解说。（参照图 2-1）

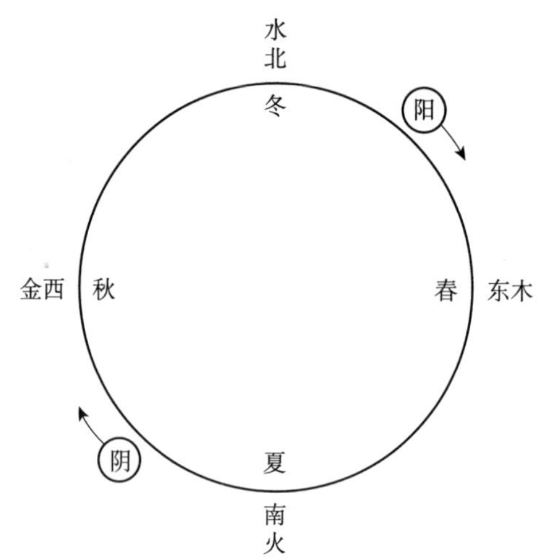

图 2-1　淮南说：阴阳各别运行

董子之说法，与淮南子不同。他论及阴阳之运行与四时之形成，以为阴阳二气：

> 春俱南，秋俱北，而不同道。夏交于前，冬交于后，而不同理。

依此，阴阳二气是顺着东南西北四方位所形成的圆圈，而各循其路线而行，故曰“不同道”。（参照图 2-2）

初冬之时，阴阳各从一方来，阴气（虚线）由东方循北圈线向西行，越行越盛；阳气由西方循北圈线向东行，越行越衰。中冬之月，二气相遇于北方，此时阴极盛而阳极衰，是谓“冬至”。

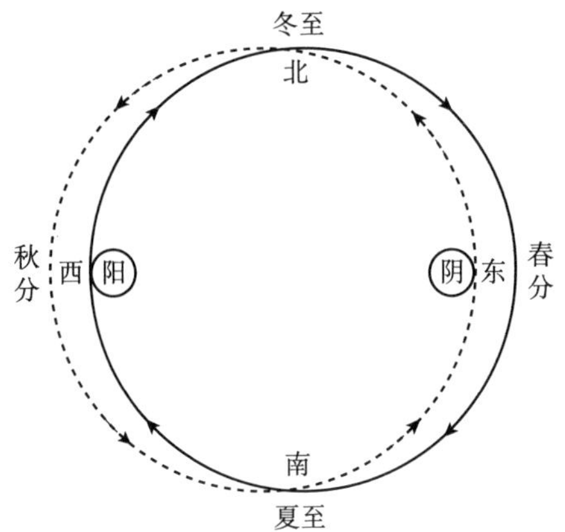

图 2-2　董子说：阴阳交互循环

二气交会后相背而行，阴渐损而循左圈线向南行，阳渐增而循右圈线向南行，时值冬去春来，故曰“春俱南”。到中春之月，阳达于正东，阴达于正西。此时，阴阳各居一半，昼夜均等，寒暑适中，是谓“春分”。

然后，阴益损而阳益盛，各自循南圈线而行，于大夏之月遇于南方，此时阳极盛而阴极衰，是谓“夏至”。［夏至二气交于南方，阳盛而阴衰，冬至二气交于北方，阴盛而阳衰，故曰“夏交于前，冬交于后，而不同理”（理，谓阴阳消长之理）。］

然后又相背而行，阴渐增，循右圈线而北行；阳渐损，循左圈线而北行，时值夏去秋来，故曰“秋俱北”。到中秋之月，阴达于正东，阳达于正西，此时阴阳亦各占一半，昼夜寒暑与春分同，是谓“秋分”。

至此，一周期完成，便是一年之“四季”。此是董生对阴阳消长流动与四时变化之说明。

三、五行之相生相胜

五行乃天地之气布列而成。此五者之间，又存在着两种全然不同之关系，即“相生”与“相胜”（相克）。五行相胜之理早已有之（邹衍之五德终始，即据此理而言）。相生之理，亦先见于《吕氏春秋》。五行

（相生）之顺序是“木、火、土、金、水”。木生火，火生土，土生金，金生水，此之谓“比相生”（依序相生）；木胜土，土胜水，水胜火，火胜金，金胜木，此之谓“间相胜”（隔一相胜）（参照图2-3）：

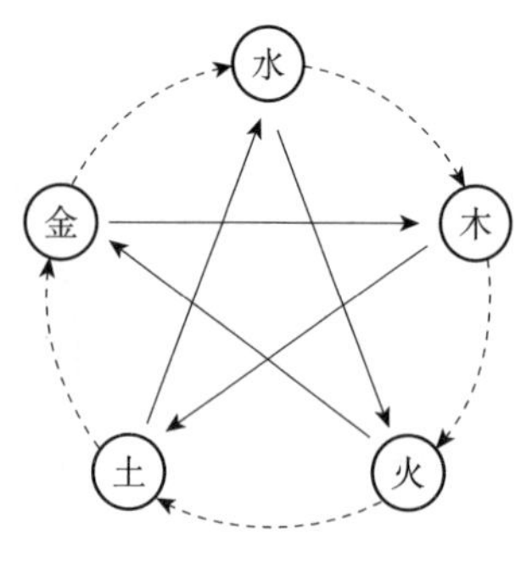

图2–3 五行相生相胜图

董生论五行生克，主要是以五行自然现象相结合，如木居东方而主春气，火居南方而主夏气，金居西方而主秋气，水居北方而主冬气，土居中央主长夏，而为五行之主（居中策应）。四时各有其职，五行亦各主一事，而分别有其“生、长、收、藏”之特性。以这些特性与人事配合，即形成天人感应之哲学。

四、天人感应（类与数）

董生认为：“天道之大者在阴阳。阳为德，阴为刑，刑主杀而德主生。”[①]天任德不任刑，人承天意而从事，亦应重德教而轻刑罚，故曰“天人一也”。天人之交通，以“类”相应，而类之相感，其原则有二。

第一，万物去异从同（以类相从）。如行善则召荣赏，为恶则受辱罚。

第二，天可感人，人亦可感天（天人感应）。四时之气，在天亦在人，以类相感应，简列如下：

---

① 董生谓“道之大原出于天”。此句无问题。但说“天道之大者在阴阳”，则有问题。天道应就乾坤说，不能落在阴阳上说。虽然《易传》有云“一阴一阳之谓道”，那是就一阴一阳之变化而指说道之创生功能。又说“立天之道，曰阴与阳”，那是说天道借阴阳而显立。阴阳显立道，道为大，阴阳不得为大。董生直说“天道之大者在阴阳”，则似阴阳大于道矣。此与儒家义理不合。

天		人		
	少阳因木而起以助春生——春有爱志		春气：博爱而容众	以类相感应
	太阳因火而起以助夏养——夏有乐志		夏气：盛养而乐生	
	少阴因金而起以助秋威——秋有严志		秋气：立威而成功	
	太阴因水而起以助冬藏——冬有哀志		冬气：哀死而恤丧	

由此以言“天人相与”，将人与天连在一起（以人应天），此便是汉代言灾异（天意示警）之总根源。

另外，又有“数”之观念，以补助“类”观念。由数之偶合贯通天人。譬如就人之身体而言，天以终岁之数成人之身，故小节三百六十六，以副日数，大节十二分，以副月数。内有五脏以副五行数，外有四肢以副四时数。人有四肢，每肢三节；天有四时，每时三月。数相同，则为同类而可以相应。

五、感应二义与汉儒之特色

从类之相感言灾异，使人起敬畏之心而不敢悖逆天道，此犹是天人感应之消极义。积极的意义，是在察身以知天，故曰“人主之道，莫明于在身之与天同者而用之”，人时时察觉己身与天同者，而致其合乎天道之用，便可以使天道贯通到政治与人生。此方是天人感应之积极义。但董生只如此教人君“迹之古”“迹之天”，以灾异示警提撕人君，以圣王古道节制君权；却不从心性之原以开发君德，不教人君纳谏以听取民意，实乃先秦儒家思想一大转折。

易之言阴阳，乃是提挈于天地之道与乾坤之德说。阴阳虽重要，却并非主导之观念。而阴阳家与汉儒则质实下移而与五行灾异相牵连，于是阴阳五行灾异、象数（理智与神秘之结合）、谶（隐语预言）、纬（经之支流，而多涉于荒诞）此四者，遂成汉代儒学之特色。（一面是乌烟瘴气，衍为后世医卜星相一流；一面是诚朴笃实，显为浑朴浩瀚、刚健平正之汉人精神。）

第四节　人性思想略述

一、从告子到董生——以自然之质为性

告子言“生之谓性”，是从个体生命自然之质来了解性。自然之质是中性的，“无善无不善”，无分于“善恶”，故又主张仁义外在，意即自然之质并无仁义的道德性，故不可说善，但亦不可说恶。告子还只是抽象地如此说，再推进一步，便是董生在《春秋繁露·深察名号》中的说法。

董生论性，先亦是抽象地说（从名号说）：

> 性之名非生与？如其生之自然之资谓之性。性者，质也。

董生以自然之质为性，同于告子。但董生论性，尚不止此，他还有“仁贪之性”“性未可全为善”“性情相与为一瞑”“民性者，中民之性”等观念。

二、自气言性，性未可全为善

董生认为“栣众恶于内，弗使得发于外者，心也。故心之为名栣也。人之受气苟无恶者，心何栣哉？”（栣，禁御义。）恶，来自气性，藏于内而可发于外。心则能禁众恶于内，使之勿发于外。此似可言心善性恶（实则不可）。而董生亦未就心之善以言性，其所谓心，既非孟子之内在道德心，亦非荀子有认知之主宰性的心。性既就气性而言，则此性必不能纯善，故又曰“仁贪之气两在于身。……天两，有阴阳之施，身亦两，有贪仁之性”。

仁之气属于阳，贪之气属于阴。阳气光畅而易开发，易倾向于善，于此说仁性（从气说性，自非孔子之仁）。阴气幽暗而易固闭，易倾向于

恶，于此说贪性。无论仁性贪性，皆只是气性之实然与偶然。善之完成仍须靠后天之加工。故又曰“米出禾中，而禾未可全为米也。善出性中，而性未可全为善也”。

气性 <仁之气——阳——易倾向于善——仁性 / 贪之气——阴——易倾向于恶——贪性> 自气言性，性未可全为善

三、性情相与为一瞑

依于仁贪二行之倾向，亦可就仁之气性而言“性”，就贪之气性之发而言“情”。此似可说性善而情恶（实亦未可）。但此所谓性之善仍只是气性之善的倾向（并非从体上理上言善）。在此，性与情并非有两层，是故仁贪、性情、阴阳、善恶之两行，皆只是静态地分解而说。若融于具体之生命，则“性情相与为一瞑，情亦性也”。情渗于性中，性不能独立而绝异于情。故董生以为“圣人莫谓性善”。因为性与情俱为一瞑而待觉。

“万民之性，有其质，而未能觉。”“当其未觉，可谓有善质，而不可谓善。”故其“性情相与为一瞑”，亦即善恶相与为一瞑，而同于“善恶混”之说。甚至在尊心而卑性之下，实亦有“性恶”之义。董生自未直说性恶，他只是“无分于善恶”之质素说、材朴说，但既有仁贪、性情之分，故又可说是善恶之分化说。

其说法何以如此混杂游移而不明确？盖凡“用气为性”“生之谓性”，皆是气之实然与偶然，而并无必然与定然之可言（说性善情恶亦并不真能站得住）。故进于具体，察及仁贪性情之分化，则“性三品”之说亦可自然而出现。

四、自“中民之性”名性的拘蔽

董生并未提出“三品说”，而只是将性限于中民。上下品皆排于

“性”之名以外，故曰“名性不以上，不以下，以其中名之”。他认为孔子并不以万民之性皆已善，故遂不取孟子性善之说，以为“圣人之性，不可以名性。斗筲之性，又不可以名性。名性者，中民之性”。

性而限于中民，则其言性不普遍，此乃董生之拘蔽。而其所以有此拘蔽，不以圣人之性为性，是为了加强教化，单以圣王负教化之责；不以斗筲之性为性，是拘泥于“上智与下愚不移”之言。[①]此两种拘蔽，皆须消解。

孟子所谓“性善”，并不是说万民之性皆已至圣人之善。人未达于圣人之善，亦并不就是性不善，岂可因人尚未至圣人之善便说人之性不善？孟子就道德的心性言性善，开辟一个德性领域，以建立道德实践所以可能的先天根据，存之养之，扩而充之，则人人皆可进于圣贤。

而董生全然不解孟子而反对言性善，排斗筲之性于性之名外，岂不等于排斗筲之民于人类之外乎？此恶乎可！孔子论士谓“斗筲之人何足算也”，只表示斗筲不得与“士”之列，并非排其不得与“人”之列。而“下愚不移”亦并非不可教（伊川曰：总有可移之理）。孔子“有教无类”，岂有排斥于圣人教化以外之人？而且圣人固有天纵之才资，但圣人之所以为圣人，并不在其才资，而在德性。圣人是德性人格之目，不能只限于气性一层。故必须开出超越的理性领域，才能建立人性之尊严，才能说“人人皆可为圣贤”。以是，要使人性论真正站得住，则必归宗于孟子。宋明儒即乘此路而前进，而将汉儒所注意之气性、才性，吸收而为“气质之性”，此是论中国学术之纲脉，不可不知。

第五节　扬雄之《太玄》与《法言》

溯自武帝中期以后，学术活动以五经为骨干，而儒生以阴阳五行之说附会于经，以言天人感应、灾异政事。又以阴阳为天道之内容，而作

① “上智与下愚不移”，是说下愚之气质难以变易。难虽难，并非不可能，人总还有潜存之本性，总有熏陶变化之契机。

方技性之推演，浑融既广，庞杂益甚。进而复以天象律历为天道之具体内容。《汉书·翼奉传》载其上封事云：

> 天地设位，悬日月，布星辰，分阴阳，定四时，列五行，以视圣人，名之曰道。圣人见道，然后知王治之象，故画州土，建君臣，立律历，陈成败，以视贤者，名之曰经。贤者见经，然后知人情之务，则《诗》《书》《易》《春秋》《礼》《乐》是也。

这一段话，正可概括西汉学者之共同观点。在五经中，《易》本天道以言人事，最便于为言阴阳术数者所附会。汉代的象、数、易，便是如此衍展而成为一代显学。（汉代，《易》是一套专学，它通过卦爻象数，以观阴阳气化之变，而讲一套自然哲学，这是往下讲。必须就《易经》经文而正视《易传》，视之为孔门义理，能就此作为孔门义理之《易传》而讲述儒家的道德形上学，方是往上讲，方是“絜静精微”之易学、易教。至于烦琐穿凿之象数易，可勿论。）

一、《太玄》的结构及其论玄之大意

扬雄（公元前53—公元18年），字子云，成都人。先作《太玄》，后作《法言》。

《太玄》是摹《易》之作，符号结构，看似构思工巧，实则不免穿凿，不如《易经》之圆通合理。其演算系统亦多强为牵合。兹举三端，以见其概。

《太玄》在《易》之阴阳二爻（一、--）之外，另创用三断画（---）为符号，由三种符号相配而成“首”，又立“方”“卅”“部”“家”之名——

第一步，配成九首：

⚌：一方一卅　⚍：一方二卅　⚋⚊：一方三卅

⚎：二方一卅　⚏：二方二卅　⚋⚋：二方三卅

[- - - / —]：三方一卅　[- - - / - -]：三方二卅　[- - - / - - -]：三方三卅

第二步，九首相重为四画图象，共八十一首，例如：

𝌆：一方一卅一部一家
𝌇：一方一卅二部一家
𝌈：一方一卅三部一家

余类推。

第三步，又为各首立专名，如“中”“周”“法”“应”“迎”“养”等。每首有首辞、赞辞（比于《易》之有卦辞、爻辞）。

唯《太玄》之论玄，则承《老子》之意，故以玄为贯通天人之基本原理。他似乎想以老子之道德为体，以儒家之仁义为用，虽然事实上连结不上（因为老子所讲之道德，并不以仁义为内容），但却显出他的意向。同时，他趋避祸福的态度，亦本于老子。故《太玄赋》云：“观大《易》之损益兮，览老氏之倚伏。”（老子有云：祸兮福所倚，福兮祸所伏。）祸福无常，相互倚伏，故以柔退为趋避之方。又《解嘲》一文之末句云“故默然独守吾《太玄》”，亦正表示一种退藏避祸的人生态度。

二、《法言》的限度

《法言》是拟《论语》之作，代表扬雄晚年的反省。他所谓“法”，是以孔子五经为中心而树立的做人立言之准则。但观其所说，如“圣人之材，天地也”。“观乎天地，则见圣人。”“通天地人曰儒，通天地不通人曰技（技，指技艺、专家）。”“道也者，通也，无不通也。”“道若涂若川，车航混混，不舍昼夜。”“君子于仁也柔，于义也刚。”“自爱，仁之至也。”凡此，皆属外在通泛之言，说不上有内在真实生命之契应与体悟。

扬雄亦推尊孟子，认为孟子辟杨墨有大功。但他对孟子之性善说，则全然不解。《修身》云：“人之性也，善恶混，修其善则为善人，修其恶则为恶人。气也者，所适善恶之马也欤！”气是生命发出的力量，如同一匹马，可以载着善念恶念向前行，而选择善恶则须由学而师（师法、家法）。《学行》云：“学者所以修性也。视听言貌思，性所有也。学则正，否则邪。”“多学不如多求师。师者人之模范也。”此皆落于后天的外在的教育上说话，仍然不出荀子“化性起伪”“重师法”之义。

扬雄承述儒家仁义礼智信之通义，而其立足点则是落在“智”上。故《问明》云：“或问人何尚？曰：尚智。”《问道》云：“智也者，知也。”《学行》云：“学以治之，思以精之。”由于他有“智”的自觉，所以对于秦以来之占星术、五德终始说、巫医神怪、符瑞谶纬，皆加以批驳，而表现了合理的理智主义之态度。

第三章　王充的性命论

第一节　王充思想的特色

王充（公元 27—96 年），字仲任，会稽上虞人。所著《论衡》一书，大体为辩议之文。他对汉儒的天人感应、谶纬术数、五行灾异，皆采反对之立场，很能表现理智主义的批评精神，但他对于先秦各家思想之深切处，却欠缺相应之了解，他的识见与理解力并不很高。徐复观曾归为三点，以指说王充学术思想的特点。[①]

一、重知识而不重伦理道德

汉代思想家，多以伦理道德为出发点，王充则以追求知识为出发点。对于五经，他只当作历史材料看，而不了解经过孔子整理诠释与孔门传承讲习的五经，不再是史料，而已成为社会政教之常道、人伦道德之规范。

汉代经学虽有驳杂，但经过儒生之持续努力，五经已成规范朝廷政治之大经大法。当时大臣对政事提出"不合经义"之谏争，就如同今日所谓"不合宪法"，而王充不了解"通经致用"（以学术指导政治）的精神，亦不了解先秦儒家"知识必归于人伦道德"的总立场。

---

① 参见徐复观：《两汉思想史》，上海：华东师范大学出版社，2001 年，第 2 卷，《王充论考》。

二、否定行为结果之因果关系

凡重视伦理道德，亦必然重视行为，而汉儒尤其重视天子之行为。因为统治者行为的善恶，直接造成国家社会的吉凶祸福。汉儒相信，国家失道，天以灾害谴告之；人君不知自省，天以怪异警惧之。天人感应之说，正是想要在经义之外，再以天意夹持人君，要求人君对生民之吉凶祸福负责。而王充似乎完全不了解此种苦心，竟说：

> 人之死生在于命之夭寿，不在行之善恶。国之存亡在于期之长短，不在政之得失。(《异虚》)

他的意思是说，人的生死寿夭，乃是命，不关乎行为之善恶，国家的存亡，国祚的长短，亦是命，不在于为政的得失。他完全否定行为善恶与吉凶祸福的因果关系。他的理智主义直接与命定论结合，可见其人的忧患意识与道德意识甚为薄弱。

三、反博士学术系统

汉武帝为五经博士设立博士弟子员，而形成“专经”和“重师法”的学术传统，造成以章句为重的学术风气，“皓首穷经”的专业精神和重视家法的学术规范，自有可贵可尊重之处，但“专而不通”与“门户之见”亦逐渐成弊。另一批非博士系统的学者，则特别重视“通”而不主张“专”，重义理而贬章句，像扬雄、刘歆、桓谭等，皆是这一系的杰出学者，王充亦是属于反博士系统的人物。

王充认为“信闻见于外，不诠订于内”，乃是“以外效立事”，“是用耳目论，不以心意议”。故“开心意”以检索考察，方能论定是非，此便是他判定虚妄与否的方法。

但他只是消极地批评虚妄，而对虚妄的形成与消解却未有积极的理论。“疾虚妄”以求“真实”，本是学术的通则。但所谓“真实”，其对象与界域各有不同，不可以知识上之真实，否定道德上或文学艺术上之真实。譬如汉儒以灾异术数为真实，而且以生命殉其所信，虽然在知识上可判灾异术数为虚妄，却不能直指汉儒为虚妄。（信鬼神以祈福消灾，是迷信。但信灾异术数而继之以道德之真诚实践，则不是迷信，而是“顺天意以从事”，是基于“任德不任刑”的精神而来的。）

以下试看王充的性命论。[①]

第二节　用气为性

一、言性两路

自古言性有两路：

顺气而言者，性为材质之性，亦曰气性、才性乃至质性，宋儒总括为“气质之性”。

逆气而言者，则在“气”上逆显一“理”，此理与心合一，指点一心灵世界，而以心灵之理性所代表的“真实创造性”为“性”。孔子之仁，孟子之心性，《中庸》之中与诚，皆属之，宋儒综括为“天地之性”“本然之性”或“义理之性”。

由“用气为性”而上溯性之根源，是为“元一之气”，气迤逦而下委则为“成个体”之性。于是有分化之差异：由禀气之强弱而说寿夭；由禀气之厚薄而说贫富；由禀气之清浊而说贵贱，进一步说智愚、才不才；合清浊厚薄而说善恶。

---

① 以下各节，乃就《才性与玄理》第一章“王充之性命论”各节之要义而综述之。特为注记。

二、气性与善恶

既是用气为性，则其所谓善恶，实乃气质之倾向，而成为“善恶两倾”，说善可，说恶亦可，并无定然的善可说。先秦时期，孟子之性善，是道德性本身的定然之善；荀子之性恶，则就动物性（生物本能、生理欲望、心理情绪）而言之。而告子“生之谓性”乃是中性说。（故告子曰，性无善无不善也。）下及汉儒，董生之“如其生之自然之资，谓之性”“性情相与为一瞑”，刘向之“性不独善，情不独恶”、“性情相应”（性之接于物即为情，故曰：性，生而然者也；情，接于物而然者也），扬雄之“善恶混”，王充之“三品说”，凡此，皆“用气为性”者，皆可各成一说。唯王充以为“孟子言性善，中人以上也。荀子言性恶，中人以下也。扬雄言善恶混，中人也”，是根据自然生命之差异强度性，而分性为“上中下”三品。其实此差异性亦不止善恶二端，智愚、才不才以及清浊、强弱、厚薄等亦在其中，可见王充只从善恶说“性三品”，尚欠周备。

三、气性与心

凡是用气为性，皆当接触到“心”。如告子虽未直接言心，但所谓“不得于言，勿求于心，不得于心，勿求于气”，表示他已自觉到心的地位。荀子则贱性而尊心，董生、扬雄亦言及心，但皆未能“就心而言性”——故论礼义、仁义之善，皆成为后天之人为（丧失其先天之超越性）。

另如道家就自然生命之浑朴以言性，其对性之态度在养不在治，工夫落在心上做，清心、静心、虚心、一心以保养自然浑朴之性，不使发散，此即所谓养生。养生即养性，在心上做工夫，在性上得收获。但道家亦不就心以言性，故其清虚静一之心，并无超越之根据。只是靠“道、无、自然”来提炼，只有后天工夫，而无先天工夫。不过由于道家不讲“道德性”，问题便比较单纯，但亦正因为不能安放道德性，不能开出人文世界之人文价值，而形成道家系统之严重缺憾。至于王充，则根本未觉识“心”之地位与作用，此所以流为材质主义、命定主义。

第三节 性成命定

王充所谓“用气为性，性成命定”，又说“人生受性，则受命矣。性命俱禀，同时并得。非先禀性，后乃受命也”。“性成”则“命定”，这是内在于气性之直贯的命定，牟先生名之为“垂直线之命定”。在此，重在说“命限”义。王充所谓“强弱寿夭之命”“死生寿夭之命”属之。而与环境相关涉的“所当触值之命”“贵贱贫富之命”，牟先生名之为“水平线之命定”。在此，重在说命遇、命运义。

然“命”既皆决定于父母施气之时，则水平之命定，实亦可收摄于垂直命定之中而有其根，不过借遭逢而显示耳。父母施气之“性成”，同时即“命定”（从气说的“性”“命”，本就有限制，有定然）。就自然生命强度之等级性而观，则命定义尤为明显。故“用气为性”之底子是材质主义，而父母乃至天地之施气，皆自然而然，并非有意而然。故材质主义必含自然主义①，而同时又因“性成命定”，则亦必含命定主义。

王充能以彻底的材质主义、自然主义、命定主义，将自然生命之领域（差异强度之等级性）显括出来，此即王充思想在学术上之价值所在。因为负面之生命显括不出来，则正面之精神生命亦不易真切反省而彰著。②

---

① 道家讲自然，乃是清静无为的自然境界，是从“心”上说，不从“气”上说，故不同于材质主义、自然主义。

② 儒圣对人性之负面不欲多言，唯对此无可奈何之参差缺憾深致忧念，乃转出道德意识，自正面之精神生命言性，故主张尽性以赞化育，此则王充诸人所不及知者。荀子虽言性恶，但主以心治性，能将心上提于客观之道——礼义之统，而不肯泯心废道，下委于自然生命，此其所以仍得为大儒。而王充则只气性一层，无真正之道德意识，根本接不上先秦儒家之学脉。

第四节　气性领域之全部意义

王充以气为性，但对于气性之领域，犹未尽其余蕴。兹将气性领域之全部意义，略为一说。

在材质主义之下，言自然生命强度之等级性（智愚、才不才、清浊、厚薄、强弱乃至贫富、贵贱、穷通、寿夭，皆在其中），此为命定主义。

在美学欣趣下，对气性、才性或质性而予以品鉴，此则开艺术境界与人格美之境界。（此所谓人格美，乃指才性人格之美，非指德性人格。）

在道德宗教意识之笼罩下，在仁心悲情之照临下，实然之气性（自然生命之强度）只有生物学上之先天定然，而并无理性上之先天必然。由此而观其底蕴，又可开出：印度人之“业力”观念，佛教依此说“业识流转”；基督教之“原罪”观念，但基督教对此未予展开与剖析；[①] 宋儒之“气质之性”，在“天地之性”（本然之性、义理之性）之照鉴下，气性、才性或质性，收敛而为“气质之性”。

对“业识流转”，佛教说“转识成智”；对“气质之性”，儒家讲“变化气质”；对“原罪”，基督教则不从自力说，而采取“上帝救赎”说。三教皆表示有“气性”以上之领域。由此可知，材质主义之命定，实只是实然的、暂时的，是不能自足的；而在美学之品鉴下，气性、才性或质性，是可以欣赏的；但在“超越者”（仁心悲情）之照临下，则又成为可忧虑的，而令人致慨。如此看气性、才性或质性，方能尽自然生命强度之全部意义。

---

① 相对于“原罪”，宜可以有“原性”之观念。依基督教教义，亚当、夏娃偷吃禁果之前，本是有“神性”的。如此，何以不讲“原性”？相对来说，则原罪、救主、赦罪以及伊甸园之神话，皆可用平常心斟酌调整。当然，此事甚为不易，但亦并非绝对不能。我们在此提一下，亦是“爱人以德”之义。

第四章 《人物志》的才性系统

汉末魏初有刘劭作《人物志》，其内容是品鉴才性，开出人格上的美学原理与艺术境界。其目的是在实用方面知人[①]与用人。书中的论述自成系统，但却是品鉴的系统。这种品鉴的论述，可称为美学的判断或欣趣判断。

对于了悟全部人性的学问，在中国是站在主流而核心的地位，其讨论的线索有两条：第一，先秦人性善恶的问题，从道德上的善恶观念来论人性。第二，《人物志》所代表的“才性名理”，从美学的观点（不是道德的观点）对人之才性或情性的种种姿态，做品鉴的论述。

第一节 才性之特征与姿态

才性的特征有二：其一，说明人之差别性或特殊性（包括横说之多采与纵说之多级）；其二，此差别性皆是生命之天定者，由此可以说明人格价值之不相等与天才之实有。

顺此两个特征，魏晋人多有气质高贵的飘逸之气，一方面显为美学境界中的贵贱雅俗之价值观念，另一方面又成为评判人物之标准，而落于现实面则成为门第阶级之观念。这表示艺术性的才性主体[②]之发现，并不足以建立真正的普遍人性之尊严，亦不能使人成为皆有良贵（天爵）

---

① 中国自古有知人论世之学。《汉书》“古今人表”代表汉代以前之知人论人（以德性为主纲）。至《人物志》则开出从“气性、才性”看人，而出现“英雄”一词。再如鉴人术与命相一流，亦属于这个脉络。

② 牟宗三《历史哲学》第一部第三章第六节论及中国具备道德的主体自由与艺术性的主体自由。而艺术性的主体虽然生而即有，但自觉地（概念地）加以讨论，则自《人物志》始。

的精神上之平等存在。(正因为德性观念不显立，故孟子之人性论，历两汉、魏晋、南北朝、隋唐而鲜见解人。)

儒家以“尽心”“尽性”“尽理”“尽伦”“尽制”为主纲，表现“道德的主体自由”，这是“综合的尽理”之精神表现。若是“尽才”“尽情”“尽气”，则表现“美的(艺术性的)自由”，这是“综合的尽气”之精神表现。又，“才情气”若在“尽性”“尽伦”中表现，则为古典的人格型(如忠孝节义)，若其表现为超逸一面，则为诗人、艺术家、才子、佳人、豪侠、隐逸……而魏晋名士，当然是表现才性之美的才性人格。

《人物志·九征》云：

> 凡有血气者，莫不含元一以为质，禀阴阳以立性，体五行而著形。

才性之理，有借于“质”“性”“形”而始立。质，指“元一之气”(材质之先天性)；性，指“阴阳之性”(性情刚柔之差异)；形，指“五行之形”(个体生命之姿采)。“质”“性”“形”三者连贯而一之，则人之情性可得而明。质、性、形，皆属材质。故元一、阴阳、五行，亦皆属于“气”或“质”，皆是气化宇宙论的词语。《九征》又云：

> 凡人之质量，中和最贵矣。中和之资，必平淡无味；故能调成五材，变化应节。是故，观人察质，必先察其平淡，而后求其聪明。

所谓“质量”，即质性之容量。人之质性和谐浑融，不偏不倚，谓之中和。此是圣人之资，乃材性之最高者。(汉代魏晋时，皆从才性看圣人。故以为圣人乃天纵之圣，不可学而至。)

《九征》先由五行论五质、五常、五德(五行之德，五德终始之德)，次由五质、五德之表现不能达于中和而论“偏至”(五行之偏)，再由九征以征知人之九种质性(由“神、精、筋、骨、气、色、仪、容、言”，以征知“平陂、明暗、勇怯、强弱、躁静、缓急”等之质)，最后论才性人格之层次，如三度“兼德”“兼材”“偏材”与五等“圣人”“大雅”“小雅”“乱德”“无恒”。

兹引录牟著《才性与玄理》第二章第五节之内容于此，以供观览：

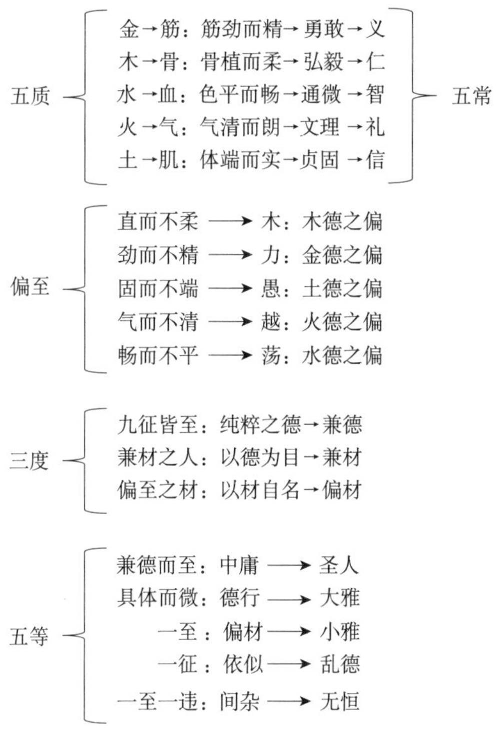

第二节　才质与德性（英雄、圣人）

继“九征”之后，《人物志》又言“体别”，指出人之体性各有不同（如刚毅、柔顺、雄悍、沉静、清介……），其意在说明人之殊异性。人之殊异性，是依于才性气质之不同而来。故各人皆有偏至，而“偏材之性，不可移转”，《体别》虽说到“进德”与“学”，但却说不出如何学方能进德。依儒家，进德之学，唯在“变化气质”。只顺才性观人，则进德之学无法建立。其根本原因，是“入道进德”之学，与“周遍及物”之恕，并不能在才性领域中获得超越之根据；而必须逆其材质情性之流，而觉悟到成德化质所以可能的“超越根据”（道德理性），以开出理性领域，才性气质之偏始可转化，成德之学始有可能。

才性可欣赏，亦可忧虑。从品鉴的立场说，才性多姿多彩，虽是偏至之格，亦可欣赏。[①]但从成德的立场说，则是可忧虑的。魏晋之时代精神与学术精神，是取其可欣赏的一面品鉴之，此是才性之积极意义，《人物志》即其开端的代表。但《人物志》既开不出超越的义理之性的领域，故不能建立成德之学。因而亦对圣人无相应之理解。

圣人是德性人格，不是才性人格之目。其根基在超越的理性，不在才质或天资（而《人物志》却正是以才性来了解圣人，其所谓中和、中庸，亦是才质义的中和、中庸，故不相应）。圣人之天资才性所呈现的姿态，在成德之学中为其所润所化，而转为圣人之气象，故宋儒总说观圣人气象，而无人说观圣人之风姿或神采。（风姿、神采，乃是原始的，故非人格价值之观念。）

顺才性观人，虽不足以论圣贤，而论英雄则甚为恰当而相应。

《英雄》云：“聪明秀出谓之英，胆力过人谓之雄。”（以项羽、刘邦、张良、韩信四人而论，张良是英而不雄，韩信是雄而不英，项羽、刘邦则既英且雄，唯项羽“英分少”，故不及刘邦。英雄一格由刘邦而开出。）先秦经典中无“英雄”一词。东汉末开品题人物之风，许劭谓曹操乃“治世之能臣，乱世之奸雄”，曹操亦与刘备煮酒论英雄，至《人物志》正式提出英雄而品鉴之，且著之于篇章。然而，既开不出超越领域，则照察不出生命之理性，故只见英雄之可欣赏，而不知英雄之祸害。下至宋儒，建立成德之学，方能识英雄之病。故推尊圣人，以德为本。而汉唐英雄之主，在宋儒之照察下，遂成卑不足道。此所谓理境既宽，眼界自高也。

---

① 今所谓某人有性格、有气质，便属于这一层。但今人欠缺教养，远不如魏晋人高雅，故不免显得伧俗、鄙陋。

第三节　艺术境界与智悟境界

由“体别”进而言“流业”，即顺“体别”而言说其特别相宜之表现，是谓流业十二家：清节家、法（度）家、术（数）家、国体、器能、臧否、伎俩、智意、文章、儒学、口辩、将帅。进而再言“材理”，顺其才质情性之能尽何种理，而即依理以定体性之各别与得失。《材理》谓“理有四部，明有四家”——

四理：道之理，属形上学；事之理，属政治社会；义之理，属礼乐教化；情之理，属人情屈伸进退之几微。

四明（四家）：凡契会客观之理，需有智悟之明。人之才性不同，故其烛理之机能亦异，或有适“道理”而不适于“事理”者，或有适“义理”而不适于“情理”者。理有四，明亦有四，表现明以把握理，常不能兼四者于一身。故明有四家，分别是道理之家、义理之家、事理之家、情理之家。

品鉴此才性之姿态，可开出人格上之美学原理与艺术境界。由四理、四明等复可开出心智领域与智悟境界。[①]

一、由美趣转出智悟境界

智悟使品鉴达于明彻，而品鉴是智悟之具体表现。其所用的品鉴词语，有如姿容、秀雅、骨骼、清奇、风神、俊朗、器宇、轩昂……

二、美趣与智悟结合，开出二系义理

（一）才性名理系

刘劭之《人物志》，与论才性“同”“异”“合”“离”的傅嘏、李丰、

---

① 关于刘劭《人物志》的解析诠释，牟宗三《才性与玄理》第二章“《人物志》之系统的解析”最为深透精当，请参阅。

钟会、王广，属于同一系统，才性是他们讨论的重点，而不及《易》与《老》《庄》，其人也不称为名士。而才性与玄学同属名理，故牟先生认为宜分判为才性名理与玄学名理二系。而一般之分判，常随意而为之，皆欠妥洽。

（二）玄学名理系

此系人物，称为名士，以谈《易》与《老》《庄》为主。其言为清言、清谈，其智思为玄智、玄思；故其理为玄理，其学为玄学。依时间之先后，可以分为：正始名士（魏初），以王弼、何晏、荀粲为主，皆谈《老》《易》；竹林名士（魏末），以阮籍、嵇康为主，从《老》《易》转《庄》学；中朝名士（西晋），以向秀、郭象、乐广、王衍为主，《庄》学最盛。[①]

三、自然与名教之冲突

魏晋名士，脍炙人口。其实，魏晋人在美趣智悟上，确实很不俗，一面能开出纯文学论，创造美文、书画、音乐等艺术[②]；一面又善名理，能持论，还能以老庄之玄理（无的智慧）接引佛教之般若学（空的智慧）。但其在德性上则显得庸俗而无赖（有聪明而无真心肝，有美感而无道德感），而形成“自然与名教”“自由与道德”之矛盾。这个矛盾，是老庄玄学无力化解的，必须开出德性领域，乃能构成德性、美趣、智悟三度向的立体统一，乃能化解自然与名教之冲突。

附说：名士之特征

“名士”一格，甚为奇特。中国历史上出现的名士，和禅宗的禅师一样，都是精光奇采，美则美矣，其奈昙花一现何。虽然这昙花一现，也

---

① 东晋以后的江左名士，承风接响，乃西晋之余绪，就哲学史而言，可勿论。

② 陆机之《文赋》，刘勰之《文心雕龙》，钟嵘之《诗品》，皆纯文学论之作品。六朝之“骈体文”即美文。嵇康之《广陵散》、顾恺之之画、王羲之父子之书法，皆属不朽之艺术创作。

延续百数十年，但一现之后，后代再也不能再现了。所以在历史的长流里，终究是一现之昙花。

然则，何谓名士？名士之特征为何？我觉得还是牟先生的说明最恰当。

首先，名士者，清逸之气也。清则不浊，逸则不俗。其风动超逸物质之机括，则为清；精神溢出成规通套，则为逸。诸如清逸、俊逸、风流、自在、清言、清谈、玄思、玄智，皆名士一格之特征也。

其次，名士唯显清逸之气而无所成（此乃名士之通性）。名士除清谈玄理之外，其逸气无所附着，不立德，不立功，不立言，也不立名节，却声名洋溢，人所注目。

最后，名士是天地之逸气，亦是人间之弃才。名士四不着边，无挂搭处，俨若不系之舟，其所显之艺术境界亦是虚无境界，一面可欣赏，一面任放恣肆，败坏风俗。从人间社会看来，实乃无所成之弃才也。[①]

① 说“名士”是弃才，这是一句很伤感情的话。但从德性价值来说，这句话亦算很平实。欧阳修有言：魏晋无人品，惟一陶渊明而已。欧阳子凭什么说这句话？曰：凭儒圣之学而言之。北宋儒学复兴，眼目自高。人皆知圣贤人品必自德性言，不从才性说。

第五章　王弼之易学与老学

东汉末期之清议，是议论政治；至魏晋转为清谈，清谈即谈玄。魏晋人之玄言玄论，一扫汉儒之质实而归于虚灵，将汉人“客观的气化实有之宇宙论”，扭转而为以道家为矩范的主观的境界虚灵之本体论。

在人品上，魏晋人仍然推尊儒圣，事实上则高看老庄，以为老庄方能知言知本（本，指“无”），此表示玄学名理，实只是哲学名理，并不足以言圣证。圣人立教（体无），哲人明理（言无），言之而不能体，则教与学不能合一（道家与道教有距离），故圣证必须开出“教下名理”（儒学与儒教、佛学与佛教，则能合一），而道家于此实有欠缺[①]，然其智悟则甚高也。

魏晋之玄理，当以王弼、嵇康、向秀、郭象为大宗，而阮籍则格调又不同。以下依次加以论述。

第一节　易学三系（兼述王弼易学之渊源）

一、易学三系（术数、象数、义理）

王弼虽是道家心灵，而费全力以治易。自汉以后，易学可列为三系：

（一）管辂之术数系

术数中含有一种步运之术（步三光，明灾异，运蓍龟，决狐疑），连

---

① 道家未能充分“立教”——历来之道教实乃道家玄理之趋降（由形上向形下趋）。

属事物，乃有某种特殊定数之预测的确知。所谓确知，可有两类。

第一类是科学之知，含抽象的概念、一般的经验、机械的规律、逻辑的推理。这种“知”有客观的妥实性（以量控质，故重归纳法）。

第二类是术数之知，以质还质（心保其灵，物全其机），以象征之直感为媒介（知几其神，术足数成），其妥实性落在具体而活泼之事实上来证见，旨在知于几先，有所警惕，是之为“履道之休”（引归德行）。盖术数之事，“非至精不能见其数，非至妙不能观其道”。故常人皆不可学，非绝顶聪明而又宅心忠厚者，不能学，不可学。管辂之弟欲学卜及仰观之学，辂曰：“卿不可教耳。……《孝经》《诗》《论》，足为三公，无用知之。”[①] 而且，“履道之休”，亦非卜筮之所明也。

此种直接的确知，其层级如下：第一，常识的闻见形态，此囿于官能；第二，科学的抽象形态，此囿于概念；第三，术数的具体形态，此超越而归于具体形变；第四，道心的境界形态，此则超越知识而为“即寂即照”。在此层级中，可看出“术数之知”之特有地位，它可上升而为道心之境界形态，而废弃其“知”义，亦可静态化（量化）而下降为科学形态，成为抽象之知识。从其上升言，故凡基于玄理或性理而修道笃行者，皆不以此“先知”为可贵，而精于此术者皆不轻露，亦非其人不传，而又必劝人修德保禄，自天佑之，无吉不利，非如此者，则为“《易》之失贼”。

术数之知以德性为本，以性理、玄理之学为学，而其本身为末、为术。性理、玄理之道学能进退术数之知与科学之知以为之主。否则，若只一味是科学之知，则专用于造原子弹，正足贻大祸于人类，故心思滞执于科学者，未必是人生之福休也。

（二）汉易之象数系

象数易以阴阳灾异为底子，以爻象互体注经文。（互体，始自京房。就一卦之二至五爻，互结其上下二体以成卦象。例如中孚☴☱，三至五互体为艮，谓之互艮。又如兑☱，内外互体见离巽；谓二至四互离，三至五互巽。）以互体增多卦象，以推演经义，有章句。此亦可曰“经外别

---

① 牟宗三：《才性与玄理》，第98页。

传”而附会于经者。

《易经》进入哲学史，是从《易传》开始，易教、易理、易道，皆自《易传》以言之。此是从孔门《十翼》之义理（即《易传》之义理）以了解《易经》。

（三）以传解经之义理系

此有二系：一为王弼之玄理，一为宋儒之性理。王弼立根基于玄理（与孔门义理实非相应），宋儒立根基于性理，二者皆能通神化之玄，览道于无穷。

二、王弼易学之渊源

王弼（公元226—249年），字辅嗣，山阳人（今山东地），王粲之孙，刘表之外曾孙。先是，刘表学于王畅。及后，表欲以己之女妻畅之孙王粲，及见粲貌寝，乃改以女妻粲之族兄王凯。之后，粲之二子涉谋叛而遭诛。曹丕闵之，命以王凯之子王业继承于粲，王业即王弼之父也。其关系如下：

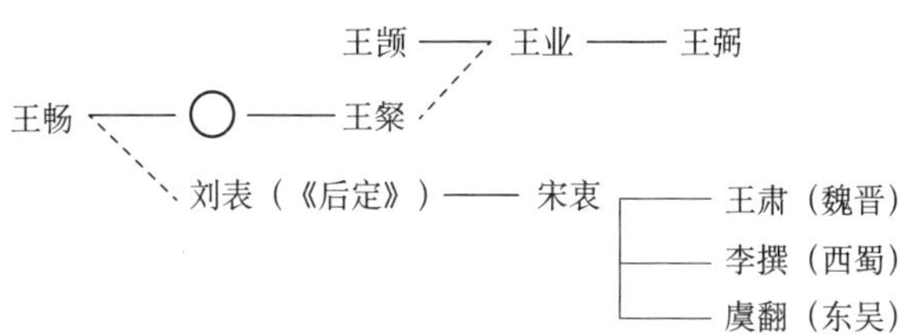

王弼之易学，与荆州“后定”[①]颇有渊源。王肃乃宋衷门人，而弼之易学颇祖述之，可见渊源有自也。时荆州之儒，守故之习薄，创新之意厚，而王弼亦不遵汉易传统而“扫象数”，足见其廓清之功与超脱之慧。

---

① 刘表为荆州牧，使宋衷（仲子）等人撰定《五经章句》，谓之《后定》。宋衷门下有王肃，而王弼易学颇祖述之。可知与《后定》颇有渊源也。

王弼用费氏易[1]，费直治易，无章句，以传解经。但王弼实是以玄理注易，既与管辂之术数不同，又与汉易之象数相反，而且与《易传》之义理纲脉亦有距离。

第二节 王弼玄理之易学[2]

王弼承费氏“以传解经”之成规（此乃可取之途径）。六十四卦之卦辞、爻辞为“经”，孔子之《十翼》为“传”。《十翼》者，唐代孔颖达《周易正义》卷第一云：“上彖一，下彖二，上象三，下象四，上系五，下系六，文言七，说卦八，序卦九，杂卦十。”彖、象皆随经分上、下，系辞传则自身分为上、下。彖传总解一卦，象传则大象是取象以解卦，小象是取象以解爻。文言有《乾卦・文言》《坤卦・文言》，以疏解乾坤二卦之义理。而说卦、序卦、杂卦，则不甚重要。《十翼》虽未必是孔子所作，但“彖、象、文言、系辞”属于孔门义理，则无可疑。说孔子作，是归宗语，亦如佛经皆佛说也。

费氏以传解经，无章句，王弼沿以传解经之成规，而又有章句，但他只注六十四卦与孔子彖象文言，系辞以下则为韩康伯注，今言王弼易学，实连韩康伯而言之。王韩之易学，要在废象数，至于义理，则未能把握住孔门之管钥，而以道家之玄义解经。汉易重象数，不解义理，是以占卜中之爻象、互体等以解经文，此与管辂之术数，同为经外别传，非以孔门《十翼》为了解《易经》之定本也。当然，《易》为卜筮之书，卜筮时，卦爻之变化，必有通例以为测断之根据，判断语句即卦爻辞。因此，据卦爻之变化如旁通、升降、消息、爻象、互体等以判经文，并非全无来历。但此等通例，经无明文，故谓之经外别传。如以孔子义理为教，则象数家不

---

① 依徐复观《中国经学史的基础》（台北：学生书局，2004年）之考据，谓王粲实不用费氏易，见徐书第104页。

② 此节依据牟宗三《才性与玄理》第四章而讲论，不再分别作注。

以《十翼》之传而发为《易经》之义理，而以象数明经，则亦可谓之教外别传。王韩之易是以道家玄义附会孔门义理，真能把握住孔门义理而尽其蕴者，必自宋儒始。（顺孔门之义理入，为显教。顺术数象数入，为密教。）

一、王弼易学之中心观念及其特色

王弼论易之中心观念，主要见于《周易略例》之“明彖”与“明象”（前者是本体论的问题，后者是方法论的问题）。

彖，断也。判断（统论）一卦之体性，由明彖而至“一多”“体用”之观念，是为本体论之问题。一非数目之一，乃“统之有宗，会之有元”之一。故此“一”即本、即体，而“多”则指现象。由一而成就多，即由体而成用。唯此“一”之为体为本，乃以道家之“无”“自然”为背景，故王弼乃以老子的玄理谈易，并非以孔门之天道性理谈易。他对易道生生之义，并未有相应之阐发。

由明象而至“观象以尽变”，再至“得意而忘象，得象而忘言”。（言生于象，言用以说明象，明象则言不必要。同时，可寻象以观意，意得而象忘，忘象者乃得意者也。）此乃方法论之问题。言与象皆工具，只用以“得意”，意既得，而言与象皆可忘。

二、言意之辨（从尽意到尽心尽性、尽伦尽制）

归结上文之义可知，一（本、体），由一而成就多，“立体而成用”，乃以道家的“无”“自然”为背景，不合“易道生生”之义。此外，“言生于象”“得象而忘言”“象以尽意”“得意而忘象”，每一意皆是一普遍的理，意得，则“言、象皆可忘”[①]，故“扫象数”。

---

① 陶渊明《饮酒》诗：“结庐在人境，而无车马喧。问君何能尔？心远地自偏。采菊东篱下，悠然见南山。山气日夕佳，飞鸟相与还。此中有真意，欲辩已忘言。”此亦生命境界之文学表达也。

“得意忘言”之说，影响甚大，即所谓“言意之辨”也。[①]大体而分为：欧阳建主之“言尽意”（就事实概念、逻辑概念而言，言可尽意），此为“言意尽”；荀粲之“言不尽意”；王弼则是所谓“尽而不尽”者（其实荀粲亦然），已尽者是与名言相应之义，未尽者是与名言不相应之义。（故得象而言可忘，得意而象可忘，此为超言意境。）至于儒经言“尽”，乃顺依义理而尽心尽性、尽伦尽制。尽，有解悟上之尽，有践履上之尽。解悟是在践履上解悟（穷理尽性，是对内容真理之解悟，此种解悟实乃证悟），践履是在解悟中践履（自觉地依义理而践履，亦即孟子所谓“由仁义行”是也）。此时，解悟与践履通而为一（知行一贯，即知即行），是则必须由“玄理”进到“性理”之学而后可。

三、王弼易学之得失

关于王弼易学之得失，可分条举述如下。

（一）解“乾道变化，各正性命”

王弼之解，虽能明“乾健”之德，却失去乾道（天道）生化万物、成就万物之密义（奥义），乃使天道不能落实地贯于个体，而疏忽了“各正”性命而得利贞，故成物之终始过程，亦彰显不出来。（未及“天道性命相贯通”之大义，于儒圣言生道生德之义未能契合。）

（二）解“复其见天地之心”

王弼之解，只以“寂然”“至无”为心，解“复”为反本（返于无），而不知“天地之心”乃乾元之创造性，遂使“天地以生物为心”（程明道语）之义泯失，而亦不明“天心乃在仁体上证见”之义。

（三）解“大衍之数五十，其用四十有九”

王弼以四十九乃数之极，第“五十”非数（第五十这个“一”，非数

① 牟先生《才性与玄理》第七章论之甚详，请参阅。

之一），而是指“体”（无），故不用。（不用，而用以之通；非数，而数以之成。）由“有”之极以显“无”，以明不用之体即“太极”。此解全系“有体无用、有用无体”之义理观念，而非象数观念。于此，极见王弼智思心灵之简洁精微。

马融解太极、两仪、日月、四时、五行、十二月、二十四节气，共五十，而太极不用。此是就天地造化而言。汉儒解太极为太乙、北辰，居中不动，其余四十九转运而用。此乃“气化宇宙论”之思想。王弼以其虚灵之玄思，将此图画式的气化宇宙论，扭转而为纯玄理之形上学，乃思想史上一大进步。

（四）解“一阴一阳之谓道”

王弼以“一”为“体”（无），阴阳是有、是殊，而其体即无、即一。由阴阳之极（归极于无）而见无之一，此“一即是道”。此解完全不合儒家义理。

（五）其“体用、有无”义

王弼泛言体用、有无，皆玄微而深透。谓至变、至精、至神者，超有而通于无，资无而归于有。通于无，故忘象而遗数；归于有，故制象而立数。此圆融之唱，千圣同证。盖有、无乃是共法，有无圆融则是共证。但同中有异，精神方向有不同耳。至于“以无为体”与“圣人体无”，虽未必不可说，唯儒家之学在天道性命相贯通，而不在说有说无耳。

（六）其“圣人体无”义

体无是造极的境界。无之为体，乃是境界上第二序之体（从体现上说），不是第一序的实有之体（实有层上并没有一个实体叫作无）。儒家言仁，仁之为体才是实有的第一序之体（本有、实有）。在孔子，此二者实通而为一（圣人之所以能体无，正在仁体之呈现流行）。然而王弼言“圣人体无”，是以老子之“无”为体，此是本；而孔子只是在用上作之，此是迹。“本”“迹”分而求合，乃以为道在老氏，孔子只是显迹以体之。如此会通孔老，结果是阳尊儒圣，阴崇老氏，不能算是真会通。

又，道家言无，亦本是作用义，却又直以之为体，遂入于虚而不能实，故是境界形态，非实有形态。魏晋人实不解儒圣之道。如西晋中裴頠作《崇有论》，力反崇尚虚无，然徒以物类存在之有，以反对道家之无，乃根本不相应者。

（七）其“圣人有情”义

王弼谓：“圣人茂于人者神明也（故能通无），同于人者五情也（故能应物，唯圣人能应而无累耳）。”然王弼不知圣人不只是体无而应物无累，而且能在“情”中表现义理之当然。当恻隐羞恶则恻隐羞恶，当喜怒哀乐则喜怒哀乐，皆能各当其可而表现仁义礼智，此方是应物中节而无累之真实义。

总之，魏晋人虽推尊圣人，而仍高看老庄，此表示其生命灵魂是道家的，他们对圣人之推尊，不是发自心灵深处之本质的真诚，故不能进而言道德创生义。反之，魏晋人虽高看老庄，却仍须推尊圣人，此表示徒有道家之生命灵魂，并不足以获致安身立命之道，所以仍然不能不推尊圣人。然而，欠缺本质的内在的生命之真诚，则尊圣人亦尊不起来。于此，可以看出魏晋人实有无法消解的人生之悲剧。此一人生悲剧，必须从生命文化上达至美趣、智悟、德性三者之和谐统一，方有消解之可能，而在中国历史上，此三者之统一，须至宋明儒学复兴之时方能完成。

第三节　王弼之老学①

王弼以玄理注易，虽有不相应、不谛当之处，而其注老，则能得老子之玄旨。兹依王弼对老子之了解，分为三项以略说老学之基本义旨。

① 汤用彤有《魏晋玄学论稿》，此书甚有价值而未达完整。至牟先生之《才性与玄理》，方彻底疏导了魏晋阶段之玄理，亦同时表示了魏晋之玄学。精审明透，文字亦美。本节即顺其义理以论述王弼之老学。

一、本体论的体悟

（一）形式的区分

《老子》云："道可道，非常道；名可名，非常名。"王弼指出，可道可名之道，是定名，是道之名号。不可道不可名之道，则非定名，而是对道（形上之道、道本身）的称谓。如道、玄、微、大，皆称谓之词。

《老子》又云："无，名天地之始；有，名万物之母。""始"与"母"皆指道而说，前句是向后返以显本，后句是向前伸以见用。"无"与"有"乃道之两相，亦可说是道之双重性、对偶性。两者"同出而异名，同谓之玄。玄之又玄，众妙之门"。"玄"非定名，乃不得已而用之的、言不尽意的称谓之词（"强字之曰道"的"道"，亦同）。它既非定名，故亦不可定于一玄，而必须说"玄之又玄"，乃能导生众妙之有。

（二）道之三性

主宰性——道为万物之宗主。此所谓宗主，并非有意之主，乃不主之主，故曰"生而不有，为而不恃，长而不宰"。此三语表示，道之为宗主，乃是不生之生，无为之为，不主之主，它是以冲虚妙有之"玄德"，而为万物之主，此是境界形态之宗主（非实有形态之宗主）。

常存性——道永存而不可变。道，似有而非有（故曰无），似非存而实存（故又可曰有）。盖道乃超乎存与不存之常存，是冲虚玄德之永存。此种存，乃系境界形态之存。

先在性——道在一切物象之先。道之玄德先于天地，然此所谓先，乃是境界形态之形上的先在，而非实有形态之实体的先在。在此，道只是一片冲虚无迹之妙用，故其先在性是消化一切实有形态而透示出的先在性；若说它是形上实体，亦是境界形态之形上的实体。此是作用地显示道之境界（以玄智玄理开显之境界）。

（三）道之自然义

老子以"自然"规定道。第一序的自然，是依条件而存在的自然物（现象）。这种自然，实只是依他而然，乃"他然"而非"自然"。而道之自然，则是冲虚境界上之第二序的自然，此乃"不着于物"者（不依条件而存在，乃本自如此，自然而然)。故王弼曰“自然者，无称之言，穷极之辞”。(连称谓之词都没有，何况名乎？故曰无称之言，穷极之词。)这是直下认取“道”以“自然”为性(由自而然，自存)。道非独立之实物，而是冲虚之玄德，故又曰“道法自然”——无意念造作加于其间，故能“在方而法方，在圆而法圆”(随物性而显现之)，而显示“无为而无不为”之妙用。(否则，损方以成圆，或损圆以成方，皆是造作，不合自然。)

二、宇宙论的体悟

(一)道之自然，乃“实现”义，非“创生”义

《老子》云：“天地万物生于有，有生于无。”凡有皆始于无，“有”由“无”而开出，而“无”即“道”。道之生物是“无生之生”，只表示实现性，不表示创生性。所谓“道常无为而无不为”，即表示实现原理。

(二)遮有为、显无为——无为而无不为

“无为”开“无不为”，“无不为”以“无为”为本，有“无为”之本，自有“无不为”之用。王弼以“不塞其源”注“道生之”，以“不禁之性”注“德畜之”，甚为恰当。不塞其源则物自生，不禁其性(万物以自然为性)则物自济。济，成也，德，得也，自成自得也，自得自在，乃能自生自养。此是“德畜之”一语之真义。冲虚无为之道，只是“不塞不禁”以开源畅流，让物自生。此仍然是“无生之生”。

(三)道是境界形态的实现原理

老子言道之“生”万物，不同于柏拉图之“造物主”之制造，亦不同于基督教之“上帝”的创造，亦不同于儒家“道体”“仁体”之生化。在道家，道只是使万物之自生自济之源畅通的冲虚玄德。而德之为体，亦非实有形态之实体，而只应就“冲虚玄德”而言。故道之实现性，亦只表示是境界形态之实现原理。其宇宙论乃“不着于物”之宇宙论，乃不宰制、不操纵的观照的宇宙论，不同于实有形态之创生的宇宙论。

三、实践进路的体悟

（一）为道日损——损之又损的实践之路

老子之道，本是由遮而显。遮拨“有”以显“无”，遮拨“有为”以显“无为”，此即所谓“为道日损”。“损之又损，以至于无，无为而无不为。”

老子以为，人间之大弊，是由于人为造作，干扰把持。王弼注“为者败之，执者失之”曰：“万物以自然为性，故可因而不可为也，可通而不可执也。物有常性，而造为之，故必败也。物有往来，而执之，故必失矣。”必须遮此“为”与“执”，而后乃能畅通而自然。

（二）绝圣弃智、绝仁弃义的实指

依老子，即使“圣”“智”“仁”“义”亦是“有”，故需绝圣弃智、绝仁弃义。王弼曰：“既知不圣为不圣，未知圣之不圣也。既知不仁为不仁，未知仁之为不仁也。故绝圣而后圣功全，弃仁而后仁德厚。”常人只知不圣、不仁者为不圣、不仁，却不知有圣、仁之名号者，亦往往徒有虚名而无圣、仁之实，故必须弃绝圣、仁之名号，乃能保全圣功与仁德。这表示一切工夫，皆在遮有为、显无为以达“无不为”。可见圣、仁皆只是功、德，而道（无）方是成就功德之母（本源），故主张“守母以存子”（守道以保全万物）。

于此，亦可见儒道宗趣之异。（见下段）兹只先提几句。儒家以道德为虚位，以仁义为定名，此乃彰显仁义以成就道德，而不能（如道家之）离仁义而讲道德（仁义乃道德之根，不可诬也）。

（三）作用地保存与真实地呈现

对于道德价值，道家是作用地保存。诡辞以通无，而即视无为体，此乃玄理玄智。道家以此接引佛教之“般若”（般若亦是“荡相遣执”，是“诡辞为用”之精神）。

所谓“大德不德，大仁不仁”，亦是诡辞为用。通过“不德”“不仁”（无为的作用），以保存“大德”“大仁”的价值。但道家只在作用层上说话，故显诡异相。又儒家讲“寂感”，由感应感通见其生生之用。而道家言寂照，佛家言止观，一体而现，一体而化，在观照中表现，在如如中保存（空法性，不空万法）。两家类型有相似性，虽思路不同，但皆不能讲创生，故熊十力乃有佛家以空如与乾坤生生之流相搏斗云。

而儒家则是真实地呈现。仁是实体，不只是功。仁在现实世界中曲曲折折（随顺事宜）之表现，是“功”，而不安、不忍、愤悱、不容已的仁心，则是“体”。践仁以成圣，同样亦无“意”“必”“固”“我”，无适无莫，无为无执，此亦同样是冲虚之德（自然、玄、远、深、微）。但儒家以生生之仁为本，而不以冲虚之无为本，故重在呈现真实之仁体，以承体起用，创造道德价值，而不走作用地保存之路，亦不走宗教救赎之路。

第四节　老庄同异

（见上第一卷第六章第一节，可覆按，兹不赘。）

附说：裴頠之崇有论

裴頠乃西晋八裴八王之世族子弟，基本上是儒门礼法传统之立场。

他认为有生之物，只能以“有”为体，不能以“无”为体，根本无所谓“无”也。如此说以有为体，只是现象意义之体，非超越意义之体，尤其不是精神生活上价值意义之体。故裴頠只是实在论的立场，非理想主义。如此“崇有”，固不足以对治老庄之无。

老庄言无，不是实有义，只是作用义、工夫义。道家“贱有”，不是贱有生之物的存在之有，而是贱巧伪造作之有。去此人为之有，而使万物含生抱朴，自适其性，岂不正是“尊生”（与崇有也不相碍）。

道家所注意者，不是仁义礼智本身之客观的存在问题，而是消极地避免人为灾害，积极地以无（自然、无为）的方式，保住万物存在，使万物不受伤害而能各适其性，各遂其生，各得其所。道家以无为宗，即王弼所谓“崇本息末”者也。裴頠以“崇有”针对之，而言之不相应，所谓针锋不相对也。（须待宋明儒出，方能对治老庄。）[①]

---

① 请参阅牟宗三：《才性与玄理》，第十章第二节。

第六章　向、郭之庄学与阮籍、嵇康

第一节　向、郭之庄学

一、向、郭注庄的故事

向秀，字子期，河内人。《晋书》第四十九卷《向秀传》，略谓其人“清悟有远识。少为山涛所知，雅好老庄之学”。此前，注庄子数十家，莫能究其旨统，向秀为之解义，“发明奇趣，振起玄风。读之者超然心悟，莫不自足一时也。惠帝之时，郭象又述而广之”。

向秀与嵇康交好，康闻知秀将注庄书，乃曰：“此书讵复须注，正是妨人作乐耳。”及成，向秀示康曰：“殊复胜不？”又与康论养生，辞难往复，盖欲发康高致也。

向秀注庄，一如王弼注易老。然向注为郭象所窃据，故今只有郭象注，而无向秀注。实则“向郭二庄，其义一也。”《晋书》第五十卷《郭象传》云：

> 郭象字子玄，少有材理，好老庄，能清言。先是注《庄子》者数十家，莫能究其旨统。向秀于旧注外而为解义，妙演奇致，大畅玄风。惟《秋水》《至乐》二篇未竟而秀卒，秀子幼，其义零落，然颇有别本迁流。象为人行薄，以秀义不传于世，遂窃以为己注。乃自注《秋水》《至乐》二篇，又易《马蹄》一篇，其余众篇或点定文句而已。

关于郭象窃向秀注庄一事，《四库全书》总目卷一四六子部道家类有所考订。[①]总之，今言郭象注庄，连属向秀而言之，不没其源故也。牟先生指出，向秀确有玄解，且较沉潜内敛，不似阮籍、嵇康等之傲放奇瑰。《别传》谓其“雅好读书”，而康、安“以此嗤之”。此亦足见其于《庄子》沉潜往复，故能总持大义，独得玄珠。故能于道术成大家，于人生之宗向，梦觉之关键，皆有切至而究极之理存焉。虽未至乎中正，要为玄理之大宗。

庄子之学，主观言之，是玄智之学；客观言之，为玄理之学。道家之玄理玄智，至庄子而全部朗现。所谓“宏大而辟，深闳而肆”，“调适而上遂”者是也。《老子》之玄智玄理，有王弼发之；《庄子》之玄智玄理，有向秀、郭象发之。兹分为“逍遥”、“齐物”、“迹冥”（迹本）、“天籁”、“养生”、“天刑”诸义，分段加以综述。

二、向、郭注庄诸义

（一）逍遥义

向、郭言“逍遥”，义分三层。

第一，从理上做一般说。必须破除“量”的形式关系中之依待（如大小之比较），与“质”的实际关系中之依待（如列子御风而行之风），而后乃能达于无待之逍遥。由超越依待以言逍遥，此乃逍遥之形式的定义。

向秀、郭象注释《逍遥游》云：“大鹏之上九万，尺鷃之起榆枋，小大虽差，各任其性，苟当其分，逍遥一也。”郭注云：“夫小大虽殊，而放于自得之场，则物任其性，事称其能，各当其分，逍遥一也。岂容胜负于其间哉？”牟先生谓，此为向、郭之原义。大鹏与小鷃，有小大之差，小大之差是由对待关系比较而成。无论量的形式关系或质的实际关系，凡在此两种依待方式下观万物，则无一是无待而自足者，亦即无一

① 牟宗三《才性与玄理》第170页论及此，此外同书第172—280页，评论老庄二家之同异，义甚精辟。

能逍遥而自在。

依庄子，逍遥必须是在超越或破除此两种依待之限制中显现，此为逍遥之形式的定义。郭注所谓“自得”，所谓“当其分”，亦即从超越或破除此两种依待之关系中得出的话。这是从理上做一般的陈述，然则吾人如何能超越或破除此限制网？此则必须进到分别说。

第二，分别说。真正的逍遥，绝不是限制网中现实存在的事，而是修养境界上的事。此属于精神生活之领域，不属于现实物质生活之领域，此方是逍遥之真实定义。能体现形式意义之逍遥而具体化之，以成为修养境界上之真实逍遥者，是圣人、至人。故支道林说：“逍遥者，明至人之心也。”

人能自觉地做虚静工夫，而至于圣人、至人之境界，而“物”（大鹏小鷃、草木之类）则不能。故“放于自得之场，逍遥一也”这个普遍的陈述，若从万物言，则实只一观照之境界，即以至人之心为根据而观照，程明道所谓“万物静观皆自得”者是也。并非万物真能客观地达到此“真实之逍遥”，而只是一艺术境界（非修养境界）。

凡艺术境界，皆系属于主体之观照，随主体之超升而超升，随主体之逍遥而逍遥。若脱离此主体中心，则实无自得逍遥可言。以是“物各付物”“放于自得之场，逍遥一也”。此一普遍的陈述，若就万物方面说，实只是一观照之境界。禅宗六祖慧能说：“不是风动，不是幡动，仁者心动。”心动则风幡皆动，一切皆落于实际条件之依待中。心不动，则一切皆超越此依待之限制，而当体即“如”、当下超越因果对待，所谓“心止则一切皆止”是也。唯佛家表现的是寂灭的超度意识，向、郭注庄，则意在超越此限制网，而回归于各物之自身（物各付物），以明“苟当其分，逍遥一也”。道家直就至人之心超越此依待而显各物圆满自足之逍遥，故能直接开艺术境界。

第三，融化说。此言圣人（或至人）无为而治之功化。在至人的“去碍”之下，浑忘一切对待，使万物各适其性，则天机自张。到此，一切浮动皆止息，依待之限制网亦归于消解。一切浑然相忘，有待无待亦浑然融化，有待者不失其所待（故道家是作用地保存价值），无论至人之无待与芸芸之有待，皆浑化于道术之中，而同登逍遥之域。（观照，开艺术之境界；功化，则显浑化之道术。）在“去碍”之下，功化即观照，观照即功化。此即所谓一体而化，一起登法界。

道家之功化，即道化之治。道化之治重视消极意义之“去碍”。无己、无功、无名，“我无为而民自治”“生而不有，为而不恃，长而不宰”“不尚贤，使民不争。不贵难得之货，使民不为盗；不见可欲，使心不乱。是以圣人之治，虚其心，实其腹，弱其志，强其骨。常使民无知无欲，使夫知者不敢为也。为无为，则无不治”。此即消极义之去碍，上下都浑然相忘。“人相忘于道术，鱼相忘于江湖”，如是，则含生抱朴，各适其性，而天机自张。在“去碍”之下，浑忘一切大小、长短、是非、善恶、美丑之对待，而皆各归其自己，性分自足，不相凌驾，各是一个绝对之独体。如是，“则虽大鹏无以自贵于小鸟，小鸟无羡于天池，而荣愿有余矣。故小大虽殊，逍遥一也”。①

牟先生指出，向、郭分三层说逍遥，实与庄子原旨恰当相应。②故当时言逍遥者，“不能拔理于向郭之外”。支道林说：“逍遥者，明至人之心也。”若在有待中足其所足，则无与于逍遥。（停在有待之中而自以为足，此乃限制中一时所得之足，一旦失其所恃，何来逍遥？）唯至人方能超脱有待而进到无待的精神之逍遥境，故曰“至人之心也”。然则，支说实即向、郭第二层之义，并无《世说新语》所谓“支卓然标新理于二家之表”也。

综观“逍遥”之义，可做如下之简括：

一般说。破除“量”与“质”之依待关系，乃能无待而逍遥。

分别说。从精神修养境说逍遥，人能自觉地作工夫而达到此境：超脱有待，进到无待（逍遥之定义），即“至人之心”也。物则只能在人的观照中随主体之超升逍遥而超升逍遥。

融化说。至人之无待与芸芸之有待，皆浑化于道术中，而同登逍遥之域（至人之功化）。

（二）齐物义

道家言“自然”，乃是一种虚灵观照之境界。此境界之绝对自然即道

---

① 郭象：《庄子·逍遥游》注语。

② 参见牟宗三：《才性与玄理》，第六章第三节。

遥，而亦由“自然”“逍遥”而通于“齐物”。

齐物是平齐一切大小、长短、有无、始终、是非、善恶、美丑，以及各种依待、对待而至于“一切平平”。唯有一切平平，乃能一切圆足。无差别之比较，故无少无多，无大无小，而亦无亏欠，无剩余。故逍遥、齐物，其义一也。

牟先生认为，向、郭注《逍遥游》，大体皆恰当无误，而注《齐物论》，则只能把握大旨，于原文各段之义理，则多不能相应，亦不能随其发展恰当地予以解析。此其故即在：《逍遥游》比较具体，而《齐物论》义理丰富，不似《逍遥游》之单纯。此（《齐物论》）为《庄子》书中最丰富、最具理论性之一篇，此非向、郭之学力所能及。此其所以只能为名士之玄理，而不能至老庄之大家。至于“行薄”，则凡名士，在德性方面，大体俱庸俗。取其智悟足耳。[①]

（三）迹冥（迹本）义

“无为而无不为”，是道家的普遍原则。“无为”是本、是冥，“无不为”（有为）是末、是迹。有“迹”便有“所以迹”（以，由也）。万物由之而成迹的根据，便是“所以迹”（指本、冥、无、道）。圣人作之，故不说（予欲无言）；哲人述之（述而不能作），即所谓“作者之谓圣，述者之谓明”（《大戴记》语）。

向、郭推求庄生之意，以抉迹发本，终归于迹本之圆融（和光同尘，体玄极妙）。

当初，尧欲让天下于许由，许由不受，又欲任为九州长，许由以为尧之言已污其耳，乃赴颍水之滨洗耳朵。一般或以许由为清高，而成玄英则以为庄生乃是假许由以明本，借放勋以明圆。尧舜“有天下而不与焉”，人虽在庙堂，而不异于山林。他是以不治治之，以无为为之，此是圆照。迹即冥，冥即迹，是无对而圆融。而许由薄天下而不为，庙堂山林，隔而为二，此乃“偏溺”，迹归迹，冥归冥，在高山顶上与人世为对，是有所对而偏溺（落于一边，未达圆照）。

---

① 参见牟宗三：《才性与玄理》，第六章第五节。

向、郭注“藐姑射之山，有神人居焉”，谓：此即寄言耳。夫神人，即今所谓圣人也，圣人虽在庙堂之上，然其心无异于山林之中，唯世人未之能识耳。儒家圣人赞尧曰：“惟天为大，惟尧则之，荡荡乎，民无能名焉。”此即其浑化之境，而不可以名言表之也。

牟先生以为，分解言之，可列为三观。一、观冥：此是抽象地单显冥体之自己。此为内域。（无）二、观迹：此是抽象地单视具体之散殊。此为外域。（有）三、观迹冥圆：此为具体的中道，冥体之普遍是具体之普遍，迹用之散殊是普遍之散殊。普遍之散殊，是全冥在迹，迹不徒迹，有冥体以融之。具体之普遍，是全迹在冥，冥不徒冥，有迹用以实之。（玄）

后来天台智者大师根据佛教之三智三眼，开为一心三观，亦不能外此模型。

从假入空→一切智→慧眼：二乘；抽象的普遍。（空）

从空入假→道种智→法眼：菩萨；抽象的特殊。（假）

双遮二边→一切种智→佛眼：佛；抽象的普遍与普遍的具体。（中）

此为由智心以诡辞为用所必至之模型。在道家即为玄智之模型，在佛教即为般若之模型。在道家，庄子发之，所谓一大诡辞、一大无待，而向、郭探微索隐，则发为迹冥圆融之论。千哲同契，非谓谁取自谁也。

若必谓佛家所独有，庄子、向、郭，何能至此？实则若自中国之佛教言之，其发此“诡辞为用”之般若模型，反在老、庄、向、郭之后，而老、庄、向、郭早已具备此玄智之模型矣。夫以“诡辞为用”所达之圆境，乃各圣心之共法也。

圆教不惟自“诡辞为用”显，且可自“体性之纲维”显。此在佛教，则从“佛性”一系入。在儒家，则从“心即理”入。而道家则演至庄子之纯境界形态，即全由“诡辞为用”显。故老庄者，实“诡辞为用”之大宗也。人徒知魏晋玄学为吸收佛教之桥梁，而不知其互相契接者为何事。[①]（即，以“诡辞为用”契接其般若一系也。然佛教毕竟尚有其不同于道家者，则除般若一系外，复有“涅槃佛性”一系，此不可不知也。）

① 参见牟宗三：《才性与玄理》，第194—195页。

（四）天籁义

天籁即自然。此只是一意义，一境界，并非别有一物名之为“天籁”也。

一切皆自生、自在，是自己如此；无生之者，亦无“使之如此”者。故又以自尔、独化言之。化除因果方式下之“他生”“他在”“他然”，直就万物之“自然”而言天（实然之天亦拆除），以显示一自生自在之自足无待，此便是自然。就万物之自然而言天，是之谓“天籁”。①

（五）养生义

生有涯而知无涯，人如果陷于无穷之追逐中（生命之纷驰，意念之造作，知见之纠葛），则伤生害性。故道家主张致虚守静的浑化（归于冥极）工夫，玄冥之极则通于逍遥、齐物、自尔、独化之境。生虽有涯而可以取得无涯之果（取得无限之意义），便是天人、至人、神人之境。此是道家养生之本义（向、郭崇尚此义）。

至于通过修炼而至长生成仙，则是第二义（嵇康《养生论》与葛洪之《抱朴子》皆属此）。然第二义必通第一义，故嵇康终必言“清虚静泰，少私寡欲”。

又，“无知之知”乃由“归于冥极”而得——以玄冥而灭此牵引驰骛与对待关系之撑架，而归于无知之知（无知而无不知）。无知是止（寂），无不知是照。不追逐而回归虚静，“即止即照”。（非止而不照，亦非照而不止。）②

在此，无知之知无知相，无见之见无见相，无生之生无生相（若分为有知与被知、有见与被见、有生与被生，则有知相、见相、生相矣），而是自知、自见、自生。即所谓“因任自然”：任足之行其所行，任手之执其所执，任耳之听其所听，任目之视其所视，任知之知其所知，任能之能其所能。（皆分别显现其本自而然之功能。）

---

① 天地间的一切皆可以是美，而唯合乎“自然”者方为真美。真美不是隔离其他以自显其美，而是不离一切以共成其美。故醍醐不离五味以显现其为极致而又自然之美味。天籁亦不离五音以显现其为极致而又自然之美声。“本自如此”“本自然”，自然即天籁。

② “止而不照，便成死寂”；“照而不止”，则将不虚不静，灵慧耗竭。皆与“养生”相违。

（六）天刑义

“天刑”随迹而来，是不可解免的桎梏。德充于内即“冥”，应物于外即“迹”，有“冥”必有“迹”（道必应物，不应物者非真冥。因为不能不应物，故必有迹），迹随冥而有（充于内必形于外），故不可解免。此孔子之所以自称“天之戮民”也。[孔子与人为徒，知其不可而为之；此乃先天之桎梏（刑伤），不可解免，故安然受之。]

“游于方之内[①]而不拘限，不逃离，不以桎梏为桎梏，安然受之，承担一切，成就一切。是为圣人境界。”据此而言，则各类型之圣人，也都是“天之戮民”。（凡有承担，即有带累，有憾恨，有痛苦。）天台智者大师，造诣甚高，何以自居五品弟子位？他自己说是舍己利人故。讲经、弘法、主持法事，皆属舍己利人之事，日日为之，自必耽误修道，延误成佛。然佛弟子若只顾自己修持，而回避佛事，又何足以为佛弟子？可见此中亦仍有“天之戮民”之感叹也。庄生之智慧见得到，而言之太苍凉。[②]儒圣见到而不言，以德慧生命承担之，消融之，故刚健阳明，平实中正。

第二节　阮籍之庄学与乐论

一、生平与风格

阮籍（210—263年），字嗣宗，父瑀，建安七子之一，而阮籍自己则

---

① 许由之徒，则是“游于方之外者也”，游于方内或游于方外，唯人自取。而人生之意义，亦由人各自成就，不可不慎也。

② 苍凉悲感是智者型之无可奈何。此中之通透圆融尚只是消极意义之通透。而居宗体极者之承悲心仁体以言圆，才是积极的。故庄子书中有“天刑”“戮民”等字样，而儒门中无此字样也，佛门中亦无此字样也。此哲人型之老庄之所以异于圣人型之释迦与孔子也。

名列竹林七贤。籍容貌瑰杰，志气宏放，傲然独得，任性不羁，而喜怒不形于色。其独特之风格，可以约为三点。

第一，性情奇特。厌司马氏而又虚与委蛇。闻母丧仍围棋留决，既而饮酒二斗，举声一号，吐血数升。对嵇康兄弟分别作青白眼。驱车山林，途穷则哭。凡此，皆只是生命之奇特，很难说是性情之真纯。因不平不顺，多怪态，违常情，故日常行为，亦多逸于礼法规矩之外。

第二，行为与礼法冲突。嫂氏归宁，阮籍特与作别，或讥之，籍曰："礼岂为我辈设耶？"醉卧沽酒美少妇侧，"既不自嫌，其夫察之，亦不疑也。兵家女有才色，未嫁而死，籍不识其父母，往哭之，尽哀而还"。凡此，皆浪漫文人之性格。对生命之赏识与哀情，则非粗枝大叶的礼俗条纲所能约束，但圣人设教以妨庸众之泛滥，亦不是纵欲败度者所可随意借口。生命固可欣赏，礼法亦有真实。健康之文化，不摧残生命，亦不横决礼法。对于阮籍之流，既无须贬视，亦不宜称赏。此乃"非人文"的生命与礼法之永恒冲突，儒圣"人文化成"之教，礼乐的永恒意义，亦正可借此得到印证。

第三，能啸，善弹琴，希慕原始之谐和。凡文人生命，一方面冲向原始之苍茫，另一方面亦常能通过音乐希慕原始之谐和。任何礼法、教法，皆不能安定其生命，而原始之苍茫亦不能为其挂搭处，则只有借音乐以通向原始之谐和，以为其暂时栖息之所。

阮籍善弹琴，嵇康亦善弹琴，两人皆有欣赏音乐之能力，然对于音乐之理解与对音乐之境界，则互有不同。牟先生《才性与玄理》于第八章第一节之末，曾有简括之对比：其一，阮籍论乐，重元气；嵇康论乐，主纯美。重元气，故上提于太和，而崇雅乐。崇雅乐之大通，贱风俗之斜曲。主纯美者，则"托大同于声音，归众变于人情""声音之体，尽于舒疾，情之应声，亦止于躁静"。其二，阮籍之论犹是《乐记》"大乐与天地同和"之意。而嵇康则是内在于声乐本身而主客观之纯美论。其三，阮籍之论为形上学的，嵇康之论为纯艺术的。阮籍以气胜，嵇康以理胜。虽同归老庄，而音制有异。气胜，则以文人生命冲向原始之苍茫，而只契接庄生之肤廓，寥廓洪荒，而不及其玄微。理胜，则持论多方，曲尽其致，故《嵇康传》称其"善谈理"也。其四，阮籍为文人之老庄，嵇康则稍偏于哲人之老庄。然皆不及向、郭之“发明奇趣，振起玄风”也。

二、庄学:《达庄论》与《大人先生传》

阮籍之庄学，实亦是其性情风格之反映。《达庄论》[①] 全文并无精意。谈理粗疏而不成熟，措辞亦多文人之浮谈，又因传钞而文字多脱误，实不足以望向、郭之项背。

《大人先生传》[②] 以大人先生与域中君子做对比，视君子之仪度为虚文，以为拘庸可厌。但对此拘庸后面之支持点——道德意识，阮籍却不能触及而正视之，乃塑造一个生命冲向原始混沌之大人先生，遂与礼法（名教法度）形成永恒而普遍之冲突。故曰“无君而庶物定，无臣而万事理”“君立而虐兴，臣设而贼生”。此种政治之虚无党，无政府主义，乃由文人生命冲向苍茫而发生。

然老庄之向往混沌，企慕玄古，只是一种象征性之寓言，以表示道、无、自然而归于冥极的浑化之境。故道家必通无而达有、守母以存子。此则必有心性之实以言个人修养，以期在工夫有所凝成（道家义之心性工夫，总持地说，是在心上做工夫，在性上得成果）；并非只是文人不安之生命，冲向浑沌苍茫而四无挂搭也。

三、乐论：形上学的天地之和之《乐论》

阮籍在庄学上的造诣甚浅，而其论“乐”，则企慕天地之和，而肯定政教礼法，可见其激愤与矫违之文人生命中，另有一古典礼乐之底子。

---

① 见《全三国文》，第四十五卷，严可均校辑，北京：商务印书馆，1999 年。后引此书仅标注章节或页码。牟先生《才性与玄理》，第八章第二节有引录，见第 297—302 页。

② 见《全三国文》，第四十六卷。牟先生《才性与玄理》，第八章第二节有引录，见第 302—308 页。

其论乐，乃古典主义，属形上学之思想。他以乐乃“天地之体，万物之性”，乐乃天地万物之体性，直指向天地之和以论人心之和，而不自和声本身而言和，不取客观之纯美主义，故其乐论之要旨，归于从雅乐而鄙曲乐（曲乐，谓乡俗之乐）。雅乐具有洁净、和乐、简易、平淡之特性，能平和清静人心，“去风俗之偏习，归圣王之大化”，使礼数得正而天下平。曲乐则摇荡人生而刺激纵肆，使人乖离分背，而不能上提以得性情之正。

阮籍以为，“先王制乐……必通天地之气，静万物之神也；固上下之位，定性命之真也”。“故达道之化者，可与审乐。好音之声者，不足与论律。”（在此，是将音乐之声律，提升到天地律度上说。）此言意境甚高，纯是古典主义之精神。然而，其论乐而显示的古典主义之精神，却又和他浪漫的文人生命相互矛盾。

第三节　嵇康之名理与声无哀乐论

一、嵇康之风格

嵇康字叔夜……早孤，有奇才，远迈不群。身长七尺八寸，美词气，有风仪，而土木形骸，不自藻饰，人以为龙章凤姿，天质自然。恬静寡欲，含垢匿瑕，宽简有大量。学不师受，博览无不该通，长好《老》《庄》。与魏宗室婚，拜中散大夫。常修养生服食之事。弹琴咏诗，自足于怀。……所与神交者，唯陈留阮籍、河内山涛。豫其流者，河内向秀、沛国刘伶、籍兄子咸、琅邪王戎。遂为竹林之游，世所谓竹林七贤也。……

初，康居贫，尝与向秀共锻于大树之下，以自赡给。颍川钟会，贵公子也，精炼有才辩，故往造焉。康不为之礼，而锻不辍。良久会去。康问曰：“何所闻而来，何所见而去？”会曰：“闻所闻而来，见所见而去。”会以此憾之。及是，言于文帝（指司马昭）曰：“嵇康，卧龙也，不可起。公无忧天下，顾以康为累耳。……”帝既昵听信会，遂并害之。

康将刑东市，太学生三千人请以为师，弗许。康顾视日影，索琴弹之，曰：“昔袁孝尼尝从吾学《广陵散》，吾每靳固之（谓自己吝惜不允），《广陵散》于今绝矣。”时年四十。海内之士，莫不痛之。帝寻悟而恨焉。

初，康尝游乎洛西，暮宿华阳亭，引琴而弹。夜分，有客诣之，称是古人，与康共谈音律，辞致清辩。因索琴弹之，而为《广陵散》。声调绝伦，遂以授康。仍誓不传人，亦不言其姓字。

康善谈理，又能属文。其高情远趣，率然玄远。撰上古以来高士，为之传赞，欲友其人于千载也。又作《太师箴》，亦足以明帝王之道焉。复作《声无哀乐论》，甚有条理。①

二、养生与释私

稽康有一道家养生之生命，复有一纯音乐之生命，此与阮籍不同。籍比较显情，康比较显智，一属文人型，一属哲人型。康谈名理之文，有《养生论》《答难养生论》《释私论》，另有《声无哀乐论》。

（一）养生

《养生论》承庄子养生之义而发挥，其大旨有二：一是导养可以延年，二是神仙不可力致。② 此二句显示智者之通达。养生虽是生理之事，

---

① 房玄龄等撰：《晋书》，北京：中华书局，1996年，第四十九卷，《嵇康传》。

② 谓神仙“似特受异气，禀之自然，非积学所能致”。此与汉儒谓“圣人天纵，不可学而能”之思路类同。唯识宗有理佛性与事佛性之分。前者是理想主义，后者是命定主义（种性之说，便是限制原则）。宋儒顺先秦之路肯定人皆可以为圣贤，但气质之性，亦仍指点人之限制，使知成圣之不易。唯儒佛两家皆讲论成圣成佛之道，肯定成圣成佛之可能。而道家则原本就无如儒家之性善论（性善之性，即成佛之性），亦无如佛家佛性之说，嵇康触及之，而亦未进一步说明如何成仙，此是道家为较弱于儒佛之处。

但工夫必在心上做。所谓“清虚静泰，少私寡欲”，亦即“虚一而静”之义。又谓：“无为自得，体妙心玄。忘欢而后乐足，遗生而后身存。”由“无为”而归于“自得”，体道之妙而心亦自然入于玄远。忘欢谓忘怀欢娱（不随情而荡肆），如此心归恬淡，逸乐自足。遗生而身存，则仍老子“忘其身而身存”之旧义。此数句皆由“清虚静泰”而来之玄理妙境。一方在心上做工夫，另一方在生理上做导养，不但可以延年益寿，即使真人、至人、神人、天人，亦不外于此。

向秀与嵇康过从甚密，“与康论养生，辞难往复，盖欲发康高致”。向秀难养生之言，纯就世间俗情而言，其文当是注庄以前之作，或是故作俗论，以引发嵇康高致之论，亦未可知。嵇康之《答难养生论》，理致绵密，比原论更进一步。如论“智用”与“性动”，须“藏于内”，勿“接于外”，如是，则“动足资生，不滥于物；知正其身，不营于外”。意谓人之工作，足资维其生计即可，不必过动而滥用物类，以免欲求太盛；人之用智，能正其身即可，不必多营外务，以免耗智害生。所谓“渴者饮河，快然自足，不羡洪流”。意即人之所需，自足即可，不必贪慕广大。故又曰：“不足者，虽养以天下，委以万物，犹未惬然。则足者不须外，不足者无外之不须也。无不须，故无往而不乏。无所须，故无适而不足。”不足者，贪心大，虽养之天下，委以万物，他仍然心有未惬。于此可看出：自足者，不须待于外；而不足者，则贪求一切外物。那些贪求之人，永不满足，“故无往而不乏”（永远觉得自己资财不够多）。而自足之人，随遇而安，无所贪求于外，“故无适而不足”。（时时地地皆自足，而不妄求。）

上引各句，皆极美之文，极妙之理，此其所以为“高致”。

（二）释私

嵇康的《释私论》，是以道家思想辨公私。首先，他提出“君子”的新定义：“夫称君子者，心无措乎是非，而行不违乎道者也。”又云：“言君子，则以无措为主，以通物为美。言小人，则以匿情为非，以违道为阙。”

这是从内心“无措”以立论。无措（无所措意）也就是无心、无为[①]；有所措意，便是有心、有为。心有所隐匿，便是“私”。有私，便是小人；坦荡无私（无措），方为君子。无措（无心、无为）的关键，唯在“能忘”。“气静”“神虚”“体亮心达”“能越名教而任自然”，如此，则可浑化而忘矣。此种“无心之用”，正是道家玄智之胜场。（在儒家，心必须应物，岂可不用？唯“廓然大公，物来顺应”而已。而“公私”之辨，亦即“义利”之辨。自孟子以至陆象山，已言之深切而著明，但看吾人如何感受、如何契应、如何体现耳。）

三、声无哀乐论

嵇康《声无哀乐论》，是从和声当身之纯美立论，是客观的全美主义，有类于柏拉图的“形式之美”（如几何图形之美）。

所谓“声无哀乐”者，“心之与声，明为二物”“和声无象，而哀心有主”（无象，言其无形质，不定着于哀乐。有主，谓主于情）。是以“托大同于声音，归众变于人情”“声音自当以善恶（美恶）为主，则无关于哀乐；哀乐自当以情感而后发，则无系于声音”。故善听音乐者，当以内心不起涟漪，而与客观纯美之和声冥契无间，方为欣趣之极致。

“和”以韵律之度而定，此即声音之体性（本质）。但声音是否只有“和”之通性？是否尚有具体而各别之色泽？声音本身固无哀乐之情，但并非没有具体的色泽，如高亢、低沉、急疾、舒缓、繁复、单纯、和平、激越等，皆是具体之色泽，亦皆是和声之情感之表现。嵇康既承认“舒疾、单复、高埤”之色泽，能起静躁专散之应（感应），又岂能抹去哀乐之应？

嵇康之意，是要说明人心中本有哀乐，故感于和声而发，而声音本身固无哀乐也。不过，心境平静时，心中虽无哀乐，但亦可以因乐声之

① 无心、无为，皆是“正言若反”，与无心之“心”、无为之“为”，皆是依“无”（无为）的方式，以显发“心”与“为”之功能。这和王弼所谓“绝圣而后圣功全（全，亦作存）、弃仁而后仁德厚”是同一思路。前人有句云：恰恰用心时，恰恰无心用，无心恰恰用，用心恰恰无。

特殊色泽（哀乐之质）而引发哀乐之情，尤其当丧礼奏哀乐时，不但当事人闻之而悲哭，在旁观礼者亦无不凄然而感伤，这不是因声而哀吗？所谓“亡国之音哀以思”，固非虚语。

嵇康对声音之普遍性（和）与特殊性（色泽）未做分别，而谓“静躁声之功，哀乐情之主”。以为声音与哀乐全无关，此非坚强之论。但嵇康之文，似涉及存有、体性、关系、普遍性、特殊性、具体、抽象等所成之思想格局。此是存有形态或客观形态之格局，乃西方之所长，中土之所短。后来范缜（450—515年）《神灭论》所引起之争辩①，亦是此一格局中之问题，而当时之论辩，皆欠缺客观独立之意义，因为中国传统哲学缺乏此一格局。

第四节　道家之不足及其自处之道②

王、嵇、向、郭之名理，虽对道家有贡献，亦有学术之价值，然其影响所及，不但士大夫“祖尚虚浮”“浮文妨要”，此即西晋以来之官僚名士，而且一般士人之生活放荡，不遵礼法，皆由竹林名士而来，入西晋又有所谓八伯、八达。其基本精神，即自然与名教（自由与道德）之冲突。

道家思想之不足处，是在政教方面。其总症结唯在道家学术立言之初衷。外在方面是对“周文”之虚伪（有文无质）而发，故视仁义礼法为外在之桎梏，而直接加以否定，遂使其思想与仁义礼法形成本质而永恒之冲突。从内在生命说，道家思想之本旨，是要消化一切人为造作，比如——生命之纷驰：感性之追逐，欲望之刺激，造成生命之支解破裂

---

①　范缜之《神灭论》，意在破斥佛教生死轮回之说。其言曰：“形者神之质，神者形之用。”“神之于质，犹利之于刀；形之于用，犹刀之于利。……舍利无刀，舍刀无利，未闻刀没而利存，岂容形亡而神在。”

②　本节所论，多本之牟宗三：《才性与玄理》，第十章第一节。

与矛盾冲突；意念之造作：所谓“妄念作狂，克念作圣”，意念造作形成大小罗网，作茧自缚；观念之系统：系统之圈套、架格，形成框框界限，使得彼此不相通。(如宗教之排他性，便是显例。)

人为造作消解之后，乃可达于自由、自在、自我解脱的“自然无为”之境界。这才是道家真正用心之所在。但道家思想之定型，使道家永远不能接触到人的“内在道德心性”，因为道家只能作用地保存价值(而且必须工夫做到至人境界，才有效)，而不能创造道德以成就政教之价值。

道家式的主观修证，在客观方面并无普遍的意义(儒家由内圣通外王，则有普遍的意义)。其用于政治，亦只能用于帝王个人，此即所谓人君南面之术。但官吏与各行各业，不可用此术。今人虽可做此工夫以向往真人、至人，但凡做此工夫，便不应做官。若身处公务之位，而又宅心虚无，不亲所司，则老庄与政治两皆受害。如此便是老庄之泛滥。

顺道家之本性，则其自处之道，有以下三方面。

第一，做纯哲学谈(西哲就是如此)，做一个彻底清谈之哲学家，则亦有其思想与学术之价值。

第二，向帝王个人用，使之行无为之治，此即可以减杀君主权力之滥用，减少其对社会之骚扰。今日虽已无帝王，但民主政治实可视为道家政治思想之客观形态(物各付物，各当其分)。以前向帝王用则是主观形态，但无论主观形态或客观形态，皆是道家思想之附带，而非其当身之本质。

第三，顺道家当身之本质，乃是服食养生，转为道教。彻底消化人为造作，而达至自由自在、自我解脱之至人真人之境界。(王弼、向秀、郭象，乃哲学家之道家，嵇康则兼向养生之路走，阮籍则是文人式之道家。)

第三卷 南北朝隋唐

佛教介入——异质文化之吸收与消化

弁　言

魏晋玄学，是中国文化自身的一步歧出，而玄理玄智复将佛教般若思想（空理空智）接引进来，乃使中华民族的文化生命，由于异质文化之加入而大开。这一步大开，乃是宗教信仰和人生方向之开，而且这一开就延续五六百年。

由于佛教来自印度，就中华民族的内心来说，是不甘心受化于佛教的。所以，一方面护持传统的政教和家庭伦常，一方面又大量译习佛经，以期消化佛教。到了隋唐之时，终于开出了天台、华严、禅三宗，使佛教思想在中国大放异彩。

中华民族能够消化一个外来的大教——一个文化系统，亦正表示中华民族文化生命之浩瀚深厚，文化心灵之明敏高超。在人类文化交流的史例上，这是独一无二的。

第二类的史例，是印度教和伊斯兰教。印度教面对伊斯兰教的入侵，采取柔性的长期抵抗。到最后，印度守住了大半的文化领域，而伊斯兰教的扩张亦到达一个极限，结果就是20世纪的印度大分裂。伊斯兰教在西北部印度河流域成立巴基斯坦国，印度人保住了恒河流域以及半岛中南部，而东北一角则为孟加拉国。这是宗教对峙之下，一分为二、为三的历史例证。

第三类型，是低文化为高文化所淹没，如非洲、南北美洲之基督教化或天主教化便是。而亚洲的儒教地带、佛教地带、印度教地区，以及伊斯兰教世界，原本就是高层次的文化，外来的基督教和天主教在亚洲各地的传播，便只能是局部的、零散的。

本卷所述，即南北朝隋唐五六百年中，盛行于中国的佛教哲学。不过，我们讲佛教，第一不是佛弟子的立场，第二不是佛学专家的立场，而是站在中国文化生命的大动脉上来讲述，这也正是哲学史的立场。

第一章　佛教的基本教义

佛教是印度介入的思想，但经过中国之吸收与消化，实已成为中国哲学的一部分。为求明其本源，应先将其基本教义，做一简要之说明。

佛教自佛陀（约公元前560—前480年）证道弘法起[①]，至伊斯兰教进入印度止，大约一千五六百年。其间教理之演变发展，大体每五百年代表一个阶段，前期为小乘（小行大隐，大乘教义在潜流待缘之中），中期为大乘（大主小从），后期转出密教（大小转衰），而前期又可分为“原始佛教”与“部派佛教”两阶段。

佛陀入灭后，弟子迦叶等着手结集佛法，可以“四阿含经”为代表:《长阿含经》《中阿含经》《增一阿含经》《杂阿含经》。原始佛教之基本教义，皆出于此。兹就三法印、四谛、十二因缘，略做说明。

第一节　三法印

《大智度论》云:“佛法印有三种，一者一切有为法念念生灭皆无常。二者一切法无我。三者寂灭涅槃。”有了这“无常”“无我”“涅槃”三印，即佛说；若无此三印，便是魔说。此即所谓“三法印”。(《杂阿含经》亦云:“一切行无常，一切法无我，涅槃寂静。”)

---

① 世界佛教会议公议佛陀生卒年为公元前544至前464年，与孔子（公元前551—前479年）对看，佛陀后孔子七年生，后孔子十五年卒。又依吕秋一居士之考定，佛陀之生卒年为公元前565至公元前486年，如此，则佛陀早孔子十四年生，又早七年卒。各说不一。（本章所列，乃一般之说法。）所可知者，孔子与佛陀乃并世之人，而同为永垂不朽之生命型范。

一、诸行无常

一切有为法，念念生灭（念起念灭），迁流无常。有为法，谓有因缘造作之法，而意念亦是造作，故一切意欲活动皆是“行”。“常”有二义：一是不坏不灭之永恒义，一是不依他之自足、自存义。

二、诸法无我（无自性）

一切外在现象与心中所思之境（梦幻、想象、意念生起之心理现象）皆是“法”[①]。“诸行”限于有为法，“诸法”则通于无为法。（无为法，谓不生不灭、离开因缘造作之法，如真如、涅槃等。）一切有为无为诸法，皆无“自我”之实体，意即无自性，无独立实在性。若一定要问万法毕竟以何为性？则曰，以空为性，法性空，自性空。不过，佛教空法性，却不空缘起法（方便假立），所谓“缘起性空”，乃分析命题，缘起即含性空，性空由于缘起。缘起缘灭，无自性（无我）。

三、涅槃寂静

灭一切生死之苦（无常苦）而为无为寂静，亦即由“流转”而“还灭”。[另一说，无“涅槃寂静”，而有“诸行皆苦”。其实，诸行皆苦实已含于第一法印“诸行无常”中。至于“一法印”之说，即所谓“实相印”（诸法实相，空，实相无相）。其实，大小乘皆不能违背三法印。“实相印”只是进一步之综括而已。]

---

① 佛家之“法”，意涵甚广：一、一切事物（种种现象）。二、观念、概念（一般性的真理）。三、最高的真理。四、一切法皆佛法（一切法皆是通到佛境之法门）。

第二节 四谛

佛陀初转法轮，即说四谛（谛，真实义），此乃笼罩大小乘之基本教义。

一、苦谛

"苦"，是佛教最原始最根本的观念。佛陀为太子时，出四门，首先打动他心灵的，便是生老病死之苦。生苦、老苦、病苦、死苦、爱别离苦、求不得苦、失荣乐苦，还有业力[①]轮回、无明无常，无一而非苦。故苦业意识乃是佛教最本质之意识。（其他三谛，亦由苦谛引出，集是苦之集，灭是苦之灭，道是灭苦之道。）

苦是普遍的。就主观的感受说苦，可因人、事、时、地而有不同，此种苦有差别性，是相对的，在此不能说"谛"。而佛教所说的苦，乃就生命之现象与人生之根本苦恼不可分离而言，所以具有普遍的真实性。

苦的先在性。苦对乐而言，有其存在的先在性。苦由欲求造成，欲求乃生命所自有，因而生命中的苦有先天的必然性。当欲求得到满足时，固然有乐，但此乐实只是由于先在之苦停止了、解除了而呈现的快乐感，故乐是后起的，暂时的。

总之，生命的欲求，既不能样样得满足，时时得满足，则人生毕竟是苦。即所谓"诸行皆苦""有漏皆苦"（一切皆苦）。

二、集谛

苦是果，集是因，集谛是说明苦果产生的原因。一切苦皆由某些原因集合而成，其主要的原因，是"二惑"与"十二缘生"。

---

① 凡所作谓之业，"业力"乃佛之前就有的印度土著之思想，乃控制自然与人文现象之因果律，是一不可思议之力量。

二惑，一是心起烦恼，迷妄相续的“见惑”（惑于所见，见声色形象），见惑偏于外境。一是心着垢染，系缚不脱的“思惑”（惑于所思），思惑偏于内境。见思二惑，由业力与无明而起，遂使人生成一苦集。（小乘只能断见思二惑，菩萨道可断尘沙惑，只有佛能断根本惑。）

十二缘生见后。此处只说明缘生乃各种条件关系而生。其一是“同时互依”的关系（《杂阿含》谓：“如两束芦，互依不倒。”）“同时”，故无先后，“互依”，故无因果。可知此种因缘关系，只是互为条件，无所谓前因后果。其二是“异时依生”的关系，此即通常所谓因果关系。因果循环，六道[①]轮回，生死流转，乃构成一痛苦烦恼深渊，此便是所谓“集谛”。

三、灭谛

灭是灭苦，亦即灭一切烦恼，破无明业力，以出离轮回生死海，以达于涅槃自在境界。佛教既肯定世间一切皆受条件系列之束缚，故力求超离解脱。灭谛之提出，实含两层意义：第一层是对现象界之虚妄而言灭，第二层是对实相世界之真实而言“如”。[如实相本身而言之，故曰“真如”，又曰“空如”。此可通过“物自身”（物如）来了解。]唯第二层意义，须待大乘始有发挥。原始佛教主要是就第一层意义而言生死流转之停止与一切烦恼之消除。若能证“灭”，则可使苦恼灭尽无余，而达于大自在、大解脱。

---

① “六道”，指地狱、饿鬼、畜生、阿修罗、人间、天上。六道众生，各有所苦。地狱有寒热苦，饿鬼有饥渴苦，畜生有残杀苦，此三道太苦，难以成佛。阿修罗贪嗔痴三毒俱全，又好勇斗狠，不能成佛。天上太乐，易于堕落，难以成佛。唯人间最好，觉即成佛（须在人间成佛，不在天上成佛）。六道加上声闻、缘觉、菩萨为“九法界”。再加上佛法界，即成“十法界”。

四、道谛

“道”，是道路、方法。道谛即达成解脱的道路或方法。在《阿含经》中，有甚为烦琐之讨论。要者是由八正道进入涅槃。

正见：明见四谛之理，以无漏之慧为体（无漏，谓脱离烦恼）。此是八正道之主体。其余七项，皆由此出。

正思惟：既见四谛之理，更加思惟以使真智增长，以无漏之心为体。

正语：以真智清净口业（凡所作，皆曰业）。

正业：以真智清净身业。

正命：清净身口意三业，顺于正法而活命也。以上三项，以无漏之戒为体。

正精进：用真智精修涅槃之道，以无漏之勤为体。

正念：以真智忆念正道而无邪念，以无漏之念为体。

正定：以真智入于清净之禅定，以无漏之定为体。

由八正道进一步便有“觉”之观念，合戒、定、慧三学乃可成为“正觉”，由正觉得解脱。（戒，是行为之约束。定，指禅定之工夫，亦即意志之锻炼。慧，是对生命与世界真相之解悟。）

另有六度：布施、持戒、忍（辱）、精进、禅（定）、智慧（般若）。六度即含万行。

第三节　十二因缘

十二因缘，是对生死流转的解剖，亦是对自然生命或生物生命之说明。由“无明”此一根因起，而逐项生出其余十一项之果。

其一，由因到果，是顺观。

其二，由果到因，是逆观。

其三，就十二缘之循环不息此一事实而言，不过是说明“有情生命”（众生中动植物）之生死流转，此可曰现象观。

其四，就十二缘的运行之理，在任何一刹那皆宛然存在，同时自足而言，则可曰刹那观（或同时观）。

前两点可说是对苦谛之说明，第三点可作为集谛之理据，第四点则是日后大乘因缘观之特色。

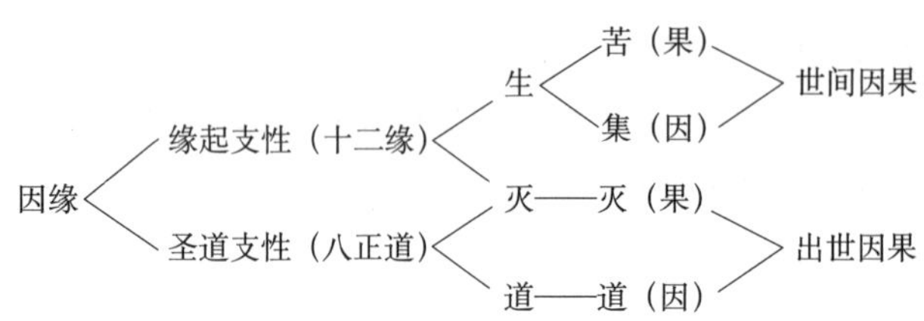

无明（痴）——从非理性的生物生命看，生物本身根本没有明，这是反面说。痴，是从正面说，指出生命本身根本就是昏昧迷暗。无明以惑为性，以行为业，惑业乃本始即有者，故曰“无始无明”。

行——迷暗之生命，机械地歧出纷驰，谓之“行”。行，即指盲目的意欲活动而言。

识——识即了别。因着盲目的意欲活动，而机械实然地显现为了别之识。此种了别之识，一般动物亦有（如了别利害而趋利避害），故在此不可说“觉识”，因为佛教言“觉”与“智”皆由修证而得。是后来所谓“转识成智”也。

名色——名色，即“对象性”之呈现，所谓“根尘世界”是也。由心识活动变现对象，开后来“唯识所变”“境不离识”诸义。

六入——此即六根（眼、耳、鼻、舌、身、意）所显现之感觉能力。

触——眼、耳、鼻、舌、身、意等六根与色、声、香、味、触、法等六尘相接触，此乃根（感觉官能）与境（所感觉者）相应而起之活动，亦即感觉之活动。

受——由触而有感受，故曰“触则有苦乐之感”。

爱——因苦乐之感而耽着滞恋，是谓“爱”。

取——因耽恋而执着不舍，是谓“取”。

有——此有二义：一为主观的有义，二为客观存在义。故“有”是由生命之蕴蓄纠结而形成。

生——“有”之滋长发展而成个体，是谓“生”。

老死——个体由因缘而生，故有身心之老死，老死忧悲苦恼，实乃个体生命之果。

由此十二因缘之“顺生律”（流转），乃产生“有情生命”及其所对的虚妄世间。但人若能如实照察，认定他是无常，即可证其本性是空，而出离生死苦海。到得破无明之时（断惑、究竟断、圆实断），生死流转即告断灭，而能趣入实相世界（涅槃）而得解脱（出离因果）。此即十二因缘的还灭律。

流转——无常、苦、妄、染——生死流转（八识流转）。

还灭——常、乐、我、净——真如涅槃。

第二章　小乘部派与大乘三系

第一节　小乘部派佛教

小乘部派佛教，上承原始佛教，下开大乘佛教。佛灭百年倾，佛教发生部派之分裂，各部派歧异的说法见于各部派之论书。论书旧译为阿毗达磨或阿毗昙，其任务是解释佛教的教法（教义）。由于解释不同，故分为不同的部派。

一、四个主要部派

最先分为上座部与大众部。之后，上座部又分裂出一支，名为“分别说部”，未分出的（先上座部）后亦闹分裂，为“说一切有部”与“犊子部”。上座部分裂的三部加上“大众部”，称为四大部。（这四大部后来又各自继续有分裂，兹从略。）

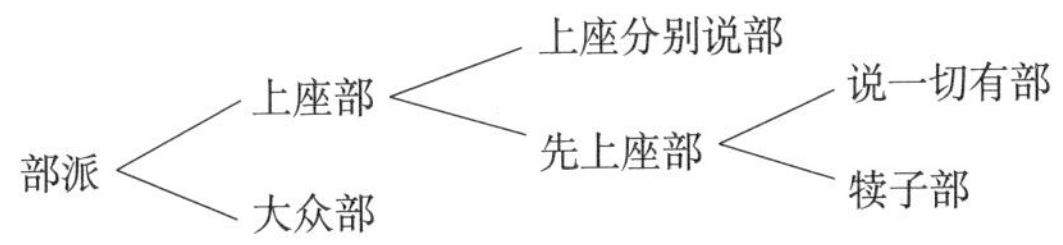

关于各部派的思想立场与要点，首先，应就上座部与大众部的根本歧异略做说明。长老的上座部重视传承，而较为保守；大众部则比较重理想，而较为进步。两者虽皆以原始佛教所揭示的“苦”“集”“灭”“道”为根本教法，但上座部主要是究明“苦”“集”二谛的问题，偏重现实界成立的原因。大众部则着重“灭”“道”二谛的问题，致力于论究由修行实践而达到涅槃解脱的理想。

再就四大部来说：

上座分别说部——只承认经典为佛陀之教理，严禁离经而走极端。又整理经中之重要思想，对其特质一一加以定义分别（不与异说新说相混），故自称“分别说部”。对于大众部与说一切有部之歧异论点，则常居于一折中之态度。同时偏重于详说三法印中的“诸法无我”印（无自性、法性空）。其主要化区，是由印度中部而南行，遍及印度南部各地。

说一切有部——其主要论点为“三世实有，法体恒有”[①]，又特重法相之分析，对生灭因果论究甚多。较偏重于详说三法印中之“诸行无常”印。其主要化区，由西方深入西北印度各地。

犊子部——与说一切有部关系密切，二者思想亦很接近。其根本歧异是犊子部安立一实有而不可说的“补特伽罗”，意译“数取趣”（数，屡也。谓数数往来诸趣，趣有六，众生各依其业因而趣之。六趣即六道）。又译为“我”，此我非个体我，亦非灵魂，乃指身心流转活动而言。此部之化区，多在西北印度与恒河上游。

大众部——主一切法假名无实、诸行不过是死灰。又主“心性本净”（由此导出真常思想）。对三法印之“涅槃寂静”印多有发挥。其化区遍及印度东部与印度东南部。

二、五蕴、十八界

佛教有“五蕴”“十八界”之说，如下所示：

① “三世”谓过去、现在、未来。“法体”谓法之体性，共75种，又谓84种，唯识论更分为100种。意指现象起现之质素，亦可用“体性”，但义较通泛，只是“结构之性”。

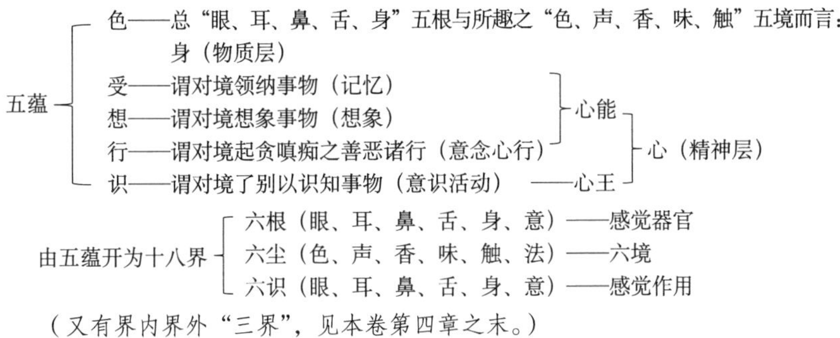

（又有界内界外“三界”，见本卷第四章之末。）

第二节　大乘佛学三系

部派佛教四分五裂，渐渐失去原始佛教的精神，于是在小乘的“经”“律”“论”三藏之外，陆续有大乘经典出现。

大乘经典在根本思想上不外三系。印顺法师判为“性空唯名”“虚妄唯识”“真常唯心”，实即“般若学”“阿赖耶缘起”“如来藏缘起”之三系也。

首先消化般若系经典之思想的，是印度南部之龙树（公元二三世纪之间，当东汉末年）。继之而消化唯识系经典的是弥勒（公元三四世纪之间），而奠定此系之思想规模的是无著、世亲兄弟（公元4世纪后半叶，东晋后期，略与鸠摩罗什同时，无著或稍前）。至于真常系之经典，印度缺乏大论师加以发挥，传到中国始产生大影响。

一、般若系

龙树之般若学，宗《大般若经》，他作《大智度论》以释经（故称释论）。又另作《中论》（《中论》代表龙树之系统性格与宗旨，故称宗论）以及《十二门论》（自观因缘门至观生门）、《百论》（共一百偈，故名），在中国称为“三论宗”，亦称“空宗”[①]，此宗思想可从两方面说。

（一）从客观方面说

缘起性空——一切法皆因缘生，由诸条件之和合而现起，故一切法皆无独立不变之真实性，此即所谓无自性。无自性故当体即空，此是一层层逻辑地分析的进路。所谓自身相含，缘起即含性空，性空由于缘起。“空”不但是遮诠字，亦是抒意字（抒因缘生之义）。

空与有——“空”是一切法之本性、实相。但此只是对“计执一切法皆有独立之实在性”之否定，却并不意味一切法不存在或无（佛教空法性而不空缘起法，对“假名有”还是方便认取的）。就一切法之本性去看，说空；就一切法之现象去看，则说有。此“有”乃因缘所生，只是如幻如化之有，而非实有。

假名有与毕竟空——佛陀为教化众生，有种种名（就法而立名），但这只是假施设，故为假名或假名有，此是就一切法之为“事”而说。若就一切法之为“理”而说，则因无自性，故毕竟是空。毕竟空（理）与假名有（事）相即不离，如如朗现；不落两边而如实明了之，则是中道。故《中论》有一偈云：“因缘所生法，我说即是空，亦为是假名，亦是中道义。”

（二）从主观方面说

般若是特殊之心能——般若学肯定有情生命能转出一特殊的心能，即般若智。般若智能就“幻有”（法）而证显“真空”（性）。

以般若观实相——因缘所生之一切法，在般若智之照了下，是以真实面目（实相）而呈现的，此真实面目便是空。“般若”（主）与“实相”（客）相应如如，故名“实相般若”。

主客空有之消融——如此一来，主客观之分别对立，乃在此智证之中而得其消融。此便是龙树思想之中心要旨。其他种种说法，皆由此引申而出。譬如“八不中道”：“不生亦不灭，不常亦不断，不一亦不异，不来亦不出。”此表示“生”“灭”“常”“断”“一”“异”“来”“去”皆无自性，皆无独立之意义。八不，不过描述“缘生无性”（缘生法、无自

---

① “空”是通义、共法，不应局限于某一宗派，故“空宗”之名，并非妥当。

性）而已。

综观此系经论之一大特色，可知其对一切法之根源并无一存有论之说明，而只就着一切法而敞开地说缘起，再就般若智之“荡相遣执”以通达此缘起法之空性。而空与般若，实为一切大小乘佛学之通义、共法。[①]故般若学实不具备一特殊之系统性格。若视之为一系，亦是“无系统相”的系统。[一切皆缘起（幻现），一切皆如，此乃佛教最高之智慧。如相实相，实相无相，是谓如相。吕秋一居士谓佛家之“空性”“如”“真如”，乃是虚的共相，不是本体。此言助人省思。另如“悲心”“如来藏心”，此所谓“心”，实与儒家言“仁心”“本心”不同。佛家言“悲心”，只是应“无常”“苦”“空”而发，是作用地显示，而并非实体心性。佛说“如来藏”，乃为接引外道（言梵天、梵我）之怕说“无我”者而施设之权机方便。所谓“如来藏自性清净心”，只是修行呈现之境界（证空如），并非默认一实体性之真心以为本体。它不同于儒家从道德意识入，而是从苦业意识入，它是智心照了，而不是仁心成就。故“证如不证悲”[②]。]

二、唯识系

唯识系宗《解深密经》《阿毗达摩大乘经》《密严经》。此是由弥勒开其端，但就其《大乘庄严经颂》《辨中边颂》看，除了唯妄识，亦有唯真心之倾向。而且虚妄唯识的思想规模，实由无著正式确立。其主要论著有《摄大乘论》以及《显扬圣教论》《大乘阿毗达摩集论》。其弟世亲（小无著二十岁）的主要论著是《十地经论》（解释华严十地品）、《唯识三十颂》、《佛性论》、《辨中边论》、《摄大乘论释》。

此系之主要思想，是建立一切法唯识。在“六识”（眼、耳、鼻、舌、

① “般若”行于一切大小乘，故是通义、共法。天台宗所谓有“共般若”（共大小乘）与“不共般若”（大乘专有），此一说法，宜当修正，般若不容有二也。

② “证如不证悲”，乃牟先生语。另有一言判基督教曰“证所不证能”。“所”指上帝、天主，“能”就人方面说。人有原罪，不能自救，有待上帝降恩拯救。所以基督教所证成者在“所”一面，对“能”一面则无积极之论证。

身、意）之外，增加第七末那识，第八阿赖耶识。尤其是第八识为主体，而展开其对现象世界之解释。一切法皆统摄于此虚妄之识，由此识而变现了虚妄世间（一切唯识所变）。一切法可分为染净两面去说。阿赖耶识直接地统摄染法，间接地经由正闻熏习而统摄净法。

《摄大乘论》引《阿毗达摩大乘经》之偈云：

> 无始时来界，一切法等依，由此有诸趣，及涅槃证得。

此中之“界”，即指一切法共同依止的阿赖耶识（藏识）。“等依”谓平等共同之依止，“诸趣”指流转（含六道轮回），“涅槃”谓还灭。六道众生之生死流转，可由此识而直接说明，而涅槃解脱道亦可以此识为中心而间接证得。而其所以为间接，是因为藏识属妄心，与涅槃净不同质，故须转识成智[①]而后乃可直接地说涅槃证得。但无论如何，总是以此识为中心而说出去，一切法皆是识所变现，此表示对一切法有了一根源之说明。这就是所谓“阿赖耶缘起”之系统。（阿赖耶识，“无覆无记”。无覆，谓对染净中立。无记，谓对善恶中立。）

唯此系在“转识成智”之理论上有困难（参见本卷第四章第五节）。同时其种姓决定论[②]，亦与“一切众生皆可成佛”之教义违异不合。

三、真常系

真常系之经典，如《华严经》《法华经》《大般若涅槃经》《大方等如

---

① 所谓“转识成智”略如下表：

转前五识为“成所作智”	前七识为“转识”，第八识名为“本识”，又名“藏识”（摄藏、隐藏、执藏）。
转第六识为“妙观察智”（见差别）	
转第七识为“平等性智”（见普遍）	
转第八识为“大圆镜智”	

② 所谓“五种姓”，一为声闻种姓，一为独觉种姓（阿罗汉），一为菩萨种姓，一为不定种姓，一为无性有情［指“一阐提”（音译）、断善根者］，永不能成佛。

来藏经》《胜鬘夫人经》等，其思想之发挥，在印度并无著名之论典，传到中国乃开出天台、华严、禅三宗。此诸经所透显的主要思想，如：

第一，《法华经》一乘（佛乘）之观念。此乃反对唯识学之三乘（声闻、缘觉、菩萨）而发。三乘乃引导众生之方便说法，故非究竟。

第二，“如来藏自性清净心”与“佛性”之观念。此是成佛之超越根据。佛性问题在中国论者甚多[①]，在印度，则只在《涅槃经》有详细之论辩。此不空之如来藏心（真常心）与佛性，乃针对般若学之专言“空”而发（以表示只空法性，不空真常）。

第三，“法身”之观念。《涅槃经》言“常乐我净”。我者佛义，常者法身义（非生灭身），乐者涅槃义，净者法义。就隐而不显的超越主体说，是不生不灭的清净心与佛性；就主体性之全部彰显与完成而言，即法身。

第四，《华严经》言“佛境界”与“法界”之观念。一切境界皆不能外于“佛境界”，故佛境界能对一切法各予安立（一起登法界），此境界乃主体最高自由之境界（乃随时可呈现者），故不能对象化（客化）。“法界”包罗一切真妄染净诸法，故各层次之各种法，皆可视为属于一总领域（佛境界）。

以上四点，皆在阐发真常之思想，属于“如来藏缘起”系统。它摄归于真常之心性上说一切法，而其说明之方式，即由此真常心性直接开展出一切涅槃无为清净法。至于虚妄世间法，即归因于此主体之迷蔽，又因其着重于自力解脱，故为中国人所喜。

以上已略说佛教之教义。此下当分章略述佛教在中国之传衍，以及佛学在中国之新开展。

---

① 综而言之，“佛性观念”，可分为：一、“佛格佛性”（果佛性）——佛之性格、体段（从样子、法相庄严去了解）。众生皆是一潜在的佛，故曰如来藏（如来，佛名。藏，谓无尽、无数）。二、因性佛性（三因佛性）——佛之性能（成佛所以可能的超越根据），从果地转到因地上说佛性。（参见本卷第四章第二节。）

第三章　佛教在中国的传衍（上）

第一节　佛教东传的初期概况

佛教传入中国，是通过西域诸国。在东汉明帝时（58—75 年）获准在洛阳建佛寺，但直到桓帝（147—167 年在位）在宫中祀“浮屠老子”以求福，仍然只作神仙方术看，而不知佛教之教义。

唯桓帝之时，亦已有安息人（即古波斯，当时尚无伊斯兰教）安世高在洛阳译述小乘上座部经典。而桓帝之末，又有西域月支人支娄迦谶首先译《般若道行品》《首楞严》《般舟三昧》等般若系之经典，是为大乘经传入中国之始。

三国时，魏与吴皆有佛教之流行，支谶之再传弟子支谦入吴，译经三十部（约在 223—252 年）。又有康僧会，康居国人，世居天竺，后移交趾，再至建康（此为自南路入中国之第一人），译有《六度集经》等。魏晋间有朱士行入西域，取梵本《般若经》回，乃中国西行求经之始。（直抵天竺者，则以东晋法显为第一人。）

西晋时，有竺法护，本月支人，世居敦煌，因从师为竺姓，后至长安，又至洛阳，前后四十年，译经甚多。有《光赞般若经》《维摩经》《正法华经》《华严·十地品》等大乘经，又译小乘经多种。另有帛远（字法祖，中国人）与竺法兰等在北方讲般若，然撰述甚少。

初期佛教之流传，大抵“宗教重于学术，信仰重于理智”（印顺法师语），尚未进到佛学之阶段。

第二节　释道安与六家七宗

西晋亡，中国分裂，南方是东晋，北方是五胡十六国。佛教在北方以般若学为主流，其最重要的人物，先为释道安，后为鸠摩罗什。

道安（312—385 年）首先以释为姓，其学以般若为主，又倡导静虑、静定之禅定工夫，整理戒律，注释经论。他是佛图澄之弟子，澄善诵神咒，尝显神异以感化石勒、石虎。而道安“无变化技术以惑常人之耳目，无重威大势以整群小之参差，而师徒肃肃，自相尊敬”[①]。中年时，道安在荆襄分张徒众，往各地弘化。晚年，在长安译经[②]，是中国佛教史上极为重要之人物。

佛教传入中国，最初只依附神仙方技，活动于宫廷民间，至魏晋玄学兴起，成为接引佛教教理之津梁。佛学乃渐次进入中国士人之心灵。于是出现“格义”，以中国之思想（老庄易理）比拟配合，以说般若性空之义。道安早岁亦用格义，中岁以后，谓“先旧格义，于理（佛理）多违”，弃而不用，然“六家七宗”之中仍有道安。兹略做介述。

本无宗——以道安为主。谓“无在万化之前，空为众形之始”（有生于无，幻起为有），以为“人之所滞（执着），滞在末有（现象），若托心本无（缘起性空），则异想（随现象而起之意念）便息”。“一切诸法，本性空寂（法性空），故云本无。”其说大体以“无”与“空”为同一事。

本无异宗——以竺法深（琛）为主。谓“从无出有，即无在有先，有在无后，故称本无”。“豁然无形，而万物由之而生者也。有虽可生，而无能生万物。故佛答梵志，四大从空生也。”此宗与本无宗共为一家。

即色宗——以支道林（名遁，314—366 年）为主。支著即色游玄论，以为“色不自色（色法无自性），虽色而空（法性空）”“即色是空，非色灭空”。意谓一切现象皆无实在性，“色即是空”，不待色灭而后为空。（空是色法之性，实相妙色，妙色无色，毕竟空。）另有“但空粗色，不空细

---

① 引自印顺法师《中国佛教史略》，实乃习凿齿与谢安书信中语。有此肃肃自重之师徒，故佛教终能大行于中土。有真人而后有真事，信然。

② 苻秦后期，兵掠荆襄，道安被迫至长安。

色”之说，有小乘论之倾向，盖小乘教中之异说也。

识含宗——以于法开为主。谓“三界为长夜之宅（住即执着），心识（流转活动）为大梦之主（变幻无常，心识为之主），今之所见群有（万勿现象），皆于梦中（幻化）所见。其于大梦既觉，长夜获晓，则倒惑灭识，三界[1]都空。是时无所从生，而靡所不生（无生之生）”。此宗受早期（无著、世亲之前）识变观念之影响，有唯识学之倾向。与般若性空之义不相应。

幻化宗——以释道一为主。谓“世谛之法，皆如幻化，是故经云，从本以来，未曾有也”。此宗以一切现象为幻化，唯“心神犹不空”（在起作用），故可修道、隔凡、成圣（成菩萨、成道）。

心无宗——以支愍度、竺法温为主。法温谓“有，有形也，无，无象也。有形不可无，无象不可有”。“无心于万物（心不涉万物），万物未尝无（法是有、假有）。经中说诸法空者，欲令人心体虚妄不执（不执虚妄以为有），故言无耳。”此是就禅定一面说空（无心于万物），以为空只是一境界，而不涉对象，所谓“内止其心（心无），不空外色（色法非无）”是也。《世说新语》谓支愍度与伧道人（修道之僧人，非指道士）渡江时“共立心无义”。依刘孝标注：“种智（观法之智）之体（以无为体），豁如太虚，虚而能知（虚灵知觉），无而能应（无而能应，有则相抵触，不能应矣），居宗至极，其唯无乎。”其论似道家。此宗当以竺法温之说为主。

缘会宗——以于道邃为主，谓“缘会故有（因缘和合），名为世谛，缘散故即无，称第一义谛”。此是以缘会解释万法皆空，但只重在说现象之空（色法空、析法空），与般若性空（法性空、体法空）尚有间。

以上六家七宗，大体以玄学、形上学之观念说般若性空之教。此种初期试探之说，只有过渡之历史意义，并无本质之义理价值，虽名为宗，实则不成其为宗派。

---

① 三界，谓：一、欲界（心理欲望领域）；二、色界（物质领域）；三、无色界（心识领域），不复见色（受、想、行、识，四无色）。所谓三界之分，并非事实上的截然之分，乃人生境界之分。

第三节 鸠摩罗什与肇论大意

鸠摩罗什[①]，祖籍天竺，其父移居龟兹。罗什幼习小乘，在沙勒遇大乘僧，受般若学。四十许至凉州（武威），居十七年，于401年至姚秦（其前身为苻秦）京师长安，413年卒，年七十一。（卒后七年，南朝刘宋开始，又十九年，北魏统一北方。）罗什在长安广译经论，最重要者，经有《大品般若经》《小品般若经》《金刚经》《法华经》《维摩诘所说经》《楞严经》等，论有《大智度论》《中论》《十二门论》《百论》《成实论》等。又经十余年之讲论，使般若性空之真义大显于世。故佛学在中国之正式弘扬，当自鸠摩罗什始。

罗什门人甚多，最杰出者为僧肇（384—414年），京兆人，后罗什一年卒，年三十一。（与二十四岁卒之王弼，同为天才型之人物。）

僧肇所作《物不迁论》《不真空论》《般若无知论》，世称肇论。（另有《涅槃无名论》，似系伪托。）罗什见其《般若无知论》，曰："吾解不谢子，辞当相揖耳。"肇论说理极精熟，尤显"文妙"。然就实义看，则只是几个基本观念之反复引申。

一、《物不迁论》

其主旨在说明万法无来去无动静［去来动静，只是假相，与八不中道（不常不断、不去不来）意同］。"必求静于诸动，故虽动而常静；不释动以求静，故虽静而不离动。"此数句乃谓静于动中求，即动以求静。"虽静而常往，故往而弗迁（止而无止，静而无静，无迁流）；虽往而常静，故静而弗留（往而无往，动而无动，非定止）。"总之，即动即静（非动非静），实无迁流（迁流乃假相）。然其意不在证明事物之"常"，而在破除往来变化之观念（不从正面表，乃从负面遮）。时空变化与动静本身，皆非实有（乃假有），由此反显法性、真如实无生灭来去可说。

---

① 据鸠摩罗什之师承，应为龙树之五传弟子：龙树—提婆—罗睺罗。

唯其论证，是将时间拆成今、昔二态，又将“物”（空间之物类）与今、昔二态关联在一起以辩说不往不来。既已落于时（今昔）空（物类），则有来往动静，就此说不来不往，必显诡辩相。实则，依“缘起性空”之义，即可证成“不迁”之义［法性（空）不迁流］。由因缘生起，即可直接分析出定相不可得，只是如幻如化，当体即空。要说法有来去，有动静，亦只是如幻的来去动静。看似决定的去来相、动静相（幻起之相），只是由于不了悟一切法是因缘生而幻起的执着而已。执着的假相非真，故说“物不迁”（观空破执）。（儒者谈玄，可免诡辩相。如周濂溪言“物”与“神”之动静云：“动而无静，静而无动，物也。动而无动，静而无静，神也。动而无动，静而无静，非不动不静也。物则不通，神妙万物。”周子之说，义理层次，何等分明；文字表达，何等平实而明确。）

二、《不真空论》

此论以“不真”界定“空”。“空”即“不真”，此亦《中论》“因缘所生法，我说即是空”。凡因缘生，即无自性，无自性则法空。

《不真空论》中有“缘起故不无”“待缘而后有”之句，“不无”，故有（假有），“而后有”亦指幻相之假有。这两句是要诠表缘起性空之义，显示“空”非“无”义，亦非“有”义。（空，非无非有。格义时期，以无为空，乃不究竟者。）盖一切法依因待缘而起现，既起现则并非“无”而是“有”。但依因待缘而起现的“有”，是无自性而当体即空的[①]，故此有并非实有，只是如幻有，所以说为“不真”。

此如幻而不真的一切法，《中论》名为“假名有”，假名非实，当体即空，故僧肇以“不真空”为论题。此论与“物不迁论”，皆发挥般若学

---

① 缘起法，无自性，自性空，自性空即法性空，是谓当体即空。若只从“心、物”说空，则仍属“偏空”（观空而不开假，如小乘）或“执空”（执空之过与执有等，知其一不知其二故也）。

“缘起性空”之义。二文只是一义之引申。（不真故为空，性空故不迁。）

三、《般若无知论》

此论另起一义。盖般若学在客观方面所肯定的中心论旨是“缘起性空”，而“般若智”则是在主观方面所肯定的一种特殊之心能，是佛、菩萨透过实践的进路所呈现的殊胜之智慧。

般若智不同于一般认知的主体。主客对列的认知活动，乃双方互为限制者，故有滞执。有滞执故为惑取之知。而般若智则“虚不失照”“照不失虚”。般若有虚的体性，有照的功能作用，而其照不着于物，不滞执于物，故照而不失其虚。而且其照又能就因缘所生的一切法，而证显其实相（空）。

般若之知，无有知相，故曰“般若无知”（知而无知，无知之知）。僧肇之辩说，皆是分析地必然的。（本身自含，不假外求，故不是理论，而是引申。）由于义理精熟，故能反复申说以成文，实则多说少说皆无所谓。（佛家多说，故侈大繁富。儒圣少说，故平实简易。）要者能相应于大乘般若学之中心思想而着论。故罗什许为中土“解空第一”。

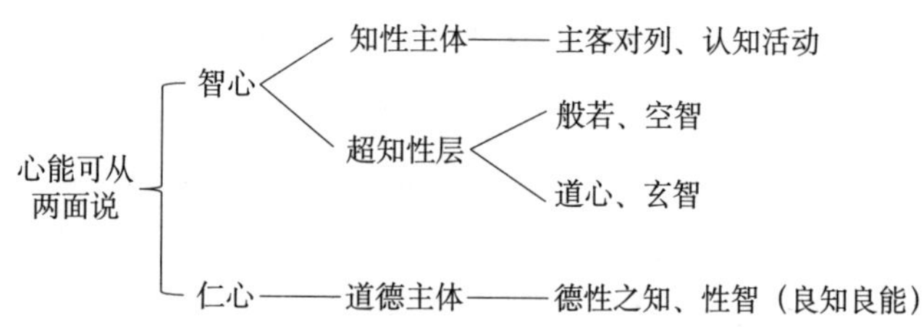

第四节　北方四宗略说

僧肇后罗什一年（414 年）卒。439 年北魏统一北方（南方则刘宋已开国十九年）。446 年，北魏太武帝毁佛。故自什肇之后，北方之般若学实已日渐衰落。然自北魏至北周亡于隋（581 年），此数十年间，北方仍有佛教各宗派之流行。其重要者有四宗。

南北朝隋唐之分合及其年代，特列述如下：

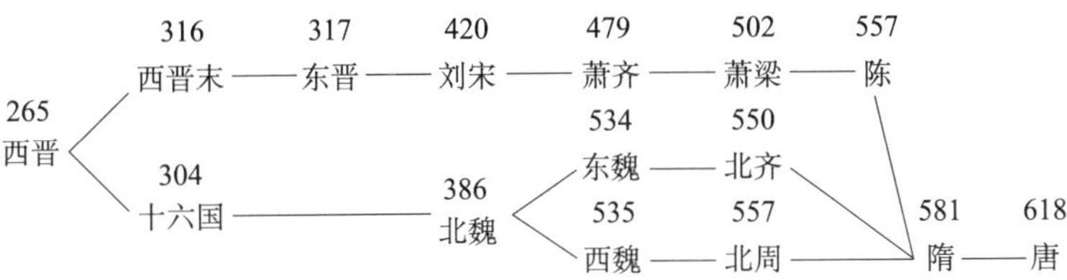

一、毗昙宗

阿毗昙或阿毗达摩本指论藏，而六朝时则专指小乘说一切有部学，简称毗昙。此宗最有成就者是慧嵩与志念师徒。（慧嵩，高昌国人，早年来中国，晚年居彭城，卒于北齐之时。）志念卒于隋炀帝时（608 年），其弟子慧休为玄奘之师（玄奘之师不止一二位）。

此宗之主要教义是宣说一切法皆有自性，可视为唯识妙有（变现现象）之前身，一切法因缘生，但既经呈现，即皆有一定之体性（指形成物类之质素，相当于结构之性），故北齐慧远［慧远，南地道论师慧光之再传弟子，卒于隋开皇十二年（592 年）］又名之为“立性宗”。

二、成实宗

罗什译《成实论》，是为利便初学。其门下僧嵩、僧导、道猛等大加弘扬，齐梁之时遂风行大江南北，竟掩盖般若三论之旨。弘“成实”之学者，最初亦兼弘三论，后来偏弘成实，又与法华（如言真俗二谛相即）、涅槃（如众生有佛性）合流，乃成所谓成实大乘师。实即成实虽反毗昙之一切有（一切法有自性）而言我法二空，然未能即就诸法而言当体即空，此则未能舍小入大。其言真俗二谛相即，其相即究竟为一体或异体，成实学者亦有异说（纲宗不明，故生异说），故成实论乃一过渡性之思想，对真空与妙有皆无究竟解说。（对真空方面只言我法二空，未言法性空。对妙有方面，未能从空入中道。在佛教思想上只有历史之意义，本质之意义不够。）

重整三论宗之吉藏大师对成实宗严加贬斥，又经天台智者之融摄（如真俗二谛相即，天台亦言之），此宗遂衰落无闻。唯其义旨略近三论，能破“自性”见，故北齐慧远又名之曰“破性宗”。

三、般若宗

般若之学，自罗什僧肇之后，在北方日渐衰微。北齐慧远乃地论涅槃一系之僧徒，故以为般若言空，不如真常（圆实）之义。所谓“虽说无相（空），未显法实（真）”。故名般若学为“破相宗”（破缘起假相）。

四、地论宗

慧远心目中之“显实宗”，是以地论宗为本。南地道论言“真性缘起”（真性亦是真心，如来藏心、如来藏性），以为生死（流转）涅槃（还灭）出于同一真心，有似于起信论之一心（如来藏心）开二门（生灭门与真如门）。

所谓《地论》，即世亲（天亲）之《十地经论》，本为解释《华严经》十地品之作，代表世亲早年之思想。世亲之成熟思想是虚妄唯识，其路数是“妄心为主，正闻熏习是客”（客，谓乃外缘，非内因）。但《十地经论》却有导致自性清净心之倾向。

508 年，印度僧人菩提流支（北道）与勒那摩提（南道）在洛阳译出《地论》，但二人议论却不相合。至流支弟子道宠与摩提弟子慧光，遂各立宗派，道宠一派称相州北道，慧光一派称相州南道。两派争论之焦点，是阿赖耶识之真妄问题。

南道派以阿赖耶识为真，认为阿赖耶识能生一切法，即真如法性生一切法。北道派则以阿赖耶识有真妄二义，一切法从阿赖耶识生，而阿赖耶识是真妄和合的，此则走向“真心为主，虚妄熏习是客”的路数。北道派之说，与后来摄论师真谛之说相近。但北道之地论师说阿赖耶通真妄，而重在说真。摄论师亦主阿赖耶通真妄，而重在说妄。赖耶既为妄，故真谛又另立第九“阿摩罗识”为真。至于后来智者、吉藏指地论师以阿赖耶为真净，大抵是指南道派而言（因北道派不盛，未引起注意）。但无论南道北道，皆盛弘真常唯心之学，而成为北方佛学之主流。

当时除地论师外，真常系之经典如《华严经》《大般涅槃经》《胜鬘经》《妙法莲华经》等，亦先后译出而广为讲论。另有菩提达摩之南天竺一乘宗（一乘即第一义乘，又称佛乘），亦倡真常唯心（楞伽印心）之说。

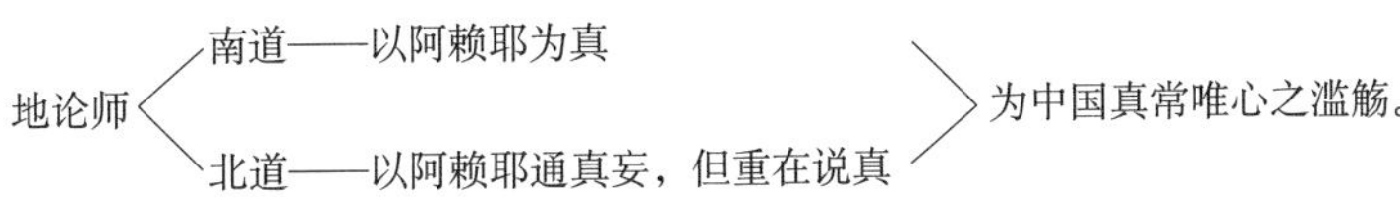

摄论师——以阿赖耶通真妄，但重在说妄，故真谛另立第九识为真心。

第四章 佛教在中国的传衍（下）

第一节 东晋慧远之佛教运动

晋室南渡，名士巨族亦随之过江，虽经丧乱，而玄谈之习依旧，故东晋之玄风依然不衰。（但玄学却无成绩。）而南方之僧徒，亦多与玄谈之士交往，比附道家之玄理以立论，如支道林即其最著者。此类弘法之僧人（带名士气），并不真能契合印度佛学之旨。

东晋一代最有代表性的佛教人物，当推释慧远（334—416年。420年东晋亡）。慧远二十余岁从道安出家于恒山，365年至襄阳，378年辞别道安东下至庐山，数年后建东林寺，三十余年，影不出庐山，八十三岁卒于东林寺。

慧远之贡献在推行佛教运动，而不在理论之建立。他承道安之学，自以般若教为本，但并不固执宗派立场。对于佛教各支之活动，皆予支持鼓励，如僧伽提婆讲小乘阿毗昙，至庐山，慧远即请他译《阿毗昙心论》。又邀请受罗什一系排挤之觉贤，来庐山译出《禅经》与《华严经》。

此外，他对禅法、阿弥净土、念佛[①]亦极力提倡，又遣弟子西行求经。其一生之表现及其所以自处，实非一宗之论师，而是佛教运动之领袖。[他继承道安重戒律之教，门风精严，蔚为世望。故桓玄沙汰（整理淘汰）沙门，亦谓“庐山道德所居，不在搜简之例”。唐人有诗云：“咫

① 佛教净土宗，推慧远为初祖，禅宗衰后，佛寺普遍都是“禅净双修”。倡净土者谓曰：“念念佛来接引，念念我愿往生，人能心念佛土，则识变境迁，业尽情空，能所两忘，心佛一如。”最后，无心无佛、唯是净境乐土——当下即净土，并非离此世界而别有净土也。

尺愁风雨，匡庐不可登。只疑云雾窟，犹有六朝僧。”庐山高僧，人所景仰，数百年后，犹令人想望不置云。]

第二节　竺道生与涅槃佛性

竺道生，彭城魏氏子，幼从竺法汰出家。道生生年无考，约在公元 360 年，卒时（434 年）较慧远晚十八年，时当刘宋之时。

道生三十余往庐山从提婆习小乘，及闻罗什至长安，乃与慧睿、慧严、慧观等前往从学。不数年（406 年）退席南返，止庐山。409 年又东下建业。417 年，法显携来六卷《大般泥洹经》译出。道生“孤明先发”，悟佛性义，乃据经意宣讲一切众生皆有佛性，一阐提（断善根者）皆可成佛。但经无明文，引起轩然大波。“于是旧学以为邪说，讥愤滋甚，遂显大众，摈而遣之。”道生于大众前正容誓曰：“若我所说反于经义者，请于现身即表疠疾。若与实相不相违背者，愿舍寿之时，据狮子座。”言罢竟拂衣而去。初投虎丘，所谓“生公说法，顽石点头”，即此时事。

428 年左右道生居庐山，创立涅槃宗。时四十卷《大涅槃经》在凉州译出，430 年传至建业，证明道生所说符合经文[①]，众复推崇，誉为“涅槃之圣”。434 年在庐山精舍升讲座，忽见麈尾纷然而坠，端坐正容隐几而卒，完成“据狮子座”之愿言，年七十余。

道生思想之主要论点有以下几个方面。

一、佛性我

道生《维摩经注》云：“无我，本无生死中我，非不有佛性我也。”

---

① 《大涅槃经》第六卷：“我者，即如来藏。”第七卷：“一切众生悉有佛性，即是我义。”

是以佛性我为真我，表示主体性。

佛性我之意旨，可归结如下："一切众生悉有佛性，即是我义"（如来藏义），随系统之不同，如来藏义亦有不同。佛性，即一切诸佛阿耨多罗（无上）三藐三菩提（正等正觉）中道种子。佛性者为第一义空（中道空、胜义空），中道即佛性。此三者皆《涅槃经》中正式所说之佛性义。

大慈大悲、大善大舍、大信心、一子地（对众生一体相看，如同一子）、第四力（照察众生根器之力，十力之一）、四无碍智（辩、辞、义、理，皆无碍）。顶三昧（顶高之三昧）再加上四无所畏、大悲三念处（誉我、毁我、半誉半毁，我皆不动心）、一切觉，凡此皆佛性义。

十二因缘是佛性，众生是佛性，六法（色、受、想、行、识、我）为佛性。

二、法身无色

《维摩经注》："若有人佛者，便应从四大起而有者，是生死人也，佛不然矣（佛超脱生死）。"其意以"佛"乃一理境，而非"人"。人是经验之对象，故"人佛"之观念不能成立。法身非色身，佛亦非释迦其人。凡对佛所用之一切杂有经验词义或时空词义之描述，皆非究竟真实。

由此乃又有"佛无净土"之论（其文不传）。意谓"国土"之词义，属于"有"之范围，"有"表迷惑，不得为净。唯有觉解，方得为无为净。所谓净土，只是方便权说。此自显道生之慧解。然《涅槃经》中谓法身"有妙色"，如此，则"法身无色"之说，亦与教义有不合也。（唯若说妙色无色，则道生之说"法身无色"仍可通耳。）

三、阐提有佛性

六卷《泥洹经》无"阐提有佛性"之义，道生据理推之，以为"阐提含生之类，何得独无佛性？盖是经来未尽耳”。此即所谓“孤明先发”也。从此讲论涅槃佛性者风靡一时，而有种种说法。直到智者大师消化《涅槃经》之思想，而提出“三因佛性”，各种争议始告结束。（三因佛性分正因、缘因、了因。正因佛性是法佛性，即客观地说的主体佛性。缘因、了因佛性是觉佛性，亦即主观地说的主体佛性。）

四、顿悟

慧达《肇论疏》言及道生之“顿悟”义。“夫称顿者，明理不可分（不可分段了解），悟语极照（谓无所不照，明通透彻），以不二之悟（一悟全悟），符不分之理。……见解名悟，闻解名信。信解非真，悟发信谢。”（重悟不重信，禅宗亦然。）理不可分，悟亦不二。信解乃悟以前事，非真悟。其意盖谓修有阶段，故修必渐；悟无阶段，故悟必顿。（明通一切，照了究竟，而后方可说悟。不是先悟一部分，再悟一部分，故必须“顿”。）对顿悟义，谢灵运作《辨宗论》力加支持。然其说不脱“格义”，又强拉扯儒佛，并非精严之作。

道生又有“善不受报”之说，其详不确知。盖谓恋生而生不绝，故在生死轮回之中。不主善恶，无心应物，不恋生，不恶死，亦不分别生死，则可不受轮回报应。

第三节　三论宗之复兴与嘉祥吉藏

南朝佛学，涅槃宗于刘宋时继般若而兴，至于齐、梁，自北南来之成实论合涅槃而盛行，再至于陈，三论夺成论之席，陈隋之间而有天台兴起。兹先略述三论宗之复兴。

先是高丽僧朗，有得于关河古义（长安什肇之学），于齐末入吴，止摄山。僧朗传僧诠，诠传法朗。法朗于陈时（558 年）入都（建业），敕居兴皇寺，盛弘三论般若，表彰关河古义，门徒甚盛，远布荆襄巴蜀。门人嘉祥吉藏（549—623年），本安息人，少从兴皇法朗出家，善承其学。陈亡，避地会稽嘉祥寺，隋文开皇末（600年）诏居扬州慧日道场，又北游洛阳长安，隋炀唐高，皆加优礼。卒于武德六年（623年）。

吉藏以发扬关河古义，绍继山门正统为己任（僧朗住摄山，传至法朗，大弘三论，其学称山门义）。学识博洽，号称"文海"。著作甚多，有《中观论疏》《三论玄义》《大乘玄论》等，是三论宗集大成者，但其学后继无人，著作亦散佚，直至清末始由日本传回，国人乃能得其思想之要旨。吉藏较明显之主张，有以下几点。

一、二谛是教，不二是理

真俗二谛乃如来为化度众生而说（如来，佛法身之名号），故为教（方便说法）。但虽为真俗二谛，实意是表不二之道（真俗不二），故不二是理。

二、于谛之说

所谓"于谛"，是分别"于凡""于圣"。于凡，以俗谛为谛；于圣，以真谛为谛。圣（佛菩萨）心中初无俗谛，凡心亦不知真谛。故俗谛于凡为实，真谛于圣为实。二谛之说，乃圣心见真谛后，更欲化度众生而方便建立。故二谛法亦名"教谛"（为教化而立）。

三、四重二谛

第一重，对阿毗昙（小乘）立"实有""实无"二谛而发，以明"有"为俗谛，"无"为真谛。

第二重，对成论师（由小入大）立“假有、假空”而发，以明“空”“有”皆俗谛，“非空有”方为真谛。（以“非”字表般若荡相遣执之精神，所谓“诡辞为用”是也。下同。）

第三重，对大乘师立“分别空有二谛为俗，空有不二为真”而发，以明“二”“不二”皆俗谛，“非二”“非不二”方为真谛。

第四重，对大乘师立“三性（安立三性）是俗，三无性非安立谛为真谛”而发［按：三性指遍计执性、依他起性、圆成实性（又名真实性）。三无性指相无性（我、法无体性）、生无性（缘生无性）、胜义无性（入妙无性）］，以明“安立谛、非安立谛”皆俗谛，“言亡虑绝”（言语道断，思虑泯息）方为真谛。

如再简化，“四重二谛”可表述为：有为俗谛，无为真谛。空有皆俗，非空有为真。空有二、不二皆俗，非二、非不二为真。安立、非安立皆俗，言亡虑绝方为真。

吉藏的思想，大体是罗什所传般若之旧，本质上并无改变，但凭其玄思，发为玄论，使三论思想更为丰富多彩，在佛学史上自有不磨之功。

第四节　摄论与摄论师真谛三藏

一、真谛之生平

摄论即无著所造之《摄大乘论》，乃虚妄唯识之典型作品。印度僧人真谛三藏于梁武帝末年（6世纪中叶）先至南海，两年后抵建业（548年，时五十岁），前后译唯识系之经典甚多，563年译出《摄大乘论》，569年卒于南海。（二十年后，隋统一天下。）

真谛在中国二十余年，辗转南京、江西、广东各地。时南方三论宗盛行，故其学“终历陈朝”，“通传无地”。梁陈之时，北方地论宗大盛，及南道慧光弟子昙迁、靖嵩南来，见摄论师之学可补地论师之所未知，乃大加宣扬，转弘北方，至隋初成为显学，而昙迁遂成为摄论宗之主要人物。

二、真谛思想与摄论

唯真谛之思想，实与无著之摄论有距离。

其一，摄论之思想是“妄心为主，正闻熏习是客”，而摄论师真谛却引之走向真心。他译“无著本”“世亲释”之摄论时，加入自己之思想而有所增益。此自翻译言为不忠实。

其二，他对作为“界”的阿赖耶识（虚妄为性）增加“以解为性”的解释，而成为“解性赖耶”。接着又说“此界有五义”（按，依唯识宗，“界”即指阿赖耶）：体类义、因义、生义、真实义、藏义。此皆隋代达摩笈多与唐代玄奘二译所无之义。

其三，玄奘译为“法身”者，真谛皆译为“圣人依”，并说“圣人依者，正闻熏习与解性和合（转客为主，转妄为真，转迷为解），以此为依，一切圣道皆依此生”。此则明显地将真心思想注入摄论，转变成如来藏真心系统。

三、解性赖耶与阿摩罗识

既将赖耶说为以“解”为性，则此解性赖耶的超越之性，而成为解脱成佛的超越根据。如此乃与“妄心为主，正闻熏习是客”之摄论思想，形成严重之冲突。而且凡说到“转依”之处，真谛皆将之拆成“灭阿赖耶”以证“阿摩罗”（将解性赖耶升进为净识）。于是“八识”转为“九识”，并建立了第九阿摩罗识为真常无漏之识心（净识）。此是真谛学最明显的特色。（不满阿赖耶缘起，趋于真心缘起。）

但立阿摩罗（净识）为第九识，不免拖泥带水，又不如直接讲“自性清净心”，所以真谛之九识义，只是过渡到起信论的方便之言。

第五节　真常心系的代表论典：《起信论》

《大乘起信论》标名为马鸣造，真谛译。印度无此书，后由玄奘倒译为梵文。但如来藏心之思想，则已见于《胜鬘夫人经》《楞伽经》《密严经》。《起信论》很可能是以真谛为代表之摄论师与地论师合作而成。（其书出之时间不可考，大约在陈隋间，天台智者未正视此书。）但即使是伪书（非马鸣造，乃真谛与中国僧人所伪造），亦不影响它在中国佛学史上之地位。

一、一心开二门

《起信论》立论之主旨，是肯定一超越之真心，以为顿悟成佛所以可能的超越根据。此超越真心即名“众生心”（人人皆有）。由众生心开出“生灭”“真如”二门（法门），即所谓“一心开二门”。心生灭门，生死流转地说明了一切虚妄污染法。心真如门，涅槃还灭地说明了一切清净功德法。

但须知，一切清净功德法乃就着污染法之当体寂灭而朗现，并不是离开污染法而另有一套清净功德法。所谓不坏假名而说诸法实相，不离烦恼而证菩提（进而说烦恼即菩提），即九法界而成佛，莲花不离污泥生。又如不远人以为道，即事以明道，亦是同类的道理。

二、心真如与真如心

此自性清净的众生心，乃是“心与真如理合一”的真心（唯识宗则只言真如理，不言真如心）。“心即是真如”，真如即心，无二无别。

依真如门，此真心一面是空，一面又是不空。“空”是显示真心远离妄念计执所起的一切差别相。“不空”是显示真心法体恒常而又具足无量清净功德法。此是依《胜鬘夫人经》“空如来藏”“不空如来藏”而说。（空如来藏是分解地说；不空如来藏是圆融地说。如来藏空而不空。空差别相，不空清净功德法。而此岸彼岸之分，亦只是方便说。）

依生灭门，此真心忽然不觉而起念（妄念），即成阿赖耶识。但《起信论》以为阿赖耶识不生不灭与生灭合一，“非一非异”[①]。不生不灭是此识之超越的真实性（觉性），生灭即此识之内在的现实性（虚妄性）。《起信论》所说的阿赖耶识既具此双重性，故与无著、世亲正宗唯识学谓“赖耶是妄”不同。

三、真心是生死依，亦是涅槃依

一般虽以“阿赖耶缘起”与“如来藏缘起”对言，实则，生死流转的直接因乃是阿赖耶，真心（藏心）只是凭依因。故“如来藏缘起”只是间接地缘起生死流转法，由于“无明”之插入[②]，真心忽然不觉，故有生死流转，此即《胜鬘夫人经》所谓“不染而染”（由于忽然不觉）。但真心之本性并不因此而改变，虽染而虚现为妄念，其自性恒清净离染，此即《胜鬘夫人经》所谓“染而不染”。“不染而染”，故有生死流转；“染而不染”，故有涅槃还灭。（由此可见，《起信论》之思想，有经可为依据。）以是，此真心一方面是生死依——间接地为流转之凭依因，一方面又是涅槃依——直接地为无漏功德之生因（生起因），故一切法皆以真心为依止。

四、阿赖耶之觉与不觉

关于阿赖耶之觉性与不觉性，依《起信论》之说，离于念即觉，在于念即不觉。就觉性为真心所本有而言，说“本觉”；就众生真性之始显而言，说“始觉”。始觉有渐次（阶段），故又分为“始觉”“相似觉”“随分觉”“究竟觉”。[③]觉而透至心之本源的究竟觉（圆觉），即表示真心

---

① 八不中道亦言：不一不异、不生不灭、不常不断、不来不去。

② 《起信论》有“无明风动”之语。无明无根，因风而起（风止即无波浪，风平则浪亦静）。何以会起风？因为有感性（私欲等）。

③ 各人根器福禄，皆有差别，故各人之觉亦随其分。

之真实性已在具体实践中全部朗现而无遗。但真正的问题，是在如何由“不觉”而至“觉”，此则须靠“熏习”。

依正宗唯识学，此乃“转识成智”的问题。而转识成智的力量，主要是靠正闻熏习。但既“妄心为主，正闻熏习是客”，是则熏习乃由外缘，而非由内力。于是，“觉”之熏成是经验的、后天的。至于“真如”，在唯识宗只言真如理，不言真如心。故真如不能熏，亦不受熏（又般若学言真如，亦就空如之理说）。故其转识成智，并无必然性。此是唯识宗之困难处。

在《起信论》，则言真如熏习（有内熏力）。真如是空如之理与真心合一的“心真如”“真如心”。心有活动义，故“能熏”，亦“受熏”。“受熏”是受无明所熏（不染而染）。“能熏”是真心有内熏力，亦可以熏无明以化念为心，由不觉而变为觉（染而不染）。若在此说“转识成智”，便很顺适。

广义的唯识学传入中国，前期由地论宗、摄论宗而归结于《起信论》，这是一步发展，其最后圆成之高峰，是华严宗。而后期则是玄奘所传译辑成的《成唯识论》。平常所说的唯识论或唯识宗，皆指奘传之妄心唯识而言。实则其思想远不及真常心系之高明也。

附说

第一，佛家所谓“心王”“心所”“非心所”：

心王——《宗镜录》谓：心为识主，故号“心王”。法相宗：八识皆称心王，亦云心法（对色法而言）。

心所——“心所有法”之简称，又称“心所法”，亦名“相应行法”（如思想、触、受、贪、嗔、痴、定、慧、睡眠等）——皆依心而起，与心相应，指心理活动而言。

非心所——“非心所法”又名“不相应行法”，乃指范畴、形式概念（凡、一切、有些、是、否、如果、则、而且、或者、方、红、高、大、多、少……以及数目、空间、时间等）。又，不相应行法，不能说明生活，但可用于说明知识。

第二，“三界”与“界内”“界外”：

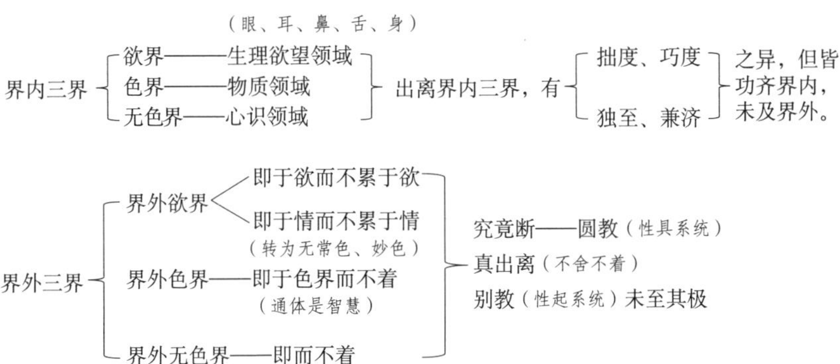

第三，关于“神灭论”：

佛教有“轮回”之说，传入中土之后，引发梁朝范缜之反对，乃作“神灭论”，有谓：形犹刀也，神犹利也。未闻刀没而利存，岂容形亡而神在也？

有关“神灭不灭”论辩之文献，收在《弘明集》与《广弘明集》中。但这场论辩，并未展开成一形态。范缜论“神灭”所持的自然主义之思想很简浅，而佛教方面持“神不灭”的论说也不够深入。其实，这个问题所涉很广，并非简单。

“神不灭”既不是儒家所说“立德”“立功”“立言”之“三不朽”，也不同于基督教之“灵魂不灭”，因为佛教的“神不灭”应从阿赖耶说。阿赖耶是识心，识心是刹那灭的，正好与基督教“灵魂不灭”相冲突，“法身常住”也不是不灭的个体灵魂。而儒释道三教皆无个体灵魂不灭之观念，其讲“常”与“不朽”都不指灵魂。神灭不灭，在当时正反双方的争辩，都不够深入，也没有明确的规定。牟先生说，看来这个问题似乎只是一时历史的现象，并无多大思想价值。当然，若有人重新加以考虑，至少也有消极性的厘清问题之意义。[①]

① 参见牟宗三：《牟宗三晚期文集》，第137—146页，《从范缜的〈神灭论〉略谈形与神的离合问题》。

第五章　对佛教教理的消化：天台判教及其思想

第一节　天台宗简史

北齐慧文悟龙树“即空”“即假”“即中”之旨，立为“心观”（一心三观，观空观假观中）。慧文传南岳慧思，更弘法华。（唯托名慧思之《大乘止观法门》一书，不可信。牟先生《佛性与般若》下册第三部第二分第二章附论，言之甚详，请参看。[①]）

慧思之弟子智顗（538—597年），生于荆州华容，其先颍川陈氏，世称为智者大师。智者于陈初（约560年）北上见慧思于大苏山（今河南光州），旋即受命代师说法，智比日月，辩似悬河，思曰：“可谓法付法臣，法王无事者也。”时慧旷律师（律，谓“经律论三藏”之戒律。讲律之法师，谓之律师）亦在座，思曰：“律师尝闻贤子讲耶？”[智者先师事慧旷，故慧思以“贤子”（你的弟子）称之。]旷曰：“禅师所生，非旷之子。”思曰：“思亦无功，法华力耳。”此见智者初出，即不同凡响。而思、旷二师问答之际，何等谦和肃穆，佛门教养，可谓深美矣。

约七年后（568年）慧思迁南岳，智者转金陵，声光大显。575年（三十八岁）入天台山，并以之作为终身道场。时为周武毁佛法之次年。[②]后因陈宣帝前后十使，并帝手疏，请出山至金陵说法，讲《法华经》。陈

---

① 冯友兰《中国哲学史》竟用《大乘止观法门》讲天台学，实大错。即使此书确为南岳慧思所作，亦只能名之为“南岳学”，而不得据之而讲天台学。天台由智者开宗，而其著作又具在（如天台三大部），何可弃置？

② 574年，北周武帝毁佛法，与446年北魏太武帝毁佛法，以及845年唐武宗毁佛法，合称“三武法难”。

亡于隋，策杖游匡庐荆湖，591年应晋王（后即位为隋炀帝）请为受戒师而至扬州，晋王尊称为“智者”。次年至荆州，595年自荆下郧（古城，今河南临漳地），次年重入天台。隋开皇十七年（597年）晋王又请，出至石城，谓徒众曰：吾命在此，不复前进。遂安禅而化，卒于天台山大石像前，年六十（若依《高僧传》，寿六十七），有“东土小释迦”之称。（以舍己利人故，自述居五品弟子位。佛家菩萨发愿度尽天下众生，众生未度，誓不成佛。可知菩萨乃典型的“舍己利人”者。牟先生指出智者自居五品弟子位，可谓不卑不亢。因为一切菩萨都和智者一样，因舍己利人而未成佛，故皆宜以五品弟子自居也。）

智者总括群籍，归宗法华，著述甚富。其《法华玄义》《法华文句》《摩诃止观》为天台宗“三大部”。另有《观音玄义》《观音义疏》《金光明经玄义》《金光明经文句》《观经疏》，为天台宗“五小部”。

弟子章安灌顶（561—632年）能传其学，著有《大般若经玄义及疏》。唐兴，天台宗渐趋衰微，五传至荆溪湛然（711—782年）。其为常州荆溪人，住妙乐寺，人称妙乐大师。时当盛唐，唯识、华严、禅宗，先后兴起，荆溪一面广为疏释智者之作品，以弘本宗[①]；一面精简别圆，判华严为别教，不得为圆教。知礼曰：“此宗若非荆溪精简，圆义永沉。”（精简，谓对于别教与圆教，做精确精当之鉴别分判，否则，天台圆教之义，将永远沉晦，不为人知。这是北宋中兴天台之四明知礼，对荆溪湛然的肯定与崇仰。）

荆溪卒后之六十三年，有会昌法难，除禅宗外，各宗骤衰，天台亦然。自荆溪六传至羲寂，始有复兴之机缘。五代之时，浙江境内之吴越王信佛，羲寂请王遣使者赴高丽迎回天台宗之经籍教典，而高丽王特遣僧谛观，护送佛典至天台山，并留止天台师事羲寂。后撰有《天台四教仪》（四教，谓藏、通、别、圆）。羲寂另一弟子义通（亦高丽人），其门

① 例如荆溪特为智者《摩诃止观》作《止观义例》，有云：“一家教门，所用义旨，以法华为宗骨，以智论（按，指《大智度论》也）为指南，以大经（按，指《大涅槃经》也）为扶疏，以大品（按，指《大品般若经》也）为观法。引诸经以增信，引诸论为助成。观心为经，诸法为纬，组成部帙，不与他同。”如此简约数言，遂使天台纲宗，确然明白。

下得二骏足，一为遵式，一为知礼（960—1028 年）。知礼，四明人，宋真宗赐号法智大师，又称四明尊者，盛阐智者与荆溪之天台原义。[①] 他对“坠陷本宗”之山外（误以一念心为“灵知真心”，援华严教义混抹天台）严加斥责，辩破其谬误，使天台宗得以中兴，而山家遂为天台正宗。（知礼卒时，周濂溪已十二岁。）

第二节　天台五时判教

判教之判，乃分判义，亦即安排之义。依佛教，一切经皆佛说，但佛陀所说之经典，何以彼此有不同？有异议？佛之所说，不能有错，各经所说既皆无错误，则其异说，亦应各有所当，大小经论，不容相对，所以要有分别、有安排。判教的目的，一在厘清种种教说之分际，二为彻底明了最后之宗趣。判教是消化之事，必须有智慧，有学力，随时学习，随时消化。其功能在于点醒学者，不令拘蔽与遗失。

智者将佛陀一生之教化，分为五时八教：五时是佛陀成道之后说法弘化的五个阶段。（五时之时序，是依义理而定，非必是历史之事实。）

第一，《华严》时。成道后之二十七日，在寂灭道场，显毗卢遮那佛法身（意为光明遍照，简称光明佛法身），以“顿”的方式说圆满修多罗，即《华严经》是也。称理而谈，故曰“称法本教”。为立标准，只摄大机，不摄小机（只收摄照顾大根器，无法顾到小根器），犹有一隔之权；不开权；不发迹。此三义未周，故为别教，非真圆教。而说其为圆教者，只就佛法身而言。如日初出，先照高山，未照及平地幽谷（高尊而不普遍）。

第二，鹿苑时。小乘在第一时，如聋如哑，不了佛意，故离庄严道场，游鹿苑，脱毗卢遮那佛法身，现老比丘相（光明佛法身，高不可及，故特现老比丘相，与众亲近），在菩提树下以草为座，偏就小乘根性，依

① 其著作书目，参见牟宗三：《佛性与般若》，下册，第 1073—1076 页。

"渐"之方式，为说四阿含经（《长阿含》《中阿含》《杂阿含》《增一阿含》）。但不摄大机，纯为小乘教。

第三，方等时。以小入大，以"渐"之方式说诸方等经（方，方正，不偏不倚。等，平等，今所谓普遍也），如《维摩诘经》《楞伽经》《金光明经》《胜鬘经》等经。弹偏折小，叹大褒圆，四教俱说，虽言及圆教，但只是隔离之圆，非真实圆教。（其一，本身圆，但未能融通大小乘而为圆。其二，有系统相，未能融通淘汰，达于圆实。）

第四，《般若》时。说方等经后，复以"渐"之方式说《般若经》（此是消化层上之经）。般若之精神为融通淘汰，"融通"是会归于大乘。（但非会归于大乘之系统中。系统与系统之间，最难融通。）而融化于实相一相，所谓无相（实相空）；"淘汰"是荡相遣执（荡色相，亦荡法相，荡一切概念之限定相）。但此中之圆教（般若圆用），实只是般若之作用的圆，尚未"开权显实""发迹显本"[①]，以畅佛之本怀。

以上，第一时为化仪四教之"顿"教。第二、三、四时皆为化仪四教之"渐"教。若在前四时中，或为此人做顿说，或为彼人做渐说，彼此互不相知，皆令得益，是谓化仪中之"秘密教"。若于前时中，佛以一音说法，众生皆随类各得解（类，谓根器或程度），此乃如来"不思议力"，能令众生于渐说中得顿益（顿益，指能悟），于顿说中得渐益（渐益，指事之条理与理之层次，皆能渐次知解）。因得益不定，是谓化仪中之"不定教"。无论秘密、不定，皆是方式问题，至于所说之内容，总是藏通别圆。

第五，《法华》《涅槃》时。经般若融通淘汰之后，大小诸根成熟，乃直说《法华经》，开权显实，发迹显本，开决前说之顿渐，令入非顿非渐（即顿即渐）。这表示《法华经》不是第一序上之顿渐，亦不是第一序上之藏通别圆之具体内容，而是精熟内容之后的批判性之总消化，是经过开决后第二序上非顿非渐之圆实教（末后教）。此圆实教可说一无内容，只是开决了第一序上之藏通别圆，而显示的圆妙、圆满、圆足、圆

---

① 圆满为"实"，不圆满为"权"，开决了"权"，方能显"实"。发，谓开发决了。开决了"迹"，便显出"本"来。

顿、圆实之教。

开权显实之后，归于法法皆常，咸称常乐。而此义则正式说之于《涅槃经》，故《大涅槃经》与《法华经》为同时，皆属末后教。说《涅槃经》以显立“如来藏恒沙佛法佛性”①一观念，穷法之源而至于遍、满、常（普遍、圆满、恒常）之无限之境。

第三节　天台化法四教：藏通别圆

天台五时八教，八教中之“化仪四教”（顿、渐、秘密、不定），已略说于上节第四《般若》时之后，兹再分述“化法四教”（藏、通、别、圆）。

一、藏教

藏，是三藏（经、律、论）之简称，智者依印度之习惯，名小乘为三藏。

其一，就观法言，为析色入空之“析法空”。由分析而见色法非真实之存在，是谓析假入空，此与色败空皆为方便权说，乃对钝根人之拙度（以期慢慢悟入。拙度，谓不善巧）。

其二，就功行（解脱）言，为独善取灭（得到灭度），恩不及物（悲愿不足），功齐界内（界内三界，参本卷第四章之末），智不穷源（穷法之源）。

其三，就佛果言，为灰断佛（色身灰灭），只留舍利为人福田（使善

① 如来，佛法身之名号。一切诸法皆摄藏于如来法身，故名“如来藏”。恒沙，谓恒河沙数，乃无量数。无量佛法即藏于佛性之中，故名“恒沙佛法佛性”。一切佛法皆有佛性，众生皆可成佛，故名“如来藏恒沙佛法佛性”。乃佛性观念极高极深极广极普遍之宣示。

男信女膜拜起信)。

藏教之声闻乘，其极果为阿罗汉，缘觉乘之极果为辟支佛(小乘佛名)，乐独善寂(以独为乐，以寂为善)，菩萨乘(指小乘菩萨)之极果为佛，此佛亦为灰断佛，只有修得之无常佛性(无定常，无必然性)，而无理性本具之真常佛性。未至如来藏恒沙佛法佛性，不能使一切众生得度(只自了，不度他)。其所言之四谛，乃有量之生灭四谛。[有量，谓限于六识，只及界内。生灭四谛、无生四谛，为有量四谛(界内)。有作四谛、无作四谛，为无量四谛(界外)。有作无作之作，谓神通作义。]

二、通教

通教，谓前通藏教，后通别、圆教，引小入大。

其一，就观法言，为“体法空”，即诸缘生法无自性，而当体即空，其度为巧度。(巧拙，乃就众生言，佛应众生之拙故，则以拙法度之。)

其二，就解脱言，通教中之“声闻”“缘觉”“菩萨”，其证果虽异，而同断见思，同出分段，同证偏真(偏空之真)。同断见、思二惑[①]，与藏教同。但因行大乘菩萨道，不舍众生，故可出离界内尘沙惑，但不能断界外根本惑。同出离界内分段身，但不能出离界外变易身而法身常住。“分段身”，谓不离六道轮回之分限与段别，即生死之身也。“变易身”，谓由悲愿力改变身命，无定齐限(定齐，指分段身)，出离变易身则法身常住，自无此分段身之限制。只证得偏空之真，不能证得如来藏真心“空而不空”之中道第一义空。中道第一义空乃就佛性说，指不空之真常——此与空宗只从“体法空”观法上所说之“中道空”不同。前者是体证而得，乃别教圆教之境；后者是照了观空，不可混视。(实证不空真常，是证悟；照了法无自性，是慧悟。二者不同。)其言四谛，虽因体法

---

① 见惑、思惑、尘沙惑为界内三惑。又有四住烦恼亦为界内惑(住于耳见，住于贪欲，住于虚妄分别，住于颠倒想)。第五住，住于“无住本”(无始无明)，此为界外惑。“破无明”者为究竟断、圆实断，即佛境界。佛具无限智慧、无限理性、无限生命，其“无限神明”与“无始无明”相对，故能破无明。

空而为无生四谛（当体即空，不生不灭），但仍是有量四谛。

其三，就佛果言，仍是灰断佛。

附说

智者以般若部与龙树之空宗（《中论》）为通教。牟先生以为，《般若》与《中论》，可有二义。

其一，它是共法——“般若”不坏假名而说诸法实相，与“中观”体法空之中道观，是“共法义”，依此说它是观法之教，乃究竟了义之无诤法。

其二，它有限定相——龙树学在表现体法空之中道观上，似亦显示一特殊之教相（只灭度界内分段身，不能灭界外变易身，以未进至第七识第八识故）。由遮“自性定性佛”（种性限定）而说众生可依因待缘而成佛，但未进至如来藏恒沙佛法佛性，则所谓“可”成佛，只是形式上的可能（此所以道生不满于罗什也）。凡此，皆显示一有限定意义之特殊教相，依此特殊之教相即可说龙树学是通教（引小入大，在大小乘之间）。

经过牟先生的分开说明，一方面可满足尊般若、宗龙树者之以般若与空宗为究竟了义（是共法），另一方面又可满足天台宗之视空宗为通教与华严宗之视空宗为始教。如果只就其为共法义，而说它是究竟了义，却谓其他种种之说皆是不知般若妙用的圆满，不畅达《中论》之缘起性空（一切法自性空），这对其他各宗是不公平的。反之，如果只就其限定相而直判之为通教或始教，而不知其行于一切大小乘之共法义，这对般若空宗亦是不公平的。

依于上述之义，说般若空宗是通教，乃有限定意义而无特定内容的通教，实际上乃是观法之教，是无诤的作用的圆教（亦可曰共教）。

兹将相关之义，综言之如下：

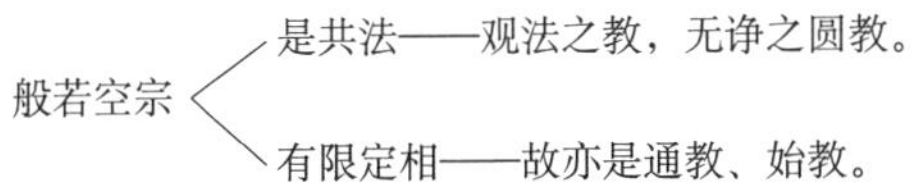

决定大小乘之关键，不只在观法之巧拙，而实系乎“悲愿”与“佛性”。

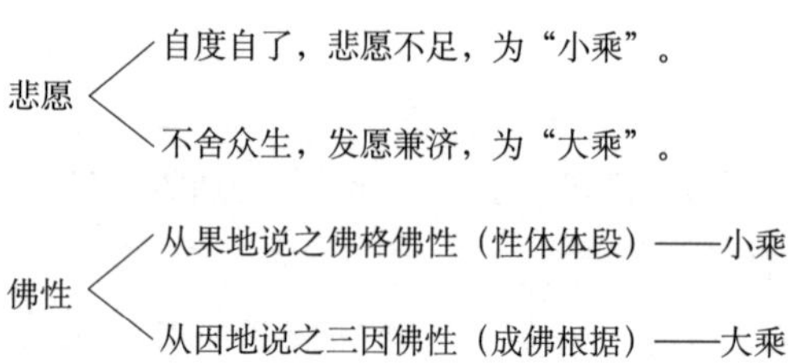

三、别教

不同于前之藏教、通教，亦不同于后之圆教，独明菩萨位，故名“别教”。小乘滞于六识，因智不穷源，只限于界内有量生灭四谛。通教虽可至无生四谛，但亦是有量。只有别教能穷法之源，故可至无量四谛（无量法门），能穷法之源，彻至界外无限无量境（无明无限，理性亦无限），在佛性观念上能至如来藏恒沙佛法佛性。

在穷法之源的问题上，就第一序[①]言，实只有二系统：一为阿赖耶系统（妄心系），一为如来藏系统（真心系）。此二系皆是别教。在智者时，尚无成唯识论与华严宗，对《起信论》，智者偶一提及而未予正视。他只就摄论之染性赖耶说“梨耶依恃”，就真谛之解性赖耶说“真如依恃”。今牟先生借用华严宗始教、终教之名，分判二系为“始别教”“终别教”，实甚谛洽。[②]

始别教（赖耶缘起）之性格：

就观法言，是体法空，依此而言无生四谛。

就解脱言，由正闻熏习而至出世清净，可通至界外，断及无明。但

① 第一序，立系统，是分别说。第二序指消化层，非分别说，无系统相（如般若、法华）。

② 参见牟宗三：《佛性与般若》，下册，第 637—640 页。又，廖钟庆撰《佛性与般若之研究》一文（编入《牟宗三先生的哲学与著作》，台北：学生书局，1978 年，第 523—626 页）简论牟先生书中诸义，皆简切透彻，宜参阅。

既然是熏习渐教，则其断无明并非必然就是究竟断。虽可通至界外开无量四谛，但清净种子（无漏种）乃由后天熏习而成。其为无量是经验地说，并无定然性（无先天之根据），只是敞开一无限之门而已（能否由此走到头，不一定）。

就佛果言，凝然真如（贤首判成唯识论之言）只是真如理（与心不合一），此固是无为法，然一切凭依真如理而起的加行（正闻熏习）却是有为，佛智亦是生灭有为——属清净依他摄（依他言音，熏习而至），不能达到真常，故如来藏恒沙佛法佛性不能充分证成。智者视摄论为“界外一途法门”（界外方便法门），荆溪指其不是“界外通方法门”（通方，谓非止一途，乃无量法门。如来藏系统则可通方）。即表示阿赖耶缘起不得为别教之典型，故牟先生名之为“始别教”。

终别教（藏心缘起）之性格：

就观法言，亦是体法空，亦是无生四谛。

就解脱言，自始觉而究竟觉，还归于本觉（真常心自觉），其断无明而至究竟断有必然性（理上的必然）。由一真心开二门，流转与还灭皆函无量法，故至于无量四谛亦是决定的（有定然性），此表示穷法之源已至其极。

就佛果言，通过还灭后，真常心全部朗现便是佛。恒沙佛法佛性、法身常住、空不空，皆可充分证成。但此一系统是由真心之“不变随缘、随缘不变”而展示（真心不变，随缘起现，非凝然真如），说如来藏真心空而不空（不空之空）时，此“空不空”之中道只是“但中”之理，缘但中之理断九法界而成佛，是之谓“缘理断九”（荆溪判华严宗语），故仍是别教，非圆实教。[即九法界而成佛，方是“圆中”之理。徒是但理随缘，不得为圆教。随缘随得不彻底（未随至九法界），是谓断九法界而成佛（缘理断九，九法界不能一起登法界，故未为圆教）。]

智者在《法华玄义》第九卷上以十义判别圆。牟先生认为，要者是前八义，前八义中又以五义为最基本：融不融；即不即；次第不次第；断断不断断；果纵果不纵。而五义中又以“即不即”“断断不断断”二义为最基本。[①]“别教”是分解地说，凡分解地说者，皆不融、不即、有次

① 参见牟宗三：《佛性与般若》，下册，第598—619页。

第、断断、有纵横，非圆诠。"圆教"是诡谲地说，凡诡谲地说者，皆融、皆即、皆不次第、皆不断断、皆不纵不横，故皆为圆诠。后来荆溪、知礼判别圆，精解圆义，皆以此五义为纲领。别圆既判，则圆义自然显出。

四、圆教（见下节）

第四节　天台圆教及其思想

圆教者，圆妙、圆满、圆足、圆顿、圆实之谓。所谓圆伏、圆信、圆断、圆行、圆位、圆自在庄严、圆建立众生。是相应《法华经》开权显实、发迹显本而成之圆教。凡圆教，笼统言之，自是就佛而说。然佛有三藏佛、通教佛、别教佛，不必是圆实佛。只有相应法华圆实佛而说者，方为圆实教。

天台宗"以法华为宗骨"（荆溪语），再以性具（一念心即具三千法）为纲，止观为纬，此即天台宗之宗眼。但《法华经》并无特殊的教义与法数，它没有第一序上的系统内容。

《般若经》教吾人以实相般若；《涅槃经》教吾人以法身常住，无有变易；《解深密经》教吾人以阿赖耶系统；《胜鬘夫人经》《楞伽经》《密严经》教吾人以如来藏系统；《维摩诘经》教吾人以不二法门；《华严经》教吾人以法界圆融。

以上各经，皆有鲜明之内容，唯独《法华经》所说不是第一序上之问题，而是第二序上的权实问题、迹本问题，是要开权显实，发迹显本，以明佛意，以畅佛之本怀，而成立圆实教。此圆实教是不诤法，而其系统并无系统相，其说明亦无说明相。此圆教之性格如下。

一、一心三观

就观法言，为“一心三观”，由此开出三眼、三智、三谛。

三观：
- 观空——慧眼——一切智（小乘智）
- 观假——法眼——道种智（菩萨智）
- 观中——佛眼——一切种智（佛智）

三谛：空、假、中

“小乘智”笼统地知一切法之空如性，以及其平等性（普遍性）。

“菩萨智”分别地知各种法门（经验世界）之差别相（特殊性）。

“佛智”圆实地知实相无相，亦知差别性（通过差别而见普遍）。

分析言之，说空、假为方便，说中为圆实。而中不离空假以为中，故以急辞说“即空即假即中”[①]，是谓圆融三谛。

复次，三观又互相统摄，每一观可统摄其余二观。

若说空，则无假、中而不空。一切法趣空，是趣不过（是，实也。实趣而不过，谓无过无不及，恰恰好是空假中），此为总空观。

若说假，则无空、中而不假。一切法趣假，是趣不过，此为总假观。

若说中，则无空、假而不中。一切法趣中，是趣不过，此为总中观。

此是龙树“中观”之吸纳于圆教中来说，亦是般若融通淘汰之精神在圆教中行。故由体法空而当体即无生四谛（通教），即无量四谛（别教），亦即无作四谛（圆教）。恒沙佛法皆是本具如此，不由造作而成。（所谓一切放平，一切如如，各归自己，证物自身。）

二、不断断与一念三千

就解脱言，为圆伏、圆信、圆断、圆行、圆位、圆自在庄严、圆建立众生。此非“缘理断九”之断断（以断为断），而此“不断断”（在不

---

① 空、假、中，空为真谛，假为俗谛，中为真俗不二（通而为一），到最后，实亦“无谛”，故曰“不可说、不可说”也。

断中达到断，又曰圆断、不思议断）即预设“一念三千”一念无明法性心[①]，即具世间三千法[②]，此是“性具”系统（性具，即一念心具）。三千世间法，皆是本具，皆是性德，无一可改，无一可废。法性必即无明以为法性。无明须断，而无明中之差别法则不断（除病不除法，故一切法皆佛法），故曰“不断断”。此亦即《维摩诘经》所谓“从无住本立一切法”。

《维摩诘经》云“无住即无本”，无住无本，此便是本，故曰“无住本”。而在佛家，无住本乃一宗旨，不是实体。盖法无自性，无所住者，随缘而起，故曰无住，而无住者，万有之本也。（无住即无相之异名，实相亦即性空之异名。）

法性无住，法性即无明，无明用事，色具三千（污染法），念念执着。（依牟先生，于此可说执的存有论，或现象界的存有论。）无明无住，无明即法性，法性作主，智具三千（清净法），法法常乐（解脱、大自在、一切如如）。（依牟先生，于此可说无执的存有论，或本体界的存有论。）

三、即九法界而成佛与三因佛性

就佛果言，为法身常住，无有变易，是“如来藏恒沙佛法佛性”之圆满体现。圆满体现必即三千法而体现之，三千法无一可损，每一法皆通往解脱法门，即所谓“即九法界而成佛”。如此，方是圆实之佛。（譬如“非礼”之视听言动，须除去；但除病不除法，视、听、言、动则不可除去也。）

在此，当就智者消化《涅槃经》而立“三因佛性”做一说明。三

---

① 虽是无明识心，却“即是法性”。虽是无明烦恼，却“即是菩提”。虽是无明刹那，却“即是常住”。此乃“不思议境”。法性、即空如性，亦曰“空如理”。（佛家言性、理，皆不同于儒家之看作实体字。）

② 三千世界法：十法界之每一法界，皆通其余九法界，故有百界；每一界有十如，百界共有千如，千如加三世间（众生世间、国土世间、五阴世间），故三千。又，五阴，即指五蕴（色、受、想、行、识）。

因佛性（正音、缘因、了因）本是一佛性，析而为三。缘因佛性，指断德而言，缘因断德与解脱相应（解脱德）。了因佛性，指智德而言，了因智德与般若相应（般若德）。

缘、了二因既已从佛性中单提出来讲论，则正因佛性即指中道第一义空（不空之真常），正因中道与法身相应（法身德）。显名之曰法身，隐名之则曰如来藏。是则正因佛性即“如来藏”。

又，正因佛性虽遍及一切（故曰恒沙佛法佛性），但须有缘、了二因以显之。草木瓦石有正因佛性，但不能自显缘、了二因佛性而具“断德与智德”，故实亦不能自显正因佛性而为法身，而是由于吾之法身可摄及草木瓦石，而使之一起在“中道空”中呈现耳（一起登法界）。故荆溪所谓“无情有性”（无情，指瓦石；有性，指正因佛性），这与一般说“有情有性”（兼具三因之性）含义不相同。[有情指众生，众生虽具三因，但人以外之众生，必须转世为人，方得成佛。不离人以成佛，故曰“人身难得”。所谓“无明”与“法性”，可分两句言之：无明即法性（法性作主），即觉，即佛，即具净三千而为佛；法性即无明（无明用事），即迷，即众生，即具染三千而为众生。]

四、天台圆教之特色：开权显实

总之，天台圆教乃相应《法华》之“开权显实”“发迹显本”而建立，为表达这个佛乘圆教，它必须依《法华经》所说的“决了声闻法”而决了一切分别说的权教。

其一，它决了藏教与通教而畅通之，不令其滞于六识与界内。（决了，是去其执着封闭而敞开之、畅通之。）

其二，它决了阿赖耶而畅通之，而不分解地说阿赖耶缘起（妄心系统）。

其三，它决了如来藏自性清净心而畅通之，它不分解地说如来藏缘起（真心系统）。它经过这一切决了而说出“一念无明法性心”即具十法界（三千法）。此“一念无明法性心”，从无明方面说，它是烦恼心，阴识心，它当然是妄心，但天台圆教却不分解地唯阿赖耶（不单以阿赖耶说明一切法）。从法性方面说，它就是真心（清净心），但天台圆教却不分解地唯真心。（不偏指清净真如，不单以如来藏心说明一切法。）

此即所谓由决了一切分别说的权教而成圆教。天台圆教之“性具”系统是存有论的圆具，配上般若之作用的圆，一纵一横，有纲有纬，遂成真实圆教。

再究极言之，佛教之圆，亦仍然是别教（别世间），其不舍众生，只是发愿，只是理，实未达至“理事圆融”（并不肯定世间之真实价值），未能显发道德意识以成己成物，化成天下。故究极之圆教，唯儒圣之教足以当之。

五、六即阶位

在工夫次序上，天台宗又以“六即”综摄从凡夫至佛之阶位，兹据荆溪《摩诃止观辅行记》，略述于下。

理即——一切众生，皆有佛性，在“理”上与佛不相离，即相即不离也。此是原则地说。然理虽即佛，而日用不知，未闻三谛（空、假、中），不识佛法。故只是有此“理”耳。

名字即——从经卷知识上知有此理，知一切众生皆有佛性，然只闻名字口说，如虫食木，偶得成字，离正觉阶段尚甚远也。

观行即——由知名字而起观行，心观明了，言行相应，是能在实践中守此理矣。

相似即——愈观愈明，愈止愈寂，止观日益有得，六根得清净，近似正觉。

分真即——初破无明，见佛性，开宝藏，显真如，此是已悟境界（等觉），但未至圆满无上境界，只得部分之真，故名分真即。此是从客观之所证说。若从主观之能证说，其证未能全尽，乃部分之证，则曰分证即。

究竟即——等觉一转，入于妙觉，智光圆满，不复可增，大涅槃断，更无可断，此便是佛果位（佛境界）。

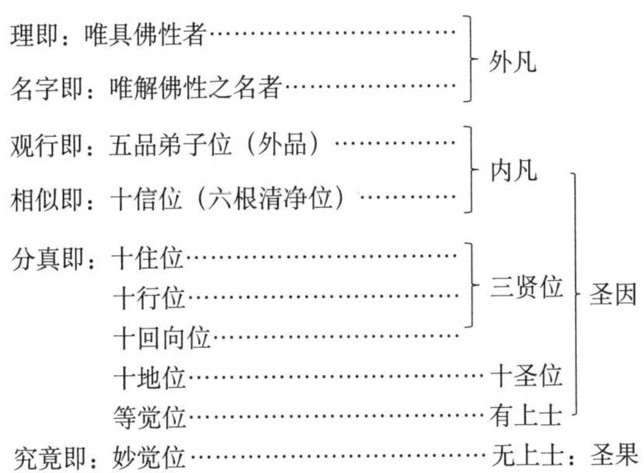

"外凡"指众士、居士。"内凡"指虽入门，仍在凡者。"十圣位"之"圣"，犹如西方宗教之"圣彼得""圣保罗"以及教廷所封之"圣某某"等，可见佛耶家皆看低汉文之"圣"字，实显慢而无谦。而且如此层层上升，可谓难乎其难。故禅宗不耐（更不耐唯识渐教）而揭示：即心即佛，顿悟成佛。

再列《菩萨功行简表》于此，以供观省：

声闻、缘觉——智不穷源，恩不及物：主观的界内三界（有限三界）——无存有论的圆具。

三藏菩萨：灭色为拙；通教菩萨：即色为巧——功齐界内：客观的界内三界（有限有对，未至无限绝对），藏教无作用的圆具，通教（空宗）有作用的圆具（但无存有论的圆具）。

别教菩萨：真如不随缘（妄心系）；真如随缘（真心系）——有界内功用，而曲径迂回，所因处拙。方便说的界外三界，只言缘起、性起，不言性具（仍无存有论的圆具）。

圆教菩萨——一念心即具三千法（性具，即一念心具）——圆实至极的界外三界（无限三界），有存有论的圆具（此是纲），又有与之相应的作用的圆具（此是纬）。

第六章　佛教回归运动的反响：华严宗

第一节　玄奘回归印度的佛教运动

佛教传入中国，发展到天台，而完成一综括性之大消化。但唐兴之后，天台转衰。三论宗自吉藏以下，亦后继无人。唯摄论自隋初以来，盛行各地。玄奘（602—664 年）青年时期所从诸师，皆摄论宗人，然所说各异，是非莫定。玄奘乃发奋誓游西方，以问所惑。

一、玄奘的学程及其成就

（一）西行求经有成，光显异域

唐贞观三年（629 年），玄奘二十九岁，私发长安，出玉门，达高昌，停月余，又西行，度葱岭，千辛万苦，辗转各地，于贞观五年（631 年）顷，终于到达印度北部之摩揭陀国王舍城，入那兰陀寺，参礼戒贤大师。戒贤为护法（十大论师之一）弟子，时已耆年，学博望重，玄奘师之，勤学五六年，又游历印度各地，遍参余师，数年返寺，戒贤命讲《摄大乘论》。时有师子光论师，持《中论》《百论》空义，力破《瑜伽》有义。玄奘和会空有，造《会宗论》（书不传），以呈戒贤诸师，无不称善。旋戒日王于曲女城设无遮大会，与会者十八国王，僧众与外道达数千人，以玄奘为论主。揭示“真唯识量颂”，十八日无人能破。此时之玄奘，声誉如日中天。（斯真中华留学生之典范，光显无限。）

（二）回国翻译，辑定《成唯识论》

贞观十九年（645 年），玄奘返抵长安。三数年间，重译经论多种。至高宗时，居慈恩寺[①]，专事译务。其所译之经典，除《大般若经》（全译）与《俱舍论》（重译）外，主要为唯识系之论点。6 世纪时，印度有十大论师盛弘唯识，而集大成于护法（亦十大论师之一）。玄奘承护法之学，增益己见，辑译为《成唯识论》，实可视为妄心唯识系之集大成者。（印顺法师尝总结唯识五义："由心所造""即心所现""因心所生""映心所显""随心所变"。意谓一切法皆识所变现也。）

此系以无著、世亲为宗师，当初真谛译摄论而不忠实，注入真心思想。玄奘力返印度之旧，法相唯识之外，又引俱舍学、因明学，培养人才，不遗余力。经二十年之讲论而形成一大势力。弟子窥基（开国名将尉迟恭之侄，632—680 年）大弘其学，乃造成一回归印度之佛学运动。

（三）奘传唯识之特色与遭际

关于妄心唯识系之基本思想，在前面介绍大乘三系、起信论以及始别教时，已分别有所说及，今不重复。（欲知唯识学之内容，慈航法师之《相宗十讲》可供参阅。）奘传唯识不但名相甚繁，重"解"略"行"，非国人之所好，而且又立"缘起不空，赖识唯真，渐历阶位，三乘究竟、阐提无性"诸说[②]，与般若系、真常系之学说，皆相违反。此外，其门人阻止那提三藏译《性空论》，手段暴拙，引起参加译场之道宣法师（南山律之创宗者）等之不满。盖玄奘以亲传西方为借口，有统一教界之雄心，但奘传唯识之发展，终以传统学者之且摄且破（摄取新义之谛当者，破

---

① 慈恩寺，高宗为太子时所造，有屋 1897 间，中有翻（译）经院，奘门弟子窥基、普光、法宝、嘉尚等皆在其中。而上座弟子圆测（乃新罗国之王孙）则另在西明寺，该寺分十院，屋四千余间。（据汤用彤：《隋唐佛教史略》，第一章第三节。）

② 按各句意指，略如下："缘起不空"，谓我空、法空，而识不空。"赖识唯真"，谓妄识唯真，不另立真心，故又曰"藏识"（真妄皆在内）。"渐历阶位"，指成佛之历阶甚繁。"三乘究竟"，以声闻、缘觉、菩萨为究竟，不讲圆教义。"阐提无性"，此则有违"众生皆可成佛"之教义。

斥新义之非谛者）与西来大德之日传异闻[①]而遭受阻力。窥基之后，虽尚有一二传之延续，然不待会昌法难，奘学已渐衰而失传矣。

且唯识宗之思想，对中国哲学史，对中国文化心灵，其影响皆甚浅显。自晚唐到清代，几无人讲唯识。直到清末，唯识文献自日本传回（杨仁山居士之大功也），经内学院欧阳大师力加弘扬，始又盛行。[②]然内学院宣称“藏、密、禅、净、天台、华严，绝口不谈”，又以天台华严为俗学。此则心量浅狭，非弘通之论。佛家之教义，岂可限于印度原有之唯识，而排斥其他？又岂可停滞于印度之旧，而不容中土之发扬与开展！

（四）回归印度之旧而引发反响

对玄奘最有力的反应，是来自与玄奘同源异流的贤首法师。相传贤首曾参加玄奘译场（奘卒时，贤首二十二岁），以不满虚妄唯识，乃别承地论系而宗华严。对于当时足与奘抗衡者，贤首皆加以奖掖，对真常系之译师，亦常与过从，参助研讨。而且开立华严宗，使真心系之思想，发展至最高峰。

---

① 玄奘游印时，印度盛行妄心唯识学，但中土佛教正式进入“佛学”亦已二百余年，非玄奘主观之取舍所能左右也。

② 欧阳大师，名渐，字竟无（1872—1944年），受杨仁山居士托付，在南京成立支那内学院，讲唯识学，民初学者多从之问学。其宗旨云：“三智、三渐次、究竟宗趣，唯在无余涅槃。”按：“三智”指根本智、后得智、无分别智（相当于一切智、道种智、一切种智）。“三渐次”指破外道、破小乘、破执空执有（又声闻、缘觉、菩萨佛，亦名三渐次）。“无余涅槃”乃法相宗“四种涅槃”之一，兹简列于此，以便参省：本来自性清净涅槃（真如）；有余依涅槃（断尽烦恼障所显之真如，但余“有余之依”身）；无余依涅槃（出生死苦之真如，生死苦果断谢，故无余依）；无住处涅槃［断所知障所显之真如。二乘人知生死涅槃之异，欲住涅槃；佛不住涅槃而住生死，为利乐众生故（度众生）］。

第二节 华严宗简史及其判教

一、华严宗简史

杜顺（557—640年）于隋开皇十三年（593年）依华严立说，著有《法界观门》等书。弟子智俨（602—668年）著有《搜玄记》《一乘十玄门》等，华严教义自此渐趋完备。再传至法藏贤首（法藏乃本名，贤首乃唐高宗赐号），正式开立华严宗。贤首（642—712年），其先为康居人，自祖父起归化中国。贤首著作甚多，有《华严一乘教义分齐章》（又名五教章）、《华严旨归》、《金师子章》等，并据梵本补足晋译《六十华严》之缺文，又与人合译《华严经》，称《八十华严》。除本宗教义外，亦致力其他经论之疏解。

华严宗宗《华严经》，贤首晚年著《华严经新疏》，未毕而逝。弟子慧苑继之作成《续华严经略疏刊行记》，自立异说，主要有两点：一是取消“小”“始”“终”“顿”“圆”五教中之顿教；二是改“十玄缘起”为“法相十玄”“业用十玄”两种。

后来华严家贬慧苑为异系。至清凉证观［737—838年，一百零二岁。十九岁时（755年）曾从荆溪习天台止观］，以恢复华严正统为己任，著《华严大疏钞》，破斥慧苑之异义，发挥贤首之真意。后世尊为华严四祖。

弟子圭峰宗密（780—841年，蜀人）相继为五祖。宗密本是神会禅之法裔，故倡“禅教一致”之论，著有《禅源诸诠》《原人章》等，宗密卒后之四年，唐武宗发动会昌法难，华严宗遂衰。

到北宋初有长水子璇（965—1040年）重讲华严。弟子净源（1011—1088年）著有《华严经疏记》等，致力于中兴华严，然亦未大盛。

二、华严五教

贤首继天台智者（相距约一世纪）而重新判教。天台判为五时八教，贤首则不分“时”，而依“义”判为“小”“始”“终”“顿”“圆”五教。

（一）小乘教

相当于天台之藏教。重点在说“人空”（生、老、病、死），对“法空”尚不能尽说（对法性空，还不能明确说出）。

（二）大乘始教

以般若空宗为“空始教”，瑜伽唯识为“有始教”。二者皆为大乘之初门。

（三）大乘终教

以真常心系诸经及《起信论》属之，立“真如随缘”义（如来藏缘起），不同于“凝然真如”。

（四）顿教

始教、终教皆有阶位次第，故为渐教。顿教则不说法相，不立法门，无阶位次第之限制。一念觉即佛，一念迷即众生。此应指“绝相离言”之禅宗，但当时禅宗未大盛，故贤首每举《维摩经》为例（无有文字言语，直入不二法门）。

（五）圆教

此指《华严经》而言，经中有“圆满因缘修多罗”之语，故称圆教。圆教当然是一乘教。贤首又分为“同教一乘”与“别教一乘”。以为《法华经》言及“三乘”，但为方便诱引，最后皆引归一乘，其教义乃为三乘人而说，故为“同教一乘”。《华严经》则只说佛境界，不立三乘之说，故为“别教一乘”。（其基本前提：缘起性空；毗卢遮那佛法身；海印三昧。）

贤首之判教，实有不妥不尽之处。

其一，顿教无具体内容，似不宜立为一教。天台列“顿教”为化仪四教之一，是也。

其二，既自居圆教（别教一乘圆教），却又承认天台宗亦为圆教（同教一乘圆教）。若别圆教可涵摄同圆教，则天台不得为圆教。若两圆并存，不能摄天台，便是判教不尽。如此各圆其圆，正表示未能消化天台宗之思想，其判教理论对天台宗无法做一妥善之安排。

其三，华严宗自称别教一乘圆教，其所谓别教，是专就“毗卢遮那佛法身”而说之教义——以此佛法身为圆极，由佛法身说法界缘起；佛法身法界无尽之法，是在海印定[①]中一起顿现，意即于佛之智海中印现一切法，妄尽心澄，万法齐现。（此乃一最高之禅定境界。）

其四，佛法身本无不圆，今单就佛法身说圆教，是凸现一高不可及之佛法界，故必与“九法界”隔绝而不相即。隔而不即之圆，乃本末不融之圆（九法界皆未脱离无明，仍然是无明中的法），此乃权圆，尚未达到真正的圆。必须如天台宗“即九法界”而成佛，方是真正的圆实之教。[②]

兹再综括华严五教之简旨如下。

小乘教——但有六识（未达第七识与第八识）。

大乘始教——依阿赖耶。另又有空始教。同时须知，空始教之般若（融通淘汰）乃共法，通大小乘，在此可说作用义的圆。

终教——依如来藏。

顿教——（此乃化仪，列为一教，并不相称。）

华严圆教——依“唯一真心回转”；法华圆教——依“一念无明法性心”。

---

① “海印定”即“海印三昧”，又名“毗卢遮那如来藏身三昧”（亦可简约为“佛法身三昧”。三昧，正定之义）。“海”者，谓广大，海水清净，无象不现。“印”者，印证、印现。“定”者，正定，谓正智入于无漏清净之禅定工夫。

② 佛教之圆教，可有二层意义：其一，圆通无碍：般若融通淘汰之精神，行于一切大小乘——作用层上的圆。其二，圆满无尽：恒沙佛法佛性，即九法界而成佛——存有层上的圆。

第三节　华严宗思想述要（上）

一、真如心“不变随缘”“随缘不变”

华严宗以《华严经》为目标，以《起信论》为义理之支持点。《起信论》代表如来藏缘起，乃“真心为主，虚妄熏习是客”之系统。真如能熏亦受熏，真如理即真如心，心与理乃合一者。

贤首据此真心而说二义：不变义，随缘义。以真心之“不变随缘”“随缘不变”[①]为中心，即可吸收唯识宗之三性（遍计执性，依他起性，圆成实性）。此种吸收，可名曰三性之升位，使由阿赖耶所说之三性，升位到从真心随缘处说。

依牟先生《佛性与般若》书中之分疏：真心之不染而染，随缘做诸法，即“依他起性”；于依他起法而生执着，便是“遍计执性”；而真心即真实性，相当于“圆成实性”（此名是奘译，真谛只译为真实性）。三性本是观因缘生法上之事，可到处应用，只是随问题之升转而升转耳。例如，龙树时说“缘起性空”，只是以之观因缘法，而未对缘起做一根源之说明。而唯识宗将一切法统摄于阿赖耶，正式说三性，此便是三性由只就缘起性空之观法上说，提升到从阿赖耶说诸法缘起之根源。但阿赖耶缘起并不圆满（染识何以能生清净法？）[②]，于是再提升而说“如来藏缘起”，而三性亦随之而提升。至华严宗之真心随缘，则是更进一步之说法。

真常心之“不变”，是就其自性清净说；自性清净即含不变，故是分析的。而“随缘”则由“不染而染”说，故是综合的。“随缘”义是其（真心）经验的现实性（现实的污染性），“不变”义是超越的理想性（超越的真性）。真常心通过无明而随缘起现一切法（心有活动义，故可随缘

---

① “不变随缘”，是不染而染，此句说心；“随缘不变”，是染而不染，此句说性。

② 染识何以能生清净法？此可由“污泥生莲花”答之。但莲花之种子不是污泥，故又另立“种子”义。（有漏种、无漏种——皆靠熏习，无必然性。）

起现），若只是真如理——凝然真如，便不能随缘[①]，既是随缘而起现，故不是“即具”（性本具），而是“性起”系统，不是“性具”系统。故荆溪评其“偏指清净真如”“唯真心”。这个评判是对的。（华严宗之唯真心，与天台宗之一念无明法性心即具三千世间法不同。）

二、法界缘起与四法界

真如心随缘起现生灭流转法，是就现实面说。就理想面而言，则说还灭，即由真心之染而不染，随缘起修，由始觉（缘觉）还归真心之本觉，此便是般若智德满与解脱断德满而证显法身。此法身，乃是具有恒沙佛法佛性的如来藏性证显之后的法身，在法身上的恒沙佛法，便是无量无漏功德（此功德是通过还灭而转成者）。若以法界名此法身，则曰“佛法界”。佛法身曰功德聚，佛法界亦可曰无量无边之功德界。（关键是在佛法身。）

佛法身若不示现，则寂然无相，无“法”可言。“法”乃因地之缘起法，因着佛法身之示现而透映过来的果。此一法界，就佛之示现言，可曰“性起”，就其（佛）随众生根欲乐见法相起现言，亦可曰“缘起”（随客观的染净缘而起现染净法，如明镜之现染净相。虽现染净，而镜之明净不失）。

在此，起现（缘起）即示现（性起），所谓“法界缘起”，实即佛之示现也。就法言曰法界，就佛言曰佛身。（故佛法身法界之法，实只是佛在“海印定”中展示之实德，此所以法界缘起又曰实德缘起。虽名缘起，实即起而无起，只是如如实相。）即佛之示现，自然圆融无碍，圆满无尽。则贤首之种种说法，亦无非是对于佛所示现之法界缘起做一说明，而对于法界之划分，则有“四法界”之说。

（一）事法界

以差别为特色，专就现象本身而言之。事事物物各维持它的特色，

---

① 所谓“别理随缘”是指终别教。若始别教之“理”（但理），则不能随缘。（凝然而无活动性，故不能随缘。）

有如波波之相状，千差万别。

（二）理法界

以无二无差别为特色，乃依现象所依之“理”而言。无尽之事法虽千差万别，而实同依一真如理，恰如波浪之相状虽有差别，其体唯是一水（大海水）。

（三）理事无碍法界

此是观现象与实相（真如）之不离，真如（理）即万法（事），万法即真如。即理即事，即事即理，理与事不一不异，圆通无碍。恰如水与波互相融通，无碍一体。

（四）事事无碍法界

一一之现象，由于同依一真如理，故虽显差别，亦是彼此融摄。任一万法，皆可显真如本身，亦可显其他万法（一事理可通至其他事理），此之谓“一摄一切，一切摄一”，一即多，多即一，举一则一切随之，主（一）伴（多）具足，重重无尽。恰如波波相融相即。此一法界是真法界，亦即华藏世界。

依此法界观，到最后，尘尘法法，皆同时具足此四法界。一尘即法界，法界即一尘，尘尘法界，重重无尽。（此乃般若玄智之妙用，亦是说法上之引申。）

第四节 华严宗思想述要（下）

一、十玄门（法门）

法界缘起，必有缘起之法，“法”是因地中随缘起现、随缘修行，以至成佛之长期过程中所显示的种种差别事。这些事当初只是随缘起现，至还灭成佛后，复由佛心映现，即于佛“海印定”中映现为法界缘起。（此是通过修行，舍染转净，一起收于果海上说，所谓“因源果海”，在佛果上映现一切法。）为了说明此法界缘起，华严宗开为“十玄门”，亦曰十玄缘起，即说法界之十个论点，主要是说“事事无碍”。贤首在《五教章》中，是承智俨之说，后来在《探玄记》中有两点修改，次序亦有调整。（在《金师子章》中，用名同于《五教章》，次序同于《探玄记》。后来称智俨之说为“古十玄”，贤首所说为“新十玄”。）兹依《探玄记》之立名与次序略作分述。（各门名下所附之①②……乃古十玄之次序。）

（一）同时具足相应门①——（前后、始终）

凡理事、解行、因果诸事，同时成立，圆满自足，彼此相应，在“海印定”中映现成一法界之大缘起。无有前后始终之差别。

（二）广狭自在无碍门⑦——（纯杂、广狭）

本名“诸藏纯杂具德门”，谓诸法相互摄藏，纯杂自在自足。纯则纯一普遍，故广；杂则杂多特殊，故狭。纯杂自内涵说，广狭自外延说。纯之与杂，同时具足无碍，故曰纯杂具德。此门又通一切法，即诸法皆成一法，名为纯；一法具一切法，名为杂。贤首改纯杂为广狭，并不见得更明显。

（三）一多相容不同门②——（一与多）

一中有多，多中有一，互相含受，一多无碍。然此一多虽然兼容，而体仍不同，故诸法相容，又有同体（水与沤）、异体（水与泥沙）二门。

（四）诸法相即自在门③——（因与果）

诸法或异体相即，或同体相即，皆圆融自在，无障无碍。前者如因之待缘而与外缘相即（其与果之相即为异体相即）；后者如因之不待外缘而自具德以表现为果（其与果之相即便是同体相即）。

（五）秘密隐显俱成门⑥——（隐与显）

秘密者，甚深微妙义。一切诸法，甚深微妙，无论隐覆、显了，俱时成就。

（六）微细相容安立门⑤——（大与小）

诸法不坏大小之相，而于一门内，同时具足显现。一微尘，是小相，无量国土，是大相。虽大小异相，而能相互融入，彼此同时安立无碍。

（七）因陀罗网境界门④——重重无尽（空间）

诸法相即相入，不唯一重，重重无尽。“帝释天”之宫殿中悬因陀罗网，网中悬无数明珠，一一珠中各显其余一切珠影，一切珠影复入一珠，重重累现，了了分明。

（八）托事显法生解门⑩——（托事显法）

托事显法者，托现象差别之事法，表现一乘无尽缘起之法门。盖一切事事物物，即无尽缘起之法门，除当前之事物外，别无所显之法门。

（九）十世隔法异成门⑧——十世异成（时间）

过去、现在、未来三世，又各有过去、现在、未来，而成九世。此九世又迭相即相入，摄为一念，前九为别，一念为总，总别合论，故云十世。此十世各别有区分，故曰隔法。十世隔法，虽隔而又彼此相即相入，虽相即相入，而又不失先后长短差别之相，故曰异成（先后成就）。

（十）主伴圆明具德门⑨——（主与伴）

本名“唯心回转善成门”，谓一切法唯是一如来藏自性清净心回转善成。贤首改为“主伴圆明具德门”，较佳。澄观《华严经疏钞》分说十玄门，先正辨十玄，再明其所以。“唯一真心回转”乃玄门之所以（所因），故贤首改立主伴一门。盖澄观以为“圆教法理无孤起，必眷属（从属）随，如一方为主，十方为伴，余方亦尔。是故主主伴伴（谓主与主、伴与伴）各不相见[①]，主伴伴主（主与伴、伴与主）圆明具德。”

总之，一切诸法，皆各具足“十玄门”，而无碍于相即相入，以成一大缘起，故云十玄缘起，又云十玄缘起无碍法门。（乃事事无碍法门展转

---

① 一方为主，其余为伴，因此只有一主，故主主不相见。伴随主，故只有主伴相随，而伴与伴不相见。

引申而开出十玄门之说法。)

二、六相圆融（教门）

十玄缘起事事无碍之“法门”，由六相圆融之“教门”成立（法门，就法之缘起说；教门，就教义之内容而说为六相）。

六相之说，一在示缘起实相，一在示法界缘起圆融无碍。一切诸法，无不具足六相，彼此圆融，相即无碍。六相之名如下：总相——一含多德故；别相——多德非一故；同相——多义不相违，同成一义故；异相——多异相望，各各异故；成相——由此诸义，缘起成故；坏相——各住自法，本不作故。

兹以屋舍为例，加以说明。

屋舍，是“总相”；梁柱瓦石，是“别相”。总与别，即全体与部分，二者交互决定，总别互依。梁柱瓦石，相配合成（互不相违），以成屋舍，皆与屋舍有因缘条件关系，是“同相”。而此梁柱瓦石等，有各自之形相，相望差别，是谓“异相”。各缘彼此互异，乃能同为一“舍”之缘，此表示同异互相涵摄。梁柱瓦石各各作缘（皆是建造屋舍的条件），成一屋舍，是“成相”。虽成一屋舍，而各住自法（性质），不失本来面目，是“坏相”。

成坏之论，与同异大致相近。梁柱瓦石所以能为“成舍”之条件，因各有一定性质（自法）；既有一定性质，故各是各，并未“变成屋舍”，依此而说屋舍未成（坏）。故贤首最后总结云：“总即一舍，别即诸缘，同即互不相违，异即诸缘各别，成即诸缘辨果，坏即各住自法。”

此六相中，总、同、成三者为圆融门（和合融通为一）。别、异、坏三者为行布门（散布各成异体）。圆融不碍行布，相即相入，互不相碍，故一切诸法，无不圆融自在。

第七章　佛教的“教外别传”：禅宗的异彩

第一节　中国禅宗简史

菩提达摩为中国禅宗之初祖。梁时自海南至金陵，与梁武帝问答不相契[①]，乃渡江到北方，住嵩山少林寺。达摩楞伽传心，实属真常之教。据《续高僧传》，达摩以《楞伽经》授慧可，慧可“从学六载，精究一乘”。（一乘，谓南天竺一乘宗。）

慧可传僧璨（526—606年），当北方周武法难（574年），璨南下，栖隐舒城皖公山，传法于道信。

道信（580—651年），先在吉州一带（今江西地），住约二十年，然后北渡长江，在黄梅双峰山（破头山）立寺院，设佛像，开创道场，法席大开，是为禅宗四祖。

道信传弘忍（602—675年），为禅宗五祖。籍黄梅，又住黄梅东禅寺，故亦称黄梅大师。其住地在双峰山之东十里，故又以“东山法门”称之。此时来受学者达七百人，盛况空前。

弘忍门下，重要弟子有慧安、神秀、慧能等。慧安武后时为国师。神秀（卒于706年）移住荆襄，复北上京洛，甚得朝廷礼重，是为北禅。慧能南下韶州曹溪，为南禅。

另有金陵牛头山之法融（594—659年），得四祖道信开悟，传化颇盛，是为牛头禅（牛头山在金陵附近）。数传至径山国钦（唐代宗赐号国

---

① 《碧岩录》（雪窦重显禅师集结）开端即云：“梁武帝问达摩大师：‘如何是圣谛第一义？’摩云：‘廓然无圣。’帝曰：‘对朕者谁？’摩云：‘不识。’帝不契，达摩遂渡江至魏。”所谓“廓然无圣”“不识”，不过“荡相遣执”而已，梁帝不契悟，缘未备耳。

一），时当714至792年，约与马祖、石头同时，此系后来终为南禅所融化。

慧能（638—713年），本籍河北，生于岭南。二十余参五祖，见神秀之偈[1]（身是菩提树，心是明镜台。时时勤拂拭，勿使染尘埃）而不可，另呈一偈云：

菩提本无树，明镜亦非台。本来无一物，何处惹尘埃。

五祖印可，遂授法衣。慧能隐匿民间，不欲人知。至四十左右，始在曹溪弘化。传法弟子四十余人，最著者有青原行思、南岳怀让、菏泽神会、永嘉玄觉、南阳慧忠。另一门人法海，集录其言行，为《六祖坛经》。元代有僧宗宝者校定异本，修定为《六祖大师法宝坛经》。兹简说三大弟子于后。

（一）神会（686—762年）

菏泽神会，在六祖门人中年辈最晚，但宜先加讲述。

神会于唐玄宗开元中北上南阳，天宝间复至洛阳，著《显宗记》，大显南禅，指北禅（神秀一支）为渐，南禅为顿。后为神秀门下所谤，移徙荆州。安史之乱时，以香火钱助军费，乱平，肃宗为造禅宇于洛阳菏泽寺，终于达成“以慧能为禅宗六祖”之愿望（北禅以神秀为禅宗六祖）。神会卒于肃宗末年。圭峰宗密（780—841年）即其四传弟子。

神会北上为慧能争正统（即争取已为神秀所有之六祖名位），功劳甚大。唯禅之为禅，实由青原与南岳二支发扬光大。而神会之如来禅，则与六祖之祖师禅有所不同，见后文之讨论。

（二）行思（660—740年）

青原行思，江西吉州刘家子，从六祖甚早，后承命分化一方，住吉

---

① 偈，形式是诗句，内容是佛家证道之言，以四句为常。梁时，傅大士（善慧大士）有句云：“有物先天地，无形本寂寥。能为万象主，不逐四时凋。”此四句道家意味颇浓。

州之青原山，卒于开元二十八年（740年）。弟子有石头希迁（700—790年），广东高要人，初参六祖，后参行思，思深许之，曰：“众角虽多，一麟足矣。”后往南岳，结庵于大石上，人称石头和尚。卒于德宗贞元六年（790年）。著有《参同契》《草庵歌》。弟子有药山惟俨（751—834年）、天皇道悟（748—807年）。药山下开出曹洞宗，天皇下开出云门宗、法眼宗。

（三）怀让（677—744年）

南岳怀让，陕西人，先参安国师（弘忍门下之慧安），后至曹溪，侍六祖十五年，六祖寂后，往南岳弘化，卒于天宝三载（744年）。弟子马祖道一（709—785年），四川人，至南岳，得怀让开悟，侍奉十年，往江西弘化，门庭最盛，人称马大师，卒于贞元四年（788年），弟子众多，最著者为百丈怀海（719—814年）、南泉普愿（赵州之师）等。百丈下开出沩仰宗、临济宗。

第二节　道信禅法与东山法门

在论及南禅之“如来禅”与“祖师禅”之前，还须对四祖道信之禅法与五祖弘忍之东山法门，略做说明。

一、道信禅法之特色

印顺法师在所著《中国禅宗史》中对道信与弘忍皆有所论。[①]他指出，道信禅法有三大特色。

---

① 参见印顺：《中国禅宗史》，自印本（慧日讲堂流通），第二章。后引此书只标注章节或页码。

第一，戒与禅合一——弘忍门下的禅风（禅与菩萨戒相合），其实是秉承道信而来。道信的菩萨戒法虽无明文可考，但从南能、北秀的戒法，以自身清净佛性为菩萨戒体而言，可以想见为梵网戒本。道信的戒禅合一，极可能受到南方（天台学）的影响。

第二，楞伽与般若合一——达摩禅从南方而到北方，与般若法门原有风格上的一致。道信游学南方，并深受般若学的影响。到他在双峰山开法，就将《楞伽经》的“诸佛心第一”，与《文殊说般若经》的“一行三昧”融合起来，制为“入道安心要方便门”，而成为“楞伽”与“般若”统一的禅门。

第三，念佛与成佛合一——念佛是大乘经的重要法门，在中国，自庐山慧远结莲社念佛以来，称念阿弥陀佛，成为一个最平易通俗的佛教修行方式。达摩凝住壁观，圣凡一如，原与念佛的方便不同，而道信引用一行三昧（一行三昧乃念佛三昧之一），“念佛心是佛，妄念是凡夫”，息一切妄念而专于念佛，心心相续，念佛心就是佛。道信的“入道安心方便”，即这样的方便。依念佛而成佛，双峰禅门才能极深而又能普及，从弘忍门下的念佛禅中，可以充分看出。

道信的禅法，“佛即是心，心外无别佛”，成立了“念佛”与“念心”的同一性。“念佛”是引用“一行三昧”的新方便，“念心”即观心、守心，而没有说到“念佛”，这正是《楞伽经》的旧传统。[①]

二、弘忍之东山法门

弘忍是黄梅人，但原籍浔阳，两地分属二省，而实只一江之隔。他自幼年便从道信出家（一说七岁，一说十二岁），一直追随道信，承受双

---

① “念心”是指：其一，知心体，体性清净，体与佛同；其二，知心用，生法宝，起作恒寂，万法皆如；其三，常觉不停，觉心在前，觉法无相；其四，常观心空寂，内外通同。入身于法界之中，未曾有碍；其五，守一不移，动静常住，能令学者明见佛性，早入定门。（参见印顺：《中国禅宗史》，第 67 页。）上说五事，即道信门下“观心”之五类方便。

峰禅法，十余年间，其名望掩盖双峰，号称“东山法门”。

东山法门又称东山宗，弘忍时代的禅门隆盛，引发独树一宗的信念。其中有两点很关键。

第一是对法统承传的重视。张说《大通禅师碑》有云：“自菩提达摩天竺东来，以法传慧可，慧可传僧璨，僧璨传道信，道信传弘忍。继明重迹，相承五光。”（五光，即指“摩、可、璨、信、忍”五人。）

第二是“教外别传”——不立文字，顿入法界，以心传心的达摩禅，也被明确地提出来。弘忍门下（北方）的禅法，充分表现“不立文字”“顿入”“传心”的禅宗特色。自弘忍传法以来，“东山法门”的优越性被佛教界发现，使东山成为当时的修道中心。

不过，禅法是应机的，不随便传授。学者有所领会，又得师长印证，即秘密“与法”，外人不与知。此所谓“与法”，正是“不立文字”“顿入”“心传”（密意传授，亦称“意传”）。这是道信、弘忍承传的达摩禅之真意。

东山门人众多，神秀在京洛得朝廷礼重，其门人普寂推尊神秀为禅宗六祖，后来为慧能门人神会所攻，六祖之名衔，归于不甚识字之慧能。此一史实，更见证了“不立文字，直指人心”确为禅宗之本色。下节即讨论南禅之“如来禅”与“祖师禅”。

第三节　如来禅与祖师禅

在南禅未开宗派之前，圭峰宗密（神会之法裔，又为华严宗第五祖）已有以下三宗之判。

四祖下牛头法融一脉，弘法于江东。此一地区，受玄学之影响特深，法融之学，遂亦以“虚空为道本”，以“不须立心，亦不强安”为宗要，侧重非心非佛，故圭峰判之名“泯绝无寄宗”。（非心非佛，即荡相遣执之般若精神也。无寄，即不挂搭、不执着之义。）

五祖下神秀一脉，化行京洛，多承楞伽旧义（传心），主“清净自心现流，渐而非顿”，故圭峰判之为“息妄修心宗”。(止息妄意，修清净心，使心合理。)

六祖下神会倡顿禅于京洛，以立知见直显真心（灵知真性）为主，圭峰乃其四传法裔，自判为“直显心性宗”。

然而，直显心性之南禅正统，实不在神会一系，而在于湘赣中心兴起之“新禅风”。六祖云：

> 若欲求佛，即心是佛。若欲会道，无心是道。

此四句，先从正面说有（即心即佛），是存有地说；再从反面说无，是工夫地说、作用地说。成佛之“道”不能落于任何固定之形式，故须破斥一切相对有限之物，而显绝对无限之道本身。这是融合真常唯心与般若性空之新禅风。(从思想传承发展的脉络上说，是真常唯心与般若性空；若直从工夫上说，便是顿悟成佛。)以是，青原南岳下之禅师，或者说“即心是佛”，或者说“非心非佛”(马祖道一)，或者说“不是心，不是佛，不是物”(南泉普愿)，南岳怀让说“说似一物即不中”。这表示对真心真空，既能不落两边，而又中道不住。

南方禅师有“如来禅”与“祖师禅”之分，但其实指，不甚明确。因为禅宗语录，几乎不提神会禅，所以对神会一系未有恰当之确解。依牟先生之疏解[①]，其基本关键是就“即心是佛”一语如何解释，也就是对“如来藏性”的了解与说法的问题。对于如来藏性，可以有以下三种说法。

第一，如来藏自性清净理，亦即理佛性——此是相应阿赖耶系统而说者。

第二，如来藏自性清净心——在此，真心与真性是一，此是真常心系统之如来藏。

第三，一切法趣色趣空、非色非空，只点实相为如来藏（实相无相，是谓如相）——此时，有实体意味的真心即被打破，而复归佛法真相，

① 参见牟宗三：《佛性与般若》，下册，第三部第二分，第一章第二节“判摄禅宗”，第1039—1070页。

此是天台“性具”系统下如来藏。

神秀的渐教禅是第一说；神会的清净禅（如来禅）是第二说；六祖下的南禅（祖师禅）是第三说。有人误以为如来藏的“如来”指“如来佛”，这当然不对。又有人说如来禅是渐教禅，祖师禅是顿教禅，这也不够中肯，因为如来禅与祖师禅都是顿教禅。简切地说，如来禅——唯真心（如来藏自性清净心）——偏显真心真性（所谓立知见、立灵知真心）。有所立即同时亦有了限制，所以必须破斥。（般若“荡相遣执”，即破斥的精神。）祖师禅——不思善，不思恶，中道不住，不舍不着，归于圆实（即心即佛——非心非佛——任他非心非佛，我只管即心是佛）——六祖禅。

一、神会的如来禅：顿悟真心，直显灵知真性

以上举第二个说法来解说“即心是佛”以及“直指人心，见性成佛”，乃是神会禅之立场。其所着重者，是就“如来藏真心（真性）”而讲直下顿悟以成佛。《历代法宝记》说神会每月作坛场为人说法——“破清净禅，立如来禅”，可知“如来禅”之名是神会所立。而所谓“破清净禅”是要破斥假借“看心”“看净”之方便以“息妄修心”（修心以合理）之渐教禅（神秀禅）。所谓“立如来禅”，是立“顿悟如来藏性以得如来法身”，此即圭峰所谓“直显心性宗”。“直显”（不假渐修）即“顿悟”，“心性”即灵知真性（真如心、灵知性，心性合一），这仍然是荆溪所说“唯真心”、“偏指清净真如”（指华严宗）。

神会禅所不同于华严宗者，不过偏重在顿悟真心，而不甚重视此心之“不变随缘，随缘不变”（如来藏缘起）之教说耳。

经教是教乘，禅家是宗乘。所谓“教外别传”，乃指佛教内的“教外”（经教之外）之别传（禅）。

故神会之顿悟禅、如来禅，实同于《起信论》华严宗之“唯真心”。此一系统必须默认一超越的分解，以显示一超越的真心（灵知真性）。就华严教说，是别教一乘圆教；就神会顿悟禅说，是如来禅。

圭峰所倡“禅教合一”，便是以华严宗“显示真心即性”之教，会合

神会“直显真性”之禅（宗）。但六祖及青原南岳下之禅者，并不同于神会禅。（圭峰亦知“直显心性宗”有二类，但他只讲第二类，而对第一类则引而不发。又，圭峰与百丈门下沩山同时，沩山早圭峰九年生，而后卒十二年。沩山与德山、洞山、临济，皆是亲历唐武宗会昌法难之高僧大德。）

禅教合一之简示：

在理论教义上——禅教合一	般若教——牛头禅（法融）
	天台教——祖师禅（慧能）
	华严教——如来禅（神会）
在修行工夫上——禅净双修	唯识教——渐教禅（神秀）

二、六祖的祖师禅

六祖之祖师禅，有三个重要的基本义旨。

（一）无所住而生其心——直指本心，见性成佛

当初六祖半夜听五祖说《金刚经》，至“应无所住而生其心”[①]，六祖言下大悟：一切万法不离自性（自性，谓空寂性）。他对五祖陈述自己之所见：

何期自性本自清净！
何期自性本不生灭！
何期自性本自具足！
何期自性本无动摇！
何期自性能生万法！

“何期”犹今言何曾料想到。自清净、不生灭、自具足、无动摇（不浮动摇荡）、生万法，凡此，皆在人的期望与料想之外（没有想到竟

① 无所住（不住著），故如如呈现。是为“无所住而生其心”。无所执滞，万法自生。本心具足，无待于外。

能这样）。“自性”指自己的本性，即“本来无一物”的空寂性。但此空寂性，必须通过“无所住而生其心”，始能如如呈现。不住著于色声香味触法而生其心，此即般若心、清净心、无念心。般若呈现，空寂性始呈现。可见六祖并不像神会就无所住而分解成一个灵知真性，分为空寂之体与灵知之用而成真心即性；而是无任何住著之般若心照见空寂性。空寂性“本来无一物”，而“般若非般若，是之谓般若”，般若亦本来无一物，此之谓智如不二。不二而二，亦可说为“如如智与如如镜”。如如智即心，如如镜即性。故五祖谓六祖曰：

> 不识本心，学法无益。若识本心，见自本性，即名丈夫、天人师、佛。

句中之“本心”，即无所住的般若心；“本性”，即空寂性。“若识本心”数句，即“直指本心，见性成佛”之义。必须直就着“无念无住的般若清净心”而无心（不住著），始能见“本来无一物”的空寂性而成佛。

念念住著，即生灭缘起的万法；念念不住著，即般若。自性若迷，“即是众生”；自性若悟，“即是佛道”。[①]故曰：佛自性中作，莫向心外求。

佛是觉，不是释迦［不是个体（某某人）成佛，而是觉者成佛，觉者即佛］。“性”是纲主（性是王），故“性在，身心存；性去，身心坏”。《中论》云：“以有空寂故，一切法得成。”此乃就“因缘生”而言之，并不是本体论的生起论也。

（二）自性生万法——性生并非本体论的生起论

既然“性生”不是本体论的生起论，那么五何期句中最后一句“何期自性能生万法”，应如何了解？

“生”是依前第三句“自性本自具足”之义而来。“自性能生万法”，即“自性能含具万法”之转语，故“生”乃含具义、具现义，实则其本身并无所谓“生”也。自性真空，故真如本性本无所谓起不起、生不生。生起变化而成万法，是由于思量（心识活动幻起万法）。心识万法不离空

---

① 由此四句，可见佛家不离众生而成佛，众生之外，并无一个“本非众生”的佛。

如（自性真空），以如为相，以如为位，于是而有“自性生万法”（自性含具万法）的漫画式（写意的，描述的）正表词语。实则，此乃含具不舍不着、无生无灭的万法实相而为功德聚（法身佛）。六祖所说，正是智者所谓“点空说法”也。

六祖全靠自悟，他并无经院式之训练，对经院式之分析与教相之分判亦无兴趣，故必须以天台圆教之“一念心即具十法界”加以规范，方能对它有恰当相应的了解。①

圭峰宗密以教方面之空宗配禅方面之“泯绝无寄宗”（牛头禅），以教方面之唯识宗配禅方面之“息妄修心宗”（神秀禅），以教方面之华严宗配禅方面之“直显心性宗”（神会禅）。圭峰明知直显心性有二类，却只讲第二类的神会禅，对第一类直显心性之“六祖禅”无所交代，此表示圭峰对天台宗仍然无安排。牟先生以为，当以天台圆教配六祖之圆顿禅，亦即后来所谓之“祖师禅”。

（三）无念、无住、无相——不舍、不着、不断断

六祖又云：“以无念为宗”“以无住为本”“以无相为体”。

从此三句，尤可见其精神与天台圆教相应。《坛经·机缘品》载卧轮禅师偈云：

> 卧轮有伎俩，能断百思想。对境心不起，菩提日日长。

六祖认为此偈未明心地，因示一偈：

> 惠能没伎俩，不断百思想。对境心数起，菩提作么长？（惠能、慧能，通用。）

卧轮自以为有伎俩，实则为法所缚而陷于滞执。他是“息妄修心

① 依牟先生，无论“天台性具”（性具一切法）、“华严性起”（性因缘生起一切法）、“禅宗性生”（自性生万法），皆非所谓“本体论的生起论”。佛家之空寂性，不同于存有层说的实体性的本体。佛陀说“如来藏我”，已自言乃为接引外道（之怕说无我者）之方便权宜。说梵天，是执实；说藏我，则无我相（中道第一义空）。

宗”。而“惠能没伎俩，不断百思想”，此正是天台宗所特重的“不断断”（以不断为断，不断而断），于百思想中无住无著，乃是思而不思，此便是解脱。“本来无一物”是一法不可得，“不断百思想”则是不坏假名（有）而说诸法实相（空），三千宛然“即空即假即中”，两者（不断与断，或假名与实相）似相反而实相成。

至于“无念”乃境界语、工夫语，不是存有论上的有无语。“无念”乃“于念而无念”（不为念所缚）。“于念”是存有论的有念，而“无念”是工夫上的无执无着，亦“于诸境心不染”之义。“无念”显示一个宗旨，故曰“以无念为宗”。

“无住”是所以实现此无念之宗旨者，“于诸法上念念不住”即无缚矣，此便是“以无住为本”。“无念、无住”，即“无相”。“无相者，于相而无相”（不着相），亦即般若经所谓“实相一相，所谓无相”。无相乃是他的体性（故名实相），所以说“以无相为体”。彼“看心、观净，不动不起”者，是有相禅。离一切相，不着一切相，直从自性空寂处直心而行（由无念心而行），则一切还归于无相——禅、戒、定、慧、忏悔，一是皆无相，此即“一行三昧”（万行化为一行），只此一行，更无余行，此便是圆顿禅、祖师禅。

第四节　禅家五宗之宗风

六祖亦尊重经教，只因重在心悟，故不落知解言诠。后来南禅专重在“无心为道”一语之拨弄，亦即专重在“拈花微笑”[①]此一主观之领受。于是，“即心是佛”是禅；“非心非佛”亦是禅；“任他非心非佛，我只管即心是佛”，亦是禅；“佛之一字，我不喜闻”（石头门下天然丹霞语），

① 《大梵天问佛决疑经》载：释迦在灵山会上，手拈金色婆罗花遍示诸众，众人默然无语，惟迦叶破颜微笑。释迦知叶已悟心法，便道：“吾有正法眼藏，涅槃妙心，实相无相，微妙法门，不立文字，教外别传，付嘱摩诃迦叶。”

同样是禅。

随之而来的，扬眉瞬目，擎拳竖拂，画圆相，举一指，棒打口喝，呵佛骂祖，都是顺着“无心为道”一语而来的一些奇诡的姿态，说穿了，即“作用见性，当下即是”，根本上还是《般若经》之“不舍不着”。这原本是修行人之圆证圆悟，亦是共义，不但佛教，实亦儒道二家之所共。所以，过分夸大“教外别传”，而又截取此一“别传”为宗，以与他宗相抗，反而显得自己狭小，而不免陷于孤单。盖“教外别传”的“教”，是指与“禅”“教”相对而言的经教，而不是总述的佛教之教。所以，禅宗只是佛教内的教外别传，并非外于佛教而有一个禅宗也。

一花开五叶，本是同根生。但南禅五宗，风姿各别，须当略为一说。为便于参照，先列出各系宗支源流于后：

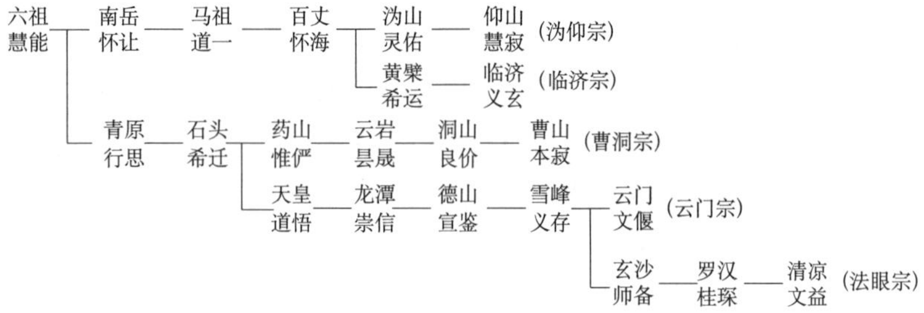

一、沩仰宗

由沩山灵佑（771—853年）、仰山慧寂（814—890年）师徒开宗。化地一在潭州（今湖南地），一在袁州（今江西地）。此宗先开先谢，仅三四传而绝。其禅风体用圆融，师资济美，父慈子孝，上令下从。

二、临济宗

由临济义玄（卒于867年）开宗。临济，曹州（山东地）人，化地在镇州（河北地），为南禅北行之始。北宋时回化南方，在五宗中传灯最盛。一度分为杨岐（在袁州）、黄龙（在南昌）二派，至南宋，黄龙派趋衰，杨岐复临济宗名。此宗禅风以棒喝见称，峻烈莫比。南宋大慧宗杲（临济十一传）倡看话禅。自此以后，禅流皆以“看话头”为入门。

三、曹洞宗

由洞山良价（807—867 年）、曹山本寂（840—901 年）师徒开宗（以六祖住曹溪之故，不敢称洞曹，故称曹洞）。其禅风回互叮咛，亲切绵密，颇重传授。化地一在高安，一在临川。曹山一脉二三传而断，赖洞山另一弟子云居道膺（云居寺在庐山）单传，至南宋而兴盛。后东渡传入日本。

四、云门宗

由云门文偃（卒于 950 年）开宗。化地在广东乳源，后北行江浙，更入京洛，北宋时最盛，入南宋而微。此宗禅风，如奔流突止，颇为急切，而亦简洁明快。云门弟子德山缘密尝归结为云门三句[①]：涵盖乾坤（显发精神心灵之涵盖性——开显）。截断众流（离事以显理，绝对而普遍——超绝）。随波逐浪（与具体之现实浑成一片——圆满）。

五、法眼宗

由清凉文益（885—958 年）开宗，住金陵，卒后谥号法眼，因以

① 云门三句另一顺序：第一，截断众流［拨开现实上一切利害之顾虑，透显本体（理）］。第二，涵盖乾坤（只有本体才能涵盖乾坤，透体便自然涵盖天地万物）。第三，随波逐浪［本体含具的天理不能挂空，必须流行于事。天理随时在事（生活）中表现，有如春风化雨，流行起用］。

名宗。其禅风先缓后激，古称巧便。一传天台德韶，再传永明延寿，著《宗镜录》一百卷，导唯识、天台、贤首教入本宗，又以禅融净，开禅净一致之风。北宋中绝于中土，而转行于高丽。

第五节　公案话头举隅（六则）

禅家之分派，实无基本宗旨上之差异，而只是接引手法之不同。公案话头，有时能显示一规路，但有时则只是当机之表现手法。手法既须“当机”，故局外人之揣想，常不免刻舟求剑，强作解人。但中国人特别喜欢这一套，又特别善于这一套，故亦不得不介绍一二。[①]

一、即心是佛

> 师（大梅法常）初参马祖，问：“如何是佛？”祖曰：“即心是佛。”师即大悟，便隐山深居。马祖闻之，乃令僧问：“和尚见马大师，得个甚么，便住此山？”师曰：“大师向我道，即心是佛，我便向这里住。”僧曰：“大师佛法，近日又别。”师曰：“作么生（怎么样）？”曰：“又道非心非佛。”师曰：“这老汉，惑乱人，未有了日。任他非心非佛，我只管即心是佛。”其僧回，举似马祖，祖曰：“梅子熟也。”

六祖有言：“若欲求佛，即心是佛；若欲会道，无心为道。”这是融会真常唯心与般若性空的新禅风。自南岳青原以下的禅师，或者说“即

① 参见蔡仁厚：《儒家思想的现代意义》，台北：文津出版社，1987年，第398—415页，《禅宗话头证会举隅》。后引此书仅标注章节或页码。

心是佛”，或者说“非心非佛”，或者说“不是心，不是佛，不是物”（南泉语），对于真心真空，能够不落两边，而又中道不住，此其所以为殊胜，为超绝。马祖东说西说，无非“作用见性”[①]，“无心为道”。他当然不是“惑乱人”，但如果你不会，便会造成自己之惑乱。大梅深彻此意，故能深得马祖之心。

> 庞居士闻之，曰：“还须勘过。”便去相访。才相见，士便问：“久向大梅，不知梅子熟也未？”师曰：“熟也。你向什么处下口？”士曰：“百杂碎！”师伸手曰：“还我核子来。”士无语。

庞居士亦是马祖门下大大有名的人物。他不轻信梅子熟了，要实地勘过。大梅自承梅子已熟，问他何处下口，他说“百杂碎”，这也是很厉害的一手。我乱咬一通，把你嚼得稀烂破碎，看你如何应付？没想到大梅不动声色，只伸手向你取回那颗咬不烂的“核子”（不坏的种子）。遇到如此大方的主人，你还能有何话说？只好“无语”而回。

二、野鸭子、大机大用

> 师（百丈）侍马祖行次，见一群野鸭飞过，祖曰：“是甚么？”师曰：“野鸭子。”祖曰：“甚处去也？”师曰：“飞过去也。”祖遂把师鼻扭，负痛失声。祖曰：“又道飞过去也。”师于言下有省。

野鸭子，飞过去，乃是眼前现象，所谓“境”也。学佛之人，不可心随境转。天空野鸭飞过去，谁不知道？而老和尚竟来问你，自是随机考问。你却漫不经心，只当做平常说话，这便不是“常惺惺”的道理了。

---

① “作用见性”，不肯定实体，也不确立宗旨教条，只顺各人之身心活动（视、听、言、动）而随宜指证性的功能作用。故有云：“行住坐卧，皆是坐禅；挑水担柴，无非妙道。”亦犹此意也。

水，会流过去；云，会飘过去；野鸭子，会飞过去；心，却不可以随境而转。若是心也流走了，还出什么家？作什么佛？所以必须加以提醒。但平常说话，“言之谆谆，听之藐藐”，没有用的！这时就得使出辛辣手段，把鼻一扭，让你负痛失声，回归自己。

> 却归侍者寮，哀哀大哭。同事问曰：“汝忆父母耶？”师曰：“无。”曰：“被人骂耶？”师曰：“无。”曰：“哭作甚么？”师曰：“我鼻孔被大师扭得痛不彻（彻，尽也，止也）。”同事曰：“有何因缘不契？”师曰：“汝问取和尚去。”同事问大师曰：“海侍者有何因缘不契，在寮大哭，告和尚为某甲说。”大师曰：“是伊会也，汝自问取他。”同事归寮曰：“和尚道汝会也，教我问取汝。”师乃呵呵大笑。同事曰：“适来哭，如今为甚却笑？”师曰：“适来哭，如今笑。”同事罔然。

野鸭子，飞过去，固然是境；鼻头痛，哀哀哭，亦是境。百丈以境示意，是想从马祖处得个印证，那同事来回传递消息，果然使百丈这点省悟获得证实，不觉便呵呵大笑起来。在旁人看，你这人哭笑无常，好没来由。但百丈自己清楚，适来之哭，今来之笑，皆是境，何来常！那同事乃是个老好人，所以罔然。

> 次日，马祖升堂，众才集，师出卷却席，祖便下座。师随至方丈，祖曰：“我适来未曾说话，汝为甚便卷却席？”师曰：“昨日被和尚扭得鼻头痛。”祖曰：“汝昨日向甚处留心？”师曰：“鼻头今日又不痛也。”祖曰：“汝深明昨日事。”师作礼而退。

哭与笑是境，鼻头痛不痛，亦是境。百丈三番两次，只为要印证“一切都是境，而我心永在作主，实无流走”。马祖问今日事，他答以昨日如何如何，问他昨日事，又答以今日如何如何。在外人看，乃是答非所问，而马祖听来，却觉字字落坎，故立即肯许，曰：“汝深明昨日事。”

> 师再参，侍立次，祖目视绳床角拂子，师曰：“即此用，离此用。”祖曰：“汝向后开两片皮，将何为人？”师取拂子竖起。祖曰：“即此用，离此用。”师挂拂子于原处。祖振威一喝，师直得三日耳聋。

马祖目视拂子，这个动作本身，其含义是不定的；只看你如何回应，如何领受。百丈说“即此用，离此用”，是表示对任何物事，皆不可起执着，必须“不舍不着，不即不离”，乃能显发大机之用。这个回应，可谓伶俐无比，好极了。所以马祖亦别无话说，却担心百丈日后多逞口舌，反而把做人成佛的正事给耽误了。百丈知马祖之意，便取拂子竖起，表示“我有这个在”。人能自信，当然很好，但若自以为是，便将形成执着（即而不离），故再以“即此用，离此用”加以提醒。而百丈误以为老和尚亦不过重复我说的话，便觉得“大事已了，天下已定”，乃将拂子挂回原处。孰料马祖振威一喝，天崩地塌，竟使百丈耳聋三日！其实，耳聋事小，生死事大。当百丈踌躇满志，挂回拂子之时，实已堕入“离而不即”，行将耽虚沉空。而且，你果真以为“即此用，离此用”便可永为准据乎？否否，大大不然。试想想，“空”尚且要“空掉”（所谓空空），何况你这六个字！马祖振威一喝，力分两面：一面喝掉你这个“自以为是”，一面以狮子吼震醒你，使你从空幻梦境中猛然回头。此便是马祖起死回生的大机大用。

马祖是六祖之后，唯一享有“祖”字尊称的大师。在他生前，人皆称马大师而不名。百丈后来也成为大禅师。黄檗在百丈门下时，百丈为他举此公案，黄檗听到马祖振威一喝，不觉吐舌。（心想，好险呀！）他耳闻如同亲见，所以惊心动魄，但亦由于当下警悟，故不须耳聋三日，只伸伸舌头便过关了。百丈见他深契马祖，便问：“子以后莫要嗣马祖去？”檗曰：“不然。今日因师得见马祖大机之用，然且不识马祖。若嗣之，恐丧我儿孙。”（祖孙父子，伦常有序，不可越位，不可忘恩。否则，便有断丧后代之虞。黄檗乃英灵汉子，而又如此诚朴厚直，所以终成大器。）丈曰：

> 如是如是。见与师齐，减师半德；见过于师，方堪传授。子甚

有超师之见。

百丈之言，大是不凡，而亦极其老实。我初次读到这几句，深心感动不已。有这样的老师，才会得到这么好的弟子；有这样的弟子，才会遇到这么好的老师。禅宗能在中国大放异彩，良非偶然。

三、黄檗佛法无多子

（临济）初在黄檗会中，行业纯一。时睦州为第一座，乃问："上座在此多少时？"师曰："三年。"州曰："曾参问否？"师曰："不曾参问，不知问个什么。"州曰："何不问堂头和尚，如何是佛法的的大意？"师便去问。声未绝，檗便打。师下来。州曰："问话作么生？"师曰："某甲问声未绝，和尚便打，某甲不会。"州曰："但更去问。"师又问，檗又打。如是三度问，三度被打。师白州曰："早承激劝问法，累蒙和尚赐棒。自恨障缘，不领深旨，今且辞去。"州曰："汝若去，须辞和尚了去。"师礼拜退。州先到黄檗处曰："问话上座，虽是后生，却甚奇特。若来辞，方便接伊。已后为一株大树，覆荫天下人去在。"

临济在黄檗会上三年，居然不曾问过一句话，亦不知问什么，可谓"参也鲁"矣。一旦受人激劝，前去参问，却又三度发问，三度被打。他挨了打亦不怨怪别人，只恨自己障缘，不领法旨。记语说他"行业纯一"，洵非虚夸。而睦州慧眼独具，看出这个后生将可成为覆荫天下人的大树。既循循诱导于前，又为先容代请于后，可谓情义深挚，肝胆照人。

师来日辞黄檗，檗曰："不须它去，只往高安滩头参大愚，必为汝说。"师到大愚。愚曰："甚处来？"师曰："黄檗来。"愚问："黄檗有何言句？"师曰："某甲三度问佛法的的大意，三度被打，不知某甲有过无过？”愚曰：“黄檗与么老婆心切，为汝得彻困（彻底解答了你的困惑），更来这里问有过无过。”师于言下大悟，乃曰：“原来黄檗佛法无多子！”愚搊住曰：“这尿床鬼子，适来道有过无过，如今却道黄檗佛法无多子，你见个甚么道理？速道，速道！”师于大愚肋下筑三拳。愚拓开曰：“汝师黄檗，非干我事。”

大愚与黄檗同为马祖再传[①]，故彼此相知。佛法的的大意，即在汝心，打你是要你回头，逼你向内悟，勿再向外求。三度来问，三度打你，亲切叮咛，你还懵懂不知吗？但这种话黄檗不能直对临济说，必须另开机缘，所以指点他去参大愚。大愚果然不负所望，三言两语便说得临济“大梦觉醒”，竟能灵光爆破，悟出“黄檗佛法无多子”来。盖佛法大意，本无许多，当下归一，只此便是。“无多子”（子，读轻声），犹言没有很多，就这么一点点。但临济这句悟语真切可靠否？还须有一转语，方得证实。所以大愚催他“速道，速道”（悟道不容拟议，必须当机说出）。大愚心想，没想到这后生小子全然是黄檗的风格路数，黄檗当初打他三次，他竟要在我大愚身上找回来；也罢，我虽然爱才，但亦不能抢人法裔。所以说：“汝师黄檗，非干我事。”

黄檗有云：“除此一心法，更无别法。”临济亦云：“说法道人，听法道人，是诸佛之母。”临济此语，乃是直指人心，见性成佛。但亦须当下现前，不舍不着始得。再者，佛法虽无多子，终须婆心接人。临济“三玄九要”，便正是建立“化门”头事：一曰句中玄，二曰意中玄，三曰体中玄。

由体有意，由意有句。言有差别，惟意则一；意有差别，惟体则一。其实，三玄一也，而亦无所谓一。而古塔主改“意中玄”为“玄中玄”，非临济之意。明得句中玄，可以自了；明得意中玄，可为天人师；明得体中玄，可为诸佛师。三玄中各分三要（初要、中要、上要），乃是化门入道次第。到体中玄之要，依然返本还原，此便是正法眼藏。另，曹洞

① 大愚之师归宗禅师，黄檗之师百丈禅师，同师马祖。故大愚与黄檗同为马祖再传。

宗有“五位君臣”之说[①]：

正位——空界，本来无物。

偏位——色界，万象有形。

偏中正——舍事入理，则偏中有正。

正中偏——背理就事，则正中有偏。

兼带——冥契众缘，不堕诸有，非染非净，非正非偏，能入能出，纵横自在。

这五位之说，自亦头头是道。而临济曰：“人人赤肉团中，有个无位真人”（无位真人，指“心”而言）。这是从“位”中透出来，指个“无位真人”教人自悟自证，所以尤为直截。

四、平常心是道

赵州问南泉[②]：“如何是道？”泉云：“平常心是。”

南泉出自马祖门下，俗姓王，常自称“王老师”，活了八十七岁。其徒赵州更长寿，从唐代宗大历之末活到唐亡之前十年，一百二十岁。赵州行脚参方，走遍天下。早年机锋迅疾，所向披靡，人一见到他，便大声喊叫：“南泉一只箭来也！”

其实，一切精彩奇诡，迟早总要归于平实。若是不平不实，便亦不正不常。古往今来，亦曾有不平实、不正常的大道乎？道既平常，心如何可以不平常！心到平处，自然能常。而心之归于平常，亦只是不着意，只是安然而行。所谓平常心是道，实际上亦仍然是“无心为道”另一方式的表现。

---

① 正中偏（君位），偏中正（臣位），正中来（君视臣），偏中至（臣向君），兼中到（君臣合）。

② 赵州从谂，师从马祖门人南泉普愿。赵州与黄檗同年辈而长寿，达一百二十岁。

老年的赵州，既平实，亦风趣。有僧问赵州：“如何是佛？”曰：“殿里底。”（佛无相，不可问，问则着相。如今你偏要问，所以干脆指个泥菩萨给你看。）曰：“殿里岂不是泥塑像？”曰：“是。”又问：“如何是佛？”曰：“殿里底。”（泥塑像不是佛，我才是佛——佛陀亦是一个我。你怎么总是向外求？好吧，老僧慈悲，再指佛陀塑像与你做个榜样。）僧曰：“学人乍到丛林，乞师指示。”（这个汉，诚心诚意，真是个老实人。面对老实人，须说老实话。）州曰：“吃粥也未？”曰：“吃粥了也。”州曰：“洗钵盂去。”僧忽然省悟。

佛是觉，不是释迦。觉须由我觉，佛须由我成。成佛之人，正是吃粥洗碗之人。这本是平平常常的道理，所以老老实实的参方僧人亦能省悟。

五、龙潭纸烛

> 师（德山）……往龙潭，至法堂，曰：“久向龙潭，及乎到来，潭又不见，龙又不现。”潭引身曰：“子亲到龙潭。”师无语，遂栖止焉。

常言临济喝，德山棒。二位都是棒喝交加的大禅师。德山初访龙潭，本是慕名而来，却又心高气傲，出语张狂，咄咄逼人。而龙潭轻轻一言，既老实，又平静，竟使那个来势汹汹的狮子儿，再亦发不出威风来。一阵山雨，落入秋潭，遂栖止焉。

> 一夕侍立次，潭曰：“更深，何不下去？”师珍重便出。却回曰：“外面黑。”潭点纸烛度与师，师拟接，潭复吹灭。师于此大悟。

“侍立”“珍重”，何等彬彬有礼！但有外面之礼，还须内在之悟。深夜侍师，灯光荧荧，心里该是暖暖的。等到开门一看，外面竟是黑洞洞的世界。“外面黑”，且问里面如何？老和尚以纸烛度与你，你真想接来照亮世界、照亮自己不成？光明岂能由人度？你又如何能从他人之手接得光明？纵然你接了纸烛，出得门来，山风一吹，依然熄灭。那时，外面里面，全归昏黑，你将如何？烛光是外，不是你自发的光明，要它何用？何况纸烛是龙潭点燃的，与你何干？他想度与你，是慈悲；你伸手去接，却是贪便宜。是以立下杀手，一口吹灭！此方是龙潭真慈悲。德山不是凡品，故能于此大悟。若是俗子，便不免恼怒起来，要打骂老和尚去也。

六、云门敲门（附日日是好日）

> 师（云门）……往参睦州。州才见来，便闭却门。师乃扣门。州曰："谁？"师曰："某甲。"州曰："作甚么？"师曰："己事不明，乞师指示。"州开门，一见便闭却。师如是连三日扣门。至第三日，州开门，师乃挤入，州便擒住曰："道，道！"师拟议，州便推出曰："秦时𨍏轹钻。"遂掩门，损师一足。师从此悟入。

"己事"谓何？成佛是也。自己无个入处，所以登门向人求教。但敲门容易入门难。如今门已为你开，你却不进来，当然"闭却"。第三日云门看出一点端倪，知道"入门"亦是"己事"，必须自己进去，所以门才开，便挤入。挤入是对的，但当睦州一把抓住，要云门速速开口说话时，他内心尚未通透，一时不知说什么好。其实，睦州的意思亦甚简单。你连番敲门，我连番为你开，第三日你终于知道自己挤进来，但"入门者是谁阿？"你为何答不出？这个不识，所以被推。我推你出去，你却又走得不爽快，不利落。身露门外，脚陷门内，隔成两截，势必折足。但"形"有内外，"心"无内外，脚折负痛，大叫一声，方知这喊叫者正是入门者。

"真我"既已透显，自然悟入去也。之后，睦州教他参见雪峰，得受宗印，遂为雪峰法裔，后来，更开创了云门宗。云门有自述语云："云门耸峻白云低，水急游鱼不敢栖。"可见其门风甚为峻急。不过，云门亦有风和日丽之时。一日云门对僧众说："十五日以前不问汝，十五日以后道将一句来。”每月三十天，前半月与后半月的日子，并无不同。每日每时，都可以好好过生活，每日每时，亦都是自证成佛的好时刻，这那里用得着分别，用得着拣择？但众人参禅久了，却变得神经过敏，总以为这里藏有一个“宗旨”，那里亦有一番“深意”，揣摩猜测，反而摸不着头脑。云门见无人答话，于是自言自语，说：“日日是好日。”

是的，日日都是“好日子”。但不会使用，亦是枉然。赵州有言：“人皆为十二时使，老僧却使得十二时。”若有人问：赵州如何使那十二时？曰：谩胡猜！赵州老汉使他赵州的，我使我的，“己事”自了，管他赵州老汉则甚？今且让我也自言自语：

云门日日是好日，赵州使得十二时。
况是勿忘勿助长，不由情识由良知。

我的证会到此为止，你还会么？

第四卷　宋明时期

儒家心性之学的新开展

弁　言

从魏晋到隋唐这七八百年中，中华民族的心智力量并没有衰竭。魏晋阶段，文化生命有歧出，有虚脱，但仍有道家玄智之开显与玄理之畅发。南北朝阶段，文化生命进入睡眠状态，但社会风教与家庭伦常持续不变。而对佛教之译习，亦仍然是心智的活动。隋唐之时，天下一统，文化生命开始有第一步的豁醒——表现于政治制度以定国安邦，心智力量则表现于对佛教之消化、分判，自开宗派。

但就中华民族之“原生本命”而言，仍然是在歧出失轨之中，还欠缺一步思想义理的豁醒，以昭显文化理想，端正文化生命的方向和途径。（譬如，隋唐之时，出入佛老者众矣，却无一人能够像宋儒般“返求六经而后得之”。）

中唐之时，虽有韩愈提揭道统之说[①]，力倡孔孟仁义之教，其门人李翱亦有《复性书》之作，但或者只是外部的呼声，或者只是先机之触发。在主观方面，振动文化心灵之力量有所不足，而客观方面，佛教（尤其禅宗）正如日中天，文化生命返本归位的契机尚未到来。而且还有一段黎明前的黑暗（五代）必须通过。经历了唐末五代的劫难，而后才能剥极而复，否极泰来。这就是宋明儒学之复兴。

宋明儒学有六百年之发展，他们重建道统，把思想的领导权从佛教手里拿回来，重新挺显了孔子的地位，使民族文化生命返本归位，而完成了第二度的“合”（第一度的合，是西汉）。

他们最大的贡献，是复活了先秦儒家的形上智慧。道家讲玄理所显

---

① 韩愈《原道》篇中，继“允执厥中”之后有云：“尧以是传之舜，舜以是传之禹，禹以是传之汤，汤以是传之文武周公，文武周公传之孔子，孔子传之孟轲，轲之死，不得其传焉。”此即儒家道统之传。其实，在《论语》《孟子》中，亦皆有相当显豁之指点。拙著《孔孟荀哲学》上卷第九章第三节之一“传道之儒”可参阅。

发的“无”的智慧，以及佛教讲空理所显发的“空”的智慧，虽皆达到玄深高妙的境地，但由玄智空智而开显出来的“道”，毕竟不是儒圣“本天道为用”（张子语）的生生之大道。儒家之学，一面上达天德，一面下开人文，以成就家国天下全面的价值。这样的道，当然比佛老更充实、更圆满。

北宋儒者之学，通常称之为“理学”，这个“理”字当然有它的实指，而不只是平常所谓义理、道理的意思。道家讲“玄理”，佛教讲“空理”，而宋明儒所讲的则是“性理”。

所谓“性理”，并不指说是属于性的理，而是“即性即理，性即是理”。但程伊川和朱子所说的“性即理也”，却不能概括“本心即性”的“性理”义，故称宋明儒学为“性理学”，又不如名之为“心性之学”，或许更为恰当。

但“心性”不是空谈的。一个人自觉地过精神生活，作道德实践（表现道德行为），便不能不正视心性。念兹在兹，时时讲习省察，岂能视为空谈？纵或有人空谈，鱼目又岂能混珠？空谈者自是空谈，岂可因这等人而忽视心性之学的本质与价值？

心性之学也就是“内圣之学”。内而在于自己，自觉地做圣贤工夫（道德践履），以完成各自的德性人格，这就是所谓“内圣”。儒家之教，立己以立人，成己以成物，它必然要由内圣通向“外王”，外而达之天下，行仁政王道以开济事功。但宋明儒讲习学问的重点，毕竟偏于内圣一面，外王一面欠缺积极的开发。这就是所谓“内圣强而外王弱”（牟先生语）。

“内圣之学”又名“成德之教”。成德的最高目标是“圣”，是“仁者”，是“大人”。而其真实的意义，是要在个人有限的生命中，取得无限而圆满的意义。这就是“即道德即宗教”（同时是道德，亦是宗教）的儒家之教。依照儒家教义来说，道德即通无限。道德行为虽然有限，而道德行为所依据的实体，以成就其为道德行为者，则无有极限。人随时体现这个实体以成就其道德行为之“纯亦不已”，便可以在有限之中而取得无限的意义。有限而无限，性命天道通而为一，这就是儒家的宗教境界。

这内圣成德之教，亦可名曰“道德的宗教”。它既与以舍离为首要义的“灭度的宗教”（佛教）相异，亦与以神为中心的“救赎的宗教”（基督教）不同。这是自孔孟以下先秦儒家本有的弘规（孔子“践仁知天”、孟子“尽心知性知天”，便是这个弘规的基本模型），并不是宋明儒者的凭空新创。宋明儒者所讲习的，便是顺着这个本有的弘规而引申发挥，调适上遂。以是，世俗所谓“阳儒阴释”一类的言辞，根本是不知学问之实的颟顸语、鹘突话。（我看不出宋明儒学中有任何一个可以作为中心义旨的观念，或有本质相干性的工夫话头，是来自佛老的。）①

北宋诸儒，上承儒家经典本有之义，以开展他们的义理思想；其步步开展的路数，是由《中庸》《易传》之讲天道诚体，回归到《论语》《孟子》之讲仁与心性，最后才落于《大学》讲格物穷理。

到了宋室南渡，胡五峰首先消化北宋儒学而开出湖湘学统，朱子遵守伊川之理路而另开一系之义理，陆象山则直承孟子而与朱子相抗。理学之分系，于焉成立。

到了明代，王阳明呼应陆象山而开出“致良知”教。刘蕺山呼应胡五峰而盛言“以心著性”之义，接着为大明之亡绝食而死，六百年之理学亦随之而告终结。

本卷所述，即宋明六百年的儒家哲学。②

---

① 参见蔡仁厚：《中国哲学的反省与新生》，台北：正中书局，1994年，第307—319页，“从阳儒阴释说起：平章学术之一例”。后引此书仅标注章节或页码。

② 各章所陈述的基本义理之根据，皆请参阅牟先生《心体与性体》《从陆象山到刘蕺山》。拙撰《宋明理学·北宋篇》、《宋明理学·南宋篇》与《王阳明哲学》，亦可参看。

第一章　周濂溪“默契道妙”

北宋儒学初起之时，胡安定（瑗）、孙泰山（复）、石徂徕（介）皆卓然有儒者之矩范，故后世尊称为“宋初三先生”。这一辈学者的精神倾向主要可以归结为三点：一是恢复师道尊严，重视人格教育；二是发出重建道统的呼声；三是文化意识的觉醒。但他们只是文化生命复苏回响的先驱人物，对于义理心性之学，还没有完成使其开光显立的使命。

另有邵康节（雍），他年长周濂溪六岁，长张横渠九岁，长二程二十岁。他们同住于洛阳，相互为友，但学问各归自己，似乎不见互为影响之处。邵子自是北宋一大家（所谓北宋五子，即指他与周、张、二程而说），其“易图”“易数”之学，乃属专家之学，必须有聪明，有闲暇，始能学得成。程明道说过，尧夫（邵子之字）欲将其学传与某兄弟，但学他那套学问，非十年不为功。某兄弟那得此闲工夫！由这件事，亦可旁证在康节的学术生命中，道德意识与文化意识，皆不甚凸显，与文化生命的脉动，相关性并不大（在北宋儒学中，应属别派）。

第一节　濂溪的风格与论赞

周濂溪（1017—1073 年）名敦颐，字茂叔，道州营道（今湖南道县）人。他做过几任地方官，辗转于江西、湖南、广东各处，所至皆有政声。他半生在江西，晚年隐居庐山莲花峰下。黄庭坚谓濂溪人品甚高，“胸怀洒落，如光风霁月”。

二程十五六岁，奉父命从学，濂溪每令寻“孔颜乐处，所乐何事”？明道尝言：“自再见周茂叔后，吟风弄月而归，有吾与点也之意。”又谓：

“周茂叔窗前草不除去。问之，云：与自家意思一般。”侯师圣学于伊川，未悟，访于濂溪。濂溪曰：“吾老矣，说不可不详。”留与对榻夜谈，越三日乃还。伊川闻其言语，大为惊异，曰：“非从周茂叔来耶”？濂溪善于开发人，往往如此。

朱子尝谓：“濂溪在当时，人见其政事精绝，则以为宦业过人；见其有山林之志，则以为襟怀洒落，有仙风道骨；无有知其学者。惟太中[①]知之，宜其生两程夫子也。”又作《周子像赞》云：

> 道丧千载，圣远言湮。不有先觉，孰开后人。
> 书不尽言，图不尽意。风月无边，庭草交翠。[②]

第二节　以诚体合释乾元

周濂溪的著作不多，重要的是《通书》(又名《易通》)、《太极图说》。《通书》开宗明义第一章，便以《中庸》之“诚体”合说《易传》之“乾元”“乾道”：

> 诚者，圣人之本。“大哉乾元，万物资始”，诚之源也。“乾道变化，各正性命”，诚斯立焉。纯粹至善者也。……“元亨”，诚之通；“利贞”，诚之复。大哉《易》也，性命之源乎！

引号中各句，皆《易传》之言。周子以“诚之源”“诚斯立”“诚之通”“诚之复”配合《易传》之言作解，这种合释，可谓天衣无缝。

---

① 二程之父名珦，官至太中大夫。为南安（今江西大庾）守时，与濂溪为同僚。知其学德，因命二子受学云。

② “书不尽言”，书指《通书》。“图不尽意”，图指《太极图说》。末两句，则顺“吟风弄月”与“窗前草不除”而来。

《中庸》讲到天地之道时，有下列各语句：

> 天地之道，可一言而尽也。其为物不贰，则其生物不测。（二十六章）
>
> 诚者物之终始，不诚无物。（二十五章）
>
> 诚则形，形则著，著则明，明则动，动则变，变则化。唯天下至诚为能化。（二十三章）
>
> 唯天下至诚，为能尽其性。（二十二章）

“不贰”谓专精纯一，亦即诚。“诚”本是真实无妄之义，是形容名词，而它所指的实体，则是天道。“生物”谓创生万物（生物之生，是动词）。“生物不测”，是说天道之创生万物，莫知其所以然，是神妙不可测的。“诚”字转为实体字，便名之曰“诚体”，诚即体，亦即天道。[①]

诚体生化万物，一切事物皆由诚而成始成终。在这成始成终的过程中，物得以成其为物，成其为一个具体而真实的存在。如果将这个诚体撤销，物便不能成始成终，而将归于虚无，故曰：“不诚无物。”

诚，能起创生、改变、转化，有生化万物的功能和作用，故能“形”“著”“明”“动”“变”“化”。天道“至诚无息”，圣人与天合德，亦至诚无息，故能与天地同功而至于“化”。圣人之所以能化，是因为圣人能“尽其性”之故。常人未必能尽其性，故必须通过“诚之”的工夫，等到既复其诚，亦同样可以尽性，而达于“化”境。诚即性（天命之谓性），离此诚以言性，便是歧出，便将丧失天性，所以性与天道都只是一个诚体。（“性”与“天道”是形式地说，而“诚”则是内容地说。）

濂溪以《中庸》之“诚”说《易传》之乾彖之义，自然合拍，恰切无比。《中庸》与《易传》显发儒家形上智慧的思路，实在是相同的。

---

① 《中庸》第二十章：“诚者，天之道也；诚之者，人之道也。”“诚之”，使之诚也。常人生命未至于“诚”，故须做“诚之”的工夫。

第三节 乾道变化即诚体流行

若将这创生的终始过程应用到乾卦彖辞，则所谓“乾道变化，各正性命”，亦正显示一个诚体流行的终始过程。再就乾卦卦辞而言，“元”“亨”“利”“贞”，亦同样表示诚体流行的终始过程。濂溪说“大哉乾元，万物资始，诚之源也”，便已指出“乾元”就是诚体发用流行的根源。又说“乾道变化，各正性命，诚斯立焉”。乾道变化是指说诚体之流行，而诚体流行的实体即乾元，所以“诚体”就是乾元。

濂溪又从元亨说“诚之通”，于利贞说“诚之复”。复，由“立”而见；通，承“源”而来。诚之“源”“立”“通”“复”正就是乾道（天道）之“元”“亨”“利”“贞”。二者皆表示天道诚体之无间朗现，终始贯彻。就诚体自身说，或就诚体之终始过程（亦即天道之生化过程）说，都是“纯粹至善”的。所以濂溪又引《易传·系辞上》云：

> 一阴一阳之谓道，继之者善也，成之者性也。

在乾道变化之中，于元亨处便见有阳之申，于利贞处便见有阴之聚。所谓一阴一阳之谓道，即表示：道，乃是诚体之流行，是一个有“阳之申”“阴之聚”之轨迹的终始过程。人能继续这个无间歇无流逝的生化之道，而不使它断灭止绝，便是“善”。能在自己的生命中成就这个道，这个道便成为个体的“性”。人有了至善的诚体以为性，才能完成这个道，让其充实我的生命，并成就我的德性人格。所以《通书》首章之末又总赞一句：“大哉易也，性命之源乎！”意思是说，《易》之一书，是真正能参透性命之根源者。

据上所述，可知濂溪之“默契道妙”（吴草庐语），是从《中庸》《易传》悟入，所谓“千载不传之秘”（黄梨洲语），它劈头便把握住了。乾彖与系传诸语，只需用一个“诚”字点拨，便实义朗现。乾道之变化，实只是一诚体之流行，这是儒家最根本的智慧。握住此义，便纲领在手，而可以无所歧出，无所走作。

拙撰《宋明理学·北宋篇》有一表，录列于此以助解：

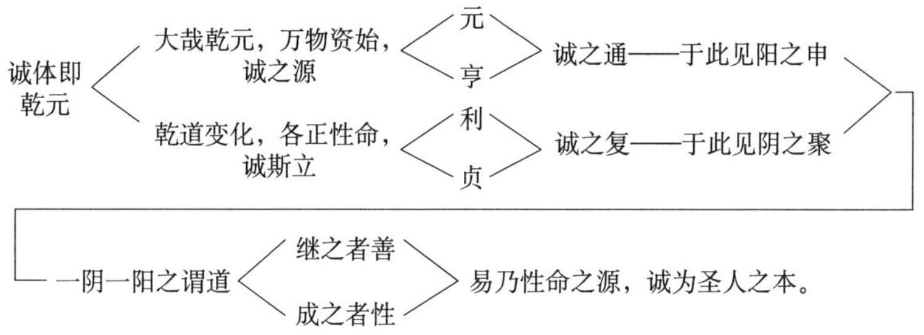

第四节　诚体与寂感

《通书·诚下》第二章云：

> 圣，诚而已矣。诚，五常之本，百行之源也。静无而动有，至正而明达也。

所谓“圣，诚而已”，乃就人之体现上说，亦即就圣人之为“圣”说。就圣人之尽诚，而看出诚体是道德的创造之源，所以说“诚”是“五常之本，百行之源”。就其为本为源，亦即就其为“体”而言，则“静无而动有，至正而明达”。这两句是对诚体本身的体悟。静时无声无臭，无方所，无形迹，一尘不染，纯一不杂，故曰“静无”。静时虽然无，但却并非死体，所以动时则虚而善应；当其应事，则因其所应之事而有方所，有形迹，故曰“动有”。动时虽然有，而其为一尘不染，纯一不杂之虚体，则依然如故。下句“至正”“明达”是呼应“静无”“动有”而言。故静无即以“至正”来了解，动有即以“明达”来了解。明，是“自诚明”[①]之明；达，是“利贞”之达，通而有定向，利而有终成。

---

① 《中庸》第二十一章：“自诚明，谓之性；自明诚，谓之教。诚则明矣，明则诚矣。”自诚而明，是孟子所谓“尧舜性之”的“性之”；自明而诚，是孟子所谓“汤武反之”的“反之”。“性之”是安然而行，自然合道；“反之”是反省自觉，克己复礼，这是在工夫中以复其诚。既复其诚，则与前者并无差异。所以又说“诚则明矣，明则诚矣”。

“静无而动有”与《太极图说》开端两句“无极而太极，太极动而生阳”表示同一思想。“无”与“有”虽借《老子》之词，但濂溪所谓“静无动有”实与《易·系辞上》“寂然不动，感而遂通”之义相通，仍纯然是儒家之义理。

《通书·圣第四》云：

> 寂然不动者，诚也。感而遂通者，神也。动而未形，有无之间者，几也。诚精故明，神应故妙，几微故幽。诚神几曰圣人。

《易·系辞上》云：

> 易无思也，无为也，寂然不动，感而遂通天下之故。非天下之至神，其孰能与于此？

此所谓“寂然不动，感而遂通”，乃是先秦儒家原有的，亦是最深的玄思（形上智慧）。濂溪便通过这句话来把握诚体，所以说“寂然不动，诚也；感而遂通，神也”。“寂”，是就诚体之“体”说；“感”，是就诚体之“用”说。总之，诚体只是一个寂感真几。说“天道”“乾道”，犹是形式的抽象的笼统字，落实说个“诚体”仍觉笼统，所以再落实说个“寂感”。

这是对诚体之具体的了解——内容的了解。诚体由寂而感，其几甚微，动而未形，若有若无，有无之间，发微不可见，故曰“几”。濂溪又以“明”“妙”“幽”说此“诚”“神”“几”。诚体至精，纯一不杂，故明；神感神应，感而遂通天下之故，故妙；动而未形，发微不可见，故幽。而真正能够体现此道妙者，则为圣人，所以说“诚神几曰圣人”。

依濂溪之体悟，这个作为寂感真几而能起创生作用的诚体之神，又实即“太极之理”。① 它动而无动相，静而无静相，它神感神应，妙运生生，所以阴阳气化的混辟（几微之始与生成之着），实际上就是诚体的流

---

① 义见《通书》动静章第十六、理性命章第二十二，参拙撰《宋明理学·北宋篇》第一章第四、五两节。

行与充周（周遍充满）。他的《太极图说》由太极阴阳五行之生化万物，叙述一个由宇宙到人生的创化过程，以彰显“由天道以立人极”之义，便是根据《通书》言诚体寂感的义旨推衍出来。[①]

第五节　作圣工夫

《通书·思第九》云：

> 《洪范》曰：“思曰睿，睿作圣。”无思，本也；思通，用也。几动于彼，诚动于此。无思而无不通为圣人。不思，则不能通微；不睿，则不能无不通。是则无不通生于通微，通微生于思。故思者圣功之本，而吉凶之几也。《易》曰：“君子见几而作，不俟终日。”又曰：“知几其神乎！”

这一章正式言作圣工夫。凡就内圣之学而言工夫，必落在“心”上说。心为主观性原则。主观地通过心之自觉明用，以体现天道诚体，是之谓工夫。濂溪引《尚书·洪范》“思曰睿，睿作圣”之句而言“思”，意在由“思”以明“心之用”。

“思”，是心之通用（一般性的作用）。孟子有“思诚”之说[②]，“思诚”是思诚体（不是思经验对象），诚体因心之思而朗现，诚与思合一。濂溪根据《洪范》“思曰睿，睿作圣”，仍然是以同于思诚的道德意义的思以言圣功。“无思，本也”，是指无思无为的“无思”，这正是思的最高境界。但“无思”并非槁木死灰之谓，以无思为本，只是表示以无思为“体”，有体必有用，故下句云“思通，用也”。思通是思以通微，思以无思为

① 《太极图说》全文之疏解，请参阅拙撰《宋明理学·北宋篇》第三章。下文第六节亦有讲论。

② 《孟子·离娄上》：“诚者，天之道也；思诚者，人之道也。”

体，以通微为用。思以通微而至其极，便是“无不通”。濂溪以“无不通”规定“睿”，故曰“不睿，则不能无不通”。到达“无不通”时，便知此思已进到无思之思的最高境界，故曰“无思而无不通为圣人”。

既是无思，又是思之无不通，则此思绝非有计虑、有将迎的有作为之思，而是无作无为，唯是一诚体流行之思。这不是经验界或感性界的思，而是一种超越的睿思，所以说“思曰睿，睿作圣”。

以“无思而无不通”之“睿”，彰显证实诚体之流行，诚体即在“无思而无不通”中重新建立，全体朗现。所以睿思过程，亦即诚体建立（彰显）之过程。故曰“几动于此，诚动于彼”。思之功全在几上用，而思之通微即通“几”之微。几动是现象，属经验层；而知几之知，通微之思，则属超越层，乃是清明心体之用。（如实而言，此清明心体之用，便是诚体之用。故濂溪所说之思，实乃诚体注入其中之思。）几一动，诚体之思与知，即照临于几之动而随感随应，此便是“几动于此，诚动于彼”[①]之实义。

在动之微处，或吉或凶，或善或恶，皆由此出，故须知几、审几，而且须慎于几。人常戒慎恐惧而保持其清明心体，即能知几之微（通微）；知几而至于神感神应，即能“无思而无不通”，而为“善”。《系辞传下》云：“颜氏之子，其殆庶几乎！有不善未尝不知，知之未尝复行也。”有不善未尝不知，即表示颜子能常保其清明心体，故能知几之微；知之未尝复行（不贰过），即表示知之即化之。王龙溪所谓“才动即觉，才觉即化”是也。颜子庶几近乎“无不通”之睿境矣。通微之思而至于无不通之睿，则几之动乃全吉而无凶，全善而无恶，此便是“无思”“思通”之全体大用，而诚体亦复于此得其建立而全部朗现。此时，主观地说的“思”与客观地说的“诚体”完全融合而为一，诚体寂感之神，就是思以通微的思用之神。故《易》曰：“知几其神乎！”

但体现诚体的工夫，不能只注意心之思用，而应进一步更内在地注

---

①　此二句，牟先生《心体与性体》书中以为，若改作“几动于彼，诚动于此”，则较顺适。于诚动处言“此”，从主体也。诚体之动照临于彼几之动，则“思”（知）之“通微”义益发豁显。

意到心之道德的实体性之“体”义，此便是孟子所说的“本心”。濂溪言作圣工夫，不知直承孟子之本心说，反而迂曲寻其根据于《尚书·洪范》，不免舍近而求远。由于濂溪之默契道妙是从《中庸》《易传》入，因而对于孔子之践仁、知天与孟子之尽心、知性、知天，还没有十分真切的理解，他的不足或不圆满处，有待于后来之发展。但他对于诚体之神、寂感真几的积极体悟，使先秦儒家本有的形上智慧，得以苏醒复活，实已为宋明六百年的内圣成德之教，开启了最佳之善端。

第六节　《太极图说》的思想架构

道教方面，先有太极图或无极图，以表示其修炼之历程。濂溪见之，一时觉得有趣，遂加以改作，又恐人不明所以，故另作《图说》以寄意。持平而言，太极图虽可能源自道教，而《太极图说》则断然是濂溪自己之思想。自儒家义理而言，不必说道教之图，即使濂溪之太极图，亦无多大价值。没有此图，图说之义理，依然可以独立理解。濂溪借图以寄意，而其所寄之意，亦全本于《通书》以为说。兹将《太极图说》全文分段录于后。

一、《太极图说》全文

> 无极而太极。太极动而生阳，动极而静；静而生阴，静极复动。一动一静，互为其根。分阴分阳，两仪立焉。阳变阴合，而生水火木金土，五气顺布，四时行焉。五行一阴阳也，阴阳一太极也，太极本无极也。
>
> 五行之生也，各一其性。无极之真，二五之精，妙合而凝，乾道成男，坤道成女。二气交感，化生万物。万物生生，而变化无穷焉。
>
> 惟人也，得其秀而最灵。形既生矣，神发知矣，五性感动，而善恶分，万事出矣。圣人定之以中正仁义（圣人之道，仁义中正而已矣），而

主静（无欲故静），立人极焉。故圣人与天地合其德，日月合其明，四时合其序，鬼神合其吉凶。君子修之吉，小人悖之凶。

故曰："立天之道，曰阴与阳；立地之道，曰柔与刚；立人之道，曰仁与义。"又曰："原始反终，故知死生之说。"大哉易也，斯其至矣。

二、《太极图说》之义理骨干

濂溪之"默契道妙"是从《中庸》《易传》悟入，此《太极图说》亦正展示"由天道以立人极"之义。而综观《图说》之思想或语脉，则又与《通书》动静第十六、理性命第二十二，以及道第六、圣第二十等各章实相承接。兹抄录有关各章于后，以便参较。

动静第十六：

动而无静，静而无动，物也。动而无动，静而无静，神也。动而无动，静而无静，非不动不静也。物则不通，神妙万物。水阴根阳，火阳根阴。五行阴阳，阴阳太极。四时运行，万物终始。混兮辟兮，其无穷兮。

理性命第二十二：

厥彰厥微，匪灵弗莹。刚善刚恶，柔亦如之，中焉止矣。二气五行，化生万物。五殊二实，二本则一。是万为一，一实万分。万一各正，小大有定。

道第六：

圣人之道，仁义中正而已矣。守之贵，行之利，廓之配天地。

岂不易简，岂为难知，不守不行不廓耳。

圣学第二十：

圣可学乎？曰：可。有要乎？曰：有。请问焉。曰：一为要。一者，无欲也。无欲，则静虚动直。静虚则明，明则通。动直则公，公则溥。明通公溥，庶矣乎！

试以此四章与《太极图说》对照而观，即可看出《图说》第六句“一动一静，互为其根”以下，至次段“而变化无穷焉”，此一长段与动静章“水阴根阳”以下八句，以及理性命章“二气五行”以下八句，不但义理相合，语脉亦相类似，甚至相同。

如《太极图说》“一动一静，互为其根”即动静章“水阴根阳，火阳根阴”之义。水之阴根于火之阳而来，意即阴之静根于阳之动而来；火之阳根于水之阴而来，意即阳之动根于阴之静而来。此即所谓“一动一静，互为其根”。

又如《太极图说》“五行一阴阳也，阴阳一太极也”两句，与动静章“五行阴阳，阴阳太极”以及理性命章“五殊二实，二本则一”语法义理皆同。所谓五殊，即五行之殊异，亦即《图说》“五行之生也，各一其性”之义。所谓二实，是指阴阳之气。二气之本，即太极。太极是理，亦可名之为“一”，故曰“二本则一”。

又如《太极图说》“五气（五行）顺布，四时行焉”“二气交感，化生万物。万物生生，而变化无穷焉”各句，与动静章“四时运行，万物终始。混兮辟兮，其无穷兮”以及理性命章“二气五行，化生万物”各句思想语脉亦相近合。

此外，《太极图说》“圣人定之以中正仁义，而主静，立人极焉”一整句，依濂溪二则自注看来，实即《通书》道第六与圣第二十两章之简括。

至于后段所说，则是本于《易传》而立言。“与天地合其德”数句，本于《易·乾卦·文言》“夫大人者，与天地合其德，与日月合其明，与四时合其序，与鬼神合其吉凶”。“立天之道”数句，见《易·说卦》。“原始返终”两句，见《易·系辞上》。

从以上之比观，可知《太极图说》之义理骨干，主要不外乎《通书》这四章之义。[①] 其与《通书》不同，而又关乎义理者，只有“无极而太极”“太极动而生阳”“太极本无极”三句。下文将疏导之。

三、《太极图说》关键句解义

（一）“无极而太极”与“太极本无极”

“太极”是实体字，“无极”则是状词。朱子以太极即道体，道体无方所、无形状、无声臭影响而又无处不在，故以“无极”说之。“太极”是道体的表诠，“无极”是对道体的遮诠。无极者，无有穷极、无有限极之义。说“无极”是无穷极、无限极，并非随意作解，在先秦典籍中正有根据：

> 上天之载，无声无臭。（《诗经·大雅·文王》）
> 神无方而易无体。（《易·系辞上》）
> 易无思也，无为也。（《易·系辞上》）

凡是作为极至之理（第一原理，最高原理）的实体概念，总是无穷极、无限极的，这是极为通常的思路，“无极而太极”亦是如此。“太极”即无声无臭、无形无状、无方所、无定体，而一无所有的“寂然不动，感而遂通”的极至之理，故曰“无极而太极”。“无极”乃是无穷极的遮状字，而“太极”则是在如此遮状下之表词。二词所指，正是一事，故“无极而太极”，意即“无极之极”或无极至的极至之理。（因为无可穷究

---

① 依牟先生之衡定，濂溪之学，当据《通书》之思路为纲，以规定《太极图说》；而不可据《太极图说》以议论《通书》。此意甚谛。《宋元学案·濂溪学案》先列《通书》，后列《太极图说》是也。

其何所极至，而得以为极至之理。)

又，下句“太极本无极”，亦是说太极本是无穷极、无限极的极至之理，而不是说太极是本于无极而来。“无极”二字出于《老子》二十八章“复归于无极”，王弼注云“不可穷也”，不可穷，亦是无穷极之义，可见老子用“无极”亦是作状词看。

(二)“太极动而生阳”

太极既是无声无臭、无方无体的极至之理，它如何能动？这个问题，应贯通《通书》的思想来了解。“无极而太极，太极动而生阳”二语，实即《通书》第二章言诚体“静无而动有”一语之引申。“静无”即无极而太极；“动有”即太极动而生阳。静无之“静”与动有之“动”，皆是所谓“时也”。意思是说，静时以显诚体之无声臭、无方所，而为无穷极的极至之理，此之谓“无极而太极”。动时则显示其落于“有”之范围而呈现出动之相，此之谓“太极动而生阳”。同理，动极而静，静时之静显出静之相，此便是“静而生阴”。此处“生阳”“生阴”之“生”，只是解说上之引出义，而不是客观上之生出义。动相之动即“阳”，静相之静即“阴”。并不是“动”则实实生出一个“阳”，“静”则实实生出一个“阴”。若是如此，太极便是气，而不是理、不是神了。[①]

濂溪此文，由太极阴阳五行之化生万物，叙述一由宇宙到人生之创化历程，并就此以见人极之根源，此即所谓“由天道以立人极”之义。太极是宇宙生化之最高原理，由太极诚体之显为动静之相而生阴阳，由阴阳之变化而生五行，由太极真体与二气五行之妙合，而生万物，而生人，宇宙之创化乃告完成。最后说明圣人之立人极，并盛赞圣人之德，上与天同，此则又是“立人极以合太极”。文末，以天地人三极之道，以及生生之易作结。全文思理谨严，洁净精微，而共计连注不过二百六十余言。洵可谓体大思精之作。

将其内容再列于此以助解：

---

① 《太极图说》全文之述解，见于拙撰《宋明理学·北宋篇》第三章第四节及其附表，可参阅。

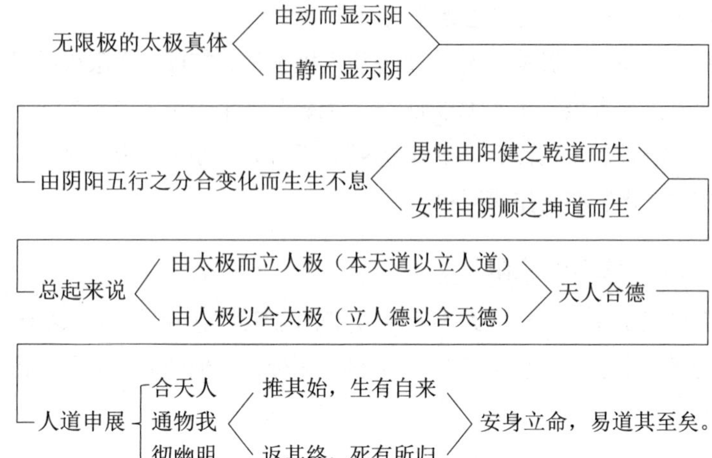
无限极的太极真体
由动而显示阳
由静而显示阴
由阴阳五行之分合变化而生生不息
男性由阳健之乾道而生
女性由阴顺之坤道而生
总起来说
由太极而立人极（本天道以立人道）
由人极以合太极（立人德以合天德）
天人合德
人道申展
合天人
通物我
彻幽明
推其始，生有自来
返其终，死有所归
安身立命，易道其至矣。

第二章　张横渠“思参造化”

第一节　张子生平与关中学风

张横渠（1020—1077 年）名载，字子厚。世居大梁，其父迪，仕于仁宗朝为知州，卒于官。诸孤皆幼，不克归，以侨寓陕西凤翔眉县为横渠镇人。横渠虽少孤，而志气不群。年十八，慨然以功名自许，欲结客取洮西之地，上书范文正公，公知其远器，责之曰：“儒者自有名教可乐，何事于兵！”以《中庸》一卷授焉。遂幡然志于道。已而求诸释老，无所得，乃返求六经，终成一代大儒。

横渠少濂溪三岁，而于二程为表叔。尝坐虎皮，讲《易》于京师（开封），从者甚众。一夕，与二程论《易》，次日，谓人曰：“比见二程，深明《易》道，吾所弗及。汝辈可师之。”即日辍讲。其服善从公，可谓大君子之心矣。

尝为云岩令，为政以敦本善俗为先。神宗时，召对问治道，对曰“为政不法三代，终苟道也”云云。帝悦之，留京师任职。以论政与王安石不合，托疾归横渠。终日危坐一室，左右置简编，俯而读，仰而思，有得则识之；或中夜起坐，取烛以书。其志道精思，未尝须臾息也。《宋史·道学传》谓：“其学以《易》为宗，以《中庸》为的，以《礼》为体（治体），以孔孟为极。”巍然为关中士人宗师，学者称横渠先生。横渠尝云：“学必如圣人而后已。知人而不知天，求为贤人而不求为圣人，此秦汉以来学者之大蔽也。”又曰：

> 为天地立心，为生民立命，为往圣继绝学，为万世开太平。

此言最能表出儒者之精神、器识与宏愿。后世王船山最推尊横渠，其自撰墓铭曰：“抱刘越石之孤忠，而命无从致；希张横渠之正学，而力不能企。幸全归于兹邱，固衔恤以永世。”

在北宋诸儒中，周濂溪一直待在南方。他孤明先发，开千年学术之暗，对宋明儒学有深远的影响，但在当时，却并不显赫。二程少年时，虽尝从学，但并不师承周子。直到一百余年之后的朱子，才出来表彰周子《太极图说》。虽然朱子并不真能相应地了解濂溪体悟太极诚体的思路，但他极力表彰濂溪之学却发生了重大的影响。而横渠与二程的关洛之学，则皆显扬当世。横渠年长于明道十二岁，但大器晚成，发皇较迟。所以关学与洛学，实同时并起，而又声气相通。不但横渠与二程数度相聚讲论，而横渠卒后（横渠之卒早于明道八年，早于伊川三十年），其门人吕氏兄弟与苏季明等亦先后从学于二程。然而，关中学者却亦自有一种笃于古道以及切实于政事教化之风貌。

横渠门人首推蓝田吕氏。吕氏兄弟六人，四人列于《宋元学案》。长曰大忠，字晋伯。次曰大防，字微仲。次曰大钧，字和叔。又次曰大临，字与叔。大防于哲宗元祐间官居相职，位最贵显。他与晋伯、与叔合居，相互切磋论道，考定冠昏丧葬之礼，一本于古，故关中言礼者，以吕氏为首。伊川曾说：“子厚以礼教学者，最善，使学者先有所据守。”关中学者用礼而渐以成俗，伊川以为“自是关中人刚劲敢为”。游定夫亦说：“关中学者躬行之多，与洛人并。”而和叔之“乡约”，尤着成效。《宋元学案》列大防为横渠同调，见第十九卷《范吕诸儒学案》。而晋伯、和叔、与叔，则并为横渠弟子，见《学案》第三十一卷《吕范诸儒学案》。

在吕氏兄弟中，唯与叔年少于二程，而亦较深于学。横渠既卒，与叔东见二程先生，明道教以识仁，与叔默识心契，豁如也。伊川以为：“和叔任道担当，其风力甚劲。然深潜缜密，有所不逮于与叔。”与叔与伊川论中和，言皆有本，反较伊川为明通。伊川曾说：“与叔守横渠学甚固，每横渠无说处，皆相从，才有说了，便不肯回。”伊川说此话，意若有所憾。实则，与叔并非固蔽不服善者。不然，明道教以“识仁”，勿以“防检”“穷索”为学，何以虚心乐从？可知与叔守横渠之说，必是于师门义理有真切之体悟与贞信，故能守其所当守，而不轻易从人。与叔卒，年仅四十七。朱子曾说：“吕与叔惜乎寿不永。……某若只如吕年，亦不见得到此田地矣。”

洛学是以民间讲学的方式，从事一种启迪士人以开发文化新生命的思想运动，要求人在身心上做切己工夫，己立之后，自能了当得天下事物。而关学则更想落实到世事上，通过礼俗风教与经济生活，来倡导新风气，建立新人生。当横渠倡学关中之初，少有和者。和叔与横渠为同年友，心悦而好之，遂执弟子之礼，于是学者靡然知所趋向。横渠慨然有志于三代之法，以为仁政必自经界始；和叔亦喜讲井田兵制。横渠之教，以礼为先，和叔秉其意，订为《乡约》，加以推行，关中风俗为之一变。

《吕氏乡约》分为四大纲：一曰德业相励，二曰过失相规，三曰礼俗相交，四曰患难相恤。

每一纲皆列举实践之目，规定督责之法（《乡约》全文，请参看《宋元学案》卷三十一）。其精神主旨是揭举人人所能行者，而以团体力量来互相督勉，既自由自主，又相为夹持，引导而进。在一般宗教国家，可以靠宗教团体维系礼俗。中国虽有佛教传入，但它是出世教，所以社会风教与日常生活之轨道，仍需由儒家主持维系。儒圣之学，本与社会人生不相离，而儒之为教，亦正要将形上之道、理，落实于生活行事，贯彻到立身处世、待人接物上来。礼之与法，相辅相成，法所不禁而为理所不容者，亦须靠礼教来裁正。儒家之礼教，一面靠人自觉自律，一面亦须有社会公众之制裁。《吕氏乡约》之用意，正在于此。

吕氏兄弟不但以进修成德、干济世事为务，而且特严异端之教。大臣富弼告老在家，而崇信佛氏，与叔特别致书相责，曰：“古者三公，内则论道于朝，外则主教于乡，此（指信佛氏）岂世之所望于公者！”富弼悚然，复书愧谢。二程亦严于辨儒佛，明道尤多正大中肯之言。然明道既卒，伊川复以“圣人本天，佛氏本心”为言。圣人果真只本“天”而不本“心”乎？伊川此言，固不免太阿倒持，授人以柄。学者据此义，驯至以为只有禅家言心，言心则必学禅。岂不谬哉！

第二节 天道性命相贯通

横渠的著作，以《西铭》与《正蒙》最为重要。《西铭》所说，乃儒家共许之义，所以自二程以下，皆相推尊无异辞（解释见本章下第六节）。但就思参造化、自铸伟辞而言，则《正蒙》一书才更足以代表张子之思想。濂溪《通书》精微简约，而《正蒙》则篇幅繁多，体大思精，是宋明儒中自家铸造[①]而又最为思理精严的伟作。而且首先表示"天道性命相贯通"的，亦以《正蒙》书中的若干语句最为精切而谛当。《诚明》云：

> 天所性者通极于道，气之昏明不足以蔽之。天所命者通极于性，遇之吉凶不足以戕之。

此条是表示"天道性命相贯通"最为明显而又最为精当的语句。前句指出"性"与"道"（天道）相通，后句指出"命"与"性"相通。而前后两句又皆有表有遮，首句表示通极于道的"性"，是以"理"言的性，所以禀气之昏浊或清明，皆不足以蔽塞它，它是纯然至善的性。次句表示通极于性的"命"，亦是以"理"而言的命，所以命遇命运之吉凶顺逆，皆不足以戕害它，它是可以内在而作为吾人之大分的性之所命（亦是天之所命）的命。

这"天道性命相贯通"的意识，本是宋明儒者所共同的（亦是先秦儒家本所涵蕴），但自觉地如此精要地说出来，横渠是第一人，而且亦是《正蒙》书中最为中心的观念。横渠之足以成为"儒门之法匠"亦主要就在这一点上。牟先生说：《正蒙》沉雄弘伟，思参造化。他人思理，零星散见，或出语轻松简约。惟横渠持论成篇，自铸伟辞，诚关河之雄杰，

---

① 《张子全书》第十二卷，语录有云："当自立说以明性，不可以遗言附会解之。若孟子言'不成章不达'及'所性''四体不言而喻'，此非孔子曾言，而孟子言之，此是心解也。"据此，可知横渠乃自觉地铸造新辞以立说者。

儒家之法匠也。然思深理微，表之为难，亦不能无滞辞。[①]

横渠是大器晚成的儒者，而《正蒙》陆续成篇，直至卒前一年，始出以示人。但其初稿，二程或曾部分过目，而其中的义理观念，在横渠与二程书信往返或见面论学时，亦必常有吐露。二程皆对《正蒙》有微词，甚至误会横渠“以器言天道”。其实，横渠并非以器言天道，亦未使用“清虚一大”为集词语。他分别言“清”、言“虚”、言“一”、言“大”，是用以形容道体，亦即以太虚神体说道体。这是对道体的另一种表示，与濂溪以诚体、以寂感真几、以太极说道体意正相类。不同之词语，只是对“即存有即活动”之形上实体的诸般表示，只是同一义的引申。而且明道言诚体、神体、易体等，就客观义理而言，其体悟之道体与横渠实相近合。只是明道说来精熟圆融，更能贴切“於穆不已”的原义而已。

由于《正蒙》成书较晚，横渠在世时，明道未及窥其全貌，而《太和》之初稿可能较今本更多隐晦，或因明道之议而有所修改，亦未可知。凡客观地思参造化以表明各概念之分际，皆不免有“苦心极力之象”，而不易表现“明睿所照”。横渠之生命，实有其原始浩瀚之气象，而《正蒙》一书，不但思理精严，义理性亦极丰富，但其行文用词，则不免如牟先生所说“带点烟火气”。其书之所以有隐晦、有滞辞、芜辞，乃至不免“意偏言窒”而不够洁净明通，实以此故。当然，与个人言语文字之善巧不善巧以及语言文字本身之局限，亦有关系，而横渠之行文亦确有不够善巧处。然其沉雄刚拔，精思力践，实令人起敬畏之心。所以朱子亦说“横渠严密”，又说“横渠之学，苦心力索之功深”。[②]

以下将依据《正蒙》之《太和》《诚明》《大心》三篇，分别论述横渠之“天道论”“性论”“心论”。

---

① 参见牟宗三:《心体与性体》,第二部，分论一，第二章引言。

② 皆参见《张子全书》第十五卷所载“朱子论横渠”之语。

第三节　《正蒙》的天道论

一、太和之道

《正蒙·太和》首段云：

> 太和所谓道，中涵浮沉升降、动静相感之性，是生细缊相荡、胜负屈伸之始。其来也，几微易简；其究也，广大坚固。起知于易者，乾乎？效法于简者，坤乎？散殊而可象为气，清通而不可象为神。不如野马细缊[①]，不足谓之太和。语道者知此，谓之知道；学易者见此，谓之见易。不如是，虽周公才美，其智不足称也已。

"太和所谓道"，犹言"太和，所谓道也"，这是以"太和"规定"道"。太和即至和，太和而能创生宇宙之秩序，即谓之"道"，这是总持地说。若进而分解地说，则可以二组词语来表示：一是气与神，二是乾知坤能之易与简。这是《太和》的总纲领。

"道"含有三义：能创生义，带气化之行程义，秩序义（理则义）。有时可以偏就其中某一义说，但必须三义俱备，方是道之全义。而就行程义说道，却并不是就此实然平铺之气化本身说道，而是提起来就此能创生之至和说道。因此，说太和不离野马细缊，可；若说野马细缊即太和，便大误。横渠之言，乃是指点的描述语，是就天地大生广生之充沛丰盛，而指述其所以然的至和之道而已。

是故，横渠亦终必由太和进而言"太虚"，在义理上才提得住。由太虚寂感之神才能提起太和而显示道的创生义。所谓"中涵浮沉升降"云云，即指在太和之道的创生过程中，因为它是带着气化的行程，所以有阴阳气化之浮沉升降、动静相感之性（相感者是气，而所以感之性

---

① 野马，指春月泽中之游气。细缊，是交密之状。野马，细缊，分别语出《庄子·逍遥游》与《易·系辞下》。

能，则依于道而有），亦因而有气聚而相感的施受变化：施，则阳伸而胜（浮、升、动，亦含在内）；受，则阴屈而负（沉、降、静，亦含在内）。此一施一受之相续无间的变化，便是所谓“絪缊相荡”而“大生广生”。

下文又提及“乾知坤能”“气与神”，其实，太和之道之所以为道，乃在“乾知”处，在“神”处；而不在“坤能”处，不在“气”处。故虽乾坤并建，而又必“以乾统坤”。神不离气，但毕竟神是神，而不是气；气是气，而不是神。（若言“神即气，气即神”，则须解“即”为圆融相即，相即不离，而不可误认“即”为是，为等同。否则，必将造成混乱。）

二、太虚与气

《太和》次段云：

> 太虚无形，气之本体。其聚其散，变化之客形尔。至静无感，性之渊源。有识有知，物交之客感尔。客感客形与无感无形，惟尽性者一之。

第一句“太虚无形”，是承上段“清通不可象为神”而说，如今即以“清通无象之神”来规定“太虚”。“太和”一词是总持地说，“太虚”一词则由分解（与气分而为二）而建立。

气以太虚为本体：“太虚无形，气之本体”，是说虚而神的太虚，乃是气之本体。《乾称》亦有“太虚者，气之体”之言。气以太虚（清通之神）为体，则气始活，始能说化。“活”即变化之谓，如浮沉升降、动静相感、絪缊相荡、胜负屈伸，皆气之活用。或聚或散，亦是气之活用，故曰“其聚其散，变化之客形尔”。客者，过客之客，是暂时义。客形，意即暂时之形态，亦即气之变化所呈现的“相”。气之变化虽有客形，而太虚清通之神，则是遍运于气的常体。牟先生谓“客形”乃横渠铸造之美辞，由客形二字可以看出“气”虽是《正蒙》书中重要的观念，却并非主导性的观念。主导性的观念是“太虚之神”，是“道体”（太虚神体）。

世有割截太虚之神而指说横渠为唯气论或气化之宇宙论者，其为谬误，显然可见。

太虚与寂感：此太虚之体或清通之神，亦即吾人之“性”。[①]而“至静无感”（寂然不动）即性体最深之根源。（是性体之最深奥、最隐秘处。）而从个体生命处说，则“识”与“知”亦是一种感的形态，此感的形态，亦是性体自身接于物时所呈现的暂时之相，此即所谓“客感”（感的暂时形态）。若问客感客形如何与“至静无感”的性体（道体）通而为一，那就必须“尽性者”方能达到。在尽性工夫中，清通虚体之神全通贯于客感客形，而妙运之以成其为生生之变化；而生生之变化中的客感客形，亦全融化于清通虚体之神中，而得其条理以成其实（即由客归主以得其真实化）。至此，全体是用，全用是体，即寂即感，寂感一如，故曰：“惟尽性者一之。”

气之聚散与兼体不累之神：《太和》第三段云：“太虚不能无气，气不能不聚而为万物，万物不能不散而为太虚。循是出入，是皆不得已而然（自然而然）也。然则圣人尽道其间，兼体[②]而不累者，存神其至矣。”气之变化，乃自然之变化。圣人尽道（尽道与尽性，其义一也），故不偏于彼，亦不偏于此，而能兼顾两面，既不滞于聚而执实，亦不滞于散而沦虚，其聚其散，皆吾清通虚体之寂感神用。此亦孟子所谓“君子所过者化，所存者神”之义也。

《乾称》有云：“道则兼体而无累。”《诚明》亦云：“天本参和不偏。”就“道”就“天”而言“兼体无累”“参和不偏”，义同于由“圣人”尽性、存神而言“兼体而不累”。不偏滞而能兼合两面体相，方能完成生化之大用。总之，兼体是不偏滞于气之两体，而能通贯而为一之谓。兼体无累即尽性存神也。（横渠不言“太极”，而太虚神体之圆一，即太极也。）

---

① 从“太虚清通之神”遍运乎气而为气之体而言，亦可说“性”，此是天命之性。天地之性与从个体生命处说性，其义一也。就“太虚清通之神即是吾人之性”而言，亦是“天道性命相贯通”之义。

② “兼体”之体，非本体之体，乃体相之体，亦即气之变化所显示之相状。《太和》有言：“两体者，虚实也，动静也，聚散也，清浊也，其究，一而已。”圣人尽道，兼顾两体而不偏，故能清通生化，此之谓“兼体”而“不累”。此亦存神过化之境界也。

三、太虚即气的体用不二论

《太和》第四段云：

> 知虚空即气，则有无、隐显、神化、性命，通一无二。……此道不明，正由懵者略知体虚空为性，不知本天道为用……不悟一阴一阳，范围天地，通乎昼夜，（乃）三极大中之矩；遂使儒、佛、老、庄混然一途。

“虚空即气”，即上段“太虚不能无气”一语之义。不能无气，意即不能离气，是说太虚神体之妙用不能离气而见。因为清通虚体之神，即在气化之不滞处见，即在气之聚散动静之贯通处见也。故“虚空即气”之“即”，乃相即不离之即，通一无二之即，而不是等同义之即。这种神体气化之宇宙论的圆融词语，乃是道德的理想主义之圆融词语，而不是自然主义唯气论的陈述。牟先生说，必须念念提醒此义，于儒者言天道性命之宇宙情怀，乃可不生误解。

“此道不明”数句，乃沉雄刚大之言。盖释氏所谓空，老氏所谓无，皆非儒圣本天道创生之大用而言。[①]儒者言太虚神体、言天道性命，则在于明宇宙之生化即道体之创造。故言虚言神，不能离气化，气化是实事，亦不可以幻妄论。就化之实、化之事而言，说“气化”；就即用以明体、通体以达用而言，说“神化”。天道神化，不能虚悬而挂空，故必然是虚不离气、即气以见神，必然是神体气化之不即不离。实理主宰乎实事，乃是立体直贯地成其为道德之创造。所以“范围天地之化而不过”“通乎昼夜之道而知”的“一阴一阳之谓道”（生生之易道），正是“大中至正之矩”：天以此成其为天，地以此成其为地，人以此成其为人，无非是一道德之创造——此所以为天地人三极之大中至正之矩。若不明此义，徒以“空”“无”“虚”字相差不远，“遂使儒、佛、老、庄混然一途”，

---

① 拙撰《宋明理学·北宋篇》第四章注四，以千余言之长注，论述佛老“空、无”之义，可参看。

此便是义理之混淆与悖谬。

“神”，或从气之清通说，或从神体之清通说，兹略示之：

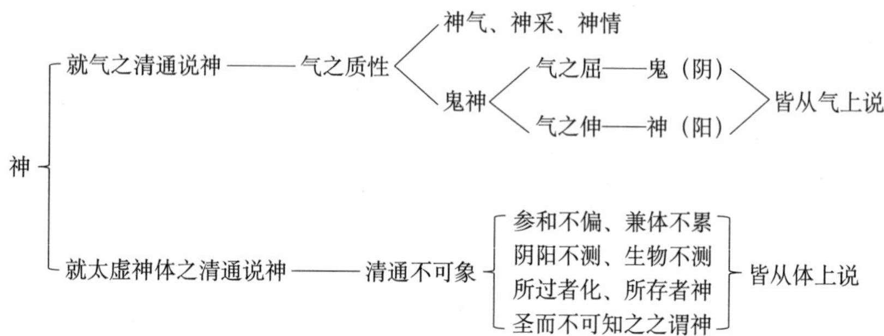

横渠有云：“鬼神，二气之良能也。”意谓鬼神乃阴阳二气屈伸变化之本能，阴屈为鬼，阳伸为神，皆无非气之变化而已。此表示鬼神之“神”乃从“气”说，地位不高。而儒家对鬼神持“非其鬼不祭”之态度，祭祖先乃慎终追远、报本返始，并无利害层上之祈求，故儒家对鬼神存而不论，亦不媚鬼神。事实上，儒家言神，其关乎义理者，皆从“体”上说（不从气上说）。

第四节　《正蒙》的性论

一、性之立名：体万物而谓之性

《乾称》云：

> 妙万物而谓之神，通万物而谓之道，体万物而谓之性。

太虚之体，即寂即感，能妙运万物而起生生之用，此便是虚体之神，故曰“妙万物而谓之神”。太虚神体借资气化而通贯于万物，此一生化过程即可名之曰道，故次句曰“通万物而谓之道”。神，是天德，亦即太虚神体之德，简言之可曰太虚神德。第三句之“性”，即就此太虚神德而言，太虚神德妙通于万物而为万物所本所据，因而遂为万物之体（体万物），此体即万物之性，故曰“体万物而谓之性”。

《诚明》云：

> 性者，万物之一源，非有我之得私也。
>
> 未尝无之谓体，体之谓性。

性虽具于个体，却为万物共同之源，非我所得而私，故性是涵盖乾坤而为言的，是绝对普遍的。此性是我之性，亦是天地万物之性。言“性”，是为建立道德创造之本源，此本源乃是实体、实有，故曰“未尝无”。而性，即此实体、实有，故曰“体之谓性”。

合虚与气以成化，可以说“道”，而“性”则必须超越分解地偏就虚体而言[①]。凡言天、言道、言虚、言神，皆结穴于性。神是天德，亦即太虚神体之德，此太虚神德妙通于万物而为万物之体，此便是万物之性。

从“超越地分解以立体”而言，性同于太虚神德，这是性的本义。从“性必涵道德的创造”而言，性便同于生化之道。而性体的具体意义，则必须就太虚神德之寂感而言。至寂之虚即感之体，神感神应即寂之用，而这个寂感真几，实际上就是“性”。

二、由兼体、合两见性体寂感之神

《诚明》云：

> 性其总，合两也。命其受，有则也。不极总之要，则不至受之分。尽性穷理，而不可变，乃吾则也。

① 参见蔡仁厚：《宋明理学·北宋篇》，第139—140页。

此所谓“合两”，即《太和》“兼体不累”与《诚明》“参和不偏”之义。[①]性之“总”义，由“合两”而见。“总”是总合虚实、动静、聚散、清浊之两体（体，指事体或体相），而不偏滞一隅一象以成化，性体寂感之神，即由此不偏滞以成化而见。《太和》云：“圣人尽道其间，兼体而不累者，存神其至矣。”此处之“合两”，即《太和》所谓“兼体”，合两而不偏滞，即兼体而不累，其所以能兼体而不累，是由于虚而神。“所存者神”，乃能“所过者化”，故“性其总，合两也”，是说总合贯通虚实、动静、聚散、清浊之两体而不偏滞、以见性体寂感之神。而并不是说，性是合虚实，或合动静，或合聚散，或合清浊之两体而成。若是如此，便成大杂烩，焉得为“性”？

次句“命其受，有则也”。命，是天之所命或性之所命。有命就有受，吾人禀受此命，乃是有定则而不可移者，所以说“其受，有则也”。

下句“极总之要”，意即尽性之极。性之实以合两之总为要，尽性之极，即具体地尽之于“兼体无累”之中，能如此尽性，才真能“至受（命）之分”。分者，定也，亦即性分之所定。道德创造中之一切行为，皆是天之所命、性之所命，皆是必然的义务，必须承受而至之，此便是吾人之大分，所以说“不极总之要，则不至受之分”。由尽性穷理以至于命之分而不可加以改变的，便是吾人道德生命之极则。所以说，“尽性穷理，而不可变，乃吾则也”。

三、天地之性与气质之性

横渠分别“气质之性”与“天地之性”，亦同时讲“变化气质”，意思是要变化气质之偏与杂，以彰显性体本然自存之善，使它成为具体的善、呈现的善。这就是尽性、成性的工夫。

《诚明》云：

---

① 参见本章第三节之二。

> 形而后有气质之性。善反之，则天地之性存焉。故气质之性，君子有弗性者焉。

性体纯粹至善，人人所固有。但因有时呈现，有时不呈现，所以必须通过“反”（复）的工夫以使它呈现。性体妙万物而为万物之体，何以会有不呈现之时？因为人受形气之限制，不能不有气质之偏。性体不能呈现，或虽有微露而不能尽现，皆是由于气质之偏的限制。

横渠说“气质之性”一词之义，乃是就人的气质之偏或杂（所谓气质之特殊性）而说一种性。在中国思想传统中，从“生之谓性”一路下来，所说的气性、才性之类，都是说的这种性，到宋儒乃总结之曰“气质之性”。西方人说的人性，以及一般所谓脾性、性向，亦是指这种性。这种性是形而下的，实只是生物、生理、心理三串现象之结聚。在这里，无法成就真正的道德行为，亦开不出道德创造之源。

先秦儒家如《孟子》《中庸》所说的性，则是要由“生之谓性”推进一步，就真正的道德行为之建立，而开出道德创造之源的性。这种性不但是道德创造之源，而且亦同时是宇宙创造之源，是绝对普遍的、超越的、形而上的。所以正宗儒家所说的性，直通天命天道而为一，宋儒承继之，即以此为人之正性。濂溪开端，对天道太极诚体有积极之体悟，但对这种性尚未加以正视。到横渠，则十分能正视天道性命之贯通，而结穴于此性，并直接名之为“天地之性”（天地之化的渊源）。此种性即万物之一源，绝对之普遍，当然不同于气性、才性。

气质之性虽常拘限或隐蔽天地之性，但“善反之，则天地之性存焉”，在善反之中亦涵有变化气质之工夫。气质之性虽有其独立性而形成一套自然之机栝，但就道德实践而言，则并不以此为准，故曰“气质之性，君子有弗性焉”。弗性，并非不承认这种性，而只是表示不以之为本、为体、为准之义。

气质之性既是限制原则，亦同时是表现原则。性体之表现，不能离开个体生命之气质资质，而且表现之亦同时是限制之（即使是圣人，孔子、释迦、耶稣之形态亦有不同，这各不相同，便是各人表现时所显示的限制）。个体生命的表现永远是在限制中表现，正视这种限制，由率性而尽性，以求冲破此一限制，使道德生命通于无限，就是紧切的道德实践之工夫。

横渠在《正蒙》与《经学理窟》中屡次提及“成性”之义，可见他对此义之郑重。此“成性”义影响南宋胡五峰甚大。胡子《知言》书中言“尽心”以“成性”，以立“天下之大本”。(《中庸》云：“中也者，天下之大本也。”大本之中，实即天命之性也。) 其言“成性”显然是根据横渠而来，变化气质，移易其“气之偏”而通化之，亦正是横渠所谓“学”的工夫。“必学而至于如天，则能成性”，即无异于说“尽心易气以成性”，成性之关键，必须落在心志之“尽”上，故横渠又有“心能尽性”之言。

第五节 《正蒙》的心论

一、心能尽性，仁心无外

《诚明》云：

> 心能尽性，人能弘道也；性不知检其心，非道弘人也。

《论语·卫灵公》记孔子之言曰：“人能弘道，非道弘人。”横渠以“心能尽性”解“人能弘道”，以“性不知检其心”解“非道弘人”。

“心能尽性”，心是主观性原则，性是客观性原则。从本心之真切觉用以尽此性，以充分地彰显此性。到了真切觉用调适上遂而全部朗现，则性体之内容全在心，心亦全体融于性，于是心性通而为一，而主客观两面亦遂获致其真实之统一。

“性不能检其心”，“检”，定也，察也。性潜隐自存，亘古常在，但它不能自己起作用，必须通过心之觉用，才能朗现。但心之觉用，其实亦就是性体之主观性，性体之虚明照鉴即心也。到得主客观通合为一时，便是“即心即性”“心性是一”。试看《大心》云：

> 大其心，则能体天下之物。物有未体，则心为有外。世人之心，止于闻见之狭。圣人尽性，不以见闻梏其心。其视天下，无一物非我。孟子谓尽心则知性知天，以此。天大无外，故有外之心，不足以合天心。

横渠言心，实本于孔子之仁与孟子之本心，所以说“大其心，则能体天下之物”。末句又谓“天大无外，故有外之心，不足以合天心”，合天心的无外之心，即与万物为一体的仁心本心。客观面的天与性之无外，必须通过主观面的心之无外，乃能得其具体义与真实义，所以横渠又说“天体物不遗，犹仁体事无不在也”（《正蒙·天道》）[①]。所谓“仁体事无不在”，就仁心而言，是感通一切、遍润一切而不遗；就仁道而言，是显现一切、遍成一切而不遗。

据此可知，横渠不但正式说出“天道性命相贯通”，而且实已到“心、性、天是一”的境界。只因太和、太虚、气等一套词语所造成的烟雾，掩蔽了他的义理之实，而不免有虚歉之感。其实主客观两面之合一，固已涵于《正蒙》的义理之中。当然，《正蒙》有滞辞、芜辞，因此说到义理的清澈圆熟，横渠自非明道之比。

二、心之“知用”义：见闻之知与德性之知

横渠继分别“气质之性”与“天地之性”之后，又分别“见闻之知”与“德性之知”。由心之囿于见闻或不囿于见闻，而引出两种知之差异。

《大心》云：

> 见闻之知，乃物交而知，非德性所知。德性所知，不萌于见闻。

---

① “体”字乃就仁心之“感通、贯润”与“知痛痒、不麻木”而说。“体物、体事”两句，意谓遍润一切而无所偏失，曲成万物而无所遗漏。所谓“天大无外”“仁心无外”，亦此义也。

从认知活动而言，见闻之知所表示的心灵活动，是“萌于见闻”，是在感触知觉中呈现，所以它是囿于经验、受制于经验的。而且就经验知识之成立而言，心灵之活动亦必须囿于经验之范围中，才能真有知识成果。横渠虽分出见闻之知，但却并未积极探究经验知识之构成，因而亦没有在此建立一个积极的知识论。他只着重表示“萌于见闻”而为见闻所限的心灵活动，并不能进到“体物不遗而无外”的境界。[①]

“德性之知”则“不萌于见闻”，而是发于性体的知，亦即“知爱知敬、知是知非，当恻隐自然恻隐，当羞恶自然羞恶，当辞让自然辞让”的知。这种知，由本心性体自己起用，当然不萌于见闻。其知用之活动，只是那超越的道德本心在无外之呈现中，自显其自主、自决、自有天则之朗润，以遍照一切，曲成一切；因此，并没有专为它所适应的特定之经验对象。客观地说的“性天之无外”，实际上即由主观地说的“本心知用之无外”来证实。故横渠所谓德性之知，只在表示由超越的道德本心之知用来反显德性心灵之无外，而并无认知的意义。

据此可知，见闻之知与德性之知的对扬，虽说是心之“知用”，却仍是指向道德心灵之呈现，而并不重在纯认知活动之探究。所以说，横渠虽分出见闻之知，却并未在此成为一个积极的知识论观点。

三、横渠之“仁化篇”与性体心体五义

（一）“仁化篇”简述

牟先生在《心体与性体》书中，曾类聚横渠言仁之语句，并谓可题曰“仁化篇”。此一类聚，很有意义，我在《宋明理学·北宋篇》第七章第四节曾录列原文，加以解说，并为各条原文标示主旨，以助了解。今

---

① 康德所说的“先验知识”，是经验知识的先验原则，或是纯形式的知识，如数学、几何等。这种先验知识亦可说“不萌于见闻”，但却不是横渠所说的德性之知。先验知识并无德性的意义，它所表示的心灵活动亦不是德性的，而是纯认知的——不过属于纯形式的而已。

只列述其题旨如下：

仁心无外，体物不遗。（第 1 条）

仁敦化，化行而后仁德显。（第 2、3、4、5 条）

仁通极于性，以静为体。（第 6、7 条）

合内外而成其仁。（第 8 条）

仁德如天。（第 9 条）

敦笃虚静者，仁之本。（第 10 条）

依据上列各条之义，可知横渠言仁，实与明道同一思路，但横渠之言仁散在各处，关中弟子恐亦无所警悟契会。吕与叔在横渠卒后，特赴洛阳东见二程先生，其所录明道之答问仁，有当机之指点性，其警策性亦大，故与叔闻之，深有契悟。其所记之短文，即有名之《识仁》。

牟先生讲心性义理，曾作“性体五义”与“心体五义”之约述，兹亦录列于此。

（二）性体与心体五义

性体义——《乾称》云“体万物而谓之性”，性即体，故曰“性体”。

性能义——性体能起宇宙之生化与道德之创造（道德行为之纯亦不已），故曰“性能”。

性理义——性体自具普遍法则（理则），性即理，故曰“性理”。

性分义——性体生化乃天命之不容已，而道德之行为乃吾人之本分，亦当然而不容已。性体所定之大分，即曰“性分”。

性觉义——性体寂感之神的虚明照鉴（神之明）即心。依此而可以言“性觉”。

对应性具五义，心亦具五义：

心体义——心，体物而不遗，心即体，故曰“心体”。

心能义——心以动用为其体性（动而无动之动）。心之灵妙，能起宇宙之创造与道德之创造，故曰“心能”，心即能。

心理义——心悦理义，而亦自具理义（仁义内在），即活动即存有，“心即理也”，此是心之自律义。

心宰义——心之自律，即所以主宰而贞定吾人之行为者。道德行为皆心律之所命，当然而不容已，必然而不可移，此便是吾人之大分。（依成语习惯，不说心分，故曰“心宰”。心宰，亦即性分也。）

心存有义——心，亦动亦有，即动即有，心即存有（实有），即存在之“存在性”或“存在原则”。此存在性或存在原则，乃使道德行为与天地万物所以成其为真实存在者。心即存有，则心而性矣（心性是一）。

第六节 《西铭》的理境及其践履规模

一、《西铭》原文[①]

乾称父，坤称母；予兹藐焉，乃混然中处。故天地之塞，吾其体；天地之帅，吾其性。民，吾同胞；物，吾与也。大君者，吾父母宗子；其大臣，宗子之家相也。尊高年，所以长其长；慈孤弱，所以幼其幼。圣，其合德；贤，其秀也。凡天下疲癃、残疾、茕独、鳏寡，吾兄弟颠连而无告者也。

于时保之，子之翼也；乐且不忧，纯乎孝者也。违曰悖德，害仁曰贼，济恶者不才，其践形，惟肖者也。知化则善述其事，穷神则善继其志。不愧屋漏为无忝，存心养性为匪懈。恶旨酒，崇伯子之顾养；育英才，颍封人之锡类。不弛劳而底豫，舜其功也；无所逃而待烹，申生其恭也。体其受而归全者，参乎！勇于从而顺令者，伯奇也。

富贵福泽，将以厚吾之生也；贫贱忧戚，庸玉汝于成也。存，吾顺事；没，吾宁也。

---

① 《西铭》全文之句解，见拙撰《宋明理学·北宋篇》第四章第二节。又，《宋明理学·北宋篇》第96—97页之表综括《西铭》大意，亦可参阅。

二、《西铭》开示的理境与践履规模

二程对《正蒙》虽有微辞，但对《西铭》则一致推崇。明道曰：“《西铭》某得此意，只是须得佗子厚有如此笔力，佗人无缘做得。孟子以后，未有人及此。得此文字，省多少言语！……要之仁孝之理备于此。须臾而不于此，则便不仁不孝也。”又曰：“据子厚之文，醇然无出此文也。自《孟子》之后，盖未见此书。”[①]明道对《西铭》之推尊，可谓甚至。

伊川亦推尊《西铭》。其答门人杨时（龟山）论《西铭》书云：“横渠之言，诚有过者，乃在《正蒙》。《西铭》之为书，推理以存义，旷前圣所未发，与孟子性善养气之论同功。岂墨氏之比哉？《西铭》明理一而分殊，墨氏则二本而无分。分殊之蔽，私胜而失仁；无分之罪，兼爱而无义。分立而推理一，以止私胜之流，仁之方也；无别而说兼爱，至于无父之极，义之贼也。子比而同之，过矣。且谓言体而不及用，彼欲使人推而行之，本为用也；反谓不及，不亦异乎？”（《伊州文集》卷五）龟山疑及《西铭》有类于墨，又谓《西铭》言体而不及用，伊川为之解惑，并推尊《西铭》，甚为谛当。

自伊川提出“理一而分殊”之词以说《西铭》，后儒乃顺其说而多有议论。兹引朱子之说以明其义：

> 《西铭》之书，横渠先生所以示人，至为深切。而伊川先生又以“理一而分殊”者赞之，言虽至约，而理则无余矣。
>
> 盖乾之为父，坤之为母，所谓理一者也。然乾坤者，天下之父母也，父母者，一身之父母也；则其分不得而不殊矣，故以民为同胞，物为吾与者。
>
> 自其天下之父母者言之，所谓理一者也。然谓之“民”，则非真以为吾之同胞（兄弟）；谓之“物”，则非真以为吾之同类（人类）矣。此自其一身之父母者言之，所谓分殊者也。又况其曰同胞、曰

---

① 两条皆见《二程遗书》卷第二上。

> 吾与、曰宗子、曰家相、曰老、曰幼、曰圣、曰贤、曰颠连而无告，则于其中间又有如是差等之殊哉！但其所谓理一者，贯乎分殊之中而未始相离耳。此天地自然，古今不易之理，而二先生始发明之。[①]

朱子举述《西铭》文字，以明其理一分殊之义，言甚具体而晓白。自理而言，万物同一本源；自实践之事而言，则大小之分，亲疏之别，实不能不有等差之殊。

试以仁孝而言，仁孝之理是一，而践行仁孝之事则是分殊。由理一推分殊，则知亲疏之别与本末先后之序，以成就其仁孝之事，而不流于墨氏兼爱之弊；由分殊推理一，则知万物同出一源，以彰著其一体之仁，而不流于杨氏为我之私。儒者以乾坤为大父母，继天以立极，尽性以开展德行之实践，《西铭》契切此义以陈述一体之仁的义理境界，又从主客观两面开示成己成物的践履规模，此皆儒家共许之义。横渠以二百五十余言，发挥儒家之基本义旨，如此其精要周备而深醇，宜乎二程以下皆称赏而推尊之。

---

① 见《张子全书》第一卷《西铭》总论所引朱子语。

第三章　程明道的造诣与地位

第一节　明道的地位与智慧

一、明道的造诣

程明道（1032—1085 年）名颢，字伯淳，河南洛阳人。他逾冠中进士，先任主簿，调为上元知县，有政声。熙宁之初，受荐为太子中允行御史事，神宗命他荐举人才，所荐数十人，以表叔张横渠与弟伊川为首，天下咸称允当。后迁太常丞，兼知扶沟县事，亦着绩效。哲宗立，召为宗正丞，未行而卒，五十四岁。

明道十五六岁时，奉父命与弟伊川问学于周濂溪，后来深造自得，成为一代大儒。《宋史・道学传》说他："资性过人，充养有道，和粹之气，盎于面背。"

后人亦常将他与颜子相提并论，认为都是天生的完器。明道卒，元老大臣文彦博为他题墓，曰："明道先生。"伊川特撰一序，附于后，文曰：

> 周公没，圣人之道不行；孟轲死，圣人之学不传。道不行，百世无善治；学不传，千载无真儒。无善治，士犹得以明夫善治之道，以淑诸人，以传诸后；无真儒，则天下贸贸焉莫知所之，人欲肆而天理灭矣。先生生乎千四百年之后，得不传之学于遗经；以兴起斯文为己任，辨异端，辟邪说，使圣人之道焕然复明于世。盖自孟子之后，一人而已。然学者于道不知所向，则孰知斯人之为功；不知所至，则孰知斯名之称情也哉！

伊川以孟子后第一人推尊其兄，而天下后世服其言，可见这段话并非虚誉。黄梨洲《宋元学案·明道学案》上有一段案语，言之甚为谛当，而文字亦甚美。

> 明道之学，以识仁为主，浑然太和元气之流行，其披拂于人也，亦无所不入，庶乎“所过者化”矣。故其语言流转如弹丸：说“诚敬存之”，便说“不须防检，不须穷索”；说“执事须敬”，便说“不可矜持太过”，惟恐稍有留滞，则与天不相似。此即孟子说“勿忘”，随以“勿助长”救之，同一扫迹法也。鸢飞鱼跃，千载旦暮。朱子谓“明道说话浑沦，然太高，学者难看”。……其实不然。引而不发，以俟能者。若必鱼筌兔迹以俟学人，则匠、羿有时而改变绳墨彀率矣。朱子得力于伊川，故于明道之学未必尽其传也。

明道没，伊川作《明道先生行状》，有云：

> 先生为学……明于庶物，察于人伦。知尽性至命，必本于孝悌；穷神知化，由通于礼乐。辨异端似是之非，开百代未明之惑。秦汉而下，未有臻斯理也。谓孟子没而圣学不传，以兴起斯文为己任。其言曰……①

二、《二程遗书》之鉴别

明道为宋儒一大家，有非常显赫之地位，他那开创性的智慧，亦非他人所可几及。但自从朱子承接伊川而完成一系之义理以后，后世称“程朱”者，大体只是绍述伊川与朱子。而对明道，则只泛泛称赞他的人品造诣与他如“春阳之温”“时雨之润”般的零碎风光，或者引述他几句

---

① 参见蔡仁厚：《宋明理学·北宋篇》，第221—223页。

有高致、富玄趣的话头，而深致叹赏。至于明道所开辟的义理纲维，在牟先生《心体与性体》以前，未见有人曾经确切地讲出来。

牟先生整理《二程遗书》，甚费心力，先后编抄数次而后定稿。他以二程性格之不同为起点，再以刘质夫所录明道语四卷（《遗书》卷第十一至卷第十四）为标准，复以二先生语（《遗书》前十卷）中少数注明者为轨约。如此而后，始获得鉴别明道智慧之线索。依牟先生之意：

第一，《遗书》前十卷，标为“二先生语”者可视为二程初期讲学之所发，此期以明道为主，伊川为副。

第二，明道的心态具体活泼、富幽默、无呆气。故“二先生语”中，凡语句轻松、透脱、有高致、无依傍、直抒胸臆、称理而谈而又有冲虚浑含之意味者，大体皆是明道语。故关于道体、易体、诚体、於穆不已之体，以及天理实体之圆融妙悟语，凡未注明者，皆应归明道。

第三，明道语句简约，常是出语成经，洞悟深远。又常顺经典原文加几个口语字，予以转换点拨，便顺适条畅，生意盎然，全语便成为真实生命之呈现。《上蔡语录》有云：“明道先生谈诗，并不曾下一字训诂。只转却一两字，点掇地念过，便教人省悟。”谈诗如此，就《论语》《孟子》《中庸》《易传》抒发义理，亦常如此。此其所以无学究气、无典册气、无文章气，而常能相应不失也。

第四，明道喜作圆顿表示，伊川喜作分解表示。朱子所谓“明道说话浑沦，学者难看”，实乃圆顿表示为朱子所不喜也。（故朱子编《近思录》，即不选录明道之《识仁》篇。）[①]

以上四点，乃鉴别明道智慧之关键。牟先生详检《遗书》，费极大之心力，将明道语录辑为八篇（见本卷第四章第一节）。

三、明道对圣贤人格的品题

明道的义理纲维，下文将分节论述，此处先选录若干语句，以略见

---

① 参见牟宗三：《心体与性体》，第二册，明道章之引言。

明道品题圣贤人格之智慧[①]：

颜子所言不及孔子。无伐善，无施劳，是他颜子性分上事。孔子言安之，信之，怀之，是天理上事。(《遗书》卷第六)

仲尼，元气也；颜子，春生也；孟子，并秋杀尽见。(见，读如现。此谓孔子有如元气。颜子有如春生，孟子则连秋杀之气一起显现。)(《遗书》卷第五)

仲尼无所不包；颜子示不违如愚之学于后世，有自然之和气，不言而化者也；孟子则露其才，盖亦时然而已。(同上)

仲尼，天地也；颜子，和风庆云也；孟子，泰山岩岩之气象也。观其言皆可以见之矣。仲尼无迹，颜子微有迹，孟子其迹著。(同上)

孔子言语句句是自然，孟子言语句句是实事。(同上)

孔子尽是明快人，颜子尽岂弟（恺悌），孟子尽雄辩。(同上)

孟子有功于道，为万世之师。其才雄。只见雄才，便是不及孔子处。人须当学颜子，便入圣人气象。(同上)

颜子合下完具，只是小，要渐渐恢廓。孟子合下大，只是未粹，索学以充之。(《遗书》卷第三)

颜子默识，曾子笃信，得圣人之道者，二人也。(《遗书》卷第十一)

曾子易箦之意，心是理，理是心，声为律，身为度也。(《遗书》卷第十三)

"鸢飞戾天，鱼跃于渊，言其上下察也。"此一段，子思吃紧为人处。与"必有事焉而勿正心"之意同，活泼泼地。会得时，活泼泼地；不会得时，只是弄精神。(《遗书》卷第三)

人须学颜子。有颜子之德，则孟子之事功自有。孟子者，禹稷之事功也。(《遗书》卷第十一)

---

① 二程品题圣贤人格之文献，其详请参见蔡仁厚:《宋明理学·北宋篇》，第230—234页。

第二节　“一本论”的总意旨

“一本”之论，最能显出明道圆顿之智慧，亦只有明道才能特显此圆顿之智慧。牟先生阐发此“一本”之意蕴，实最为明道之知音。兹再加条理，分节而简述之。

一、天人是一

> 天人本无二，不必言合。（《遗书》卷第六）

天理与人本不相隔，到得天理如如呈现，则人就是天，天亦就是人。这时言天人合一，或言合天人，皆多一个“合”字。

> 合天人，已是为不知者引而致之。天人无间。夫不充塞，则不能化育。言赞化育，已是离人而言之。（《遗书》卷第二上）

圣人生命，通体是天，通体是理之充塞，是诚体之流行。诚体之充塞流行，即天地之化育，无须再说“赞”化育。天人是一，不可离人而言天，而所谓合天人之“合”，赞化育之“赞”，皆只是为不知“天人无间”者引而致之耳。

> 言体天地之化，已剩一体字。只此便是天地之化，不可对此个别有天地。（《遗书》卷第二上）

此条用“体”字，与“赞”字、“合”字词意类同。不是我去体验、体会或体贴那“天地之化”，只我这里（天理充塞、诚体流行）便是天地之化，不可对“此个”别有天地之化。否则，便是两个路头，便是二本，而不是一本而现。

> 若不一本，则安得“先天而天不违，后天而奉天时？”(《遗书》卷第二上)

“先天”“后天”两句，见《易·乾卦·文言》。大人（圣人）通体是天，通体是理。自理而言之，天亦不能违之，何况人与鬼神？就此而言，便是“先天而天弗违”，这是圣人生命之先天性。但体道之圣人，亦仍有其个体生命之现实性与局限性，由此而言，便是“后天而奉天时”，这是圣人生命之后天性。所谓奉天时，是奉天地之化（生、长、收、藏）。

但进一步圆顿地说，只大人便是天地之化，便是天时。在此，先天后天之分，则泯消而化掉，这就是圆顿化境之“一本论”。若仍有先天后天之分，便是分解地言之，便仍有二本之迹，如此，便不能至于圆顿之境。

从先天之体上显一本，人易识之；从体现之用上显一本，便不易识。然而，真正的一本，却必须在“通体达用，一体而化”上显，此即圆顿化境之一本。明道所谓“若不一本，则安得‘先天而天弗违，后天而奉天时’”正是先天后天通贯起来说。

又同卷一条云：

> 只心便是天，尽之便知性，知性便知天。当处便认取，更不可外求。

孟子所谓“尽其心者，知其性也；知其性，则知天矣”。明道顺之而教人当下认取，不可外求。（以心去知天，便是外求。故此“知”字，乃证知之知，非认知之知。“只心便是天”，即心即性即天，心、性、天，一也。）孟子的义理境界，一经明道点拨，便豁然通畅。（此便是明道显现的智慧。）

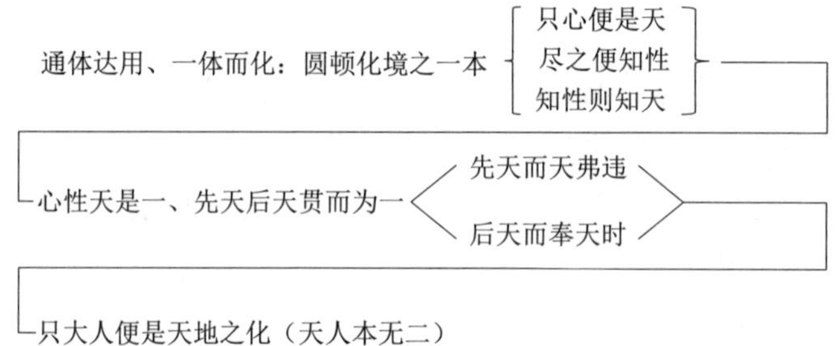

二、三事一时并了

> 穷理尽性以至于命，三事一时并了，元无次序。不可将穷理作知之事。若实穷得理，即性命亦可了。(《遗书》卷第二上)

“穷理尽性以至于命”，语见《易·说卦》。明道说“穷理尽性以至于命，三事一时并了，元无次序”。这个“了”字，乃了当之了，不是了解之了。此三事中，“穷理”是关键。“不可将穷理作知之事。若实穷得理，则性命亦可了”，这句已含有“知行合一”之义。不可将“穷理”作“知”之事，意即不可视穷理为外在之知解，如只视为外在之知解，则与尽性、至命便有了次序，而三事便不能一时并了。只有明白穷理是究明“性命之理”而彻知之，彻知之极而朗现之，才可说“若实穷得理，即性命亦可了”。能“了”，则“尽”“至”字亦含在其中。彻知“性命之理”而朗现之，则“性”自然尽，亦自然可“至于命”(与天命合一)。命处之至，并无工夫可言，积极的工夫，只在“穷理”与“尽性”(穷理、尽性，其义一也)。

三、一本而现之道

> 道，一本也。或谓以心包诚，不若以诚包心；以至诚参天地，不若以至诚体人物。是二本也。知不二本，便是“笃恭而天下平”之道。(《遗书》卷第十一)

或人认为，以诚包心，或许比以心包诚好些；以至诚体人物，或许比以至诚参天地好些。但依明道，凡言“包”、言“参”、言“体”，皆表示彼此之对待，凡此类两端之关系，便是“二本”，而不是“一本”之道。若言“一本”，只应是“只心便是诚，只诚便是心，只心便是天，只诚便是天”。此心此诚之形著、明动、变化，即天地之化，更无所谓“参”，亦无所谓“体”，包、参、体皆是多余之字。如此，方是圆顿之“一本”，亦才是具体而真实之道(道之圆顿表现)。

所谓“道，一本也”，是克就人之“为道”而说。人为道而至于明澈之境，成为圆顿之显现，此方是具体而真实之道。故明道所说“道，一本也”，其实义应是：“道，一本而现也。”若言包、参、体，便不是“一本”，而是“二本”。“一笃恭而天下平”，笃恭便能天下平，天下平是由于笃恭，二者一本而现。若笃恭只是笃恭，另外还有个“天下平”之道，便不是一本而现，亦不是道之圆顿表现。

> “大人者，与天地合其德，与日月合其明”，非在外也。
>
> “范围天地之化而不过”者，模范出一天地尔。非在外也。如此，“曲成万物”岂有遗哉？（《遗书》卷第十一）

圣人“作易”，乃是其精诚之心的写照。“圣人以此洗心，退藏于密，吉凶与民同患，神以知来，智以藏往。”（《系辞上》）故圣人之心即天地之化，即“先天而天弗违，后天而奉天时”，所以能“模范出”天地之化，亦自能“曲成万物而不遗”。如此，则外而非外，实与天地之化如如为一。

牟先生指出，明道解“范围”为“模范出”，是虚灵地、超越地总言之。而“曲成”句则是细密地、内在地分言之。“范围天地之化而不过”，是“大德敦化”[①]而无外。表示圣人治易，能相应如如以“模范出天地之化而不过”。“曲成万物而不遗”，是“小德川流”而无内。无内，则虽小而非小，小德亦即大德；无外，则虽大而无大，大德亦即小德。大小之分既泯，则范围与曲成之分亦泯化而为一体。上述之义，可列示如下：

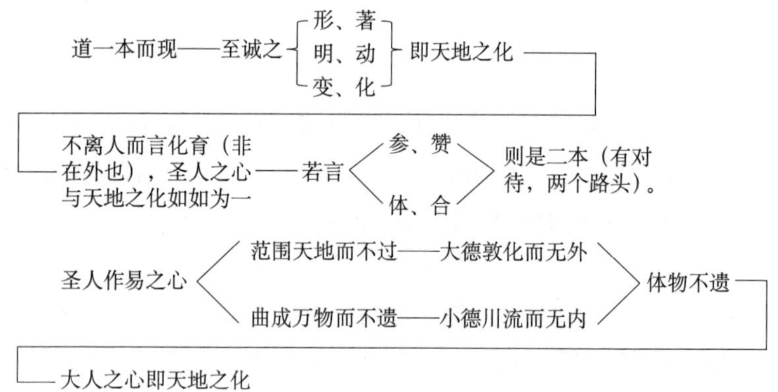

① “大德敦化”与“小德川流”，皆见《中庸》，第三十章。

明道之所以言“一本”，无非要烘托出“纯亦不已”的本体宇宙论、创生直贯之实体而已。而当下体证这个“纯亦不已”之实体，只是一个诚，只是这实体直上直下的立体直贯。

“一本”义的表达方式，必是圆顿的。在明道的词语中，如像“只心便是天，尽之便知性，知性便知天。当处便认取，更不可外求”。“穷理尽性以至于命，三事一时并了，元无次序。”“居处恭，执事敬，与人忠。此是彻上彻下语，圣人元无二语。”这些话都是“一本”义的圆顿表示。

在圆顿之“一本”中，并不是体用不分，形上形下不分，亦不是如朱子般心神属于气，而性只是理。又如明道所说“道亦器，器亦道”“气外无神，神外无气”，亦只是直贯创生的体用不二之圆融语，而并不是体用不分，道器不分。虽则分之，亦不是如朱子般心神属于气，而道则只是理。

由此可知，在明道的“一本”义下，分解地说的“形而上者为道，形而下者为器”，与圆融地说的“道亦器，器亦道”，二者实相含摄而并非相碍。[熊十力《新唯识论》自序及印行记中，亦有“万化一本”之言。谓万化皆一理之流行，万物皆一理之散着。人已非异体，物我无二本，究万物而归一本，要者反之此心。又谓尽人道以合天（即人而天），体万化不测之妙于人伦日用之中，莫美于中国儒圣之学。]

第三节　对天道的体悟

一、道不等于阴阳，而亦不离阴阳

> 《系辞》曰“形而上者谓之道，形而下者谓之器”。又曰“立天之道，曰阴与阳；立地之道，曰柔与刚；立人之道，曰仁与义”。又曰“一阴一阳之谓道”。阴阳亦形而下者也，而曰道者，惟此语截得上下最分明。元来只此是道，要在人默而识之也。（《遗书》卷第十一）

阴阳虽不等于道，而道亦不离乎阴阳。阴阳是形而下之气，而曰“一阴一阳之谓道”者，是要在一阴一阳之变化中，当下体悟“於穆不已”之道体，换言之，於穆不已之道体，必须借资一阴一阳之变化而显现它自己。

明道说“惟此语截得上下最分明”，这句话很诡谲。依常情看，“一阴一阳之谓道”这种句子，实无截分上下（形上形下）之义，人若质实地认为此句是表示阴阳就是道，便正是误混上下而不分，如何能说是“截得上下最分明”？

依牟先生之疏通[①]，这不是分解地截得上下最分明，而是“圆融地截得上下最分明”。既截分而又圆融，既圆融而又截分，形上即在形下之中，形下即在形上之中，此其所以为诡谲。亦惟诡谲，始能融分解于圆融中，虽圆融而又不失上下之分。故下文继之曰：“元来只此是道，要在人默而识之也。”（元来道不是阴阳，而亦不离乎阴阳；只有在一阴一阳之变化中，乃能当下体悟於穆不已之道体；并无一个与阴阳相截离、而“只是理”的道也。此义，字面上不可见，故要人“默而识之”。）

明道此语，显然是道器上下之圆顿表示。惟圆顿始能默识，唯默识方显圆顿。（此犹如维摩诘当下默然，便是不二法门，乃是顿教也。顿即涵圆。故曰圆顿。）在此，不容分解筹度，而须默识心通、“当下即是”。

二、道亘古而常存，超有无而遍在

> “一阴一阳之谓道”，自然之道也。“继之者善也”，出道则有用，“元者善之长”也。“成之者”却只是性，“各正性命”者也。故曰：“仁者见之谓之仁，知者见之谓之知，百姓日用而不知，故君子之道鲜矣。”如此，则亦无始，亦无终；亦无因甚有，亦无因甚无；亦无有处有，亦无无处无。（《遗书》卷第十二）

---

① 参见牟宗三：《心体与性体》第二册，第343—344页。

《系辞上》第五章云："一阴一阳之谓道，继之者善也，成之者性也。仁者见之谓之仁，智者见之谓之智，百姓日用而不知，故君子之道鲜矣。"明道先疏解此段文，而语甚简略。此即上蔡所谓"只转却一两字，点掇地念过，便教人省悟"者是也。"一阴一阳之谓道，自然之道也"，此所谓"自然"，是指说道之自然而本然，并非一般自然之义。"继之者善"，是说将"道"继续下去而不断绝，便是善。而"成之者却只是性"，是说能成就此"道"者，便是吾人之性（性，能完成此道），这是"性之义用"。

性何以能成就道？因为性是道德创造之真几，能尽性，便能完成此道之生化于一己之生命中，亦是重现此道于一己的道德行为之纯亦不已中。这显然是"率性之谓道"之义。但常人都不能充分而圆满地各尽其性，所以有仁者见之、智者见之云云，而结之曰"故君子之道鲜矣"。

明道点掇地念过此段文字，目的在说明道本身"亘万古而常存，超有无而遍在"。故下文又说"如此，则亦无始，亦无终"云云。意谓人对于道虽见仁见智而皆不能尽道之全，但道本身却没有始终而亘古长存，并永远呈现其生化之大用。

又曰"亦无因甚有，亦无因甚无"，是说道之存有，是自存自有，不是因着什么旁的东西而存有，亦不因旁的东西而归于无。这表示"道"超越有无，不可以相对的有无而论之。又，"亦无有处有，亦无无处无"，是指出道之遍在，无所谓"有处有""无处无"。若说有的地方就有，便涵着无的地方就无。如此，则道不遍在。所以不能以"有"或"无"来说"道"。

> 言有无，则多有字。言无无，则多无字。有无与动静同。如冬至之前，天地闭，可谓静矣，而日月星辰亦自运行而不息，谓之无动可乎？但人不识有无动静尔。（《遗书》卷第十一）

此与前条所谓无始终、无有无，以及亦不少、亦不剩之理境完全相同。横渠《正蒙·大易》第十四有云："大易不言有无，言有无，诸子之陋也。"《太和》亦云："知虚空即气，则有无、隐显、神化、性命，通一无二。”又云：“知太虚即气，则无无。”（两句即气之即，乃相即不离之义。）横渠所说之义，正与明道相同。凡承《中庸》《易传》而来者，对儒家这种充盈型之智慧，皆有共同之契会。

三、天道生生

> “生生之谓易”，是天之所以为道也。天只是以生为道。继此生理者即是善也。善便有一个元底意思。“元者善之长。”万物皆有春意，便是“继之者善也”。“成之者性也”，成却待佗万物自成其性须得。（《遗书》卷第二上）

天以“生”为道。此道是“生道”，亦即“为物不贰，生物不测”的创生之道。此“生道”亦即“生理”，是所以能“生生不息”的超越之理。这个生道、生理，亦可名为易体、神体、於穆不已之体。“一阴一阳之谓道”，即指点这个道（“一阴一阳”之变化亦犹“生生”之义）。由生生不息指点“易体”（生生之谓易），即可显示“天之所以为道”即生生之道。

能继复而呈现此生道、生理，便是善。善，“便有一个元的意思”。元是始，是首，是一价值观念，是众善之长，万善之源，这是提起来而超越地说。“万物皆有春意，便是‘继之者善也’”，则是落实于万物而内在地说，亦即由万物之春意、生意、生机洋溢，便可指点出生道生理之无所不在，以见天道生生之“於穆不已”。

此条又解释“成之者性也”，而说“成却待佗万物自成其性须得”。此句意不显豁，大体是说物各付物，各归自己而一一成就之。

《遗书》卷第十一，有数条论“生物不测”之神用，录列于此，以供参阅：

> “生生之谓易”，生生之用则神也。
>
> “穷神知化”，化之妙者神也。

天地只是设位，易行乎其中者，神也。

中庸言诚，便是神。（神，是诚体之神，不是以气言之的神。）

“鼓万物而不与圣人同忧。”圣人，人也，故不能无忧。天则不为尧存，不为桀亡者也。

此第五条据《系辞上》：“一阴一阳之谓道……显诸仁，藏诸用，鼓万物而不与圣人同忧，盛德大业至矣哉。”此言天道显之于仁，藏之于生化之大用，於穆不已地“鼓万物而不与圣人同忧”。天地无心而成化，故不与圣人同忧。明道于此指点曰：“圣人，人也，故不能无忧。”圣人之忧即圣人之仁。既言天道“显诸仁”，则圣人忧患之仁心，实即天道之见证。参赞天地之化育，亦即圣人仁心之化育。在内容、意义上，圣人仁心之化育（存神过化），与天地之道的化育等同为一，此便是所谓“一本”。

天道之生化，虽然不为尧存、不为桀亡，不与圣人同其忧患，但在“一本”之下，亦必须重视圣人仁心之化育，以证实天道生化的全部意蕴，以肯认天道即仁体，以成其为真“一本”。明道真切于此义，故能首先正视孔子之仁，而谓“学者须先识仁，仁者浑然与物同体”；又能正视孟子之尽心知性知天，而谓“只心便是天”。

以上是明道对天道之体悟，虽甚为通透，但尚多就《易传》之言而点掇之。下节换一名而曰“天理”，复就天理而重新体悟，此则为明道之自意语，更可显出明道之姿态。

第四节　天理的含义

《二程全书·外书第十二》有一条云：

吾学虽有所受，“天理”二字，却是自家体贴出来。

明道说“天理”二字，是他“自家体贴出来”，“体贴”二字是关键。

原始经典中的帝、天、天道、天命、太极、太虚、诚体、性体、心体、仁体、中体、神体，乃至天伦、天秩、天德、秉彝等种种名，全都是他体贴“天理”二字的底据。他是真能理会得这种种名的实义，而首先提出“天理”二字以代表之、概括之。“天理”这两个字，显示儒家之言性命天道乃充满了彻底而严整的道德意识。把握了这一点，便可以定住讲“性理”与讲“空理”的意识之不同。

一、天理恒常自存，是形上实有，亦是生化之理

《遗书》卷第二上，有三条云：

> 天理云者，这一个道理更有甚穷已？不为尧存，不为桀亡。人得之者，故大行不加，穷居不损。这上头来更怎生说得存亡加减？是佗元无少欠，百理具备。
>
> 所以谓万物一体者，皆有此理。只为从那里来。“生生之谓易”，生则一时生，皆完此理。人则能推，物则气昏，推不得；不可道他物不与有也。……
>
> “万物皆备于我”，不独人尔，物皆然。都自这里出去。只是物不能推，人则能推之。虽能推之，几时添得一分？不能推之，几时减得一分？百理具在，平铺放著。几时道尧尽君道，添得些君道多；舜尽子道，添得些孝道多？元来依旧。

以上三条相连而生，必须连在一起看。

第一条是说“天理”这个道理，无有“存亡加减”。无存亡，是说天理永恒常存自存，不因尧而存在，不因桀而消亡。无加减，是说就“人得之”以为性，乃圆满而穷尽者，不因大行而增加，不因穷居而减损。它是“一”，但却中含万理，而可显示多相。

第二条所谓“只为从那里来”句中的“那里”，是指一个本源。这本源即从“生生之谓易”来了解。天道之自体即生生之易，此性之本源乃

是创生之真几。万物“生则一时生，皆完此理”（完具此创生之真几），人具备，物亦具备。只是人“能推”，能尽性而推扩，重现道德创造，而物却因气昏而“不能推”，不能尽性推扩以重现道德创造。但物亦本体论地具有此理，故不可说人以外的万物就不具备此理（它只是不能实践而推广之耳）。

第三条借《孟子》“万物皆备于我”之言而说“不独人尔，物皆然，都自这里出去”。上一条说“只为从那里来”而说“万物一体”；此条则说“都自这里出去”而说“万物皆备于我”。明道此义，未必是孟子之理路，而乃透到“生生之谓易”的本源而言之。上句是从客观说，此句是从主观说。[牟先生指出，“皆从那里来”不一定逻辑上必然涵着“皆完此理”。例如基督教，虽说万物皆由上帝创造而来，却并不能说每一个体皆完具上帝那样的创造之真几。但在儒家，则必然要贯下来，而肯定每一个体皆完具这样绝对的创造真几（创生性），所以儒家说道体，必然是“既超越而又内在”，此中关键，即在“天道性命相贯通”。] 不过“虽能推之，几时添得一分？不能推之，几时减得一分？”此表示，本体论地说，每一个体所具的天理实体，恒常永在。而所谓能推不能推，只是“表现不表现，充尽不充尽”的问题，而于天理并不能有所增，亦不会有所减。

二、天理寂感与天理之尊高

> “寂然不动，感而遂通”者，天理具备，元无欠少，不为尧存，不为桀亡。父子君臣常理不易，何曾动来？因不动，故言寂然。虽不动，感便通；感非自外也。（《遗书》卷第二上）

此条从“寂感真几”说“天理”。寂感真几就是生化之理，此生化之理的内容就是所谓“百理”，合寂感与百理而为一，则统曰天理。此所谓“天理”，不是脱落了诚体之神的“只是理”。它是理，亦是道，是诚、是心、是神。（理、道，是诚、心、神之客观义；诚、心、神，是理、道之主观义。）若“只是理”，如何能说寂感？如何能说生物不测，妙用无方？君臣父子乃至随事而见的种种理（所谓百理、众理、万理）皆浑然完具于此寂体之中，而又随感而显现于万事之中以成其为实事，如对父母便显现为孝以成孝行，对子女便显现为慈以成慈行，对君臣朋友等亦然，皆各有定常之理。凡此等等，皆寂感真几、诚体之神所显发，所以无一欠少。末句“感非自外”，是说此感并非来自外之他感，而是天理（活体）之自感、能感，此所以为寂感真几。

另《遗书》卷第三，谢显道（上蔡）记明道之言有云：

> 太山（泰山）为高矣，然太山顶上已不属太山。虽尧舜之事，亦只是如太虚中一点浮云过目。

此条表示，现实的存在或现实的事业，无论如何高、大，它总是有限而不是最后的、绝对的。只有“天理”才是最后的、绝对的。天理是一切价值之标准，是价值本身，一切事业因它而可能，亦因它而有价值。所谓“虽尧舜之事，亦只是如太虚中一点浮云过目”。这只是偏显天理之尊严与崇高，无可比伦，而并非抹杀或轻忽事业。若通体达用，自其“曲成万物而不遗”而言，则天理所曲成之事事物物（如功名事业），亦皆因天理之流行于其中，而有绝对之意义。所以，就事而言，尧舜之事与桀纣之事，皆如浮云过目；但就意义而言，二者毕竟有别，尧舜之事是尧舜之德而成，其德皆天理、实理，其事是天行，是实事。事象本身虽如浮云过目，而其意义则普遍而永恒。

三、天理秉彝与死生存亡之理

> “立人之道，曰仁与义。”据今日，合人道废则是。今尚不废者，犹只是有那些秉彝卒殄灭不得。以此思之，天壤间可谓孤立！其将谁告耶？（《遗书》卷第二上）

此条以感慨语气出之。字字句句，皆是实感实见，皆是真实性情之流露。当时士大夫大率皆谈禅[①]，而真能正视那些“秉彝”[②]，觌体立定者，实只是寥寥几个人，此其所以有“孤立”之感也。此感是真正的存在的实感，而其有见于那些“秉彝”，亦是真正的实见、灼见。实见、灼见不在多，便足以贞定乾坤，更无有能殄灭之者。当下在此立定，任何奇诡瑰丽之辞，皆不足以摇动它。此真是儒家道德意识透体挺立所洞悟的定常之体，据此即足以判开苦业意识之空理，而不相混淆。

这点秉彝，是真正的实有，终极的实有，是“先天而天弗违”者。无论人自觉或不自觉，无论人或绕出去说诸般教义，皆无离此定常之体而能自足者。此真有如空气，在你身外，亦在你身内，“当下即是”，反身自见。若问人生立处，此便是终极的立处。若问人生定盘针，此便是终极的定盘针。天理、实理、天道性命，皆从这里说。乃至于种种名，种种说，亦无非要显示这点秉彝，显示这“本体宇宙论”的实体、实有。这是儒家的本质，亦是宋明儒共同的认定。而见之最透彻、最明澈、最圆融者，则无过于程明道。

> 死生存亡皆知所从来，胸中莹然无疑，止此理尔。孔子言“未知生，焉知死”，盖略言之。死之事即生是也。更无别理。（《遗书》卷第二上）

若欲判儒佛，此亦是肯要之点。所谓“死生存亡皆知所从来”，既不是生物学的知，亦不是依无明业识或根尘四大去知，而是就道德价值而

---

① 《二程遗书》卷第二上，有一条云：“昨日之会，大率谈禅，使人情思不乐，归而怅恨者久之。此说天下已成风，其何能救？古亦有释氏，盛时尚只是崇设像教，其害至小。今日之风，便先言性命道德，先驱了知者。才愈高明，则陷溺愈深。在某则才卑德薄，无可奈何佗。……直须置而不论，更休曰且待尝试。若尝试，则已化而自为之矣。要之，决无取。”

② 《诗经·大雅·烝民》之诗有云：“天生烝民，有物有则。民之秉彝，好是懿德。”“秉”，执也。“彝”，常也，谓常理常性。“秉彝”二字，即指性体。孔子谓“为此诗者，其知道乎！”孟子亦引此诗以证性善之说。

尽人道以知之。尽道而生，生其所应当生；尽道而死，死其所应当死。死生存亡皆尽道，以完成其道德之价值，此便是“死生存亡所从来”之理。于此胸中莹彻，便见只此一理，更无别理。此理，即天道性命之理，即道德创造之真几。人生在世，不是要在缘起性空上证空寂以求解脱，而是要尽此理以成德。此才是真解脱，才是大自在、大贞定。

孔子所谓“未知生，焉知死”，实际上即涵说“知生之道，则知死之道”。人生只此一道，更无他道。所以明道说“死之事即生是也，更无别理”。

综上所述，可知明道所体悟的“天理”，虽是本体论的实有，但绝不只是静态的实有，而是即存有即活动的动态的实有；绝不只是理，而乃亦是心、亦是神、亦是诚、亦是寂感真几之理。（牟先生特别名之为“本体宇宙论的实有、实体”。若是专以“本体论的实有”名之，则易使人想象为只是静态的实有，或只是理。）

这统名曰理的“天理”，就其自然的动序而言，亦可曰“天道”。就其渊然有定向而常赋予（穆而不已地起用）而言，亦可曰“天命”。就其为极致而无以加之而言，亦可曰“太极”。就其无声无臭、清通而不可限定而言，亦可曰“太虚”。就其真实无妄、纯一不二而言，亦可曰“诚体”。就其生物不测、妙用无方而言，亦可曰“神体”。就其道德的创生与感润而言，亦可曰“仁体”。就其亭亭当当而为天下之大本而言，亦可曰“中体”。就其对应个体而为个体所以能起道德创造之超越根据而言，或总对天地万物而可以使之有自性而言，亦可曰“性体”。就其为明觉而自主自律、自定方向，以具体而真实地成就道德行为之纯亦不已，或形成一道德决断而言，亦可曰“心体”。总之，它是“即存有即活动”的寂感真几——寂然不动，感而遂通，而为创生感润之实体，亦即“於穆不已”之奥体。

明道言“天理”，除了从“体”上而言的第一义的天理，还有从物情事势之自然而必然上说的“第二义的天理”。如“天下善恶皆天理（事物分善分恶皆天理使然），谓之恶者非本恶，但或过不及，便如此，如杨墨之类”（《遗书》卷第二上）。又如“事有善有恶，皆天理也（皆天理自然如此）。天理中物，须有善恶（谓有相对之比较）。盖物之不齐，物之情也。”又如“天地万物之理，无独必有对，皆自然而然，非有安排也”。(万物“无独有对”之理，亦是事势物情自然之理。)[①]

第五节　识仁与定性

一、《识仁》大意

《识仁》是明道答吕与叔之问，而由与叔作成的语录。后来编辑在《二程遗书》卷第二上，为学者所重视，所以特别独立出来标名为《识仁》。原文如下：

> 学者须先识仁。仁者浑然与物同体。义、礼、知、信，皆仁也。识得此理，以诚敬存之而已。不须防检，不须穷索。若心懈，则有防；心苟不懈，何防之有？理有未得，故须穷索；存久自明，安待穷索？
>
> 此道与物无对，大，不足以名之。天地之用，皆我之用。孟子言“万物皆备于我”，须“反身而诚”，乃为大乐。若反身未诚，则犹是二物有对，以己合彼，终未有之，又安得乐？《订顽》(《西铭》)意思，乃备言此体；以此意存之，更有何事！
>
> “必有事焉而勿正，心勿忘，勿助长”，未尝致纤毫之力，此其存之之道。若存得，便合有得。盖良知良能元不丧失。以昔日习心未除，却须存习此心，久则可夺旧习。此理至约，惟患不能守；既能体之而乐，亦不患不能守也。

---

① 关于第二义之天理，拙撰《宋明理学·北宋篇》第九章第五节有疏解（共七条），可参阅。

此《识仁》通篇都是说“仁”，而用词则随文而异，仁体、仁理、仁道、仁心，四词通用。

明道曾说：“学者识得仁体，实有诸己，只要义理栽培。”（《遗书》卷第二上）又说：“欲令如是观仁，可以得仁之体。”（同上）两处皆言“仁体”，仁即体，识仁就是识仁体。照明道的理解，仁体是遍体一切而“与物无对”者，所以说“仁者浑然与物同体”。句中的“同体”是同为一体之义，而不是同一本体。以天地万物为一体，浑然无“物与我、内与外”之分隔，便是仁的境界，亦就是以“仁者”表“仁体”之实义。目的本是说仁，只是借着仁者之境界（与万物为一体之境界）以表示之耳。所以接着说“义、礼、知、信，皆仁也。识得此理（仁理），以诚敬存之而已”。

次段又说：“此道（仁道）与物无对，大，不足以名之。”因为仁道彻通物我内外之分隔，所以不与物为对；而“大”则仍是一个对待的概念，所以不足以表明此“与物无对”的仁道。《孟子·尽心上》云：“万物皆备于我矣，反身而诚，乐莫大焉。”亦是说这个与物无对、与万物为一体的“仁”。人一念警觉，反身而诚，“上下与天地同流”（亦《尽心上》语）则我的生命与天地生命通而为一，天地之仁实即我心之仁，所以说“天地之用，皆我之用”（皆仁体之发用流行）。反之，若不反身而诚，则犹是与物为对，内外分隔。既是分隔对立之二物，纵然想要凑泊求合，亦是凑泊不上的。而一个与物有隔的生命，乃是封闭窒息而不能感通不能觉润之生命，当然没有“大乐”可言。所以又说：“若反身未诚，则犹是二物有对，以己合彼，终未有之，又安得乐？”

之后，明道又举横渠《西铭》之意来作印证。《西铭》素为明道所推崇，他曾说：“《西铭》某得此意，只是须得佗子厚有如此笔力，佗人无缘做得……要之仁孝之理备于此。”[①]而此《识仁》，即明道说他自己所得之意，这是可以与《西铭》“天地之塞吾其体，天地之帅吾其性。民吾同胞，物吾与也”的意思相印证的。所以说“《订顽》意思，乃备言此体”，“此体”即仁体。

---

① 语出《二程遗书》卷第二上。《西铭》之疏解，见本卷第二章第六节。

三段又言及“识仁”之后，如何“存养”的问题。明道除了提出“以诚敬存之”之外，又引孟子之言“必有事焉而勿正，心勿忘，勿助长”。“必有事焉”便是勿忘，“勿正”便是勿助长。（正，期也。凡预期功效，便是助长，如宋人“揠苗”便是。）勿忘、勿助长，是消极的告诫语，正面工夫只在“必有事焉”。[①] 所谓必有事焉，亦不是硬把捉，如果紧紧把捉为必有事焉，则便是“助长”了。故必有事焉，只是良知之灵昭不昧，真诚恻怛，此处“未尝致纤毫之力”，只是反身以循理，此便是“存之之道”。

能“存”便能“有”，因为“良知良能元不丧失”故也。不过，虽然良知良能本不丧失，但常人总不免“习心未除”，既有习染，便须“存习此心”，此心即仁心，而存习之“习”，当作习熟讲。常言“义精仁熟”“操存益熟”，与此所谓“存习此心”，皆是存养本心仁体以达习熟之境。存习既久，昔日的习染自然烟消云散，所以说“久则可夺旧习”。到此地步，便能“体仁之体”“反身而诚，乐莫大焉”，当然可以“不患不能守”了。

《遗书》卷第二上有一则云：“学者识得仁体，实有诸己，只要义理栽培。如求经义，皆是栽培之意。”“义理栽培”与“以诚敬存之”之语意相同，凡经中言及存养之义，亦皆是栽培之义。

二、仁体的实义

《遗书》卷第二上有一条云：

> 医书言手足痿痹为不仁，此言最善名状。仁者以天地万物为一体，莫非己也。……故博施济众，乃圣之功用；仁至难言，故止曰“己欲立而立人，己欲达而达人；能近取譬，可谓仁之方也已”。欲令如是观仁，可以得仁之体。

---

① 此义，王阳明论之最精，见《传习录》中《答聂文蔚书》。拙著《王阳明哲学》第六章第四节曾加论述，可参阅。

“仁者以天地万物为一体”，物我内外通而为一,万物皆备于我，反身而诚，故曰“莫非己也”。此“一体”之言，明明标注为明道所说，朱子却说：伊川语录中，说“仁者以天地万物为一体”，说得太深，无捉摸处。[①] 可见他对明道思路之漠视。又同卷有一条云：

> 医家以不认痛痒，谓之不仁。人以不知觉，不认义理，为不仁。譬最近。

此条虽未注“明”字，但依前条语脉看，自亦系明道语。从“手足痿痹为不仁”这句话，实最能反显“仁”的意义，所以说“最善名状”。而麻木“不认痛痒”，就是没有感觉，是死的，所以谓之“不仁”，这是“身的不仁”。人麻木而不觉，不识义理，不明是非，则是“心的不仁”。反之，不安、不忍而有感觉，即仁心之呈露、仁体之呈现。而义理、是非，乃是仁心之自发；有知觉、认义理，亦即认这仁心的自发之理。二程弟子谢上蔡以“觉”言“仁”，正是本于明道之意而说。

> 孟子曰“仁也者，人也；合而言之，道也”。《中庸》所谓“率性之谓道”是也。仁者，人此者也。“敬以直内，义以方外”，仁也。若以敬直内，则便不直矣。行仁义，岂有直乎？“必有事焉而勿正”，则直也。夫能“敬以直内、义以方外”，则与物同矣。故曰“敬义立而德不孤”。是以仁者无对。放之东海而准，放之西海而准，放之南海而准，放之北海而准。医家言四体不仁，最能体仁之名也。(《遗书》卷第十一)

此条义最赅贯，牟先生以为可视为明道言仁之综括。“一体”之义、“觉”之义，皆含在内。由“敬以直内，义以方外”体悟仁体，由“必有事焉而勿正”体悟仁心觉情之於穆不已、纯亦不已，此便是吾人之性体，由此而合释“率性之谓道”以及孟子“仁也者人也，合而言之，道

---

① 见《朱子语类》第九十五卷论程子之书。

也”之义。仁，是人之所以为人（发展其德性人格）的超越根据，亦同时是内在的实体，人而体仁于生活实事中，便是道，此即所谓“合而言之，道也”。人而体仁于身，实即“率性”之谓，所以从“人体仁以与仁合一”而言道，与“率性”之谓道，义正相同。从道再说到仁，则人体此道便是仁，“仁者，人此者也”句中之“人”字是动词，“此”字指道，所谓“仁者，人此者也”，意即仁者，以人体道者也，以人体之，则形式而客观地说的道，便成为具体而真实的成人之道。

但此条中“敬以直内，义以方外，仁也”，与“若以敬直内，则便不直矣。行仁义，岂有直乎？”前后语意似有冲突不顺。“敬以直内，义以方外”，若翻为语体句，便是“以敬来端正我们内部的生命，以义来规正外部的事物”。然则下句何以说“若以敬直内，则便不直矣”？如此，岂不与上句“敬以直内”相冲突？但细看，却又不然。语法上翻为“以敬”，是造句之必然，是语法问题。而明道说“以敬直内，则便不直矣”，其实意只在表示拿一个外在的敬去直内，是无法直起来的。故下句云“行仁义，岂有直乎？”

“行仁义”与“由仁义行”不同。[①] 由仁义行是敬以直内；行仁义则是以敬直内。明道说“以敬直内便不直”，意在点示“敬”不是外在的东西，若拿外在的敬去直我们内在的生命，便直不起来，即使一时能直，亦只是偶然，并没有称体而发的必然性。

伊川、朱子所谓“涵养须用敬”，是落在实然的心气上说，却正是这外在的后天的敬。而明道说“敬以直内”，则是指说发自仁体的敬，敬以直内，即仁体流行。敬，直通於穆不已之仁体而由内发，亦犹仁义之由中而出。此皆非向外袭取，故敬义实即仁体，所以说“敬以直内，义以方外，仁也”。[②]

---

① 见《孟子·离娄下》：“舜明于庶物，察于人伦，由仁义行，非行仁义也。”

② 明道言“仁”，还有一些短语，皆直接指点，具体真切。在拙撰《宋明理学·北宋篇》第 329 页以下，有一大段综述之言，可参看。

三、《定性书》原文

承教，谕以定性未能不动，犹累于外物。此贤者虑之熟矣，尚何俟小子之言！然尝思之矣，敢贡其说于左右。

所谓定者，动亦定，静亦定，无将迎，无内外。苟以外物为外，牵己而从之，是以己性为有内外也。且以性为随物于外，则当其在外时，何者为在内？是有意于绝外诱，而不知性之无内外也。既以内外为二本，则又乌可遽语定哉？

夫天地之常，以其心普万物而无心；圣人之常，以其情顺万事而无情。故君子之学，莫若廓然而大公，物来而顺应。《易》曰："贞吉，悔亡。憧憧往来，朋从尔思。"苟规规于外诱之除，将见灭于东而生于西也。非惟日之不足，顾其端无穷，不可得而除也。

人之情各有所蔽，故不能适道。大率患在于自私而用智。自私，则不能以有为为应迹；用智，则不能以明觉为自然。今以恶外物之心，而求照无物之地，是反鉴而索照也。《易》曰："艮其背，不获其身；行其庭，不见其人。"孟氏亦曰："所恶于智者，为其凿也。"与其非外而是内，不若内外之两忘也。两忘则澄然无事矣。无事则定，定则明，明则尚何应物之为累哉？

圣人之喜，以物之当喜；圣人之怒，以物之当怒。是圣人之喜怒，不系于心，而系于物也。是则圣人岂不应于物哉？乌得以从外者为非，而更求在内者为是也？今以自私用智之喜怒，而视圣人喜怒之正为如何哉？夫人之情，易发而难制者，惟怒为甚。第能于怒时，遽忘其怒，而观理之是非，亦可见外诱之不足恶，而于道亦思过半矣。

心之精微，口不能宣。加之素拙于文辞，又吏事匆匆，未能精虑。当否？伫报。然举大要，亦当近之矣。道近求远，古人所非，惟聪明裁之。

四、定性与定心

《定性书》虽以“定性”名篇，而实义即“定心”。

凡道德实践，都应该“称性体而动”，应该顺性体发出的道德律令而行。性体之发出道德律令，是物来顺应、自然而然的。那么，我们在表现道德行为时，也就应该顺性体之所命自然而动才是。但事实上并不能常常如此，所以静时感到寂寞无聊，而动时又不免为外物所牵引。如此一来，便显得“性”不贞定。

实则，并不是性不贞定，甚至亦不是在表现中的性本身不贞定，而只是我们在工夫过程中表现性时，表现得不顺适，因而使得“心”不贞定。由于心不贞定，就连带说性不贞定，所以才有“定性”这个词语。其实，我们要求性之贞定，乃是要求如何使心不为外物所累，因而使我们能够获得性之表现时的常贞定。然则，所谓定性，并不是要求性贞定，而是要求性之表现时的心定。所以明道此文，亦大半就心而言。

何以讨论“定性”而却就心来说？这是因为表现性体必须靠心之自觉活动，没有心之自觉活动，性体便只是潜存，而无法彰著显现。所以凡是讲到心性工夫的问题，总不直接就性而说，都是就心而言。同时须知，心之活动又有本心之呈现与习心之作用两方面。就“本心”而言，其呈现自是常贞定，而“本心即性”，本心既常贞定，性体之表现（流行）自然亦常贞定。在这一方面，固无所谓浮动乱动，亦无所谓为外物所累。另一方面的“习心”，则是心理学的心、经验的心、感性的心。这方面的心，却易为外物所牵引、所制约，因而遂为外物所累而不能常贞定。据此可知，性无所谓定不定，定不定是落在心上说，而且是落在“习心”一面说。

一般而言，人在应事接物之时，总不免落在感性制约的处境中，所以很容易为外物牵引而累于物，而显得动荡而不定，因此，亦就必须有一工夫来贞定它。这个贞定的工夫，消极地说，是要从感性的制约中超拔解脱，不再为耳目见闻所蒙蔽，不再为外物所牵引，回归到自作主宰、自发命令、自定方向之本心（性体）。积极地说，是直接使本心毫无隐曲地当体呈现。本心性体一呈现，则一切蔽于耳目、累于外物之事，便自然消失于无形。横渠所说，是消极工夫上之问题，是就心易为感性所制约而累于外物而言。（依横渠《正蒙》“合天心”之本心，“体事无不尽”之仁心以及“心能尽性”之义，心如果能充尽而朗现之，便可以彰著性体，性体彰著，则“客感客形与无感无形”乃能得其贯通之统一。尽性而一之，则心体贞定，性体之表现自亦常贞定，而不至为客感客形所累。如此，则“定性未能不动，犹累于外物”的困难，便自然克服而消解。）明道之答，则是积极工夫的问题，是就本心性体之自身而说。

由此可知，此一难题之解答，必须归到“本心之充尽”的积极工夫上。当横渠致书明道讨论此一问题时，是在著《正蒙》之前，当时或者未能十分明澈，到著《正蒙》之时，则已透进一步，其形上的本心义亦已不算弱，但横渠客观面之比重终嫌太过，主观面不十分能凸显挺立，因为他毕竟还没有以孔子之仁与孟子之本心为主，所以不如明道之显豁。

又，纵然已透到从积极工夫上说，亦仍然不可废弃消极工夫之磨炼。朱子便完全从消极工夫上说，而亦能显示他的实践工夫之紧切。朱子之不足处，是在他没有“形上的本心义”，他视心为气之实然，所以没有从本心性体上说的积极工夫。

《定性书》所陈述的理境自然很高，但明道既是就本心性体而言之，则全文的义旨亦可得而解。他是就本心性体之“无将迎、无内外”而言大定，亦即“动亦定、静亦定”之大贞定。本心性体原本就不能将它限制于内或外。当它朗现时，既不能将它隔绝地逼限于内而不通于事；亦不能将它逐物地推置于外，以致内失其主。“静”既不空守孤明，或空虚寂寞，“动”亦不是徇物丧心，或为物所累。如此，自然能常贞定，而无处不洒然。否则，逼限于内，静亦不安；推置于外，动亦有病。这是从习心着眼而做消极工夫时所不能免的曲折与跌宕。假若从本心性体而做积极工夫，便不会有这些动荡的波浪。

明道说：“天地之常，以其心普万物而无心；圣人之常，以其情顺万事而无情。”这两句名言，就是要证实这种常贞定的境界。而“自私”“用智”则是习心一面的事，从这里腾跃一步而翻上来，便是天心（本心性体）之朗现。这就是全篇的总要。[①]

定性、定心、定分，定，犹止也，止于仁、止于孝、止于大分。明于分，止于分，物各付物，正是《定性书》中所谓“圣人喜怒不系于心，而系于物”之义。[当喜则喜，当怒则怒，该如何便如何，以分定（依从理之是非）即可。]《遗书》卷第七有一条云：“愚者指东为东，指西为西，随众所见而已。知者知东不必为东，西不必为西。惟圣人明于定分，须以东为东，以西为西。”这条所说的是什么意思？试以“正反合”解之。愚者无所思省，只顺见闻习俗，这是“正”，是原始谐和（有福无慧）。智者能思省，知东南西北，只是当初指述方位之约定（约定而俗成，并无必然性），这是“反”（不与俗偕，有智见，但不安不定，未必有福）。圣人是“合”，是第二度的谐和。圣人与人为徒，明于定分，各有所止。故不逞智，而福德兼修，德福一致，是“天地位，万物育”的境界。

① 《定性书》全文之疏解，可参见蔡仁厚：《宋明理学·北宋篇》，第十二章第三节，第334—340页。又，《宋明理学·北宋篇》第343页有四个表，亦可参证。

第四章　程伊川义理转向与洛学南传

第一节　二程异同

程伊川（1033—1107年）名颐，字正叔，小明道一岁。后世称明道为大程子，伊川为小程子，合称二程。

伊川年十八，游太学，时胡安定为直讲，以“颜子所好何学”试诸生，见伊川“学以至圣人之道”之论，大为惊喜，立即延见，处以学职。英宗神宗二朝，大臣屡次荐举，皆不出仕。哲宗即位，以司马光荐，召为崇政殿侍讲。时文彦博为太师，侍立帝旁，终日不懈，帝告以稍事休息，亦不离去。而伊川为讲官，在帝前亦不稍假借。有人对伊川说：“君之严，视潞公之恭，孰善？”答道：“潞公四朝大臣，事幼主，礼不得不恭，吾以布衣职劝请，不敢不自重也。”每当进讲，伊川必“宿斋豫戒，潜思存诚”，希望感发君上之意，而讲书之时，总要将道理关联到君王身心上来。吕公著与范纯仁入侍经筵，听了伊川的讲说，出而叹曰：真侍讲也。这就是儒者为帝王师的型范。（诸葛亮“鞠躬尽瘁，死而后已”，与文天祥“人生自古谁无死，留取丹心照汗青”，则是另一型的典范。）

二程是亲兄弟，又同时讲学，一同授徒，他们留下的言教文字，称为《二程遗书》（简称《遗书》）或《二程集》。《遗书》中的语录，除第十一卷至第十四卷为明道语，第十五卷至二十五卷为伊川语，其前十卷则标为“二先生语”，大都未经认定是谁所说。而后世讲论程朱之学，实以朱子为主，而所谓“子程子”，通常都指小程子，几乎不见大程子的义理纲领，这是“以一程概括二程”，而大程子在所谓“程朱性理学”中，却隐而不显了。

牟先生指出,《宋元学案》三个重要的学案（大程子、小程子、朱子）都编得不好，不足以显示各家之义理纲领与思想架构。[①]他详检《遗书》,费极大之心力与繁复之手续，重新选辑明道语录为八篇：天道篇、天理篇、辨佛篇、一本篇、生之谓性篇、识仁篇、定性书、圣贤气象篇。明道既定，伊川之纲领亦自然显示而出，其语录亦辑为八篇：理气篇、性情篇、气禀篇、才性篇、论心篇、中和篇、居敬集义篇、格物穷理篇。

至于朱子，文献特多,《心体与性体》第三册全册皆讲论朱子学，而书中引录的朱子文献，亦无异于是一部“朱子选集”。

二程讲学时，主动之灵魂在明道，明道卒后，伊川还有二十二年独立讲学之时间，他的生命气质、心态性向自然显发出来，而形成义理之转向。但此一转向，在伊川是不自觉的，而二程门人亦无人觉察，一直要到南宋朱子四十岁时，决定要走伊川的路，经朱子广泛讲论与弘扬，充分贯彻伊川之思路，而开出一个大系统，使得明道的纲脉自然隐没。后来只称赏大程子慧悟明彻，义理圆熟，造诣高深，人品和粹，却讲不出明道之“学”，这是儒学史上一件非常殊异之大事。在此，亦反显出牟先生讲明大程子、小程子、朱子三家之学，实在是功莫大焉。

二程在性格性行上的差异，他们自己亦有所觉察。

《宋元学案·伊川学案》下有一则记载：二程随父游僧寺，明道从右门入,“从者皆随之”；伊川从左门入,“独行”。到法堂相会时，伊川叹曰：“此是某不及家兄处。”《上蔡语录》有云：某日，伯淳谓正叔曰：“异日能尊师道，是二哥（指伊川）；若接引后学，随人才成就之，则不敢让。”

《程氏外书》第十二有一条云，朱光庭见明道于汝（汝，地名），归谓人曰：“某在春风中坐了一月。”明道偶有谑语，伊川则无。明道浑是一团和气，伊川则严毅。

《明道学案》下有一则记载：明道先生与门人议论，有不合者，则曰“更有商量”。伊川则直曰“不然”。

明道讲经典，也有他独特的风格与活泼的启发性。谢上蔡尝谓：“明道先生善说诗，他又不曾章解句释，但优游玩味，便使人有得处。”

---

① 参见牟宗三:《心体与性体》，第二册，第一章引言。

《程氏外书》有一条记二程讲“忠恕”：

> 明道曰：“‘维天之命，於穆不已’，不其忠乎！‘天地变化草木蕃’，不其恕乎！”伊川曰：“‘维天之命，於穆不已’，忠也；‘乾道变化，各正性命’，恕也。”

二程的意思，其实是一样的。但明道表达的情味及其说话的意态，可谓从容绵邈，意味深长。盖天命不已，乃是实理流行，实德昭显，岂不是尽己之谓忠吗？天地之大德曰生，生德流行，阴阳变化，草木（万物）蕃息，大生广生，这正是天道之发用及于万物，岂不是推己之谓恕吗？明道的讲说，何等蕴藉而从容。而伊川之解，则显得大质实而执滞，将“天地变化草木蕃”这么顺达自然的句子，换成“乾道变化，各正性命”，不但太典实，太拘执，而亦不甚合乎充扩得去的“恕道”气象。《上蔡语录》有一条云：

> 或问明道先生：“如何斯可谓之恕？”先生曰：“充扩得去，则为恕。”“心如何是充扩得去底气象？”曰：“天地变化草木蕃。”“充扩不去时如何？”曰：“天地闭，贤人隐。”

不过，朱子却不喜欢明道的方式，认为明道说话浑沦，说得太高。因为朱子心态近于伊川，所以比较喜欢伊川的分解表达。伊川坚实，比较着重下学上达，循循有序，而其下学或下面着实的途径是落在《大学》的格物致知上。因而，对于道体与性体的体悟，不自觉地有了义理的转向，对于“性即理”这句话的表述，也走向“性只是理”（性是理，不是心，心性二分，乃至心性情三分）。如此，乃显示伊川在内圣成德之教的义理疏解上出现歧异，这便正是二程异同的关键所在。

第二节　伊川义理转向：天理"只存有而不活动"

明道提出"天理"二字，伊川接着说"性即理也"，表示儒家思想中的"性"即意指天理本体。伊川这句话，当然是儒家重要的"法语"，明道与所有的理学家（包括陆王）都是认同的。明道既卒，伊川开始独立讲学，在二十年独立讲学的时间里，终于使他自己的生命与思路渐次透显出来。

伊川顺自己质实的直线分解的思考方式，把道体、性体皆体会为"只是理"。既然只是理，就表示它不是心，不是神，亦不能就道体性体说寂感。道体的"心"义、"神"义与"寂然不动，感而遂通"义既已脱落，则道体乃成为"只存有"而"不活动"（不能妙运气化生生）的理，而本体宇宙论的创生义，亦因之泯失而不可见。讲道体是如此，讲性体亦然。伊川又将孟子"本心即性"离析为"心性情三分"。"性"只是理，是形而上的；"心"与"情"则属于气，是形而下的（后来朱子即承此而说"心"是气之灵，"情"是气之变）。理（性）上既不能说活动，活动义便落在气（心、情）上说。于是，性体亦成为"只存有而不活动"。

由于伊川对道体性体的体悟发生偏差，乃形成义理上的转向。如前所说，这个转向，伊川当时并不自觉，二程门人也未觉察，因此并没有人顺此转向而走下去，一直要到朱子四十岁"中和参究"论定之后，才真正明朗出来。这时上距伊川之卒，已经六十多年了。朱子的心态，几乎和伊川一样，但他走上伊川的路，却也经过几番出入和曲折。如果以朱子后来所完成义理系统为准，则他四十岁以前的问学，都只是学思过程中的经历，算不得"的实见处"（朱子自己语）。到四十以后，才顺着他同于伊川的心态，而自觉地顺成了伊川的转向，终于开出了一个新的义理系统。伊川对于道体性体的体悟，和北宋前三家（周、张、大程）确有不同。依前三家："道体"是"理"（天道本体即天理本体），就理说存有。性体亦然。性与心、情之关系：心是实体性的道德本心（本心即性）；情是仁心觉情，是性体之流露。

而伊川对客观地说的"於穆不已"之体（道体）与主观地说的仁体、心体、性体皆未有明确而相应的体会。他将"於穆不已"之体收缩割截为“只是理”；又将孟子的“本心即性”析而为“心性情三分”。于是，“性只是理”（性中只有仁义礼智），“仁是性，爱是情”（恻隐、羞恶只是情，与仁隔为形上形下两层），“心”是实然的心气，是经验的心。如此而后，心与性成为相对之二：性是先天的，心是后天的；性是超越的，心是经验的；性是所知的，心是能知的。

这样一来，道体、性体只是“理”，在理上说存有。此静态的存有、实有，不含活动性（创生性、妙运气化生生不息），故牟先生判之为“只存有而不活动”。

道体、性体以外的“心体、仁体（恻隐）、诚体、神体”，皆不是理，只是气的活动、表现，于是，道德实践的活动中心，完全落到由后天的凝聚之敬心说涵养，由“心知之明”说致知格物。这就是伊川的两句名言：“涵养须用敬，进学则在致知。”（《遗书》卷第十八）朱子后来极成伊川之义，而明道所体悟的“道体”（含易体、性体、心体、仁体、诚敬之体等）之实义，乃渐渐淡漠隐去而不显。在今日看来，二程兄弟正好代表康德说的自律道德与他律道德两路，这也是哲学史上的佳话了。

第三节　仁性爱情

由于伊川直说“性即理”（心，不是性，亦不是理），因此对于“仁”的理解亦不同于明道，而直说“仁是性，爱是情”，终于开启了朱子后来所极成的“心性情三分”的思想格局。

事实上，明道专言“仁体”，妙悟“於穆不已”之体，盛言“一本”之论，并无朱子所谓“太高”，亦无所谓单属“上一截”。这根本不是高不高的问题，而是内圣道德实践的本质问题。人之儱侗、恍惚、虚荡、蹈空，只是其人道德意识之不真切，对道德实践之本性认识不明透。明道说：“道之浩浩，何处下手？惟立诚才有可居之处。有可居之处，则可以修业也。‘终日乾乾’，大事小事，却只是忠信，所以进德为实下手处，修辞立其诚为实修业处也。”（《二程遗书》卷第一）这就是相应道德本性而来的切实、不蹈空。要说“下面着实工夫”，这就是最着实之工夫。要说“近”，此便是近，并不远也。要说“下学上达”，此便是下学上达，要说“循循有序”，此便是循循有序。

然而，伊川对孔子之“仁”，却“别有会心”，不与明道同一思路。《二程遗书》卷第十八，有一条云：

> 问仁，曰：此在诸公自思之，将圣贤所言仁处，类聚观之，体认出来。孟子曰：“恻隐之心，仁也。”后人遂以爱为仁。恻隐，固是爱也。爱自是情，仁自是性，岂可专以爱为仁？

此条区别仁与爱（恻隐）之不同，以点明“性”与“情”有形上形下之异。爱是情，而所以为爱之理，才是仁。依伊川，凡爱、恻隐、孝悌乃至博施济众等，全都是统于仁性下而为其所主宰的具体情变之一相。而仁性则是对应此等等情变之相，而为其“所以然之理”。仁如此，其他理（如义、礼、智、信等）对于它所对应的情变，亦是如此。

> 仁义礼智信，于性上要言此五事，须要分别出。若仁则固一，一所以为仁。恻隐则属爱，乃情也，非性也。恕者，入仁之门，而恕非仁也。因其恻隐之心，知其为仁。（《遗书》卷第十五）

此条区别仁是性、爱是情，与上条同。由于有恻隐之心，故能逆知有仁之理，这亦是由存在推证其所然之理以为性之义。心依仁理，而有推己及人之恕，从其主者而言，故系属于仁而说“恕者仁之施”，实则，并非仁之理能实际存在地发出此推施之用。同理，心依仁而表现爱人惜物之用，从其主者而言，亦系属于仁而说“爱者仁之用”，实则，亦非仁之理能实际存在地发出爱之情用。

性情对应而言，仁是性，是体；爱是情，是用。但此体用，是系属的体用，在体用之间有一间隔的罅缝，并非就是孟子所说之本心，亦非明道所体会之仁体而说“体用一源，显微无间”。（就“即存有即活动”

之实体说，是“体用一源，显微无间”；就伊川之分解而言，则不能如此说。虽然“体用一源，显微无间”是伊川《易传》序文之句，但依其仁、性、爱、情之分解，即可知他并未谛当于此二语之实义，其造诣亦未至于此。）

> 仁之道，要之只消道一公字，公即是仁之理。不可将公便唤做仁。公而以人体之，故为仁。只为公，则物兼照。故仁所以能恕，所以能爱。恕则仁之施，爱则仁之用也。（《遗书》卷第十五）

所谓“公”，是不偏不党，是就仁之理而分析出的一个形式特性。由此形式特性（公）可以接近仁，可使吾人领悟仁，但却不能说“公”便是仁，因为仁是实体字，而“公”只是属性字。虽然“不可将公便唤做仁”，但“公而以人体之，故为仁”。依“公”这个形式特性，而以具体的人道（如爱、恕、恻隐、孝悌等）以体现而实现之，故成为仁。由“公”接近仁，是形式的接近，“公而以人体之”，便成为实际的接近，亦即人本于公心而依仁之理进行实际的道德实践，使仁理敷施发用，成德成善。

明道就仁心觉情而言仁体之感通无隔、觉润无方，以及於穆不已、纯亦不已，并由此而言“一体”之义，与伊川仁性爱情之路并不相同。仁体呈现，自然“廓然而大公，物来而顺应”，此亦可以说“公”，但这个“公”字是仁体呈现之境界，不是就仁理而分析出的形式特性。依明道，工夫只在通过逆觉以使仁体呈现（先识仁，由麻木不仁之指点、当下体证之），而不在先虚拟一公字，而依公发情以接近它。伊川之讲法必归于他律道德，而明道所言则是自律道德。[①]

① 从后天工夫（依公发情）去接近仁，是孟子所谓“行仁义”，乃是他律之路。必须仁当体呈现（欲仁仁至、反身而诚），亦即孟子所谓“由仁义行”，方是自律。

第四节 论性与论气

一、论性不论气或论气不论性

> 论性不论气，不备；论气不论性，不明。（一本此下云：二之则不是。）（《遗书》卷第六）

此条乃论“性”之法语。牟先生以为，无论是明道所说，或是伊川所说，皆可视为二人之所共许，而且不止二程所共许，亦是宋明儒者所共同遵守之法语，无人能反对。

所谓“论性不论气，不备”，“不备”，不足够之谓。朱子曾举孟子为例，孟子说性善，未曾说到气禀之限制。对于人何以“为不善”，孟子以为是由于人之“陷溺其心”“不能尽其才”，而并非“天之降才尔殊也”。孟子的说法，就发明道德心性以及道德地鼓励人而言，自然足够；但就说气禀之限制而言，则亦可说有不足够处。经程子接一接，加以引申补足，当然很好。

所谓“论气不论性，不明”，如告子、荀子，以及董仲舒、扬雄、王充、刘劭等言气性与才性者皆是。程子所谓“不论性”，是指见不到超越的内在道德性或“天命之谓性”的性而言，并不是说这些人不讨论人性问题。告子等亦皆论性，但他们所说的性是就“气”一面而言的气性、才性，是“生之谓性”这个原则下之性，是依“性者生也”这一古训所理解的性。这一面的性，是就自然生命的种种特质而言之，而不是就道德生命而言性，在程子（甚至整个宋明儒者）看来，便是“论气不论性”。

所谓“不明”，是说见不到或不能说明人之道德实践所以可能的超越的先天根据。此先天根据，依孟子而言，是就本心而见到的“内在道德性”之性；依《中庸》《易传》而言，是就“於穆不已”的天命流行之体而说的“天命之谓性”的那个性或者说是形而上的本体宇宙论的“道德创造性”之性，乃是人生的真本源，亦即人之道德实践所以可能的真根据。

二、气性、才性与气质之性

从告子“生之谓性”下及荀子之说，董仲舒、扬雄、王充之说，以及刘劭《人物志》所说之才性，皆是“生之谓性”这个原则下的种种说法，到宋儒，乃总括为“气质之性”。《二程外书》第七有一条云：

> 性无不善，其所以不善者，才也。受于天之谓性，禀于气之谓才。[①]才之善不善，由气之有偏正也。……然而才之不善亦可变之，在养其气以复其善尔。故能持其志，养其气，亦可以为善。故孟子曰：人皆可以为尧舜。

所谓“才之不善亦可变之”，变，是变化气质之偏，变之之道，在于“养其气以复其善”。此已说到进德之学（见下节）。兹列于下以略见“气质之性”之意涵：

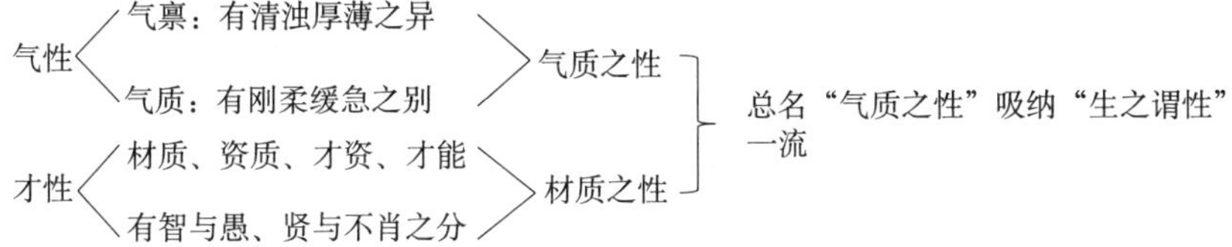

三、变化气质是进德之学

“变化气质”一语，经张横渠提出之后，便为理学家所共同采用。变化气质之偏杂，乃是进德之学。《二程遗书》卷第十八有云：

> 问：“人有日诵万言，或妙绝技艺，此可学否？”曰：“不可。大凡所受之才虽加勉强，止可少进，而钝者不可使利也。惟理可

① 孟子言才，乃指性之能，亦即为善之才，又曰“良能”。故孟子所说之才不从气言。伊川是自成其说，不与孟子同。参本书孟子章第一节之五。

进。除是积学既久，能变得气质，则愚必明，柔必强。盖大贤以下即论才，大贤以上更不论才。”

此条指出技艺方面之天才不可学，而变化气质则可进德。“大贤以下”要论才，人在成圣成贤之前，须先成才成器；等到成圣之后，便只论德而不论才。因为成人格的本质，在德而不在才。圣贤自有其才，但不以才论，亦不以才为贵，所以孔子说“如有周公之才之美，使骄且吝，其余不足观也已”。成德性，成人格，是宋明儒学的核心，亦是其工夫真切落实之处。《遗书》卷第十九云：

“生而知之，学而知之，亦是才。”问：“生而知之，要学否？”先生曰：“生而知之固不待学，然圣人必须学。”

“生而知之”，是天纵之才，“学而知之”，是学以成其才。生而知者固然无须待于学，但“圣人必须学”。伊川此言，极为谛当。盖圣人不只立己，还要立人；不只成己，还要成物。亲亲、仁民、爱物，其中事理万端，皆须历练，故“圣人必须学”。而且，本质地说，进德之学无止境，天地间亦无现成之圣人，“学”岂可以“已”？从“於穆不已”起现“纯亦不已”，是“诚而明”，即本体即工夫；从“纯亦不已”证显“於穆不已”，是明而诚，即工夫即本体。文王如此，孔子亦如此。而讲心性之学、成德之教者，不冀生知，而必崇圣。孟子说“圣人者，人伦之至也”，人伦世界最高的人格型范，不是由天生就，而是靠人自己做成，故“学”不可以已。“进德”不可已，“圣人必须学”，旨哉斯言。

第五节　“论心”之实义

伊川论“心”之语，显得很模棱依似，很难得知其确定的条理及其立言之分际，亦很难了解其概念的本质的主张究竟何在。[①]他据孟子言尽心、知性、知天而说“心也，性也，天也，非有异也”(《二程遗书》卷第二十五)。在伊川系统中，“心”与“性”“天”有异质异层之不同，如何说“非有异也”？伊川言“心”之实义，应就“心譬如谷种”一条为准。《二程遗书》卷第十八：

> 或曰：“譬如五谷之种，必待阳气而生。”曰：“非也。阳气发处，却是情也。心譬如谷种，生之性便是仁也。”

或人之意，以为五谷之种是心，阳气鼓动是仁。伊川依形上形下之分，很容易看出其非。依伊川，心是总持地说，故可曰“譬如谷种”。分而言之，其所以具生之理是性（仁），实际之生发（阳气发动）则是情。此义最为朱子所印持。《朱子语类》卷五有云：

> 程子曰：心譬如谷种，其中具生之理是性，阳气发生处是情，推而论之，物物皆然。

朱子对伊川论心之言，特别注重此义。朱子并就心之总持义，而极赏横渠“心统性情”之语。伊川所说“性即理”“仁性爱情”与横渠之“心统性情”，朱子皆视为颠扑不破之法语。(但朱子所理解的“心统性情”，是否同于横渠之本意，此则不易定。）兹依朱子之意，列于下以助解。

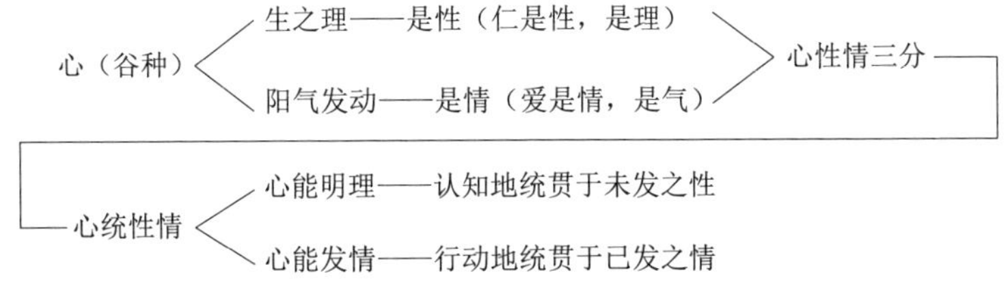

① 参见拙撰《宋明理学·北宋篇》第十六章第一节。

第六节 居敬与格物穷理

《二程遗书》卷第十八有句云：

> 涵养须用敬，进学则在致知。

明道言存诚，是存养“仁体”，存养“於穆不已”之体。言“敬以直内，义以方外”，亦是直通“於穆不已”之体而言。故敬曰敬体，诚曰诚体，所谓“纯亦不已”是也。一切后天的身心行为，莫不顺此真体（敬体诚体）而化，亦即莫非此真体之流露。这是从先天的体上说工夫，不是从实然的心上说工夫。而伊川，却是从实然之心上着眼，由涵养这由振作、肃整、凝聚而表现的敬心，来渐渐迫近那本心，使实然的心渐渐清静而贞定，渐次如理而合道，以转为道心。这是他说“涵养须用敬”的基本意旨。

他虽说“涵养久，则天理自然明”（《遗书》卷第十五），但他不说“心即理”，不从先天的本心说，只从后天的敬心说。如此而发出的道德力量不能沛然莫之能御，没有必然的强度和普遍的稳固性，故继“涵养须用敬”之后，又说“进学则在致知”。这是要以《大学》的“致知”“格物”“穷理”[①]来助强道德的力量，使之由“心理学的道德”进到“认知的道德”，而认知的道德虽已见到义之所当为，亦能去为其所当为，但终究不是直接发自道德本心之“纯亦不已”，所以是他律道德。

伊川既知“德性之知不假于闻见”，却又要依“格物”方式去致此德性之知。格物则必须与物接，如何能不假于见闻？又如何能不知之于外？伊川已解“格物”为“穷理”，但“即物穷理”的理路，要到朱子才正式完成。伊川留下的问题，如既认定道体、性体只是理，则《中庸》所谓中和之“中”，只需以“性即理”解之即可。但伊川又似乎感到所

---

① 《二程遗书》卷第二十五有一条云：“格，犹穷也，物，犹理也，犹曰穷其理而已也。”

谓未发之中，不能说为即性即理，其中亦含有“心”字之义，所以当他与横渠弟子吕大临论辩中和问题时，便显得纠结而不顺。他既反对“中即性”，又反对以“本心”说“中”。中，到底是性还是心？心性是一还是二？如是一，如何一？如是二，如何二？在伊川，皆显得不够明彻而确定。

“中和”问题，亦严重地困扰朱子，经数年之苦思与论辩，终于为他所厘清，而顺成了伊川“涵养须用敬，进学则在致知”的工夫格局。所谓涵养于未发，察识于已发，以及即物穷理的主张，皆是本此而来。最后，便开出了认知心下“致知究物”之认识的“能所为二”之“横列系统”。

第七节　洛学南传的线索

程氏门下有两大弟子：一是谢上蔡（良佐，字显道），一是杨龟山（时，字中立）。南宋初期的洛学，主要便通过他二人而传下来。二程门人论学，大体皆顺明道的纲领走。上蔡以“觉”训“仁”，龟山就恻隐说仁，以“万物与我为一”说仁之体，固然明显地本于明道，就是论及致知格物穷理，亦不取伊川“能所对立”之方式，没有以“知”认“所知”的认知的意义。龟山言“中”，主张验之于喜怒哀乐未发之际。这是静复以见体，亦即逆觉体证的工夫。此仍然是明道义，而与伊川论中和之义不同。胡安国曾说，龟山之见在《中庸》，并指说这是“自明道先生所授”。可见程门高第实是遵循“以明道之义理纲维为主的二程学”而发展。

不但谢、杨二人如此，即使专师伊川的尹和靖，亦只守一个居敬集义工夫，而并未顺着伊川所开发的泛格物论以为“学的”。因为内圣成德之教的本质工夫，本不在于格物而穷理。一直要到朱子出来，舍明道而极成伊川之学，才落实于《大学》讲即物穷理，终于转成另一系统。但亦因此而显出其中的问题，所以先有湖湘学者之致辩，后有象山之相抗。

关于此问题，见本卷第五章及第七章。兹先述洛学南传之二支。

一、上蔡湖湘之学

胡安国初任湖北荆门教授，杨龟山来接替他的职事，二人从此相识。后再出任湖北提举，谢上蔡正在湖北应城做知县。安国尊师道，特请龟山写介绍书，以高位修后进之礼与上蔡相见而问学。此后并常有书信往返，故安国之学，“得于上蔡为多”（黄梨洲语）。

安国以春秋学名于世，对于洛学而言，他的功绩在于学脉之护持与承续。而真能消化北宋诸儒之学且有所发明的，是安国的少子胡宏（五峰）。五峰少年时，曾随长兄致堂问学于龟山，后数年，二程门人侯仲良避乱荆州，五峰又奉父命从之游，这是他早年与洛学的直接渊源。后来他优游衡山二十余年，“玩心神明，不舍昼夜”，“卒开湖湘学统”（全祖望语）。

五峰著《知言》一书，确能上承北宋前三家之规范而继续开发，对于明道“识仁”之旨，体之尤为真切。故曰“欲为仁，必先识仁之体”“一有见焉，操而存之，存而养之，养而充之，以至于大，大之不已，与天同矣。此心在人，其发见之端不同，要在识之而已”。就良心发现之端而警觉之，这正是逆觉体证的工夫。从逆觉体证之充塞上，以彰显仁心之本来如此的真体，则其永恒遍在，“与天同矣”，人能彰显仁心真体，便是“仁者”，便是“大人”。明道云“学者须先识仁，仁者浑然与物同体”，五峰承之，从逆觉以言“识仁之体”，亦可谓之善于绍述了。五峰门人胡广仲、胡伯逢等对于上蔡“以觉训仁”之义，亦颇有发明，可见明道、上蔡言仁之旨，甚为湖湘学者所郑重。

二、龟山闽中之学

龟山少上蔡三岁，而后三十二年卒，所以龟山门人亦远较上蔡为盛。

黄梨洲说，龟山门下，“豫章在及门中最无气焰，而传道卒赖之”。又引刘蕺山之言曰：“学脉甚微，不在气魄上承当。”罗豫章是一个笃志躬行人。他从学龟山，抠衣侍席二十余年，推研义理，必欲到圣人止宿处。他教人最切要的工夫，即于静中看喜怒哀乐未发时作何气象。这静复以见体的体证工夫，是豫章真得力处。

豫章门人李延平，与龟山、豫章同为福建南剑州人，人称南剑三先生。他二十四岁游学于豫章，自后家居四十余年，箪瓢屡空，怡然自适。其学亦以“观喜怒哀乐未发之前气象”为入道之方。黄梨洲以为这是“明道以来，下及延平，一条血路”。朱子亦说，“此乃龟山门下相传指诀”。

朱子二十四岁初见延平，二十九岁再一见，三十一岁始正式受学，又三年而延平卒。延平不讲学，不著书，赖朱子之扣问，录为《延平答问》，其学始见知于世。但朱子后来终于直承伊川而另走蹊径，对于延平之学实不相契。论者虽说“龟山三传得朱子，而其道益光”，实则，龟山闽中一系，只到延平而止。

朱子既云“罗先生说，终恐有病”，对延平之教，亦以偏于静而表示不满；对龟山亦时有微词；对于明道虽加推尊而又说其言太高；他真能契切于心而无不愉悦者，只伊川一人而已。所以朱子实只承接伊川而光大之。朱子学之博大，直曰“朱子学”可耳。不必目之为闽学。龟山一系不必因朱子而始立，朱子亦不必附于龟山豫章延平之门而始大。（朱子当然是延平弟子，此处只就义理之脉传而言。）伊川朱子是一系，而龟山南剑一支，实属明道一脉。

三、逆觉体证的两种形态

洛学南传，分二支结集于延平与五峰，二人皆精到中肯，而能开出确定之工夫进路。延平主静坐以观喜怒哀乐未发前之大本气象，是“超越的逆觉体证”。这是静复以见体，是慎独工夫所必涵者。五峰就良心发现处，直下体证而肯认之以为体。这是顺孟子“求放心”与明道“识仁体”而来。这是内在的逆觉体证。静坐以与现实生活隔离一下，此隔，便是超越；不隔离现实生活而“当下即是”，此便是内在。超越的体证与内在的体证，同是逆觉工夫，亦可以说是逆觉的两种形态。

在南宋理学分系之前，一方面有延平、五峰同时开出逆觉体证的两种形态（皆属纵贯系统）；另一方面又有朱子承伊川而开出即物穷理的横摄系统。可知儒家内圣成德之教，不但内涵充沛，而其义路亦确能不偏不倚，坦坦康平。

第五章　胡五峰开湖湘学统

第一节　南宋理学之分系与胡氏家学

历来对宋明理学的分系，事实上是很笼统的。濂、洛、关、闽，只是人与地域之别，无关义理系统。程朱与陆王二系之分判又有不尽（对周、张、大程与五峰、蕺山无安排）。宋明儒者的学问，乃是心性之学。就心与性之关系而言，应该顺“心性是一”“心性为二”“以心著性”而分为三系。[①]

本心即性，心性是一，心与性是同质同层的关系。心性本体含有道德的理则（仁义之理，内在于心），故性固然是理，心亦是理。“性即理”与“心即理”同时承认，此即直承孟子的象山学（明代阳明亦属之）。

性是理，心属气（气之灵、气之精爽），心性为二，心与性是异质异层的关系。故只能说“性即理”，不能说“心即理”，此即朱子学（上承程伊川）。平常所谓“程朱居敬穷理”，主要是指伊川与朱子，而并不涉及明道的义理，明道被隐去了。

以心著性[②]，性是客观性原则、自性原则；心是主观性原则、形著原则。潜隐自存之性，须由心之觉用而形著之（彰著、彰显之）。性由隐而显而呈现起用，乃是心所形著。此一义理架构，即胡五峰消化北宋理学

---

① 理学分化，自南宋始。北宋前三家（周、张、大程），只有义理之开展，并无系统之分化。而伊川之义理转向，生前死后，皆只是一条伏线，半个世纪之后，才有朱子之继续贯彻而开出一大系统。合象山、阳明与五峰、蕺山而为三，是为理学三系。

② 《中庸》云：“形则著，著则明，明则动，动则变，变则化。”“以心著性”之“著”，即据此“形著”以为说。心之觉用，能使潜隐自存之性，由隐而显，形著出来起作用。

而开立的湖湘之学。（由于心之形著对儒学有本质上的必然性、重要性，因此，四五百年之后犹有明末刘蕺山呼应此一理路，是为五峰蕺山系。）

牟先生做此三系之分判，已对“上蔡湖湘系”略有说明，今只就前贤后贤义理传续之脉络，简括如下。

第一，明道提醒学者“须先识仁”，五峰亦以“识仁之体”教学者。

第二，上蔡以“觉”训“仁”（训诂、训解），正是承明道“麻木不仁”之指点，以反显“仁”则“不麻木”，不麻木方能“觉”。五峰子弟胡广仲、胡伯逢，对上蔡“以觉训仁”之义，亦颇有发明。

第三，“成性”二字，语本《易传》“继之者善，成之者性”而来。横渠言“成性”，五峰之父胡安国亦言及之。五峰则顺横渠“心能尽性”而言“尽心以成性”，充分发挥心之觉用，则可以彰显性、形著性，使性成其为具体真实之性，此即心的形著之用。心与性的形著关系，其义理渊源实甚久远。

以下再略述南宋胡氏家学。

胡安国（1074—1138年），字康侯，谥文定，福建崇安人。生于北宋，卒于南宋，六十五岁。文定不及见明道，亦始终无缘见伊川。他与二程门人，如谢上蔡、杨龟山、游定夫，皆义兼师友。谢、游、杨三人对他都很器重，以斯文之任相期勉。当他因得罪蔡京而除名时，上蔡对他的门人朱震说：“胡康侯正如大冬严雪，百草萎死，而松柏挺然独秀也；使其困厄如此，乃天将降大任焉耳。”全祖望以为，“南渡昌明洛学之功，文定几侔于龟山”。可见他在学术上的成就与影响。

对于洛学而言，文定的功绩主要是在学脉之护持与承续，而他自己所专治的则是春秋学。文定讲春秋，实上承北宋孙复（泰山）尊王攘夷之意。他曾从游于泰山门人朱长文，亦算是泰山的再传。文定风度凝远，萧然尘表。自登第历仕四十年，而实际居官之时不满六载。辞官之后，在江西丰城寓居半年，即定居于湖南衡岳，著书以终老。

文定一家，人才辈出。从子胡宪（籍溪），乃朱子青少年时三师之一。长子胡寅（致堂），著有《论语详说》、诗文集《斐然集》，另有《崇正辩》专辟佛徒报应变化之论。他志节豪迈，论者谓致堂不附秦桧，可见其人品之正；不染异教，可见其学术之正。次子胡宁（茅堂），长时间侍父左右，佐助修订《左传》。季子胡宏（五峰），开出湖湘学统。全祖望《书宋史胡文定传后》云：

致堂、籍溪、五峰、茅堂四先生，并以大儒树节南宋之初。盖当时伊洛世嫡，莫有过于文定一门者。四先生殁后，广仲尚能禅其家学[①]，而伯逢、季随兄弟游于朱张之门[②]，称高弟，可谓盛矣。

胡五峰作《知言》，是张子作《正蒙》之后，另一位有严整的专门著作之人。吕祖谦说"《知言》胜似《正蒙》"[③]，此或称许过当，但就思想之精微扼要而言，亦确有《正蒙》不及之处。此下引据《知言》之言，分节述之于后。

第二节　胡子知言大义（一）：即事明道，道无不在

一、即事以明道：道充乎身，塞乎天地，无所不在

《知言》云：

道充乎身，塞乎天地，而拘于躯者不见其大；存乎饮食男女之事，而溺于流者不知其精。诸子百家亿之以意，饰之以辩，传闻习见蒙心之言，命之理，性之道，置诸茫昧则已矣。悲夫！此邪说暴

---

① 广仲，名实，五峰之从弟，师事五峰。朱子作《胡子知言疑义》，评议五峰，广仲出而与之辩，以阐明师说。广仲少朱子六岁，可惜年寿不永，卒时仅三十八。

② 伯逢，致堂长子，学于五峰，与朱子有过激烈之论辩，绝无游于朱子之门的事。季随乃五峰少子，师事张南轩。南轩没，问学于朱子，后师事陆象山。

③ 语见《宋元学案·五峰学案》全祖望按语。

行所以盛行，而不为其所惑者，鲜也。

然则奈何？曰：在修吾身。夫妇之道，人丑之矣。以淫欲为事也。圣人则安之者，以保合为义也。接而知有礼焉，交而知有道焉，惟敬者为能守而弗失也。语曰：乐而不淫，则得性命之正矣。谓之淫欲者，非陋庸人而何？天得地而后有万物，夫得妇而后有男女，君得臣而后有万民，此一之道也，所以为至也。

即事以明道。所谓“事”，指行为之所及，亦即以己身为本所涉及的日常生活，乃至于日常生活所涉及的一切有关之事。所谓“道”，是指道德法则、道德性的实理天理之道。而即事明道的“即事”，是表示不离开道德实践之中心，不离开人本人文之立场。平常所谓“即用显体”“即器明道”，亦与此同。否则，“即用”未必能显道德性之实体，“即器”亦未必能明道德性之天道。反之，有此中心以提挈之，有此立场以贞定之，则“即事明道”，亦自无穷尽、无限量，故胡子曰“道充乎身，塞乎天地”。所谓“拘于墟”，是为私意私见所固蔽，所以不见道之“大”；“溺于流”，是为私欲恶情所陷溺，所以不知道之“精”（精纯、精微）。若能解除其私意私见，超拔其私欲恶情，则自能见得“道”之广大充塞，无所不在。

天道生生，仁道亦生生。个人道德实践（道德行为之纯亦不已）之道德秩序，与宇宙生化（天命之体的於穆不已）之宇宙秩序，其内容的意义是同一的。此义实乃儒者共同之肯定，无人能违背。若离此而空言性命天道，便是“亿之以意，饰之以辩，传闻习见蒙心之言”，便是将“命之理，性之道，置诸茫昧”。如此，性命之道则必违失其道德实践之中心与人本人文之立场，而歧离飘荡。只有“即事明道”，就“己身”以为道德实践，则虽饮食男女之事，只要“接而知有礼焉，交而知有道焉”，能就其实然之事而“敬”其当然之理（生之理、保合性命之理），“守而弗失”“乐而不淫”，就可以得性命之正。

《中庸》云：“君子之道，造端乎夫妇，及其至也，察（察，昭著也）乎天地。”《中庸》之言，与五峰所谓“天得地而后有万物，夫得妇而后有男女，君得臣而后有万民，此一之道也，所以为至也”，二者所陈之义，正可相参。

二、天理人欲，同体异用，同行异情

> 天理人欲，同体而异用，同行而异情。进修君子，宜深别焉。

此段系根据首段“道充乎身，塞乎天地，……存乎饮食男女之事”而提示的警戒之辞。同一饮食男女之事，溺于流者，谓之“人欲”（以淫欲为事）；不溺于流者，谓之“天理”（以保合为义）。所以说，“天理人欲，同体而异用，同行而异情”。

“同体”是同一事体，而非同一本体。“异用”是异其表现之用，而非体用之用。“同行”是同一事行，并非混杂并流。“异情”是说在同一事行上“异其情实”（即有溺与不溺之异）。学者对于这样的点示，必须明辨，不可误将“天理”“人欲”混为一区，所以末句特别提醒：“进修君子，宜深别焉。”

三、道不在性外：由好善恶恶说性体之至善

> 好恶，性也。小人好恶以己，君子好恶以道。察乎此，则天理人欲可知。

“好恶，性也”之“好恶”，即孔子“唯仁者能好人能恶人”之好恶。亦即“好善恶恶”之好恶。不过，人虽能“好善恶恶”，性体亦能发出好恶之用，但当人表现此好恶之用时，却不免有所夹杂。“小人好恶以己”便是夹杂一己之私，如此便是“人欲”。“君子好恶以道”，是称性体而发，其好恶纯是“天理”。称性体而发，即“好恶以道”。可知“道”不在“性”之外也。

第三节 胡子知言大义（二）：以心著性，尽心成性

一、心本天道为用，至大至善

胡五峰言“心”，本于孟子。故既言心之遍在性，亦言心之超越生死，永恒常在。《知言》云：

> 心无不在，本天道变化，为日用酬酢[①]，参天地，备万物。人之为道，至大也，至善也。

心无所不在，“本天道变化”之“本”，非根据义，乃相应义。本心呈现，则相应天道变化，“为日用酬酢”，而应事接物亦莫非天理之流行，“参天地，备万物”，而无一物之能外，此即程明道所说“只此便是天地之化”。

若推广而言之，科学之神奇，亦仍然是心能之呈现发用，离开心灵之创造，物之质能亦不能尽其神奇之用，而终只是物而已。“天地之化”的“善”，正是通过心之觉润创造而豁显而形著者，所以说“人之为道，至大也，至善也”。

二、性是形上实体，是天下之大本

五峰言性，以为“万物皆性所有”，又说“有而不能无者，性之谓欤！”性是“天地之所以立”，是“天下之大本”，是“天地鬼神之奥”。凡此，皆表示“性”是“形上实体”。

五峰上承周、张、大程，是由《中庸》《易传》之讲道体、性体，而回归《论语》《孟子》之讲仁与心性。回归之后，必须对超越的道体、性

---

① “日用酬酢”，原为“世俗酬酢”，据朱子改。

体有一响应（这是不可少的，必然要出现而完成之），此即尽心以成性、以心著性。因着心之形著，而使天命流行之体（性体），成其为真实具体的性。

三、以心著性，尽心成性

《知言》云：

> 天命之谓性。性，天下之大本也。尧、舜、禹、汤、文王、仲尼，六君子先后相诏，必曰心，而不曰性，何也？曰：心也者，知天地宰万物以成性者也。六君子，尽心者也，故能立天下之大本，人至于今赖焉。不然，异端并作，物从其类而瓜分，孰能一之！

此一段明言六大圣人（六君子）是“尽心者也”，能尽心之用，则能立天下之大本。而前文已言性是天下之大本，今再言必须“尽心”，方能“立天下之大本”。这表示，性要通过心而后乃能起用，以显发其创造之功能。

（一）性是自性原则，心是形著原则

性为客观性原则，为自性原则；心为主观性原则，为形著原则。性至高尊，亦至秘至奥，但若非心之形著，则性便不能彰显。所以性至尊，而心则至贵。性之所以至尊，是因为它是形而上的实体；心之所以至贵，是因为它具有形著的功能。如果只有自性原则而无形著原则，则性体便只潜隐而自存，它自己不能彰显它自己以真实化、具体化。

“心”能“知天地，宰万物”。此“知”如《易传》“乾知大始”之“知”，乃是“主”之义。所以心之“知天地”与心之“宰万物”，义实相同。“知天地”不是认知心之认知的知，而是实体性的心之直贯（本体宇宙论的直贯）。知之（主之）即通彻之，通彻之即实现之。所以心对性而

言，是形著原则；而对天地万物而言，则是生化原则或创生原则。[①]

（二）以心著性，尽心成性

“心也者，知天地宰万物以成性者也。”牟先生特为指出，此所谓“成性”，不是本无今有之成，而是形著之成，意即因心之形著，而使性成其为真实而具体之性。[②]潜隐自存之性，步步彰显而形著，此即所谓“成性”。

“六君子，尽心者也，故能立天下之大本。”所谓“立天下之大本”之立，亦不是“本无今有”之立，而是形著之立，意即由于“尽心”，才能使那作为“天下之大本”的性，得其具体化与真实化。性虽为天下之大本，而“六君子先后相诏，必曰心，而不曰性，何也？”此无他，正因为尽心以成性之故，正因性必须由心而彰显之形著之之故也。

凡由《中庸》《易传》之“於穆不已”的天命之体而言性，而又回归《论语》《孟子》以会通孔子之仁与孟子之心性，则此“形著”之义、“成性”之义，便是应有而必然的，亦是恰当的。[③]因为超越客观面的道体，只有形式的意义，它下贯而为人之性，亦仍然是潜隐而自存的。必须再进一步通过道德的实践，而后才有精神之表现。亦就是说，必须通过内在主观面的心之形著，那客观面的潜隐自存之性，乃能在生命中呈现而得其具体化与真实化。

在此“形著”之中，超越客观面的道体性体，步步内在化而显示其主观之意义，内在主观面的心，亦随形著而步步显示其客观而超越的意义。此时，便由“心性对扬”而进至“心性合一”。（性体因心之形著而全部朗现，而心亦由于与性合一而全体挺立，主观面之心与客观面之性，至此而达于真实的统一。）此即五峰“以心著性”之义理架构的价值所在。[④]

---

① 性体亦是生化原则，但必须借着心之形著而彰显，故五峰直就“心”而言。

② 参见牟宗三：《心体与性体》，第二册，第三章第三节。

③ 参见牟宗三：《心体与性体》，第二册，第三章第三节。

④ 参见蔡仁厚：《宋明理学·北宋篇》，第167—169页，第六章，第三节之四。该处有说明“尽心成性之重要性”，可覆按参证。又，周子、大程、象山、阳明与伊川、朱子何以未言“成性”“形著”之义，该处以及拙撰《中国哲学史大纲》，亦有说明。

第四节 胡子知言大义（三）：内在的逆觉体证

一、尽心以尽仁

> 彪居正问："心，无穷者也，孟子何以言尽其心？"曰："惟仁者能尽其心。"居正问为仁，曰："欲为仁，必先识仁之体。"……
>
> 他日，某问曰："人之所以不仁者，以放其良心也。以放心求心，可乎？"曰："齐王见牛而不忍杀，此良心之苗裔，因利欲之间而见者也。一有见焉，操而存之，存而养之，养而充之，以至于大，大而不已，与天同矣。此心在人，其发见之端不同，要在识之而已。"

此两段文，前段言尽心以尽仁。尽其心即尽其仁，故曰"唯仁者能尽其心"。仁者之本心，常真诚恻怛，常存而不放失，所以能随事而充之尽之。不仁者放失其良心，所以溺于流而常为不仁之事。但人心本善，即使至恶之人，其良心亦并非全无萌蘖之生。如能就其萌蘖之生而当下加以指点，以使他警觉，便能立即由此一念警觉而渐存渐养，而至于充大，则涓滴之水可成江河。此便是所谓"以放心求之"。

次段言"求放心"。问者误会"以放心求心"是拿已放失之心去求心，故提出疑问。所谓"以放心求心"，意即就其放心而反求之，就放心而求之的根据，即在良心之苗裔（萌蘖）。齐宣王好勇、好色、好货，本是一利欲心，但在利欲之间，其良心亦随机而有萌蘖之生（见牛而不忍杀）。故孟子就其良心苗裔之萌芽而当下指点之，使齐宣王实时警觉而"心有戚戚焉"，此便是"以放心求之"。求放心，乃是从事道德实践最真切的工夫，亦是尽心以尽仁之第一步。尽仁，表现心中之仁以成德成善，则是第二步。

良心发见之端（萌芽）虽有种种不同之情况，但就其放溺而警觉之，则一也。此随时警觉之工夫，即"逆觉"的工夫。逆觉之"逆"，是根据孟子"汤武反之也"之"反"字来。除了"尧舜性之"，皆是逆而觉之。"觉"亦是孟子之言，如"先知觉后知""先觉觉后觉"。此处所谓觉，虽不必是觉本心，但依孟子之教义，最后必归于觉本心（象山即如此言之）。“尧舜性之”是超自觉，称体而行，自然如此，此即《中庸》所谓“自诚明谓之性”。“汤武反之”，则是自觉，随时随事而反省觉察，此乃《中庸》所谓“自明诚谓之教”，亦即“诚之者，人之道也”的“诚之”工夫。

“性之”与“反之”相对而言，“反”即“逆觉”。孟子言“反身而诚，乐莫大焉”，亦是逆觉。五峰就良心萌蘖而指点之，显然是以孟子为根据而言逆觉。逆觉工夫，是道德践履上“复其本心”之最切要而中肯的工夫，亦是内圣工夫最本质的关键。

二、内在的逆觉体证与识仁之体

良心发现之端（萌芽）虽有种种不同之情况，但就其放溺而警觉之，则一也。这种随时警觉的工夫，即“逆觉”的工夫。逆，如孟子“汤武反之”之“反”，觉，即孟子“先知觉后知，先觉觉后觉”之觉。“尧舜性之”是超自觉，称性而行，自然如此。“汤武反之”则是自觉，随时随事而反省觉察。

上文伊川章第七节之三，已言及李延平之“静坐观中”是超越的逆觉体证之路，胡五峰所讲，则是内在的逆觉体证（内在，谓内在于生活）。就现实生活中良心发端处，直下体证而肯认之以为体，不必隔绝现实生活，不必从静坐闭关以求之。此即所谓“当下即是”。

五峰所谓“此心在人，其发见之端不同，要在识之而已”。此所谓“识之”，即就其发现之端，逆觉而肯认之，方能讲真正的操存涵养。五峰答彪居正曰“欲为仁，必先识仁之体”，即由良心仁心发见处，逆觉而肯认良心仁心之体。“仁之体”即仁心自体，仁即体（不是另有一物为仁之体）。

人之表现有限量，而仁之为实体、真体，则无限量。由“体物而不遗”“万物与我为一”，固然见此真体之所以为真体，而随处发见之苗裔，亦同样是此真体之呈现。五峰所谓“一有见焉，操而存之，存而养之，养而充之，以至于大，大而不已与天同矣”。便正是从逆觉体证之充尽上，以彰显仁心之本来如此的真体。能彰显仁心真体，即“仁者”，即“大人”。明道《识仁》云“学者须先识仁，仁者浑然与物同体（同为一体）”，五峰承之，并从逆觉以言“识仁之体”，可谓善于绍述。

三、以仁为宗，以心为用

五峰还有一段话，意思中肯而谛当：

> 天地，圣人之父母；圣人，天地之子也。有父母，则有子矣；有子，则有父母矣。此万物之所以著见，道之所以名也。非圣人能名道也，有是道，则有是名也。圣人指明其体曰性，指明其用曰心。性不能不动，动则心矣。圣人传心，教天下以仁也。

此段是最后的总结归宗之语。“天地，圣人之父母”，是说天地为圣人之所本与所法，亦即张子《西铭》“乾称父，坤称母”，以乾坤为大父母之义。“圣人，天地之子也”，是说圣人是天地之道的体现者与作证者，亦即伊川“观乎圣人，则见天地”之义。天地之于圣人，圣人之于天地，父母之于子，子之于父母，一往一复，“道”即在其中矣。道，即“万物所以著见”之本，著见，亦即形著呈现之义。

《中庸》云：“天地之道，可一言而尽也，其为物不贰，则其生物不测。”天地创生万物，即使万物著见，如此而说的道，是万物所以著见之客观的本，亦即著见之客观原则或自性原则。圣人尽道，体物而不遗，则是万物所以著见之主观性原则或形著原则。圣人因“尽道”而“形著道”，亦就是间接形著万物而使万物著见。客观地著见万物，是父位；主观地著见万物，是子位。父位由子位而见，故曰：“观乎圣人，则见天地。”

圣人之所以能尽道，即因“尽心以尽仁”之故。所谓“圣人传心，教天下以仁”，此是明白点出心与仁之重要性。心是形著原则，是尽道之本质的关键。而仁则是心之内在地所以为心之实，故心即仁心，心体即仁体。而心与仁又是“道”与“性”之实，道与性即由心与仁而形著之。

韩愈《原道》有云："仁与义为定名，道与德为虚位。"道乃通名，故天下皆言道：老氏以"无"名之，耶氏以"爱"显之，释氏以"空"示之，各人"道其所道，非吾所谓道也"。而圣人则以"仁"实之，故曰"圣人传心，教天下以仁也"。

心，是道德的本心；性，是道德的创生之性；而道，亦是道德的仁义之道，同时亦即形上的、於穆不已的、生物不测之道。五峰由"尽道、著性"而言之，乃直下以道德的自觉立教，而毫无歧出者。[①]其所谓"圣人传心，教天下以仁"，即表示"以仁为宗"、"以心为用"（形著之用）。

第五节　湖湘之学，一传而衰

胡氏一家，籍本福建，由于文定数度为官荆湘，而得亲接于上蔡诸人，晚年又隐居于衡山，文定既卒，五峰复居湘衡二十余年而不出，专事著书讲学，其子弟门人亦多从五峰隐遁湘衡，故五峰一脉，称湖湘之学。兹先略介其重要之子弟门人于后。

胡实，字广仲，文定之从子。在胡氏诸兄弟中，广仲年最少，文定卒时，他只有三岁。广仲十五岁习辞艺，五峰告诫他说："文章小技。所谓道者，人之所以生；而圣贤得之，所以为圣贤也。"广仲答道："窃有志于此，愿有以诏之。"从此就学，师事五峰。广仲以门荫补将仕郎，但他"不就铨选"，而以讲学论道为事。当朱子作《胡子知言疑义》评议五峰之学，而张南轩亦多随和朱子，说《知言》恐"不免有病"之时，广仲即与同门出而与朱子南轩相论辩，以阐明师说。广仲少朱子六岁，可惜年寿不永，卒时仅三十八。《五峰学案·胡广仲案》有《广仲答问》，多论谢上蔡"以觉训仁"之旨。

---

① 朱子所作《胡子知言疑义》，共八端，皆因思路系统之不同，而形成他不相应的误解。拙撰《宋明理学·南宋篇》第27—30页有简要之说明；而同书第64—65页，又约述牟先生对《知言》大义之简括，亦八点。皆可参看。

胡大原，字伯逢，致堂之长子，师事五峰。伯逢与广仲、吴晦叔等，守师说甚固，与朱子南轩皆有辩论，而不以朱子《胡子知言疑义》为然。《五峰学案·胡伯逢案》有《伯逢答问》。

彪居正，字德美，湖南湘潭人。其父虎臣，尝从文定游，居正奉父命师事五峰。居正之著述不传，但在五峰门下地位甚高，当时有彪夫子之称。朱子与南轩之书信，亦称居正为彪丈，则其年辈当略长于朱子。

吴翌，字晦叔，福建建宁人，游学于衡山，师事五峰。五峰没，又与南轩、广仲、伯逢论学。南轩门人在衡湘者甚众，无不从晦叔参决所疑。晦叔亦与朱子辩论“观过知仁”，以为“观”，乃观省之义，人若将孔子“观过，斯知仁矣”的指示，收归于主体而付诸实践，真去做实践的观省，则在此观省之中必将怦然心动，知其偏失之过而不安，而思有以化除之；进而亦必能豁然醒悟，皤然自证，原来只此怦然心动，知偏失而不安之心，即吾人之本心，即仁体，即仁心觉情。此便是就“观”字所呈露的本心以识仁之切义与实义。故晦叔又有“先知后行”之说，此是承明道“学者须先识仁”以及五峰“先识仁之体”而来。“先知”是先知仁体，先由逆觉的体证以知仁体，亦即伯逢所谓“必有所觉知，然后有地可以施功而为仁也”。此亦大体之“先察识后涵养”之路。

五峰门下最有声光者是张南轩，而对师门之学最不善绍述的，亦是张南轩。南轩名栻，字敬夫，亦作钦夫。父浚，为中兴名将，并做过高宗朝之丞相。南轩天资明敏，又因父亲之故，早在社会出头。五峰卒后，学者多归南轩。南轩初欲拜谒五峰，五峰“辞以疾”。人以为异，五峰曰：“渠家好佛，见他则甚！”南轩闻言，再次涕泣求见，遂得受学。[①]南轩自己说：“始时，闻五峰胡先生之名……辛巳之岁（二十九岁）方获拜之于文定公书堂……然仅得一再见耳，而先生没。”（《南轩文集·答陈平甫书》）又说：“所恨在先生门阑之日甚少。”（《南轩文集·答胡伯逢书》）南轩在五峰门下，亲炙之日既短，则其所得盖亦甚浅而未能真切，所以当朱子作《胡子知言疑义》非难五峰之学时，南轩与朱子书信往返，

① 见《五峰学案》《南轩学案·附录》。

形式上是辩论，事实上大多随着朱子的议论走，甚至还说他老师的《知言》一书，某处“为病矣”，某处“诚为不当”，某处“不必存”，某处“当删去”，某处“当悉删去”一类之言[①]，从而引起五峰子弟门人之不满。南轩天资虽明敏，心思亦灵活，但秉性清弱，体未强固（故易为朱子所牵转）。吕祖谦与朱子书有云：“张荆州（指南轩）从游之士，往往不得力，不知何故如此。”（《南轩文集·附录》）

全祖望谓“五峰弟子，寥寥寡传”。而且湖湘之学，一传而衰。此何以故？我以为其中缘故，不外下列数端。

其一，五峰卒时（姑以绍兴三十一年为准），其门人年岁可考者，胡广仲二十六岁，张南轩二十九岁，吴晦叔三十三岁。一般学者思想家之成熟，总在四十以后。而从上举三人的年岁看，五峰卒时，他们恐皆尚未成熟，而锻炼之功亦可能有所不足，对于弘扬师门之学，或难免力不从心。

其二，五峰门下，除张南轩外，大多潜隐湖湘讲学，少与各方通声气。而南宋时代的湖南，亦不算学术之区，所以五峰门下的衡麓讲学，影响不大。

其三，五峰卒后，张南轩俨然为同门领袖。但南轩并不能守护师门之学，且随顺朱子之说而评议五峰之《知言》。

其四，胡广仲、胡伯逢、吴晦叔，虽坚守师说，纷纷与朱子、南轩辩论，但他们的学力既皆不如朱子，而又享年不永（广仲三十八，早朱子二十七年卒；晦叔四十九，早朱子二十二年卒；南轩四十八，亦早朱子二十年卒），未能继续发明师学，所以终为朱子所贬压。

其五，湖湘学者虽遭朱子驳斥，却并未服输，亦不表示他们论点站不住。但一则僻处湘衡，声光不显，而双方又只是书信往返以致辩，他们的论点与学术立场，局外人鲜有知闻。二则在双方论辩之时，陆象山已崛起江西，成为朱子最大之论敌，而广仲与晦叔卒时前后，朱子与象山兄弟且有鹅湖之会（1175 年）。此后，天下耳目为“朱陆异同”所吸引，而湖湘之学便从此寂然隐没了。

---

① 皆南轩与朱子讨论“知言疑义”时语。今《宋元学案·五峰学案》中并见。

第六章　朱子的性理学

朱熹（1130—1200年），字符晦，又字仲晦，号晦庵，又号晦翁，后世更以考亭称之。朱子原籍徽州婺源（今属江西），而生于福建，先侨寓崇安，晚年居建阳。父名松，号韦斋，师事罗豫章，与李延平为同门友。韦斋卒时，朱子方十四，奉遗命从学于刘屏山、刘白水、胡籍溪。十九岁中进士，二十四岁赴任泉州同安主簿，过南平谒李延平，二十九岁再一见，三十一岁始正式受学，又三年而延平卒。

延平之学，承龟山豫章一脉，主静坐以观喜怒哀乐未发之大本气象。这静坐"观未发之中"的指点，乃是静复以见体的路，是超越的逆觉体证。延平乐道不仕，亦不讲学，不著书，赖朱子之扣问而有《延平答问》，其学始见知于世。据朱子所撰《延平行状》（见《朱文公文集》九十七），可见延平示人之大要，约有四端：默坐澄心，体证天理；洒然自得，冰解冻释；即身以求，不事讲解；理一分殊，终始条理。[①]

但朱子四十岁以后，越过师门三代（延平、豫章、龟山），直承伊川而发展，经步步之讲论厘清，终于开显一个大的系统。本章将先简述朱子四十以前的学思历程，再分节讨论朱子系统中的性理学、仁说、工夫论以及其居敬穷理的进路。

第一节　朱子四十岁以前的学思历程

朱子十九岁中进士，发迹很早，但就学术之建立而言，则是四十岁

---

① 此四端之大意，可参见蔡仁厚：《宋明理学·南宋篇》，第70—76页。

以后的事，如此看来，朱子实是大器晚成的类型。他四十以前的问学与苦参中和，虽然恒毅坚苦，但那些讲说，还不能算是“的实之见”（朱子语）。

朱子之父，“日诵《大学》《中庸》之书，以用力于致知诚意之地”。[①]可见朱子少年时期的家学渊源即以《大学》《中庸》为首出。而从龟山豫章到延平，都是顺《中庸》“致中和”而用功，这是龟山门下相传的工夫指诀，是承明道之体认天理而开出的工夫进路。黄梨洲说此乃“明道以来下及延平，一条血路”[②]。这话是不错的。

朱子从李延平接下“参究中和”的题目，从三十七岁与张南轩正式以书信讨论此一问题，共有四书。其中二书有朱子四十三岁所加之自注语，表示旧说之非。这四封书信，乃王懋竑详检文集，节录于《朱子年谱》“三十七岁”下，对于了解朱子参究中和问题之原委，功不可没。唯此四书之先后顺序，仍欠妥帖。牟先生依朱子书信之内容，再加调整说明，甚为谛当。[③]

一、何谓大本之中

中和问题，原自《中庸》首章，所谓“喜怒哀乐之未发，谓之中；发而皆中节，谓之和。中也者，天下之大本也；和也者，天下之达道也。致中和，天地位焉，万物育焉”。《中庸》讲“致中和”，是由“天命之谓性”“道也者不可须臾离”“莫见乎隐，莫显乎微，故君子慎其独也”一路说下来。因此，所谓“致中和”，乃是顺承“从性体言独体”而推进一步的更为具体的表示。然则，作为“天下之大本”的“中”，究竟指何而言？

如果不是在通于天命的那个性体之外另有一个大本，则这个“中”

---

① 参见王懋竑：《朱子年谱》“十一岁”所引《朱子年谱》旧本。

② 参见黄宗羲：《宋元学案》，第三十九卷，《豫章学案》黄宗羲案语。

③ 参见牟宗三：《心体与性体》，第三册第二章。

便是指“天命之谓性”的那个性体而言。如果“中”是就喜怒哀乐之情未发时，情之潜隐未分的浑融状态而言，则它仍然是属于情，而不足以为天下之大本。

由此可知，《中庸》所谓大本之中，应该是一个本体宇宙论的创生直贯之实体，它就是作为“天下之大本”的“中体”“性体”“诚体”，而贯通儒家心性之学的思理而言，它亦可名之为“心体”。如果这个“中体”主宰调适吾人之情，而使情之发皆能中节合度，这就是“和”。和，是中体达于用而在用中行，所以在“中也者，天下之大本也”之后，紧接着便说“和也者，天下之达道也”。中体呈现，和用畅达，是之谓“致中和”。中与和这两个原则，可使天地定位（大中至正），万物化育（生生不息）。

如果对中体做这样的契悟，则既可以依《论语》之仁与《孟子》之本心来会通《中庸》以讲“中和”，亦可以由《中庸》之中和而会归于《论语》《孟子》。如此讲中和问题，自然可以径直平易而畅达，但朱子参究中和问题，却显得纠结而迂曲。

二、朱子中和旧说的讲论

朱子并不顺承延平“观未发之中”（默坐澄心，体认天理）的路。延平上承杨龟山、罗豫章二代之教，是静复以见体，属于超越的逆觉体证。而朱子三十七岁开始参究中和，主要是和张南轩相互讨论。朱子与张钦夫之四封书信，依《朱子年谱》，皆列于“三十七岁”下，故一般也说朱子参究中和是在三十七岁。到四十岁中和论定之后，朱子视此四封书信为不成熟之旧说，并自作注记，以示郑重。

概括而言，此中和旧说的要旨，主要有五：将“良心发见”之发，与喜怒哀乐之已发未发之发，混而为一；因而对孟子四端之心，与《中庸》喜怒哀乐之情，亦形成干扰；于是对孟子之本心，亦体悟不足（须知实体性的本心，与中体、性体、天命流行之体，最后必是一，而非朱子所理解的“心性情三分”）；因而亦表示朱子对《中庸》之中体、性体、天命流行之体，实亦未有相应之契悟；最后，必导致对仁体之体悟，亦有不足。（故当张南轩函告他应以“求仁”为急时，朱子却说“自觉殊无立脚下工夫处”，见旧说第四书。）

此五点，皆表示此时的朱子对于“体”上工夫不透不切。至于朱子何以必然地转折而走向中和新说之路，牟先生《心体与性体》书中有详审之疏理，认为此中决定性的过转之关键，唯在程伊川一句话：“凡言心者，皆指已发而言。”

三、朱子转向而另开新路

朱子四十岁之“已发未发说”以及《与湖南诸公论中和第一书》明白表示：旧说各书之所以认为“心为已发，性为未发”，乃因信伊川之语而然。朱子从三十七岁起三数年间，虽已讲到“致察于良心之发见”为“做工夫的本领”，但因他的良心之发与喜怒哀乐之发相混，便使得朱子既不去切实体会此义（指致察良心之发）所以成立之根据，不去切实体会孟子“本心”“求放心”“先立其大”诸义，不去切实体会程明道“须先识仁”之义，不去正视谢上蔡以觉训仁与胡五峰“须先识仁体”之义，再进而亦不去切实体会“天命流行之体”之义，不去切实体会周濂溪之“诚体”“神体”“寂感”“真几”“以会通太极”，不去切实体会明道“只心便是天，尽之便知性，知性便知天，当处便认取，更不可外求”之一本论，而只胶着于伊川“凡言心者，皆指已发而言”此一不谛之语，以求其所谓中和之旨。

伊川此句“未当”之言（伊川后来自认此言未当），竟在朱子生命中形成一道墙壁（牟先生语），使他不能悟入“致察于良心之发见”一路之深透义理，因而亦不能真切于此一“做工夫之本领”之警策处。因此当他一旦发觉以“已发”为“心”有所不妥时，便连带将“致察于良心之发见”一路之义理，也一并抛弃，而做了一个大的转向，此后便顺着伊川学的纲领（心性情三分）而前进，这就是朱子过转到中和新说的关键所在。

第二节　中和论定后的性理学架构

一、“中和新说”的基本纲领

朱子四十岁春，与门人蔡元定言未发之旨，问辩之际，忽然自疑，于是急转直下，而有“中和新说”之一说二书。一说是“已发未发说”，二书是《与湖南诸公论中和第一书》和《答张钦夫书》。与湖南诸公书同于“已发未发说”。未发说当是原稿（故有书函口气），到寄发之时，词句稍有改易，故比较简洁明当。而《答张钦夫书》尤为成熟之作，故牟先生谓可标为“中和新说书”。[①]

构成此新说之义理架构的基本纲领，归结起来，亦不过两大端：其一，心、性、情三分，心统性、情；其二，静养动、察，敬贯动、静。

朱子后来的发展，即以此中和新说为根据。牟先生并指出，朱子系统中的义理，实无超出此新说之外者。[②]

二、综述“新说”大旨

此中和新说书之大旨，可以分说如下。

第一，以心为主而论中和。“中”是心之所以为体，而寂然不动者也，由“中”字见性之浑然；“和”是心之所以为用，感而遂通者也，由“用”字见情之中节。后来，朱子又依此而说“心统性情”（借取张横渠语以说己意）。通贯于未发，即其“寂然不动”而统贯乎性；心统性，是认知的统摄关联，通贯于已发，即其“感而遂通”而统贯乎情；心统情，是行动地敷施发用。

第二，心与仁之关系。“人有是心，而或不仁，则无以著此心之妙。”

① 参见牟宗三:《心体与性体》，第三册，第二章第五节。

② 参见牟宗三:《心体与性体》，第三册，第二章第六节。

故须由仁道之显现，以著此心之妙。“人虽欲仁，而或不敬，则无以致求仁之功。”故须由敬的工夫，来显现仁道（仁理）。又说“仁乃心之道”，心不是仁，心之道才是仁。“敬乃心之贞”，心气之贞定凝聚，必须通过敬的工夫。（如此讲敬，乃是后天工夫意义的敬，属伊川义；而不是明道义的先天诚敬之体的敬。）

第三，敬贯动静。敬立于存养之实，故静时（不应事时）应涵养敬心，以求近合未发之中。敬亦行乎省察之间，故动时（应事接物时）应察识情变，以期达于中节之和。综合起来说，即所谓“静养动察，敬贯动静”。通过存养察识之功，乃能中以导和，和以存中，而周流贯彻之心，也可以达于“无一息之不仁”的境地。

此外，新说书信的后段，是对张南轩的答辩，即“先涵养后察识”或“先察识后涵养”的问题。

朱子依于静养动察之义，认为必须以静时之涵养工夫为本，使心如“镜明水止”以达于“心静理明”，故主张“先涵养后察识”。南轩则以为，必须先察识良心端倪之发，而后施以存养之功，所以主张“先察识后涵养”。

其实，两家争论的关键，并不在“先”“后”二字，而在二人所讲的“察识”“涵养”意旨各不相同。南轩本于程明道“学者须先识仁”以及其师胡五峰“须先识仁之体”之义，主张“先察识”（先识仁体）而“后涵养”（存养仁心、本心）。南轩所说，完全依于明道《识仁》“学者须先识仁，识得此理，以诚敬存之而已”的理路而来。而朱子正好舍明道而采取伊川之路，将仁与心分开（仁是性、理，心则属于气），故主张先涵养心气之灵，使心知之明足以明理，然后乃能察识情变，以期喜怒哀乐之发能够中节。二人所说，各有理据，只因系统路数不同，故工夫先后之序也相异。（世人不究义理之实，只注目于“先、后”二字，所以总说不明白。）

中和新说论定之后，朱子性理学的架构，基本上已经建立。但系统的周洽完成，则有待于“仁说”之论辩。[①]

---

① 蔡仁厚：《宋明理学·南宋篇》，第92—101页，“中和新说书”；第107—118页，“仁说”。两处皆有全文之疏解，可参阅。

第三节 “仁说”的论辩：性理学的完成

一、《仁说》缘起

中和问题，本就是心性问题，而心性问题又以“仁”为根核。朱子四十岁成立中和新说，再经三数年之浸润与议论，乃又展开关于“仁说”之论辩。这两步论辩，代表朱子思想奋斗建立的过程，而一般皆忽而不讲，如王懋竑的《朱子年谱》，亦只录列中和讨论的文献，而有关“仁说”的论辩，则完全阙略。可见数百年来对于朱子学的理解，并未尽其底蕴。牟先生在《心体与性体》第三册，曾以二百八十多页的篇幅，对这长达十年（即朱子三十七岁至四十六岁）的论辩内容加以疏解，义最赅备而精当。

朱子理解《论语》之仁，开始也想以二程之所说为纲领，但他对明道《识仁》的纲领始终凑泊不上，故终于舍明道而从伊川。他依据伊川“仁性爱情”之说，将仁体支解为心性情三分、理气二分，而以“心之德、爱之理”的方式说“仁”。他四十三岁作《克斋记》，随后又作《仁说》。①

二、朱子《仁说》大旨

朱子《仁说》一文，前大半为正面之申论，后小半则辩驳杨龟山与谢上蔡。此文之大旨可综为下列各点。

第一，天地之心，由气化流行以生物而见，于是心只成气化之自然

---

① 《克斋记》（见《朱子文》集第七十七卷），从克己复礼以申论仁之义旨与求仁之要。此记作于壬辰年，朱子四十三岁。《仁说》编在文集第六十七卷。作于何年，不可确考。但据朱子与张南轩论辩“仁说”之书信曾提及《克斋记》，可知其《仁说》作于《克斋记》之后。

义（而非本心呈用之自然）。人之心，由动静语默而理寓其中以成德而见，然而，理不寓于心则不能成德，而统贯诸德者方谓之“仁”。

第二，仁不是爱，而是爱之理、爱的所以然之理；仁不是心，而是心之德、心所应当具备之德。[①]人常默识仁理以引发心气之凝聚向上，久而久之，实然的心气便能现实地（实践的）摄具此理，以成为人自身之德。（理转成德。）

第三，不以爱之发（情）名仁，而以爱之理（性）名仁。恻隐等四端，是爱之发，是情，其所以发之理（性），乃是仁。这是将精诚恻怛之本心仁体支解为“心性情三分”，性为形上之理，心与情属形下之气。所谓“仁是爱之理”，是表示然与所以然的关联。所谓“仁是心之德”，是表示心知之静摄的关联，至于“心统性情”，则表示统摄的关联。但须知心之摄具理，乃“后天”的关联，而非“先天”的本具。

第四，仁只是理，与气成二分；仁只是性，与心、情为三分。故仁是形上的“有”，而不是具体的“在”。

若依程明道《识仁》之义，则仁是理、是道，依理与道之存有义而说仁是形上的“有”。仁亦同时是心、是觉，依心与觉之活动义而说仁是具体的“在”。故明道义的仁，是“即有即在”的。（两即字，犹今语“同时是”，仁同时是有，又同时是在。）杨龟山承明道“浑然与物同体”说仁，谢上蔡承明道“麻木不仁”（仁则不麻木）的指喻，而以“觉”（不麻木）训“仁”。觉则层层感通而与万物为一体，故杨、谢二人的讲法，其义一也。

今依朱子，则仁是性、是理，是形上的“有”，但仁不是心，不是情，不是具体的“在”。于是，仁成为“有而不在”（普遍而不具体、超越而不内在）。依朱子“仁是心之德、爱之理”的界定，“理”须通过心知之明的静涵而后具，“德”须通过心气之摄具而后成，故“仁”之理并非内在本具。此一讲法，显然不合孔孟原义。总括朱子言“仁”之义，可以归结为：“仁者，爱的所以然之理，而为心所当具之德。”这句话含有以下几层意义。

首先，仁不是心，而是心之德；不是爱（情），而是爱之理。此即

---

① 《朱子语类》，第二十卷：“爱非仁，爱之理是仁；心非仁，心之德是仁。”

“心性情三分”。

其次，仁是理、是性，属形而上；心、情则是气，属形而下。此即“理气二分”。

最后，心知之明静摄仁理（理寓于心），则此理乃能引发心气之凝聚向上，而显现为中节合度之行。此即所谓“理生气”（生，非产生义，乃引生、引发义）。

依朱子性理系统的义理，可知他所完成的是一个“他律道德”的系统。

第四节　心、性、情与理气论之综述

在尚未论及朱子的工夫论之前，还须综观朱子论“心”“性”“情”以及论“理气”的基本义旨。

一、论心：心是气之灵

一般论述朱子的性理学，很少单提他的心论。朱子不同意陆象山“心即理”之说，乃是由于系统之不同，并非故意示异。《朱子语类》（简称《语类》）卷五《性理二》，有云：

> 心者，气之精爽。
>
> 所觉者，心之理也；能觉者，气之灵也。
>
> 问：“灵处是心，抑是性？”曰：“灵处只是心，不是性。性只是理。”

第一条指出心是“气之精爽”。“精”，亦神也；“爽”，亦明也。精是粗之反，爽是昧之反。气之粗者、昧者聚而成物形，而精者、爽者则显发为心的知觉灵明之用。第二条指出心之“理”是所觉，气之“灵”是能觉，能知能觉，正是心的基本作用。所以第三条问到“灵处”是心还是性，朱子的回答很清楚：“灵处只是心，不是性。”

朱子又说：“心官至灵，藏往知来。”又说：“心，须兼广大流行底意看，又须兼生意看。”这两条是说心气之灵的气化不息，所以“心官”能“藏往知来”。次条就“心”字言“生”，是落在实然气上，就气之阴阳动静而言。可知朱子就“气之灵”“气之精爽”而说的心，乃是实然的心气之心。

简括而言，心是气之灵，能知觉，有动静；而其所以知觉、所以动静的所以然之理，则是性。因此，心不是性，也不是理。如此论心，自非孟子的本心义。①

二、论性：性即理，性亦只是理

朱子论“性”之言甚多，兹亦选列《语类》数则于下：

> “性即理也。”又曰：“性只是此理。”
>
> 生之理谓性。
>
> 性则是纯善底。

第一条“性即理”，是伊川朱子系统中极为重要的话。而且，性亦不是别的，它只是理。所以性不是心，亦不是情，心与情皆属气，只有性才是理，亦只是理。第二条是说，生不是性，其所以生之理才是性。第三条表示，“性即是理”，理无不善，故性无不善。性即纯善的理。

---

① 讲本心，亦不必否定气之灵的心、知觉义的认知心。二者只是异层，并不矛盾对立。但本心（实体性的道德本心）不可以“气”论，亦不可以“知觉、认知”论。若就孟子陆王一系的道德心而说知觉，则其知乃德性之知，其觉乃良知明觉。

> 性是天生成许多道理。
>
> 性是许多理，散在处为性。
>
> 性是实理，仁义礼智皆具。
>
> 问："性既无形，复言以理，理又不可见。"曰："父子有父子之理，君臣有君臣之理。"

以上四条，可以合看。性是天生成许多道理，这许多理散在个体，"即是性"。性是理，而且是实理（仁义礼智）。朱子曾说"在事唤做理"，性（理）无形，即事而见。处父子，处君臣，皆是事，故父子有父子之理，君臣有君臣之理。（推之其他，亦然。）

三、论情：心性情对言，心统性情

性是理，心是气之灵，情是气之发（或气之变），此之谓"心性情三分"。心性情分而为三，其实是从程伊川而来。《语类》卷五有云：

> 问心性情之辨，（朱子）曰："程子（伊川）云，心譬如谷种，其中具生之理是性，阳气发生处是情。推而论之，物物皆然。"

如果列示出来，便可以明显地看出这段话乃是"心性情三分"的格局。

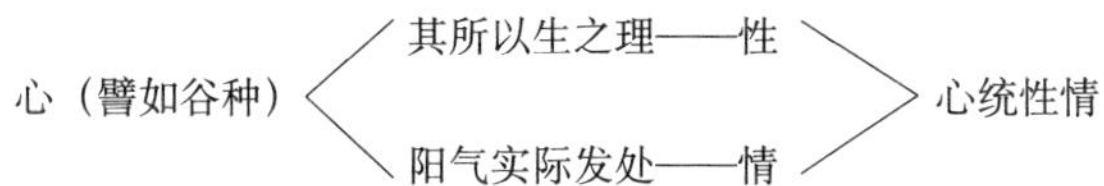

伊川所讲"譬如谷种"的心，正是实然的心，这是就整全的实然的谷种而总持地说。这种意义的心，当然不是应然的道德心，而是实然的心气之心。情，是阳气实际发动处；性，则是心（气）之所以发的理。至于这心、性、情三者之间的关系，朱子是借张子《正蒙》书中的话，来表示自己的意思。《语类》卷五有云：

> 横渠“心统性情”之说，乃知此话有大功……盖心便是包得那性情。
>
> 性是未动，情是已动，心包得已动未动。盖心之未动则为性，已动则为情，所谓心统性情也。
>
> 性以理言，情乃发用处，心即管摄性情者也。
>
> 心，统摄性情，非儱侗与性情为一物而不分别也。

这四则皆言“心统性情”。性是未动（未发），情是已动（已发），心则统摄未发之性与已发之情。换言之，心性情虽然三分，但无论静时未发之性，与动时已发之情，总是为心所统摄。（包，管摄，意皆同于“统摄”。）

其实，“心统性”与“心统情”不可混同视之，必须分开作解。

第一，“心统性”，是认知地统摄性而含具彰显之。所以朱子讲涵养，是“涵养于未发”，把心涵养得“镜明水止”，则可以达到“心静”而“理明”。心静，则能复其虚灵知觉以明理。而所谓“理明”，即表示性（理）因心知之摄具而彰显出来，此时，心即统贯于未发之性。

第二，“心统情”，是行动地统摄情而敷施之、发用之。情，是从心上发出来，此时，心即统贯于已发之情。情因事（如好恶、喜怒、哀乐）而发，所以朱子讲“察识于已发”，通过察识而使情之敷施发用，各得其正，而中节合理。

四、理气论要旨：理气不离不杂

朱子讲理气，或从“理同气异”以言“枯槁有性”（性即理也），或从“理先气后”以言“理生气”（依傍理，气始有合度之生化），或从理之“一”与“多”（如月印万川，天上之月是一，水中之月是多）以言“统体一太极”、“物物一太极”（一理而多相）。以上请参阅拙撰《宋明理学·南宋篇》第五章第七节“理气论大意综述”。今只就“理气不离不杂”略加说明。

> 天地之间有理有气。理也者，形而上之道也，生物之本也。气也者，形而下之器也，生物之具也。是以人物之生，必禀此理，然后有性；必禀此气，然后有形。其性其形虽不外乎一身，然其道器之间，分际甚明，不可乱也。(《答黄道夫书》)
>
> 有此理后，方有此气，既有此气，然后此理有安顿处。(《答杨志仁》)
>
> 理又非别为一物，即存乎是气之中。无是气，则是理亦无挂搭处。(《语类》卷一)

第一条答黄道夫，是以形上之道与形下之器分别理与气，所以“道器之间不可乱”，即“理气不杂”之义。第二条答杨志仁，是表示理气虽不混杂，但理亦不可离乎气，若离气，则理无安顿处，此即“理气不离”之义。第三条接着说明理即存乎气之中，离了气，理便没有挂搭之处。

> 以意度之，则疑此气是依傍道理行，及此气之聚，则理亦在焉。盖气则能凝结作理，却无情意、无制度、无造作。只此气凝聚处，理便在其中。(《语类》卷一)

理是静的，无情意、无计度，亦无造作。总之，理无能、无力，能与力是在气处。但气须依理而行，所以“只此气凝聚处，理便在其中”。这仍然是理气不离不杂之义。

> 理搭在阴阳上，如人跨马相似。
>
> 马一出一入，人亦与之一出一入。(《语类》卷九十四)

据此条，不仅可见理气不离不杂，而且亦可看出朱子所说之理“只存有而不活动”。依朱子，性是理，而心是气，故心与理为二。理既与心为二，则此理便是一个作为存有之静态的、形式意义的纯一之理，而并无心义、活动义。必须言“心即理”，心与理为一之理，才是“即存有即活动”者。因为其理只存有而不活动，所以“理搭在阴阳上”，确实“如人跨马相似”，“马一出一入”，人跨在马上，自然“亦与之一出一入”。活动者是马，人则随马出入而已。理，乃是道德创生的实体，但若依朱子之体会，则此作为创生实体之“理”的创造义、妙运义、自发自律义，皆将丧失。（象山叹朱子“泰山乔岳，可惜学不见道”，主要就此而言。）

凡上引朱子所说“无是气，则是理亦无挂搭处”“气是依傍道理行，及此气之聚，则理亦在焉”“理搭在阴阳上，如人跨马相似”，皆是理气不离不杂。朱子所说的理，是存在之理，亦可以是“使然者然”的实现之理。但由于只存有而不活动，因此这个实现之理是静态地“使然者然”，而不是动态地创生的“使然者然”。[①]

朱子的理气论，真正的问题不在理气为二[②]，而在朱子把“心”与“理”析而为二，使理只存有而不活动。须知“理气为二”与“心理为二”不同，心理可以是一，理与气则不能是一。（若要说理气是一，则这个“一”是圆融义之一，是实践达到的化境。）

“理气不离不杂”，若只作为形式语句看，与“理气为二”同样不成问题。《孟子》《中庸》《易传》所表示的道德创生实体（理）及其所妙运创生者（气），亦是不离不杂，不过不只是不离不杂，还可以进一步说“体用不二”“即用见体”等圆融义。因此，不能说朱子既讲不离不杂，便以为他的理气关系同于直贯系统。

朱子所讲的是“只存有而不活动”的理，直贯系统所讲的是“即存有即活动”的理，二者的不同是义理本质上的不同，并非一两句形式的陈述（如“理气不离不杂”）即可化异为同也。

朱子之不离不杂，是就由然推证其所以然而说，理既不能创生地实现此存在之然，则理气之间亦不能有那种“体用不二”“即用见体”之类

---

① “使然者然”，“然者”指气；理，则是气所依傍而如此这般地凝结造作的所以然之理。“使”字，若是动态地使之，便含有妙运创生义；若是静态地使之，便只是然者（气）所遵依的超越的形上之理。

② 明儒罗整庵、刘蕺山、黄梨洲，皆不就朱子对“理”之体会而作鉴别疏导，却只就理气之分而作理气二不二之争。此既不足以为难朱子，亦未真正触及问题之关键。

的圆融义。当然，在理气不离不杂之下，通过涵养察识以及即物穷理以致知的工夫，朱子自亦可以达到一种境界，即：心气之动完全依理而动，乃至只见有理、不见有气。但这还是和直贯系统中的“全体是用，全用是体，体用不二”“即用见体”有所不同。[①]

第五节　朱子的工夫论

一、工夫进路之形成

朱子经过中和参究与“仁说”论辩之后，便落在《大学》以建立他的学问纲领与义理规模。在朱子之前，对于《大学》之成篇，没有人确实指认其出于何人之手。朱子则认定《大学》一文乃儒家道统之所系。事实上，“大学的作者问题，是无法解决的”，朱子之所以认定大学出于曾子，乃是“以整个道统传承的线索，为其立说的根据”。[②]

朱子既以《大学》乃曾子承述孔子之说而作，于是更就原文分为“经”“传”，而认为“经一章，盖孔子之言，而曾子述之；其传十章，则曾子之意，而门人记之”。依据此一认定，他便以毕生的心力，从事《大学章句》之重订工作。他以为旧本颇有错简，于是“因程子所定，而更考经文，别为序次”。[③]依朱子之重订，计分经一章，传十章；而以传之前四章统论纲领旨趣，后六章细论条目工夫。其中影响最大的是他所增撰的《格物致知补传》。兹录列《补传》全文于此，以便说明。

---

① 关于直贯（纵贯）系统之圆融义，拙撰《宋明理学·北宋篇》，第九章第一节，有所说明，可参看。

② 参见徐复观：《中国人性论史·先秦篇》，第266页。

③ 参见朱子《大学章句》，现与《论语集注》《孟子集注》《中庸章句》合编为《四书集注》。

> 所谓致知在格物者，言欲致吾之知，在即物而穷其理也。盖人心之灵，莫不有知，而天下之物，莫不有理；惟于理有未穷，故其知有不尽也。是以大学始教，必使学者即凡天下之物，莫不因其已知之理而益穷之，以求至乎其极。至于用力之久，而一旦豁然贯通焉，则众物之表里精粗无不到，而吾心之全体大用无不明矣。此谓物格，此谓知之至也。

此《补传》以“即物而穷其理”为“格物”之义，实与朱子对“物”字的解释直接相关。大学“物有本末，事有终始”二语，本相成文，各有所指。物有本末，指意、心、身、家、国、天下而言；事有终始，指诚、正、修、齐、治、平而言。而朱子上沿郑玄“物，犹事也”之注，以“事”训“物”，于是事物不分，一滚而说，而所谓“事物”，乃成为一抽象而不具体的空泛之词。事与物既各失其所指，则天地间万事万物之众，将如何一一而“格”？除了循事物之理而穷之，似乎更无他道，顺着这个思路下来，则朱子所谓“天下之物，莫不有理”“必使学者即凡天下之物，莫不因其已知之理而益穷之，以求至乎其极”等语，也就顺理成章了。明乎此，乃知朱子《补传》之作，实是以他自己之思想为根据的。

二、工夫论的完整说明

关于朱子心性实践的工夫进路，可以分为五点。[①] 第一，静时涵养（对心而言）：镜明水止，心静理明。第二，动时察识（对情而言）：察识情变，使之中节。第三，敬贯动静：敬，立于存养之实，亦行于省察之间。第四，即物穷理：“心知之明”与“事物之理”的摄取关系。第五，心理合一：心摄具理，理寓于心以成德。

---

① 参见蔡仁厚：《中国哲学之反省与新生》，台北：正中书局，第137—151页。

前三点，本章第二、三节有所说明。第四点即物穷理，则正是《格物致知补传》的中心义旨。所谓“人心之灵，莫不有知，而天下之物，莫不有理”，这一个心知对物理的思想格范，把天下事物一律平置为“然”与“所以然”。“然”是指实然存在的事物，“所以然”是指遍在于事物的普遍的理。“即物而穷其理”，就是以心知之明去穷究事物之理。朱子依于泛认知主义的态度，将仁体、性体，以至于道体、太极，也同样平置为普遍的理。而这普遍的理也同时在“即物穷理”的方式之下，成为心知之明所认知的对象。心认知了理，随即肯定理而摄理归心。朱子所谓“心具众理”“心具万理”，正是在心知之明的认知作用中把“理”带进来。故朱子有云：“心，则知觉之在人而具此理也。”[①]由这句话，更可确定朱子所谓心之“具理”，是认知地具理。由心知之明（知觉）认知理、涵摄理，而后具理于心。这样讲的心具理，实只是后天（工夫）的“当具”（因为心不具理，则无由成德，无由成善，故心应当具理），而不是先天的“本具”。

因此，第五点，朱子的工夫实践，最后虽然也要“心理合一”（心摄具理，理寓于心以成德），但却无法承认“心即理”。心即理，是表示心之具理是先天本具。而本具理的心，必须是实体性的道德的本心。如此，便是孟子陆王系统的义理。

朱陆异同，虽然一向为人所重视，但却又往往流为门户之争，实在没有必要。辨析思想上的异同，应该是为了学术之公，而不可拘于门户之私。而真正说来，儒家内圣成德之教，本来就有两个基型：一是“心性是一”，孟子、陆王可为代表；一是“心性为二”，程伊川、朱子可为代表。前者是康德所谓“自律道德”的系统，后者是“他律道德”的系统。儒家兼容自律与他律两个系统，而又能“和而不同”（虽不同而能和），实在非常理性，非常可贵。这种文化精神，值得别的文化系统来取资切磋。

---

① 《朱文公文集》，第五十八卷，《答徐子融第三书》。

第六节　朱子“即物穷理”的时代意义

朱子系统中的“即物穷理”，是顺着“察识情变”而推进一步。因为已发之情必有所对（对此而有喜怒，对彼而有哀乐等），所对者即“物”（含一切对象性的人、事、物）。物必有其如此存在的所以然之理，故必须加以穷理，使之摄具于心。如此而后，心气的活动才有准则可循，而能顺性如理，以成就善的价值。意即使一切事的表现与物的存在，皆达于真实化而得以成为善的表现，成为有意义的存在。所以，朱子系统中的“即物穷理”，也仍然属于道德实践的工夫问题。在此，那个“普遍的理”（存在之理、实现之理），不只是就一般事物而言，同时也概括了“即是理”的性体、仁体、道体、太极。在即物穷理的方式之下，连同仁体等也被平置为“心知之明”所认知的对象。[①]

朱子的“即物穷理”，其穷究的方式虽是横列的、认知的，但由于他的主题仍然是道德实践，所以并不具备积极的知识意义。因为穷究存在之理乃是哲学的态度，必须穷究存在事物的曲折之相（指事物本身的性质、数量、关系等）才是科学的态度。朱子自是性理学家，而不是科学家，但朱子的理气之分，却也含有可以引出科学知识的思想根据：就“理”上建立的，是哲学、道德学；就“气”上建立的，则是积极的知识（科学）。

前者是朱子的本行，后者则是他“道问学”的过程中顺带出来的。当然，朱子对于知识也有很强的兴趣，如像《语类》卷二与卷三论天地、鬼神，都是就“存在之然”而进行讨论。由气的造作营为，说明自然界的情形，虽然还没有达到科学的阶段，但讨论气的造作营为，其性质是属于物理的，在其基本原则处也是科学的，自然可以向科学走。

在朱子“道问学”与“即物穷理”中，的确隐含着“纯知识面”的

---

① 依朱子，“性即是理”。理遍在于万物，故枯槁之物亦皆有性（理）。朱子又说“统体一太极，物物一太极”（有如月印万川，前句犹天上之月，后句犹万川之月）。而“太极即是理”，“即是道”，理道遍在于物，故皆平置为心知之所对，而为“即物穷理”之对象。

真精神，并非只是空泛的读书。而朱子的大弟子蔡元定，尤其具有这种纯知识的兴趣，而且很能表现这方面的才智，虽然只属于老式的、前科学的，但却不能不说是科学的心灵。因此，顺朱子“即物穷理”的方式转进一步：由穷存在之理，转而为穷存在事物本身的曲折之相（性质、数量、关系）；由哲学、道德学的即物穷理，转而为科学的即物穷理。

这样，就可顺通而开出“知识之学”。而且，朱子所讲的“心”，也正是知性层的认知心。在今天，中国文化不应只是“继往”，还必须“开来”，在“开物成务”“利用厚生”的要求下，自本自根地开出科学知识（不只是学习西方，更不能只是移花接木）。在此，朱子的心论及其重智的倾向正好是一个现成的思想线索，这也就是朱子学中的时代意义所在。[①]

① 朱子在人文教化上的成就与影响，三代以下，无人能比。我曾有一文《从人文教化看朱子的成就与影响》，编入《哲学史与儒学论评》。该文末段结语，标题为：呼唤（朱子型的）新儒出世。那是我真诚的呼唤，文字亦肫恳真挚。可一阅。

第七章　象山学是孟子学

陆九渊（1139—1193 年），字子静，江西抚州金溪人。少朱子九岁而早卒七年，晚年讲学于应天山，以其形似巨象，改名象山，自号象山翁，学者称象山先生。

象山为晚唐宰相陆希声之七世孙。其父贺，字道乡。年谱说他“端重不伐，究心典籍，见于躬行。酌先儒冠昏丧祭之礼行于家，弗用异教”。这位持道守正的贤者，生有六子，象山最幼。长兄九思，字子强，撰有家训饬子孙，朱子特为作序。次兄九叙，字子仪，善治生，经营先世遗留之药肆，一家衣食百用，尽出于此。三兄九皋，字子昭，文行俱优，家塾授徒，晚为乡官，尝重订《大学章句》。四兄九韶，字子美，号梭山，隐居不仕，与兄弟共讲古学，有文集曰《梭山日记》，中有《居家正本》及《制用》二篇，黄东发谓其殆可推之治国。五兄九龄，字子寿，学者称复斋先生。涵养深密，躬行笃实，道德系天下重望，有文集行于世。《宋元学案》谓：“三陆子之学，梭山启之，复斋昌之，象山成之。”

象山颖悟早发，八岁读《论语》，则疑有子之言为支离。读《孟子》至“江汉以濯之，秋阳以暴之，皜皜乎不可尚已”之言，叹曰：“曾子见得圣人高明洁白如此！”又疑伊川之言与圣人之言不类。早在四岁时，尝问其父：“天地何所穷际？”至十三岁闻人言“上下四方曰宇，古往今来曰宙”，大省曰：“原来无穷。”乃书曰：“宇宙内事，乃己分内事；己分内事，乃宇宙内事。”之后，又有言曰：“东海有圣人出焉，此心同也，此理同也。西海有圣人出焉，此心同也，此理同也。南海北海有圣人出焉，此心同也，此理同也。千百世之上有圣人出焉，此心同也，此理同也。千百世之下有圣人出焉，此心同也，此理同也。”

象山厌习科举时文，至三十四岁始应进士试及第，而立时声振行都，学者多从之游（如杨慈湖即于其时及门）。返家，题旧屋曰“槐堂”，开始授徒。三十七岁应吕祖谦之约，偕季兄复斋与朱子会于鹅湖。四十二岁访朱子于南康，泛舟于庐山之下，朱子曰：“自有宇宙以来，已有此溪山，还有此佳客否？”于是，邀象山登白鹿洞书院讲坛，讲“君子喻于义，小人喻于利”一章，学众感动，朱子特请笔之于书，又刻之于石，即传于今之《白鹿洞书院讲义》。四十九岁登应天山（讲学），前后五年，相继来问学者达二三千人。五十三岁诏知荆门军（相当于郡守），嘱弟子傅季鲁留山讲学。次年十二月，以血疾卒于荆门任所。

陆氏兄弟“自为师友”，并无师承。象山自述其学，“因读《孟子》而自得之”。其论学书简中凡征引古语，大部分是《孟子》之言，开口即得，左右逢源。于《孟子》义理之熟，古今无匹。或谓其学近禅，实则，他与侄孙浚书已云：

> 至于近时伊洛诸贤，研道益深，讲道益详，志向之专，践行之笃，乃汉唐所无有，其所植立成就，可谓盛矣。然“江汉以濯之，秋阳以暴之”，未见其如曾子之能信其“皜皜”。“肫肫其仁，渊渊其渊”，未见其如子思之能达其“浩浩”。“正人心，息邪说，距诐行，放淫辞”，未见其如孟子之“长于知言”，而有以承三圣也。
>
> 至伊洛诸公，得千载不传之学，但草创未为光明。到今日若不大段光明，更干当甚事？

在象山看来，二程师弟，犹是“草创未为光明”，故举示《中庸》《孟子》之句，由三义以指出二程诸人之造诣，犹未几及曾子、子思、孟子之境。象山直承孔孟，而以圣道自任，务求圣人之学“大段光明”。后人却捕风捉影，说东说西，甚是无谓。

第一节　辨志、辨义利

象山自认其学，只是一句“先立其大”（本孟子语）。牟先生亦说象山之学，只是：

> 一心之朗现、一心之申展、一心之遍润。[①]

如此看来，象山心学，真是简易、直截。然而若要论述象山学，却又甚难。因为象山没有分解，他的分解，孟子早做过了。象山尝云：

> 夫子以仁发明斯道，其言浑无罅缝。孟子十字打开，更无隐遁。

既已“十字打开”，系统架构自然显立，便无须再做分解。故牟先生说象山是“非分解的性格”，是第二层序上的学问（与“分解地立义”之为第一层序者不同）。他只是根据孟子而讲实学，以抒发他的实感实见，而归于实理实事之践履。

象山对当时的士习与学风，曾有两句极其中肯的话：“愚不肖者之蔽，在于物欲；贤者智者之蔽，在于意见。”从物欲、意见的风习中，透出文化真生命，真精神，以拯救知识分子拘蔽而又虚浮的心灵，即象山平生志业的中心点。而象山学的基本纲维，亦正是从这个中心点而挺显出来的。约而言之，可得三端：一是辨志、辨义利；二是复其本心，先立其大；三是心即理，心同理同。本节先说辨志、辨义利。

一、辨志

志，是行为发动的根源所在。辨志，就是要遮拨物欲、挥斥意见，

① 牟宗三：《从陆象山到刘蕺山》，第一章。

使世俗的名衔、地位、官爵、权势，皆攀缘不上；使是非善恶、正邪诚伪，皆昭然朗现；使人不能不在这根源究竟之地，做一真正的抉择，以决定自己做人的方向途径。此便是象山教人的霹雳手段。

但辨志亦要有个标准，而利己或利人即从道德意识中显发出的、简明直接的准衡。利己，就是私，就是利；利人，就是公，就是义。此即象山所谓“义利之辨”“公私之辨”。

象山有言[①]：

> 上是天，下是地，人居其间，须是做得人，方不枉。
>
> 今人略有些气焰者，多只是附物，原非自立也。若某则不识一个字，亦须还我堂堂地做个人。

科名、知识、权爵、富贵，皆是物。“附物”者只是依他力，只是气焰熏炙。唯立志者方能持守自立，而有堂堂地做人的精神气概。人首先必须自觉地做个人，有此自觉，即有道德意识之醒豁，以分辨公私、义利。语录有云：

> 尝云：“傅子渊自此归其家，陈正己问之曰：‘陆先生教人何先？’对曰：‘辨志。’复问曰：‘何辨？’对曰：‘义利之辨。’若子渊之对，可谓切要。”
>
> 陈正己自槐堂归，问先生所以教人者，正己曰：“首尾一月，先生谆谆只言辨志。”

首尾一月，言不离辨志，可见象山不是据“书”而讲学，而是以“人”来讲学。他讲的是“人学”，是“生命的学问”（不是知识性的学问）。若与生命不相干，安得为正学，安得为圣贤学问。

---

① 以下所引录皆见象山语录与书信，不再一一作注。

二、义利（公私）之辨

象山讲义利之辨，讲得最恳切精到的是他应朱子之邀在庐山白鹿洞书院讲《论语》“君子喻于义，小人喻于利”。兹节录其讲义于后：

> 子曰：“君子喻于义，小人喻于利。”此章以义利判君子小人，辞旨晓白。然读之者苟不切己观省，亦恐未能有益也。某平日读此，不无所感。窃谓学者于此，当辨其志。人之所喻，由其所习，所习由其所志。志乎义，则所习者必在于义；所习在义，斯喻于义矣。志乎利，则所习者必在于利；所习在利，斯喻于利矣。故学者之志，不可不辨也。
>
> 科举取士久矣，名儒巨公皆由此出，今为士者固不能免此。然场屋之得失，顾其技与有司好恶如何耳，非所以为君子小人之辨也。而今世以此相尚，使汩没于此而不能自拔，则终日从事者虽曰圣贤之书，而要其志之所乡（向），则有与圣贤背而驰者矣。

据年谱记载，当时天气微寒，朱子听了，而汗出挥扇，还有人感动流泪。讲毕，朱子离席言曰：“熹当与诸生共守，以无忘陆先生之训。”再三云：“熹在此，不曾说到这里，负愧何言！”乃复请笔之于书，后又刻之于石，朱子特为作跋，有云：

> 至其所以发明敷畅，则又恳到明白，而皆有以切中学者隐微深痼之疾，盖听者莫不悚然动心焉。

又与杨道夫云：

> 曾见陆子静义利之说否？曰：未也。曰：这是子静来南康，熹请说书，却说得这义利分明，是说得好。如云，今人只读书，便是利。如取解后，又要得官，得官后，又要改官，自少至老，自顶至踵，无非为利。说得来痛快，至有流涕者。

象山自己曾说讲义文字发明精神不尽，当时说得来痛快。可惜象山口说的言辞，如今已无由知闻了。

第二节　复其本心，先立其大

一、复其本心

志是心之所向，亦是心所存主，此乃各人自己生命中之事，故各人之志，亦惟各人自知。人何以能辨自己所志者是义或是利？又如何能保证徙义而弃利？此则涉及心与理的问题，亦即所谓“本心”的问题。

象山《与李宰书》有云：

> 天之所以与我者，即此心也。人皆有是心，心皆具是理，心即理也。

“心即理”的“心”，乃是自具理性的道德的本心。本心是天所与我者，故心所发之志，自然与天地不限隔，而可与天道天理相通。但常人溺于利欲或意见，而把本心遮断了，只在利欲或意见中打滚，此便是象山所谓“主客倒置”“如在逆旅”。因为利欲或意见是后起的、外来的，故为客，为客者非主，故“如在逆旅”。必须突破利欲或意见的关卡，而直透到念虑初萌处，才能与主人（本心）接上头。

到此时，主人便自会作主。主客分明，义利自辨，正如慧日澄空，阴霾自消。所以辨志即辨义利，而义利之辨的同时，亦即“复其本心”。本心既复，则应事接物之理亦自心中流出，如此，自然志于义，自然徙义而弃利。

要复本心，自须有工夫，即所谓“存养”。亦即孟子所谓“养其大体”“先立其大”。象山《与曾宅之书》有云：“盖心，一心也。理，一理也。至当归一，精义无二，此心此理，实不容有二。……只‘存’一字，自可使人明得此理。此理本天所以与我，非由外铄。明得此理，即是主宰，真能为主，则外物不能移，邪说不能惑。”心既然“即是理”，自无心外之理，亦无理外之心。存得此心，即可明得此理，明得此理，便是复其本心。本心既复，自能自发命令，自定方向，以透显其主宰性。如此，方可不为外物所移，不为邪说所惑。

二、先立其大

孟子以本心为大体，以耳目感官为小体。复其本心，亦就是“先立其大”。象山《与傅克明书》有云：

> 深思痛省，决去世俗之习，如弃秽恶，如避寇仇，则此心之灵，自有其仁，自有其智，自有其勇。私意俗习，如见晛之雪，虽欲存之而不可得。此乃谓之知至，乃谓之先立乎其大者。

人开端一念，便弃去私意俗习，以恢复本心之智、仁、勇，此便是先立其大。孟子曰：“先立乎其大者，则其小者弗能夺也。”先立其大，即立此心（复本心），立此心，是立此心之理（“心即是理”）。而此心之理，实即天理，故后来王阳明便直接说为“良知之天理”（良知即天理）。

人或讥象山讲学，只有一句“先立其大”。象山听了，说“诚然”。盖千言万语打并为一，亦就是这一句。这个“大”即本心，本心即天理，即天道。在象山，只需说个“先立其大”，便是“天道性命相贯通”的大义。内圣成德之教的纲领，正在于此。象山《与冯道之书》有云：

> 天之所以为天者，是道也。故曰唯天为大。天降衷于人，人受中以生，是道固在人矣。孟子曰从其大体，从此者也；又曰养其大体，养此者也；又曰养而无害，无害乎此者也；又曰先立乎其大者，立乎此者也。居之谓之广居，立之谓之正位，行之谓之大道。

非居广居，立正位，行大道，则何以为大丈夫？

象山所谓“从此”“养此”“立此”“无害乎此”之“此”字，正指人所受于天者而言，究其实，亦即“本心”“大体”而已。

第三节 心即理，心同理同

一、心即理

象山论学，不常说“性”，因为“心即是性”。心性不二，乃孟子旧义，亦是伊川、朱子以外所有宋明儒者所共许的通义。象山直下从“明本心”“先立其大”入手，故其学只是一心之朗现与申展。所谓“心即理也”，是表示本心自具理则性，心本身即道德的律则。仿照康德的语意，吾人可说，由于心之自律性，即显示它自己就是立法者。因此，吾人只需存养本心，扩充本心，则其自觉自律性，便自然能纯亦不已地起作用，而表现道德行为。故象山云：

苟此心之存，则此理自明：当恻隐处自恻隐，当羞恶、当辞让，是非在前，自能辨之……所谓溥博渊泉，而时出之。

据此可知，本心即道德价值的根源，只要开发这个本源，就如“溥博”之渊泉，而能“时出”之，世间万德亦便自然由此流出，而沛然莫之能御了。

象山慨叹“今之学者，只用心于枝叶，不求实处”，于是又举孟子尽其心知其性，知其性则知天之言，说道：

心即是一个心，某之心，吾友之心，上而千百载圣贤之心，下

> 而千百载复有一圣贤，其心亦只如此。心之体甚大，若能尽我之心，便与天同。为学只是理会此。

这“心之体甚大”的心，即“涵万德，生万化”的本心，所以“心”既是道德的创造原理，又是宇宙万物的实现原理。若能尽我之心，便自然可与天同。心与天同，即心与理一。于此，象山便说：

> 万物森然于方寸之间，满心而发，充塞宇宙，无非此理。

盖理由心发，不由外铄。满心而发，则此理充塞宇宙，理盈满于宇宙，亦即心盈满于宇宙。象山曾表示：“吾于践履，未能纯一，然才自警策，便与天地相似。”与天地相似，便是与天地不隔。这感通不隔的生命，便是与宇宙通而为一的生命。所以象山又说：“宇宙内事，乃己分内事。己分内事，乃宇宙内事。”天地化育万物，是宇宙内事。赞天地之化育，以使万物各得其所、各适其性、各遂其生，便是己分内事。

二、心同理同

若推进一步而究竟地说，则宇宙之化育，实即吾心之化育。程明道已经表示“只心便是天”“只此便是天地之化”。象山亦说：“四方上下曰宇，古往今来曰宙。宇宙便是吾心，吾心即是宇宙。”又说千万世之前与千万世之后，以及东西南北海有圣人出焉，皆同此心，同此理。①这心同理同之心，乃是超越时空之限隔而绝对普遍的心。吾人之本心既与宇宙不限隔，则此与宇宙通而为一的心，即天心，即天理，此之谓“心同理同”。

此心此理既不容有二，则存心明理之道，亦极简易。故象山《与曾宅之书》云：

---

① 参见陆九渊：《陆象山全集》，第二十二卷，《杂说》。

根本苟立，保养不替，自然日新。

宇宙间自有实理，所贵乎学者，为能明此理耳。此理苟明，则自有实行，有实事。

德则实德，行则实行。

象山所谓“实理”，亦即阳明所谓“良知天理”。此“天所与我、心所本具”的理，是有根的，实在的，故曰“实理”。实理显发而为行为，即“实行”；表现为人伦日用家国天下之事，即“实事”；得之于心而凝为孝悌忠信，即“实德”。象山常说：“今天下学者，唯有两途：一途朴实，一途议论。”他自称其学为“实学”“朴学”，并说：“千虚不博一实，吾平生学问无他，只是一实。”（见《陆九渊集·语录》）由实理流出而为实事，此就是象山学之真精神。

第四节　象山与禅以及象山辨佛

一、朱子对象山之称赏与攻其为禅

象山说：“朱元晦泰山乔岳，可惜学不见道，枉费精神，遂自担阁。”（《陆九渊集·语录》）可见他虽然对朱子的学问路数并不相契，但对朱子“泰山乔岳”之弘大气象则能欣赏。朱子对象山亦有称赏，兹择四则于后。

其一，在鹅湖之会结束，朱子《答张钦夫书》有云：

子寿兄弟气象甚好。其病却是尽废讲学，而专务践履，却于践履之中，要人提撕省察，悟得本心，此为病之大者。要其操持谨质，表里不二，实有以过人者。

“于践履之中”“提撕省察，悟得本心”，此完全是相应孟子精神而发的，是自觉地相应道德本性而作道德实践之最本质的关键，怎么能说是

“病之大者”？而且悟得本心，则本心自然作主，此时，该讲学则讲学，该读书则读书，又怎样能说“其病却是尽废讲学”？不过，朱子虽不契象山之学问路数，但仍称赏其人品，故既曰“气象甚好”，又曰“操持谨质，表里不二，实有以过人者”。[①]

其二，在象山访白鹿洞书院之岁，朱子《答吕伯恭书》云：

> 子静旧日规模终在………然其好处，自不可掩，可敬服也。

其三，朱陆辩《太极图说》之岁，有人致书朱子诋象山，朱子复其书云：

> 南渡以来，八字着脚，理会着实工夫者，惟某与陆子静二人而已。某实敬其为人，老兄未可以轻议之也。

其四，象山受诏知荆门之岁，朱子《答诸葛诚之书》云：

> 子静平日所以自任，正欲身率学者一于天理，而不以一毫人欲杂于其间。

据上引各条，可知朱子对象山之为人、为学及其任道之重，始终相信而赞赏。

唯朱陆二人在人品上虽相敬重，但在学术上则各有异同而无法相契。象山对朱子之学从无一句酬应之言，因为他实见得如此，所以壁立千仞，不事敷衍。而朱子则取含忍自制之态度，但到忍无可忍之时，仍不免对象山“诵言而攻”。朱子攻象山，主要有两点。

第一，象山不读书而废讲学。实则，象山既勤读书，而亦终身讲学。朱子讲学，重点在读书，理会文字；而象山之讲学，则主要是辨义利，

① 五年之后，二人再晤于庐山，泛舟之次，朱子说道：“自有宇宙以来，即有此溪山，亦有此佳客否？”据此可见，朱子对象山的人品，是极其欣赏的。

明本心。此其所以不同耳。(亦有同处。朱子临终曰：一生艰苦。象山亦有云：莫厌辛苦，此学脉也。)

第二，攻其为禅。朱子信“心”不及，故不喜人说“悟本心”，又因看重下学穷理，故不喜人说“当下即是”。其实，“本心”之说始于孟子，“悟本心”“明本心”，与禅何关？至于“当下即是”虽非古圣贤语，但孔子曰：“仁远乎哉，我欲仁，斯仁至矣。”《中庸》云：“道不远人，人之为道而远人，不可以为道。”孟子曰：“万物皆备于我矣，反身而诚，乐莫大焉。”岂不都是“当下即是”？而且象山所谓“当下即是”，既是本于孟子“道在迩而求诸远，事在易而求诸难”而反显之简易而言，亦是依于本心呈露，“若决江河，沛然莫之能御”而言。可见由“当下即是”指斥象山为禅，实非相应，并不相干。

朱子一口咬定象山为禅，至晚年尤甚，而憾恨之情溢于言表。象山既卒，朱子有答詹元善赵然道二书[①]，显出气象甚差，且伤忠厚。朱子大贤，何以如此？则激情使然也。而象山决不如此，故其评朱子之言，皆辞旨正大，无一语动气激情者，而象山之门人，虽或气势逼人，但无一人流于狂放者，则陆学之真切笃实，不可诬也。牟先生谓象山之书信文字，正大光畅，篇篇可读。

象山对朱子攻其为禅，始终不做一句辩解，正见象山器识弘卓，未尝把禅看得很高、很重大而形成禁忌。《陆九渊集·语录》有一条云：“吾之言道，坦然明白……凡有虚见虚说，皆来这里使不得。……今之谈禅者，虽为艰难之说，其实反可寄托其意见。吾于百众人前，开口见胆。”开口即本心，开口即见肝胆。象山心怀坦荡，故视朱子之攻讦，不值置辩。后人或以为此乃朱子击中象山痛处，故不能答辩。此类人不但是象山所谓“么么小家相”，不识大理，而且器识短浅，故常以小人之心度君子之怀，不仅厚诬象山，亦为朱子增过。

下面试看象山如何辨佛。

① 拙撰《宋明理学·南宋篇》第七章五节之一曾引述二书，兹不详。

二、象山辨佛

象山分判儒佛，言皆精透。兹就其《与王顺伯》二书以明其大旨。

(第一书云)某尝以义利二字判儒释，又曰公私，其实即义利也。儒者以人生天地之间，灵于万物，贵于万物，与天地并而为三极。天有天道，地有地道，人有人道。人而不尽人道，不足与天地并。人有五官，官有其事。于是有是非得失，于是有教有学，其教之所从立者如此，故曰义曰公。释氏以人生天地间，有生死，有轮回，有烦恼，以为甚苦，而求所以免之……其教之所从立者如此，故曰利曰私。惟义惟公，故经世。惟利惟私，故出世。儒者虽至于无声无臭，无方无体，皆主于经世。释氏虽尽未来际普度之，皆主于出世。

《诗经·大雅·文王》之篇云："上天之载，无声无臭。"《易·系辞上》云："神无方，易无体。"盖天道生生，易道亦生生，其生化之用，神妙而不可测，实无声臭、无方体，而自能"范围天地之化，曲成万物之宜"，"显诸仁，藏诸用"，以裁成辅相，成就人文世界。故象山以为：虽至无声无臭，无方无体，皆主于经世。

(第二书云)某尝谓儒为大中，释为大偏。以释与其他百家论，则百家为不及，而释为过之。原其始，要其终，则私与利而已。来教谓佛说出世，非舍此世而于天地外别有乐处。某本非谓其如此，独谓其不主于经世，非三极之道耳。

佛家既然"非舍此世而于天地外别有乐处"，何不直下肯定人道人文而亦主经世？今既视人道为幻化，为苦海，故终非天地人三极之道耳。

(《语录》云)释氏立教，本欲脱离生死，惟主于成其私耳。此其病根也。

(又云)佛老高一世人，只是道偏，不是。

(又云)诸子百家，说得世人之病好，只是他立处未是。佛老亦然。

象山把握义利公私分判儒释，是第一着的本质之辨。明道亦曰：“佛学只是以生死恐动人。”又曰：“皆利心也。”又曰其术只是“绝伦类”。象山之言，旨意正与明道相同。

宋儒之判儒释，辟佛老，乃基于道德意识与文化意识。既非宗教学术上之排斥，尤非意气上之争胜，其实意只是要恢复魏晋以下黯然不彰之圣贤学问，以光畅中华民族之文化生命，维持文化生命之发展与创造。此乃承担文运，接续文化慧命之态度，何等光明俊伟，何等坚卓正大！几见逃于佛溺于佛者，而能有此面对文化生命表示负责之器识与心灵乎？而义利公私之辨，正为学术文化之血脉所在。为利为私则死，为义为公则生，除此，更无他道。

由义利之辨向外发展，就是事业。象山常引用《易传》之言：“举而措之天下之民，谓之事业。”所以孟子之民贵君轻、以民为本之思想，只有象山能够完全承担。①

第五节　朱陆异同述评

八百年来，“朱陆异同”一直喧腾人口，不易论定。其实，这个问题是可以说明的。

一、朱陆心性思想的对校

心性论是儒家思想的核心。从孔子以下，历代诸儒的心性讲论，虽

① 拙撰《宋明理学·南宋篇》第七章第六节论述“象山之政治思想及其政见、政才”，可参阅。

然内容繁复，而又实可约分为两大基型：一为心即性，性即心，“心性是一”。二为性乃形上之理，心属形下之气，“心性为二”。

朱子的心性论，心性为二；象山的心性论则顺承孟子，心性是一。为了叙述方便，此部分先讲象山，后讲朱子。（以下引用古籍文献，皆属学者习见之言，不再注记。）

（一）象山“心性是一”的系统

孔子以“不安”指点仁，孟子以“不忍”指点仁，都是落在“心”上讲仁。孟子认为仁义之心是“天所与我者”，是“我固有之”，也是“人皆有之”的。孟子又说，“圣人与我同类者”“圣人先得我心之所同然耳”，尽心可以知性，知性可以知天。故依孟子的义理，本心即性，而性出于天，心、性、天是可以通而为一的。

下面再通过《中庸》《易传》中“天道性命相贯通”的思想以及宋明儒家的引申发挥，更可了解儒家主流所讲的“心”，不只是“心”，同时也是“性”“理”“道”。程明道的《识仁》便是这样讲的。到象山本于孟子“仁义内在”（仁义之理，内在于心）而直接说出“心即理”，王阳明进而说“良知即是天理”，也是“心即理”的申述。这个“心性是一”的基型，含有四个主要的论点：其一，心是实体性的道德的本心；其二，本心即性，心同理同；其三，心性天（理）通而为一，即心即性即天；其四，仁是心，亦是性，亦是理，亦是道。

以上四个论点，是“心性是一”这个系统的纲宗。上自孔子、孟子，下至陆象山、王阳明，皆属这个系统。就道德实践而言，这个系统的工夫进路是非常明确而直接的，只要本心呈现起用，便自能成就主观面与客观面的道德价值（自修身到齐家治国平天下，甚至与天地合德，与万物为一体，莫不皆然）。故孔子只说“为仁”，孟子只说“存心养性，扩充四端”，象山只说“明本心”，阳明只说“致良知”，便足以凸显讲学宗旨，落实实践工夫。

（二）朱子“心性为二”的系统

儒家的心性之学，除了“心性是一”，还有“心性为二”一系，此可以荀子、程伊川、朱子为代表。荀子讲性恶，自与伊川、朱子不同，但如以荀子所言之礼（荀子之礼，等同理道）替换他所说之性，则荀子亦是“心性为二”的系统。三家所讲之心，都不是德性层的道德心，而是知性层的认知心。性，或是心所对治的对象（如荀子），或是心所认知的对象（如伊川、朱子）。这个“心性为二”的基型，也含有四个主要的论点：其一，心，是虚壹静的“大清明”，是气之灵、气之精爽。其二，性是理（只是理），是性体、性理、性分（不是性觉、性能）。其三，心性情三分（理气二分），心统性情。其四，仁是性、理、道，但仁不是心（而是心之德）。

以上四个论点，可知伊川、朱子的心性思想，实自成系统，与孔孟陆王有差异。孔孟陆王“心性是一”的系统，是德国大哲康德所谓“自律道德”的系统。仁义之理（道德律则）内在于心，故自律自主。伊川与朱子（亦可上通荀子），则是康德所谓“他律道德”的系统。仁义之理并不内在于心，故道德律则在于心气之外的道体性体处，必须通过涵养（心气）、察识（情变）、居敬（敬贯动静）、穷理（认知事物之理），然后摄理归心，心与理合而为一。如此，道德实践乃可顺遂，而得以成善成德。

二、朱陆教学进路的通化

朱陆两家学术的异同，是从“鹅湖之会”而显现出来的。总的来说，朱陆的异同，并不是门户之见，更不是意气之争，而是两个不同系统的差异。如果内在于各自的系统来看，双方的理路都很清楚，可以说都是对的。因此，后人不宜再依傍门户互相攻讦，而应该彼此了解，彼此相知，再经由沟通而消除误解。这样，才可以顺通古人讲学论道的思路，分判双方异同的症结，以讲明学术的真相。

鹅湖之会（1175 年），朱子四十六岁，象山三十七岁。《象山年谱》“三十七岁下”，录有朱亨道一段记语：“鹅湖之会，论及教人，元晦之意，欲令人泛观博览，而后归之约。二陆之意，欲先发明人之本心，而后使之博览。朱以陆之教人为太简，陆以朱之教人为支离。”

（一）博与约、太简与支离

孔子早有“博学于文，约之以礼”的话，有人以为朱子正是本于孔子之言而主张先博后约。不过，孔子的话并没有对博与约的先后做出绝对的限定。人若能先“克己复礼”，而后“博学于文”，岂不更好？（汉儒有云：士先器识，而后文艺。也是这一层上的道理。）

“士”当然要读书，更要广读圣贤之书。但在科举制度之下，读书只成为求取功名利禄的工具。如此，读书不但无益，而且坏了心术，坏了学脉。这个意思，朱子也有同感。他所撰《婺源藏书阁记》有云：“自秦汉以来，士之所求乎书者，类以记诵剽掠为功，而不及乎穷理修身之要。”他确认穷理修身为读书之目的，提出“读书只是要见得许多道理”的观点，以及“以心体之”“以身践之”的读书方法。他上孝宗札子云：“为学之道，莫先于穷理，穷理之要，必在于读书。”上光宗疏又云，居敬持志，为读书之本，循序致精，为读书之法。为学就是要把书上的理逐渐积起来。他教人博览，唯博览乃能穷理，穷得了理，然后方能约之于身，以切己受用。这是朱子教人为学的大体宗旨。

而象山教人，却不是先从读书着手，而是先要“切己自反”，以“发明人之本心”。人能直透到念虑初萌的本心之源处，自能分辨是非，分辨义利。他与朱济道书云：“诚能立乎其大者，则区区时文之习，何足以汩没尊兄乎？”又《宜章县学记》亦云：“从事场屋，今所未免。苟志于道，是安能害之哉？”象山要人在念虑初萌处，先做一个价值的转换，他认为人必须明本心，志于道，然后读书才有头脑，才能树立价值的准据。这样，不但读书无害，即使科举时文，亦可无害。

如果缺少这段工夫，便是“不知学”。人不知学，虽日日博学之、审问之、慎思之、明辨之、笃行之，然不知博学个什么？审问个什么？慎思个什么？明辨个什么？笃行个什么？反之，本心既明，则道理只是自我心中流出，读书只是本心的一个印证，此即象山所谓“学苟知本，六经皆我注脚”之义。到得此时，任你博览也好，精读也好，细解文义也好，略观大意也好，都是我心作主，都能切己受用。

至于“太简”与“支离”的问题，也可稍做疏通。“太简”是朱子用语，象山只说“易简”。易简，不是方法上的泛言，而是就《易传》“乾以易知，坤以简能”而说。乾坤是万化之源，孟子的本心亦涵万德、生万化，所以“乾知坤能”这个易简的本源，一落实于主体，便是本心。通过心的自觉，才能相应于道德本性而作道德实践。如此，学问便有个头脑，有个把柄。故《易·系辞上》云：“易简则天下之理得矣。”否则，读书博学便将落到外在的知解上，而与生命脱节，与主体疏离，变成与道德实践不相干。

象山所谓“支离”，正是就“不相干”而说。与道德实践不相干的博学，只是与生命脱节的空议论，只是与主体疏离的外在的闲知识。象山常责人“黏牙嚼舌”“起炉作灶”“杜撰立说”“无风起浪”“平地起土堆”。类此情形，皆是不相干的虚说虚见，而不是坦然明白的实理正见，所以无法据之而作道德实践。据此可知“支离”二字是单就不能呼应道德实践而言，并非泛指博文为支离。

文天祥《衣带赞》有云：“读圣贤书，所学何事？”人能知晓所学何事，就是“易简”，此时读圣贤之书，便是实学。反之，博览圣贤之书而不知所学何事，便是“支离”。朱子一生的学问，是“穷理以致其知，反躬以践其实”。但穷理以致其知的向外活动，并不一定可以作为“反躬以践其实”的途径或手段。由向外穷理转为返身向内以践实，虽然有可能，但很不容易，所以连朱子自己有时候也觉得是支离。他与吕子约书有云：“向来诚是太涉支离，盖无本以自立，则事事皆病耳。”与象山书亦云：“熹衰病日侵，所幸迩来日用工夫，颇觉省力，无复向来支离之病。”但一书云：“病中绝学捐书，却觉得身心颇相收管，似有少进步处。向来泛滥，真是不济事。”其实，身心能否相收管，在于能否“发明本心”“先立其大”，而不在“绝学捐书”也。象山从未主张断绝问学、捐弃书籍，而朱子却总以为象山“脱略文字”“尽废读书”。由此可见，在博与约、太简与支离的问题上，象山并未过责朱子，而是朱子误想象山。

（二）尊德性与道问学

鹅湖之会以后的第八年，朱子答项平甫书有云：

> 大抵子思以来，教人之法，尊德性，道问学，两事为用力之

> 要。今子静所说尊德性，而某平日所闻，却是道问学上多。所以为彼学者，多持守可观，而看道理全不仔细。而熹自觉于道理上不乱说，却于紧要事上多不得力。今当反身用力，去短集长，庶不堕于一边耳。

《象山年谱》“四十五岁下”载：“先生闻之，曰：‘朱元晦欲去两短，合两长，然吾以为不可。既不知尊德性，焉有所谓道问学？’”象山的意思是说，德性心不显立作主，则道问学乃成外在的闲知识，与道德实践（成德、成善）不相干了。所以说不知尊德性，则无所谓道问学。

其实，朱子的善意，也不可忽。不过，必须认清尊德性之尊，乃显立之义，显立德性主体以直下肯认本心的道德创生义，这样，才能像孟子所说“沛然莫之能御”，才能如《中庸》所说“溥博渊泉，而时出之”。所谓尊德性，便是尊的这个德性；所谓先立其大，亦是立的这个大。这才是道德的根源。此义既立，便处处都是真实的道德实践，事事都是尊立我的德性。无论研究学问，应接事物，乃至凡百技艺，都是我分内之事，都是本心的发用流行。而“道问学”自然在其中，“道问学”是从“尊德性”直接贯下来，并非与“尊德性”分为两路。这样前后接续，本末通贯，才能说是“去两短，合两长”。

然而，朱子系统并不能正视本心的道德创生义，而认为心是气之灵，心能知觉，有动静，而所以知觉动静之理，则是性。心不是性，也不是理，所以只言“性即理”，而不言“心即理”。在朱子系统中的“道问学”，常对道德实践没有多大的帮助，这就是他自认于紧要处多不得力的缘故所在。因为外在知解、文字理会式的明理，本与道德实践并没有本质的相干；只靠“涵养于未发，贯通乎已发”“敬贯动静”的后天工夫，对于促成真实的道德实践，在力量上并不十分充沛。故朱子与林择之书云：

> 陆子静兄弟，其门人有相访者，气象皆好。此间学者却与渠相反。初谓只在此讲道渐涵，自能入德；不谓末流之弊，只成说话。至人伦日用最切近处，都不得毫末气力，不可不深惩而痛警之也。

据此可见，朱子自己亦已见到此种道问学的流弊，但只知痛而不知痛之所以生，则其反省仍然是不够的。朱子为学极有劲力，但其劲力始终只落在“涵养须用敬，进学则在致知”。而敬的工夫只是精神之凝聚收敛，敬本身却无内容，不能生发价值创造之力量，更不是价值创造之本源。朱子既没有反省到本心充沛处，以肯定本心的道德创生义，则其所谓“深惩痛警”，仍将不切肯綮，不够有力量。

至于象山所谓“不知尊德性，焉有所谓道问学”，此言也须有所鉴别。道问学有二义。与尊德性相干的道问学，是第一义的道问学（如圣贤学问）；与尊德性不相干或很少相干的道问学，是第二义的道问学（如外在知解、文字理会、客观研究与今之科学之类）。象山意指的是前者，朱子所做的则大体属于后者。道问学的工夫是否与尊德性相干，关键就在你是否真能尊德性（真能复其本心，先立其大），以透显道德之根，开出价值之源，能尊则相干，不能尊则不相干。在这个意思上，象山所说都是对的。

第八章　朱陆门人后学与元初诸儒

第一节　朱子门人与后学

朱子门庭广大,《宋元学案》第六十二卷至第七十卷，皆其正传。但朱子学系统本身有关的重大问题，几乎全为朱子所厘定，他的门人很难再有大的开发。本节只择其要，未及详备。

一、蔡西山及其家学

蔡元定（1135—1198 年），字季通，福建建阳人，学者称西山先生。著有《大学详说》《律吕新书》等。他与三子皆先后师事朱子。元定初见朱子，朱子叩其学，大为惊讶，说："此吾老友也，不当在弟子列。"可见元定早有深厚之家学根柢，他与父发[①]以及三子四孙，皆入《学案》，世称蔡氏九儒。

元定在朱子门下，年事最长（少朱子五岁，而早卒二年），位望最尊，朱子亦特别器重他，而乐与之相谈。朱子之格物穷理，本不只是空泛的读书，而实隐藏有纯知识一面的真精神，元定尤其具有这种纯知识的兴趣，而且很有这方面的才智，所以二人论学亦最为投契。凡遇异篇奥传，微辞深义，朱子常使元定先加讨究，而后亲做折中。

元定学问的路数，与北宋邵康节相近似。《鹤林玉露》（南宋罗大经撰）

---

① 蔡发博览群书，号牧堂老人。参见黄宗羲:《宋元学案》，第六十二卷,《西山学案》元定传文。

谓："濂溪、明道、伊川、横渠之讲道盛矣；因数明理，复有一邵康节出焉。晦庵、南轩、东莱、象山，讲道盛矣；因数明理，复有一蔡西山出焉。昔孔孟教人，言理不言数……邵蔡二子盖将发诸子之所未言，而使理与数灿然于天地之间也，其功亦不细矣。"（邵子之学，其子稍能述之，而不足以言承续；元定之学，则其少子九峰力能继踵而卓然成家。）

元定之长子蔡渊，号节斋，著有《训解意言辞象》四卷，又有《卦爻词旨》《易象意旨》。次子蔡沆，号复斋，著有《春秋五论》《春秋大义》等。季子蔡沈，隐于九峰，学者称九峰先生。元定遭伪学之禁，贬放道州，九峰徒步数千里随侍至贬所，父子相对，略无怨叹嗟劳之语，而日唯以义理相怡悦。这种乐道忘忧的精神，甚足钦佩。元定卒于贬所，九峰又徒步数千里护柩而归。时九峰年仅三十，即弃去科举，一以圣贤为法。朱子一生遍注群经，只书传未作，卒前一年特嘱咐九峰作《书经集传》，十年而成，是元明以来，士人必读之《尚书蔡传》。另外，《洪范九畴》之数，学者失传，元定独心得之而未及论著，亦寄望于九峰。盖自康节传图书之蕴，以为《易传》出于《河图》，《洪范》出于《洛书》，九峰乃专依《洛书》而言《洪范》，沉潜反复数十年，而完成《洪范皇极》一书。[①]

元定之孙，蔡格，号素轩，节斋之长子。行高而德厚，学足而望隆。著有《至书》《广仁说》。蔡模，号觉轩，九峰之长子。尝辑朱子所著书为《续近思录》《易传集解》《大学衍说》《论孟集疏》《河洛探赜》，行于世。蔡杭，号久轩，九峰之次子。博通经史，邃于理学，绍定间进士，官至参知政事，是蔡氏九儒中唯一宦途通显之人。蔡权，号静轩，九峰之三子，尝为书院山长，以训诲人才为事，长兄觉轩《续近思录》等书，皆与静轩参考而后成编。

二、黄勉斋及其支裔

黄勉斋（1152—1221年）名榦，字直卿，福建闽县人，学者称勉斋

---

① 《洪范皇极》一书中，《洪范皇极图》（含九九圆数、方数、行数、积数诸图）、《洪范皇极内篇》、《范数图八十一章》皆录于《宋元学案》第六十七卷《九峰学案》中。

先生。勉斋初从学于朱子，夜不设榻，衣不解带，少倦，则微坐一椅，或至于达旦。后，朱子以女妻之，著有《经解文集》，行于世。

勉斋尝撰圣贤道统传授总叙说，谓周濂溪继孔孟不传之绪，二程得统于周子，朱子得统于二程。文末并举示"居敬以立其本，穷理以致其知，克己以灭其私，存诚以致其实"四语，以为"千圣万贤所以传道而教人者，不越乎此矣"。而朱子之门，后儒又多推勉斋为能接其传云。

勉斋讲学，精审不苟。对师门之学，眷眷深挚。他说：

> 自先师梦奠以来，向日从游之士，识见之偏，义利之交战。而又自以无（声）闻为耻，言论纷然，诳惑斯世。又有后生好怪之徒，敢于立言，无复忌惮。盖不待七十子尽没，而大义已乖矣。由是私窃惧焉。故愿得强毅有立，趋死不顾利害之人，相与出力而维持之。[①]

勉斋期求后学之情，如此真挚热烈，所以终能得到传人而支裔绵流。其中最主要的一支，是由何基、王柏、金履祥，一直衍续到明初的方孝孺。

何基（1188—1268年），浙江金华人，人称北山先生。他一生未尝立异以为高，亦不徇人而少变。有文集30卷。其中与弟子王柏问答者占18卷，有时一事往复议论十余次，北山始终不易其说。可算得是学有定见，不摇不惑了。

王柏（1197—1276年），号鲁斋，金华人。初登北山之门，北山授以立志居敬之旨。从此发愤励学，益趋精密。日用从事，严敬整饬。子弟白事，非衣冠不见。来学者众，必先之以《大学》。但鲁斋不赞成朱子作格物补传，其见解与辅广弟子董槐之说相同。[②]

金履祥（1232—1303年），浙江兰溪人，学者称仁山先生。凡天

① 参见黄宗羲：《宋元学案》，第六十三卷，《勉斋学案》附录，黄百家案语。

② 参见蔡仁厚：《宋明理学·南宋篇》，第四章附录"大学分章之研究"，第三段第二节。

文、地形、礼乐、田乘、兵谋、阴阳、律历之书，莫不探究。宋季国势阽危，任事者束手罔措，仁山独进奇策，请以舟师由海道直趋燕蓟，俾能捣虚牵制，以解荆襄之危。他叙明海岛险易，历历有据，可惜未被采用。宋亡之后，隐居金华山中，著书讲学以终老。著有《通鉴前编》二十篇、《大学章句疏义》二卷、《论孟考证》十七卷、文集六卷。

勉斋门下，另有饶鲁，号双峰，江西余干人。先从李敬子（亦朱子门人），后从勉斋。勉斋问《论语》首言时习，习是如何用功？双峰答曰："当兼二义，绎之以思虑，熟之以践履。"勉斋深契之。著有《五经讲义》《论孟记问》《春秋节传》《学庸纂述》《近思录注》。双峰再传陈澔，撰有《礼记集说》，成为明代以后士人必读之纪传。

三、潜庵、北溪诸子

辅广，字汉卿，号潜庵。其先赵州人，其父随军南渡，寓浙江崇德，遂为崇德人。在朱子门下，以端方沉硕、用志坚苦著称。伪学之禁方严时，学徒多因利害相避而去，唯汉卿不为所移。朱子亦说："当此时立得脚定者甚难，惟汉卿风力稍劲。"著有《四书纂疏》《六经集解》《诗童子问》《潜庵日新录》等。其三传弟子有黄东发，见后。

陈淳，号北溪，福建龙溪人。年将四十，始见朱子于漳州。后十年，复见朱子陈其所得，时朱子已寝疾，语之曰："如今所学，已见本原，所阙者下学之功尔。"自是所闻皆切要语，凡三月而朱子卒。北溪守师说甚固，著有《北溪字义》。但他卫师门之学而过甚其力，操异同之见而过甚其辞，朱陆门户之争，多半是由北溪而决其澜的。

此外，朱子门人较著者，有李燔，字敬子，江西建昌人。尝有言曰："凡人不必待仕宦方有功业，但随力到处，有以及物，即功业矣。"敬子心事如秋月，史臣李心传论当时高士屡召不起者，以敬子为海内第一。《宋史》说他居家讲道，与黄榦并称，曰黄李。

另有张元德、廖子晦、詹元善、李方子以及陈器之、叶味道等，皆朱门高足，见《宋元学案》第六十九卷与六十五卷。不赘述。

四、真德秀与魏了翁

真德秀，福建浦城人，学者称西山先生。官至参知政事。游宦所至，惠政深洽，中外交颂。每入都门，人皆惊传倾动，填途塞巷而迎观之。韩侂胄立伪学之名以锢善类，凡近时大儒之书皆遭禁绝。德秀晚出，慨然以斯文自任，讲习而服行之。党禁既开，正学复明于天下。后世遂多德秀守护倡导之功。他早年从朱子门人詹体仁（元善）游。著有《大学衍义》《对越甲乙稿》《西山文集》等。

与真德秀同时，有魏了翁，二人齐名，不分伯仲。但黄东发则对德秀颇有微词，说：理宗端平亲政，广召贤者入朝，正当世运安危升降之际，而德秀趋召，竟阿时相郑清之。全祖望据此慨叹曰："西山之望，直继晦翁，然晚节何其委蛇也。"又谓德秀曾从杨慈湖游，慈湖戒其须忘富贵利达之心。而德秀未能终身践此言也。至于学术方面，黄梨洲曾有比论，认为西山依傍门户，墨守而已；而了翁识力横绝，真所谓卓荦观群书者。全祖望认为梨洲之论，可谓知言。①

魏了翁，四川蒲江人。他因辅汉卿与李方子而得闻朱子之学，遂奋起，成就卓然。尝筑室白鹤山下，开门授徒，士争先负笈从之。学者称鹤山先生。著有《鹤山师友雅言》《鹤山大全集》。他答周子书云：

> 向来多看先儒解说，不如一一从圣经看来。盖不到地头亲自涉历一番，终是见得不真。来书乃谓只须祖述朱文公。朱文公诸书，读之久矣，正缘不欲于卖花担上看桃李，须树头枝底，方见得活精神也。

了翁虽私淑朱子，而不守故常。他的识力，绝非固蔽自封者可比。所以凡有所言，大体皆明彻洞达，无迂腐气。兹再录二则以见其概。

> 心之神明，则天也。此心之所不安，则天理之所不可。天岂屑屑然与人商校是非耶？《诗》云："敬天之怒，无敢戏渝。"违心所

① 参见黄宗羲：《宋元学案》，第八十一卷，《西山真氏学案》后黄百家案语。

安，是戏渝也。(《跋师厚卿致仕诗》)

圣人之心，如天之运，纯亦不已；如水之逝，不舍昼夜。虽血气盛衰，所不能免，而才壮志坚，始终勿贰，曷尝以老少为锐惰、穷达为荣悴？文辞之士有虚骄恃气之习，方其年盛气强，位重志得，往往以所能眩世。岁慆月迈，血气随之，则不惟文辞衰飒不振，虽建功立事，蓄缩顾畏，亦非盛年之比。此无他，非有志以基之，有学以成之，徒以天资之美，口耳之知，才驱气驾而为之耳。(《梦笔山房记》)

由这两段文字，可知了翁之卓荦。尤其是："圣人之心，如天之运，纯亦不已。""心之神明，则天也。此心之所不安，则天理之所不可。"这几句话，皆儒家正宗之语脉，而已脱出朱子言心之故辙。

五、黄东发与王应麟

黄震，字东发，约生于宁宗之末，理宗宝祐四年进士，度宗时为史馆检阅，与修宁宗理宗两朝国史实录。宋亡，年未及六十，饿而卒。门人私谥曰文洁先生。东发之学，源出潜庵辅氏，而实得之于朱子与诸儒之《遗书》。尝语人曰：非圣贤之书不可观，无益之诗文不可作。著有《东发日抄》100卷，大体皆躬行自得之言。论者谓东发上接朱子之传，黄梨洲则以为"日抄之作，折衷诸儒，即于考亭亦不肯苟同，其所自得者深也"[①]。

东发本籍定海，后徙慈溪。晚年官归，复居定海之泽山。东发既没，子孙多留泽山。元末，学者建泽山书院以祀之。全祖望撰《泽山书院记》，有云："朱文公之学统，累传至双峰、北溪诸子，流入训诂派。咸淳而后，北山、鲁斋、仁山起于婺（金华），先生起于明（四明），所造博大精深，徽公（朱子）瓣香为之重振。婺学出于长乐黄氏（勉斋），建

① 参见黄宗羲：《宋元学案》，第八十六卷，《东发学案》后黄百家案语。

安（谓朱子）之心法所归，其渊源固极盛。先生则独得之遗籍，默识而冥搜，其功尤巨。试读其日抄诸经说，间或不尽主建安旧讲，大抵求其心之所安而止，斯其所以为功臣也。”①

王应麟（1223—1296年），字伯厚，号厚斋，浙江鄞县人，学者称深宁先生。官至礼部尚书。宋亡不仕。所著有《困学纪闻》《玉海》《通鉴地理考》《汉制考》《深宁集》等书。

深宁尝从学真西山之弟子王埜，故论者多以深宁为朱学。然深宁之父乃吕东莱之再传，又从杨慈湖之弟子史独善游，深宁绍其家训，与吕学陆学皆有渊源。且深宁又曾从游于汤东涧，东涧乃陆学。可知深宁之学，兼取诸家，不由一路。然观其综罗文献，实师法吕东莱，故全祖望说他“独得吕学之大宗”。

入元以后，深宁怀亡国之痛，有言曰：

> 士不以秦贱，经不以秦亡，俗不以秦坏。

其意盖谓人品、经籍、礼俗，中含常理常道，有永恒之价值，不会因为乱世暴政而改变。“秦”固指秦始皇，亦潜指蒙元也。此三语显示之志念，可谓深哉。

深宁弟子最著者有天台胡三省，鄞县史蒙卿。宋亡，皆隐居不仕。三省撰《资治通鉴音注》及释文辨误百余卷，蒙卿为史独善之孙，史氏一门皆陆学，至蒙卿改而宗朱。

六、文文山之正气

文天祥（1236—1382年），字宋瑞，号文山，江西庐陵吉水人。二十中进士，对策，理宗亲拔为第一。考官王应麟奏曰：“是卷古谊（义）若龟鉴，忠肝如铁石。臣敢为得人贺。”所谓文如其人，考官亦可谓能识鉴矣。

---

① 参见黄宗羲：《宋元学案》，第八十六卷，《东发学案》后附录《谢山泽山书院记》。

度宗咸淳九年（文公三十八岁），襄阳降陷，召为湖南提刑，见故相江万里，万里素奇文公志节，语及国事，愀然曰："吾老矣，世道之责，其在君乎！"恭帝德祐元年，元兵入寇，朝廷诏天下勤王，文公捧诏涕泣，遂起义兵，诸豪杰群起响应，得万人之众。事闻于朝，召以江西提刑安抚使入卫京师。其友以事势已去，止勿行。文公曰："吾亦知其然也，第国家养育臣庶三百余年，一旦有急，征天下兵，无一人一骑入关者，吾深恨于此。故不自量力而以身徇之，庶天下忠臣义士，将有闻风而起者。义胜者谋立，人众者功济。如此，则社稷犹可保也。"

德祐二年正月，元兵迫临安，文公除右丞相，奉使军前，被拘北上，至镇江，夜逃入真州，又泛海至温州。时临安已破，恭帝被执赴元都，文公闻益王未立，上表劝进，益王立于福州，是为端宗。召进文公为左丞相，都督江西，雩都一役，大败元军，民气大振，一时号令达于江淮。转战年余，终于寡不敌众，乃入粤，而端宗又崩。陆秀夫等拥立卫王（帝昺），召封文公为信国公。进屯潮阳，元将张弘范率军掩至，文公与将士方饭于五坡岭（今海丰县北），不及战，遂被执。见弘范不拜，请就死，弘范义之。过崖山，弘范使文公召张世杰，乃书《过零丁洋》诗与之，诗曰：

> 辛苦遭逢起一经，干戈寥落四周星。
> 山河破碎风飘絮，身世浮沉雨打萍。
> 惶恐滩头说惶恐，零丁洋里叹零丁。
> 人生自古谁无死，留取丹心照汗青。

次年，张弘范袭崖山，陆秀夫负帝昺溺海死，宋亡。（今香港九龙滨海，犹有宋王台存焉。）当文公被执时，取怀中脑子（毒药）服之，不死，在道途八日不食，又不死，既至燕京，元世祖欲畀以大任，终不屈，被囚三年，志节弥坚，遂遇害。临刑，颜色不少变，南向而拜，从容就死。其衣带有赞曰：

> 孔曰成仁，孟曰取义。惟其义尽，所以仁至。读圣贤书，所学

何事？而今而后，庶几无愧。

文公之师欧阳守道，号巽斋，学宗朱子。然文公之学，岂可以某家某派论之哉！就文公而言，人即学，学即人，其学全部是仁义，其人全部是正气，以生命之表现，为儒圣成德之学作见证，舍公而谁？呜呼伟矣！其所著文集《指南录》《吟啸集》皆行于世。《宋元学案》卷八十八、《巽斋学案》、《文文山案》中录其御试策全文（二十岁所作）、西涧书院释采讲义、《正气歌》并序，字字出自肺肝，句句皆至性至情之流露，此诚生命文字通而为一者。

第二节　象山门人与后学

一、杨慈湖与甬上诸贤

杨慈湖（1141—1226 年），字敬仲，浙江慈溪人，学者称慈湖先生。慈湖在象山门下，年辈最长（少象山二岁），享寿最高，造诣最深，影响最大，传衍亦最久远。慈湖之学，以“不起意”为宗。其奏宁宗有云：“陛下自信此心即大道乎？”宁宗曰：“然”。问：“日用如何？”宁宗曰：“止学定耳。”慈湖曰：“定无用学，但不起意，自然静定澄明。”慈湖“不起意”之旨，实本象山。黄梨洲曰：

> 象山说颜子克己之学，非如常人克去一切忿欲利害之私，盖欲于意念所起处，将来克去。故慈湖以不起意为宗，是师门之的传也。而考亭谓除去不好底意见则可，若好底意见，须是存留。……案，慈湖之告君曰：“此心即道，惟起乎意则失之：起利心焉则差，起私心焉则差，起权心焉则差，作好焉，作恶焉，凡有所不安于心焉，皆差；即此虚明不起意之心以行，勿损勿益，自然无所不照。”

然则，不起意之旨，亦略可识矣。[①]

象山以为天下学问只有两途："一途朴实，一途议论。"又说："众人之蔽，在利欲；贤者之蔽，在意见。"又说："与有意见人说话，最难入！"一般的议论、意见，皆是绕出去说话，与自家生命有何相干？必须"先立其大""尽我之心"，做成一个人，才是立人品的德性之学（即所谓朴实之学）。在道德的践履上，只有"义之与比"，岂能容你顾念思虑、作好作恶（好、恶，皆读去声）？当你意见一萌，便是"起于意"，便是作意计较，便是"放心"而歧出，而不是"本心作主"循理而行了。慈湖教人"不起意"，岂是使你槁木死灰，做个痴呆？只是要人"复其本心""由仁义行"而已。

学问必须与"己"打成一片，己与道、己与物，皆不容分隔为两截。慈湖有《甲乙稿》《冠记》《昏记》《丧礼记》《家祭记》《释菜礼记》《己易》《启蔽》等书，而以《己易》最能见其意。[②]

《己易》一文，实亦发挥象山"宇宙即是吾心，吾心即是宇宙""此心同，此理同""能尽此心，便与天同"之义。天道不外人道而立，易道易理亦不外吾心而别有所在。"生生之谓易。"易道生生，仁道亦生生。己之仁，己之本心，即易也。故曰《己易》。

慈湖弟子袁甫（蒙斋）云："慈湖先生平生践履，无一瑕玷。处闺门如对大宾，在暗室如临上帝。年登耄耋，兢兢敬谨，未尝须臾放逸。学先生者，学此而已。若夫掇拾遗论，依放近似，而实未有得，乃先生之所深戒也。"[③]而朱学之徒（陈北溪尤甚）每诋象山、慈湖为禅，此固是门户之偏见，亦实由学识之有差。（既不识儒家之大义、深义，亦不解禅之所以为禅，复不知作用层上的工夫与境界，乃儒释道三教所可共同而相通者。）

与慈湖同时，有袁燮、舒璘、沈焕，亦陆氏门下，与慈湖合称甬上四先生。

---

① 参见黄宗羲：《宋元学案》，第七十四卷，《慈湖学案》，黄宗羲案语。

② 参见蔡仁厚：《宋明理学·南宋篇》，第305—306页。

③ 参见黄宗羲：《宋元学案》，第七十四卷，《慈湖学案》，附录。

袁燮，字和叔，浙江鄞县人，学者称絜斋先生。先从象山季兄复斋游，后学于象山。一日，豁然大悟，乃笔之于书："以心求道，万别千差；通体吾道，道不在他。"为国子祭酒时，"延见诸生，必迪以反躬切己、忠信笃实为道本。每言人心与天地一本，精思以得之，兢业以守之，则与天地相似。闻者竦然有得"。尝谓"凡身外之物，皆可以寡求而易足。惟此身与天地并，广大高明，我固有之。朝夕磨砺，必欲追古人而与俱。若徒侪于凡庸，而曰是亦人尔，则吾所不敢也"。又曰："道不远人，本心即道。知其道之如是，循而行之，可谓不差矣。……吾道一以贯之，非吾以一贯之也。舜由仁义行，非行仁义。若致力以行之（仁义），则犹与仁义为二也。"[①]

絜斋有子名甫，号蒙斋，官至兵部尚书。少从父训，又从慈湖问学。自谓吾观草木之发生，听禽鸟之和鸣，与我心契，其乐无涯云。著有《蒙斋文集》、《中庸讲义》四卷，所阐多陆氏宗旨。有《题慈云阁》诗云："不见慈湖二十年，忧心如醉复如颠。我来忽见慈云阁，恍若慈湖现我前。"

舒璘，浙江奉化人，学者称广平先生。与兄琥、弟琪同受业于象山之门，琥与琪皆顿然有省悟，广平则曰："吾非能一蹶而入其域也，吾惟朝夕于斯，刻苦磨砺，改过迁善，日有新功，亦可以弗畔云尔。"唯广平虽立身方严，教学者则循循善诱，讲求涵泳，时人称其如熙然之阳春。慈湖谓广平孝友忠实，道心融明。絜斋亦说他平生发于言语，率由中出，未尝见其一语之妄。定川、慈湖，皆以女妻广平之子，则其家风之循谨可知。著有《诗学发微》《诗礼讲解》《广平类稿》。

沈焕，字叔晦，浙江定海人，学者称定川先生。杨、袁、舒，皆师象山，定川则师事复斋。复斋称其"挺然任道之资也"。居官服职，辄有善举。而秉性刚劲，所至小人忌之，故宦途多阻，终贫病而卒。丞相周必大闻其讣，曰："追思立朝不能推贤扬善，予愧叔晦；益者三友，叔晦不予愧也。"絜斋状其行云："君虽人品高明，而其中未安，不苟自恕，知非改过，践履笃实。其始面目严冷，清不容物，久久宽平，可敬可亲。面，攻人之短，退，扬人之善。切磋如争，欢爱如媚。古所谓直而温、毅而弘者，殆庶几乎。"

---

① 参见黄宗羲：《宋元学案》，第七十五卷，《絜斋学案》所录粹言。

> 宗羲案：杨简、舒璘、袁燮、沈焕，所谓明州四先生也。慈湖每提“心之精神谓之圣”一语，而絜斋之告君，亦曰：“古者大有为之君，所以根源治道者，一言以蔽之，此心之精神而已。”可以观四先生学术之同矣。文信国云：“广平之学，春风和平。定川之学，秋霜肃凝。瞻彼慈湖，云闲月澄。瞻彼絜斋，玉泽冰莹。一时师友，聚于东浙，呜呼盛哉。”①

二、傅梦泉与槐堂诸子

傅梦泉，字子渊，江西南城人。少时习举业，读书不过资意见，及学于象山，始知入德之方。尝谓人曰：“人生天地间，自有卓卓不可磨灭者在，果能于此涵养，于此扩充，良心善端，交易横发，塞乎宇宙，贯乎古今。”子渊机警敏悟，疏通洞达。象山论及门之士，以子渊为第一。中进士后，分教衡阳，士人归之者甚众。象山知荆门军时，有人呈送子渊与周平园论学五书，象山见后，大为叹赏，说：“子渊擒龙打凤手也。”后为宁都知县，化之入道，乡俗大变。时人以为有西汉循吏之风。张南轩称其刚介自立，朱子亦称其刚毅，而不满其论学。象山则说子渊疏节阔目，佳处在此，病处亦在此。

黄梨洲曰：“陆子在象山五年间，弟子属籍者至数千人，何其盛哉！然其学脉流传，偏在浙东，此外则傅梦泉而已。故朱子曰：浙东学者，多子静门人，类能卓然自立，相见之次，便毅然有不可犯之色。然则此数千人者，固多旅进旅退之徒耳。”②

邓约礼，字子范，江西建昌人，而寓居临川。师事象山甚早，在槐堂中称斋长。有求见象山者，象山或令先从子范问学。学者称直斋先生。象山尝谓“梦泉宏大，约礼细密”。为温州教授时，与叶水心甚相得云。

---

① 参见黄宗羲：《宋元学案》，第七十六卷，《广平定川学案》后黄宗羲案语。

② 参见黄宗羲：《宋元学案》，第七十七卷，《槐堂诸儒学案》后黄宗羲案语。

黄叔丰，字符吉，江西金溪人。为象山仲兄之婿，师事象山最久。象山论及门之士，首傅子渊，次邓文范，次即黄元吉。象山知荆门军，元吉从之，记所问答语，题曰《荆州日录》。时傅子渊分教衡阳，与漕使陈傅良（君举）论学，傅良心折其言而未能深信，适元吉自荆门至，傅良闻其讲论，始深信之。象山曾说："元吉相从一十五年，最得老夫锻炼之力。其前数年方逐外，中间数年换入一意见窠窟，去数年换入安乐窠窟，去近年痛加锻炼，始壁立无依傍。"同门严松以为元吉之学，当出子渊之上。

傅子云，字季鲁，江西金溪人，学者称琴山先生。年方成童，即登象山之门，以年少，象山令先从邓约礼学，后升弟子之位。象山四十九岁登应天山（后改名象山）讲学，学者以年齿列席次，季鲁居末。象山令设一席于旁，时令季鲁代讲。有疑之者，象山曰："子云天下英才也。"及象山为荆门守，执季鲁之手而语之曰："书院事俱以相付，其为我善永薪传。"又谓诸生曰："吾远守小郡，不能为诸君扫清氛翳，幸有季鲁在，愿相亲近。"象山曾说季鲁骨相寒薄，虽能明道，恐不能行道。后奉大对，葛丞相期以首选，不果。季鲁曰："场屋之得失，穷达不与焉。终身之穷达，贤否不与焉。"时人以为名言。绍定四年（距象山之卒已三十九年），慈湖弟子袁甫持节江西，修明象山之学，为建象山书院。时槐堂高足惟季鲁在。所著《易传》《论语集解》《中庸大学解》《离骚经解》等。抚州守叶梦得乃季鲁弟子，建三陆子祠于金溪，以先生配。

三、陆学的传衍

陆学的传衍，盛于浙东。尤其慈湖一脉，遍布江南，四明一郡尤盛。袁甫蒙斋，已略说于慈湖与絜斋一节。

鄞县史弥忠、弥坚、弥巩昆弟，皆从慈湖、絜斋学。方史弥远当国之时，弥忠等或避嫌辞官，或守正不阿，皭然不染，时论称之。

史弥远之甥陈习庵亦从慈湖游。在太常博士时，独为袁絜斋议谥号，余皆搁笔谢绝。而居官论政，尤切直敢言。史弥远问之曰：吾甥殆好名耶？习庵答曰："好名，孟子所不取也。夫求士于三代之上，惟恐其好名；求士于三代以下，惟恐其不好名耳。”

慈溪楼石坡，问道于慈湖，慈湖告以“心之精神之谓圣”。石坡讲学之语，多本于师说，曰明诚，曰孝悌，曰颜子四勿，曰曾子三省，其言朴实无华叶，而以躬行为务。石坡享耆寿，东浙推为杨门硕果。

慈溪又有童居易，学者称杜洲先生，亦师事慈湖，世传其学。其孙童金建杜洲六先生书院，讲学甚盛。

四明而外，慈湖之徒，还有严陵一脉。

钱时，严州淳安人，学者称融堂先生，为慈湖之高弟。袁甫为江东提刑，建象山书院，特延钱时为讲席。其论学大抵发明人心，指摘痛决，闻者皆警然有得。著有《周易释义》《尚书演义》《四书管见》《春秋大旨》《冠昏记》等。

融堂门人有夏希哲，学者称自然先生。究明性理，洞见本原，杜门不出者三十余年。家无隔宿之粮，而泰然自若。有三子，皆传其学，而仲子溥最著。

夏溥，字大之。博通经学，诗亦自成一家。入元，遂为大师。郑师山、赵东山，皆尝从学。①

至于江西，乃陆学之家乡，而槐堂诸子之声光反不如浙东。象山卒后，槐堂诸人亦渐次老死，乃有鄱阳三汤出而讲学。伯氏汤千存斋与季氏汤中思庵大体主朱子学，而仲氏汤巾晦静则由朱入陆，其从子汉主陆学。

汤汉，号东涧，为太学博士，迁太常少卿，度宗即位，以端明殿学士致仕。有文集六十卷，今佚。东涧有警语云：“春秋责备贤者，造物计较好人。一点莫留余滓，十分成就全身。”王应麟谓：“此老晚节，庶几践斯言也。”

晦静另一门人徐霖，号径畈，原籍西安。理宗淳祐四年，试礼部第一，授沅川教授，上疏言史嵩之奸，见者咋舌。迁著作郎，乞外，知抚州，一月举政，以言去，士民遮道，至不得行。后知汀州，卒于任。理宗特赐以田以旌其忠直。径畈乃晚宋陆学之大宗。衢州守某，尝筑精舍

---

① 上引四明、严陵为陆氏之学者，皆参见黄宗羲：《宋元学案》，第七十四卷，《慈湖学案》。

请径畈讲学，听者至数千人。然《宋史》排陆学，故径畈论学之语不可得而详。[①]

四、谢叠山之气节

谢枋得（1226—1289 年），江西弋阳人，学者称叠山先生。叠山从学于徐径畈，径畈称其“如惊鹤摩霄，不可笼絷”。宝祐间举进士，官至江东提刑招谕使知信州。第二年，元军入临安，信州亦陷。叠山变姓名走福建建宁唐石山，转茶坡，寓居逆旅，麻衣履鞋哭于道，人以为颠病也。已而走建阳，卖卜于市，拒不受钱，惟取米物。其后，人稍稍识之，多延至其家教子弟。

至元二十三年（文山死后之四年），集贤殿学士程钜夫荐宋臣二十二人，以叠山居首，辞不起。又明年，行省丞相奉旨来召，叠山曰：“上有尧舜，下有巢由，枋得姓名不祥，不敢赴诏。”尚书留梦炎又荐，叠山曰：“吾年六十余矣，所欠一死耳。”福建参政魏天佑见朝廷以求贤为急，欲荐叠山以邀功，叠山不从，强之北行。至京师，问谢太后攒所及瀛国所在（恭帝与太后北掳，太后忧死，恭帝降为国公，故叠山问之），再拜恸哭。叠山在北行途中，绝食二十日而不死，乃勉强略进菜蔬，及至京师，困殆已甚。寻病，迁悯忠寺，见曹娥碑，泣曰：“小女子犹尔，吾岂不汝若哉？”留梦炎持药杂米进之，怒斥曰：“吾欲死，汝乃欲生我邪？”终不食而死。

叠山与人书，尝曰：“人可回天地之心，天地不能夺人之心。大丈夫行事，论是非不论利害，论逆顺不论成败，论万世不论一生。志之所在，气亦随之。气之所在，天地鬼神亦随之。”末句“气之所在，天地鬼神亦随之”，真足为忠臣烈士生色！

宋亡之后，叠山遁迹山野，欲为遗民而不可得，屡征不起，逼迫入都，与文山先后死燕京，气节凛烈，大义昭然。

---

① 徐径畈与下述谢叠山，皆参见黄宗羲：《宋元学案》，第八十四卷。

第三节 宋元之际与元初诸儒

自宋室南渡，北方陷于金，及蒙古联宋以灭金，南宋亦衰微不振，国势阽危。元世祖在位三十五年，即位之二十年，宋帝昺溺海死，宋亡。故元代之初，北为元，南为宋，此所谓宋元之际也。

一、元初北方之儒

元初北方本无儒学。某年，元师侵宋，屠德安，姚枢在军前，凡儒道释医卜星占，皆以一艺得活，虏之北归。赵复（字仁甫，湖北德安人，至燕而常有江汉之思，故学者称江汉先生）亦在虏中，姚枢与之言，大奇之。屡欲寻死所，姚枢劝之百端，终至于燕，以所学教授，弟子从者百余人。姚枢、许衡、刘因诸人，亦因江汉而得见周张程朱之《遗书》。姚枢等人乃建太极书院于燕京，立周子祠，以二程张杨游朱配食。于是北方始有儒学。而许衡、刘因，为元初北方两大儒。

许衡（1209—1281年），号鲁斋，河内（今河南沁县）人。许衡早年流离世乱，而好学不倦，后访姚枢于苏门山，抄取程朱《遗书》而读之，遂成名儒。至元八年，以集贤殿大学士兼国子祭酒，成就甚众。元初数十年中称名卿材大夫者，大抵皆出其门。尝云："纲常不可亡于天下，苟在上者无以任之，则在下之任也。"①

刘因（1249—1293年），字梦吉，河北容城人，学者称静修先生。少时为训诂疏释之学，叹曰："圣人精义，殆不止此。"后于赵复得周程张朱之书，始曰："我固谓当有是也。"至元十九年，征为承德郎左赞善大夫，教近侍子弟，未几，以母疾辞归。二十八年，以集贤殿学士嘉议大夫召，固辞不就。刘因虽生于金亡后之十五年，但其先世仕于金，故哀金之诗甚多，雅不欲仕于元。初，许衡应召，过真定，刘因谓之曰："公一聘而起，无乃速乎？"答曰："不如此则道不行。"后刘因不受集贤之

① 以上参见黄宗羲：《宋元学案》，第九十卷，《鲁斋学案》。

命，或问之，曰："不如此则道不尊。"[①]

二、南方民间之学

元时，北方官学尊程朱，南方乃故宋之地，朱陆之学并行。元初，有金履祥隐居金华山中讲学，以延朱子勉斋一脉。至于象山之学，虽为官府所排斥，而民间陆学之绪，犹不泯焉。

吴澄（1249—1333 年），江西抚州崇仁人，学者称草庐先生。草庐于度宗时举乡试，入元，程钜夫（草庐同门友，双峰再传）以侍御史求贤江南，起草庐于京师，以母老辞归。六十岁时召为国子司业，首日，为学者言：

> 朱子于道问学之功居多，而陆子以尊德性为主。问学不本于德性，则其蔽必偏于言语训释之末，故学必以德性为本，庶几得之。

议者据此，遂以草庐为陆氏学，不合许衡氏倡信朱子之意，草庐闻之，即日谢去。未几，又以集贤直学士召，不果行。英宗即位，迁翰林学士，泰定元年为经筵讲官，请老而归。考草庐仕为学官，虽职名几变，而为时甚短，其一生讲学之功，仍在民间。著有《五经纂言》(其中《礼记纂言》成于晚年，故特为精博)、《草庐精语》等行于世。

草庐寿八十五，其一生三分之二在元朝，最为元代大儒。黄百家云："幼清从学于程若庸，为朱子之四传。考朱子门人多习成说，深通经术者甚少，草庐《五经纂言》，有功经术，接武建阳（指朱子），非北溪诸人可及也。"[②] 然草庐有言云：

> 徒求之五经，而不反之吾心，是买椟而弃珠也。此则至论。不肖一生切切然惟恐堕此窠臼。学者来此讲问，每先令其主一持敬

① 参见黄宗羲:《宋元学案》，第九十一卷，《静修学案》，附陶宗仪《辍耕录》语。

② 参见黄宗羲:《宋元学案》，第九十二卷，《草庐学案》，黄百家案语。

以尊德性，然后令其读书穷理以道问学。有数条自警省之语，又拣择数件书，以开学者格致之端。是盖欲先反之吾心，而后求之五经也。①

此则又是象山宗旨矣。草庐序《象山语录》云："道在天地间，今古如一，当反之于身，不待外求也。先生（指象山）之教以是，岂不至简至易而切实哉！不求诸己之身而求诸人之言，此先生之所大悯也。"草庐又尝问学于程绍开，绍开与徐径畈之弟子徐直方（古为）为同调。故草庐与陆学亦有渊源。绍开尝筑道一书院，以合朱陆两家之说。草庐亦兼取朱陆，其亦绍开先启之欤？

稍后于草庐，有陈苑（1256—1330年）中兴陆学。苑字立大，江西上饶人，人称静明先生。宋亡时，年二十余，隐居不仕以终身。少时静明得象山书读之，深有所得，时科举方用朱子学，闻静明治象山学，辄讥毁之。静明誓以死而不悔，一洗训诂支离之习，从之游者，往往有省。从此，人始知有陆氏学。

静明为人，刚方正大，于人情物理，无不通练。浮沉里巷之间，而毅然以昌明古学为己任。不苟是人之所是，亦不苟非人之所非。困苦终身，而拳拳于学术异同之辨；无千金之产，一命之贵，而有忧天下后世之心。其高弟有祝蕃、李存、舒衍、吴谦，志同而行合，人称江东四先生。（四人皆籍江西饶州。其时，玉山上饶一带属江南东道，故称江东。）黄梨洲曰："陆氏之学，流于浙东而江右反衰矣。至于有元，许衡、赵复以朱氏学倡于北方，故士人但知有朱氏耳，然实非能知朱氏也。不过以科目为资，不得不从事焉；则无肯道陆学者，亦复何怪？陈静明乃能独得于残编断简之中，兴起斯人，岂非豪杰之士哉！"②

---

① 参见黄宗羲：《宋元学案》，第九十二卷，《草庐学案》，草庐精语。

② 参见黄宗羲：《宋元学案》，第九十三卷，《静明宝峰学案》，黄百家案语。

第九章　王阳明致良知教

前言：明代初期的理学

明初大儒方孝孺（1357—1402年），浙江台州宁海人。燕王（成祖）初起兵靖难时，姚广孝特嘱咐曰："孝孺必不降，不可杀之；杀之，天下读书种子绝矣。"及南京城破，建文帝失踪，人心不安，成祖召孝孺草诏安天下，孝孺不为，且骂不绝口，遂遇害，连坐死者八百四十七人。

孝孺之后，北方儒者有薛瑄，南方儒者有吴与弼。

薛瑄（1387—1464年），号敬轩，山西河津人。其学恪守宋人矩矱，尝手抄《性理大全》读之，通宵不寐。所著有《读书录》，大抵为《太极图说》《西铭》《正蒙》之义疏。高攀龙谓其无所透悟。而其生平出处，则黄宗羲以为，尽美而未能尽善。①

吴与弼（1391—1469年），号康斋，江西抚州崇仁人。父溥，为国子司业。弱冠即弃举子业，谢人事，独处小楼，读四书五经、诸儒语录，不下楼者两年。后居乡躬耕食力，弟子从游甚众。雨中被蓑笠，负耒耜，与诸生并耕，归则饭粝蔬豆共食。陈白沙自广东来，晨光方辨，康斋手自簸谷，白沙未起，大声曰："秀才如此懒惰，他日如何到伊川门下，又如何到孟子门下？"其勤事严教如此。

《明儒学案》谓："先生上无所传，而闻道最早，身体力验，只在走趋语默之间。出作入息，刻刻不忘，久之自成片段。所谓'敬义夹持，

① 参见黄宗羲：《明儒学案》，第七卷，《河东学案》本传。

诚明两进’者也。……学者依之，真有途辙可循。”[①]

他撰有《日录》，皆记自己事，是他的躬行心得。顾宪成称他一团元气，直追太古之朴。顾允成则说他安贫乐道，旷然自足，如凤凰翔于千仞之上。兹节抄其《日录》数则，以见其朴直与苦乐。

> 夜大雨，屋漏无干处，吾意泰然。
>
> 夜观晦庵文集，累夜乏油，贫妇烧薪为光，诵读甚好。（其妇，真贤偶也。）
>
> 年老厌烦，非理也。朱子云：一日不死，一日要是当。
>
> 月下咏诗，独步绿荫，时倚修竹，好风徐来，人境寂然，心甚平澹。

据此数则，可知他耐受其苦，自得其乐，一切要是当，终身不放松。一生立己立人，是坚苦的实践者、成功的教育家。门下三贤，各有所成。

胡居仁（1434—1484 年），江西饶州余干人，学者称敬斋先生。弱冠，即奋志圣贤之学，从游康斋之后，即绝意科举，筑室梅溪山中，事亲讲学，并与乡人娄谅为讲会于弋阳之龟峰、余干之应天寺，嗣又讲学白鹿、贵溪、桐源诸书院。居仁严毅清苦，而萧然自得。撰有《居学录》，有云："心无主宰，静也不是工夫，动也不是工夫。静而无主，不是空了天性，便是昏了天性，此大本所以不立也。动而无主，若不猖狂妄动，便是逐物徇私，此达道所以不行也。己立后自能了当得万事，是有主也。"

娄谅（1422—1491 年），字克贞，别号一斋。江西上饶人。自少有志圣学，求师于四方，夷然曰："率举子学。"闻康斋在临川，乃往从之。康斋一见喜之，曰："老夫聪明性紧，贤也聪明性紧。"一日治地，召谅往，曰："学者须亲细务。"谅素豪迈，由此折节，躬亲扫除，不责僮仆。遂为康斋入室，凡康斋不以语门人，于谅则无所不尽。谅曾分教成都，寻告归，以著书造就后学为事。王阳明十八岁过上饶，特访谒之。谅告以致知格物，圣人必可学而至。有《日录》四十卷，《三礼订讹》四十卷。

① 参见黄宗羲：《明儒学案》，第一卷，《崇仁学案》吴与弼本传。

平生以收放心为居敬之门，以何思何虑勿忘勿助为居敬要旨。

陈献章（1428—1500 年），字公甫，广东新会人，学者称白沙先生。自幼警悟，读书一览辄记。会试中乙榜，入国子监读书，又至崇仁，从学于康斋。归，绝意科举，筑阳春台，静坐其中，数年不出关。后又游太学，名动公卿，归而门人益进。屡荐不起，卒于家。[①]

白沙之学，主自然，实由自得。其自序为学曰：

> 仆年二十七，始发愤从吴聘君学，其于古圣贤垂训之书，盖无所不讲，然未知入处。比归白沙，杜门不出，专求所以用力之方，既无师友指引，惟日靠书册寻之。忘寐忘食，如是者亦累年，而卒未得焉。所谓未得，谓吾此心与此理未有凑泊吻合处也。于是舍彼之繁，求吾之约，惟在静坐。久之，然后见吾此心之体，隐然呈露，常若有物，日用间种种应酬，随吾所欲，如马之御衔勒也。体认物理，稽诸圣训，各有头绪来历，如水之有源委也。于是涣然自信，曰：作圣之功，其在兹乎。有学于仆者，辄教之静坐。盖以吾所经历粗有实效者告之，非务为高虚以误人也。

兹再录其语三则于此：

> 为学须从静坐中看出个端倪来，方有商量处。
>
> 日用间随处体认天理，著此一鞭，何患不得到古人佳处也。
>
> 学劳攘则无由见道。故观书博识，不如静坐。

但其大弟子湛若水（甘泉）并不遵行师门静坐教法，而单提“随处体认天理”[②]。

---

① 此下所述，皆参见黄宗羲：《明儒学案》第五卷，《白沙学案（一）》。

② “随处体认天理”，这种话常因解读不同而异其旨。李延平静坐体认天理之后，还须“冰解冻释”，为的是要使理融于事，使天理具体落实以起用。阳明以甘泉体认天理为“求于外”，正以甘泉不能直下肯认“心即理”“良知即天理”，故其随处体认天理，不免有“求理于心外”之嫌。

王龙溪说“白沙是百原山中传流，亦是孔门别派”。百源山是邵康节尝居住处，孔门别派指曾点传统（请覆按本书孔子章第八节之三），如邵康节、陈白沙与王门泰州派下，皆其流也。静坐是一种方式，可用可不用。阳明龙场悟道后，亦经过“默坐澄心”一关，但到“致良知”宗旨确定，便无须静坐了。故明代理学到白沙，仍系过渡，尚未踏实以至究竟地头。

下至明代中期，王阳明异军突起，先与白沙弟子湛甘泉论学（三十四岁），龙场悟道（三十七岁）之后，其学煊赫发皇，即“良知之学”。此下将分节加以论述。

第一节　王阳明的自我发现与自我完成

王阳明（1472—1528年），名守仁，字伯安，学者称阳明先生。浙江余姚人。他一生思想的演变发展，有所谓“前三变”与“后三变”，其实，这也正是他自我发现与自我完成的历程。

一、王学前三变：自我发现

黄梨洲在《明儒学案》第十卷《姚江学案》中有云：

> 先生之学，始泛滥于词章，继而遍读考亭（朱子）之书，循序格物。顾物理吾心，终判为二，无所得入。于是出入于佛老者久之。及至居夷处困，动心忍性，因念圣人处此，更有何道？忽悟格物致知之旨。圣人之道，吾性自足，不假外求。其学凡三变而始得其门。

此所谓“三变”，是“得其门”之前的三变，这是不同内容不同趋向的、异质的转变，也可说是自我发现的过程。

（一）泛滥词章

阳明从小就有志做圣贤，但自从格竹子格不出道理，而觉得圣贤有分定，不是人人可做的，于是便顺才情而泛滥于词章。数年之中，与诗文之士如有明前七子中的李梦阳、何景明等，以才名争驰骋。

（二）出入佛老

二十七岁时，阳明又感到辞章艺能，不足以通至道，想求师友于天下，又难得其人。某日读朱子《上光宗疏》，其中有云：居敬持志，为读书之本，循序致精，为读书之法。于是又循朱子之路，做穷理工夫，但仍觉事物之理与我之本心，终分为二，打不作一片。这个困惑，使他心情抑郁，旧病复发，他更觉得圣贤有分，不是人人可为。于是动了入山修道的念头，而渐渐留心仙道，讲究佛老。

三十岁，阳明因公事之便，游九华山，碰到一位善谈仙道的道士，又遇上一位隐修的异人。相见之次，或言不投契，或有所会心，三十一岁，入阳明洞行导引术，渐能先知。但他又觉得这是"簸弄精魂"，不是道，乃欲更入深山，但惦念祖母和父亲，迟不能决。后来感到爱亲之念，生于孩提，此念若抛却，便是"断灭种性"。次年，他见一青年禅僧闭关，三年目不视，口不言。阳明立予棒喝，使之觉醒。

阳明既悟释老之非，表示他的心思已从孝悌一念归到仁心天理，而当下承担，绝不动摇了。到此之时，心与理为一或为二的大疑团或大烦闷，便已到了彻底解决的时候。但这需要有一步大的开悟，而这步大开悟又需要一步大的机缘。而这个机缘，要到三十七岁他在龙场动心忍性之时，方才到来。

（三）龙场悟道

阳明三十五岁，武宗即位，宦官柄政。阳明因抗疏触怒太监刘瑾，即下诏狱，廷杖四十，并远谪贵州龙场驿做驿丞。一路上刘瑾派人跟踪，意欲加害，阳明险遭不测，辗转流徙，于三十七岁春天，终于抵达龙场。龙场地处万山丛棘之中，苗夷之人，言语不通，能通话的只一些中土亡命之徒。阳明此时，自觉得失荣辱都能超脱，只有生死一念横于胸中，尚未化除。乃造一石棺，自誓曰："吾惟俟命而已。"他日夜端居静默，以求静一，正是要澄汰胶着于现实的得失荣辱与生死之念，以期生命的海底涌现红轮。他"胸中洒洒"，便是红轮涌现前的一些征候。一日夜半，他忽然大悟，仿佛寤寐中有人告诉他似的，呼跃而起，从者皆惊。阳明从此便悟了格物致知之旨。

据《王阳明全书·年谱》，阳明悟道的关节是说："圣人之道，吾性自足，向之求理于事物者，误也。默记五经之言证之，莫不吻合。"求理于事物，即求理于心外。这是朱子的路。而阳明在此大剥落之后的大开悟中，所亲切印证的，则是彻通人己物我之界限，而为人生宇宙之大本的仁心真体。

阳明有言："四书五经，不过说这心体。"经典虽各有讲论，但其中心义旨，亦无非发明心体而已。陆象山所谓"六经皆我脚注"，亦是说六经千言万语，不过为我的本心仁体多方印证而已。阳明龙场悟的道，便是悟的这个道。契切于此，则物理吾心，自然归一。而阳明十年困惑，至此方得解消。

二、王学后三变：自我完成

阳明悟道之后的三变，是同质的发展和完成，也可说是自我完成的过程。学案又云：

> 自此（龙场悟道）以后，尽去枝叶，一意本原。以默坐澄心为学的。有未发之中，始能有发而中节之和。视听言动，大率以收敛为主，发散是不得已。江右以后，专提致良知三字。默不假坐，心不待澄，不习不虑，出之自有天则。盖良知即是未发之中，此知之前，更无未发；良知即是中节之和，此知之后，更无已发。此知自能收敛，不须更主于收敛；此知自能发散，不须更期于发散。收敛者，感之体，静而动也。发散者，寂之用，动而静也。知之真切笃实处即是行，行之明觉精察处即是知，无有二也。居越以后，所操益熟，所

得益化。时时知是知非，时时无是无非。开口即得本心，更无假借凑泊。如赤日当空，而万象毕照。是学成之后，又有此三变也。

（一）默坐澄心

阳明在濒临生死、百折千难中大悟之后，有如经历一场大病，元气初复，不能不珍摄保养。所以“以收敛为主，发散是不得已”。收敛，是意在复其本心，涵养真体。这里把得定，发散时便能不差谬。所以说“有未发之中，始能有发而中节之和”。这“默坐澄心”的工夫，便是要辨识何者是“真我”（本心真体），何者是“假我”（习气私欲）。将真我端得中正，则假我自然对照出来。这是在收敛之中，一步自觉的主客体分裂之工夫（主体指真我，客体指假我）。这步涵养省察的工夫，亦是初阶段必须经历的。所以阳明或教人静坐，或教人存天理、去人欲。

静坐是为了体验天理本体，但静坐（离开现实纷扰）体证到的本体，如何在现实生活中起作用，又是一层困难。一般人得到一点静坐的好处，便留恋景光，好静恶动，流入空虚。故阳明四十三岁在南京，便教学者以“存天理、去人欲”为省察克治之功。此所谓天理，即本心，即真我。“存天理、去人欲”虽仍然是主客对照的涵养省察之工夫，但已渐向良知之说而趋了。

（二）致良知

阳明四十五岁，奉命巡抚南赣、汀、漳等处，次年正月，抵达赣州，自此到五十岁，皆在江西。他一面讲学以发明良知宗旨——这是提撕警觉，故精神凝聚；一面剿抚漳州、南赣、广东三处贼寇，建立了事功——这是事上磨炼，故深切著明。四十八岁又平定南昌宁王之叛乱，但功高招忌，佞幸谗害，危疑汹汹，历时年余，始渐平息。经此变乱，阳明益信良知“真足以忘患难，出生死……譬之操舟得舵，平澜浅濑，无不如意；虽遇颠风逆浪，舵柄在手，可免没溺之患矣”。于是正式揭示“致良知”三字为讲学宗旨。[①]

① 有关“王学三变”，拙著《王阳明哲学》列有专章加以讲论，可参阅。

（三）圆熟化境

阳明自五十岁的秋天，自江西返浙江，次年遭父丧，此后五六年间，都在越中讲学。五十六岁五月，奉命兼都察院左都御史，往征思、田苗瑶之乱。（思恩、田州，皆在广西西北边区。）九月出发，年底抵任所。经过他的帷幄运筹，至次年春二月，不折一矢，不戮一卒，苗瑶之众，感化归服。七月，又便宜行事，袭平了明初以来屡征不服的八寨断藤峡诸蛮贼。终于积劳成疾，上疏告归。十一月，在归途中卒于江西南安（今大余县）。所谓“居越以后，所操益熟，所得益化”，便是指他五十一岁以后的晚年境界：圆熟化境。

不习不虑的良知，并不是习气中的直觉本能，而是随时当下的呈现。（冯友兰的《中国哲学史》，以良知为假设，熊十力尝面斥之，曰：良知是个真实呈现，怎能说是假设？然冯友兰终不悟不改。）工夫到了纯熟之境，良知涌现作主，所以“时时知是知非”；私意剥尽，了无执着，所以又“时时无是无非”。（无是无非，不是说不辨是非，而是说，本体莹彻，了无私意执着，便不会有由主观好恶而生起的自以为是与自以为非。）凡是有言说，皆是称本心天理而发，无须假借凑泊，以迁就古人之成说或书本上的典故等，此即所谓“开口即得本心，更无须凑泊”之义。良知既已永现作主，它便是心灵中的太阳，便是真理之光。一切是非、善恶、诚伪、得失，亦都在良知之明的朗照之下而无微不显。此时，天理自存，人欲自去，这就是阳明之学所以为简易直截的地方。

第二节　良知即天理

“良知”一词，出自孟子。孟子从爱亲敬长之心，指点人的良心，亲亲是仁，敬长是义；人之本心自发地知仁知义，这就是人的良知。推广而言，不但知仁知义是良知，知礼知是非（道德上的是非），亦是人的良知。阳明即依据此义，而以“良知”一词，综括孟子所说的四端之心。他说：

> 良知只是个是非之心，是非只是个好恶。只好恶就尽了是非，只是非就尽了万事万变。(《传习录》下)
>
> 良知只是一个天理，自然明觉发见处，只是一个真诚恻怛，便是他本体。故致此良知之真诚恻怛以事亲，便是孝；致此良知之真诚恻怛以从兄，便是弟；致此良知之真诚恻怛以事君，便是忠。只是一个良知，一个真诚恻怛。(《传习录》中《答聂文蔚书》)

前一则，是将孟子所说的“是非之心智也”“羞恶之心义也”两者合一，而收摄到良知上讲。因为是非之心的是非，乃是道德上的是非，道德上的是非亦就是羞恶（好恶）上的义与不义，所以“是非”与“好恶”，其义一也。

后一则，是以“真诚恻怛”讲良知。从“恻怛”方面说，是“恻隐之心仁也”；从“真诚”方面说，则“恭敬之心礼也”亦含摄在内。由此可见，阳明是把孟子所并列的四端之心，一起皆收摄于良知，而真诚恻怛便是良知的本体。本体即自体，是意指当体自己的实性，亦即最内在的本性自性。良知最内在的真诚恻怛之本体自性，在种种特殊的机缘上，便自然而自发地表现为各种不同的天理，如在事亲上便表现为孝，在从兄上便表现为弟，在事君上便表现为忠。孝、悌、忠，便是所谓“天理”（道德法则）。

天理，并不是外在的抽象之理，而是内在的本心之真诚恻怛，由此真诚恻怛之本心，昭明地自然地朗现出来，便是天理。所以天理之朗现，就在本心良知处发现,“良知”“天理”，名异而实同。因此，阳明总说“良知之天理”。阳明认为：“良知是天理之昭明灵觉处，故良知即是天理。”[①]牟先生据此而做了一个总结：良知是天理之自然而明觉处，如此，则天理虽客观而亦主观；天理是良知之当然而必然处，如此，则良知虽主观而亦客观。[②]这就是“心即理”“心外无理”“良知之天理”诸语句的真实

① 参见王阳明：《传习录》中，《答欧阳崇一书》。崇一名德，号南野，属江右王门。

② 参见牟宗三：《从陆象山到刘蕺山》，第三章“王学的分化与发展”。

义旨。[1]

古贤云：实理所在，千圣同证。阳明之学虽经由自己的独悟而实得于心，但独悟之后，一经反省，便觉得与往圣所说无不符契。如像良知之说，便自然合乎孟子。而孟子所说的良知、本心，亦必须如阳明与陆象山那样悟解，乃能定住他的义理宗旨。两千年来，孟子所确定的内圣之学的弘规，除了象山、阳明之外，很少有人能全面接得上。（所谓接得上，是指慧命之相契相续而言。一般文字知解上的偶合相应，并不算数。）所以象山、阳明确然是孟子之嫡系。

第三节　良知感应乃“智的直觉”之感应

阳明凡言“本体”，皆是意指当体自己之实性而言。每一实性（如仁、义、礼、智），皆渗透于其他实性而彻尽之，举其一可，举其二三以至于千百，亦无所不可。所以阳明或者说真诚恻怛是良知之本体，或者说“知是心之本体”，或者说“定者心之本体，天理也”，或者说“乐是心之本体”。[2] 因为本心原本就有种种实性，而每一实性皆意指其当体自

① 另有“知行合一”之宗旨，拙撰《王阳明哲学》有专章讨论。请参阅。实则，“致良知”三字宗旨既出，则知行之合一，已不在话下。盖良知是“知”，致良知是“行”，即知即行，知行一贯，而合一不合一，已成剩语。

② “知是心之本体”“定者心之本体”，皆见《传习录》上。“乐是心之本体”，见《传习录》下。“知”即良知，“定”是明道《定性书》所谓“动亦定，静亦定”的大贞定。“乐”即孟子“反身而诚，乐莫大焉”之乐。或谓圭峰宗密曾说知是心之本体，今阳明亦言之，则阳明之悟良知或许是由圭峰而来。此种说法只是考据家凑字之习，不知义理之学的规范与甘苦。圭峰之知，自是佛家之旨，乃偏指清净真如之灵知真性而言。阳明之知，自始便是道德的，是顺孟子本心良知而来，故其言曰：“知是心之本体，心自然会知，见父自然知孝，见兄自然知弟，见孺子将入井自然知恻隐，此便是良知，不假外求。”（《传习录》上）此彻里彻外是孟子之旨，与圭峰有何相干？义理之学必须发于内心真切之体悟，讲这套学问自有义法。故绝无剽窃别家别派一二词语即可成一义理之说统者。

己。但我们却不可抽象地去想那个心体，因为本心并没有一个抽离的自体摆在那里，依此，阳明便说“心无体”。《传习录》下云：

> 目无体，以万物之色为体。耳无体，以万物之声为体。鼻无体，以万物之臭为体。口无体，以万物之味为体。心无体，以天地万物感应之是非为体。

感官（耳、目、口、鼻）在用上见，在感应上见；心在感应之是非上见，故皆曰“无体”。阳明说心无体，当然不是否定本心自体，而是表示没有一个隔离的自体摆在那里，让人抽象地悬空去想（你若抽象地悬空去想一个隔离的心体自己，便是玩弄光景）。因为本心只是一个感应之是非，除了以“感应之是非”为其本质之内容外，并没有其他内容。所以良知本体，就在当下感应之是非之决定处见。此外，没有一个独立的本体。

而良知之感应是没有界限的，充量之极，它必然与天地万物相感应（此即涵着良知本心之绝对普遍性）。阳明尝曰：“以其明觉之感应而言，则谓之物。”（《传习录》中）由“明觉之感应”说物，则这个“物”，既是道德实践的，同时亦是存有论的。道德实践中良知感应所及之物，与存有论的存在之物，两者之间并无距离，而良知亦遂有其形而上的实体之意义。牟先生认为，由此乃可说“道德的形上学”。[①]

儒家从孔子讲仁（践仁以知天）开始，通过孟子讲本心即性、尽心知性知天，便已涵着向道德形上学的趋势，再通过《中庸》讲天命之性与至诚尽性，以至《易传》讲穷神知化，则此道德的形上学，在先秦儒家便已有了初步之完成。宋明儒继起，则是充分地完成之：象山、阳明是单由孔子之仁与孟子之本心，而直接地完成之；而北宋之濂溪、横渠、明道，下开南宋胡五峰以及明末刘蕺山，则是兼顾《论语》《孟子》与

---

① 道德的形上学，不是西方哲学传统中的观解地以及客观分解地讲的形上学，而是实践的形上学，亦可曰圆教下的实践形上学。

《中庸》《易传》，而有一回旋地完成之。[①]

阳明从良知（明觉）之感应说万物一体，与明道从仁心之感通说万物一体，完全相同，这是儒家之通义，无人能有异议。这个意义上的感应、感通，不是感性中的接受或被影响，亦不是心理学中之刺激与反应，乃是“即寂即感、神感神应之超越的、创生的，如如实现之”的感应，这必然是康德所说的“智的直觉”之感应。[②]

第四节　致良知与逆觉体证

“致良知”之“致”，就是“向前推致”之义，等于孟子所说的“扩充”。所谓“致良知”，即将良知之天理或良知所觉之是非善恶，不使它为私欲所间隔，亦不使它昏昧滑过，而能充分地呈现出来，以见之于行事，以成就道德行为。

“致”的工夫是不间断的，在此机缘上是如此，在彼机缘上亦是如此，今日如此，明日亦如此，随时随事皆如此，这就是孟子所谓“扩而充之”或“达之天下”。若能这样不间断地扩而充之，则人的生命行为便全体是良知天理之流行。此即罗近溪所谓“抬头举目，浑全只是知体著见；启口容声，纤悉尽是知体发挥”。（知体，指良知本体。）亦即孟子所谓“睟然见于面，盎于背，施于四体，四体不言而喻”。[③]到此地步，才可以说把良知“复得完完全全，无少亏欠”。所以，“致”字亦含有“复”

---

① 参见牟宗三：《心体与性体》，第一册综论部。至于伊川与朱子，则另开一系之义理，须别论。

② “智的直觉”是康德的词语。但康德不承认人有智的直觉（因为西方没有“天命之谓性”的义理），但良知之明觉、仁心之感通，皆含有此种直觉。此是中西哲学最大最本质的差异点。请参看牟宗三：《智的直觉与中国哲学》，台北：台湾商务印书馆，1971年。

③ 明儒罗近溪语，见《盱坛直诠》卷上。孟子之语，见《孟子·尽心上》。

字义。但复必须在“致”中复。这不是后返以“复其本有”之消极地静态地复，而是向前以“扩而充之”之积极地动态地复。

良知人人本有，亦时时不自觉地呈露。但如何能“致”此良知呢？须知“致”是表示行动，在“致”之中即含有警觉的意思。所以“致”的工夫即从警觉开始。警觉亦名曰“逆觉体证”。

体证是在日常生活中随其时时之呈露而体证，这种与日常生活不相隔离的体证，名曰内在的逆觉体验；而与日常生活相隔离的，则名曰超越的逆觉体证。不隔离者是儒家实践的定然之则，如孟子之“求放心”，《中庸》之“诚之”“慎独”，程明道之“识仁”，胡五峰之“识仁之体”，象山之“复本心”，阳明之“致良知”，刘蕺山之“诚意”，皆是不隔离的内在的逆觉体证。而隔离者则是一时之权机，如李延平之“静坐以观未发气象”，即隔离的、超越的逆觉体证。但延平经过观未发气象之后，必言“冰解冻释”，始能天理流行。（见朱子《延平行状》论延平开端示人处。）故知隔离只是一时的，并非定然之则。明得此意，便知此两种逆觉体证皆可以承认，但亦不可混同，更不可在此起争端。[1]

虽然人人有此良知，但为私欲所蔽，则虽有而不呈露。即或随时有不自觉的呈露（透露一点端倪），但为私欲气质以及内外种种感性条件所阻隔，亦不能使它必然有呈露，而那点端倪很可能在阻隔限制中又被压缩回去。要想自觉地使它必然有呈露，就必须通过逆觉体证。若问良知明觉虽然通过逆觉体证而被肯认，但那私欲气质与内外种种感性条件仍然形成阻隔，使它不能顺适条畅地通贯下来以成就道德行为，这时又将如何？这个问题的回答是：仍然要靠良知本身的力量。除此，没有任何绕出去的巧妙方法。因为良知明觉若真通过逆觉体证而被承认，则它本身就是私欲气质与外物之诱的大克星，它自有一种力量不容已地要涌现出来。这良知本身的力量，就是道德实践之本质的根据。

这种不容已地要涌现出来的力量，只有“心与理为一”的本心才有，

① 江右王门聂双江倡“归寂”宗旨，而与王龙溪争辩，即于此见不清。请参看本卷第十章第一节之三。

若是“心与理为二”的那个空头的理，便没有这种力量。朱子析心与理为二，又想使理亦通贯下来，因此便不能不绕出去讲其他的工夫，这就是涵养、居敬、格物、穷理那一套。这些工夫不是不重要，但依阳明学的立场看来，这些只能是助缘，而不是本质的工夫。内圣成德之学的本质工夫唯在逆觉体证。人若以助缘为主力，便是本末倒置。

凡顺孟子下来者，如象山、阳明，皆非不知气质之病痛，亦非不知教育学问之重要，但凡是这种后天工夫，皆不是本质的。所以就内圣之学的道德实践而言，必然要从先天心体开工夫而言逆觉体证。但逆觉之觉，却不是把良知明觉摆在那里，用一个外来的后起的觉去觉它；而根本就是良知自己觉它自己，是良知明觉之自照。所以逆觉体证不是外在的后天工夫，而是先天的工夫，是道德实践的本质工夫。

第五节　心意知物与四句教

一、心意知物

自朱子以后，《大学》一书成为论学之中心，所以阳明的“致良知”亦必须落在《大学》上说。《大学》讲“正心”“诚意”“致知”“格物”，因此，致良知亦须落在“心”“意”“知”“物”的整套关联中来讲。依阳明：“心”是本心，亦是天心、道心，是至善的心体。“意”是心之所发。心所发的意有诚有不诚。“知”即吾心之良知，亦即心体之明觉。能知是知非，知善知恶，是照临于意之上的价值之准衡。“物”是意之所在。意有诚与不诚，故物亦有正与不正。意之所在的物，遍指事事物物而言。

心体无有不正不善，但意之发，或顺良知明觉而发为善的意，或逆良知明觉而发为不善的意，故意有善与不善，有诚与不诚。要使意归于善，归于诚，则必须致良知；要使意之所在的物，各得其理，各得其正，亦必须致良知。[1]推致吾心良知之天理于事事物物，使事事物物皆得到良知天理之润泽而各得其理，各得其正，这就是格物（物得其理、得其正、得其宜、得其成）。

二、四句教解义[2]

关于正心、诚意、致知、格物的全部历程，最简要的说法，就是“四句教”。[3]

四句教法，是阳明揭示的德性实践最内在的义路。

心体至善，超越善恶之对待。在心体上不能说善说恶，故首句曰“无善无恶心之体”。（阳明有云：无善无恶，是谓至善。）

心之自体虽为至善，而心所发动的意念，则往往受气质私欲之影响夹缠而有善有恶，故次句曰“有善有恶意之动”。

良知是心体之明觉，是照临于意念之上的价值标准，自然能知意念之善恶，故三句曰“知善知恶是良知”。

良知明觉不但知善知恶，同时在明觉之照中即已决定一应当如何之方向（好善恶恶，为善去恶），而且此真诚恻怛之良知，原本就有一种不容已地要贯彻实现其价值方向之力量，以使意念归于诚，归于善，并使意之所在的“物”亦得其理，得其正。故末句曰“为善去恶是

---

① 阳明讲格物致知，是将格物解为正物，正其不正以归于正。将致知讲成致良知，这是以孟子义讲《大学》，与朱子依伊川“解格物为穷理”，乃两个不同之诠释系统。朱子、阳明的讲论，皆未必就是《大学》的本义，但《大学》本义却也难定。它只提供主客观实践的纲领，而义理方向则不明确，故朱子、阳明得以填彩，各讲一套而皆成说统。

② 关于“致良知”“四句教”与“四有四无”之义旨，拙撰《王阳明哲学》第七章有二十页之讨论，可参阅。

③ 关于“格致诚正”的全部历程，《传习录》下有黄以方所录一段，最为完整而详尽。拙著《王阳明哲学》第二章第三节曾加引述，可参看。

格物”。

须知以良知天理来正物，与以吾人心知之认知活动来穷究事物的所以然之理，并不同路。故致知、格物，实有二式：认知心下的“致知究物”，是认识论的“能所为二”之横列的，这是朱子的路。良知下之“致知正物”，则是道德实践的“摄物归心，心以宰物”之纵贯的（扩大而言之，则是本体宇宙论的摄物归心，心以成物之纵贯的），这是阳明的路。

阳明之解“格”为“正”，是以义理系统定，而不是以字义应当如何训诂而定。“格”字原意为感格降神，所以其直接意思是“来”是“至”，“正”则是引申义。而阳明对“心、意、知、物”四者之分析，亦极具义理之关联性。“心”是本心，“意”是心之所发，“物”是意之所在，而“知”即吾心之良知，亦即心体之明觉。心体虽至善，心所发的意却有善恶之分化。于是，无论要使意归于诚，归于善，或使意之所在的物得其理，得其正，都必须要致良知。

三、“物”之二义

阳明从“意之所在”说物，亦从“明觉感应”说物。

依前者，意与物有善与不善、正与不正之别，故必待致良知而后意得其诚，物得其正。

依后者，则意之动皆是良知天理之流行，而意之所在的物，亦无不合乎良知之天理。此时，“意之所在”与“明觉感应”遂通而为一（知与物一体而化）。

在明觉之感应中，有事亦有物，但“事”在良知之贯彻中表现为合天理之事，一是皆为吾人德行之纯亦不已。“物”亦在良知之涵润中如如地成其为物，一是皆得其位育而无失所之差。故良知明觉之感应，必然与天地万物为一体。阳明之所以既言“心外无理”，又言“心外无物”，即以此故。

四、四有与四无之会通[①]

关于阳明致良知教的全部内涵，我在《王阳明哲学》一书中，分十章加以论述，如“前后三变”、良知学之基本义旨、知行合一、良知与知识、良知与中和寂感、工夫指点的意义、四句教与天泉证道、心即理的意蕴与境界、阳明的亲民哲学及其事功、阳明的人格与风格，以及附录“日本的阳明学及其特色”，皆可参阅。

附说：关于罗整庵论理气

与王阳明同时，除湛若水（甘泉）之外，另有罗钦顺（整庵）亦与阳明有书信之论辩，文见《传习录》中。整庵对阳明之思路无所契应，他持守朱子立场，而又不赞成朱子之理气论。可见他对朱子学的造诣，并未中肯相应。其实，朱子“理气二分”，并无不当。须知理属形上，气为形下，此乃义理之定然，不容混杂。而所谓“理气通合而为一”，乃是表现上、实践上的圆融境界。表示形上之理与形下之气，通合而不相离，离则不能完成宇宙生化，不能完成道德实践，故朱子必言“理气不离不杂”，既不相离，又不相杂。在概念上“分”而不杂，在实践上“合”而不离。人或顺“不离”而说“理气一元”，不可。（气不可以为元）又或顺“不杂”而说“理气二元”，亦不可。依儒家义理，气从乎理（以志帅气，以理生气），不能与理并肩为二。盖理气或合或分，主导总在理，而不在气。闻有人认同整庵论理气，故略提所见如上，未能细论。

---

① 见本卷第十章第一节之一论王龙溪。兹从略。

第十章　王学分化与刘蕺山归显于密

第一节　王学的分化与发展

黄宗羲《明儒学案》对于王学的分派，只依地域区分，并非依据学术异同而分系。到了近世，受西方文化之影响，学界也常用西方学术新词，而有所谓唯心论、唯物论、主观唯心论、客观唯心论，以及保守派、开明派、折中派，这些词语徒然增长党同伐异之偏见，对学术之理解与论述几乎没有好处；而论及王学时，又有所谓现成派、修证派、归寂派，这也使得学者望文生义，鲜能有助于学术思想之客观的认知与中肯相应之表述。

平心说来，现成派何曾反对一般的修证工夫？修证派若不承认先天本有的良知，又将从何处修证出一个良知本体来？至于归寂派，下文将做讨论，现只简单提一问：没有现成良知，何来良知归寂？归寂之后，还要通感起用否？要起用又岂能不知善、不知恶？而人所不知、己所独知的“独知”又如何不是良知真体？已发中节之和与未发之中，有“质”上之差异乎？未发之中是大本，已发中节之和是达道，大本、达道不容隔断，而谓良知可以隔为未发与已发乎？必不然矣。

通盘地说，王学中切关学脉，切关义理走向的流派，不过三支：一支是浙中派的王龙溪，一支是泰州派下的罗近溪，一支是江右派的聂双江、罗念庵。

一、浙中派的王龙溪

浙中王门有多人，阳明晚年弟子，以钱德洪（绪山）与王畿（龙溪）为代表。绪山平实，不生问题，引发问题的是王龙溪。龙溪的问题，即“四有”与“四无”的问题。

阳明五十六岁，奉命以左都御史总制四省（两广与江西、湖南）军务，征讨思、田苗瑶之乱。行前，应门人之请，授“大学问”。行前一日，钱、王二子对致良知“四句教”有异见，请阳明折中。兹将《传习录》下的记词录于下：

> 丁亥年九月，先生起复征思、田。将命行时，德洪与汝中论学。汝中举先生教言曰：“无善无恶是心之体，有善有恶是意之动，知善知恶是良知，为善去恶是格物。”德洪曰：“此意如何？”汝中曰：“此恐未是究竟话头。若说心体无善无恶，意亦是无善无恶的意，知亦是无善无恶的知，物亦是无善无恶的物矣。若说意有善恶，毕竟心体还有善恶在。”德洪曰：“心体是天命之性，原是无善无恶的。但人有习心，意念上见有善恶在。格致诚正修，此正是复那性体工夫。若（意）元无善恶，工夫亦不消说矣。”是夕，侍坐天泉桥，各举请正。
>
> 先生曰：“我今将行，正要你们来讲破此意。二君之见正好相资为用，不可各执一边。我这里接人，原有此二种。利根之人，直从本源上悟入。人心本体原是明莹无滞的，原是个未发之中。利根之人，一悟本体即是工夫，人己内外一齐俱透了。其次，不免有习心在，本体受蔽，故且教在意念上实落为善去恶。工夫熟后，渣滓去得尽时，本体亦明尽了。汝中之见，是我这里接利根人的，德洪之见，是我这里为其次立法的。二君相取为用，则中人上下，皆可引入于道。若各执一边，眼前便有失人，便于道体各有未尽。”既而曰：“以后与朋友讲学，切不可失了我的宗旨：无善无恶是心之体，有善有恶是意之动，知善知恶是良知，为善去恶是格物。只依我这话头，随人指点，自没病痛。此原是彻上彻下工夫。利根

之人，世亦难遇。本体工夫，一悟尽透，此颜子、明道所不敢承当，岂可轻易望人！人有习心，不教他在良知上实用为善去恶工夫，只去悬空想个本体，一切事为，俱不着实，不过养成一个虚寂。此个病痛，不是小小，不可不早说破。”是日，德洪、汝中俱有省。

四句教（四有句）是道德实践的常规常度，王龙溪所说的“四无句”，则是实践达到的化境。但龙溪当时（年三十岁）却认为“四有”仍是“权法”，必须进到“四无”方为究竟。他认为：“若说心体无善无恶，意亦是无善无恶的意，知亦是无善无恶的知，物亦是无善无恶的物矣。若说意有善恶，毕竟心体还有善恶在。”

“四无句”的第一句“心体无善无恶”是四句教本有的，自无问题。第三句“知亦是无善无恶”，亦可容许，因为良知是知“意之动”处的善恶，而良知本体的善是绝对至善，不是善恶对待的善，故可说无善无恶。至于第四句“物亦是无善无恶”，似乎不是关键所在。因为“物”是“意之所在”，意若顺良知而发为诚意善意，则意之所在的物，自可超越善恶对待而无善无恶。所以，“四无”说的关键在第二句“意亦是无善无恶的意”。须知意之发，或顺心体，或顺躯壳，顺心体而发的诚意善意，固可说无善无恶，若顺躯壳而发，则善意恶意混然一气，如何能说“意亦是无善无恶”？由心体至善到意之纯善，正有许多工夫在也。（如义利、公私、是非、善恶、诚伪……之辨，皆须在“意之动”处着力。）

另一句是反过来，说“若意有善恶，毕竟心体亦有善恶在”，此言未当。“意”虽有善恶，但“良知”一准则则冒乎“意”之上以鉴别意之善恶，而心体自不会随意之善恶而陷溺，因而得以保住心体之纯善。故阳明一再嘱咐说“四句教”是“彻上彻下工夫”，更嘱咐绪山、龙溪“以后与朋友讲学，切不可失了我的宗旨”。此不可失之宗旨，即指“四句教”而言。

不过，阳明又说到它的教法有两种：一种是接一般人的，一种是接利根人的。其实，四有句才真正是“教法”（自初学以至圣人，只此工夫），四无句则是工夫实践达到的境界（化境），“化境”不可作“教法”。

所以阳明亦说“利根之人，世亦难遇。本体工夫，一悟尽透，此颜子、明道所不敢承当，岂可轻易望人！”据此可知，四无句在义理上可以讲论，通过四有的实践，亦可达到“四无”的境界。因此，四有四无乃是同一套义理的两个层次，而不是两套异质的教法。我们此一简明的论述，应可视为会通四有四无的持平之论。

龙溪聪颖过人，他提出四无句时，不过三十岁。阳明卒后二十七年，龙溪作《致知议略》有云：良知者本心之明，不由思虑而得，而是先天之学。其后之《致知议辩》又云：“夫寂者，未发之中，先天之学也。未发之功却在发上用，先天之功却在后天上用……舍了诚意，更无正心工夫可用。”此时，龙溪年近六十，他亦说：良知为先天之学，又说先天之功在后天上用。因为就道德实践而言，先天是心，后天是意，意既是后天，自有善有恶，所以必须着工夫。龙溪所谓“舍了诚意，更无工夫可用”，正是本于阳明致知诚意格物之义而言。随着时间流逝，他自然而然修正了年轻时的疏阔。

龙溪卒后之九年（万历二十年），其弟子周海门（汝登）与许敬庵（孚远）在南京会讲，二人有九谛、九解之辩，亦是切关天泉四无宗旨者。[①]

大体而言，敬庵是一位端凝笃实之君子（参看《明儒学案》卷首“师说”），而向上一机之慧悟，或有所不足，对王阳明、王龙溪之思路亦缺乏相应之了解，故误将“无善无恶”之说，与告子“性无善无不善”混为一谈，而海门之答则理路清楚，其大旨综为三点。

第一，天道性命是超越善恶相对的绝对体，故海门云：“尽性知天，必无善无恶为究竟。”说“无善无恶”，并不排斥“为善去恶”；而只要超越善恶对待之层次，以透显其纯善至善之本体。故曰：“无善无恶，即为善去恶而无迹；而为善去恶，悟无善无恶而始真。教本相通不相悖，语可相济难相非。”

第二，所谓“无善无恶”，意在遮拨善恶相对的对待相，指出这潜隐自存的本体不落于善恶对立之境，以凸显其超越性。纯善，不同于与

---

① 蔡仁厚《新儒家的精神方向》有“九谛九解”之全文，并依次有所疏释，请参阅。

恶相对而言的善，而是善本身。既是善本身，故不再立善之名，否则，便是头上安头。善名且不必立，更何处容得下恶？此便是“无善无恶”之语意。

第三，由于心性本体无善无恶，不可以善恶言，说恶固非，说善亦不是。因为“善”“恶”皆是名言，一用名言指述，便已限定了它，而使它成为相对的，故程子认为：性不容说，才说性便已不是性。虽然性不容说，毕竟它是一个纯粹至善的本体，故孟子直说“性善”。阳明虽言“无善无恶心之体”（心体即性体），但又云：“无善无恶，是谓至善。”（见《传习录》上）可知说无善无恶，正是要透显此超越善恶对待的心性本体。这种纯善的本体，即《尚书》“允执厥中”的“中体”，即《论语》“一以贯之”的“一贯”，即《中庸》“至诚无息”的“至诚”，即《大学》“止于至善”的“至善”。故所谓“无善无恶”，绝不是“没有善”或“不善”，亦不是说无所谓善与不善，因而亦绝不是告子“生之谓性”的“性无善无不善”的中性义。

心性本体，无声无臭，无形无质，无方无所，故敬庵亦说“心如太虚，元无一物可着”。着于恶固不可，着于善亦不是。然则，何以又不容许“心体无善无恶”之说？总因敬庵皆就实有层上说话，他“九谛之三”所谓天下之大本，所谓中、极、善、诚，所谓仁、义、礼、智、信，皆是意指实有层上的至善。故曰：“善也者，中正纯粹而无疵之名，不杂气质，不落知见。”如此，当然亦就不落于善恶对待之境，既超越善恶对待之相，则心体无善无恶之说，尚有何可疑？可见敬庵之执着而非斥无，实因对于阳明四句教首句与龙溪言四无之理路，不能相应了解之故。

于此，对于“无善无恶”之说的含义，实有再进而做一分疏之必要。

四有句与四无句皆说“无善无恶”，但其意旨之义理层面却有不同。

阳明四有句中的“无善无恶心之体”，依据《传习录》上“无善无恶，是谓至善”之言，可以明显地看出此句是实有层上的话，是意指那超越善恶对待相的纯善至善之心体，亦即指实有层上的至善。故阳明此句所说的无善无恶之至善心体，与敬庵专就实有层所说之善，实属同一层面，是可直接地不相悖的。

龙溪四无句中所谓“心是无善无恶之心”，则是另一层面（工夫层）

的话，纯粹是工夫上之无迹（不作好、不作恶，亦不着善、不着恶）。通过工夫上的无迹，那实有层上的至善，始能无迹地朗现出来。实有层上的至善，通过工夫上的无迹而如其至善地朗现出来，而后乃可真为天下之大本。

于此可知，实有层上所说之“有”，与工夫层上所说之“无”，义亦相通相济而不相悖。而敬庵所谓“各有攸当”之实，至此亦遂朗然可见，而真可相喻而解矣。至于二人所讲谛当不谛当，请参阅《新儒家的精神方向》书中对“九谛九解”之分疏。

二、泰州派之罗近溪

宋明理学发展到王阳明的致良知教，实已达于圆熟之高峰。而王门泰州派下罗近溪（名汝芳，近溪是他的号，江西南城人），在师承上虽然是王门的四传弟子（王心斋—徐波石—颜山农—罗近溪），但与王龙溪之年辈实相近（少龙溪十七岁，而晚卒五年），世称“王门二溪”。[①]

王龙溪有云：江右近溪罗先生，雅好学，大建旗鼓为四方来学倡，户履常满，束装就学，无间远迩。又说：罗近溪，是今之程伯子也，接人浑是一团和气。王塘南云：读近老诸刻，具占此老真悟，一洗世俗安排造作之弊。

近溪临终，讲学不辍。又告诸孙曰：“诸事俱宜就实。”孙问：“去后有何神通？”答曰：“神通变化，皆异端也，我只平平。”随拱手别诸门人曰：“我行矣，珍重、珍重。”诸门人哭留。近溪愉然笑语曰：“为诸君再盘桓一日。”次日午刻，正衣冠而逝。若问，这是不是神通？还是儒圣生有自来，死有所归，死生终始，通而为一的“道之平平”？读者试自参之可也。

---

① 《明儒学案》第十二卷与第三十四卷之《二溪学案》所录文献，不甚能够显示二溪讲学之特色和旨趣，台北广文书局之《王龙溪语录》、《盱坛直诠》（近溪语录），较佳。可参阅。

或以为近溪之学的特点，是“归宗于仁，以言一体生化”。这个说法虽然不错，却非中肯。因为以“仁”言“一体生化”，程明道早已讲得充尽而明彻，不应又以此义作为近溪学的特色。牟先生论王门二溪之学，最为精透。尝曰，若以二溪相比，龙溪较为高旷超洁，而近溪则更为清新俊逸，通透圆熟。近溪之所以能够达于此境，一因本于泰州派的平常、自然、洒脱、乐之传统风格；二因特重光景之拆穿；三因归宗于仁，知体与仁体打成一片，以言生化与一体。故阳明之后，真能调适上遂，以完成王学之风格者，正是二溪。[①]

阳明良知之学，风行天下。良知当然必须在日用之间流行，但如无真实工夫来支持，则所谓流行，便成为随意之挥洒，只是一种光景。这是所谓光景的广义说。

如果不能使良知在日用之间真实而具体地流行，而只悬空地去描画良知心体如何如何，则良知本身也成为光景，这是所谓光景的狭义说。

两种光景，皆须破斥。既要拆穿空描绘良知流行的广义的光景，也要拆穿空描画良知本身的狭义的光景。在这里，便有真实工夫可言。（故陈白沙曰：若无孟子工夫，骤然语之曾点真趣，一似说梦！）顺泰州派的家风做真实工夫，以拆穿良知的光景，以使之真实流行于日用之间，并即此而言平常、自然、洒脱、乐，这就是近溪显示特殊风格的所在。

“光景”之景，读如影，故光景者，影子之谓，因为“道体平常，眼前即是”故也。儒家讲道体，既超越，又内在，所以特重体证体现，以期在生活日用之间随时受用。而在这种“浑沦流行”的生活作用上，是很容易出现佛家所谓“相似法流”的。似真实假，似是而非，看似自然洒脱，其实是在虚影中行，是飘浮、狂荡，而非真实。因此，必须破斥光景。

但“道体平常”，乃是儒家的通义，何以别人不重视破光景，而唯独

① 参见牟宗三:《从陆象山到刘蕺山》，第三章“王学的分化与发展”第二节。亦可参见蔡仁厚:《王学流衍：江右王门思想研究》，北京：人民出版社，2006年，第五章“罗近溪的造诣”。后引此书仅标注章节或页码。

近溪特加重视？其实不是别人不重视，亦不是别人不知光景必须破除，只因为在展现这套学问的过程上，别人的心思是集中在做义理的分解，以树立纲维，所以无暇正视光景的问题。而且，由于分解义理，建立纲维有着力处，此时，光景不易出现。偶尔有之，亦不会太严重。

但宋明理学从北宋发展到王阳明，义理的分解已到尽头。依阳明之教，无论“天”“道”“性”“理”，全都是虚说，唯有“本心”才是实说。问题发展到这里，义理的核心只收缩成为一个良知本体，一切都只是知体的流行，只是知体的著见发挥。[①]要说天，良知即天；要说道，良知即道；要说理，良知即理；要说性，良知即性；要说心，良知即心。如果再关联其他的观念如“意”与“物”，或者致良知以外的其他种种工夫，阳明的分解亦已做得了无余蕴。因此，顺着王学下来，只剩下一个“光景”的问题。如何破除光景，而使“良知天明”具体而真实地流行于日用之间，这个问题乃成为历史发展中的必然，而罗近溪便承担了这个必然，所以他的学问风格亦是以破光景为其胜场。

因此，近溪的一切话头与讲说，皆不就观念的分解以立新说。他只就着“道体之顺适平常与浑然一体而现”这个意思上来说话。但这个顺适与浑沦，就人的体现受用而言，实非容易。阳明的致良知“四句教”，已说得平停稳妥，龙溪又进而推至究竟处而说“四无”，就义理境界的陈述而言，到此已无剩义，只看人如何真实地使良知表现于日用生活而已。

黄梨洲所谓“当下浑沦顺适”，所谓“工夫难得凑泊，即以不屑凑泊为工夫”。这种不屑凑泊的工夫，必须通过光景的破除，而以一种无工夫的姿态而呈现。牟先生特别指出，这种“无工夫的工夫”，却正是一个绝大的工夫，吊诡的工夫。[②]但这不是义理上的另立新说，乃是根本无说可立，惟是求当下之呈现。而这一个胜场，乃不期而为罗近溪所代表。

---

① 罗近溪有言：“抬头举目，浑全只是知体著见（彰著显现）；启口容声，纤悉尽是知体发挥。”知体，谓良知本体。

② 参见牟宗三：《从陆象山到刘蕺山》，第三章第二节之二。

至于罗近溪个人做到什么程度，那是另一个问题。要之，他的特殊风格确在于此，则无可疑。必须了解这个意思，才真能了解泰州派下的罗近溪。如果只以“归宗于仁，以言一体生化”为近溪学的特点，就不免显得颟顸，未得其要。

近溪在宋明理学的发展中消化了理学的“专学相”，所以能一洗理学肤浅套括[①]之气而表现“清新俊逸”的风格。但要做近溪这种破光景的工夫，仍然必须预设理学家开出的那些义理分际而不可乱。所以近溪虽然一洗理学肤浅套括之气，但他仍然是理学家。这亦有如禅宗之为教外别传，但禅宗亦仍然预设佛门那些教理，所以禅宗还是佛门中的禅宗，并没有在佛门之外的禅宗也。

三、江右派之聂双江与罗念庵

江右王门，人物特多。亲炙弟子如邹守益（东廓）、欧阳德（南野）、陈九川（明水）等，皆守护师说，无所逾越，可视为江右王门之嫡系。但既以阳明为准则，自然就显不出各自的特色。而聂豹（双江）、罗洪先（念庵），则以私淑之故，对阳明之思路并不十分熟悉，于是在隔阂中各抒己见，反而凸显出特别的论调。这特殊的论调能否成立是应该讨论的。

双江对阳明后学有所不满，而形成他“归寂”“致虚”“主静”的主张。他针对王龙溪的《致知议略》而大起疑难，二人往复论辩，共“九难九答”。这是王门中非常重要的论辩，事后辑为《致知议辨》，编入《王龙溪语录》卷六。牟先生曾对此“九难九辨”进行全面深入之疏解[②]，宜细加参究。

当双江倡异议时，王门亲炙弟子（包括江右）皆不赞同，“惟罗念庵

---

① 套括，意犹平常所谓“格式”或“八股”，乃指理学人物中不脱庸俗肤浅者而言之。

② 参见牟宗三：《从陆象山到刘蕺山》，第四章“《致知议辨》疏解”，长达五六十页，义最精透。

深相契合”。[①]念庵尝言：“往年见谈学者皆曰知善知恶是良知，依此行之，即致知。予尝从此用力，毫无所入，久而后悔之。”[②]这正表示由于不熟悉阳明之义理思路，所以用力久而竟无所入，终于回头别求一条体认良知的路，而与双江同调。他们自己钻研，当然有其个人之体会处、自得处。但以自己之想法，依附阳明一二话头而夹杂以致辩，便显得多所扞格；申述自己之思路，而又以王学自居，亦显得别扭而不顺适。

聂罗二人的主要论点，是以“已发”“未发”的方式想良知，把良知亦分成已发、未发。他们认为，“知善知恶”的良知与“独知”的良知，是已发的良知，尚不足恃，必须通过致虚守寂的工夫，归到那未发的寂体，才是真良知。若于此未发之体见得谛，养得正而纯，自然可以发而皆中节。这个思路，是想以未发寂体之良知，主宰已发之良知。而所谓“致知”，即“致虚守寂”，以致那寂体的良知为主宰。这个想法，几乎完全不合阳明致良知的思路。

《中庸》言未发、已发，乃是就喜怒哀乐之情上讲，并不是说良知心体亦有未发、已发之分。阳明随门人之问，虽亦相应寂感而将未发、已发收到良知上说，但阳明已明白指出，良知无前后内外（不能把良知分为前与后、内与外）而浑然一体，无分于有事无事，无分于动静，亦无分于寂感。良知之寂感是“即寂即感”的，不能把良知分为寂然不动之良知与感而遂通之良知。以是，若在良知本身说发与未发，亦是即发即未发，即中即和；而无分于发与未发，无分于中与和。中，是就良知自体说；和，是就良知感应说。龙溪所谓“良知即是未发之中，即是发而中节之和”，正是申说阳明之义。

阳明咏良知诗云：“无声无臭独知时，此是乾坤万有基。”又云：“良知却是独知时，此知之外更无知。”又四句教第三句云“知善知恶是良知”。可见阳明所说的“良知”，即那人所不知而己所“独知”的“知善知恶”之良知。

但聂双江却以为：独知是良知的萌芽处，与良知似隔一尘。此处着

① 参见黄宗羲：《明儒学案》，第十七卷，黄梨洲论聂双江语。

② 参见黄宗羲：《明儒学案》，第十八卷，《杂著》。

功，虽与半路修行不同，而亦是半路的路头也。致虚守寂，方是不睹不闻之学，复命归根之要。(《致知议辨》) 双江何以如此说? 兹依牟先生对《致知议辨》之疏解，分三点说明如下。

其一，依双江，独知已是已发，尚不是未发之寂体。同样，知善知恶之知，亦是已发之知，尚不是未发之寂体。此种讲法，显然与阳明之意不合。

其二，依阳明，独知是良知，知善知恶是良知。良知随时有表现，即就其表现当下肯认而致之，故眼前呈现之良知，在本质上与良知自体无二无别。因此而有龙溪“以见在为具足”之说。而双江则以为“见在”者为已发，必须致虚守寂方算是真良知。如此，则良知分成已发、未发两截，亦与阳明之意不合。

其三，依阳明，“致”字是扩充义，“致知”是前进地把良知推致于事事物物上，以使事事物物皆得其理，皆得其正。而双江则以为归寂才是真良知，如此则“致”字是向后返，而不是向前推扩，此亦与阳明致良知之义不合。

双江所谓“致虚守寂”，以归到那未发的寂体，毕竟这个寂体要不要感应发用? 若要发用，是它自己发用乎? 还是另有个工夫使它发用? 双江之意自不会是后者。既是它自己能感应发用，又发而自能中节，则龙溪本于阳明之意而说“良知即是未发之中，即是发而中节之和”，又如何能加以反对，而必欲于良知之前求个未发? 良知岂能分为已发与未发两截，而在其中来定个主从? 世间岂有“被主”而“为从”的良知乎?

“人所不知，己所独知”的“知善知恶”的良知若犹不可信，则你所信的那个未发的寂体，又将在什么契机上发而为善的意? 又谁去照察这已发的是善意或是恶意? 岂非还是那知善知恶的良知乎? 若说这知善知恶的良知（独知）仍算不得真良知，则你那未发的良知寂体更将如何与“意”发生交涉? 你若答道：物来顺应而已。但“应”岂不亦是已发? 且又谁去知它“应”得是或不是、当或不当? 岂不还是靠那知善知恶的良知（独知）? 你怎么能说这知善知恶的良知（独知）为已发，而算不得作主的真良知? 不信这知善知恶的独知的良知，则你未发的寂体毕竟无从与“意”发生交涉。与意尚且无交涉，又将如何与意之所在的“物”发生交涉而致知以正物？难道天下竟有与“意”与“物”永远不生交涉的、未发之良知寂体乎？

如此一加追究，则那由后返归寂而得的未发之知体，亦难说是个什么物了。这样讲王学，又如何能说已得阳明之真传？当然，致虚守寂的工夫亦非不可讲，但必须遵守致良知的轨辙，必须不悖阳明之义理。若说学贵自得，何必尽守阳明轨辙？如此，则脱离王门可耳，又何必依附王门？既然自居王学，又岂能背离阳明之义理？若说弟子后学亦可修正师门义理，此固然，但你不能凭空一句话，必须确有所见，确有所得，而真能推进一步，方算数。而双江、念庵之说，平心看来，实只是阳明龙场悟后初期讲学时“默坐澄心”一段工夫。然二人并不自知，乃将良知拆成已发与未发二截，所以形成议论上之一番扰攘。[①]

四、江右王门的另一趋向：由心宗走向性宗

宋明儒的心性之学，自北宋以来，是由性宗一步步走向心宗，到王阳明致良知教，已发展到了极峰。因此，王门之下隐隐然又显示另一线的趋向，想要走向性体奥体（所谓性宗），而开启了脱离王学（心宗）之机。虽然其中有所扭曲而未能成熟，却又实可视为刘蕺山思路之前机。所以牟先生特别指出此一线索值得注意，应该加以疏解。[②]

“以虚为宗”的刘两峰，名文敏，两峰是他的号，江西安福人。二十三岁与刘师泉共学，读《传习录》而未能融释，乃相偕入越见王阳明学焉。自此笃志于学，不应科举。其门下士甚盛，王塘南尤为著名。当双江倡归寂之说时，两峰亦致函申辩，及至晚年，乃曰：双江之言是

① 拙著《王学流衍：江右王门思想研究》第三章对聂罗二人之学，有近二十页之讨论，请参阅。

② 牟宗三《从陆象山到刘蕺山》第五章即正式就这一系做评述，言之极为精辟深透，此部分凡引述牟先生之说，皆见此章。

也。牟先生指出："王学之归于非王学，自双江念庵之误解始。双江念庵犹在良知内部纠缠，自两峰师泉以至王塘南，则归于以道体性命为首出，以之范域良知……就引归于非王学而言，两峰尚不甚显，然晚而信双江，则亦启其机也。"据《学案》本传，两峰年八十，犹登三峰之巅，静坐百余日，谓其门人曰："知体本虚，虚乃生生。虚者，天地万物之原也。吾道以虚为宗，汝曹念哉！"

两峰就良知本体而言虚，以为"知体本虚，虚乃生生"。又说"虚者，天地万物之原"。此等说法，对良知教有必要否？能有裨益否？所谓"以虚为宗"，能比以致良知为宗、以四句教为宗更简易直截、平正明达否？两峰就"知体"而言"虚"，又重"生生"，如此，则只显良知之绝对性，而归于对道体之存有论的体悟。此虽可为良知教所涵，但直接以虚为宗，则亦渐离良知教"致知诚意以格物"之道德实践的警策性。而道德实践义之减杀，当然对儒学之真精神真血脉有所违失。

"悟性修命"的刘师泉，名邦采，师泉是他的号，江西安福人。早岁偕两峰入越谒阳明，称弟子。《学案》本传引其言曰：

> 夫人之生，有性有命。性妙于无为，命杂于有质，故必兼修而后可以为学。盖吾心主宰谓之性，性无为者也，故须首出庶物以立其体。吾心流行谓之命，命有质者也，故须随时运化以致其用。常知不落念，是吾立体之功。常过不成念，是吾致用之功。二者不可相离。常知常止，而念常微也。是说也，吾为"见在良知"所误，极探而得之。

师泉就心之主宰义与流行义而言性命，此并非《中庸》之原义，乃是他自己的转解。他说"性妙于无为"，故须"首出庶物以立其体"，以达于"常知不落念"；而"命杂于有质"，故须"随时运化以致其用"，以达于"常过不成念"。"性"以无思无为、无声无臭、不容言说以成其妙，故只可说"悟"；"命"之流行不离气，与气相杂故有质，有质则不免随时成滞，成滞故须运化以致其用，运化即“修”也。[①]此“悟性修命”之说，是他“极探而得”，只因在为学过程中为“见在良知”所误，至今方表而出之。

据师泉此言，他亦不信“见在良知”（良知本有，随时呈现）。此眼前呈现的“知善知恶”“知是知非”的良知若犹不信，又将如何“常知不落念”以“立其体”？同时，既以“心之流行”说“命”，又说“命有质”，指谓心体流行有质，亦是不谛之词。

师泉又尝以金矿喻良知，亦嫌粗略失当。牟先生特加订正，以金矿中之金喻良知，改以金矿喻生命，使之成为一个可以表述义理的说法。师泉虽亦如双江、念庵以知善知恶之良知为已发，但虽属已发，却“并非不足恃”。其义旨可做如下之简述：第一，既属已发，则须有“未发无为”之“密体妙体”（性体）以范域之，故“以性命为首出”。第二，既并非不足恃，则亦可由之以立体，故以“常知不落念”为立体之功。

如此，则可走上“以心著性”之路。因为心“常知”“常运”，则表示心之“觉照”“感通”，而可以形著那“未发”“无为”的性体。但师泉之讲论，并未达到如此明澈的境地。所以终须由刘蕺山出来，才能完成“以心著性”一系之义理。（刘蕺山与胡五峰，实乃不谋而合。不谋而能合，表示心性之学的义理有必然性，义理系统中当有之论旨与架构，迟早终必出现也。）

“透性研几”的王塘南，名时槐，塘南是他的号，江西安福人。据《学案》本传，塘南弱冠即师事刘两峰，并求质于四方学者。五十岁罢官，反躬潜思三年，而有见于空寂之体。又十年，渐悟生生真机无有停息，不从念虑起灭。学从收敛而入，方能入微。故以透性为宗，以研几为要。对于良知之学，塘南认为：知者，先天之发窍也。谓之发窍，则已属后天矣。虽属后天，而形气不足干涉之。故知之一字，内不倚于空寂，外不堕于形气，此孔门之所谓中也。

塘南虽师事两峰，而后来之思路却更接近师泉。而师泉、塘南对良

---

① 师泉不从《易传》“穷理尽性以至于命”之义以言“至命”，也不从孟子“夭寿不贰，修身以俟之，所以立命也”之义以言“立命”，而特言“修命”，此非古义也。

知之了解，虽较双江、念庵为谛当，但黄梨洲所谓“未有如此谛当”，则又言之太过。塘南之学，依牟先生之分判，可做如下之简述。

首先，他顺师泉之意，说“性”是先天之理，性理不假修，只可言“悟”；“命”是性之呈露，不无习气隐伏，故可言“修”。而修命即尽性之工夫。

其次，在塘南，“知”是先天（性）之发窍，属于后天；“性”，方是先天之体，必须透性，故“以透性为宗”（直透本性）。“意”是知之默运，是生生之密机。有性，则常生而为意；有意，则渐着而为念。而知觉与意念，皆是命，皆是性之呈露。就此呈露而说研几，故以“研几为要”。

再次，知觉、意念，既是性之呈露，故是发；戒慎恐惧、澄然无念（澄然无念，是为一念，念之至微者也），亦是发。凡实然呈现而可说者，皆是发。而实然呈现的所以然之理，无形相无声臭而不可说者，方是未发之性。如此，则是落于“然与所以然”之方式说性。性，只是“生之理”（所以然），呈露则是“生之实”（然）。于是，性体只是理，只存有而不活动，此近于朱子，而又不及朱子之清楚一贯。

最后，综观塘南之意，乃是由“性体”下衍于“知觉意念”，先从未发说已发；复由“知觉意念”上溯“性体”，从已发溯未发。虽说“以透性为宗，研几为要”，但与阳明“致良知”对较，即可发现塘南之说，在工夫上实非警策，而眉目分际亦不显豁（如知、命、发、未发……）。

因此，牟先生指出：塘南以知为命，已非王学。依王学，知即体，不可说“知在体用之间”，亦不可以知为命。塘南亦不全合朱子学。朱子不说知觉意念是性之呈露，亦无所谓“在体用之间”的“知”。塘南亦走不上“以心著性”。因为以心著性一系所谓的心性皆是体。心即性，即理。而不说心为性之发窍，属后天。

总之，在“悟性修命”此一系统中，性为未发之理，为无为，为不可说。而凡属心者（知觉意念），皆是发。性体只是理，只存有而不活动。将性体之活动义划归为性体之呈露，又指呈露属后天，并非性体之自己。如此心性为二，自非王学。

据上所简述，数百年来象山、阳明辛苦发愤而透显的心体、知体，经双江、念庵之疑误扭曲，接以两峰、师泉、塘南之讲论，乃又退缩回去，认为本心良知不自足，必须归到空寂密体，而以性命来范域良知。在此乃可见出，此江右诸人（邹东廓、欧阳南野、陈明水三人除外。参拙著《王学流衍》，第二章），对师门致良知教之思路与义理，有所不明不透；而宋明心性之学，在"心性是一""心性为二"两系之外的有意义的发展，乃不得不归于刘蕺山之"以心著性"。

第二节　刘蕺山之归显于密、以心著性

刘蕺山（1578—1645年），名宗周，学者称蕺山先生，浙江山阴人。

蕺山为理学之殿军，其晚年所著《人谱》一书，近里着己，实自道生平所得力，尝举作圣工夫六事：凛闲居以体独，卜动念以知几，谨威仪以定命（天命之性不可见，而见于容貌辞气之间，莫不有当然之则，即所谓性也。故曰威仪所以定命，亦即张子所谓知礼成性，变化气质之义也），敦大伦以凝道，备百家以考旋（旋，反也。考旋，谓反身考查也），迁善改过以成圣。由此六事，可知其内圣工夫之紧切。

蕺山论学之言，精微而隐奥，后人鲜能明其宗趣（即使其弟子黄梨洲，对师门之学，亦未有深切中肯之契知）。牟先生在《从陆象山到刘蕺山》书中表述其学，最为精当。蕺山学的中心义旨，可综括为二：严分意念，摄知于意。诚意慎独，归显于密。（解见后。）兹先约述蕺山学的主旨如下。[①]

其一，由严分意念，摄良知于意根（知藏于意）而言心体；由"於穆不已"而言性体。以心著性，性不能离心而见。

其二，融心于性，心有定体有定向而不漫荡，则不但良知可以不流于"玄虚而荡"，即最微之意根亦得成其为"渊然而有定向"。

其三，摄性于心，性体成其为具体而真实之性体，而不只是宇宙论

① 此下之引述，皆见牟宗三：《从陆象山到刘蕺山》，第六章第一节。

地言之或客观地言之、形式意义之性体。

其四，如是，则“心宗”“性宗”合而为一，性体不失其超越性与奥秘性，而心体向里收、向上透，既见其甚深复甚深之根源，而亦总不失其形著之用，故工夫只在“诚意、慎独”以断妄根，以彻此性体之源。

一、严分意念，摄知于意

蕺山鉴于王学之弊，不失之“情识而肆”，则失之“玄虚而荡”，乃倡议诚意之教。其义理之进路，是严格分判“意”与“念”，而摄良知于意根。以为“意”者，乃心之所存，而非心之所发。“好善恶恶之意，即是无善无恶之体。”（无善无恶，意谓超越善恶之对待，无善相，无恶相，此无善无恶之体，即意根诚体，亦即性体心体。）

《明儒学案》第六十一卷《蕺山学案》载其言曰：

> 心无善恶，而一点独知，知善知恶。知善知恶之知，即是好善恶恶之意，好善恶恶之意，即是无善无恶之体。此之谓无极而太极。意者心之所存，非所发也。或曰：好善恶恶，非所发乎？曰：意之好恶，与起念之好恶不同。意之好恶，一机而互见。起念之好恶，两在而异情。以念为意，何啻千里！

阳明之教是致良知，蕺山之教是诚意。在阳明，以致良知为先天工夫之关键，而意则归于经验层（心之所发为意，意与念不分），故良知能致则意自诚、心自正。在蕺山，则严分意与念，以诚意为先天工夫之关键，而心之所发的“念”，则属于经验层，故意诚则心正。既以诚意为工夫着力处，自不必再说致良知。

依阳明，良知即“独知”，而依蕺山，良知即意之不可欺，不自欺则意自诚，意诚则良知自现，是为“知藏于意”。知善知恶之“知”，即好善恶恶之“意”，知与意融于一，皆是纯粹至善而无对待相与生灭相者，故又曰“好善恶恶之意，即是无善无恶之体”（意根诚体），此体即至精微而绝对之独体（是知体亦是意体，是心体亦是性体）。

“意”是超越的纯粹至善之绝对自肯，故是“心之所存”，而非“心之所发”。心之所存主而不逐物者，是“意”（意根）；心之所发逐物而起（躯壳起念）者，则是“念”。

意是绝对善的意，是善的自肯，是谓“一机”。善的意，既好善，亦恶恶，是谓“互见”。念是逐物而起，逐于此则着于此，逐于彼则着于彼，故“两在”。念之好，是着于此而不着于彼（好善不好恶）；念之恶（读如物），是不着于此而着于彼（不恶善而恶恶）。念之好与恶，各与物凝成一特殊之限定，故曰“异情”。“互见”是一机二用，“异情”是善恶两分。

念之好恶亦可有善的，但不必然是善；即使是善，亦是相对的限定之善（事上之善）。而意为心之所存，由好善恶恶而见，故意乃纯善而无恶者。其有善有恶者，乃是心之所发的念。以是蕺山亦立四句教：

> 有善有恶者心之动，好善恶恶者意之静。
> 知善知恶者是良知，有善无恶者是物则[①]。

蕺山之意，盖以良知呈现，一体平铺，不免有显露之感。又因良知天生现成，人或不免轻易视之。今摄知归意，良知藏于意根诚体，将良知紧吸于性天，如此乃可保住良知之奥秘，使人戒惧慎独，而有“终日乾乾，对越在天”之象。此即蕺山必摄知于意，以言诚意学之故。

二、诚意慎独，归显于密

蕺山诚意慎独之学，直本于《中庸》首章与《大学》诚意章而建立。他既不从朱子之就格物致知而开出“道问学”之途径，亦不似阳明

---

①　“物则”二字本于《大雅·烝民》之诗，物则即天则，天则即意知独体所呈现或所自具的体物不遗之天理。

之扭转朱子格物致知的讲法而开出“致良知”之途径。致良知是由道问学（即物穷理）而内转，而诚意之教则又就致良知之内而再内转，此之谓“归显于密”。

《明儒学案》载蕺山之言曰：

> 《大学》言心不言性，心外无性也。《中庸》言性不言心，性即心之所以为心也。……
>
> 《中庸》之慎独与《大学》之慎独不同，《中庸》从不睹不闻说来，《大学》从意根上说来。
>
> 独字是虚位。从性体看来，则曰莫见莫显，是思虑未起，鬼神莫知也。从心体看来，则曰十目十手，是思虑既起，吾心独知时也。然性体即在心体中看出。

“慎独”之“独”字是“虚位”，它所意指之“实”即性体与心体。“上天之载，无声无臭”，“维天之命，於穆不已”，皆指性体而言，此时“思虑未起，鬼神莫知”，而唯是“於穆”之“不已”，此是超自觉的境界。蕺山尝言：“意根最微，诚体本天。”然虽至隐微，而亦至明显（莫见乎隐，莫显乎微），此即所谓“森然”。性体在此，道即在此，故戒慎恐惧于不睹不闻，而即就此不睹不闻以慎其“独”。唯《中庸》继“慎独”之后，又言“致中和”，是则表示性体上之慎独，终必落在心体上说（致中和之“致”的工夫，便是从心上说），故《大学》即从意之“毋自欺”以言慎独，毋自欺即意诚，诚意亦即慎独。心体之“意”是不能自欺的，所谓“十目所视，十手所指，其严乎”，此是“思虑既起，吾心独知”之时，是自觉而不自欺的境界。

蕺山由心宗之意体（独体）形著并浸彻性宗之性体（亦是独体），正是胡五峰“以心著性”“尽心以成性”之义。而摄知于意，以意体言心，则是蕺山学之最殊特处。

阳明由良知之独知以言慎独，蕺山则摄知于意，由诚意（意之毋自欺）以言慎独，二者义实相承而不相背。唯王学到末流终于生弊，则蕺山此步“归显于密”之内转，在内圣工夫上实有其警策之义。蕺山之摄知于意、归显于密，不期然而完成江右王门刘师泉、王塘南由心宗走向性宗而未达成熟之思路，而又与胡五峰“以心著性”之路不谋而合。可知义理之发展，固有其必然性也。

三、形著义之殊特与作用

蕺山所谓“性体即在心体中看出”，可表示下列三义。

第一，从性体看独体，则独体只是在超自觉中之“於穆不已”，这是独体之“在其自己”；在其自己是“存在原理”，表示性体之自存自有。

第二，若从心体看独体，则独体即在自觉中，这是独体之“对其自己”，对其自己是“实现原理”，表示性体通过心体而呈现、而形著。故蕺山曰：“性无性”“性因心而名”“性非心不体（体，谓体证、体现）也”。又曰：“此性之所以为上，而心其形之者与。”此明显是“以心著性”之义。

第三，性体通过心体呈现、形著，心体、性体通而为一，此便是“在而对其自己”。以心著性，性不可离心而见。融心于性，摄性于心，故心宗性宗合而为一。如此，则“性体”得其具体化、真实化，而不失其超越性与奥秘性；心体向里收（摄知于意）、向上透（与性为一），既见其甚深复甚深之根源，而亦总不失其形著之用。故工夫仍在“诚意”“慎独”以断妄根，以彻此性体之源。

蕺山由心宗之意体浸彻性宗之性体，以言“以心著性”。其直接的用心，是要消融王学以救正其末流之弊；另一方面，亦是想要融摄朱子以畅通儒学之大纲领。至于此“形著义”在义理系统上之殊特与作用，他自己却未觉察到。牟先生在《心体与性体》之综论部与横渠章，皆随文表述蕺山之学；在五峰章之第十一节更录列蕺山言形著义之有关文献，指出此“形著”之义，实有决定义理系统之独特的作用。同时，蕺山分别心宗与性宗，言“於穆不已”之体，言诚意慎独，亦必须归到此形著义上，才足以见出其系统之充其极的完整性。

第五卷 近三百年

文化生命之歪曲、冲激与新生

弁 言

明亡清兴，顾、黄、王诸大儒怀着亡国亡天下之痛，深切反省民族文化生命的方向和途径，自觉地要求由内圣之学开出外王事功。这一步省思非常中肯。可惜清朝入主以后，汉民族遭受严重打击：第一，是民族生命受挫折（汉族丧失天下）；第二，是文化生命受歪曲（学术转为考据）。

在这种情形之下，顾、黄、王三大儒所代表的思想方向，无法得到伸展，加上文字狱的压制摧残，读书人不敢议论政事，更不敢讲民族大义。开始的时候是不得已，因而无奈地转而做一些文字训诂、版本考据之类的学问。到了乾隆、嘉庆年间，考据成为学风，读书人日渐忘怀当初“不得已”的委屈痛苦，结果，士人只知面对书本，而不能面对问题，终于使中国人的头脑趋于僵化，驯至也不会用思想了。这么一个广大的国度，没有真儒，没有器识恢宏的学者思想家，当然不可避免地会形成全面性的悲剧。

在明末清初（17 世纪）以前，中西文化并没有明显的差距，顶多不过互有短长而已。后来，欧洲有哥白尼的地动说，牛顿的万有引力说，有孟德斯鸠的《论法的精神》，卢梭的《社会契约论》，而康德更写出了讲真、善、美的三大批判。这个时候的中国知识界，却停止了思想活动，只知道埋首伏案，大抄书本，而抄成七大部《四库全书》。这时，西欧所表现的，是思想的开放上升；中国所显示的，则是思想的封闭枯萎。一个突飞猛进，一个停滞衰微，一升一降，中西文化的差距乃越来越大。

乾隆、嘉庆以降，中国文化由僵化而封闭、而混乱，这是数千年变化最大最剧烈的阶段，偏偏这个阶段的中国读书人，却最不会思考辨析问题，亦最欠缺因应时变的才能。因此，我们不得不承认，有清一代，是一个没有哲学慧光的世纪。

第一章　明清之际：三大儒的思想方向

第一节　顾亭林

顾亭林（1613—1682年），名炎武，字宁人，学者称亭林先生。江苏昆山人。明亡，抗清失败，乃北游，往来鲁燕晋陕豫各省，遍历塞外，垦田于雁门之北。后又往返河北诸边塞，直到六十七岁，才定居陕之华阴。他以为华阴绾毂关河之口，足不出户，而能见天下之人，闻天下之事。一旦有警，入山守险，不过十里之遥。若志在四方，则一出关门，亦有建瓴之势。据此可知亭林苦心坚志之卓绝。

他有言曰：亡国，是士大夫之耻；亡天下，则是匹夫匹妇之耻。亡天下者，亡文化也，故无人可逃其责。其学之大要，尽于二语：一曰行己有耻，二曰博学于文。此二语乃儒家通义，但必须践而行之，方为通儒。

清廷开国史馆，数度招请，亭林移书却之，曰：

> 先妣未嫁过门，养姑抱嗣，为吴中第一奇节。蒙朝廷（指明朝）旌表。国亡绝粒。以女子而蹈首阳（伯夷、叔齐饿死首阳山）之烈。临终遗命，有无仕异代之言，载于志状。故人人可出，而炎武必不可出矣。……七十老翁何所求？正欠一死。若必相逼，则以身殉之矣。

亭林冒死不出仕，又冒死六谒明孝陵。其心耿耿者，岂为朱明一家一姓耶？既痛愤华夏之统断丧，亦深恨士大夫之忘本无耻耳。

亭林虽不谈心性之学，然其行己有耻之精神人格，足为世范。唯亭林深斥讲学，则实乃偏见，不足信取。

亭林之著述，一曰《音学五书》，一曰《日知录》。尝自言之曰：

> 君子之为学，以明道也，以救世也。徒以诗文而已，所谓雕虫篆刻，亦何益哉？自年五十以后，笃志经史。其于音学，深有所得。今为五书，以续三百篇以来久绝之传。而别著《日知录》，上篇经术，中篇治道，下篇博闻，共三十余卷。有王者起，将以见诸行事，以跻斯世于治古之隆，而未敢为今人道也。①

“音书”属于经学。《日知录》则乃稽古有得，随时札记，久而类次成书。凡经义史学、官方吏治、财赋典礼、舆地艺文之属，一一疏通其源流，考证其谬误。至于叹礼教之衰迟，风俗之颓败，则古称先，规切时弊，尤深切著明。总之，其书乃经世致用之书，故曰“有王者起，将以见诸行事，以跻斯世于治古之隆”。另外，又有《天下郡国利病书》列述各地山川险要、交通、物产、民情、风俗、人口多寡等，属于国防地理之性质，足为佐治天下之资借。

唯亭林主张恢复封建、实行井田，以增加抗御外患之凭借，此则迂阔之论。国家之治乱兴衰，其故非止一端。而中国传统政治有一本质的缺憾，即“有治道而无政道”（牟先生语。下文第四章第二节将有论述）。因此“改朝换代，治乱相循；君位继承，骨肉相残；宰相地位，受制于君”，成为历史上不断轮转的恶性循环。何以如此？因为政权移转从来没有客观的法制，没有和平移转的轨道。即使顾、黄、王诸大儒怀着亡国亡天下之痛，对传统政治做深切的反省，但所举各点如恢复宰相、太学议政以及封建井田等，也仍是属于治道的层次，而未言及政权移转之轨道（政道）问题。如此，那作为政治罪恶之源的皇帝仍可专制如故、独裁如故。明乎此，可知西方先发展而成的民主政治体制，正是当时中国“求之不可得”的政治之新轨辙。完成民主建国，再加上科学技术，中国之全面现代化，乃可达于成功。②

---

① 顾炎武：《顾亭林诗文集》，第四卷，《与人书二十五》。

② 蔡仁厚《新儒家的精神方向》有《中国文化开合发展的方向》一文，对中国文化之演进及其发展之路向，有综括之论述，可供参阅。

第二节　黄梨洲

黄梨洲（1610—1695年），名宗羲，字太冲，学者称梨洲先生。浙江余姚人。父尊素，东林名士，为魏忠贤所害。遗命从学刘蕺山。明统既亡，梨洲返里门，毕力著述。其特为重要者有二：一是《明儒学案》[①]，二是《明夷待访录》。前者是对内圣之学的总持表述，后者是对传统政治之检讨与外王理想之宣讲。

《明儒学案》包括明初之理学家、王阳明学派、泰州学派、甘泉学派、东林学派、诸儒学案与蕺山学案。此书有类哲学家评传，亦是中国最早近似哲学史的雏形。钱穆《中国近三百年学术史》认为梨洲《明儒学案序》所说，与自来言心学者有相异之点三：其一，从来言心学者多讲本体，而梨洲则多言工夫。其二，从来言心学，多着意向内，而此序则变而向外。其三，从来言心学多重其相同，而梨洲变而言万殊。[②]钱氏并指出，"梨洲自负得理学正统之传，而其为学之务博综与尚实证，则固毕生以之，不俟晚年之改悟"。[③]

钱氏之言，自有所见。梨洲处明清之际，承前启后，而对内圣道统的存亡续绝，与外王事功之时势遭逢，义理如何落实于政教伦常，生民如何措之于衽席之安，皆梨洲诸儒所深切关心之落点，而《明夷待访录》则最能代表他的省思。

《明夷待访录》刻本凡二十篇：《原君》《原臣》《原法》《置相》《学校》《取士》《建都》《方镇》《田制》《兵制》《财计》等。[④]其中《原君》《原臣》二篇发挥民主精神，为近人所传诵。但有理论而无制度，故其书虽早于欧洲之《论法的精神》《社会契约论》，仍不能开显为民主政治，此即所谓"有治道而无政道"故也。似此之论，尚未达于孟子政治思想之精义，

---

① 梨洲《明儒学案》成书于六十七岁。刻印出版时，梨洲已八十四，作序时老病不能书，口述其子百家书之。另有《宋元学案》，由梨洲经始，而全祖望完成之。

② 参见钱穆：《中国近三百年学术史》，北京：商务印刷馆，1997年，第二章"黄梨洲"之三。

③ 参见钱穆：《中国近三百年学术史》，第二章"黄梨洲"之四。

④ 全祖望之跋《待访录》，言及原本不止于此，以多嫌讳不尽出。

犹未能触及政道之关键也。[①]

据此可知，外王事功之问题，其本质性的关键有二：一是政治上的政道（政权移转之法制化的轨道），二是科技之发展（“开物成务，利用厚生”之基本要件）。这亦正是现代化的两个纲领。西欧逐步完成于18世纪，而中国20世纪初之辛亥革命与五四新文化运动，本亦有此机会，但感受与认知不充分（深度、广度、强度，皆不够），故20世纪仍然是中华民族放溺沉沦的阶段。所幸后半世纪，中国港台地区和海外艰贞自励的人文学者，动心忍性，以全部生命智慧，为民族文化之途径，进行深切的反省与批判，终能顺承明末顾、黄、王三大儒“由内圣开外王”的思路，而完成了通盘的总结。（下文第三、第四两章将分节提出讨论。）

第三节　王船山

王船山（1619—1692年），名夫之，字而农，一字姜斋，学者称船山先生。湖南衡阳人。后隐居湘西石船山，著述以终老。其著作遍及经、史、诸子，其《读通鉴论》《宋论》为中国史论之极峰，而另有几种小书如《黄书》《噩梦》《俟解》，则与黄梨洲《明夷待访录》同其苦心，同其感怀。总归是族类之感与文化意识之显发，而其真实的意旨，无非要“由内圣之学开显外王事功”。

船山的时代，由明而入于清，他顺就数百年理学之问题，入乎中而出乎外，其学承张横渠而重气，以为必实现此理此心于行事，乃真能成就人文之美盛；而天道与人道、德义与功利、心性与才情，亦须依赖气之生命实践，乃真能具体落实以完成其价值。船山能通过“理”与“心”以言“气”，是真正能顺宋明儒的心性之学，进而对历史文化之形成而加以说明者。

---

① 参见本书第一卷第四章第六节之三。

船山言气，必重精神之存在与文化之存在，而讲论经史亦能扣紧民族精神之发展，以昭苏国魂为己任。可惜民国以来，承清儒重功利、重考据之学风，又吸取西洋唯物思想之流，乃以船山与颜习斋、李恕谷并论，甚至更欲以船山下比唯物论。凡此，都是肆行不轨之论，讲哲学者如欲免于“唯气、唯物”之浮滥，则不能不重“理”，不能不重“心”，“理”“气”“心”融贯为用，乃真能重新开显民族文化之全体大用。而儒家“以内圣为本质，以外王表功能”的基本精神，也才能有新的充实和开阔。

程朱和陆王二系义理，重理重心而不重气，船山则在言理言心之外，又重言气。气，有物质生命之气，也有精神之气，精神上之气，能兼合运用物质与生命之气，所以言气者必当以精神上之气为主，如孟子所谓“浩然之气”是也。而船山之所以善言历史文化，其关键即在于船山之讲论乃以精神之气为主。唐君毅认为，船山乃真知气之重者。依唐君毅之说：一重气，则历史文化不只可以视为吾心之理的例证，同时亦可视为客观之存在。一重气，则崇敬宇宙之宗教意识，亦可在船山哲学中得一安立处。一重气，则礼之分量亦重，而船山亦正善言礼仪威仪之人。一重气，则表现于情之诗与乐，亦可在文化中确立其地位，而昔儒“为文害道”之说不免为隘矣。一重气，则政治经济之重要性亦益发明显。一重气，则论史不止于褒贬，而亦可论一事之“社会价值、文化价值、历史价值”以及世运之升降，乃可有真正之历史哲学矣。一重气，则吾人当自保其民族，并自保其民族所创造之历史文化。①

以上七端，皆是由“重理重心而至重气”所引申出来之意义。人类之心同理同，而历史文化不同，则民族之气也不必同，因而夷夏之辨也是势所必至之事。

船山的思想路数，是继承张横渠的规模而来。在某种意义上说，张横渠的思想也是综合的，从乾坤大父母，气化流行，讲天道，讲性命。这里也有理，也有气，但他没有朱子那种分解的表现，而船山则正继承

① 参见唐君毅：《中国哲学原论·原教篇》，台北：学生书局，2004年，第二十四章“王船山之人文化成论（上）”之第一节。后引此书仅标注章节或页码。

张子这种路数而发展。由于他才气浩瀚，思想丰富，义理弘通，把心、性、理、气、才、情，贯通在一起来讲，而增加了理解上的困难。牟先生指出，船山不算是好的哲学家，但却是好的历史哲学家。[①] 他说：

> 船山之具体解悟力特别强，故其论历史，亦是古今无两。他那综合的心量，贯通的智慧，心性理气才情一起表现的思路，落于历史，正好用得着。因为人之践履而为历史，也是心，也是性，也是理，也是气，也是才，也是情，一起都在历史中厘然呈现，而吾人亦正藉此而鉴别出：何为是，何为非，何为善，何为恶，何为正，何为邪，何为曲，何为直，何为上升，何为下降。
>
> 故其丰富之思想，在纯义理上不甚显眉目，而一落于具体的历史上，则分际厘然划清，条理厘然而不滥，立场卓然而不移。由其遍注群书，见其心量之广。由其心量之广，见其慧识上下与天地同流，直通于古往今来之大生命而为一。由其通于古往今来而为一，故能透过一连串历史事象，而直见有一精神实体在背后荡漾着，故见得历史直为一精神表现之发展史，因而历史之每一步骤，每一曲折，皆可得而解，可得而明。……船山确然见到创造历史之本原，据经以通变，会变以归经。它不像朱子之纯然是道德判断，然亦决不流于陈同甫之“义利双行、王霸并用”之浮论。

传统儒家论及文化历史，多以道德上所立的当然之理为权衡。而文化与历史之论，亦皆视为道德论中的道德原则之运用。如此，则不能充分了解文化与历史之意义。唐君毅曾论及道德与文化历史之含义不同，以显出船山之有进于宋明儒者之处。约而言之，可得四点。[②]

其一，道德可以就个人之“明道”“行道”而说，可不必有客观社会之表现。故有德者之德，诚中形外，见之于事业，固然可以移风易俗；但诚于中未及形于外，则遁世不见知而无闷，亦无碍其为有德者。但讲

---

① 参见牟宗三：《生命的学问》，台北：三民书局，1978 年，第 178—179 页。

② 参见唐君毅：《中国哲学原论·原教篇》，第 623—625 页。

文化历史，则必克就个人精神行事之化成于天下后世以为言。

其二，道德生活“可以不肯定离我心而实存在之形色世界”，甚至世上只有我一人，只要我能行道而节物欲，则我仍可有道德。故客观之他人或形色世界，并非一切道德生活成立之必要条件。但讲文化与历史则必须通向客观世界，而吾人之精神行事，亦必以形色（如语言、文字、声音、颜色）为媒介，方可传播于他人与世界，而后吾人乃能真正具有历史文化意义之道德活动，并得以肯定文化历史之客观存在。

其三，文化中有文学、艺术、宗教与政治经济，但道德活动，原可不肯定一客观之形色世界，也可不表现才情于艺文生活中，也可不肯定一超越于我之宇宙，而无须有宗教意识。故道德观念与文化观念有所不同，由道德而开扩延展开来，自须有由点而线而面，再开显为立体之文化世界。

其四，道德价值，可只在心里动机之善恶正邪上评论，此是主观之价值。但一事之结果与影响，可以及于天下后世，而此结果与影响乃属社会、文化、历史之价值，此乃客观之价值（与道德价值有广狭之别）。

由此四者，可知论历史文化与论道德之观点，不必全然一致。朱子言理，阳明言心（良知），就论道德而言，为已足；就论文化而言，则朱王皆为不足。

朱子、阳明，念念在成德，重理重心，而不重气，不重才情，则亦可不重文学艺术上之表现，其他如“礼”之分量亦将转轻，论历史亦只重褒贬，而不能就史事以通论历史文化之全体的价值。然则，宋亡元兴，明亡清兴，可以思矣。

由以上之比论，可知船山学之价值，不在论心性之理，而在统合“理”“心”“气”以开显文化意识，使儒家精神得以开阔恢宏，使中华民族文化生命得以充实发皇。

第二章　清代之学风及其思想状况

清代康熙、雍正、乾隆，皆擅权专政，不许“士以天下为己任”①。在他们眼里，文武将相只是臣工，只是为皇上当差办事的人。乾隆明说：“士以天下为己任”，便是“目无其君”，是侵夺君权。此种怪异之论调，正显示清室对汉人之猜疑。试问，天下士不以天下为己任，还能显发什么精神器识？还能具有什么心胸怀抱？更如何能契会“内圣外王”的圣贤学问？士无远志，无怪乎清代学术，全面趋于训诂考订，借古书为消遣神明之林囿。他们完全丧失宋明儒者之精神器识与理想风范。在如此情形之下，还会有什么文化光辉、思想慧光？

第一节　清学与汉学的大分界

清人反宋学，而自诩为汉学。其实，清人不但不知宋学，也根本不能表现汉儒之精神。徐复观在《清代学术论衡》文中，对清代学术与汉代学术之间的大疆界，做了八点比较②，兹约述其大意如下。

第一，两朝政治背景不同。汉儒直言敢谏，皇室亦鼓励儒生论政，所以汉儒的思想都以砥砺士人节义为尚。而清代的所谓汉学，则产生于

---

① “士以天下为己任”，乃是天经地义的道理，是数千年来的老传统。无论为君之师或君之相，皆把天下治乱视为自己之职责，故能任国之重，建立功勋。唯独清室视天下为私产，对汉人满腹猜疑，故以为相臣如以天下为己任，便是目无其君，侵夺君权。此种怪论，严重打压士气，摧折人才，其弊不可胜言。

② 参见徐复观：《两汉思想史》，第3卷，附录二，第567—629页。

政权威逼利诱最盛之际，根本不能表示民族思想和判断政治是非。

第二，两朝取士之制不同。汉代由乡举里选和贤良文学对策，以登仕进之途，能顾及人品与学问。而清代以八股取士，科第得意与否，与人的品德和真正的学问无关。

第三，两朝尊经的动机和目的不同。汉儒尊经是以德治转化刑治，是一种对政治社会负责的态度。而清代汉学的出现，其心态一方面是对民族、政治责任的逃避，一方面是想以“经”对抗四书，抬出汉代训诂来压制朱注。重文字训诂的经学虽近于客观的知识活动，但他们的目的却不在成就知识，而是认为“训诂明而后义理明”，想根据这个论点达成“以汉压宋”的门户之私。结果是义理既不通，知识方面也停滞在饾饤之业上，而无由向前发展。

第四，汉儒论天道性命虽与宋儒不同，但他们既言“天人相与”“天人感应”，自然就会追到天命与人性的问题。而清代汉学家则以为汉儒只讲文字训诂，不言性与天道，这是毫无根据的。

第五，汉儒是由训诂通大义，所以能通过经学教养以显出文化学术的力量。而清代的汉学则以为训诂即大义，所以用训诂章句之儒来代表汉儒。这不但是以偏概全，而且根本不识汉代学术的真面目。

第六，清代汉学家言训诂章句必尊汉儒的两大理由：一是“近古”，一是有师承家法。殊不知时代“近古”，并不表示经学内容一定近合古人原义。而家法虽非无意义，但西汉的大儒以及东汉杰出的经学家，却并不专守家法。清代汉学家把家法师法夸大到神圣不可侵犯，反而成为一种桎梏和限制。

第七，清代汉学家尊汉反宋的另一理由，是认为宋学杂有佛老。其实，程张朱陆无不辟佛老，而汉儒则反而多有取于老子。所以这种说法并无意义。

第八，清代汉学家只是把汉学作为打击宋学的工具，其实他们不但不了解宋学的真精神，也不了解汉儒之学，即使在训诂上，他们也未能求得真正的汉学。

以上这八点比较，是徐观复对两汉学术作过深入研究之后所提出的结论。在“清学余习”依然荡漾的今天，徐观复的分辨，是很值得好学之士深切认取的。

第二节　清代盛世的思想状况

乾嘉以下，考据渐成学风。但如上节所说，清代考据之学，不足以言汉学。而清代盛世如果还有思想可言，则当数戴东原和章实斋。

一、戴东原

戴东原（1723—1777 年），名震，安徽休宁人。性强记，尝语其弟子段玉裁曰："余于疏不尽记，经注则无不能背诵也。"家贫，课童蒙自给。时婺源江永，治经数十年，精于三礼及步算钟律声韵地名沿革，博综淹贯，乃师事之，学日进。二十九岁补县学生员。次年大旱，与面铺相约，日取面屑为饔飧。闭户成《屈原赋注》。三十二岁，避仇入都，寄旅于歙县会馆，一日，携所著书过钱大昕斋，谈论竟日，既去，钱大昕叹曰：天下奇才也。时秦蕙田方纂《五礼通考》，以大昕之言，延东原主其邸。一时馆阁通人如纪昀、王鸣盛、王昶、朱筠，先后与定交，于是海内皆知有戴先生。三十五岁，南返，居扬州，识惠栋。四十岁，始获乡荐，会试屡不第，应聘修《直隶河渠书》，又游山西，修《汾州府志》。南游浙，主金华书院。及乾隆三十八年，四库馆开，以举人特召充纂修官至京师，越明年，会试又不第，赐同进士出身，授翰林院庶吉士，在馆五年，以积劳卒。

据上段叙述，可知东原之博闻强记，其学尚名物、字义、声音、算数，此正徽人朴学矩矱。生平议论，始终未脱"由古训以明义理"之一境，而其弟子段玉裁为《戴东原集》作序，乃曰"义理文章未有不由考核而得者"，明显是"考据明而后义理明"之见识。

所撰《原善》有云：

> 有血气，夫然后有心知。有心知，于是有怀生畏死之情，因而趋利避害。……血气之伦尽然。故人莫大乎智足以择善也。择善则

心之精爽进于神明，于是乎在。[①]

东原虽说“理义，性也”，同时，又以“血气”为性。他以为“血气”先于“心知”，而人之能知“理义”，亦全依赖“心知”。人与动物皆是“血气之伦”，不过，人之“才”高于动物，其“智”又可以“择善”，故与动物仍有不同。这种说法，大体顺常识走，不但卑之无甚高论，而且完全不能契会孟子之义理，它只是东西牵扯，将宋儒讲学的高度拉下来。至于指宋儒近释老，也只是随俗浮论而已。

《孟子字义疏证》卷下，以情欲言理，曰：“通天下之情，遂天下之欲，权之而分理不爽是谓理。”他对“德性”之内在意义，似乎无所理解，故完全顺外在生活之“达情遂欲”以言“理”，而理之实践，只是“以我之情絜（絜，度也）人之情”。这种“以情絜情”以得“理”之说，看似体贴人情，实则全失道德意志之劲道。

还有东原言“智”而强调心之能“思”，以为人心有“思”之能力，充分发展即成为“智”，人以“智”观事物之“理”，则行为亦可合理。他将人之德行实践，说得如此轻易，完全不知生命学问之艰苦与庄严。（朱子临终，曰：“一生艰苦”。陆象山曰：“莫厌辛苦，此学脉也。”）

有人以为乾嘉之学，代表传统中国哲学思想最后一阶段。其实，传统中国哲学文化之慧命，只到顾黄王而止。在乾嘉学风之下，固不见哲学思想之慧光也。

二、章实斋

章实斋（1738—1801 年），名学诚，浙江会稽人。自幼多病，性非聪颖。二十以后，骎骎向长，博览群书，尤好史部。二十三岁出游，至北京。二十九岁始依朱筠，得见当世名流，遂知名。三十四岁，朱筠为安

① 戴东原：《原善》，中卷。又，此下所论可参见钱穆《中国近三百年学术史》第八章。

徽学政，实斋与邵晋涵、洪亮吉、黄景仁诸人皆从游。四十一岁中进士，主讲各地书院，又为和州、永清、亳州修志书，最后修《湖北通志》，时年五十七。自后归浙，时游扬州，以老。

实斋论道、言理，皆与东原不同。东原言理，主张从人之情欲求之，谓情之不爽失便是理，又谓情之至于纤微无憾是谓理。而实斋言理，则本于事物。其言曰：

> 事有实据，而理无定形。故夫子之述六经，皆取先王典章，未尝离事而著理。
>
> 古人未尝离事而言理，六经皆先王之政典也。[①]

钱穆论实斋与东原之异同，溯而上之，以为即浙东学派与浙西学派之异同。浙东原于陆王，浙西原于朱子。凡学实事求是，即可不争门户。故实斋可赏东原，而东原却以朱子传统反而攻朱子，宜乎实斋谓其饮水忘源也。

浙西讲经学，浙东讲史学。实斋“六经皆史”之说，是想救正当时经学家“以训诂考核求道”之流弊，以为学之致极，皆见之实事实功，不当徒守经籍以著述为能事。如能明于道之大原，则学术、事功、文章、性命，皆可相通为用以救世。如此，乃可免于门户之争。学贵专门，又尚通识，先本乎性情，而归极于大道。浙东史学，远自南宋永嘉、永康之学[②]，近自黄梨洲、万斯大、万斯同、全祖望而至实斋，皆从经史之学中省察经世事功，较之托名汉学之辈，更有可观。

---

① 章学诚：《文史通义·经解中》。

② 永嘉之学，自薛季宣、陈傅良到叶水心，皆是。永康学派，主要指陈亮（同甫）。

第三章　西方思想之冲激

中西文化演进的脚步，其实是差不多的。到了近代，西欧文化思想步步上升，中国文化则逐步趋衰。现只列出相关大事纪年，即可见其大概。

一、18 世纪之前

1530（明嘉靖九年）	哥白尼地动说
1663（清康熙二年）	黄梨洲《明夷待访录》成
1687（康熙二十六年）	牛顿万有引力
1689（康熙二十八年）	英国《权利法案》发表

二、18 世纪

1704（康熙四十三年）	洛克卒
1748（乾隆十三年）	孟德斯鸠《论法的精神》出版
1762（乾隆二十七年）	卢梭《社会契约论》出版
1776（乾隆四十一年）	北美十三州《独立宣言》发表
1782（乾隆四十七年）	《四库全书》成
1789（乾隆五十四年）	法国大革命

三、19世纪

1804（嘉庆九年）	康德卒（三大批判）
1840（道光二十年）	鸦片战争
1851（道光三十年）	太平军起事
1866（同治五年）	孙中山生
1868（同治七年）	日本明治天皇即位

四、20世纪

1911（宣统三年）	辛亥革命
1919（民国八年）	五四运动（民主、科学）

第一节　西欧民主自由之思想

鸦片战争以后，西方帝国主义纷纷东侵，清廷拙于应付，订下各种不平等条约，丧权辱国，交迭而至。朝廷对于民主自由的新思想，与民主政治的新制度，根本无暇顾及，虽有自强运动、维新变法，也有立宪之议，但议论未定，直至辛亥革命成功，建立中华民国。然而，民国新成，帝制之议又起，及袁氏帝制失败，又形成军阀割据，政府无能，仍然丧权辱国，乃引发五四学生爱国运动，后转化为新文化运动。白话文之外，更为重要的是“民主”与“科学”。

民主与政治体制相关①，科学与知识技术相关。民主与科学的确是中国文化的新道路。这两条路，本都可以顺文化传统而开显出来。传统文

① 西方发展完成的民主政治，基本上是“三权分立，相互制衡”的架构。无论总统制或内阁制，皆秉持共同的原则，循宪政的轨道而行。

化中的“民本”“民贵”“重民意”“重民生”[①]的道理，一旦落实于政治体制，便成为民主政治。同时，古圣“开物成务”（开发各种物资，成就天下事务）、“利用厚生”（利民之用，厚民之生）以及“立成器以为天下利”的教训[②]，一旦落实施行，自然也可以发展出科学，更何况中华民族本来就有很高的科学心智，历代也有很多的科学发明。（相关问题，将于下节讨论。）

我们认为，从中国文化里开显民主科学并没有本质上之矛盾、抵触或阻碍，何以五四人物指出中国文化儒家思想“反民主”“反科学”？为何发出“打倒孔家店”“全盘西化”之吼声？

五四当时，某些老社会的读书人，可能心态封闭保守，因而成为新文化运动想要排除的障碍。而新的知识分子则热烈有余，却夸大不实，欠缺真知灼见，“民主”“科学”的口号喊得震天价响，而实无正确的认知，更没有实践的纲领。而所谓“德先生”“赛先生”几个时髦的名词，却把青年学生引向轻浅浮嚣、崇洋媚外，既丧己丧我，又失本无根，尤其滥用“自由”，使得知识青年普遍地失去责任心与道德意识。在当代文化史上，那真是令人慨然惋叹的一幕。[③]

接着，有全面抗战，这残酷的历史大洪炉，对中华儿女而言，是一种严格无情的试炼。20世纪后半叶，在境外的华人，他们对中国文化和儒学的复兴，做出了“操心危、虑患深”之真实贡献。而大陆近年来的改革开放，基本上亦已依循“人同此心，心同此理”，而回归深大的传统，回归平正的孔子。今后中华民族的道路，也理所应该是康庄坦途了。

---

① 古文献上相关的语句，如“民为邦本”、“民为贵”、“民之所好好之，民之所恶恶之”、“为民制产”、使民“养生丧死无憾”等等，皆与民主相类相通，一落实于法制之轨道，便可顺之而完成民主政治。

② 上引三句，“开物成务”“立成器以为天下利”，皆见《易传》，“利用厚生”见《尚书·大禹谟》。

③ 美国哈佛大学史华兹教授曾说：“我不了解，中国的现代化，为什么要抛弃它们自己的文化传统？”

第二节 科学的性质及其威势

中国传统的学问，是内圣成德之学，是道统脉络上的学问。以前称之为性理学、心性之学，今天我们称它是生命的学问，与希腊传统的知识性的学问有所不同（但并不相斥）。

由于中国学问以成德成人品为主，因此没有以知识为目标而开显科学的传统。尽管中华民族历来都有很多的发明，也具有很高的科学心智，但中国基本上是农业的国度，对于科技并没有迫切的需求，所以发明科学的外在诱因不多也不大。而内在方面，其文化心灵是以德性心为主，知性心（认知心）为德性心所笼罩，而未能充分透显以独立起用。所以倾向于与自然和合，因而比较少有主客对列、心物相对的认知活动，这是中国传统文化未能早早开显科学知识的最基本的原因。

如今，西方科技文明的光辉照射全球，照耀宇宙，科技巨大的威势，不但操纵人类生活中的利害得失，而且关系人类的生死和国家民族的存亡。面对无远弗届、无微不至的科技威力，中华民族当然必须自觉调整文化心灵的表现形态，从德性心（道德心）为主的内圣成德之学，转而为知性心（认知心）之主客对列、心物相对的认知活动。不断进行认知活动，自然就可以获致认知的成果。把各种认知成果类别化、条理化、系统化，它便是科学。

理论上来说，无论先秦儒家或宋明的朱子学、阳明学，都可以经由自觉地省察，开出科学的理路。这是在当代文化大反省中已经完成的一步疏导。假以时日，科学一定可以在中华文化的土壤里开出遍地的花果。

第四章　哲学的反省与新生

第一节　西方哲学在中国以及中国的哲学

中国哲学有长远的传统，有光辉的过去，但说到中国哲学的现状，却显得贫乏而鲜见光彩。试问：20 世纪的中国，有些什么样的哲学思想？

我想，这句话是不容易回答的。因为流行于现代中国的哲学思想或主义学说，几乎全部都是西方来的。中国自己的东西，早已无人闻问而若有若无了。所以 20 世纪以来，似乎只有“西方哲学在中国”，而并没有“中国的哲学”。

“在中国的哲学”，并不等于“中国的哲学”。无论“罗素哲学在中国”，“杜威哲学在中国”，或“马列唯物哲学在中国”，乃至“西方宗教在中国”……全都不是中华民族的慧命，都不是中国的哲学。我们所谓中国的哲学，是指以儒家为主流的老传统。这个源远流长的传统，乃是一个常数（定常的骨干），不可断绝。至于它是否有光辉的未来，就看以儒家为主流的这个定常的骨干，能否有新的充实和开展。此中的关键有二：一是中国哲学本身的义理纲维，能否重新挺显起来？二是中华民族能否像当初消化佛教一样，也能消化西方的哲学？

如果这两个问题的答案都是肯定的，中国的哲学就会有光辉的未来。但就当前的现状而论，似乎仍然是“西方哲学在中国”，而并没有中国的哲学。这种情形，有些人会视之为理所当然（如西化派），有些则懵然而浑无所觉（如一般大众），但一个文化心灵醒觉未泯的人，面对“只有西方哲学在中国，而没有中国的哲学”这样的状况，他能心安吗？能甘心吗？当然不能。然而，形势已成，又将奈何？

从五四之打倒孔家店，到“文化大革命”之批孔扬秦，数十年间能够自始至终秉持学术良心，以“昭苏民族文化之生命，光畅中国哲学之传统”为职志者，恐怕为数不多。

所幸宋明儒六百年的学术精诚和顾、黄、王三大儒的孤怀闳识，毕竟未泯未断。从清末之维新变法，到辛亥革命之肇造民国，虽或由于外缘环境之激荡，而儒者向来所护持的民族意识与文化意识，自然也潜移默运于其中，而实为要求国族新生之内因。不过，能真正进入思想观念之反省疏导，以凸显孔子之生命智慧，展现儒家之哲学精神者，则当从梁漱溟的《东西文化及其哲学》与熊十力的《新唯识论》开始。至于更较完整的综述，则见于1958年元旦，由唐君毅、牟宗三、徐复观、张君劢四位先生联名发表的《中国文化与世界》宣言。①

这篇宣言分为十二节，广泛地涉及存有论、心性论、修养论、学问方法、文化哲学、历史哲学，以及政治、科学，与东西方文化相资相益等的问题。这是一个全面性的文化大反省，而且在反省之中还指出了人类文化走向新生的道路。在宣言末段提到，18世纪前的西方，曾经特别推崇中国，19世纪前半的中国，亦曾自居上国而以西方为蛮夷。19世纪后半以后，西方人视中国为落后民族，而中国人亦自视一切皆不如人。于此，可以证见天道转还，丝毫不爽。但是，到了现在，东方和西方都应该彼此平等相看了。今天中国文化虽有所不同，但光芒万丈之处不容忽视；当前西方文化精彩绝伦，未来又毕竟如何，未可知也。这个时候，人类确实需要一种“通古今之变，相信人性之心同理同”的精神，来共同担负人类的艰难、痛苦、缺点、过失。如此而后，才能开出人类的新路。

第二节　中国哲学的反省与新机

20世纪的中国，一直处于噩梦困境之中，而民族文化生命也一直郁

① 《中国文化与世界》宣言系唐君毅执笔，编入《中华人文与当今世界》（台北：学生书局，1975年）下册第865—929页。

结而不开朗，阻滞而不通畅。这到底是个什么性质的问题呢？这个世纪大困惑，到 20 世纪后半叶，才逐步明朗起来。而最近一二十年以来，两岸的文化共识，也渐渐显出眉目。

大家终于明白，中华民族的问题，不只是政治问题，不只是经济问题，不只是社会问题，本质上它是一个文化问题，而且是全面性的文化问题。

归总而言之，可以列为三个纲领。

一、内圣成德之教的承续与光大

任何一个文化系统，都有它的安身立命之道。这个安身立命之道，包括日常生活的轨道和精神生活的途径，同时也决定生命的方向和文化的理想。在印度，在西方，在伊斯兰教世界，安身立命之道是由他们的宗教来提供；而在中国，则由孔子的仁教（内圣成德之教）来承担这份责任。

这安身立命的内圣成德之教，是中国之所以为中国，中国文化之所以为中国文化的本质所在。虽然如今它仍在散塌衰微之中，但当前中国人在生活行为上所表现的良好质量，主要还是靠这个根基深厚的常道在支撑。在不自觉的状态中，人人却都自然而然地有所表现，这就叫作百姓日用而不知，习焉而不察。但文化必须自觉地实践，安身立命更是每一个人从生到死，随时随地都要表现的生活方式。中华民族既不能为外来的文化宗教所化，就必然地要来承续光大自己的文化大统。而作为一个知识分子，更必须立时激发文化意识，使文化心灵豁然醒觉，进而顺应时宜，调整表现的方式，使内圣成德之教的真理，能在现时代充分地落实践行。

除了内圣成德之教，还有外王事功一面。这一面不是承续的问题，而必须有新的开创。所谓现代化，也正是从外王事功这一面说。其中含有两个问题：一是政治形态的问题，一是知识之学的问题。

二、关于制度与政体

以前讲外王，主要是“仁政王道”。圣王在位，推行仁政王道，当然很好。但事实上哪有那么多的圣王呢？皇帝权力那么大，你单讲“民为贵，君为轻”是没有用的。儒家主张天下为公，但事实上，三代以下数千年来都是天下为家，天下为私。儒家认为只有贤者可以为君，所以主张禅让，但他做了皇帝，就是不肯让位，你怎么办呢？于是又主张革命，但汤武革命的结果，还是世袭的家天下。秦汉以下更是打天下，以武力夺取政权，益发不合乎儒家的道理了。

中国传统政治上的宰相制度，是很好的，但那只是治权的行使。至于政权的转移，却始终没有一个法制化的轨道。这个安排政权的体制，真是形成不易，直到 18 世纪，才由西欧先发展出来，而建立了内阁制或总统制的民主政体。这异于贵族政治、君主政治的民主政体，正可消解中国传统政治的三大困局：改朝换代、治乱相循的问题；君位继承、宫廷斗争的问题；宰相地位、受制于君的问题。

再归结一下，即政权转移和治权运用的问题。无论政权的转移或是治权的运用，都有宪法作为依据。宪法就是一个体制，是一个政治运作的轨道。

民主政治，不只是保障人权而已，而且是实现各种价值的基础。以往的“民为本”“民为贵”的观念，以及人性的发扬，人品的尊重，人格的完成和人道精神的维护，都必须在民主体制的政治形态之中，才更能获得充分的发展和实现。所以站在儒家或中国文化的立场，必然肯定民主政体。中国必须完成民主大业，才有客观的凭借（不只是主观的意愿）来实现《礼运・大同》的理想，如此才能超越西方民主政治，为后世建立新型范。

三、开出知识之学以发展科技

中国文化心灵的表现形态，偏重“德性”一面，而“知性”一面则未曾充分彰显。所以自古以来中国虽有很多科技的发明，也表现了很高的科学心智，但却没有发展出知识性的科学传统。因此，我们必须自觉地调整文化心灵的表现形态，使中国人不只是靠聪明来发展科技，而必须依据知识理论来发展科技。在第一阶段，当然先要学习西方的科学知识和科学技术，但我们不能永远停在学习西方的阶段，而必须自本自根从自己的文化心灵和文化土壤里产生出科学。这样，我们才能由迎头赶上，进而并驾齐驱，再进到领先超前。

然则，以儒家为主流的中国文化，可不可能产生科学呢？我们认为答案是肯定的。中国传统的学问虽然是顺着“道德心”而发展，但在中国的学术思想中也同样有讲论“认知心”的端绪，像荀子和朱子所讲的心，就是认知心。而朱子“格物穷理”的格物论，也透露主智主义的倾向，只要做一步转化，就可以成为“从中国文化心灵中开出知识之学”的现成的线索。[①]至于正宗儒家所讲的道德心（良知）当然也肯定科学知识的价值，只因为中国的老社会是一个自给自足、和谐安定的农业社会，对于知识技术的需要并不迫切，而中国人的聪明又足以解决农业社会器械方面的问题，所以欠缺充分的机缘以开出知识性的学问传统。

但今天的客观形势不同了。良知心体在现时代的感应中，自然会感受到当代中国对科学技术的迫切需要。所以作为德性主体的良知，必将自觉地转而为知性主体，并以主客对列、心物相对的格局，展现认知的活动以成就知识。这只是文化心灵表现形态的调整转换之问题，在思想观念上绝无困难。至于落实到现实的层面，自当有一段长时间的努力，而知识分子尤其应该做三件事：第一，要自觉地培养纯知识的兴趣；第二，要确立重视学理而不计较实用的求知态度；第三，要学习主客对立的思考方式。这样，就可以从文化心灵中透显知性主体，开出知识之学以建立纯知识的学理。有了学理做根据，就可以提供“开物成务”的具体知识和实用技术，以满足“利民之用，厚民之生”的要求。

---

① 参见蔡仁厚：《儒家心性之学论要》，台北：文津出版社，1990年，第123—127页，“论荀子朱子心性思想的时代意义”。

以上这三个纲领，正好就是道统方面的光大，政统方面的继续，学统方面的发展。当代新儒家所提出的“新三统”之说，实即中国文化通盘调适、全面改进的新路道。①

① 关于“新儒三统的实践问题”，可参见蔡仁厚：《新儒家与新世纪》，台北：学生书局，2005年，第41—50页。

后　记

书稿清样之后，想再说几句话。

我那本《中国哲学史大纲》的内容，大致上虽已移入、融入这部哲学史，但那本大纲还是具有独立阅读的价值。在我自己看来，这前后两书，分开读或合起来读，都可以有些得益，这是我稍堪告慰之处。

另外，我们常对“文化史”“学术史”“思想史”“哲学史”的分际，不易确切划分。兹将个人所见，略说如下。

文化史的范围最广，举凡器物层的文物景观、工艺器皿、建筑制作，生活层的风俗教化、生活方式、行为规范，理念层的思想观念、精神方向、价值标准，皆属于文化史的范围。

学术史则收缩于文字表达的层面。但其范围仍然很广，经、史、子、集都包括在内。而学术史的工作，主要是在论述各时代的学术纲要和学术流变。

思想史的界说，较难明确。一般而言，它是大学历史系的学问。通常涉及政治思想、社会思想、经济思想、法律思想，还有价值取向以及决定生活方式的信仰等。但数十年来大学中文系所讲的中国思想史，其性质内容，却和哲学系所讲的哲学史较为相近。（至于传统的经世之学，则比较是历史系和法学院所关切的问题。）

哲学史是以观念性、理论性为其特色。但西方哲学以“知识”为中心，安身立命则交托给宗教。中国哲学以“生命”为中心，而发展出心性之学与成德之教。在中国，学与教是合一的。在西方，则知识之学与宗教不合一。印度介于中西之间，其学与教虽合一，而实归极于宗教。

又，本书征引古籍，皆随文标明，或列为附注。故不再列举参考书目。特此说明。